二〇一八年度國家出版基金資助項目

國家社科基金重大項目『嶺南動植物農産史料集成彙考與綜合研究（16ZDA123）』階段性成果

国家出版基金项目
NATIONAL PUBLICATION FOUNDATION

倪根金 輯

中國古代護林碑刻輯存

（上册）

鳳凰出版社

圖書在版編目（CIP）數據

中國古代護林碑刻輯存 / 倪根金輯. -- 南京 : 鳳凰出版社, 2018.12
ISBN 978-7-5506-2886-1

Ⅰ. ①中… Ⅱ. ①倪… Ⅲ. ①碑刻－匯編－中國－古代 Ⅳ. ①K877.42

中國版本圖書館CIP數據核字(2018)第273304號

書　　名	中國古代護林碑刻輯存
著　　者	倪根金 輯
責任編輯	林日波　許　勇
出版發行	鳳凰出版社(原江蘇古籍出版社)
	發行部電話025-83223462
出版社地址	南京市中央路165號,郵編:210009
出版社網址	http://www.fhcbs.com
照　　排	南京凱建圖文製作有限公司
印　　刷	蘇州市越洋印刷有限公司
	蘇州市吴中區南官渡路20號,郵編:215104
開　　本	787×1092毫米　1/16
印　　張	53
字　　數	700千字
版　　次	2018年12月第1版　2018年12月第1次印刷
標準書號	ISBN 978-7-5506-2886-1
定　　價	280.00圓(全二册)
	(本書凡印裝錯誤可向承印廠調換,電話:0512-68180638)

山東省萊州市大基山道士谷北魏年間摩崖石刻

福建省厦門市同安區新圩鎮金柄村大帽山腰明萬曆丙戌(1586)護林摩崖石刻

江西省上饒市鐵山鄉清乾隆二十一年(1756)護林碑

福建省永安市天寶岩自然保護區清嘉慶十一年(1806)禁伐碑

福建省泉州市洛江區虹山鄉清道光二十四年(1844)水尾樹碑

浙江省麗水市蓮都區碧湖鎮堰頭村清道光二十七年(1847)護林碑

廣東省惠州市惠東縣平海鎮佛嶺村清同治元年(1862)護林碑

福建省邵武市天成岩自然保護區清光緒十八年(1892)護林碑

安徽省黄山市休寧縣鶴城鄉右龍村護林碑

目　録

附録　民國

存　目

綠色守護神:中國傳統護林碑刻

豎立護林碑刻以保護林木是歷史上我國保護林木的一種重要形式,也是具有中國特色的一項護林措施。所謂護林碑刻是指以保護林木爲主要内容的禁止碑刻。在我國歷史上,其表現形式既指包括含有護林内容的刻碑,也指載有護林内容的摩崖石刻;既指内容單一的護林碑刻,也可包括以護林爲主要内容的各類碑刻。在文體上既有政府公文,如詔令、公告、判詞,也有民間的鄉約、家規,甚至名人的題記,只要其包含有護林内容和精神。

我國刻碑記事的歷史源遠流長,最早可追溯到先秦時期,碑刻文化也精彩紛呈。盡管早在封建時代對碑刻的收集、臨摹和研究就已産生,但多是從書法藝術等方面進行的。近代以降,碑刻資料開始爲學術界關注,最初主要是在宗教史等領域;1949 年後,伴隨資本主義萌芽研究展開,有關明清工商業的碑刻資料得到收集與出版,但學界仍少有人關注護林碑刻。

20 世紀 80 年代,由於環境意識的提高和植樹造林運動的蓬勃發展,國内書刊上開始出現有關護林碑刻的報導,特别是 1986 年《新華文摘》轉載新發現的神農架地區兩通護林碑,讓更多人知曉護林碑。1990 年前後，一些專門著録護林碑的論文、圖書問世，如四川通江縣林業局張浩良的《緑色史料札記——巴山林木碑碣文集》（雲南大學出版社，1990 年）、福建林學院林業經濟系林茂今的《福建省歷代森林封禁碑考析》（《福建林學院學報》〔自然科學版〕1990 年第 4 期）。而對護林碑刻進行深入研究則是在 90 年代後，主要有倪根金《明清護林碑研究》（《中國農史》1995 年第 4 期）、金其楨《對中國古代刻石立碑保護環境的歷史考察》（《蘇州城市建設環境保護學院學報》2000 年第 4 期）、卞利《明清時期徽州森林保護碑刻初探》（《中國農史》2003 年第 2 期）、古開弼等《廣東現存明清時期涉林碑刻的生態文化透視》（《北京林業大學學報》〔社會科學版〕2006 年第 4 期）、鄭凌峰等《中國自然保護重要歷史文物——福建天寶岩禁碑的發現與科學價值》（《生態經濟》2006 年第 10 期）、何滿紅《明清山西護林碑初探》（《文史月刊》2007 年第 1 期）、王坤《護林碑刻的分類及其功能透析——基於綏寧縣護林碑刻的考察》（《湖南農業大學學報》〔社會科學版〕2011 年第 6 期）、周飛《清代雲南禁伐碑刻與環境史研究》（《中國農史》2015 年第 3 期）等。然而，相對許多領域的研究投入和水平而言，有關護林碑的收集和研究還屬初級階段。

一　傳統護林碑刻的歷史發展源流

具有中國特色的傳統護林碑刻源於何朝？其演進歷程與發展動因是什麽？其起源，根據目前所見碑刻資料，可以追溯到北朝時期，山東省萊州市大基山道士谷所存北魏一代書聖鄭道昭書寫的護林摩崖文字,是迄今爲止發現的最早護林摩崖文字。其文曰:“此太基山内中明崗及四面岩嶺上,嵩岳先生滎陽鄭道昭掃石置五處仙壇。其松林草木有能修奉者,世貴吉昌,慎勿侵犯,銘告令知也!”雖然銘告令之護林規定與典型護林碑還有一定距離,但文中閃爍的護林精神却是此摩崖文字的主要内容和實質。而其萌芽的原因,與原始宗教的自然崇拜和“道法自然”的道家思想影響有關。

隋至元是中國傳統護林碑刻的形成期,在這個時期各地出現了日趨規範的護林碑,如唐元和六年綏寧《插柳護林碑》、陝西省黄陵縣軒轅廟的元泰定帝泰定二年聖旨碑、元大德六年綏寧《拓丘田封禁碑》等,其中《插柳護林碑》“道旁之樹,先人栽植,以爲永遠,歇凉古樹,不得砍伐”;《拓丘田封禁碑》“吾團左邊山壟,松杉茂盛,恐無知毁壞時□,勒石刊碑,永遠封禁”,護林内容已清晰,護林功能亦突出,説此時傳統護林碑已形成當無問題。但這一時期護林碑數量還不多,其中還有些非典型護林碑,其在社會上護林的作用還很有限。明朝是我國傳統護林碑刻的發展期,特别是明後期,接二連三出現護林碑刻,數量超過之前,形式更趨於規範,内容也更豐富。如福建浦城縣濠村鄉後濠村《合鄉禁約碑》:“合衆人等買到水口山片土,名黄源嶺頭,禁約人等不許驀入登山偷盗柴木,取石破害水口。若有捉拿看見,重罰出好銀壹兩。合鄉散衆,如有頑者,經官告理,决無虚言。書爲樹木水口石泥庇蔭壹鄉風水,人財兩旺,永遠昌隆。陳、周、黄、范、廖、何同立。大明崇禎元年拾壹月隆啓明六子茂觀録書。”明代及以後護林碑的發展,與當時人們對森林作用認識進一步深刻、廣泛有關,同時也跟區域開發,森林資源爭奪激烈,以及風水意識盛行有關。清代是傳統護林碑鼎盛期,護林碑如雨後春笋般出現,成爲一種朝野上下保護林木的主要手段和普遍形式。具體表現爲:數量多,幾乎占到傳統護林碑的百分之九十;分布廣,北到遼寧的莊河,西達青海的循化、新疆的哈密,南至臺灣、海南,東瀕黄海、東海之濱,只有西藏等個别省區未見;規範化,不僅在文體上形成公文式、鄉約式等多種類型,而且在内容上形成護林緣由、護林範圍、禁止事項和獎罰規定等幾大要點;類型齊,官方型、民間型和混合型及其下屬各種類型都已形成;民間化,即樹立護林碑刻已成爲民間護林的普遍做法,民間型護林碑占此時護林碑的絶大多數。影響大,護林碑刻在各地護林中發揮着重要作用,成爲護林的重要手段和形式。民國時期是傳統護林碑刻的轉型期,由於現代意義上的林業法規不斷出現,不僅有中央的,也有地方的,體現了以法(近代林業法)治林的開始。林業法出現使傳統護林碑刻的空間開始受到擠壓,并從護林主體淪爲輔助工具。盡管在一些地方,特别是偏僻地區還繼續存在,但就整個社會而言,數量减少,不如清代盛行;另亦出現了一些新的變化,部分有向標語口號轉變的趨勢。

二　傳統護林碑刻的基本類型與特色

目前劃分護林碑刻的類型主要有四種:1. 按時間劃分,主要按朝代或皇帝年號來劃分,如乾隆朝護林碑、道光朝護林碑;2. 按地域劃分,以碑刻出現地點來命名,如大埔西山護林碑;3. 按保護林地的種類劃分,如風水林護林碑、經濟林護林碑;4. 按護林碑豎刻者身份劃分。第 4 種是筆者提出的,筆者認爲前面三種都過於簡單,不能更好把握護林碑的性質,而第 4 種劃分更能好透視護林機制,更能抓住護林碑與社會互聯關係。

中國傳統護林碑刻分爲官方型、民間型和混合型三大類型。官方型護林碑,即政府組織建立的護林碑,它是國家法規的延伸。這類護林碑分成二種,中央政府立護林碑刻和地方官府立護林碑刻。前者主要是指由封建帝王或中央政府頒立的護林禁碑,這類禁碑數量不多,其中以北京十三陵明成祖陵中清順治帝所頒立禁碑最爲典型:“順治十六年歲在己亥十一月十七日,上諭工部:前代陵寢,神靈所栖,理應嚴爲守護。朕巡幸畿輔,道經昌平,見明朝諸陵,殿宇墻垣傾圮已甚。近陵樹木,多被斫伐。向來守護未周,殊不合理。爾部即將殘毁諸處盡行修葺。現存樹木,永禁樵采。添設陵户,令其小心看守。責令昌平道官,不時嚴加巡察。爾部仍酌量每年工或一次或二次差官察閲,勿致疏虞。特諭,欽此。”後者,地方官府立護林碑,即由地方官吏頒立的護林碑。頒立者上到督撫大人,下至七品縣官,其中以後者居多,原因是他們爲直接治民之官。

民間型護林碑刻,即由民間個人或集體(包括寺院)爲保護私有林和村有林而建立的護林碑。這類護林碑不具有國家法規性質,而是民間自發形成的自我約束,屬鄉規民約性質。這種護林碑是明清護林碑的主流,數量最多,也最有研究價值。這種碑按竪立者身份差異,又可細分爲幾種:1. 個人立護林碑刻。這種碑數量有限,一般爲在鄉村中有勢力的人物所立。因而,竪立者多爲族長、豪門之類。例如,福建永安天寶岩自然保護區發現的《禁伐碑》,即爲當地族長肖宗榜同治三年立,在這種護林碑中還有個别特殊的護林碑,即由被擒獲的盜伐者所立的悔過護林碑。2. 家族立護林碑刻。家族,又稱宗族,是由已經分居、異財、各爨的一個男姓祖先的子孫,以血緣關係爲紐帶結合而成的一種社會組織形式。它擁有比個人强大得多的力量,因此,由他們所立的護林碑相對較多。如四川通江走馬坪伏氏家族於同治二年立的保護"風水林"禁碑,其碑文曰:"兩房人等均宜同心協力,永遠保護風水,毋得挾詐行私,致干重罰。"3. 村寨立護林碑刻。村寨作爲鄉村社會生活和生産的基本單位,以其爲單位立的護林碑也彼彼皆是,其數量在所見民間各類護林碑前列。在四川綿陽市玉河鎮有道光四年立的《禁條碑記》,在福建邵武拿口鎮上山坊村有道光十九年立的《合鄉公禁碑》。不僅漢族立護林碑,許多少數民族山寨也立,如貴州從江縣高增鄉有侗族於康熙十一年立的以護林爲主要内容的"款約"碑,其中這類"款約"碑在古代貴州侗寨裏較爲普遍。4. 聯村立護林碑。不少山林面積大,涉及各村利益,倚靠一村一莊無法管住,於是有關村莊聯合起來立護林碑也就非常必要。如在雲南楚雄永安鄉有乾隆五十五年十村共立的《封山合同碑記》,在山西盂縣藏山有道光八年三村合立《嚴禁山林條約》碑,其中所見陝西隴縣新集川鄉咸豐四年三十三莊共立護禾護林禁碑,聯村數量最多。5. 寺廟立護林碑刻。天下名山僧占多,爲維護宗教勝地的幽深、莊嚴、古樸和經濟利益,各地寺院也毫不例外采用這類護林形式。如四川綿陽玉河鎮上方寺光緒九年立護林碑:"上方古刹,三百餘年。栽培樹木,壯麗觀瞻。封山以後,規矩森嚴。放牛牧馬,罰錢一千。采樵男女,一體同然。戒條既立,話不虛傳。"

混合型護林碑刻,即由兩方或幾方獨立組織和力量自願合作竪立的護林碑。這類碑數量有限,主要有兩種:1. 官民合立護林碑刻,這類碑主要是百姓爲加强周圍樹木保護而自發地將各級官府的有關封禁令勒石刻碑而成,或者百姓議訂鄉規後,報請地方官批准并得支持而立的護林碑。如四川通江諾江鎮道光十八年護林碑,就是由該地居民賽先捐錢一千將知縣大人禁令製成的;又河南南召縣皇后鄉光緒十年立的《蠶坡章程碑》,也是當地耆老、士紳自發鐫刻縣令丁某所立章程而成。2. 僧俗合立護林碑刻,即村民與寺院合立的護林碑,典型代表是四川通江草池鄉同治三年大明庵主持與當地村民合立之禁碑。而廣東蕉嶺西山乾隆時期護林碑更是官府告示、民間鄉約和民間宗教等三方力量結合的産物。

三　傳統護林碑刻的表現形式與分布特點

中國傳統護林碑的造型是千姿百態的,有着時代的不同,更有地域、民族的差别,有簡單型、複合型和摩崖型。簡單型有不規則型(多爲天然形狀)、長方型、上圓下方角型、方型、方柱型等,其中以長方型護林碑爲主流型;複合型,則指有碑帽、基座、邊框等的護林碑。但這些護林碑刻都是中國式的,體現中國風格。

護林碑刻的文體,没有統一的文體,但歸納起來,主要有下列4種類型。

1. 公文(布告)式。以地方官公告最爲普遍,其行文一般如《臨桂縣告示碑》:"欽加同知銜署理臨桂縣事特授崇正縣正堂記大功三次龔,爲出示曉諭事。案據西鄉褚村民人褚宗繪等呈稱:緣民村與浪滸村互控騮頭嶺樹木一案,蒙恩堂訊令民村削平壕基,所有樹木仍歸民村管業,各具遵依完案民回村後隨將壕基削平,嗣於前月内復禀請出示保護,奉批此案。現據梁自玉等具控民村并不遵照前斷將壕基毁去,各管各業,已經諭查應候該團明白禀覆,如果確已遵照辦理,實係民村界内樹木准即出示保護可也等因,民等伏思既已遵斷自應各管各業,前蒙諭團查明迄今日久想已禀覆迫得續懇恩施,俯念懇務爲重,迅賜出示保護,勿俾林場有損,則不獨民村受開墾之益,亦不失各大憲勸民開墾之本旨也。爲此續叩臺前作主賞准施行等情到縣。據此,出批示外,合行出示嚴禁。爲此仰該處居民人等知悉:自示之後,爾等須知騮頭嶺地方所種樹木係屬褚村業務,宜共守禁約,浪滸等村不得任意剪伐以及放牛踐踏,尚敢故違,一經查出,或被該村民指名禀控,定即拘案究治,决不寬貸。各宜懔遵,切切特示!并繪圖於後。宣統二年七月初八日。"

2. 鄉約式。如雲南楚雄市乾隆五十五年《封山合同碑》:"記開謝家咀、程家壩、黄家屯、山咀、張家灣、雙壩、土官莊、大莊、黑泥灣、沙溝、羅屯公議。王政無遺地,計利及山林,然種植雖多,專有賴於培養。不時砍伐,即常美之山日見濯濯,豈盛世之風哉?然而人心不一,有婦女以割草爲名,暗藏小樹,又有昧心之徒,惜己損人,或被拿獲,反使婦女判命。今各村公議,立定章程,凡有砍伐大樹,罰銀壹兩,小樹罰銀五錢,修枝采葉,罰銀三錢,見而不報罰銀五錢。眼同公議,各村情願,立石爲記。"

3. 警句式。如廣東清遠市清城鎮飛來寺禪堂後的萬曆二十八年仲春南海陶虞臣題的"岩泉偕樂,薪木勿傷";清光緒五年桂林寶積山,按察使司示"禁止毁樹"。這類文體簡明扼要,字大突出。

4. 歌謡式。歌謡通俗易懂,便於記憶。民間型護林碑時有采用。如民國二十七年貴州省惠水縣雅水鎮滿崗寨《鄉側碑示》:"照得森林一事,原係保護人烟;無論公有私有,嚴禁砍伐燒山;政府原有禁令,故爲照罰難堪;本寨後山樹木,歷爲岑氏保護;近有不知之輩,擅自敢伐樹秧;不思損人利己,故意違法不良;今特明白通告,幸勿再伐爲强;倘敢故違砍伐,後照苛罰不貸。民國二十七年二月三立日立。岑秀康題。滿崗寨衆。"這是一方布依族村寨立的護林碑。

至於護林碑刻的書法,有粗通文墨者寫的,但更多是有文化的鄉紳或官員留下的。一般爲陰刻,正楷。有的碑名字還有些藝術變化,有的涉官護林碑上還刻有官印。

有的碑刻因是名人或書法名家撰寫的,則有較高的書法藝術價值。如寫下目前所知中國最早護林刻石的鄭道昭

(455—516)，是南北朝時著名書法家，魏碑體的鼻祖，被譽爲“北方書聖”，在當時與王羲之齊名，有“北鄭南王”之稱。其留下的雲峰山、大基山書法作品，至今仍是後人常來觀摩的對象。又浙江安吉縣鄣吴鎮昌碩小學出土的清光緒十一年《嚴禁風木碑記》就跟“清末海派四大家”之一、著名書法家、國畫家、篆刻家吴昌碩(1844—1927)有關。當年是他牽頭，與吴永江等人共同制定嚴禁砍伐林木以保護環境的村規民約，并共同出資立碑以告村人。

護林碑刻的石料選材，從目前收集到的碑刻來看，有青石、麻石、大理石、紅砂石等，但大多數是就地取材，因材製作，存在地域性分布特點。

在我國絶大多數省區都發現有傳統護林碑刻，但各地密度有别，存在不平衡性。其分布特點：1. 農區多，牧區少。幾乎都分布在農業地區，或者説在森林地帶，草原、荒漠地帶罕見；2. 山區多，平原少。大概與明清以來山區墾殖和山林争奪密切相關；3. 南方多，北方少。如湖南綏寧縣發現的歷代護林碑有 124 通，四川通縣有 40 多通，而東北地區迄今所見只有遼寧莊河仙人洞一通清光緒十三年碑；4. 漢區多，少數族區少。而少數民族村寨竪立護林碑，主要在西南、中南、華南地區，涉及的少數民族有壯、瑶、苗、侗、布依、白、彝、京等族。

傳統護林碑刻一般竪立於進山路口、村頭、大路旁等容易顯見的地方，或市集、祠堂、廟宇等人群集中的地方。讓人容易瞧見是其選擇放置地點的重要考量。碑或竪於地上，或嵌於墻上，或立於樹旁。竪在地上是普遍做法，多立於路口、村頭、路旁。嵌在墻上主要存在於祠堂、廟宇、書院處,而立於樹旁多爲被保護對象的樹木。

四　傳統護林碑刻的内容特點

傳統護林碑刻是我們研究歷代林業的重要史料寶庫。傳統護林碑文雖少則十幾字,多則逾千,一般爲數百,字句簡樸,文采不足,但它却是我們瞭解歷代林業的珍貴一手資料。與一般正史或文人著作相比,其内容反映史實更直接、更具體、更真實、更具有普遍性和更少人爲雕飾,因而,更具有學術研究價值。

爲了增强護林碑刻的教育性和約束力,許多護林碑都非常重視并不惜筆墨宣揚護林的意義,闡述林業與人類的關係。這樣,它就爲我們瞭解歷代林業思想提供了不少有價值的資料。關於林業經濟思想,從衆多碑文内容看,清代人們對林業經濟價值認識已遠遠走出"棟梁之材,柴薪之用,椿木之資"的傳統認識,認爲因地制宜發展經濟林是貧困山區致富的重要途徑,這在福建南平縣洋後鄉咸豐六年《合鄉公禁碑》中就有論述:"吾鄉深處高林,田畝無多。惟此茂林修竹,造紙焙笋,藉以通商賈之利,裕財用之源耳。"甚至把它放到發展區域經濟、事關國家財賦的更高、更深層次上來認識。而林業生態思想,古人爲了説明護林的重要性,不少在護林碑刻上對森林的作用和功能作了闡述,其中就包含了或多或少的林業生態思想,雖然有的還打着風水的旗號。如萬曆丙戌年(1586)鎸刻於厦門同安區新圩鎮金柄村的護林碑刻:"林木有阻風、儲濕、固壤之奇功，寳也！大侖盡木皆護，毁者非吾族人矣。”明確指出森林有防風、固沙、涵養水源的生態功能。又崇禎間立於福建晋江青陽鎮大下浯村的《浯里裕後浯碑》云：“浯岡西下，浯水東屯，無樹則寒，有樹則温。戕樹者如戕其手足，培樹者自培其子孫。”道出森林保暖之功能。其次，涵養水源，論述最多。如雲南楚雄鹿城西紫溪的清乾隆四十六年封山護林碑云：“所以保水之興旺不竭者，則在林木之蔭翳，樹木之茂盛，然後龍脉旺相，泉水汪洋。近因砍伐不時，挖掘罔恤，以至樹木殘傷，龍水細涸。”

又廣東焦嶺縣東山楊子宫清乾隆三十年《奉憲禁碑》載：“東山、大坑山、嶇井岌等處謝坡下經山汶水塘等處草木暢(缺)墓，以資灌溉。邇來生齒日繁，間有無知只圖利己，恣意剗拔，以致山光潔肮腸，則泉涸源竭。”通過傳統護林碑刻，我們不僅可以觀察到我國傳統林業生態思想的重要内容，而且也可以瞭解到其在時間上的發展軌迹和在空間上的分布狀態。

傳統護林碑作爲毁林與護林鬥争的産物，對一些地區或某一時段的森林狀况和毁林事件亦多有描繪，從中可以窺探或考證歷史時期各地森林資源狀況及變遷情况。如福建永安縣清乾隆三十二年《奉憲禁碑》載：“坂尾地方人烟甚多，所有龍脉風峽俱有松杉等木遮蔭風水，無如各處鄰鄉俱潜山内盜砍，不惟伐以斧斤，載以船隻，甚且烈火焚化，根株悉拔。”又浙江蒼南縣金鄉鎮獅山嘉慶六年《獅球山留蔭碑》載：“金鎮、獅球二山封植嘉樹，藉鍾人杰，前數百年文風暢盛，科名絡繹，未必不由於此。迨後樵采擅入，斤砍斧殘，牛羊踐踏，兩山樹木濯濯無存。”再湖南通道縣保山寨咸豐元年護林碑云：“我上厢後龍山自輩以來，合抱之樹，常有數千。至後人不肖，挾私妄砍，以至山木之美，轉成濯濯，蓋至關山破，氣脉衰，人心浮薄，地方凋殘。”道出了不少地區因私欲横流，導致山林盡毁事實。而上述毁林悲劇無疑是我國歷史時期林業大破壞的真實寫照和縮影。對毁林盜木者身份，碑刻也多有揭露。除無知、貪婪鄉民外，多爲鄉村的地痞、惡棍，尤其是那些不法豪勢之家。此外，一些利欲熏心的寺僧也不甘清净，加入到毁林行列中來。關於鄉村護林機制，作爲“帝王家譜”的正史記載幾乎空白，其它史書也少有涉及，只有這些護林碑刻提供了大量多角度的記載。根據這些記載，可知當時鄉村林木管理具有如下内容。

1. 設有管理人員，職責明確。衆多護林碑刻反映出，當時山區、林區普遍設有專職或兼職護林管理人員，名稱有“尋山人”、“管山人”、“監公”、“樹長”、“樹頭”、“山甲”、“巡查人”等。稱呼各地不相同，即使同一地區也有差異，如在雲南，有的地方稱“樹長”，有的則稱“樹頭”。人員的選擇、廢黜、職責和考績，各地也多有明確規定。如雲南禄豐川街鄉護林碑云：“請立樹長，須公平正直，明達廉貞，倘有偏依貪婪，即行另立。”另從碑文記載還得知，該地樹長之制始於乾隆九年，到立碑時已歷時 60 多年，换了三届，每次换人，都要“給牌更替”，即移交樹長印信。“山甲”即樹長屬下的巡山之人，其職責爲：“須日日上山尋查，不得躲懶隱匿，否則扣除工食。”也有碑規定：“巡山不力者,罰松種五升。”寺院山林,則多由僧人管護。如蘇州虎丘康熙二十七年禁碑言:“住持將二十八房寺僧分管山界現存樹木,逐一查明,立簿收執,不時查考。”也可見任務明確,責任到人。此外,不少護林碑還强調廣大鄉民,人人有護林之責,并要求他們“尊樹頭”,共同管好山林。

2. 普遍明確劃定封禁山林的四至範圍和申明有關禁止事項。關於前者,如湖南通道縣保山寨的護林碑規定:“議我村後龍山,上抵坡頭,下抵田園塘屋,裏抵嶺樓坡巔,外抵岩冲田塘,俱屬公地,不許賣,也不許買,一切树木,俱要蓄禁,不許妄砍。”關於後者,雲南楚雄市乾隆五十一年《擺喇十三灣封山碑記》載:“一定例每年十一月初二開山,正月初二封山。如違,罰錢壹兩。”福建南平洋後鄉《合鄉公禁碑》規定:“一禁貓竹:不許砍伐稚薪,以及破售香條,乘便盜用一切。如係缺山人等造作家器,須向主家問明,毋得私自縱砍。永遠立禁。一禁春笋:定於遞年二月初五起至立夏止,概不許盜挖所留笋種毋得斫尾。永遠立禁。一禁本境蔭木暨水尾松樹、雜樹概不許盜砍、私批斫伐松光,以砍蔭耕種。永遠立禁。”又廣東大埔光緒八年知縣立護林碑云:“一禁男婦不許盜砍松、樟、杉、雜木。二禁登山者不許砍竹開篾。三禁不許砍折樹心松尾。”再福建邵武拿口鎮上山坊村道光十九年《合鄉公禁碑》要求:“一禁不許挖冬笋,限至十二月廿八、九,開禁二日;一禁廠内不許造烟笋,過夏十日可准别人往山拾笋;一禁山内雜木竹不許盜砍。”上述碑刻反映,許多地方不僅保護對象明確,便於百姓瞭解、掌握和遵守,而且還考慮到百姓的生活需要,適時開禁,合理利用，而不一味封禁。而其中的一些封山法屬於中國傳統封山育林制，被國際林學界譽爲“中國式造林法”。

3. 對護林有功和毁林有罪者進行奬罰。由護林碑記載來看，官方型護林碑一般都規定抓獲毁林盜伐者要送官府究治，“枷號示衆”。而民間立護林碑表示，凡發生的毁林盜砍事件一般由民間按所訂規矩“私了”，只有後果嚴重或“有不依罰賠者”才送官究懲。其中以民間“私了”處理爲主，這大概與中國人不願上衙門打官司的傳統心理有關。當時，民間“私了”處理方式主要有兩個方面：一是經濟懲罰。如福建長汀百丈村嘉慶七年護林碑云：“盜伐松杉、竹木、春冬兩笋……公罰豬肉伍拾斤。”雲南楚雄紫溪清乾隆四十六年《鹿城西紫溪封山碑記》云：“如有違犯砍伐者，衆處銀五兩、米一石，罰入公。”雲南楚雄富民區嘉慶二十三年《保護山場禁砍樹木合同碑記》云：“盜伐雜木一枝者，罰松種伍升”；福建南平洋後《合鄉公禁碑》云：“違者定罰演戲不徇。”看來，當時經濟處罰主要包括出米、豬肉、樹種、罰款及出資請戲班演戲認錯之類。二是人身懲罰。如四川通江浴溪薛家禁碑云：“尚有不遵，打、罰重究，議祭山林。”又陝西隴縣新集川鄉禁碑云：“但見犯此五禁者，無論男婦，罰戴鐵項圈一個，上掛鐵牌一面，以羞辱之，令其悔過自新。”另將毁林者開除出家族也可算是此類處罰。三是精神懲罰。前面提到的讓毁林者立悔過護林碑，是其中的一種。這類懲罰再一做法，就是對毁林者進行精神攻擊，詛咒其子孫後代。這在四川通江地區家族立護林碑中特别流行。如香爐山李姓家族禁碑云：“倘日後有無耻絶嗣之徒，勾引木商卜散流言,而存此念者,連同木商與好利等輩,自領剿經十部,子孫男女盡害白癩,萬代不得昌榮。”又走馬坪伏氏家族禁碑云:“若萌售賣者(風水樹),神明殛之,祖宗不佑,宗祧覆。”再董溪劉氏家族禁碑曰:“異日倘有不法之徒占樹木……明有罰,暗有神,黄天監察,子孫永遠不得昌榮。”可能這些家族力量有限,難以制止,於是只好大肆詛咒,求得點精神勝利。在處理毀林者上,許多地方碑刻都强調公正,一視同仁,“無論貧富”、“無論親疏”、“無論男婦”一體同然。同時反對“挾仇架害,徇私爲已”。對護林有功者,各地護林碑都主張進行獎勵。如福建長汀百丈村禁碑云:“拿獲者不敢得錢賣放饒情,即通報衆人,賞銅錢伍百文正。”有的地方還予以精神獎勵,“禁畜樹木者,家家人人清吉,户户平安,以作萬古不朽名”。不過,若出現“見(毀林事件)而不報者”則“照例倍罰”、“與犯規人同罰”及“徇私縱放者,亦以鐵圈罰戴”。由此可見,對毀林視而不見,漠不關心,或徇私放縱者,也有十分嚴厲的處罰規定。總之,通過歷代護林碑解讀,豐富了我們對傳統林業管理機制的認識。

五　傳統護林碑刻的四大價值

近四十年來護林碑已逐步爲林業界、農史界、文物界一些研究者所重視,不時有護林碑刻發現報導,研究成果問世,研究者甚至有國外學者。這跟護林碑刻本身藴藏多重價值,以及它在當代社會可以發揮更多作用有關。筆者認爲:傳統護林碑刻具有社會、學術、文物和教育四大價值。

第一，護林碑對歷史時期部分地區的林木保護曾發揮過重要作用。歷代法律中雖然有一些保護林木的條文，但它對於廣大鄉村，尤其偏僻山區的作用十分有限。原因主要是偏遠鄉村交通不便、信息不靈，加上鄉民受文化知識等自身素質局限，對於來自外界的東西（包括法律在内）不易接受，甚至具有一種本能的排它性。而護林碑刻，特别是民間護林碑，由於它從醞釀到制定，由公布到實施，自始至終都是群衆自發地來完成的，故其産生過程也是群衆自我宣傳、自我教育的過程。加上它具有較强的針對性，能密切結合當地實際，富有鄉土氣息，因此，它容易爲絶大多數人理解和自覺遵守。即使官方立護林碑也由於其保護對象明確，且采取了百姓易於接受、就事論事的方式，因而，效果也不錯。下面一些史實可以爲證。如湖南通道保山寨，護林碑竪立之前，數千樹木曾遭“浩劫”。護林碑建立後，不僅迅速制止了毁林現象，并使400畝山林保存至今。又今陝西商南梳洗樓護林碑周圍林茂竹翠，據當地人説，是這個碑起了很大作用。類似情况在四川金堂縣雲頂山也有。我們考察當代中國的一些自然保護區，發現許多保護區内都存有護林碑刻，如廣東肇慶鼎湖山自然保護區現存有4通護林碑，貴州梵净山自然保護區發現有3通護林碑，福建天寶岩自然保護區有4通護林碑，廣西貓兒山自然保護區存有5通護林碑。自然保護區樹茂林密，保存了不少原始森林，當與這些護林碑立下的汗馬功勞不無關係。我們完全可這樣説，歷史上的每一塊護林碑都曾護衛了一片樹林，有的至今仍在發揮餘熱。

第二,傳統護林碑刻是我們歷史研究的資料寶庫,特别是研究林業史的第一手珍貴資料。傳統護林碑的碑文内容主要有四項,即保護林木的意義、封禁山林的四至範圍、禁止事項和獎懲辦法。利用這些文字記載,我們不僅可以具體、深入瞭解明清林業思想和鄉村林業經濟的各個方面,而且還可加深對明清森林資源變遷,尤其毁林現象的深刻認識,并全面考察明清鄉村林業管理措施和機制。這是我們瞭解和研究林業發展史重要而又不可缺少的史料。因而,在學術研究上具有重要價值。然而,護林碑刻與傳統社會政治經濟也有千絲萬縷的關係,它跟一些地方的流民活動、經濟開發相關,它跟一些地方家族資源争奪存在關聯,也是民間習慣法的重要組成部分。因此傳統護林碑刻也可是經濟史、社會史、法制史、石刻史等學科的重要史料和研究内容。

第三,傳統護林碑刻是珍貴的歷史文物,是我國文物寶庫中的一朵奇葩。傳統護林碑年代早者距今 1500 年以上,晚者也有 70 多年,屬於文物範疇。其中也不乏史料價值高、造型奇特、書法精美之碑,堪稱文物精品,極具收藏保護研究價值。而且,護林碑主要存在於中國境内,是中國特有文物。二十多年前,我們還對不少護林碑刻湮没於荒草亂石叢中,感到悲傷,感到遺憾。時至今日,我們看到護林碑刻已越來越受到社會、學界重視,文物普查中有它的位置,各類文物志、碑刻集常常有它的身影,一些散落鄉村的護林碑刻也得到一定的保護,像發現護林碑的大縣湖南綏寧縣甚至計劃建立護林碑博物館。這些都使我們感到鼓舞。

第四,傳統護林碑是我們今日進行生態文明建設的重要資源。首先傳統護林碑是護林興林教育的極好教材,在今日中國,影響植樹造林工作成效的因素,主要不是造林技術,而是護林等非技術因素。由於管理不善,以致一些地方出現"年年植樹不見樹"的怪現象,成爲制約植樹工作成效的頑症。而在對全民進行護林教育上,傳統護林碑無疑是一份不可多得、生動形象的歷史教材。它的簡樸,可以使人更易理解和掌握;它的鄉土性,可以減少隔閡,加强親情感;而它的古老,則使之帶上幾份歷史的凝重,加大了教育的權威性。總之,它具有强烈的教育功能,對促進全民護林意識的提升可以持久地發揮作用。其次,護林碑形式在當前和今後相當長一段時間裏仍可作爲護林手段。雖然今日中國社會已發生巨大變化,但我國廣大鄉村、林區人口文化素質低、法律意識淡薄的局面依然存在,加上林業法規至今在一些地區還不能完全落實。這樣,傳統護林碑仍具有一定的生命力,它作爲林業法規的補充,在一些文化落後、交通不便的鄉村仍可發揮作用。因此,在我們大力推行、完善社會主義林業法規的同時,一定不能忘記運用護林碑這個歷史上行之有效且符合中國國情的"武器",爲今日護林工作服務。事實上,現有不少地方已這樣做了,將建立護林碑作爲護林措施之一。其次,傳統護林碑作爲一筆極其珍貴的優秀歷史遺産,除了具有學術研究等諸多價值外,它對今日我們搞好生態文明建設也頗有啓示。護林碑中的許多護林措施和方法對我們今日的生態建設工作仍具有重要參考、借鑒作用。譬如,它對護林人員"樹長"、"山甲"的管理措施,就對我們今日選擇和考核護林人員有參考價值;又它强調公正原則,主張貧富、親疏、男女一視同仁和要求處罰時重物證的思想,都是我們今日林業管理中應繼承和發揚的;再它對罰没款的公開處理、取之民用之民的方法,也對我們有所啓迪;而它獎罰分明的做法,更是我們加强林業、生態管理工作應永遠牢記的真理。以史爲鑒,古爲今用。最後,傳統護林碑還可成爲實施鄉村振興戰略的寶貴資源。一通典型的傳統護林碑承載着古人對美好生態的追求,記載了古代人與樹、人與人的協調關係,展現出傳統鄉村文化的優秀部分,是我們今日推動鄉村生態振興、文化振興、鄉村治理的重要歷史寶庫和文化源泉。挖掘、保護利用傳統護林碑,還可爲鄉村旅游、生態旅游和休閑農業建設提供富有鄉土氣息的珍貴參觀景點。

凡　例

一、本書是收載我國(含港澳臺地區)傳統護林碑刻文字的專集。所收的碑刻文字,既有采集自碑刻集、歷代地方志、書刊、族譜等文本文獻的,也有不少是整理者通過田野調查抄録而來,爲各已刊碑刻集所失載的。

二、本書所收碑刻,時間最早者爲北朝年間,最晚者爲民國年間。所收碑刻,按年代時間順序排列,年代不詳者根據實際情況排列於本朝之末。

三、本書所收碑刻,每塊基本按"碑名"、"時間"、"地點"、"規格"、"正文"、"資料來源"與"備注"順序排列。"碑名"即碑刻名稱;"時間"即立碑時間;"地點"即碑刻保存地點;"規格"即碑刻長寬高尺寸與書法字體等;"正文"爲碑刻文字内容;"資料來源"爲碑刻内容等信息的采集來源;"備注"即整理者對碑刻的注釋説明。

四、本書所收碑刻,名稱或徑用諸文獻中原有者,或參照碑額文字和碑文内容拟定。

五、本書所收碑刻文字,不獨見於唯一來源時,互相參考,擇善而從。

六、爲方便讀者，碑刻録文均加新式標點，并適當分段。异體字、諱字、明顯錯字，在不致誤解文意的前提下，一律徑改，不出注説明。

七、原文缺字以“□”標識，所缺字數不明時標明“(上缺)”、“(下缺)”或“……”。

八、“備注”主要是對碑刻文字所涉有關人物、實物、史事進行考證補充。

001 大基山銘告

時間:北魏延昌元年(512)

地點:山東省烟臺市萊州市區東10公里大基山道士谷西南入口處路北側

規格:正書,陰刻。

此太基山内中明崗及四面岩嶺上,嵩岳先生滎陽鄭道昭掃石置五處仙壇。其松林草木有能修奉者,世貴吉昌,慎勿侵犯,銘告令知也!

資料來源:筆者2005年夏赴萊州市道士谷考察北魏鄭道昭銘刻所録,另參考〔清〕畢沅《山左金石志》卷九《鄭道昭大基山銘告石刻》;王風臣、劉虎先《我國最早的環保文告——"道士谷"摩崖石刻〈進山告示〉》,《四川環境》1995年第4期。

【備注】

1. 此摩崖石刻爲北魏一代書聖鄭道昭所刻。鄭道昭(455—516),字僖伯,自稱中岳先生,滎陽(今屬河南)人,仕爲國子監祭酒、光州(《北齊書》作"兖州",誤)刺史、青州刺史等。工書,初不甚著。清嘉道間,雲峰山、大基山諸石刻發見,遂爲包世臣、張琦、吴熙載等所推重。清葉昌熾評其書曰:"不獨北朝書第一,自有真書以來一人而已。"

2. "太基山"即"大基山",古稱掖山、東萊山,坐落於萊州市城東10公里處,海拔476.9米,爲萊州名山之一。山體呈半環狀，當中爲一深邃圓闊的谷地。自古以來爲道家所居，故俗稱“道士谷”。

3. “掃石置五處仙壇”，其實并没有構建什麽建築物，只是設置祭神的場所，并刻石爲記而已。

002 唐睿宗賜司馬承禎置觀敕碑

時間：唐景雲二年(711)

地點：浙江省台州市天台縣

敕台州始豐縣界天台山，廢桐柏宫墓一所，自吴赤烏二年葛仙翁已來，至於國初，學道壇宇連接者十餘所。如聞始豐縣人，毁壞壇場，砍伐松竹，耕種及作墳墓於此，觸犯家口，死亡不敢居住，於是出賣。宜令州縣准地畝數酬價，仍置一小觀，還其舊額。更於當州取道士三五人，選擇精進行業者，并聽將侍者供養。仍令州縣與司馬煉師相知，於天台山中，辟封内四十里，爲禽獸草木長生之福庭，禁斷采捕者。

景雲二年十月七日。

資料來源：〔明〕釋傳燈《天台山方外志》卷十四；參見浙江省天台縣志編纂委員會編《天台縣志》，漢語大詞典出版社，1995年，第798頁。

【備注】

司馬承禎(647—735),字子微,法號道隱,自號白雲子,唐代河内温縣(今屬河南)人。晋皇族之後,道教上清派茅山宗第十二代宗師。其自少篤學好道,師事嵩山道士潘師正,得受上清經法及符籙、導引、服餌諸術。景雲二年(711)唐睿宗召入宫中,詢問陰陽術數與理國之事。後來遍游天下名山,隱居在天台山玉霄峰。

003 龍鶴山成煉師植松柏碑

時間:天寶九載(750)

地點:四川省眉山市丹棱縣城西 9 公里處

規格:碑通高 220 厘米、寬 154 厘米,碑額高寬各 26 厘米。碑額小篆陰文"松柏之銘"四字。碑四周雕刻花卉圖案。碑文隸書,陰刻。

昔丁令威之成道也,頓别千年;王子晋之升仙焉,俄期十日。或乘龍馭鶴,澄神汗漫之鄉;或駕景凌虚,散彩蓬瀛之曲。乍千變以萬化,時出有而入無,滅没波水之中,逍遥烟火之上。既吐蟒而唾獺,亦起死而肉骸。是知學仙者若牛毛,得道者如麟角,繫風捕影,不亦難乎?(曲)〔自〕非相膺圖,宿命會道者,則疇能預於是哉?

粤若龍鶴山觀隱人女道士成無爲,通義郡丹棱縣人也。爾其調形煉骨,却粒茹芝。桃夭之年,已翱翔乎鳳篆;葛覃之日，備涉獵於龍章。三洞十部之尊經，包吞胸臆；赤書玉文之秘訣，靡不兼該。用能志邁恭姜，誓死不嫁，情敦和道，幼而出家。睹郍臺之變身，透波心而不怖；聞圭音之感鳳，想雲路以高騫。尋仙未果之間，乃建置祠宇，薙草開室，因高築宫，亦猶漢武之望仙祈年也。尊客湛其金色，靈衛紉其四繞，流水周於舍下，翠柏滿於山頭，接果藝竹，彌崗蔽野，凡萬有餘株。每竭日而不倦，常持齋念誦，懺洗罪痕，咒動南箕，符回北斗，玉書紀字，金簡題名，兼披閱秘囊，以祈度代。觀其形迹，察其所由，斯可謂真人不疑矣。

仙師年逾知命，而有少容，狀如世許童子，蓋還丹却老之力也。無營無欲，恒以功德爲先；不濫不貪，特以長生爲務。至於汲引四輩，救濟群生，爰泊官寮，望祀山岳，雖黄冠男子，莫能勝也。嘗恐化度之後，貪暴之徒墮其祠堂，剪其樹木，是用書情翰墨，誓彼凶嚚。倘有此流，願明神糺殛，千端不利，舉事多凶。

僕以謏才，薄嫻書記，辭不獲命，草其狀云：龍鶴山兮秀崇丘，崗隱軫兮城郭周。小有洞兮余真游，觀曲水兮繞舍流。謁聖容兮仙是求，何年代兮逢若士，何日夕兮見浮丘。願吾師兮道心固，俾松柏兮千歲留。

天寶九載歲次庚寅四月十三日建。

資料來源：萬玉忠《唐代丹棱松柏銘碑》，《四川文物》1987年第2期；又見高文、高成剛編《四川歷代碑刻》，四川大學出版社，1990年，第108頁；龍顯昭、黄海德主編《巴蜀道教碑文

集成》,四川大學出版社,1997 年,第 31 頁。

【備注】

1. 該碑爲師學撰文、楊玲書,二人事迹不詳。

2. 唐代龍鶴山建有"三宫九觀",乃成無爲、楊正見、李煉師成道處,今皆不存。成煉師,即唐代女道士成無爲,丹棱人,幼而出家,居龍鶴山修道,傳説升仙而去,故後人在此立碑以記。

004 插柳護林碑

時間:元和六年(811)

地點:湖南綏寧縣關峽苗族鄉

道旁之樹,先人栽植,以爲永遠,歇凉古樹,不得砍伐。

資料來源:張千山《綏寧護林禁碑的史料價值與文化意義》,2016 年中國(邵陽·綏寧)全域森林旅游高峰論壇。

005 黄帝陵園軒轅廟護林碑

時間:北宋嘉祐六年(1061)

地點:陝西省延安市黄陵縣黄帝陵園軒轅廟内

不畏公法之人,愚徒之輩,潑皮歹人,砍伐柏樹,毁壞建築，許諸人捉拿到官，痛行斷罪。

資料來源：蘭草《軒轅黄帝的舍地——黄陵》，（香港）《大公報》1979 年 2 月 10 日；參見倪根金《中國傳統護林碑刻的演進及在環境史研究上的價值》，《農業考古》2006 年第 4 期。

006 警人損動諸尊像及折伐松柏記

時間：元祐五年（1090）

地點：重慶市大足縣石桌鄉佛會村佛惠寺大殿左側

規格：碑高 204 厘米、寬 108 厘米、厚 17 厘米。碑文楷書。

釋迦如來滅度於今二千三十九年，其教流於中國幾千年矣。中間爲建後立宗多古復引，所斥似是而非，因以廢興而終不至於泯滅者，其教能使人愚者避惡，趨善息貪；能使人賢者悟性達理，不昧因果。是於先王致治之禮法，蓋有所補而不可一日亡也。予讀佛書，年體修行，持齋有日矣。生佛末法，不親佛會，不與勸請，去佛時遠，思作佛事而莫之能也。於是稱力復斯，以錢五十萬購所居之鄉勝地曰石篆山，鑱崖刻像凡十有四：曰毗盧釋迦彌勒佛龕、曰熾盛光佛十一活曜龕、曰觀音菩薩龕、曰長壽王龕、曰文殊普賢菩薩龕、曰地藏王菩薩龕、曰太上老君龕、曰文宣王龕、曰志公和尚龕、曰藥王孫貞人龕、曰聖母龕、曰土地神龕、曰山王常住佛會塔記龕。堂塔前後左右并植松柏及花果雜木等。

元祐五年，諸像既就，所植亦皆長茂，春時節日往往爲鄉人瞻禮游從之所。予漸老，不及見予身之後子孫智否，有能成予之智而常切護念者，因書予志，以告於人。一者，凡龕堂塔像所作示以財貨爲吝，精擇奇工，不計時日，及金彩妝繪褫每親拂拭。人或不思，妄加毁破，及癡小嬉戲，不爲告諭。二者，龕堂塔前後各十丈地，不架屋宇而專植松柏及花果者，蓋以謂屋宇之庇，經久不葺則頽弊，而松柏之茂，愈久而陰覆愈密。人或不思，妄加折伐。三者，游禮之人皆善知識，其有不善之人，肆很恃强，侵侮凌辱，或酗酒博塞，以致争競。如是三者，實非予所造像之志。苟不知所戒，則恐種福之地亦長禍根。且地獄天堂，不過一念之間，而報應分明，猶形影聲響，人所宜覺知者也。若今所造龕堂塔像，同爲愛護。龕堂塔之前後左右各十丈地，松柏喬木得無折伐。游禮之人各生歡喜心，共起慈悲行，共成佛事，以畢予志乃幸。

予本遂州潤國人，父應役小溪，因舍縣之北隅。天聖中，予九歲，父以避役居昌元。今賴川宅且病，是時小溪方買旁居人宅以廣公宇，既賣宅又聞父病，尋來寓居於此，因置古村、銅鼓、石篆莊，各種松柏數十萬餘。辛酉年，輒以三處莊均付三子，且歲貯二千斛以充齋粥湯藥之具。凡造像所廢皆其餘也。子孫勿以所付田疇園林爲不均，與今龕堂塔前後左右十丈地内松柏蒼木爲未分而折伐之，以自取禍。近歲鎮州得古鐵塔，其間造塔人名姓一一皆今時人。又今知靈泉縣傅奉議耆於長松山訟夢尋佛像，削土石上，得唐大曆年造佛像碑記亦官姓名，因略記本末，安知百千年之後不睹於此。

元祐庚午歲二月十五日嚴遜記,男駕于程驥刻石,甥遂州表白僧希晝書。

資料來源:〔清〕劉喜海《金石苑》卷三《宋石篆山佛惠寺記》;四川省社會科學院等編《大足石刻内容總録》,四川省社會科學院出版社,1985年,第310—312頁;重慶大足石刻藝術博物館、重慶市社會科學院大足石刻藝術研究所編《大足石刻銘文録》,重慶出版社,1999年,第326—328頁。參見龍顯昭主編《巴蜀佛教碑文集成》,巴蜀書社,2004年,第135頁;大足縣縣志編纂委員會編纂《大足縣志》,方志出版社,1996年,第876頁;《大足縣林業志》編寫組《宋碑今猶在　緑林何處尋》,《森林與人類》1986年第5期。

【備注】

嚴遜,四川遂寧縣人。生於北宋真宗天禧三年(1019),9歲時,隨父遷居昌元(今屬大足)石篆山。嚴遜爲一好佛居士,持齋念佛,積財造像,於石篆山之石崖上鑿石造像14龕,内含毗盧、釋迦、觀音、太上老君、文宣王孔子等造像,在大足開"三教合一"造像之先河。此碑是在造像時所撰寫,并立於寺左,勸人不得損壞造像、不要折伐松柏雜木等。

007 九溪冲護林碑

時間:崇寧五年(1106)

地點：湖南邵陽市綏寧縣黄桑坪苗族鄉

道旁之樹，先人栽植，以爲永遠乘凉之古樹，衆生不許肆意剪伐，故勒石刊碑。

崇寧五年丙戌歲次冬月衆議同立。

資料來源：林森《寨市：千年古鎮今猶在》，《邊城晚報》2012 年 9 月 13 日；又見《邵陽晚報》2012 年 9 月 20 日；《常德晚報》2012 年 9 月 27 日。

008 禁毁林告示

時間：南宋建炎二年(1128)

地點：湖南邵陽市綏寧縣博物館

此處風水寶地，先人培植成林，各團所有人等，不得隨意毁壞。

建炎二年春月吉日公立。

資料來源：熊遠帆《綏寧將建"護林碑博物館"》，《湖南日報》2008 月 6 月 12 日；參見《寨市：封山育林碑上的古代生态哲學》，《瀟湘晨報》2013 年 7 月 5 日。

009 潮惠下路修驛植木記

時間：紹興二十九年(1159)

地點：廣東省潮州市

紹興戊寅，予蒙恩將漕東廣。至潮，問途趨番禺。父老謂予曰："直北而西，由梅及循，謂之上路。南自潮陽，歷惠之海豐，謂之下路。綿亘俱八百餘里。上路重岡復嶺，峻險難登，林木蓊翳，瘴癘襲人，行者憚焉。下路坦夷，烟嵐稀遠，行人多喜由之。然猶有不便者四：自有下路以來，役保甲爲亭驛子。亭驛距保甲之家且遠，客至則扶老携幼，具薦席，給薪水，朝夕執役，如公家之吏，不敢須臾離焉，俟其行乃去。客未至則尉之弓手，巡檢之土兵，預以符來，需求百出。客或他之，則計薪芻，盡錙銖，取資直而去。民以爲苦。此其不便一也。官兵商午，魚肉百姓，編氓遠徙，不敢作舍道傍。行人無所扣閽以求水火，長堤曠野，絶無蔭樾，炎天烈日，頂踵如焚，莫可休息，渴則飲惡溪之水，其不病者鮮。此其不便二也。驛可宿，亭不可宿，日行止於三四十里，過是則投夜無所。橋道頹毁，積水不泄，春霖秋潦，横流暴漲，行人病涉，往往多露宿以待涸而後進。此其不便三也。沙汀彌望，杳無人烟，盜賊乘之，白晝剽劫，呼號莫聞，受禦者不一，而州縣莫之知。此其不便四也。"

予聞之，不覺先聲嘆息之不已。乃移檄州縣官，既同王事，安可坐視？而潮、惠之守令，皆欣然相從，與其佐同心協力，創蓋鋪驛，增培水窟，夾道植木，跨河爲梁，誘勸鄉民移居邊道。而海豐令陳光又唱增置鋪兵之説於予，而潮、惠二守深以爲然。每亭驛各差兵士以供執役之勞,而百姓之爲亭驛子者率皆罷去。俾得仰事俯育,不復有追呼之擾。予又刷上路驛鋪之冗兵,以益下路,依閩中温陵上下路各置鋪例,聞于朝廷。於是鋪兵與居民相爲依倚,道傍列肆爲酒食以待行人。來者如歸,略無前日之患。

夫世事未有不忽於因循而成於勉强,人情未有不悦於須臾而厭於持久。是役之興也,人莫不難之。今不費於公,不勞於民,幸迄於成矣。予以爲不難於始而難於終,使所種之木勿剪勿伐,因其枯瘁者復藝之;所創之舍勿拆勿毁,因其摧圮者復新之。倘歷百年如一日焉,雖經數政如一人焉,夫又何患!此予所以深有望於來者,故書其歲月以貽之。

時紹興二十九年八月一日也。

資料來源:《永樂大典》卷五三四五;参見陳香白編《潮州三陽志輯稿》,中山大學出版社,1989 年,第 76—78 頁;黄挺、馬明達著《潮汕金石文徵(宋元卷)》,廣東人民出版社,1999 年,第 94—96 頁。

【備注】

1. 碑文撰者林安宅,福建侯官人。據淳熙《三山志》卷二十八《人物·科名》記載:林安宅,字居仁。宋建炎二年(1128)進士,任紹興府新昌縣知縣。“歷檢正户部侍郎、右諫議大夫,同知樞密院事兼權參知政事,終端明殿學士。”又據《建炎以來繫年要録》卷一百七十九云:“紹興二十八年(1158)三月,安宅以左朝散郎出爲廣南東路轉運判官。”

2. 此碑刻文未見舊志及金石書著録。僅見於《永樂大典》卷五三四五《潮州府・文章》。

010 文公山護林碑

時間：淳熙三年(1176)

地點：江西省上饒市婺源縣文公山

枯枝敗葉，不得取動。

資料來源：國家林業局編《中國樹木奇觀》，中國林業出版社，2003 年，第 316 頁。

【備注】

文公山原名九老芙蓉山，因葬有朱熹的祖墳，後便取朱熹的謚號“文公”爲名，改稱文公山。傳説，南宋淳熙三年(1176)二月，朱熹由閩回祖籍婺源省親掃墓，在祖墳四周親手栽下了 24 棵杉樹。爲保護這座名山上的樹木，縣令派兵駐守嶺上，并建了積慶亭，立碑一方，上刻護林八字。現今，文公山的古杉經歷 800 多年，尚存 16 株，成爲江南罕見的古杉群，并建成縣級文公山古杉群自然保護區。

011 森報國碑

時間：宋代

地點：原立於四川省巴中市通江縣壁山龍興寺，今已毁

人有志者官植護，官衆同植，皆君子德也，行世以森報國也哉。君子有植護而緑君，國無緑不稱君也！報國之道四：一曰植，二曰修，三曰保，四曰利。賢者國之幹，優者國之規，功者國之將，利者國之緑，是皆治國之道，惟其能而行之。《詩》云"無德不報，無森不富"，况爲人者之於國乎？

資料來源：張浩良編著《緑色史料札記——巴山林木碑碣文集》，雲南大學出版社，1990 年，第 19 頁。

【備注】

碑文由宋代壁州刺史馬翔撰寫。

012 太清宫聖旨碑

時間：元中統二年(1261)

地點：河南省周口市鹿邑縣太清宫前壁東側

規格：碑高 1.6 尺、寬 2.7 尺。碑文正書。

長生天氣里皇帝聖旨：據張真人奏告：亳州太清宫主持道人每，元受令旨：使臣軍馬，宫觀内不得安下。所有栽種樹木，

諸人不得采斫,專與皇家告天祝壽。今將元受令旨,已行納訖,乞换授事。准奏。仰亳州太清宫道人每,照依舊例:宫觀内,使臣軍馬不得安下;所有樹木,諸人毋得斫伐;不選是何物色,毋得奪要。仍仰張拔都兒常切護持太清宫,令主持道衆更爲精嚴看誦,與皇家子子孫孫告天祝壽者,毋得怠墮。准此。

中統二年四月二十七日。

資料來源:馮承鈞編《元代白話碑》,商務印書館,1931 年,第 33 頁;蔡美彪編著《元代白話碑集録》,科學出版社,1955 年,第 21 頁;參見鹿邑縣地方編委會主編《鹿邑縣志》,中州古籍出版社,1992 年,第 618 頁。

013 爛柯山聖旨護林碑

時間:大德五年(1301)

地點:河南省洛陽市新安縣爛柯山王喬洞洞壁

規格:碑高 63 厘米、寬 110 厘米。碑文楷書。

皇帝聖旨里,河南、江北等處行中書省,據河南府新安縣爛柯山洞真觀住持道人孫道先狀告:本觀居係歷古神仙隱現之山,今建立爲皇家梵修之所。常有一等不懼公法人等及面生之人,前來觀内安下,仍砍伐林木,溷擾百端,道衆著言勸告,反以摭拾相争,本觀不能安業,告乞移行有司禁約事。得此照得累欽奉聖旨,節該這的每宫觀裏、房舍裏,使臣休安下者。不揀是誰,休依氣力住坐者,不揀甚麽物件休放者,鋪馬祗應休著者,地税、商税休與者,但屬宫觀的田地、水土、竹葦、碾磨、園林、解典庫、浴堂、店鋪、席、醋酵,不揀甚麽差發休要者,更俺每的明降。聖旨無呵推稱者,諸色投下先生每根底,不揀什麽休索要者,先生每休與者。欽此。今據見告,乞賜出榜,付下禁約事,得此省府合行出榜,禁約諸人,毋得搔擾,違犯須議,出榜者。

右榜曉諭,諸人通知。

大德五年歲次辛丑□□□□□兼下院洞。

洞真觀純和子孫道先立石。

資料來源:張宗子《爛柯山聖旨護林碑》,《古今農業》1999年第4期;又見范天平編注《豫西水碑鈎沉》,陝西人民出版社,2001年,第229—230頁。

【備注】

新安縣爛柯山王喬洞在元代時爲皇家園林所在。元武宗時,曾委派皇太子直接管護。

014 拓丘田封禁碑

時間:大德六年(1302)

地點:湖南省邵陽市綏寧縣長鋪子苗族鄉

吾團左邊山壟，松杉茂盛，恐無知毀壞時□，勒石刊碑，永遠封禁。

資料來源：王坤《護林碑刻的分類及其功能透析——基於綏寧縣護林碑刻的考察》，《湖南農業大學學報（社會科學版）》2011 年第 6 期。

015 兰溪口護林碑

時間：大德十一年（1307）

地點：湖南省邵陽市綏寧縣關峽苗族鄉

此處杉松茂密，屢遭不法之徒慣行盜砍……自示之後，爾等務容安守本分，痛改前非，毋得重蹈前轍，自罹法網。

資料來源：王坤《護林碑刻的分類及其功能透析——基於綏寧縣護林碑刻的考察》，《湖南農業大學學報（社會科學版）》2011 年第 6 期。

016 軒轅廟聖旨碑

時間：泰定二年（1325）

地點：陝西省延安市黄陵縣軒轅廟

皇帝聖旨制陝西等處行中書省，據道人羅德信狀告。西安路中部縣住持道人，伏爲狀告，本縣東古迹保生宫、軒轅黄帝殿宇一處，并北山橋陵一所，迄今異代，每年春秋官降錢□□□□等不畏公法之人，執把彈弓、吹筒，輒入本宫，采打飛禽，掏取雀鳥，將飛檐走獸損壞；又有愚徒之輩，潑皮歹人，賫夯斧具，將橋陵内所長柏樹林木砍伐等事，乞禁治。得此檢會到，欽奉聖旨，節該和尚先生、也里可温答夫蠻人等祝延聖壽，但屬宫觀寺院裏底田地、水土、竹葦、碾磨、園林、解典庫、浴堂店□□□揀什麼差發休要者，鋪馬祗應休著者、地税商税休與者更□□。咱每明降下聖旨，無得推稱，著諸邑授下氣力要呵，休與者，别了的人每不怕那甚麽欽□□除欽遵外，今據見告省府，今給榜文。常川張挂禁約，無得似前搔擾，如有違犯之人，許諸人捉拿到官，痛行斷罪，施行須議出給者。

右榜省諭，各令通知。

榜示。

泰定二年月日西蜀瑩明子成善璋書，白水縣樊裕刊。

資料來源：黄陵縣地方志編纂委員會編《黄陵縣志》，西安地圖出版社，1995 年，第 650 頁；又見陝西省地方志編纂委員會編《陝西省志》第 75 卷《黄帝陵志》，陝西人民出版社，2005 年，第 94 頁；寇雲龍著《千古聖地黄帝陵》，西安地圖出版社，2007 年，第 101 頁；馬家駿《豐碑座座贊軒轅——黄帝陵與軒轅廟的碑刻》，《文博》2001 年第 5 期。

【備注】

軒轅廟，亦稱黄帝廟，坐落在陝西省延安市黄陵縣城北 3 公里的橋山上，始建於漢代。廟内主要建築有廟門、誠心亭、碑亭和人文初祖殿。廟内有古柏 16 棵，其最珍貴者當屬“黄帝手植柏”與“漢武挂甲柏”。唐代正式將祭祀活動列爲國祭，并開始重修擴建黄帝陵廟。

017 關峽封禁碑

時間：明洪武二十年(1387)

地點：湖南省邵陽市綏寧縣關峽苗族鄉

事因此處水口山，乃係吾地一帶來龍去脉之所，陰陽故宅之源，如人咽喉，至關重要……求風討雨，常作萬古之靈；萬水朝宗，永作千秋之主。其地緊要，先人立有封禁碑模，屢被毀傷，情出莫奈，爲培禁古樹，保衛地方衆人六畜安寧，特勒石封禁，永垂後人。

資料來源：馬笑泉《夕陽古鎮舊時風》，《邵陽日報》2010 年 7 月 7 日；參見王坤《護林碑刻的分類及其功能透析——基於綏寧縣護林碑刻的考察》，《湖南農業大學學報(社會科學版)》2011 年第 6 期。

018 大聖壽寶積寺敕諭碑

時間:永樂十年(1412)

地點:甘肅省臨夏州大聖壽寶積寺(康樂峰窩寺)

皇帝敕諭臨洮地面大小官員諸色人等:朕惟佛氏之興其來已遠,西土之人久事崇信。其教以空寂爲宗,以普度爲心,化導善類,覺悟群迷,功德之著無間幽顯,有能尊崇其教,以導引夫一方之人去其昏迷,向慕善導,强不至凌弱,大不至虐小。息争鬥之風,無侵奪之患,上下各安其分,長幼各遂其生。同歸於人壽之中,同安於泰和之世。上足以陰翊皇度,下足以勸善化俗。興隆佛法,一切之人咸臻净樂。功德所及,豈不遠哉?

今臨洮大聖壽寶積寺特賜名曰正覺,所在官員軍民諸色人等,務要各起信習,尊崇其教,聽從本寺僧人自在修行,并不許侮慢欺凌。其常住一應寺宇、田地、山場、園林、財産、孳畜之類,諸人不許侵占騷擾。庶俾佛教興隆,法門弘振,而一方之人亦得安生樂業,進修善道。若有不尊朕命,不敬三寶,故意生事,侮慢欺凌,以沮其教者,必罰無赦。故諭。

永樂十年五月初一日。

資料來源:蘇建華《康樂西峰窩寺歷史文物考略》,《臨夏文史資料選輯》第 5 輯,1989 年,第 284—285 頁;參見《康樂縣志》編輯部《康樂峰窩寺永樂敕書史料》,《檔案》1991 年第 2 期。

019 沙泥坪禁碑

時間：永樂十七年(1419)

地點：四川省巴中市通江縣楊柏鄉

嚴禁偷竊，如有砍伐，撤示衆牌，執公呈官。

資料來源：張浩良編著《緑色史料札記——巴山林木碑碣文集》，雲南大學出版社，1990年，第48頁。

【備注】

此碑後有兩株相距5米的黄連古樹，遠視如翠傘，近觀若華蓋，盤根錯節，老態龍鐘，其中一株胸徑1.8米。

020 合衆嚴禁碑

時間：洪熙元年(1425)

地點：江西省撫州市金溪縣琉璃鄉蒲塘村

合衆嚴禁：墩埂嶺山不許竊取一枝一葉，犯者罰銀拾兩，不服者呈官究治。

資料來源：蘇群輝《五百年前禁伐令成就千年羅漢松》，《江西日報》2006年11月8日；又見譚小平主修《金溪縣志》，三秦出版社，2007年，第425頁；劉華著《百姓的祠堂》，百花洲

文藝出版社，2009年，第61頁。

021 净明寺敕諭碑

時間：天順二年(1458)

地方：北京市門頭溝區圈門西坡净明寺

皇帝敕諭官員軍民諸色人等：朕惟佛氏之典，自西域流傳中國，崇信已久。其教以空寂爲宗，以普渡爲心，化導善類，覺悟群迷，功德所及，無間幽顯。敕賜净明寺在順天府宛平縣玉河鄉大峪窑之地，係祝厘之所。兹特頒以護敕，令本寺僧衆自在修行，不許官員軍民人等侮慢，其原有山林田園亦不許諸人侵欺。如有故意生事攪擾，以沮其教者，必罪之不宥。故諭。

天順貳年叁月貳拾柒日。

資料來源：孫奎印《净明寺与敕諭碑》，《門頭溝文史》第9輯，2000年，第446頁；又見吴曉煜編纂《中國煤炭史志資料鈎沉》，煤炭工業出版社，2002年，第268頁；吴曉煜編著《中國煤炭碑刻》，煤炭工業出版社，2010年，第79頁。

【備注】

净明寺，據寺内原藏《西山净明寺修造記》記載，始建於元代，爲名僧柘溪所創。元末毁於火灾。明正統年間，由太監阮伯山出資復建。景泰年間，又得司禮太監韋遲傾囊出資擴建。

022 戒臺寺敕諭碑

時間:成化十五年(1479)

地點:北京市戒臺寺天王殿前、鐘樓西側

規格:碑高 352 厘米、寬 99 厘米、厚 27.5 厘米。碑文楷書,陰刻。

皇帝敕諭官員軍民諸色人等:朕惟佛教肇自西方,流傳東土,慈悲利濟,功德無量。故皇度賴之尊安,群迷資其覺悟。自昔有國家者,未嘗不崇奉焉。都城之西,有勝刹曰萬壽禪寺,實古迹道場,天下僧俗受戒之處。正統年間,鼎新修建,仍舊開立戒壇,導誘愚蒙,使皆去惡爲善,邇來四十餘年矣。其界東至石山兒,西至羅㕭嶺,南至南山,北至車營兒。山林、田園、果樹、土産,遞年給辦香火供獻之用。

近被無藉軍民人等,牧放牛馬,砍伐樹株,作踐山場,又有恃强勢要,私開煤窑,穵通壇下,將説戒蓮花石座并折難殿積漸拆動。司設監太監王永具悉以聞,特降敕護持之,升住持僧德令爲僧録司右覺義,仍兼本寺住持。俾朝夕領衆,焚修祝贊,爲多人造福。今後官員軍民諸色人等,不許侮慢欺淩。一應山田、園果、林木,不許諸人騷擾作踐。煤窑不許似前穵掘。敢有不遵朕命,故意擾害沮壞其教者,悉如法罪之不宥。故諭。

成化十五年六月二十二日。

資料來源:張雲濤著《北京戒臺寺石刻》,北京燕山出版

社,2007 年,第 159—162 頁;又見潘惠樓《戒臺寺禁采煤碑》,《門頭溝文史》第 7 輯,1996 年,第 210—211 頁;吴曉煜編纂《中國煤炭史志資料鈎沉》,煤炭工業出版社,2002 年,第 268—269 頁;吴曉煜編著《中國煤炭碑刻》,煤炭工業出版社,2010 年,第 80—81 頁。

【備注】

1. 國家圖書館藏有此碑拓片。

2. 戒臺寺,民間通稱爲戒壇寺,因寺内建有全國最大的佛教戒壇,故名。位於北京市門頭溝區的馬鞍山上,始建於唐武德五年(622),原名慧聚寺,明朝英宗皇帝賜名爲萬壽禪寺。

023 高樹門水尾山示禁碑

時間:弘治元年(1488)

地點:福建省漳州市南靖縣高聯村

規格:碑高 130 厘米、寬 45 厘米、厚 20 厘米。

皇明漳州府南靖縣事,懇恩給示,以全民生事。據盧政、盧舜國、户長盧偕呈稱,住居高樹門,因水尾墩後壁林崎頭坑,長□凹,□頭凹,四圍風隙,有關風水,祖培植什木庭蔭,歷掌三百餘載無異。但因鄉豪往常盜砍,凹□□現不堪□□,已經查辦。□張爺呈准,給示嚴禁,慮恐法久□弛,謹字永垂勒石,合嚴明禁,此後毋得仍前欲行盜砍。倘頑抗砍運不遵者,糾解送□官治懲。該水尾山留蔭什木憑圳爲界。

弘治元年三月日，鄉衆盧□立，□□鄭□同立。

資料來源：江清溪主編《南靖石刻集》，海潮攝影藝術出版社，2007 年，第 173 頁。

024 獨秀山記碑

時間：弘治十一年(1498)

地點：浙江省寧波市海曙區中山公園獨秀山清凉洞洞口

規格：碑高 32 厘米、寬 123 厘米。碑文正書。共 59 行，滿行 15 字。

四明古郡也，去城西□□□□有山曰四明，唐取之以名□，即今寧波府也。皇帝之元年，印綬監太監張公受安遠之寄，出鎮兹土，十易寒暑矣。遠人服來，率民悦和。公謂州以山名，而城中皆平地，四時之景無所於觀，名與實弗稱。乃相廨宇之西隙地之間，聚石以爲之山，横六丈，縱視横居半，高得五分縱之三。周迴群峰錯峙，俯者、仰者、向者、背者，若奔、若蹲、若倚、若斗，左右二小嶺繞出，其巔構亭於中，以適意匾之。下有清凉洞，可坐八九人，盛夏陰風颯然。直洞南北各一池，池産瑞蓮、金鯽，環池植怪松蟠檜，旁帶茂林修竹，晴波蕩影，勢欲□□。洞北古梧兩株，青翠濛濛。跨梁北池，至樂壽軒，軒後築牡丹臺。

經營凡兩月，雖假手於匠氏，然規制之奇，安厝之固，皆公心思目力所到，若天造而地設者也。石取於荒野廢瀆間，有主者以物易之，工食之費出自廩粟之餘，一不擾於人。既成，號曰獨秀山。自有宇宙來幾千萬年矣，忽焉突兀見此山於舉目之頃，與彼所謂飛來峰者同一觀也。郊外諸山遠莫能競一方之秀，於是乎專名與實稱焉。公喜甚，置酒樂壽軒，召嘗所延接居閑者六人以落之，郎中金亮、僉事俞澤、知府盧璃、員外郎嚴端、主事袁孟悌洎洪六人也，酒酣登山，坐適意亭，興與景會，萬慮冰釋，不知弱水之外，方壺之境。果異於此否乎！公曰："宜有刻也，子其爲我記之。"

竊惟公以腹心貴臣久侍闕庭，其於大内之雄觀，西山之勝概，厭飫之矣。今乃若有未足焉者，何哉？蓋公之所主者静也，政務之暇，日以觀□自娱，絲竹之音，綺麗之戲未嘗一涸於耳目。然静久則氣滯，氣滯則神怠，必有游觀之所，高明之具，使之清寧平夷，外適内和。静而動，動而静，攝生之術，不外是矣。《傳》曰："知樂者水，仁者樂山；知者動，仁者静。"非公孰能體之？聖天子宵旰致理，故舊不遺，行當召還以握機務，使仁知之澤被於天下，固吾輩之所望也。公能久爲此山留耶？後之繼公者，謹加保護，勿致摧剥，庶不負公之用心也。公名和，福建之政和人。

大明弘治十一年春三月吉旦，賜進士出身亞中大夫廣東等處承宣布政使司左參政夢軒歸叟郡人劉洪撰。

資料來源：章國慶、裘燕萍編著《甬城現存歷代碑碣志》，

寧波出版社，2009年，第37—38頁；又見寧波市地方志編纂委員會編、俞福海主編《寧波市志外編》第二輯，中華書局，1998年。

【備注】

劉洪，字文裕，寧波鎮海人。明景泰五年（1454）進士，授兵部主事，積才升武選郎中。弘治十一年（1498）升廣東承宣布政使司左參政，尋落職歸，後居月湖，與諸耆舊飲宴唱酬。

025 太和山山場敕諭碑

時間：嘉靖二十六年（1547）

地點：湖北省十堰市丹江口市官山鎮鐵爐村碑埡處

規格：碑高約148厘米、寬91厘米、厚14厘米。碑文楷書，陰刻。共17行，滿行33字。

皇帝敕諭官員軍民諸色人等：朕惟大岳太和山，乃朝廷崇奉玄帝香火之所，顯迹靈應，赫然鑒臨。上以佑護皇家，下以福庇生民，歷代以來率加尊奉。我祖宗朝鼎建廟宇，典禮加隆。兹山盤礴八百餘里，中間宫殿、祠宇，遠近錯列，俱當衛護。先年已嘗降敕，立有重禁，奈閲歲既久，人多玩愒。近該提督太監王佐奏稱：邇來各處流民潛住本山，及附籍軍民，擅伐林木，起蓋房屋，開挖山場，任情住種，往往觸犯禁例，好生不畏法度。除有先朝明旨具在，特此申明敕諭：凡一應附近軍民諸色人等，敢有仍前肆行砍伐、住種、樵采，及有司官員敢有偏徇，故縱奸人歹行擾害的，許提督官具實奏來，重治不饒。仍令有司查照先朝山場四至，置立石碑，開列明白，永爲遵守。其提督官務要嚴飭下人巡邏護守，虔潔香火，以稱朕崇玄事神之意，亦不許怠慾生擾。故諭。

嘉靖二十六年十一月初十日。

东至冠子山，西至鵶鶘寨，南至麥場凹，北至白廟兒。

資料來源：陶真典、范學鋒點注《武當山明代志書集注》，中國地圖出版社，2006 年，第 330 頁；又見張華鵬等編《武當山金石録》第一册，丹江口文化局，1990 年，第 73—74 頁；張良皋主編《武當山古建築》，中國地圖出版社，2006 年，第 196 頁；張華鵬、張富明著《武當官山文明》，長江文藝出版社，2011 年，第 136 頁。

026 雁門關退草還林聖旨碑

時間：嘉靖二十八年(1549)

地點：現存山西朔州市崇福寺，原見朔州市城區王化莊村南堡梁

規格：座高 160 厘米、寬 100 厘米。碑文楷書，陰刻。碑額刻“聖旨”二字，碑文首題“雁門關”三字。

欽差整飭雁門等關兵備、山西等處提刑按察使楊，爲修理

關隘、設重險以固疆國事。抄蒙欽差提督雁門等關兼巡撫山西地方都察院右都御史蘇,欽差總督宣大偏保等處地方軍務兼理糧餉、都察院左都御史兼六部左侍郎翁,案驗俱準。

兵部咨:嘉靖二十七年四月十一日,本部尚書趙等題。奉聖旨:雁門、寧武二關,東西十八隘口,一切禁山,地土退草還林。年久居民,聽其安住,應該征糧,查册處分。禁山事例,責成提調官往來巡視,禁緝砍伐耕墾事宜。刻石隘口,以示永久。每年終,將終遣過犯禁軍人、參劾過官員,具奏各長史司,啓王知會。口北、應、朔、渾源、山陰、馬邑等處,如果禁山内有征糧田,備行大同巡撫衙門,查册處分。各府争占地土、禁山居人,悉照奏内事理施行等因。蒙此合行刻石,曉諭禁約。今後一應人等,敢有擅入禁山砍伐林木、耕墾地土,參將、守備、守口等官即便擒拿解道,問發南方烟瘴地面充軍。各官容情故縱者事發,一體參奏,治罪不恕。

須至榜者,委官崞縣縣丞爲條陳邊備事官,以備答聖心事;抄蒙欽差整飭雁門等關兵備、山西等處提刑按察司副使王案驗。

欽差提督雁門等關兼巡撫山西地方、都察院右副都御史東,批該本道,呈前事、踏勘明白,四至分明,本道册備田帖爲照;蒙欽差管理三關、整飭兵備、提調倉糧、山西按察司副使賈案驗。

蒙欽差提督雁門等關兼巡撫山西地方、都察院右佥都御史王,批該本道,呈前事,差委官崞縣汪知縣、振武衛千户張明溿踏明,本道有卷存證,地土照舊管業;又蒙巡撫山西監察御史姜，批該本道，呈前事，委代州張同知、千户許印踏明，盉立圖樣，四至分明，東至龍門寺，西至張存，南至山根，北至山根，本道卷案存證。

嘉靖二十八年歲次己酉丁卯辛丑吉旦立。

太原左衛後所總旗：陶奉。識字：張經。

小旗：賈侃、劉文侯。

振武衛鄉導軍人：□□、粟思順、王林。

資料來源：張正民、〔英〕科大衛主編《明清山西碑刻資料選》，山西人民出版社，2005 年，第 1—2 頁；又見李堯主編《朔州歷史文化研究文集》，三晋出版社，2013 年，第 207—208 頁。

027 後石塢禁約碑

時間：隆慶六年(1572)

地點：山東省泰安市泰山南天門景區修整後石塢元君廟

總理泰山□□□□□□□□判王爲禁約事。照得泰山古聖賢登臨之地，縉□□□□□□□繹罔絶，以其名之重也。况黄花洞爲□□修真之□□□□□□□焚修，亦同兹念者也。近訪得無籍棍徒窺視(上缺)洞曠野□□□□□□心，騷擾侵害，艱阻善念，深可痛惡。除已往不究(上缺)山柴。四至界分，東至□棚，南至澗南崖，西至跌(上缺)。道姑王崇泰等照舊斫割，以爲焚修之資，敢有(下缺)害者，許道姑報知泰山巡邏官并民壯,地方人□□□□□□□□□憑問究,禁治不恕,□□告示者。右仰知悉。

〔隆慶六〕年柒月十日告示。一新(下缺約八字)稟究重治,焚修道姑王崇泰、單教雲□□蓬孫徽玉。

資料來源:孟昭水校點、集注《岱覽校點集注》,泰山出版社,2007 年,第 521 頁;又見李傳旺、張用衡著《泰山景觀全覽》,山東畫報出版社,2009 年,第 331 頁。

028 望高山禁諭碑

時間:萬曆七年(1579)

地點:福建省漳州市龍溪縣望高山

漳郡之山來自天寶,至望高突起,再伏而起爲諸峰,又數起伏衍爲平原,而郡治在焉。望高山後一綫,實漳郡來龍之正脉也。向年開掘有禁,遮陰有樹,邇來禁馳民頑,日斫月削,凹爲坑塹。適與郡丞二思沈公譚及之,公慨然曰:"是可視弗禁耶?"爰出教:"山麓有仍開掘者,罪無赦。"及斥羨金,募工役,視凹之廣狹加填築焉,不旬日而岡平如故。先是,龍溪尹繼川范侯力贊其事。事既竣,於是請紀之石,以垂勿壞。

資料來源:〔清〕吴宜燮修,黄惠等纂《乾隆龍溪縣志》卷二十一《雜記》,上海書店出版社,2000 年,第 303 頁;參見陳進國

著《信仰、儀式與鄉土社會——風水的歷史人類學探索》，中國社會科學出版社，2005 年，第 553 頁。

【備注】

《乾隆龍溪縣志》卷二十一載："白塔（山），即今望高山，叢冢累累，勢難遷改，而郡民又於山後取土，傷陷龍脉。萬曆七年蔡中丞文白貳守沈植嚴禁之，立石爲禁諭碑。"可互參。

029 大侖山護林碑

時間：萬曆十四年（1586）

地點：原置福建省厦門市同安區新圩鎮金柄村後的大帽山腰，現移置金柄村黄氏宗祠内

規格：字幅高 55 厘米、寬 50 厘米。碑文隸書，陰刻。

林木有阻風、儲濕、固壤之奇功，寶也！大侖盡木皆護，毁者非吾族人矣。

萬曆丙戌年。

資料來源：厦門市政協文史和學習宣傳委員會編《厦門摩崖石刻》，福建美術出版社，2001 年，第 207 頁；又見羅才福主編，厦門市文物管理委員會、厦門市文化局編《厦門文物志》，文物出版社，2003 年，第 84—85 頁；荷緑《碑刻輯録》，《同安文史資料》第 28 輯，2011 年，第 145 頁。

【備注】

1. 大侖即大侖山，在厦門市同安區。

2. 碑文爲著名理學家黄文照(1556—1651)所作，參037《祖林垂示碑》。

030 南澳山種樹記碑

時間：萬曆二十二年(1594)

地點：廣東省汕頭市南澳縣深澳天后宫右側

規格：碑高225厘米、寬96厘米。

聖明御宇，四海熙恬，皇風沕穆，無遠弗屆。其綦隆之治，即殷周盛際，蔑以尚之。惟東南一隅，去輦轂萬里，重溟浩瀚，渺無津涯。外鄰諸島，夙稱要荒，而南澳一山，則又蜿蜒磅礴，亘數十里，屹然起巨浸中，介閩粵閏餘地，爲諸夷貢道所必經，萑苻弄戈所出没處也。先是，許、吴二土酋竊據爲穴，流毒海濱，致奉天討而擒獮之。萬曆丙子歲，荷聖天子睿斷，采内外經略諸臣議，設重鎮而控扼焉。於是樹兵列艫，海防肅矣；崇壘深溝，城守固矣；墾田構室，民趨衆矣。昔之鯨鯢作祟，今則海波不揚，而爲商旅之坦途矣；昔之狐鼠恣睢，今則截芟載柞，而爲生民之樂土矣。豈不杰然稱東南一大關鑰，而有裨我國家金甌之固，疇曰鮮小乎哉！

萬曆癸巳冬，余奉命出守兹土。將渡澳城，至中流而騁目焉，乃金山巀嶪，雲蓋插天，屏障迤邐，左右環繞，遂喟然嘆曰：

"美哉形勝乎！第惜彼其濯濯也。"既渡而周覽焉，又喟然嘆曰："佳哉風土也！第惜彼其乏材也。"迨任後，再閱月，乃一日公暇，命駕往焉。既陟在巘，復降於原，諦視熟審，慨然思曰："古人有謂種樹之術類爲政，余今得請事斯語矣。"時標下漳州衛指揮侯子銳、澄海所千户袁子慶臣、潮州衛鎮撫楊子汪咸在焉。余因召而謂之曰："澳中佳山，土膏最良，豈不有蓄材之法，若《詩》之所謂'樹之榛栗，椅桐梓漆，爰伐琴瑟'，以豫他日之用者乎！又豈不有種植之方，若郭橐駝所謂'蒔之若子，置之若弃，以順其性，以蕃其生'者乎！又豈不有芻蕘者往，斧斤時入，若子輿氏所謂'材木不可勝用'者乎！蓋自拱把而養之合抱，出自萌蘖而馴致干霄，此有待而成材者，非假之數十年及數百年計不可也。若曰急利於目睫，商功於尺寸，則余説窮矣，又何能施諸今日耶！"三子皆唯唯是余言，相率而前揖曰："是得其道矣。"庸是捐廩餘，購松苗四萬，杉苗三萬有奇。命三子督各營卒，分布於城後暨左右各山麓，皆遍植之。

是役也，借力於士卒，則人衆而易集；以義而役衆，雖勞而不怨。又况此一種樹也，工不終日而利溥百世，夫誰不樂趨，又誰曰余之迂哉！時歲在甲午春王正月穀旦也。三子因請余志其時日，以告後之同志者，良厚意也，遂於是乎書。

欽差協守潮漳等處地方副總兵官前奉敕提督薊遼保定山東等處防海禦倭中軍都督府署都督僉事陳璘立石。

鎸刻匠翁柱。

資料來源：南澳縣地方志編纂委員會編《南澳縣志》，中華

書局,2000 年,第 682—683 頁;又見譚棣華、曹騰騑、冼劍民編《廣東碑刻集》,廣東高等教育出版社,2001 年,第 309—310 頁;參見〔民國〕陳梅湖總纂《南澳縣志》卷二十二《藝文下》,《韻古樓叢書》第五種,2007 年,第 340—341 頁。

031 仙峰岩記石刻

時間:萬曆二十五年(1597)

地點:福建省漳州市漳浦縣仙峰岩前一緊挨路邊的崖石上

規格:碑高 210 厘米、寬 133 厘米。

進士及第資政大夫南京禮部尚書前禮部右侍郎兼翰林院待讀學士□會魁□□副總裁國子監祭酒姻親林士章頓拜撰。

岩居吾浦之浯江海雲山麓,族而聚居家之,生世世業儒術,至嘉靖辛卯秋叔父竹溪公與徐龍泉老先生同領鄉薦,上公車,壬辰春同登進士,後廿□地元重任題後經□□老□吾所稱與重大都海雲靈秀所鍾,不獨然也,而□吾浦龍山鹿水之何别,天下其將所□衆投生科第□難必有冠漳郡意得□不大都梁山所鍾秀遠又不仍□也。余□□徐遠眺仙峰之形架,知其山之神之壯之也,□最也□□□□之業□□□也致欲歸此山之人處。未幾廢舉子業,伏□中秋書□於□窗二十餘年。

聖天子賜□□里乃□一室□漳□水之北遂□□□□□□□□□□□□□□□□今□□□□□□午□□□□□□□仙峰

□□□□□□□□見其□田置□□□□□□□□□□□□□人□□□□其子□□世□□此應曰□之向□官夫□□□□□□□□□□□□□□□□□□□□□□□□也□曰□之□□□夫□徐□一公子業已且道其山延袤數里許□□已三世□□矣□曰夫非君住祭徐□□□是晚曰至家恩於仰正堂方就□郡魁林氏典長小願□家也，以外兄弟□□男女老□至願遂偕小□至仰止堂謁今余望仙峰勝架訊之果是□林氏承□翁淵□帶米山業也，越明□□訪余而以其家所藏仙峰圖示余，則有華□峙其東北，卓筆起於西南三台於其命脉，海雲拱揖，南山擁翠，巍峨峻極，通□□山余田奇哉山也，蚤在吉日中矣，與爲道其遠大，人時在數歲幼以特揖□□□□□□□道其誰者混其得者乃出□也□□諸□□縣座□□□□□□□□海道張公□思□□其東至峰林嶺，西至林家口，南至溪，北至水分流，爲界照契，不許鄉民盜砍其山木□其十土□照契。

□□□□照成□□□□□□□□□而吾佳婿已費錢百金矣，余姻公□□□□□山在嘉靖十五年歲次丙申而今丙申歲余復焉之□識此山門吾住□□□□□此山之靈秀所鍾果龍泉公與余前後相與以有□□□□□道耽喜□談。余曰：□承大人命謹知所守或林竅藉山靈中之而門與今代□異日□□栖此爲□城□。余曰善。乃爲之志云。

萬曆二十五年歲次丁酉二月谷辰刻石，晟鼎楊□梭曜拜書。

□官生南京督府事士林汝楷□□士南京吏部郎中林汝紹同志□□□□□□□□□□□陰家許土永□□□□□□弟黄□

合林平□□□□又志。

資料來源：王文徑編《漳浦歷代碑刻》，漳浦縣博物館，1994 年，第 40—41 頁。

032 置地守林記碑

時間：萬曆二十五年(1597)

地點：山東省濟寧市曲阜城南孟子林

規格：拓本高 203 厘米、寬 171 厘米。題額“大明”，左右有龍紋飾。碑文楷書。共 16 行，滿行 36 字。

孟父母之墓，其來舊矣。厝基於縣北二十里馬鞍山之下。先是，宋仁宗延和三年追封亞聖公，因推原所自，并封其父爲邾國公，母爲邾國宣獻夫人。廟祀配享，神休永賁。猗歟榮哉！九原爲不泯。但自立墓以來，垣墉堅固，樹木森蔚，斧斤毋侵，牛羊毋踐，氣象嶷嶷。凡往謁兹墓者，咸謂神獲所栖，可與宇宙同不朽，即予亦切景仰久矣！

及職兹土，拜謁其墓，見墻則傾圮矣，木則殘毀矣。詢其故，則曰：“先曾設有看林門子一名，編給工食。後萬曆十六年，前任知縣王公諱自謹者徑裁革之。看守無人，以致墻垣坍塌，林木漸侵漸伐，雕殘殆盡。”予嘆曰：“忍令神失所依若此哉！伊誰之責？”〔於〕是博士孟君諱彦璞者，即懇予復兹役。予則曰：“既革而復，尚費申請，又安知後之不復爲王君者哉？

不如置數畝膏腴之地，令人看守，更爲永且久。”孟君曰：“然。”

予於是捐俸買地二十畝，給帖佃種。一切租税差役悉爲蠲之，止令看守林墓。此地設而膳食有資，看守不致乏人。樹木從此日培植，垣墉從此日修築，一切牛羊斧斤莫復敢侵伐，庶幾神靈賴以永妥。

兹舉也，寧獨守土者之心安哉？即亞聖公雖墓葬於四基山，精神常與父母𠱠。即今父母之林有所籍以看守，而亞聖公之心亦安矣。予非敢侈兹役，但仰慕先賢則爲尊崇所自出，亦予事也，予責也。敢記之，以備後考云。

萬曆二十五年歲次丁酉十月吉日。

賜進士第知鄒縣事青陽王一楨立。

資料來源：劉培桂編著《孟子林廟歷代石刻集》，齊魯書社，2005 年，第 265—266 頁。

【備注】

1. 碑今已毁。文録自孟府藏原石舊拓。

2. 劉培桂考證云：碑文首段“宋仁宗延和三年追封亞聖公……”句有多處錯誤。一是宋仁宗無“延和三年”，二是宋仁宗未曾“追封亞聖公”，三是追封孟父孟母亦非宋代事。正確的史實是：宋神宗元豐六年(1083)封孟子爲鄒國公，元仁宗延祐三年(1316)封孟子父爲邾國公、母爲邾國宣獻夫人，元文宗至順元年(1330)加贈孟子爲鄒國亞聖公。

033 禁礦祛弊記碑

時間：萬曆二十六年(1598)

地點：福建省三明市永安市

自邑有鐵貢額，射利者每藉以滋蠹，不知額有常數，啓有常所，即所以冶，緣數以貢，孰云不宜？且公移云："毋毀墳墓，毋壞田疇。"重民計也。今射利者不念，惟私是逞，察其可入，始焉啖之以細，乘其間隙，遂號召丁夫，江海可塞，丘阜可平，至鋤夷其葬骴，踐蹂其植穗，挖損疆土，所經爲墟，罹毒小民，無由控白，可嗟極矣！

玆者蓮花山之東爲邑治祖脉，其小幹自白水漈過，行散爲二十八都東西洋、北坑、北峽、虎溪、洪坑、黄獅坑、黄村洋等鄉。前畬屏風山等處，爲廬舍千烟，爲民數萬計。昔曾經興造者欲沿此啓挖冶礦，以數鄉民課正，舊迹尚存，山靈無恙。今春冶場又欲圖爲啓取，鄉衆合議，集里老陳永福等連僉赴縣控訴。君侯乃單車至其地覘之，果屬有干地脉，訴牒不虚，禁永不許啓取。

衆思利之所在，欲趨者多失，今不爲長慮，誠懼朵頤窺何，投間竊發。則今日君侯一念仁民公心，奚以垂諸久遠？於是福等謂中爲同都子民，且熟知地宜，共徵一言爲記，且以志侯至仁，覃被八鄉民庶草木命脉於深長也。昔商聖一夫不獲，引爲己辜；今君侯啓礦一禁，所繫千萬民命，其可繹思當無窮已。余故不辭，叙其事，不計其言之俚，復録之以銘，銘曰：

諮冶鑄兮規巨利，驅丁夫兮日萬簣。截地脉兮峋嶁陂，地脉傷兮庶命斃。籲攸塈兮察真戾,臨荒僻兮開高睇。伸衆志兮神君惠,惠澤流兮千百世。

時萬曆戊戌仲秋吉旦,鄉民陳永福等立石。

資料來源:〔明〕蘇民望修,〔清〕陳廷樞纂,樊躍旭等點校《永安縣志》卷九《藝文志》,方志出版社,2004 年,第 294—295 頁;參見陳進國著《信仰、儀式與鄉土社會——風水的歷史人類學探索》,中國社會科學出版社,2005 年,第 709—710 頁;陳名實、鄭本暖《福建省古代碑刻中有關水土保持的鄉規民約》,《亞熱帶水土保持》2007 年第 2 期。

【備注】

撰碑文者乃邑人蕭時中,嘉靖三十七年(1558)進士,知江西安仁縣,爲政有聲,勤於課士。隆慶間,任廣西興業縣知縣。官至荆門知州。萬曆間,參修縣志。

034 仙岩寺松木記碑

時間:萬曆二十七年(1599)

地點:浙江省温州市甌海區仙岩鎮聖壽禪寺碑廊内

規格:碑高 162 厘米、寬 83 厘米。青石質。碑文楷書,陰刻。正文 18 行,滿行 37 字。碑額篆刻“仙岩寺松木記”六字,周邊飾卷雲紋。碑座高 50 厘米、寬 123 厘米、厚 50 厘米。

仙岩寺爲甌郡名山寺，嘉靖丙申、丁酉間，傾圮已盡。壬子，予同長公西華始招僧道熹舉廢。自伏虎門至梅雨潭，夾徑俱手植松木，至己未，稍稍就緒，詳載志中。壬戌，予成進士，宦游於外十五年。萬曆丁丑東歸，更加修葺，寺前寺後山俱種松秧。乙酉，瑞邑令海虞章公珍川移建止齋祠於積翠峰下。戊子，予捐資命僧慈熙改建沙門，西向起蓋兩廊，妝修佛像羅漢湧壁。己丑，築華陽精舍於東房。明年築茹芝館於西畔。今入寺，周圍林木蓊鬱，殿宇莊嚴，且栖息處幽雅可愛，予每過輒憩其間。計經始以迄於今四十有八年矣，勞費不貲，始克完美，皆西野侄贊成調度之力也。爰念當初創造之艱，封殖之勞，因識其年月并命僧將手植松木計數，勒石以垂永久，後僧有妄損一枝者，執此呈究。

伏虎門至虎溪橋：松樹三十六株、柏樹四株、棠梨樹一株、樟樹三株、鐵色木一株；虎溪橋至沙門：松樹六十二株、楓樹二株、樟樹九株；沙門内：樟樹四株、松樹五株；土地堂至精舍前：松樹二十九株；精舍前至仙源門：松樹二十六株；仙源門至嘉樹台：松樹十株；流觴亭至蓮池岸：松樹十株、樟樹四株；翠微嶺至梅雨潭：松樹十株、樟樹四株。

其夾嶺多雜木。寺前寺後山上所栽松樹，永垂蔭映，不許妄動，其樹下柴草，供寺僧炊爨。

萬曆己亥春正月暘谷老人記，時年八十三歲。

王堂鐫。

資料來源：吴明哲編《温州歷代碑刻二集》，上海社會科學

院出版社,2006年,第673—674頁;又見俞光編《温州古代經濟史料彙編》,上海社會科學院出版社,2005年,第222—223頁。

【備注】

碑文由明代學者王叔杲撰。王叔杲(1517—1600),字陽德,號暘谷,今温州龍灣區永昌堡人。出身文學世家,少年時從季父王沛辦鄉團,築永昌堡,抵抗倭寇。嘉靖四十一年(1562)進士。官至蘇松常鎮四郡兵備副使。年六十,辭官回鄉,優游林下二十餘年,著有《玉介園存稿》。

035 護林題刻

時間:萬曆二十八年(1600)

地點:廣東省清遠市清城鎮飛來寺禪堂後

規格:碑高130厘米、寬40厘米。碑文楷書。字徑18厘米。

南海陶虞臣題:

岩泉偕樂,薪木勿傷。

萬曆庚子仲春。

資料來源:曹騰騑等編《廣東摩崖石刻》,廣東人民出版社,1998年,第154頁。

【備注】

陶大臨(1526—1574),字虞臣,號念齋,浙江會稽人。兵部左侍郎陶諧之孫。嘉靖二十八年(1549),鄉試中舉。嘉靖三十五年(1556)榜眼,歷任翰林院編修、翰林院侍讀、南京國子監祭酒、詹事府少詹事。明神宗繼位後,升爲吏部侍郎。卒後贈吏部尚書,謚文僖。《〔萬曆〕紹興府志》卷四十一有傳。

036 鳳凰山泰山行宫禁山碑

時間:萬曆三十年(1602)

地點:山東省淄博市博山區鳳凰山泰山行宫

規格:碑高70厘米、寬98厘米。碑文楷書。

青州府捕盜廳趙,爲定廟禁采伐木守行宫事。勘得鳳凰山接泰山之脉,爲顔神鎮少祖山,擬建泰山行宫於鳳皇阿中,以受四方香火,以福蔭斯民。即捐俸金爲士庶倡,不期年而大工克就,足驗山有靈而人有神矣。因思建廟,本以佑民也,而有基不拓,非所以衛廟也。乃踏得鳳皇阿,東至孝婦河,南至神頭西峪,西至團山東嶺,北至峨嶺南峪,四至俱山根脚下,周圍參差不齊爲界。四至中凡有樹株,宜遂生長,克行官用,居民敢有牛羊作踐、斧斤砍伐者,廟主呈官,枷號重責,賠償問罪。

顧廟主不可徒委於無根之道人與坐待之廟户,又思經營籌度,出納捨施者,儒官張堯封也;相理地宜規畫廟宇者,廪生趙祐也;晝夜勤勞督工任怨者,壽官王鏁也;助其不給、佐其不逮者,壽官王積也。此四人均有功於行宫,當爲斯廟主,其一切看守人役,修理廟宇,長養材木,悉聽四家主張,勿得冒濫雜進,以致廢弛。理合給帖鎸石,以便永世遵守。

萬曆三十年五月吉旦立石。

資料來源:筆者赴山東省淄博市抄録。

037 祖林垂示碑

時間:萬曆三十年(1602)

地點:福建省厦門市翔安區新墟鎮金柄村黄氏大宗祠内

規格:碑高 102 厘米、寬 52 厘米、厚 9 厘米。花崗岩質。碑文楷書,陰刻。共 5 行,滿行 10 字。

始祖肇綸公手植香樟樹林,乃造福通族之勝迹,子孫世護勿毁。

大明萬曆三十年歲次壬寅冬月,裔孫文照敬立。

資料來源:何丙仲編著《厦門碑志彙編》,中國廣播電視出版社,2004 年,第 453 頁;又見荷録《碑刻輯録》,《同安文史資料》第 28 輯,1988 年,第 144—145 頁。

【備注】

碑文由明代理學家黄文照(1556—1651)撰。《翔安文史資料》(2005 年)亦收有該碑資料,但誤繫年於萬曆二十八年。

038 封山碑

時間:萬曆三十三年(1605)

地點:山東淄博市石馬鎮東石村五陽山吕祖閣璇門北側

明萬曆三年楊九齡封山。

資料來源:淄博市政協文史資料委員會、博山區政協文史資料委員會編《淄博石刻》,1988 年,第 141 頁。

【備注】

1. 碑立於藏龍隙旁,又稱"藏龍碑"。

2. 按當地碑碣記載,五陽山楊家樓乃明代楊九齡及其先人蜷居之屋。楊九齡在此封山造林,使五陽山林木繁茂。

039 松柏碑

時間:萬曆三十六年(1608)

地點:陝西省延安市甘泉縣雨岔鄉雨岔村附近已荒廢的靈掌寺前

規格：碑高191厘米、寬72厘米、厚 青石質。題“松柏碑記”四字，篆書。碑文楷書。

延安府爲禁約事。看得安塞縣靈 大樹，自唐宋以來栽培久矣。神依於樹，豈宜砍伐 者，妄意私用，灾禍不小。擬合禁約，爲此仰本寺 示之後，務要虔心看守，但有勢豪人等欲來采打 憑重究施行，須知告示者。

右仰知悉。

萬曆三十六年九月二十二日給。

告示一正。

資料來源：甘泉縣地方志編纂委員 縣志》，陝西人民出版社，1993年，第633頁；又見 協商會議甘泉縣委員會文史資料委員會編《甘 》第5輯，2005年，第79頁。

【備注】

碑文由兩部分組成，前部分爲通告 部分記載了發布通告的歷史背景等内容，今略。 的延安府所立。

040 永禁不伐碑

時間：萬曆四十年(1612)

地點：安徽省六安市舒城縣宋氏一世祖祖山

規格：碑高 83 厘米、寬 50 厘米、厚 13 厘米。砂石質。碑額刻“永禁不伐”四字。

宋□□三分祖塋。

萬曆四十年冬月吉日合族公立。

資料來源：佚名《舒城縣發現一塊明代禁碑》，舒城縣文廣新局編《工作動態》2011 年第 26 期。

【備注】

碑右爲三條針對毀樹的處罰措施，失録。

041 嶂石岩封疆記碑

時間：萬曆四十四年(1616)

地點：河北省石家莊市贊皇縣嶂石岩風景區圓通寺

規格：碑高 170 厘米、寬 58 厘米。青石質。

贊皇西界爲嶂石岩，十年前曾至，其地有蒼松靈乳，遠望梵宇畫橋落在天半，是亦塵世之蓬壺也。近歲有無行僧獻之臨境有力者，朝廷疆宇等於弁髦，不法爲甚。文學會曾三省、王達抱公憤訟之官，縣令王公嚴治斷還，存有案。未幾，棍徒輩欺其孤遠，將合抱之木私自斬伐。夫不盜山而盜木，亦盜也,可恨哉。

往事已矣,嗣後若私自獻賣,責在住持;知而不舉,責在地方保甲;坐視而不出力,責在鄉士大夫;莅兹土者任狐鼠爲奸,損失疆界而不問,則所司何事,責在守土官長。今恐歲久湮没,因勒數語於石,犯者録此究治,亦庶乎其可戢也。

萬曆四十四年歲次丙辰□□吏部文選清吏司郎(下闕)。

資料來源:河北省贊皇縣地名辦公室編《贊皇縣地名資料彙編》,1983年,第254頁;參見甄民一主編《贊皇縣志》,方志出版社,1998年,第529頁。

042 泉州府告示碑

時間:萬曆四十六年(1618)

地點:福建省泉州市安海鎮靈源山靈源寺山門東

規格:就山岩鑿出。高160厘米、寬130厘米。圭首碑形。碑額刻“泉州府告示”,楷書,横排;正文楷書,陰刻,共13行,滿行25字,字徑6—7厘米。

泉州府爲給禁示杜害事。據吴選狀告稱:義父吴鄉官有祖墳二首,一葬在靈源寺西,東至路,西至路,南至□□□,北至洞仔;一坐在靈源寺西牛嶺山,東至路,西至山脊處,南至龔宅山,北至嶺,界限明白,植蔭數千。近被附近居民乘父宦选,累肆侵剪,愚民視爲利藪,公行旦旦之斧斤。奸民懲□□圖冥冥之風水，痛深水火，害切膚身，懇乞給示嚴禁等因到府。看得墳塋樹木乃係遠蔭風水，附近居民乘機累肆侵剪，情甚可恨。本當查究，姑記出示嚴禁。爲此示仰附近居民人等知悉：凡係吴鄉官墳塋界内草木生枯，不許擅行侵伐，亦不許縱放牛羊踐害。如有不遵，許社首及墓客指名呈報，告提究罪，枷號示懲，决不輕貸。須至示者，右仰知悉。

萬曆肆拾陸年正月廿二日給。

仰該地方社首常川張挂曉諭。

資料來源：粘良圖選注《晋江碑刻選》，厦門大學出版社，2002 年，第 58—59 頁；又見鄭振滿、〔美〕丁荷生編《福建宗教碑銘彙編·泉州府分册》（上），福建人民出版社，2003 年，第 168 頁。

【備注】

吴鄉官，即吴淳夫。吴淳夫（1572—1629），號猶三，泉州晋江靈水村人。萬曆三十八年（1610）進士。天啓初，任陝西僉事。天啓五年（1625），任兵部郎中。翌年，擢太僕少卿，視職方事。旋升太僕卿、右副都御史、工部添注右侍郎。天啓七年（1627），擢右都御史，視兵部侍郎事。叙三殿功，擢工部尚書加太子太傅。一年六遷，官至工部尚書。名列閹黨，崇禎元年（1628）被削官回籍。二年（1629）被劾罪，追贜三千兩。《明史》卷三百六有傳。

043 敕賜重修梵净山金頂序碑

時間：萬曆四十六年(1618)

地點：貴州省銅仁地區梵净山金頂西北側老山東部滴水岩下

規格：碑高約290厘米，碑心高185厘米、寬151厘米。碑文楷書，陰刻。

伏以四海名山，九州巨鎮，十方净土，衆姓福田，故東岱、西華、南衡、北常，悉帝王封禪之所；而玄寺、緇廬、青鸞、白馬，皆佛子接引之區。水上聞香，始辟漕溪法界；空中飛錫，因開潛麓化城。山以仙名，地靈人杰。竊見梵净山壁立黔南之境，軸連楚蜀之間。仙洞靈台，咸棋布而臚列；奇峰古刹，俱鳳翥而鸞翔。天心池、金沙地、九龍池，倒瀉銀河，無異臨海之挂鶴；太子石、青陽石、金子石，高標玉笋，不讓陳倉之鳴鷄。獨紅雲頂爲最奇，宜白蓮社之茂建。雪消六月千溪漲，洪溢江源；日轉雙巒萬壑陰，崇□□□。翻經臺下，時看百鳥銜花；選佛場中，更有群龍蔭樹。何奈羊腸荆棘，遂會虎觀丘墟。九年之壁既頹，百神之觴安寄？寧惟游人斷白苧之響，抑且景物負赤城之靈。

而請曰：肆今宇内提衡方岳者，僉謂兩間之巨鎮，所以立天地而不毁，冠古今而獨隆者，無如四大名山，而不知此黔中間之勝地，有古佛道場名曰梵净山者，則又天下衆名岳之宗也。舊説者以彌勒、釋迦二祖，分管世界，用金刀劈破紅雲頂，於是一山分爲二山。是山也者，上之穹窿接天，而三十三天不爲玄渺；下之厚重住地，而九十九京不爲幽蟉。虬螭結蟠，林木鬱蒼；劍氣横天，仙梯接斗。叠經臺、煉丹臺，層巒聳翠；獻果山、鳳凰山，飛彩流丹。四時有不謝之花，縭縭然蓬萊三島；八節有長生之景，炳炳兮閬苑瑶池。霞光萬道籠金鼎，普天聖真如雲集；紫輝千丈罩玉門，率土明神似雨臨。至若九十九溪一溪不知之説，尤見此山之廣大。寶藏興，貨財殖，囊括天地之萬有以爲儲。且也崔崔巍巍以示其險，默令焚香鼎禮者，履險如夷；巉巉岩岩以惡其勢，陰使敬重三寶者，率蒙善報。所謂大地乾坤，無邊法界，極樂天宫乎！

蓋自開闢迄今，海内信奉而奔趨，不啻若雲而若水；王公大人之欽謁，恒見月盛而日新。久已靈馳於兩京，傾動於十三布政，勞旌於撫按，頻顧於道府，諸侯莫不期以魂交黄帝而夢接安期。古來得道成真，又莫不於斯疑神，於斯蜕穎。他如仙迹所遺，標題所載，種種燦著，難以殫述。既自播亂之後，傳聞四方往來朝覲人稀，非復舊盛，倘亦佛老運數之厄使然。第此山之靈異，千載一日也。竊計世道之興隆，佛神司命，而山岳之顯爽，多至修培。幸際仁明在位，澤遍八方。恩施還定，百神是依，千載奇遇，以故天哀名山之頹而賜以欽命，僧妙玄重建金頂正殿，足爲萬聖臨鑾。蒙欽命撫按道府各衙門作興允議，然而山連四府，當與國運俱隆。玉簡金書佇見與人文并爛山靈。謹序。

太后娘娘李（以下人名略）。

賜進第北京户部郎中李芝彦謹題。

大明萬曆戊午歲仲春吉旦。

資料來源：魏敦全《敕賜碑》，《印江文史資料》第 2 輯，1989 年，第 71—74 頁；又見貴州省地方志編纂委員會編著《貴州省志·文物志》，貴州人民出版社，2003 年，第 329—331 頁；政協銅仁地區工作委員會編著《中國梵净山佛教文化文物研究》，貴州人民出版社，2011 年，第 157—162 頁。

044 嚴查采伐林木事碑

時間：萬曆年間

地點：甘肅省蘭州市

據屯兵廳呈，蒙本道憲牌前事，呈詳到道。案查先該本道巡歷西大通查點兵馬，訪得各商土民串通操堡各官，縱容擅采西山木植發賣，即委本道中軍官趙仰高親查明白，開數前來，恐有遺漏，覆委該廳親詣嚴查指參去後。今據前因，除出示嚴禁不許擅采及准莊浪衛關查議前事。

爲照莊浪所屬西大通、連城山林木植，自來原有明禁，止許本地土民在于臨近山場樵采，不許砍山放筏；東西山一帶亦止許莊浪本處居民樵采木植修蓋房屋，不許販賣遠方州縣，希圖營利，業奉本道出示禁約訖，候詳備出告示，行令大松山、西大通、連城守操各官，撥軍嚴巡。以後如遇本處軍民采取燒柴、修蓋房屋，在于本境貨賣者不禁外，其餘遠方客商及雇覓人等，非奉明文，不許擅自砍山放筏，毀壞藩籬，致啓邊釁。其東山松阿一帶切近邊墻，如遇防秋之時，凡紅城等堡樵采車輛俱要本堡[illegible]有所失，與松阿地方官無干，永爲定規等因，呈道[illegible]木係一方屏蔽，遠方奸商固不得擅采，即本地土[illegible]炊爨修理之需，日行砍伐，因而編筏竊賣。仰廳[illegible]于該管水陸徑，由城堡地方官出示嚴禁，仍取堡[illegible]繳報。

資料[illegible]地方志編纂委員會、蘭州市林業志編纂委員會編[illegible]》第 26 卷《林業志》，蘭州大學出版社，1998 年，[illegible]

【備注[illegible]

碑文[illegible]四十四年（1616）王之采纂《莊浪彙紀》卷六。

045 [illegible]

時間：[illegible]22）

地點：[illegible]市徽州區徽州區潛口村新福橋廊内

規格：[illegible]米、寬 80 厘米。紅紫石質。

歙縣[illegible]抄奉本府信牌，蒙按院易□批詳查議黃山緣由前[illegible]黃山一案，前院禁格本嚴，且有該縣巡捕官黃山巡[illegible]甲時□查核之説。今有芻蕘之輩，至結寨横行，人[illegible]隴之虞。不以前院惠民之心爲奸民借乎？如議吴良及各姓，大木俱照税糧户册各歸其主，横采之外，審前五禁，違犯者罪，巡捕、保甲容隱不舉者并罪，刻石永守，以靖地方。徽其許大頭等，既經前擬不究。許照、許社保、蔣臘梨等照緝正罪等因，批詳到府，信牌到縣。爲此仰縣官諫照備事理，即便查照遵行，刻石永守，奉此擬合遵行。除經責差捕快緝拿外，又經行該地方各里保甲聯名結狀到卷，合行遵照，刻石永久遵守施行。今後該圖地方人等，敢有輕犯禁款，許諸人獲贓，據實首告，定依犯禁究擬；其巡捕、保甲容隱不舉者并罪，决不姑息。須至禁約者。

計開：一、非時有禁，一、大木有禁，一、擅葬有禁，一、侵占有禁，一、斧鋸有禁。先奉操江都察院徐□禁：一物必有主，即荒山荒地莫不各有業主。先該本院任縣時責人□□□□□閑曠山地□□栽植松秧，嚴禁奸民藉口扒柴，越界竊取，違者即以盜論，此法相應通行。近開持刀斧尖擔繩木，一遇昏黑便行乘機搶掠，深爲盜□。今後但有越界、執刀棍，許業主及保甲等登時擒送所在官司，詳解本院，枷號發配。

天啓二年二月立，給十五都五、六、十二圖里長。

資料來源：黄山市徽州區地方志編纂委員會編《黄山市徽州區志》，黄山書社，2012 年，第 736、814 頁。

046 泰寧縣護山禁碑

時間：天啓三年(1623)

地點:原立福建省三明市泰寧縣爐峰山海拔 300 多米的半腰處,現由縣博物館收藏,存放在國家重點文物保護單位尚書第府内

爐峰主山,不許鋤傷地脉,盜砍樹木,牧放牛馬豬羊。敢有故犯及越磡毁石者,任人扭稟法究,徇私賣放者,一體問罰。

天啓三年冬月知泰寧縣事告示。

資料來源:江秀星、陳啓芳《明代"縣禁"現泰寧　保護山水有古訓》,《三明日報》2003 年 10 月 22 日。

【備注】

據明代李竹隱《縣龍記》和乾隆《泰寧縣志》記述,泰寧縣龍背倚的主龍應爲大陽嶂,而城闢的龍脉結於爐峰山,因此爐峰山古時候被稱爲縣龍。迷信風水的古人認爲縣龍關係縣城興衰,故設"縣禁"加以保護。

047 靈石縣君護林禁約碑

時間:天啓七年(1627)

地點:山西省靈石縣城南 40 公里石膏山保安禪院右偏殿

規格:碑高 120 厘米、寬 55 厘米、厚 13 厘米。青石質。碑

額刻“可久”二字。碑文楷書,陰刻。共10行,滿行24字。

靈石縣爲禁約事。照得本縣石膏山,乃白衣尊神修行坐化所在。往時林木茂勵,住持僧人用意看守,不聞采取。邇來有等規利棍徒,串通住持僧人,往往盜伐,褻神藐法,深爲可恨,合行禁約。爲此示諭該管地方鄉約人等,不時稽查。如有前項盜伐之徒,指名稟縣,定行拿究。本縣仍不日親詣處所,嚴行查勘。若有乘便受賄隱匿不舉者,查出一體連究,决不輕貸。須至示者。

右仰通知。

大明天啓七年十一月初六日。

告示。

資料來源:張正明、〔英〕科大衛主編《明清山西碑刻資料選》,山西人民出版社,2005年,第4頁;又見楊洪主編《三晋石刻大全·晋中市靈石縣卷》,三晋出版社,2010年,第66頁;景茂禮、劉秋根編《靈石碑刻全集》,河北大學出版社,2014年,第219—220頁。

048 森緑經碑

時間:崇禎元年(1628)

地點:陝西省漢中市鎮巴縣

森者國之貴，在今難得，森興國樂人，叢生之樹木也。天之所報，地之所載，人之所靠，莫大於森，森者吉也。森林無私，古樹無私，四時引繁無私，萬物生，生物私變金，森也者爲人類之需矣。森衛之國，更爲之人。森能固山河，安社稷，撼天地，發珍物，而况於人乎？夫森興上下，上有厚土，下少洪灾，上下一德，其行安焉。利於其國，森之終也，富於其人，森之始也。詩云："百神森其備叢兮，靖共爾位兮，好是正直兮，森衛衆身兮，衆興萬民兮。"

明崇禎戊辰春仲三月立。苗美書。

資料來源：張浩良編著《緑色史料札記——巴山林木碑碣文集》，雲南大學出版社，1990年，第19—20頁。

049 合鄉禁約碑

時間：崇禎元年(1628)

地點：福建省南平市浦城縣濠村鄉後濠村

規格：碑高約50厘米、寬約80厘米。

合衆人等買到水口山片土，名黄源嶺頭，禁約人等不許驀入登山偷盜柴木，取石破害水口。若有捉拿看見，重罰出好銀壹兩。合鄉散衆，如有頑者，經官告理，决無虚言。書爲樹木水口石泥庇蔭壹鄉風水，人財兩旺，永遠昌隆。

陳、周、黄、范、廖、何同立。

大明崇禎元年拾壹月隆啓明六子茂觀録書。

資料來源：福建省邵武市林業委員會黄新民工程師提供；又見浦城縣林業委員會編、徐春耕主編《浦城縣林業志》，鷺江出版社，1993年；石建平等主編《福建鄉規民約》，海峽文藝出版社，2016年，第339頁。

050 永禁開窑采鑿碑

時間：崇禎十五年(1642)
地點：江蘇省南京市玄武區蔣王廟李文忠墓園
規格：碑高175厘米、寬106厘米、厚45厘米。

□察勘中軍都督府少傅新樂侯劉、總督京營戎政左柱國太傅成國公朱、禮部尚書兼翰林院學士林，爲遵奉欽依禁約事。照得瓦窑岡、劉家山、燕子磯、獅子山、石頭城等處，俱係下關護山，永禁開窑采鑿。如犯者，以故違禁旨參拿，如律究擬。

崇禎十五年二月□日立韓橋大路。

資料來源：南京文化廣電新聞出版局編《南京歷代碑刻集成》，上海書畫出版社，2011年，第400頁。

051 浯里裕後銘碑

時間：崇禎年間

地點：福建省泉州市晋江市青陽鎮大下浯村

規格：碑高 236 厘米、寬 61 厘米、厚 14 厘米。花崗石質。碑陽刻楷書竪排"浯里裕後銘"，字徑 34 厘米×36 厘米，左下竪刻題款，字徑 12 厘米×17 厘米。碑陰銘文行書，竪排 3 行，字徑 16 厘米×20 厘米。

司馬吴震交立。

浯岡西下，浯水東屯，無樹則寒，有樹則温。戕樹者如戕其手足，培樹者自培其子孫。

資料來源：粘良圖選注《晋江碑刻選》，厦門大學出版社，2002 年，第 60 頁。

【備注】

吴震交，字黄初，晋江大下浯人。明崇禎七年(1634)進士，授南兵部主司，升武選郎中，有政聲，後假歸不出。

052 重修鎮河樓記

時間：明代

地點：山西省晋中市祁縣

祁之東南有麓臺、上下幘諸山，正德以前樹木叢茂，民寡薪采。山之諸泉匯而爲盤陀水，流而爲昌源河，長波瀦漭。由六支、豐澤等村經上段都而入於汾，雖六七月大雨時作，爲木石所蘊，放流故道，終歲未見其徙且竭焉。以故從來遠鎮而及縣北諸村，咸浚支渠，溉田數千頃，祁以此豐富。嘉靖初元，民風漸侈，競爲居室，南山之木采無虛歲，而土人且利山之濯濯，墾以爲田，尋株尺蘖必鏟削無遺。天若暴雨，水無所礙，朝落於南山，而夕即達於平壤矣。延漲衝決，流無定所，屢徙於賈令南北，壞民田者不知其幾千頃，淹廬舍者不知其幾百區也，沿河諸鄉甚苦之。是以有秋者常少，而祁人之豐富減於前之什七矣。於乎！河之爲害有如此哉！

賈令鎮中街舊有樓，宣德間鎮人以斯有驛署而鼎建之，壯并峙之觀也。迨嘉靖丙申，驛署遷於縣城中，而斯樓亦頹蔽弗振。鎮人閻邦瀛、袁尚清乃倡衆更修之。經始於丙辰夏六月，落成於戊午冬十月。翬飛鳥革，金碧輝煌，巍麗實倍於前矣。然集財於衆而弗私，勵事於久而匪懈，二人之志亦殷矣哉。縣令李公春芳喜斯樓之新也，乃名之曰“鎮河”。蓋以天下之勢有輕重，而理有相軋，風水者之所常談，君子亦習之而不置也。自今觀之，樓其峙於北，壯主之勢厚重而不遷乎；河其環於南，麗客之形悠然而循軌乎。主客既分，輕重斯別，河水泛溢之患將爲樓所軋而保其必無矣。李公命名之義，固冀斯民之免昏墊而復於豐富也，用心亦仁矣哉。雖然，樓鎮之家，文物衣冠，通今學古者濟濟輩出，行將陟雲霄，騰事業，炫光閭里，與斯樓并高於千仞，則河水之流聲又於我祁而增美矣，豈獨使無衝决之害而已哉。

庠生閻子邦汶、閻子鎧、康子繼志以樓之再修也，謁予記之，遂叙“鎮河”之所由名而望於諸生者如此。若夫輸鏹協力有與於斯樓者，法得備書於碑陰云。是爲記。

資料來源：〔清〕劉發岏修，李芬纂《〔光緒〕祁縣志》卷十一《藝文》，光緒八年(1882)刻本；又見祁縣地方志編纂委員會編《祁縣志》，中華書局，1999 年，第 695—696 頁。

【備注】

1. 撰者閻繩芳，嘉靖進士，祁縣人，曾任長安縣令。

2. 該文雖未提及禁伐，但力陳摧毁山林植被後，水土流失等灾難，體現出其護林思想。

053 獅形山護林碑

時間：明代

地點：福建省邵武市和平鎮獅形山下鎮公橋旁

規格：碑高 120 厘米、底寬 43 厘米，呈三角形。花崗岩石質。

合市公白：不許盜砍松杉竹木，地柴挖笋，違者鳴官究治。

資料來源:楊柱棟等《和平的古建築和古迹》,《邵武文史資料選輯》第10輯,1989年,第46頁。

054 先皇安瑶碑記

時間:明代

地點:湖南桂陽縣東源冲

洪水發過,自古開國京中。初,瑶人姓盤。後正(理)宗景定元年,平王婦女(公主),所生六男六女,敕賜名十二姓,皇瑶子孫:盤、沈、包、黄、李、鄧、周、趙、雷、唐、蔣、馮。梅溪水發,在京七寶山垌會稽山居住數代。飄洋過海,福子(進入)凌(連)州、寧遠、道州,江西季化縣兩處居住。廣東陽山分居柳州、水(始)興、安寧(東安、西寧)、宜章、桂陽、桂東、凌(酃)縣九龍山,一百三十五縣去處落業。萬朝山播(場),逢山吃山,逢水吃水,逢墻作基,遇水安橋。以上三鍬之地,乃是皇瑶刀耕火種,次(完)納陰糧,侍奉盤皇萬代香火。以下三鍬之地,乃是民(漢)人耕種,次(完)納糧税送皇都。以三鍬之地,免糧無税。以下三鍬之地,可步納糧作税。照契管業,寸步難移,寸寸皇瑶所管。以上三鍬之地,插青爲標,瑶不占民,民不占瑶,依陽律令,各宜〔遵〕守。

謂崇禎十三年武王轉位,紅插(苗)作亂,普天之下,圍城劫庫。都天大爺,推動回算兵馬,走往柳州地。地名其嶺,征他不動。柳州鄧大爺、興寧李老爺、桂東馬老爺、桂陽黄老爺、凌(酃)縣龍老爺,大小官員,惶惶無計。急報四山瑶總,請動皇瑶數百弩手,頂住朝門。手拿大弓小箭,踏在城墻,射退紅貓(苗)流賊。普天之下,太平無事。京里連走三人,朱天歲、馬老三、黄自侯,遠往柳州四十八面官山藏住。木將軍、鐵將軍、銅將軍歸回數百弩手。桂東沙田圩朱天歲、馬老三、黄自侯住轉桂陽、桂東界、興寧界,柳州、長沙界。都天大老爺、蘇縣老爺、審縣大老爺,多蒙皇恩,回文龍鳳批普卷山圖,令牒無息,安萬江山一綫田養朝廷。

多蒙皇恩敕賜,普天之下,祁陽曲江山、東山、西山,凌陽廣州山、凌州山,天興坪基山、同羅山、桃源山、珠廣山、嬌娥山、柳州十里山、馬鞍山、帶下山,興寧游江牢牛山、皮山,楊家坪鳳凰山、周波羅山,桂陽九龍山,桂東萬陽山、南麻山、鷄公山、天堂山,皇恩敕封,除有墳三丈之地,墳前墳後,移手一轉,係瑶人耕種。壟頭尾水灣,任由開墾,田大坵免糧無税。栽羌、種藺靛、豆、麻,免納墾税。不許民姓争山,砍伐樹木,撿拾香草、木耳,不得亂法,不得亂動盜偷。如有亂爲亂盜,扭拿赴官,急究充差,盡行綁打。如打落客販通行,持棍之人擱阻,赴官究治。查明地鄰保甲,發在上司十八重流徙。前官立案,後官觀看。州府縣城,立碑爲據,永遠爲照。

朝廷賜下五龍之所,皇敕封予瑶人碑記。逢山吃山,逢水吃水,逢墻作基,逢水架橋。與字分明,不得争論。發予瑶人執照萬萬年。

資料來源：黄鈺輯點《瑶族石刻録》，雲南民族出版社，1993年，第3—5頁。

055 禁止孔林樵伐碑

時間：明代

地點：山東省曲阜市孔林洙水橋東北側，西起第二石

規格：碑石僅剩高73厘米、寬80厘米、厚18厘米，僅存第一排字，行書。

碑樹楷禁伐府道司院（下殘，不清）。

資料來源：駱承烈彙編《石頭上的儒家文獻——曲阜碑文録》，齊魯書社，2001年，第717頁。

056 蔣氏山禁碑

時間：清初

地點：福建省厦門市思明區鴻山南麓

規格：碑高120厘米、寬150厘米。碑文楷書。

歷奉文武憲示禁，毋許在蔣氏山坡墳地縱畜、挖土、鋤播草木，假堆盜葬，侵滅界址，如違，查究。蔣山。

資料來源:厦門市政協文史和學習宣傳委員會編《厦門摩崖石刻》,福建美術出版社,2001 年,第 42 頁。

057 遵照碑記

時間:順治八年(1651)

地點:雲南省玉溪市江川縣前衛鎮張伍營村寺内

規格:碑高 128 厘米、寬 58 厘米、厚 15 厘米。石灰岩青石,蘑菇形狀。

公諱鐘鼎,黄氏,先世江南應天府籍,自始祖於明洪武六年間從軍之滇南屯田,墳山産業於江川雙龍鄉廣衛,世居張伍營,厥後子孫而生昆玉三,居長生於丈夫,即今立碑瓚之父也,是爲序。

公山數嶺,土名横水河上山一嶺,矣姓具控在案。蒙恩金批,原業歸宗矣姓,并無異言。又有祖遺山數嶺,土名大石婁婁,坐落在中隨稅糧壹斗柒升三合。其山四至:西界三家,界止石門砍甑子山、李子箐、張大河,唆揪坡董家水井以上;西界其名七處,界止南界小冲大山脚、老母豬山脚、小冲河、莊脚山嶺小菌凹河土老營以上;南界其六名界止,東界張家大河止,北界小山脆、小壩山脚,平地唐家山嶺;石宅一嶺,老鼠窩路楊大山嶺、老夷田木順山蕎地叁拾工,丫把山嶺、蛇凹山嶺、馬鞍直到宋家山嶺以上,地界拾貳分明。東南西北四至分明,均宜齊心看守。樹木砍伐之時,閤族公議,烟户均分,不得持强欺弱,今憑人心不古,天長地久,故欲永垂不朽云。

大清順治八年六月初七日。

立碑人:夏虞、彭可比、羅竹、馬名駿、清□、左弘黝、齊修、楊毓新、陳淵、徐望舉同立。

代字:周先堯。

資料來源:曹善壽主編、李榮高編注《雲南林業文化碑刻》,德宏民族出版社,2005 年,第 82—83 頁。

058 清世祖敕諭護陵碑

時間:順治十六年(1659)

地點:北京市昌平區十三陵長陵

規格:碑文楷書,陰刻。共 6 行,滿行 25 字。

順治十六年歲在己亥十一月十七日,上諭工部:前代陵寢,神靈所栖,理應嚴爲守護。朕巡幸畿輔,道經昌平,見明朝諸陵,殿宇墻垣傾圮已甚。近陵樹木,多被斫伐。向來守護未周,殊不合理。爾部即將殘毁諸處盡行修葺。現存樹木,永禁樵采。添設陵户,令其小心看守。責令昌平道官,不時嚴加巡察。爾部仍酌量每年工或一次或二次差官察閲,勿致疏虞。特諭,欽此。

資料來源:筆者 1990 年 8 月參觀長陵時抄録;參見張明

義等主編、北京市地方志編纂委員會編《北京志·農業卷·林業志》,北京出版社,2003 年,第 317—318 頁;胡漢生著《明十三陵研究》,北京燕山出版社,2013 年,第 413 頁。

059 丹霞山寺禁約碑

時間:康熙元年(1662)

地點:廣東省韶關市丹霞山

欽差廣南韶兵巡道錢,爲懇恩給示禁約以安净侶以山門事。據仁化縣丹霞山別傳禪寺僧古泯、古衣等禀稱:鄧州李鑑湖山主有丹霞山一座,啓請澹歸禪師創立禪院,主持佛法,誠恐無知人等不信三尊,携帶酒肉,污穢伽藍,砍伐竹木,侵損常住,并來歷不明藉端止宿,致有貽累,僧行難安。伏乞給示禁約,闡揚有賴等情到道,相應示禁。爲此示諭諸色閑雜人等:不許擅進寺内混擾,及奸棍假藉名色,借題止宿,携帶酒肉等項犯戒之物,污穢禪宇,及砍伐竹木,侵損常住者,許本寺僧人指名赴呈,或連人扭禀附近官司處治。敢有故抗,即解首重究不怠。特示!

康熙元年正月二十八日示。

資料來源:〔清〕陳世英等修撰,釋古如增補《丹霞山志》卷七《田賦》,清雍正十一年(1733)刻本;莫昌龍、何露編著《韶關歷代寺院碑記研究》,暨南大學出版社,2014 年,第 198 頁。

【備注】

李鑑湖即李充茂,號鑑湖,鄧州(今屬河南)人。明末任禮部主事,明亡後與其兄退兵嶺南,入丹霞山,買山以居,謀反清復明事,不果。後舍山建寺,遁迹空门,法號今地,號一超。

060 陸家山“緑”碑

時間:康熙元年(1662)

地點:原立四川省巴中市通江縣陸家山陸氏祠堂内,今碑已毁

吾祖陸緑,明中來陸,時時望緑,植緑養緑,護緑緑茂,緑祖緑後,萬株常緑,多姿異緑,永保常緑,代代幸福。

資料來源:張浩良編著《緑色史料札記——巴山林木碑碣文集》,雲南大學出版社,1990年,第21頁。

【備注】

1. 陸姓家族爲紀念安居樂業之後的安靖,在祠堂内立此碑刻,以森林的“緑”象徵陸姓的興旺,告誡族内後裔要多保護林木緑植。

2. 碑文由陸映雪撰。陸氏事迹不詳。

061 護林禁約碑

時間:康熙三年(1664)

地點:河北省石家莊市井陘縣于家村

林茂生瑞氣,主人丁興旺,故吾始祖留得南山爲原始林,然後人時有毁林之舉,故立約護林禁牛羊,絶砍伐。如有違約而動者,罰種樹拾棵,縱火者,鄉甲紳耆酌情重罰。此照。

大清康熙三年二月立。

資料來源:“緑色家園”網站提供。

【備注】

地處太行山區的河北省井陘縣于家村自古有封山禁林的傳統,清康熙年間曾立村規,禁伐山林,雖歷經兵燹和毁林運動,仍與其它地方不同。爲繼承祖宗傳統,呼唤環保意識,“緑色家園”於 2002 年 3 月捐資重刻此碑。

062 象嶺護山護林禁約碑

時間:康熙五年(1666)

地點:原立於廣東省韶關市丹霞山,今不存

據廣東分守嶺南道布政使司參政張,爲祖山泉絶流,懇天給示,嚴禁侵葬,以培龍脉,以護山事。康熙五年三月二十八日,據南華寺住持僧可相、塔主僧顯潔、十房僧性逵等呈稱:切惟南華象嶺卓泉爲祖庭後龍,風水攸關,千年香火,泉流不息,稍有侵葬骸骨以及盜伐木石,有礙龍脉,泉水即涸。歷來宰官護法結有鈞示在案。如崇禎甲申年,卓錫泉絶流半截,後蒙當地護法,嚴著侵葬,奸刁起穴,遂得泉流如故。

兹因泉水自去冬絶流以至於今,合寺僧衆尋查,仍有無知僧民復行侵葬,毁傷龍脉,以至泉水壅塞。爲此冒懇天威,給示曉諭,凡有僧民在於象嶺前後左右盜葬者,著令别葬;并懇嚴禁附近居民,不得盜砍山林樹木,打石燒灰,并挖煤炭等情,庶使祖庭香火悠久,泉流如故,則仁恩如曹源并永矣等情到道,當批給示嚴禁。據此,合行給示嚴禁。爲此示諭南華寺附近居民人等知悉:嗣後不得盜伐象嶺前後左右山林樹木,及打石燒灰、挑挖煤炭等項,有傷勝地龍脉;并不許僧民盜葬附近,損壞風水。示後敢有故違,許各僧指名呈報,本道以憑嚴拿重究,决不輕貸。須至告知者。

右仰知悉。

康熙五年三月三十日給。

告示

銘記祖山後龍界至:東至象尾坑水爲界,西至天王嶺上拜石爲界,南至祖師後龍山爲界,北至大溪田邊爲界。

資料來源:南郭生輯《韶關歷代寺院碑記考注專輯》,《韶關文史資料》第 38 輯,2012 年,第 286 頁;又見莫昌龍、何露編著《韶關歷代寺院碑記研究》,暨南大學出版社 2014 年,第 203 頁。

063 官田王氏祠堂碑文

時間：康熙八年(1669)

地點：廣東省梅州市梅縣松源鎮王氏祠堂

程鄉縣正堂王，爲乞示嚴禁山林以全灌蔭，得安生靈，國課有供事。據松一圖民王耀錦、王昌俊、王昌秀等連名具呈前事，内稱承祖遠下珠坊官田坑一派山林叢陰積泉，以爲灌蔭糧田三十餘石，里長王永福册處，前因世亂，移居福省，兵民乘隙紊砍樹木，以致山光泉竭，田地從此荒蕪，田課無得供輸。

今幸仁臺莅任，草木均沾潤澤。懇乞勒示嚴禁，使兵民不敢亂砍樹木，得以茂盛陰林積泉灌蔭山下糧田，不致荒旱，國課早得供輸等情到縣，當批問王榮祖蔭山果無礙於衆姓，准給示在案。據此，合就出示。爲此示諭地方烟户人等知悉：嗣後珠坊官田坑一派灌蔭糧田樹木毋得任意采砍，敢有故違，許即指名示呈究，决不輕恕。須示。

康熙八年七月初二日奉憲給示。

資料來源：周建新等著《民間文化與鄉土社會——粵東梅縣五大墟鎮考察研究》，花城出版社，2002 年，第 204—205 頁；又見宋德劍《梅縣松源鎮郊王氏宗族與龍源公王崇拜》，《客家研究輯刊》2003 年第 1 期。

064 無錫斗山水墩庵禁約碑

時間：康熙八年(1669)

地點：江蘇省無錫市錫山區八士鎮水墩庵

無錫縣正堂吴，爲上宏解網，下沛放生，懇恩給示禁約，并勒石永垂事。據膠山鄉五十三都一圖陸懋績、張光緯等呈詞，前事呈稱斗山地方離城四十餘里，接壤尤塘、八字橋等圖，有水墩依山環水，茂林修竹，中有庵房數間，係靈岩法孫蜀喬和尚買居習静。除徽商汪順所舍田二畝供饘粥外，與世無求，惟説法度衆，勸化多人。捕蛙聞法以投鋤，打銃投誠而改業，不二年而飛禽萃集於其林。本地徐鄉紳等用價買得黄可延河池一灣，并沿河樹木九十三株，月一放生，未半載而游魚隱躍於其渚。生命漸繁，難免臨淵之羨；水居甚僻，恐欺孤潔之僧。乞賜給示，并敕勒石等情前來，擬合給示禁飭。爲此示仰該圖里總人等知悉：即便刊立碑禁，以徐宦價得黄可延河池樹木，汪商舍田并庵房，務要照數開明，勒鐫於石，永爲放生處所。日後强梁毋得擅竊池中一魚，擅打林中一禽，擅采禁内一莖一木。蜀喬和尚習静焚修地方，棍徒不得攬擾生事，如違，一并拿究，治以大法，須至示者。

康熙八年月日給。

資料來源：江蘇省地方志編纂委員會編《江蘇省志·環境保護志》，江蘇古籍出版社，2001 年，第 470 頁；又見無錫市園林管理局等編《梁溪古園：無錫古典園林史料輯録》，方志出版社，2007 年，第 97 頁。

065 高增寨款碑

時間:康熙十一年(1672)

地點:貴州省黔東南苗族侗族自治州從江縣高增鄉高增寨

爲嘗聞思事以靖地方,朝廷有律法,鄉黨有禁條,所以端土俗。近年吾黨之中有好强過人者,肆行無忌,勾串油火,受害良民,凡事不依鄉規,殊堪痛恨!是以約集諸父齊集,嚴設禁條。凡婚姻田土之事,遵以碑長理論;其有不清,零請鄉正、團長理明,况于横行亦不得奔城具控咬事情。倘敢仍入前轍,衆等致罰。長如强不負者,老少同心協力。有福同享,有禍同當,不許吞吃銀錢,以犯同罪。立此禁條,開列于後:

一議偷牛馬、挖墻拱壁、禾穀、魚,共罰錢十二千文整。

一議婚姻男女,男不願女,女不願男,出紋銀八兩,錢一千七百五十文、禾十二把整。

一議女陪嫁之項不得瞞算,或男丈夫算之爲平。

一議男女坐月,身懷六甲五條,强奸婦女,嫁去,丈夫共出錢三千三百文賠理。

一議男女坐月,男出錢女出布爲平,罰銀一兩四錢。

一議拐帶,父母不願,賠理十千,肉一盤洗面,父母養女,不要補錢。

一議山場杉樹,各有乡界,争論,油鍋爲止。

一議賣田不典,將典作斷,一賣百了,止田有糧無糧,無糧之田以後説田有糧,進油鍋爲止。

一議横行大事小事，不得咬事具控，如有多事，衆等罰銀五十二兩。

一議進行油火等項，罰銀二十四兩整。

一議偷棉花、茶子，罰錢六千整；偷柴、瓜、果，割畜草，火燒山，明錢一千三百文。

一議或失大燒屋，燒自己之物，惟推火神與洗浫，須用豬二個，老臨寨四五家、拾餘家，豬二個外，又罰銅錢三百三十文；失火燒墳墓者亦同處罰。

康熙十一年七月初三日立禁條爲挂四爪公。

資料來源：中國科學院民族研究所貴州少數民族社會歷史調查組、中國科學院貴州分院民族研究所編《貴州省黎平縣三龍鄉侗族社會經濟調查資料》，1963 年，第 23 頁。

066 鼓山湧泉禪寺告示碑

時間：康熙十二年（1673）

地點：福建省福州市湧泉禪寺

福州府爲豪勢縱横侵損龍脉事。康熙十二年三月初二日，奉巡撫都察院批：據鼓山湧泉禪寺監院僧道悟詞投前事，奉批：仰福州府速查報，奉此遵行。閩縣提訊問隨。

據鼓山里約正許獻璧、永北里保長陳任大，具爲懇鑒輿議、准許宥息事詞稱：鼓山寺僧道悟告林德昌等俱送臺下，璧等鄰近保約不忍坐視，隨同生員林煒公請省城各位鄉紳登山，會集士民兩造人等，公同勘明。查所葬只有林煒父母二棺于鼓山大壟，乃般若庵之後偏，實係康熙己酉年營葬，在未奉憲禁之先。僧亦聽諸鄉紳公諭照舊，此後不得再埋別棺，其附近居民并不得侵界盜埋、樵采，致傷龍脉，均願和息。伏乞俯鑒議准息，轉詳請示嚴飭，以警將來。庶鼓山九百載之常住得以保全，而省會千萬年之龍脉不至毀傷，全閩造福等情到府。

據此，隨該卑府看得鼓山乃省城左護龍，湧泉則八百年古刹也。其前後左右山場樹木歷奉飭禁，不許侵占樵采。近因住持爲霖和尚出山，有等奸民漸生覬覦，復奉兩院示禁在案。

查湧泉寺西南有山一片，名般若洋，中有般若庵，端住種田諸僧，内有僧具魯與林德昌、林得敬等俗親，私以堪輿家言述與德昌，遂暗用骸罐，詭豎木牌，書己酉年日月，在于庵前、庵後各埋一墳。去冬，當家僧悟道、悟先具詞卑府，繼以財勢彌天違法盜葬事控布政司，又以豪勢縱横等事上控憲轅。

奉批：卑府查報，遵行提審。

間有約正保長許獻璧、陳任大等具呈稱：林德昌、林德敬等埋罐係己酉年，未奉憲禁之先。今各鄉紳公議處息，免其起遷，仍應嚴禁，嗣後不許更埋等情，前來伏照。鼓山雖屬僧業，實省會之脉地也。印册久據，從無林姓墳塋。兹德昌等忽然盜葬，官法、佛法兩俱不容。況德昌等情知理虧，先邀林尚志等立議，認于大寒日遷骸，其議單現在。不係盜葬，議遷何爲？

乃議後仍變執不遷。在城鄉紳不得已爲之處和，特爲將來杜禁之計，亦以人土則死者既安，仁慈不忍耳。但鼓山關係省城龍脉，僧弱，人人可欺，若徒此效尤，則清净道場不幾成叢冢乎？論法自應押遷，只念鄉紳既爲勸息，或現埋冢姑免起遷，合請憲臺嚴示勒碑飭禁。此後雖閑隙空山，不許尺寸侵越。庶奸民稍知儆畏，而名山古刹不至侵蕪蔑奪也。緣係批審事理，既據約正保長具息，仰體憲慈無訟之仁，俯允輿情具由，詳結案者也。伏乞裁奪等緣由，于康熙十二年四月十九日申詳本撫院。

奉批：林德昌等自認盜立議起遷，據審又確係省會脉地，印册久據，則安得終踞爲林氏之墳墓？衆議具息，揆之于法，未爲允協。仰府從公確議，妥詳報奪。繳。

奉此，遵即行委閩縣縣丞周文，前往鼓山查勘去後續。據本官稱：蒙本府票文，仰職帶同各犯查勘本山界限，其林冢或在界内、界外，一目了然。再吊丈量印册查對，則此地應林應僧，昭若指掌。事干院駁，難以草率，務要執法嚴查，毋得偏私。刻具妥由詳府，以憑覆訊，轉詳批奪施行等因。奉此，卑職帶同林德昌等，并僧道悟、當月、畫工楊漢凌，親詣鼓山會同踏勘，逐一繪明山圖，係保約損造，開報本寺田畝清册，粘連結狀現在具申。伏乞審詳等緣由到府。

據此，隨吊各犯并保約許獻璧、監院僧道悟當堂查訊，各取確供在案。隨該本府覆審得鼓山湧泉禪寺，歷今八百餘載，其山場樹木向有禁約，毋敢樵采侵越，近奉兩院飭示杜絶案墨猶鮮。乃因住持和尚出山，有生員林煒等隨營墳于般若庵，此當家僧道悟所以具詞上控，前經卑府提訊，原詳剖晰已備矣。

今奉憲駁：蓋以省會脉地，安得踞爲林墳。衆議具息，于法未爲允協，斯誠犀照也。玆再委官細勘，質之兩造供詞。

查般若庵前後盡屬鼓山之田地，已經清丈受税納糧，載在鼓山一圖，印册可據。本山四至界限甚明，而林墓造在交界之内，似難議非侵越。今反云民山僧欲强占，夫不思飄然一衲，既破生死之關，有何孫子必欲圖此吉穴？在僧之舉動，無非不忍以千百載叢林一旦化爲叢冢墳爾。諜諜有辭，然究竟與僧奚益。此言祇可出諸煒等之口，囑者恐難作此昧心語耳。惟此風水渺茫焉，得山川能語，要求福地先種心田。倘非所有，則將佳氣鬱蒼者，自必轉爲白楊衰草。于此揆之，僧亦可以釋然矣。論法本應斷遷，但念骨已入土，死者既安，重復起之，在憲臺仁慈，固所不忍，即佛氏慈悲之念，斷不靳斯坏土也。合無仰請憲恩，俯准現埋之冢免其起遷，仍乞嚴示勒碑，以後雖寸土隙地，不許逾越霸占，庶古刹不至荒蔑，而將來之覬覦者庶知斂迹矣。伏候裁奪等緣由。

奉批：鼓山界址既經該府委官查勘明白如詳，勒碑嚴禁，嗣後不許侵占。林煒等埋葬既久，姑免深究，依議發落。繳。

奉此，又爲財勢彌天違法盜葬事。本年七月初七日，蒙布政司批該本府申同前由，蒙批：仰遵撫院批示行。繳。

蒙此，除行閩知縣照并勒石立碑外，合行給示永禁。爲此示仰鼓山等里一切兵民人等知悉：凡遇鼓山東至深洋石船峰大坑，南至牛坑，西至鼓山二圖，北至雙溪爲界，四至界限，載在印册甚明，嗣後敢有奸民仍前違越于本界内盜葬及樵采樹木作踐禪林者，許本寺僧衆指名赴府陳告，以憑差拿究詳，院司盡法重處，决不輕貸。須至示者。

康熙拾貳年七月初九日給。

資料來源：〔清〕陳衶康纂《續修鼓山志稿》卷五，白化文、张智主编《中國佛寺志叢刊》第99册，廣陵書社，2011年，第32—39頁；參見陳進國著《信仰、儀式與鄉土社會——風水的歷史人類學探索》，中國社會科學出版社，2005年，第712—715頁。

067 靈光寺府憲印示碑

時間：康熙十四年(1675)

地點：福建省福州市靈光寺

照録府憲印示勒石立於五峰山之道左。

調署福州府正堂、隨帶加三級蔣爲嚴禁事。據翰林院修撰鄭開極、前山西道御史蕭震武、進士李燦、舉人曾大升、吴士宏、陳學夔、蔣垣、生員李尚斌、蔣晟等禀稱：竊緣會垣北關外三十九都五峰山地方舊有靈光寺，自唐宋元明以迄國朝，雖興廢無常，寺未湮没。兹有鼓山湧泉寺住持僧道霈確守禪規，力圖修建經極等，僉議請其來寺募修，派僧兼司香火，所有大殿、法堂以及方丈、客廳、僧寮、厨房均已捐資起蓋，將次完竣，□五峰廨院暨北禪庵各處殿宇、房屋亦已次第修葺，舊址一新，惟寺内□置山園、田畝界趾分明，載在《事迹合刻》卷内，另呈察閲。祇恐鄉曲無知小民或强批寺田，抗欠租穀；或伐樹木，蹧韃叢林；或占據園山，盜造墳墓，均應先事預防，稟請分别示禁，以免臨時周章，轉多訟累，合就僉同稟懇伏乞察奪，出示嚴禁，俗□騰歡，不勝頂祝等情到府。據此，除稟批示外，合行示禁。爲此示仰附近居民人等知悉：自示之後，凡係五峰山靈光寺上下一帶山場及北禪庵所買田園各物業，概不許附近居民混行樵采侵占，串通盜賣盜買，私造墳墓。如敢不遵，許該紳士與寺僧等拿獲送辦。倘寺僧串同弊賣，容隱徇情，一經察出，從嚴拘究。本府言出法隨，决不姑寬。毋違，特示！

康熙十四年十一月初九日給。

資料來源：《靈光北禪事迹合刻》，白化文、張智主編《中國佛寺志叢刊》第106册，廣陵書社，2011年，第69—71項；參見陳進國著《信仰、儀式與鄉土社會——風水的歷史人類學探索》，中國社會科學出版社，2005年，第715頁。

068 在槮和尚禁伐樹木碑

時間：康熙二十二年(1683)

地點：廣東省肇慶市鼎湖山慶雲寺大殿天井右廊

規格：碑高70厘米、寬50厘米。碑文行書，陰刻。

道人於崇禎癸酉年住山，本山左邊只有土墳數堆，原無樹木，所有松杉皆由常住工植，五十餘載，已成叢林風水之樹。今陳廷賓盜伐松樹，藉墳冒認爲祖山邊樹，此是欺心瞞騙，殊失忠厚。爲此示職事人知，以後不得容其再來砍伐樹木。凡一切俗人無知混伐者，須以此理告之。若恃强不悛者，當鳴官究治。又有陳勝日妻，即時亨母，亡於癸巳年寇亂時，暫借山右地埋葬。日後不得冒認己山，重復亂葬，及藉口砍伐樹木，違者一并呈究。并記。

康熙癸亥年臘月望日，慘道人筆示職事人，勒石永遠爲記。

資料來源：譚棣華、曹騰騑、冼劍民編《廣東碑刻集》，廣東高等教育出版社，2001年，第687頁；又見《肇慶星湖石刻》編委會編《肇慶星湖石刻》，紅旗出版社，2005年，第303頁；劉偉鏗編著《嶺南名刹慶雲寺》，廣東旅游出版社，1998年，第215頁；《肇慶林業志》編纂領導小組編《肇慶林業志》，1993年，第232頁。

069 民山碑

時間：康熙二十三年(1684)

地點：山西省忻州市寧武縣

寧武界在邊陲，地瘠民貧，古稱上疲。所屬寧化、蘆芽以及西山一帶，其間環山而居者，鄉村屯堡不知凡幾。若地、若糧、若山廠，輸納正供，由來久矣。奸民射利之徒，借口有明藩産，指爲官山，覬覦開采，控院、呈部、叩閽，往往訴不休。即守土之職，亦未敢有仔肩之者。幸賴中糧府李公文焕洞悉其弊，立詳以覆，藩司鑒及民害，轉院具題。今寢其事矣。是案也，踏勘多官，查覆經年，卷牘盈几，乃得永杜開采之端，而民沾無疆之福焉。謹撮其詳文之要者，并勒之石。

中糧府李查勘得寧化等山産木之處無幾，即有一二，亦皆係樺柳杆樹，非真有大木喬松可以爲棟爲梁者。且山廠四下居民屯地甚多，輸納正供，由來久矣。覆經前撫憲犀照，俱以不准題覆，卷案歷歷可據。今許國柱覬覦不休，始而認税一千兩，已而三千兩，今又增至萬兩，即少不下七八千兩，無非巧瀆宸聽。揆厥隱衷，不過以市井射利之心，幸邀開采，名雖爲國，實乃營私。有利則應商，無利則逃走。其後來之税課，繼與不繼，初不慮也。况以有限之山林，當不時之斧斤，旬月間勢必至於木盡山窮，人逃地荒。不惟新立之木税未敷，且恐舊額之屯糧無出矣。不但此矣，彼國柱等亦明知寧化、蘆芽諸山大木無多。所注射者，欲通黄河之路，全在黄浦川之板片耳。查黄浦川與蒙古接壤，僅隔一邊。出疆貿易，久奉嚴禁。倘邊釁一生，咎將誰任？是裕國而反以擾國，便民而實以殃民也。

相應仍照順治十六年間題覆，不便准從可也。蒙司允詳照轉覆院嗣，委道員踏勘河東道，勘得寧化所所屬之蘆芽等山、寧武所所屬之高喬等山、西屯神池堡所屬之虎北等山、岢嵐州所屬之亂堨村等山、鎮西衛五寨堡所屬之店坪等山，周圍長闊約二百餘里，内有居民村莊九十餘處。其中皆小杆樺柳，止堪作椽木，微有大杆，或盤坡田之上下、墳墓之左右，或長溝澗陡崖之中，或長山嶺峭石之上。據中西二廳申據各屬印結，俱稱納糧民山。且諸山地屬苦寒，不産五穀，居民俱借砍伐椽木，采取藥苗、蘑菇，貨賣以輸糧養生者。況以有限之山木，一經斧斤，不過一二年間，山窮木盡，商竄税無。則國柱等所控每歲可得萬金，少亦不下七八千金之説，此必不得之數也。且肆行砍伐，勢必踏踐其田苗，損壞其墳墓，擾害其居處。人逃地荒，額賦有虧，然又不止萬金千兩而已也。

本道臆見，實有不便開采者。特關移到司，蒙布政司那詳院具題部議，得晋撫穆既稱"寧化蘆芽等山，據各屬稱，係民山，開采勢必擾害人民，實難開采"等語，應無庸議，奉旨依議。

資料來源：〔清〕魏元樞、周景柱纂修《〔乾隆〕寧武府志》卷八《名宦》，乾隆十五年(1750)刻本；參見張正明、〔英〕科大衛、王勇紅編著《明清山西碑刻資料選(續二)》，山西經濟出版社，2009年，第5—7頁；又見山西省政協《晋商史料全覽》編輯委員會編《晋商史料全覽・忻州卷》，山西人民出版社，2006年，第526—527頁。

【備注】

1. 該碑初立在寧武府中糧廳，後移至寧武縣署，現已不存。

2.《〔乾隆〕寧武府志》卷八《名宦》載寧武同知李文焕事迹:"時奸民有請京上書願開寧化岢嵐山采木,歲輸税累萬者。事下所屬,焕力扼之,撫軍是其議,題請停止。百姓德之,立碑以紀其事。"又稱:"碑刻於康熙二十三年甲子。"

070 御製萬壽寺戒壇碑記

時間:康熙二十四年(1685)

地點:北京市馬鞍山戒台寺山門殿前左側

規格:碑高約390厘米、寬約103厘米、厚約33厘米。漢白玉石質。碑文楷書,陽刻。

西山地接神京,嶺岫綿亘,林壑深美,中多精藍古刹。考其歷年久遠,建置自唐以來者,則萬壽戒壇爲最古。寺在唐曰慧聚,明正統時始易今名。其地渡渾河而西,山徑盤互,紆迴而入,中腹豁焉宏暢,壇殿軒翼,猶見古遺制。深山長谷,焉可少此清嚴之宇,以眺覽名勝哉。朕以時巡,偶至斯地,輒爲駐輦。顧近寺諸山爲産煤所,居民規利,日事疏鑿。念精舍之側,鑿山采石,良非所宜,爰命釐定四止而禁之。俾梵境常寧,舊觀勿替,於以葆靈毓秀,山川當益增輝澤爾。

康熙二十四年歲次乙丑十二月。

資料來源:張雲濤著《北京戒臺寺石刻》,北京燕山出版社,2006年,第173—174頁;又見吴曉煜編著《中國煤炭碑

刻》,煤炭工業出版社,2010 年,第 95 頁。

071 嚴禁盜賣山木作踐虎丘名勝碑

時間:康熙二十七年(1688)

地點:江蘇省蘇州市虎丘碑石二山門墻上

江南江寧蘇松常鎮淮揚十府徐州一州承宣布政使司正堂加一級宋,爲嚴禁寺僧盜賣山木居民作踐賢祠以重勝地事。照得虎阜爲吴郡名勝之區,古刹莊嚴,賢祠宏整,理宜肅清,毋容污穢。近聞不肖寺僧勾串奸棍將山木任意盜賣,得價分肥,又有奸惡居民縱肆作踐,甚至引誘營兵放馬污穢,深可痛恨,合行嚴禁。爲此示仰寺僧并居民人等知悉:自示之後,山木不可仍前盜賣。住持將二十八房寺僧分管山界現存樹木,逐一查明,立簿收執,不時查考,如敢勾引棍徒通同盜賣,即赴該縣稟究。至於各處賢祠,不許奸民仍前作踐,及引誘營兵放馬。如敢故違,許地方人等赴稟拿究,決不輕宥。須至告示者。

康熙二十七年三月十二日。

資料來源:王國平、唐力行主編《明清以來蘇州社會史碑刻集》,蘇州大學出版社,1998 年,第 436 頁。

072 禁伐東神山樹碑記

時間:康熙三十四年(1695)

地點：山西省臨汾市蒲縣

蒲，晋之西鄙邑也。窮山絶谷，景物荒凉，無名山大川之奇，無竹�花卉之産，所時以點綴山城、潤色縣治者，惟翠、屏兩山耳。邑東五里，磅礴而逶邃者，東翠微也；面縣而拱峙者，西翠屏也。蓋其上俱有松柏，故名云。西翠屏毁壞於明季之年，邑里由之蕭條，人民因而寥落。觀風者往往謂縣綱風氣之敝，大率以此。嗟嗟！誰爲作俑，讓此山童？豈盛衰豐悴，爲物理之自然耶，抑補救維持亦俟其人耳！向使當日者有人焉保護而厲禁之，或不至同於此山之濯濯，未可知也！

今已矣，西山之木不可作矣，東山之木尚其留焉。何也？東山者，岱宗主之，其德惟仁，其意主生，斧斤之成害，遠出性矣；其位居震，其象屬木，根木株株之凋零，傷其類矣。昔者秦皇東禪泰山，風雨暴至，避之松下，而封爲五大夫。是知驕縱積暴如秦皇者，猶知畏岱宗，而愛亦樹也，而况齊民乎？但此山場四連民地，松柏之滋生，波及田畝者，所在多有染指，主張新不可長。會逢霍郡糧尊李公署篆來此登山謁神，瞻眺之餘，喟然歡興曰："美哉松柏之盛，神所憑依，其在兹乎！"於是紳衿、庶民以民地、神樹説資之於公。公曰："地雖民地，樹惟神樹，以地而論，地以種禾非種樹；以樹而論，生之自神非生之人，世有解己囊而不吝者，其又可貪神物，以爲己利乎？自今以後，一枝一葉不得剪伐，其有違者，幽有鬼者，明有王法。"衆乃踊躍，呼勒之貞珉，以爲永戒。

邑廪生王文彪撰。

庠生曹□書。

時大清康熙三十四年歲次乙亥季春吉旦。

資料來源：張世賢主編《東岳廟志》，山西人民出版社，2005年，第348—350頁。

【附録】禁伐東山松柏碑記

蒲，晋之西鄙邑也。萬山牙錯，石骨戴上，絶少峰巒崔崒之奇。所稱點綴山城，鬱鬱葱葱者，惟東、西二山。縣東五里，樊蘊而挺崿，東神山也；縣西一里，若朝而拱、若屏而峙者，翠屏山也。二山松柏蒼翠，彌嶺塞谷，鬱然爲一邑巨觀。明季，翠屏山木毁於兵燹，而井里由之蕭條，人民因而寥落。觀風者往往謂縣治風氣之敝，大率以此。噫！誰實爲之，俾此山童？豈盛衰豐悴爲物理之自然，抑補救維持，亦視乎其人耶！

今西山之盛，不可復興矣？使東山松柏復不保護而境植之，安知後之視今，不猶今之視昔耶？但山場接連民地，松柏滋生日新月盛，延及隴畝者，所在多有斧斤之伐，誰其禁之？而誰其從之？日者李公署篆於蒲，登山憑眺，已而喟然曰："美哉松柏，神所憑依，其在茲乎。"於是紳士有以民地、神樹之説進者。公曰："地雖民地，樹惟神樹，以地而論，所以種禾，初未嘗種樹；以樹而論，生之自神，非植之自人？士民孰不欲興蒲者，其又可貪神物，以爲己利乎？自今以往，山木之延及民地者，不得剪其一枝，違者以盗伐山木治罪。"於是商之輿論，皆以爲然。因勒諸貞珉，永遵成約，且以告後之經理此山者。

資料來源:〔清〕巫慧修、王居正纂《蒲縣志》卷十《藝文》,乾隆十八年(1753)刊本。

073 雀山白雲洞栽松碑記

時間:康熙四十年(1701)

地點:山東省濰坊市青州廟子鎮刁莊雀山白雲洞

規格:碑高 104 厘米、寬 50 厘米、厚 22 厘米。石灰石質。碑額刻"栽松碑記"四字,楷書,單行,字徑 5 厘米。碑文楷書,字徑 2 厘米。

青郡城西刁莊境内,古有雀山白雲洞,任道庵修仙之處。遠近皆聞,誠名山也。因而本莊信士等衆,於洞周圍西南北兩路之側栽松□百株,以爲永遠之記。

栽松會首開列于後:

會首:刁仲玉、刁良恭、王顯玉、王希堯、刁保印、刁承印、刁守全、刁魁禮、刁顯名、刁成言、刁良能、石常玉、刁魁福、刁璽臣。

代筆:刁良知。

住持道人:武得祥、王和性。

石匠:劉凱。

康熙四十年六月十三日同立。

資料來源:趙衛東、莊明軍編《山東道教碑刻集·青州、昌

樂卷》,齊魯書社,2010 年,第 212 頁。

074 老賈寺護林碑

時間:康熙四十九年(1710)

地點:河北省保定市滿城縣老賈寺遺址

規格:碑高 88 厘米、寬 49 厘米。青石質。

直隸保定府易州平上社翟家撮村老賈庵住持尼僧來金建立碑碣,翟家撮村衆善人等、四方善男信女喜舍資財姓名。易州正堂加□□趙,爲叩天賞事禁約,翟家撮白蓮洞老賈庵住持尼僧來金,禀前事内稱:本寺屢遭各鄉打柴人衆日每遭踐,山中柿樹數(科)〔棵〕,供佛應用,被人摘竊一空,叩天賞示嚴禁等情到州。此舍行仰該管甲地人等知悉:此山交界,東至□□山,南(□)〔至〕□□□下,北至報峪庵,西至木處,禪林四至交界約不計違犯。如有不法之徒在此遭踐偷摘山柿者,許該管甲地住持指名報州,以憑嚴拿究處。各宜凜遵毋(□)〔違〕,特示!

魏莊白王莊韓可興

都順天府我□□爺滿城市

頭村衆□人等安肅縣衆等

大王店衆善人等　易水孺人

正堂趙老爺　張瑜書文

石老爺市頭村石匠范存水

清康熙四十九年二月仲春十五日。

資料來源：范福生主編《滿城歷代碑石刻輯録》，河北教育出版社，2011 年，第 27—29 頁。

【備注】

老賈寺，又名白蓮洞老賈庵，遺址位於滿城縣神星鎮翟家佐村村北蓮花山上海拔約 400 米處。該寺鑿於白蓮洞東 100 米處的山崖上，背南面北，窟高 190 厘米、東西長 610 厘米，南北最寬處 350 厘米。庵内住持尼僧來金久住於此，看守附近山林果樹。窟内鑿有灶、臼、炕等生活設施，冬暖夏涼，温度宜人。

075 小麻苴彝族村鄉規碑

時間：康熙五十三年(1714)

地點：雲南省昆明市官渡區阿拉彝族鄉小麻苴村龍樹庵中殿墻上

曰苴里十甲小曰苴村闔村老幼人等爲鄉設禁約，以靖地方，以正風俗，以全良善事。竊惟朝廷有法律，鄉黨有禁條，法律維持天下，禁約嚴束一方。分有公私，事有緩急，曠古化行俗美，家室平和，故民間出入相友，守望相助，而比屋幾千可封。近今以來，俗不古處，耕鑿而暇，往往貽患村民，雖蒙各上憲大老爺愛民至意,屢行示禁,以戒刁風,而涼薄之子仍相接踵,即爲父母者亦難家喻户曉也。吾鄉雖居村野,前人均皆古(樓)〔樸〕敦龎,有素習,尚淳風。凡衣食房屋悉安間略,作息之餘,未聞有匪僻之行。無奈世風不古,人心潑惡,有不法之輩,圖一己之安,滋衆人之怨,專以蛇蝎爲心,狠戾自用,奸頑日熾,貽害淳良。是以闔村衆人置酒公議,設立鄉規禁條,以警後患,以爲風俗人心之計。自今爲始,務宜老者訓幼,少者侍奉年尊。體聖諭之言,教訓子孫,各安生理,毋忽作非爲,則人心古而風俗可古矣!謹列條款如左:

一、本村風:爲人子者,務要孝順父母,尊長敬上,不得忤逆父母,欺壓街鄰。如有違者,以鄉規處治,議罰白米市斗一石入寺備用。罰之不服,報官府治罪。

一、本村祭天山,乃四時祈福保安之所,攸關闔村風脉。凡我本村祭天山地,東至小普納地,南至竹園村地,西至本村秧田,北至大曰苴地之外。其本村之地,只許耕種,不許遷葬墳墓。違者罰市斗白米一石入寺備用。罰之不服,報官府治罪。

一、本村田園谷麥瓜菜等物,不得擅動。倘有鼠竊狗偷之輩,暗行偷盜竊取田中等物,拿獲報官治罪,仍罰白米市斗一石入寺。

一、〔本〕村中老幼等,務要各安生理,不得奸淫、賭博、酗酒、爲非。倘有横惡不遵禁約,以鄉規處治外,仍罰市斗米一石入寺。

一、本村龍村庵爲闔村祝國祈年之所,凡有樹林不得踐踏。如有違者,罰香油二十斤,綫香一萬柱,貢奉三寶。

以上開列鄉規條款，凡我村民不得故違，自干未便，各宜凛遵，爲此勒石垂久。

闔村姓人等同立。

康熙甲午年中秋月穀旦。

資料來源：曹善壽主編、李榮高編注《雲南林業文化碑刻》，德宏民族出版社，2005年，第99—102頁。

076 禁止砍賣鄭氏祖墳山木碑

時間：康熙五十五年(1716)

地點：福建省莆田市

興化府正堂加一級卞，爲乞示嚴禁砍賣山木，勒石遠垂保祖墓，永杜争端事。據都長鄭文安、房長鄭僑生、敦頤等狀呈詞稱：竊照柳季荒冢，昔王必嚴樵采之誅，鼻祖封塋，子孫寧之，保護之計。安等始祖先儒唐太府卿鄭露公倡學來莆，首祀鄉賢，故塋坐壺公里寶勝地方，山共七侖，穴號仙人脱履，繼世簪纓，四傳而産鞏、樂、阜、準、肇五公，兄弟俱登顯宦，號五垂簪，派衍族蕃，科名濟美，皆祖墳發祥所致。自唐迄今，千有餘年，通族子孫從無砍伐墳樹，盜賣山穴。禍因近年子孫賢愚不等，輒敢砍伐樹木，致興訟端，歷控不休。豈但傷壞風水，而且有乖族誼。安等忝居都長，上爲祖宗，下爲族黨，非仗天威嚴禁，將來效尤，亂砍亂葬，秀山變爲童山，祖冢流爲義冢，不已具呈,叩懇青天龍圖大老爺准賜給示,勒石永禁,向後不許賣砍樹木,賣葬墳山,子孫亦不得亂行安厝,庶風水得以保全,通族得免争端,幽明銜結等情詞到府。

據此,爲查唐太府卿鄭諱露公首倡莆學,志乘炳垂,佳城鬱葱在望,即他姓皆當存起敬之心,况屬孫子忍争伐樹木以貽濯濯之誚乎?今據前情,合行出示嚴禁。爲此示諭附近地方居民及族衆人等知悉:嗣後如有不肖子孫仍前賣砍樹木,并賣葬墳山,許該都長據實指名赴府禀明。以憑嚴拿重究,决不少貸。慎之,特示!

康熙五十五年六月二十五日給。

資料來源:〔清〕鄭惠元纂《鄭氏族譜》十四卷,道光二十八年(1848)刊本;參見陳進國著《信仰、儀式與鄉土社會——風水的歷史人類學探索》,中國社會科學出版社,2005年,第715—716頁;陳名實、鄭本暖《福建省古代碑刻中有關水土保持的鄉規民約》,《亞熱帶水土保持》2007年第2期。

077 禁伐山柏碑

時間:康熙五十五年(1716)

地點:山西省臨汾市洪洞縣廣勝寺上寺塔廊西側

規格:碑高145厘米、寬65厘米、厚25厘米。青石質。碑額刻"以垂永久"四字,楷書,陰刻。碑文楷書,陰刻。

平陽府趙城縣正堂加一級羅，爲嚴禁盜伐山柏勒石以垂永遠事。照得廣勝一山，原爲趙邑名勝，柏木鬱葱深秀，不特以壯觀瞻，抑且以助風脉，歷來不敢擅伐，飭禁甚嚴，彰彰可據也。詎下寺僧人同級等目無法紀，肆行盜伐，以致上寺僧人通善等告發到案。本縣以柏木爲一邑利害攸關，隨即親詣踏勘，驗明樹樁三十一株。正在研訊盜伐情由，而同級等即從同謀誣盜等事，上控府憲，蒙批速勘明詳報。遵即拘齊鞠訊，同級等雖供昔年上下兩寺俱曾砍伐山樹修建廟宇。但昔係呈請府縣，遵奉明示砍伐，較伊等擅伐者已大相徑庭。况伊等既經告發之後，藐法建房，未經審斷之先，捏詞越控。按以不應重律，彼即百喙，夫復何詞？本應將盜伐之樹估時價追贓，姑念已爲修建廟内房舍，贓非入己，止追半價入官。嗣後山上柏樹，下寺不得再生覬覦，即上寺亦不得看守營私。如有擅伐一株者，均以盜伐治罪。務使培植古柏森森茂盛，足以壯觀瞻而助風脉，永爲趙邑之名勝可也。同級、同實各予一杖以儆，仍追樹銀五十兩，爲現今修理衙門兩廊之用。慶瓚、同結在逃，獲日另結等緣由。詳請府憲，蒙批據詳，仰將同級重責三十板，同實重責二十板，仍立案嚴戒。兩寺日後不得砍伐，各取遵依報查繳等因到縣。

蒙此，擬合勒石永禁。爲此仰上下兩寺僧人及鄉保人等知悉：嗣後山上柏樹止許上寺僧人經營巡查，如敢營私擅伐，即以監守自盜治罪；下寺僧人及地方棍徒倘敢串謀盜伐，許上寺僧人指名稟究，若隱諱不報，或被鄉保舉首，并以徇縱疏忽究處。本縣執法無私，誠恐日久法弛，特行勒石嚴禁，以垂久遠。保守山柏永爲趙邑名勝,各宜凛遵恪守,毋得以身輕試,致悔噬臍莫及。慎之,慎之。須至勒石者。

康熙五十五年十月廿日。

勒碑豎立廣勝上寺門首永行禁止。

資料來源:李國富、王汝雕、張寶年主編《洪洞金石録》,山西古籍出版社,2008 年,第 210 頁;又見政協洪洞文史資料研究委員會編《洪洞文史資料》(專輯),1988 年,第 42—43 頁;參見張青主編《洪洞縣志》,山西春秋電子音像出版社,2005 年,第 1329 頁。

078 小長安何家衆立禁碑

時間:康熙五十八年(1719)

地點:原存廣西壯族自治區河池市羅城仫佬族自治縣小長安何家祠堂,祠堂改作村小學校址後,即移至村邊小山乘凉岩口

立禁約紳社村老衆等,爲嚴主禁約,以厚風俗事。從來朝庭設律例所以自痹,思鄉曲立禁條,原以防奸。每見無知鼠輩,不安本分,見人物産,頓起狼貪,或夜私偷,或白日盜竊,種種不法,難以枚舉,間有遇見,則徇情以容。又有拿鞭貪利而賣放,又或避嫌徇私偏心己護,甚且柔則茹之,剛則吐之,率致禁令不行,風俗敗壞,深爲可恨。衆等目過斯弊,痛懲厥奸。

爲此會衆嚴立禁條,分款勒石,以儆不法。自今以後,有犯者鳴衆公罰,照物追償,一則賠十,外行説衆,倘或强硬不遵,會衆宣官究治。若見者姑息不首,查出與盜同罪,但不許避嫌循情受財賣放,亦不得欺善畏惡,挾仇捏害,如有誣提,即行反坐,庶盜風日息,而風俗自此淳厚矣。謹以各項禁〔條〕,開列如〔下〕:

一禁不許盜人柴草。

一禁不許偷人生理。

一禁不許偷人蔬菜。

一禁不許偷人禾稿。

一禁不許偷人鷄鴨等物。

一禁不許偷伐竹木嫩笋。

以上各條,犯者罰洗衆肉六十斤酒二呈。

外有當禁者不能備載,犯者悉依此例以前。

康熙五十八年歲次己亥三月吉日衆立。

資料來源:廣西壯族自治區編輯組編《廣西少數民族地區碑文契約資料集》,中國少數民族社會歷史調查資料叢刊(修訂本),廣西民族出版社,2009年,第238頁。

079 頒示嚴禁文告

時間:康熙六十一年(1722)

地點:湖南省郴州市資興市興寧永安堡地區

湖南直隸郴州興寧縣署事正堂繆，爲泣陳瑶害，頒示嚴禁上廣、寶仁、下全殘瑶事。本年五月二十一日，奉本州上堂加一級佟，憲牌内開：六十年四月内，奉撫都院王既藩、臬各憲批，發瑶民黄元泰、陳榮顯、黄元臻、何秀林、張勝、李撥土、劉有明、羅子益、何嶺珂、袁似秀、龐禄、歐信甫、何岑珍、林述映、羅帝臣、周上禮、李朝龍、冷永灝等，呈控前情，批發到州，查報詞稱：蟻瑶自隆慶年間，招得安插雷、連十二洞，批給官山四十八面，刀耕火種，以資衣食，設立社學，教化瑶蠻。因各沿界連江廣，山通萬洋，地方遼闊，恐生不測，守衛要緊，令設千長一十二名，稽查匪類，把守隘口。迨至本朝定鼎，先帝十三年，内縣主商，遣使邑老胡國清，宣布皇仁，率領蟻瑶赴南贛軍門佟大老爺轅門投誠，始行彼剃，咨報大部，飭令國清爲撫瑶老人，部議高主招撫有功，擢升本州正堂。後因吴逆變亂，十七年，欽命征南將軍穆統領大師恢復駐扎郴州，有國清仍率蟻瑶赴軍前投誠，將軍叙功報部，敕授國清爲撫瑶把總之職。國清老故，世襲授清子胡家駒，家〔駒〕身故，蒙前任撫都院趙大老爺照例准授駒子胡寧興襲職，鎮堡二十餘載。恩勤撫字，凡瑶事故，重則具報州縣，輕則撫瑶處分，在襲三代，相安無事，群瑶咸服。又於康熙五十一年奉學憲蔣老大爺嘉惠邊瑶，題請湖南各處瑶民有子弟讀書者，當考試之期，查實選册申送，以杜冒濫。文理略通者，每科考取三四名，以示鼓勵，仍與民籍補廪，出貢科舉，奉旨渝允在案。蟻瑶仰沐教化，移風易俗，安耕樂業。近被邑民以及惡棍盤踞蟻瑶地方，非籍户族，伸衿則視友世宦，刁唆播客，或造大厦，或塋冢墓，或伐樹以生木耳，或斬木以(方)〔繁〕香菌，或砍山造紙，陷絶水源，强占官山，客瑶無資生之策。侵奇瑶産，致瑶受啼饑之(者)〔苦〕，甚至勾引匪類，作歹爲非，波及瑶衆，罄竹莫書。秉遭邑中豪强勢力之家，有子弟讀書者，布瑶易取，假冒瑶童，儕勢混考，陷蟻瑶苦讀之子弟名落孫山。假冒之奸徒，幸得取録，奉編里甲，則曰民籍，一進考試，冒稱瑶家，種種荼毒，瑶不堪命，只得臚列害端，匍匐泣奏。雖已往之(□)〔禍〕難追思，將來之患可彌，逐款賞示，嚴禁不許異棍雜處，釀害民瑶，及故勒飭撫主管理，嚴加防閑，山陬究谷，澤流萬億。奉撫都院批，果否？民摇干礙之處，仰郴州妥議報等情，奉批到州，隨即轉飭該縣，并雷、連十二撫瑶把總，查明回復，於康熙六十年十月十日内，據該縣前任縣令啓，轉飭永安堡查明詳復。其占伐官山，聞風逃匿，似無容議，未清之處，現在查拿，另文詳復。據該縣前令看稱，查得雷、連十二洞瑶民，雖附籍有年，終有民瑶之别，只因民人居地有逼近瑶壤者，間入瑶洞，采取樵薪，屢經飭禁在案。其占伐官山者，據瑶把總詳復，俱已逃匿，似無容議，其未清之處，現在清查驅逐，另文詳復。一面懇頒各憲大老爺賞示，嚴禁永期杜絶等語，本州核明，加看詳復。各憲奉撫都院批，加詳飭禁，嗣後不許民人擅入瑶峒，占伐官山以及冒試幸進，倘敢故違，仰即查拿詳報，以憑狀刑究治。繳□奉此。又奉布政司批仰候撫都院暨臬司批示録報，繳奉此。又奉按察司批仰候撫都院暨藩司批示，繳奉批，合并抄看飭行。

爲此仰縣官吏查照來文，院批事理，立即出示嚴禁，嗣後不許民人擅入瑶峒，占伐官山以及冒試幸進，敢故違，仰即查拿詳報,以憑較詳□刑究治毋違等因。奉此,合行出示嚴禁。嗣後不許民人擅入瑶峒,占伐官山,如有違禁入瑶峒者,此照。民人擅入苗地,例杖一百,徒三年;占伐官山及盜葬者,照强占官民山場律,擬流險另行刊示。分(□)〔發〕各近瑶各村莊,通行曉諭,仍嚴著落撫瑶把總督率一十二峒千保,不時巡查。爾該地方保甲牌□亦不時訪察的確,起縣首報,以憑拿究,審實詳報究辦。如該保甲徇隱不舉,經查或被瑶人告發,一并拿究。蓋興邑地處邊末,民性愚頑,苟非繩之以大法,不足以致其淳畏也。充於瑶生,凡(迂)〔遇〕考試應考,務令瑶老查明,互相保結送縣,當堂認識,以杜假冒之弊。倘有不遵令,仍敢冒稱新民,希圖朦試幸進者,事發,(出)〔除〕將本童責逐不許考試外,仍嚴拿父師究治。事關上憲批飭嚴禁,慎勿視爲故紙,務宜凛遵,須致告示者。

右仰布知悉。

康熙六十一年七月□日。

資料來源:黄鈺輯點《瑶族石刻録》,雲南民族出版社,1993 年,第 9—12 頁。

080 壽峰寺碑記

時間:雍正三年(1725)

地點:陝西省延安市黄龍縣官莊林場

……山有松數千株,高者數丈,低者丈餘,乃爲刁民窺伺,私行剪伐,非啓大戰之端乎……厥後經縣經府經司判斷,夫此山之松柏挺然獨出……

資料來源:黄龍縣志編纂委員會編《黄龍縣志》,陝西人民出版社,1995 年,第 210 頁;又見延安市地方志編纂委員會《延安地區志》,西安出版社,2000 年,第 245 頁。

【備注】

此碑爲延安府正堂吴端等撰立,以護山林。

081 畫皮坳護樹碑

時間:雍正六年(1728)

地點:湖南省邵陽市綏寧縣長鋪鎮洞溪村畫皮坳

規格:碑高 132 厘米、寬 80 厘米、厚 6 厘米。青石質。碑文楷書,雙面陰刻。

【碑陽】

海誓山盟

立賣杉樹契人楊裕後,今因要銀急用,情願將畫皮坳杉樹一莌出賣,典蘇建標名下,憑中議定價銀一兩二錢整。商定,地方聞知,不忍此樹砍伐,會首龍艷開、唐天榮募化銀一兩六錢,向蘇建標贖出,以爲永遠歇凉古樹。一賣一了,日後不得異言，立此賣契，永遠存照。

如有損樹碑、樹者，約衆公罰。

雍正六年戊申歲三月初一日（人名略）同議立。

【碑陰】

永垂不朽

道旁之樹，往來行人所以乘涼而歇足也。我境畫皮坳坡嶺峻險，過者絡繹不絶，需樹遮蔭。〔楊裕後〕將先人栽植此處杉樹一株出賣于外，衆姓不忍剪伐，得善士龍艷開爲首募化，護延是樹。命匠勒石，以爲永禁之樹。雖非求福田利益，其有便於行人之憩息，而與上古甘棠并傳不朽。

大清雍正六年戊申歲七月二十五日（人名略）同議立。

資料來源：國家林業局編《中國樹木奇觀》，中國林業出版社，2003 年，第 474 頁；又見全國緑化委員會辦公室編《中華古樹名木》（下），中國大地出版社，2007 年，第 810 頁；徐曉光著《清水江流域傳統林業規則的生態人類學解讀》，知識産權出版社，2014 年，第 189—190 頁。

082 奉憲判示官山碑

時間：雍正九年（1731）

地點：廣東省潮州市饒平縣上饒鎮壩上村自東樓墟坪

規格：碑高約 170 厘米、寬約 80 厘米。

潮州府饒平縣正堂周，爲官山奉憲斷明，叩乞勒石永垂，以免將來霸占後萌事。案於雍正九年六月初四日，蒙廣東潮州府正堂加一級記録六次胡，信牌前事，内開本年四月二十八日據饒平縣監察院生張映周、子民〔張〕鄂者等具呈前事。内稱有官山土名山前岡，通山不啻千餘畝，詎被武生許直者、富監許聖泮、巨棍許邦仁等，恃族豪强，鄉居山下，影爲糧山，盤據霸占。因鄂等久葬祖妣許氏一墓在山，雍正七年三月清明往山祭掃，修剪墓前陰翳小木，惡等枉控盜竊盜砍，叠行趕殺，謗祖誣孫。經鄂等控憲吊訊，蒙判叠承誣謗俱真，行縣查明是否官山糧山。惡等旋賄管册蠹承局，將順治十六年局黄册就許純户内田塘總數下弊注山七分土名山前岡字樣，瞞縣繳册詳憲，蒙憲察出添注情弊，并官册經承究結，惡等進省，於去年三月三十日越控督憲，批臬憲吊卷親審。及去年七月内蒙臬憲閲明，憲訊看語卷宗審詳，議以誣謗之許邦仁枷責，及許欽契等各責，其教唆之許直者，俟提另結。而山前岡之山埔，查黄册各都□田地山塘，俱將總數列明，獨許純一户山税七分不在田塘總數之内，而注於總數之下，其爲添注不問可知，斷係官山，各聽祭掃。添注黄册，飭行改正。查出作弊擅添黄册經承責等，蒙憲批照議行繳，續奉司牌行憲發落。已蒙各發落究結矣。此皆賴憲天之前訊查出弊注，審判明晰而得。

至是也，鄂等闔族感浩浩憲恩，同於上蒼。不特今世今日之男婦老幼朝歌夕祝，即拯之千百萬世孫曾苗裔亦當同頌萬年功德。但官山雖奉斷明，而案則存憲房縣房，衆目未有共見，惡等此時固遵，誠恐日久，巧計百生，奸弊霸占復萌。伏乞恩上加恩，勒石山上，永垂不朽，使萬人往來，同相眼攀，四處皆知此山係屬官山，則豪强終莫得以霸占，民有葬所而戴恩被德，猶非獨鄂等族人已也等情到府。當批准行縣，勒石在案，合就飭行等因，備牌仰縣照依事理，文到，立將官山土名山前岡等處地方勒石築碑飭禁，永爲官山，聽民間樵采葬墓，不許許姓仍前恃强，影爲糧山，并不准陰行毀滅碑記，希圖霸占，仍將勒禁日期具報本府查考，均毋有違等因。蒙此，合就飭禁。爲此示諭山前岡鄉土民人等知悉：各宜凜遵憲禁，迅將官山土名山前岡等處地方照依勒築碑記，永爲官山，聽任民間樵采葬墓，不許許姓仍前恃强混争，影爲糧山，并不許陰行毀滅，以杜將來霸占。倘敢故違，聽各該居民人等指名稟(就)〔究〕不貸。特示！

大清雍正九年捌月日。

資料來源：肖文評等著《民間文化與鄉土社會——粤東民俗文化與地方社會》，花城出版社，2002年，第49—50頁。

083 培本事實碑

時間：雍正十年(1732)

地點：浙江省寧波市保國寺大殿前碧池西壁

規格：碑高210厘米、寬92厘米。方首，額篆書“培本事實碑”五字。碑文共19行，滿行52字。

古靈沙門繼法識

蓋聞事必有本，本固則安。叢刹之與名門一也，爲其憂深慮遠，載筆垂言，均之一培本之思而已。兹山亘號靈山，其曰標驃騎山者，漢隱標騎將軍，故名。爲觀鞍峰挺峙，象巘盤旋，其毓秀含光，森然凝結，不可謂非靈異也。若夫寺所由來，緣張侯捨宅開基，名靈山寺，美哉始基，此其本矣。

傳歷六朝廢，唐之會昌，吾祖可恭尊者至，見瑶華吐岫，知爲興復之徵，偕檀越許標等鳴之刺史，遂往長安。值關東大旱，民饑，吾祖爲跪諷蓮典未終，澍雨浹旬，禾黍旆穟，食足民安。隨征竊發之芝巢，北奔遐鄙，緣四方奏聞召對，遂請命恢復，許之。俄詔于弘福寺講五大部經，越三月而弘法大振。徹講之詰朝，綸章甫下，禱霖有秋，得以蘇民保國，是所以報國者也。敕詞部以保國之額并紫衣一襲給賜還山，時唐廣明元年秋九月也。旋即庀材鳩工，重新殿宇，營構有槐林之柱，罘罳絶布網之塵，巧奪公輸，功侔造化。此前祖恢復之事實也。逮宋治平間，更爲精進院，僅二百十四年，豈其隆替若斯哉！自是而勝迹衰殘，能無感嘆！

顧自端荒陋，庀飭良難，幸遇康熙甲子春王，始以收繻弛榷，海道遂通，又兼吾資祖輝者佐理，乃敢浮海伐木購材，始葺山門，繼修正後兩殿，重增檐桷，石布月臺，欄圍碧沼，左个培階，右翰峥嶸，凡諸法象，金碧崇輝。起衰救敝，其庶幾乎。他若文武帝祠及建叠錦亭，以文記之。《詩》言："何有何亡，黽勉求之。"即此謂矣。至奠茅洲覆交之患，自是開河剸閘以來，舟子歌風，篙師卧月。郡侯尚公贈額以"功高千古"，邑主樊公文序以"禪宿罕儔"，乃辭而不受。顧念利濟本吾分内，而資力出於衆輪,其又何德以堪? 獨憶累世梵宫必資理葺,千年勝地代有重興。慨夫籍毁祖龍,古碑燹没,致失宗系,莫辯燈傳,如宋明道間,中興祖賜號德賢尊者,無可考核,不亦悲夫! 爰立瑱珉,略陳顛末,非敢誕詞譸功,實則申嚴後禁。後山來脉關乎盛衰,但此山亘屬東房地師,窺覬者衆,神護幸存。余今買作公山,立議勒禁,嚴培固守。凡我後人,毋鬻葬,毋建塔,毋伐蔭侵址,違者按清規黜逐。慎之哉! 載念殿儀缺略,冷淡香燈,捐贍土腴,永爲資斧,庶使琉璃映月,玉篆騰雲,凡此皆正本培源事也。其有條例典章開列碑陰,使後者□有據。吾年耄矣,事在來賢,克紹前謨,弘興法席,亦見予言之立意云爾。

時在大清雍正拾年歲次壬子玖月庚戌朔乙酉上浣吉旦。

孫果一摹勒上石。

資料來源:余如龍主編《保國寺碑雕與石刻》,文物出版社,2001 年,第 57—61 頁;又見章國慶、裘燕萍編著《甬城現存歷代碑碣志》,寧波出版社,2009 年,第 59—60 頁

【備注】

1. 繼法(1658—1737),號顯齋,鄞縣人,保國寺第六世住持。

2. 據碑文載,碑陰應刻有"條例典章",因碑嵌壁中,内容待録。

084 太平山界禁山題刻

時間:雍正十三年(1735)

地點:福建省厦門市開元區中岩寺通往太平寺的路邊山岩上

規格:題刻高140厘米、寬95厘米。楷書,陰刻。

奉道憲太老爺朱、分府大老爺梁勘定太平山界。禁山。

雍正乙卯年九月日立。

資料來源:厦門市政協文史和學習宣傳委員會編《厦門摩崖石刻》,福建美術出版社,2001年,第115頁。

【備注】

該題刻是當時興泉永道道尹朱叔權、厦門海防同知梁須梗共同勘定太平岩山界範圍和禁止入内樵采、保護林木的示禁題刻。

085 定林寺種松碑記

時間:乾隆元年(1736)

地點:山西省晋城市高平市城東南5公里七佛山南麓定林寺

規格:碑身高163厘米、寬48厘米、厚24厘米。石灰石質。碑座高17厘米、厚76厘米、寬45厘米。砂石岩。碑爲圓首，上刻單龍戲珠祥雲圖，碑身周邊刻幾何圖紋。碑座爲條几形。碑保存完整。碑文楷書，陰刻。共12行，滿行59字。

鎮西北有古寺號定林，其地係七佛山之南支也。山形如屏風，三面環抱，南復羅列諸峰，遠山盡成拱衛。又有甘泉從北澗内湧出，波流縈回，映帶左右，可謂據山水之兩勝矣。寺中殿宇宏敞，除諸天高居外，以及方丈臺閣、曲院回廊，亦(破)〔頗〕幽閑有致，四方游客登臨，樂爲題咏，洵米鎮之巨觀哉！抑聞少陵咏香積寺詩云："泉聲咽危石，日色冷青松。"知青松、泉石俱佛地之勝概，闕一不可者。今定林有泉石而少青松，何白璧留此微瑕耶？豈定林之土宜與松不符耶？抑郊於大鎮斧斤牛羊日尋焉故耶？欲問其事，而故老無一知者，蓋種松失傳久矣。

今本鎮趙子諱雲程，字騰霄，豁達喜施，不耐俗冗，好游名山寺院，與長老談修煉術，見寺院有殘毁處，輒量力捐資，無慳吝色。後與本鎮同志八人：崔子恒遠、牛子從、崔子子政、李子子珍、宋子發昌、秦子太林、程子起鳳，其一則趙子雲程也，聯社游五臺，捐百餘金以襄事。游畢，趙子慨然曰："藤蘿松柏，列寺皆然，吾定林獨可少此耶？"因謀諸本社，即將社内餘金，覓工栽樹。奈定林左右松最少，近者數十里，遠者且百餘里，往來移植，資費頗多，僅栽一百一十株，而社内金盡，事以中止矣。本寺僧因松少，亦續栽八十株以益之。趙子意猶弗愜，復自捐金，栽松一百七十株有奇，外復栽白皮松五十株、柏樹十株。亦間有未成者，現今存活三百五十株有奇。寺之前後左右無不周匝，且灌溉殷勤，囑寺僧時爲防護，勿令樵夫、牧童稍有摧折。數年間小松已滿山谷矣。異日松蔭成庇，俯仰掩映，泉聲危石，且得藉以隱見參差，幾令登臨之客莫辨爲定林耶，香積耶，寧不稱快事哉！予忝爲寺中僧長，不忍没人之善，誠恐年遠無傳，未知松之何自也，因集其始末以記之。

住持僧海山勒石。

乾隆元年六月初一日定林寺。

資料來源：《高平金石志》編纂委員會編《高平金石志》，中華書局，2004 年，第 658—659 頁；又見常書銘主編《三晋石刻大全·晋平市高平市卷》，三晋出版社，2011 年，第 319—320 頁；晋城市旅游文物局編《晋城文物通覽·碑刻卷》，山西經濟出版社，2011 年，第 639 頁。

【備注】

國家圖書館藏該碑拓片。

086 春雨山房記

時間：乾隆二年(1737)

地點：雲南省紅河哈尼族彝族自治州瀘西縣

庭中有文杏一株，幹老而枝蕃，洵嘉樹也。昨歲以按試來，朝夕婆娑於其下，不知前此何人留有鋸痕，而穎庵侍讀曾題於壁曰："落照斜陽，横窗映月，縱非甘棠，奚堪剪伐。"吁！異矣。昔人謂富貴如華屋，時至則有；名節如喬木，久而後成。此古所以譬嘉樹而必封殖焉者，亦所爲因財而篤也。余雖一再至，俱在冬月，未獲睹其華實時，然聞春初花開爛熳，合郡皆望見，以爲美觀。倘非造物者雨露所涵濡，土膏所滋息，與夫數十年人力灌溉所培植，决不能表異一時，而蔽芾於廣庭有若是。是故宜愛護珍惜之，而忍令戕賊摧殘於其後哉？且余家大江以南，每誦春雨杏花之句，輒悠然神往，故遂題庭之額曰"春雨山房"，既微寓夫鄉思，而亦以志永保此樹之意，昭示來滋也。若夫駐節是邦，使都人士如坐春風，如沾化雨，而因以命名焉，則余又深用愧勵矣。

乾隆丁巳長至記。

資料來源：曹善壽主編、李榮高編注《雲南林業文化碑刻》，德宏民族出版社，2005 年，第 107—109 頁。

【備注】

碑文録自〔清〕周埰等修、李綬等纂《廣西府志》卷二十四《藝文》（乾隆四年〔1739〕刊本），碑今無存。碑文由校士館學憲孫人龍撰寫。孫人龍，字瑞人，號約亭，又號頤齋，烏程（今浙江湖州）人。雍正八年（1730）進士。歷官編修、雲南學政、肇高學政等。二十二年（1757）致仕。生平見《〔乾隆〕烏程縣志》卷四、《〔光緒〕歸安縣志》卷三十七。

087 萬石岩勘定山界示禁石刻

時間:乾隆三年(1738)

地點:福建省厦門市開元區萬石蓮寺海會橋邊的岩石上

規格:碑高125厘米、寬146厘米。碑文楷書,陰刻。共12行,滿行16字。

興泉永道按察使司副使加一級朱,爲蒙發勘定山界等事。查萬石一岩創自明季,乃僧維信師祖向定遠侯募地建蓋,歷管已經五世,其岩宇之前後左右業經本道飭廳立石定界在案。兹據呈請,合就勒石永禁。爲此示禁厦島軍民人等知悉:嗣後如有不遵禁令,膽敢仍前復將萬石岩界地混給占葬,以及樵采樹木暨縱放牛羊踐踏五穀蔬果者,許住僧、該地保長立即赴泉防廳衙門具稟,以憑嚴拿究處。其各凛遵毋忽,特示!

乾隆三年四月初一日給。

資料來源:厦門市政協文史和學習宣傳委員會編《厦門摩崖石刻》,福建美術出版社,2001年,第103頁;又見龔潔、何丙仲收集整理,何志偉校《厦門碑銘》,1991年,第37頁;何丙仲編著《厦門碑志彙編》,中國廣播電視出版社,2004年,第422頁。

【備注】

1. 此碑爲清代興泉永道道尹朱叔權爲勘定萬石岩山界範圍并爲保護林木等而頒布的一篇"示禁"文告。

2. 定遠侯，即鄭聯，厦門同安人，爲鄭成功之宗兄。順治三年(1646)，鄭成功起事後，鄭聯曾率軍盤踞厦門，後於順治七年(1650)被鄭成功擊殺於厦門萬石岩附近的半山堂。

088 雷臺觀碑記

時間：乾隆三年(1738)

地點：甘肅省武威市城北2公里雷臺觀西北角

規格：碑高178厘米、寬72厘米、厚16厘米。

粤稽雷臺觀之設，歷年久遠，無可考證。惟查大明天順年間，冰苞傷禾，敕建重修，培助風脉，辛鄧二神，降筆於墻。自此冰雹永息，物阜民豐，人文啓發，蒙神默祐，誠五凉之一大觀也。至順治初年，逆回變亂，燒毁廟宇。劉總戎重建，立太白會，給照經理。又於康熙初年，劉撫臺創建斗閣，耆約督工，立斗姆會，經理存焉。不意近年以來，遭被附近居民□□二姓，伐樹占地。兩會八社人等，確查古碑内載用價增買地土、栽樹等語，無奈控告道憲劉、府憲菩、本縣鄭，蒙會審斷，伐樹賠價，地歸聖宫，發給執照。豈知周姓等貪心不足，不交地土，曾於乾隆元年復控道憲高、郭，府憲鄭，本縣傅，親履臺觀前後，踏勘明白，即批本縣，責懲交地交價。至此地界清楚，又給執照。是以勒石，永垂不朽云。爾後無侵占之害，并將四至開列於後：

一、臺觀周圍香火地數十餘畝，用使泉水一晝夜，遇輪澆灌，設無糧草，不當雜差。

一、山門前神路三道，自石橋起，至頭架牌坊倚樹止，以樹東面横至東墻，官尺三丈一尺；以樹西面横至西墻，官尺三丈二尺。

一、山門前西面周文敏小莊，原日莊門面向西開。因爲希圖侵占官地，築打豬圈，改挖水溝，門向東開。奉憲公差，拆毁圈落，平去水溝。現存執照并文敏私約，今自文敏莊門墻根，南至小墻莊角，北至廟墻。又山門前牌坊東角下向西，香火鋪面一間。

一、斗閣下三豐丘祖道院二處。斗閣西臺下常住道房屋一所。臺下東、西道院二所。

一、斗閣臺下東角官溝内大樹二顆。又西湖邊古樹二顆。奉憲批，道正司王驗明官地官樹。其餘臺前周圍大小樹株，俱屬聖宫。神樹古照可查，毋容備載。

陝西凉州府正堂加三級紀録二次鄭松齡；

凉州府武威縣督補廳加一級陳良智；

署凉州府武威縣正常加一級何世寵；

國學生王宗文、何兆琳；

斗姆、太白兩會功德主張廷瑜、何大美、何沛世、張自榮、黄國民、王洪簡、蕭蔭、程士超、陳國柱、朱振聲、管參、岳之峻等。

吏部揀選府經歷張廷瑜薰沐敬撰。

凉州府武威縣儒學生員李繼宗薰沐敬書。

乾隆三年歲次戊午四月朔日吉旦。

資料來源：武威市市志編撰委員會、武威市人民政府辦公室編《武威金石録》，蘭州大學出版社，2001 年，第 150—151 頁；又見武威通志編委會編纂《武威通志·藝文卷》，甘肅人民出版社，2007 年，第 46—47 頁。

089 神民永庇封山碑

時間：乾隆四年(1739)

地點：雲南省楚雄彝族自治州南華縣龍川鎮大智閣鄉辦事處見性寺山响水河龍潭

規格：碑高 100 厘米、寬 60 厘米。碑額刻"神民永庇"四字，楷書。碑文楷書，陰刻。共 16 行，滿行 25 字。

楚雄府鎮南州正堂三級錢，为神人攸賴，禁止樵采，以遂輿情事。照得州治北十五里，有响水河龍潭一溪，水入白龍河，灌溉田疇千有餘頃。利於民生，澤施甚溥，爲州民祈年雩禱之所，載在州乘，昭昭可考。本州莅兹三載，日以勸農教稼爲事，廣開水利爲先，凡疏浚利導，悉窮其源。其無虞旱乾者，皆藉龍水，神實司焉。乾隆四年二月二十二日，省視春耕，行至响水，有州屬士民陳于廷、謝繼堯等公籲：此地龍潭向來樹木茂盛，擁護靈泉，今被居民砍伐，漸次稀少。糧憲宫前任兹土，欲勒石禁止，立案未行，似將有待。因親往踏勘，緣係龍潭無人看管，以致近城居民紛紛樵采，雖柴薪日用所需，但砍負售賣，獲利有限，倘再行樵采，數年之後即爲童山，而泉水灌溉，惠澤無窮。查水防水庸，不過田間溝洫，列祀八蜡，吹豳擊土，歲報厥功。矧此龍潭澤及蒸黎，周圍樹木神所栖依，安可任民砍伐？准據輿情，勒石永禁，凡近龍潭前後五十五文之内概不得樵采，如敢違禁，私携斧斤入山者，即行扭稟。

乾隆四年二月二十八日示。

响水河龍潭立石。

資料來源：雲南省林業志編輯辦公室編《林政法規選》（第一卷），四川科技大學出版社，1993 年，第 795 頁；又見雲南省地方志編纂委員會總纂、雲南省林業廳編撰《雲南省志》卷三十六《林業志》，雲南人民出版社，2003 年，第 863 頁；張方玉主編、楚雄彝族自治州檔案局編《楚雄歷代碑刻》，雲南民族出版社，2005 年，第 325 頁；曹善壽主編、李榮高編注《雲南林業文化碑刻》，德宏出族出版社，2005 年，第 110—114 頁。

090 清居禪寺除害重修碑記

時間：乾隆六年（1741）

地點：山西省忻州市寧武縣石家莊鎮馬頭山村南青居禪寺遺址上

規格：碑高 178 厘米、寬 82 厘米、厚 14 厘米。沙石質。碑文楷書。碑保存較完整。

嘗思莫爲之前，雖美弗彰；已爲之後，雖盛弗傳。古今來，凡事皆然。至於修補去弊，亦莫不然。今清居禪寺，坐落寧化東南，山名曰“馬頭”。其山蒼松古樹，怪石奇峰，龍盤虎踞。四顧旁觀，成爲洞天福地，但前朝起建廟貌隆替，兵燹頻仍，未知若何？粵稽至治年間，保寧王乃元之苗裔。崇尚釋典，重建殿宇，充爲香火院。至大明晋恭王持符提□錢糧，優免山中地土。周圍樹株，俱屬常往之用。四面界址，前碑載明，盡北以石涯爲界，屢代重修，殿宇崔巍，形勢壯麗。此誠彰美於前，爲一方之勝境也。

迨及本朝乾隆五年間，有不法之徒李文龍等冒争山廠，告赴寧武府魏公案下，蒙批知縣施公會同寧化巡檢司王，親詣查勘。蒙二公之明勘，得廟樹與刁徒文龍等并無干涉。詳結立案，永絶争端。寺僧寂材，效法師祖如春之德，狐守其寺，將官斷本山木植變賣，得價復爲修補，因而增其舊制，創建天王殿，裝修大雄殿，東西殿，前北岳，後龍王，左觀音，右石佛，以及僧厨禪室，煌煌悉備，金光燦爛，使墨士騷人游覽其地，不勝欣賞。此莫非傳□□於後者乎？

今兹一概功成，住持僧人寂材謀諸各諸施主等，以爲後完繼美，重修之義不可泯没，又恐狼疾之輩再起争□，永爲勒石，永垂不朽。弘開好善之門，廣勵後人之志，而使修補不墜，其廟貌得以常新，豪强勿奪。住持不慮其無需庶□□□，鐘鼓常鳴，鼎内□火不足，此乃勝境，可保永久而不替，以文懇余。余乃樗櫟散才，非能文也，但粗叙□言，以志功德善果□□□云爾。

寧武縣府學生員潘蔚頓首撰。

静樂縣鞏樂山書。
大清乾隆陸年拾壹月吉日同立。

資料來源：山西省寧武縣縣志辦公室編輯《寧武縣志（初稿）》，1985 年，第 763—764 頁；又見劉澤民總主編《三晋石刻大全·忻州市寧武縣卷》，三晋出版社，2010 年，第 39 頁。

091 紫峰山永禁樵牧碑記

時間：乾隆八年（1743）

地點：山西省晋城市高平市石末鎮紫峰山

規格：碑高 95 厘米、寬 65 厘米、厚 18 厘米。石灰岩質。碑座爲砂石岩質，長 66 厘米、高 40 厘米。碑爲圓首，上刻雙龍祥雲圖，中刻“紫峰碑記”四字。碑文楷書，陰刻。共 15 行，滿行 22 字。碑保存基本完整。

儒學廪膳生員司昌齡撰并書

石末鎮爲高平東南之望，而紫峰又石末東南之望也。虬松古柏，離奇突兀於蒼岩碧嶂之間。觀方者見菁葱之佳氣，驗人文之日盛焉。乃有村農野豎，墾污萊於崔嵬之上，縱牛羊於維喬之下。歲月漸深，視爲固然，不及今而爲之所，匪獨嘉樹見戕，山靈且將怒之矣。里人張鈿等謀於衆紳士，追還侵地若干段，封殖松柏，永禁樵牧，刻石而記之。庶蔚然深秀益爲兹山增色，而地之靈者人自杰，其補於鄉邑豈小焉而已哉。

一、耕過山界石内者，罰銀伍兩。

一、開墾荒土者，罰銀叁兩。

一、牧放牛羊者，罰銀叁兩。

一、移取松柏者，每根罰銀壹兩。

一、割草拾松子莪者，罰銀伍錢。

所罰之銀入社公用。禁約既定，各宜遵守，倘有恃强不服者，鳴官究治。

乾隆八年歲次癸亥秋七月中浣勒石。

資料來源：《高平金石志》編纂委員會編《高平金石志》，中華書局，2004 年，第 674—675 頁。

092 僧衆護山碑

時間：乾隆八年(1743)

地點：廣東省肇慶市鼎湖山慶雲寺客堂

規格：碑高 33 厘米、寬 52 厘米。碑文正書。

鼎湖之慶雲，乃要邑之名刹。上而宰官，下而文人秀士，往來誄經禮佛，皆造於斯。務必山青水秀，樹木森蔚，乃像叢林丰度。身任知山，必要鐵面，不容稍私。即凡寺内居僧亦宜齊心戮力，衛護山場，使勿剪伐，以致濯濯，庶有當于祖宗百年樹木之意。致于遠邇鄉親，各有拈香禮佛善念，祈爲大發慈悲。爲父者戒其子，爲兄者戒其弟，爲夫者戒其婦，使其知界内竹木，係佛門有主之物，俗人不可斬伐私取，以傷叢林風水，則無量功德矣。間有一二豪强，恃其財神，以衆凌寡，擅伐竹木，不惟欺僧欺佛，并欺我們山主。許寺僧齊心合力，擒獲送官究治，僧俗交攻。言出必行，斷不徇情，請爲諒之直白。

山主：梁半閑、梁卓山、梁站玉、梁瑞山、梁桂亭、梁硯溪、梁王輔、梁悔庵、梁宗魚、梁葉宏、梁葉邁、梁光四、梁儒尊、梁超榮、梁漸逵。

一、禁男女在界内斬伐竹木并做工，不許帶藤篋等物下山。

一、禁男女在界内采取乾柴。

一、禁婦女在界内采割牛草。

乾隆八年歲在癸亥八月日約條。

資料來源：劉偉鏗編著《嶺南名刹慶雲寺》，廣東旅游出版社，1998 年，第 235—236 頁；又見譚棣華、曹騰騑、冼劍民編《廣東碑刻集》，廣東高等教育出版社，2001 年，第 694 頁；《肇慶星湖石刻》編委會編《肇慶星湖石刻》，紅旗出版社，2005 年，第 342 頁。

093 甘寨護林示禁碑

時間：乾隆八年(1743)

地點：福建省漳州市長泰縣岩溪鎮甘寨村鳳龍宫附近

規格：碑高 100 厘米、寬 40 厘米。

會衆演戲，永遠公禁：
一、不許放火焚山；
一、不許盜砍雜木；
一、不許寨山挑土并割茅草；
一、不許盜買雜木。
如違者罰戲一檯，强違者絶子害孫。
乾隆八年癸亥公立。

資料來源：中國人民政治協商會議福建省長泰縣委員會文史資料委員會編《長泰文史資料》第 17 輯，1995 年，第 89 頁；又見金其楨著《中國碑文化》，重慶出版社，2002 年，第 903 頁。

094 奉憲禁碑

時間：乾隆九年(1744)
地點：江西省贛州市安遠縣長沙堡新圩村

特授安遠縣正堂加一級何，□□□□種植山場收撿利息以補家計，而山内所有梓桐松杉等物，正必□……□□木無待人工自然生發，一有盜砍盜撿□獲到□官按法究處，不可□□……□□各憲并經本縣示禁在案備憲，乃該處猶有不法之徒，私行砍撿，致居民□□……□□吉南贛道憲陳□批查勒禁，除現在密查拿究外，合行給示勒禁。爲此碑仰□□□□獲

□□……如有奸徒仍行偷盜，或三五成群公然强撿强砍，不順理論，拘全苛□山户□□□□稟縣以憑詳究，決不宥寬。各宜凛遵，毋貽後悔，須至碑者。

計開禁列：

一禁毋許梓桐山内强撿梓桐枝。

一禁毋許横砍松杉竹木等物。

一禁毋許縱放六畜踐踏田禾豆麥。

乾隆九年甲子歲十一月日給立碑鄉民

長沙堡證　文長、鍾商略、鄒詳千、杜峻九

經會禁山鄰　鍾柱臣、鍾欽上、鍾將伯、鍾公啓、蔡君德

禁碑豎立水□新圩。

右立石碑永禁。

（人名略）

資料來源：《安遠縣林業志》編纂委員會編《安遠縣林業志》，1989年，第246頁。

095 奉縣主示禁碑

時間：乾隆十二年（1747）

地點：廣東省梅州市平遠縣博物館

特授嘉應州平遠縣正堂謝，爲射利開山、泣救壙骸事。據生員謝荆州、烟民劉淑民等具稟前事呈稱：開爐挖采，例應無

礙風水廬墓。且開采弊害，實難枚舉。今有小柘鄉中村爐下坑等處，係生等二姓祖墳所葬之地。因有射利挖取煤炭，大有傷害祖墳，伏乞金批示禁，射利斂迹等情，合出示勒禁。爲此示諭該處居民以及各色人等知悉：小柘鄉中村爐下坑等處，係謝、劉二姓祖墳所在，不得開挖煤泥。如敢盜挖開壟，許該生民等呈稟本縣，定行嚴拿重究，决不姑寬。毋違，特示！

乾隆十二年八月十六日給。

資料來源：譚棣華、曹騰騑、冼劍民編《廣東碑刻集》，廣東高等教育出版社，2001年，第884頁。

096 十八公引碑

時間：乾隆十七年(1752)

地點：廣東省梅州市大埔縣

十八公之名，何爲而來也？溯我廬江氏自宋以來居雙坑，至今歷四朝共三十六帝，五百三十餘年，世系亦已二十三代矣。自始祖來，五世單丁，越六世始分三房，長房十世孫仕斌公遷恭州，至今始稱樂土焉。我次房遭三房之難，殺戮之慘，不堪言也。凡在雙坑居住者，人丁夭折，家計蕭條。溯厥由來，皆因雙坑四山，山上地墳千有餘穴，山下房屋百有餘所；來龍峻急，結穴陡絶，凹缺窠風冲射祖宗墳墓，無所遮障之所致也。至十八世通族始議照鼎成、道隆、鴻業三户丁□派銀購物嚴禁，鳩工栽種修蓄松杉等木，三年一□。一遇回禄，在雙坑居住子孫往救，悉焦頭爛額。因舉次房十八世瞿行、而安二公爲董理，美哉始基之矣。然此時俗尚敦龐，人敦古處，因合族人心之和，本天地自然之利，易於栽蓄。雖瞿行公移居江西，設絳帳於他省，而而安公一人督率尚有餘力。且他山尚有雜木足供樵采，故修蓄尤易焉。

二公既往，時異勢殊，守規者固多，犯禁者亦不少。則有善長公者，而安公之胞侄也，毅然獨任，族人目爲破面虎。勤勞三十餘年，而樹木益長大，厥功誠偉。然蔽日干霄，雖等鄧林之木，而隱岩藏壑，終同樗櫟之材，未經工師品題，身無十倍之價，殊可惜焉。厥後公舉梅村兄、雨蒼兄、乃及侄、乃敬侄與夫巡山諸人先後看理。或云賣樹買田，亦人所能。然其間履山巔而議樹價，沿人家而收樹銀，勞瘁亦不可没也。即安山雖庸劣無能，因梅村兄莅任江淮，亦曾董理數年，其間封山申禁及商酌買田，亦與有責焉而不敢辭。遞年發賣銀兩，存積置産，交出正月初七大福通族公用。此産歸之上祖，上祖不受；歸之通族，通族不有；歸之董事，董事不自以爲功，則請得而歸之於松。

夫松自古稱爲木公，今更拆其字爲十八公，此十八公之名所由來也。猶憶康熙壬申湖寮各族與我構訟，至丙子始寢。苟非我父和也公捐金六百餘兩，而安公與安山出首，備嘗艱苦，則火炎昆岡，玉石俱焚，江山且爲他人有矣，又何有十八公與夫後來新栽桐茶杉竹也哉？今吾族一抔之土，茂林修竹，蔚然深秀，一望無際者，伊誰之功？此又不可不知也。但恐世遠年湮，傳之後代，莫知所由也，故特詳記始終巔末，著之簿首。并照契注明所買田畝種數，租石價銀多少於後，俾後人展覽。不惟遞年輪流祭祀考不得侵漁，亦知前人一片苦心，合族一團和氣所致。毋徒飲酒食肉，而忘所由來也。若夫嗣而理之，擴而充之，是汝後人之責，而實餘之望焉。是爲引。

乾隆十七年壬申正月初七日安山氏。

資料來源：《〔民國〕崧里何氏族史・雜録》，民國八年(1919)修。（録文略有删節）

097 護林碑

時間：乾隆二十一年(1756)

地點：廣西壯族自治區賀州市昭平縣營背村

……營口下營兩處樹木皆我……積年培養成林，原爲風水計也。後人値賴安享，正宜協心維護。奈人心不一，欲爲長遠計，嚴設禁約勸碑垂告，使各知所守，庶得以樹木永固滋暢，而積私肥之徒無所逞矣。……一禁現成樹木有擅自藉端砍伐者，合衆同攻，罰銀三兩，樹仍歸衆……有當場抓獲者，賞銀三錢……乾隆二十一年花月二十四日合族鳴鄰禁立。

資料來源：梁達政《昭平縣發現一塊乾隆年間“護林碑”》，《賀州日報》2009 年 2 月 17 日；又見關傳友編《風水景觀——

風水林的文化解讀》,東南大學出版社,2012 年,第 104 頁。

098 石塔坑禁界碑

時間:乾隆二十一年(1756)

地點:江西省上饒市上饒縣鐵山鄉石塔坑塔壁

規格:碑高約 167 厘米、寬約 106 厘米、厚約 17 厘米。青石質。

上饒縣石塔坑山口以内奉旨永行封禁界碑。

乾隆二十一年四月日。

知府五諾璽、知縣鄒伍元立。

資料來源:邱敬登主編《上饒縣鄉鎮大事記》,1994 年,第 281 頁;參見上饒縣縣志編纂委員會編《上饒縣志》,中共中央黨校出版社,1993 年,第 96 頁。

099 封山信牌碑

時間:乾隆二十一年(1756)

地點:雲南省玉溪市通海縣

臨安府河西縣正堂加五級記録七次林,爲給碑封山以保樹木,以固田畝事。照得乾隆貳拾壹年閏玖月初六日,據河西縣生員普恒呈稱:生員祖遺山莊壹處,坐落小猛鲊,東至大箐溝外一路石岩,南至大路外箐底,原係河西河坡灘上大石岩,西至大路外箐底,北至觀音山前大小鍋底塘一路刹箐溝底,原係河西地方,其糧注東鄉小街子册内上納。此田荒埋無定,恃有山上樹椿草木盤結田,即無出種地,栅把有資。近遭六村并西鄉不法人等,肆行砍伐開挖,以致山勢傾頽,田地荒蕪,錢糧難辦。伏乞仁思賞給印牌,封固山莊樹木,庶田地得種,錢糧有攸歸,沾恩無暨矣等情前來。據此,合行給牌嚴禁。爲此牌仰六村居民并西鄉人等知悉:嗣後毋得再行砍伐開挖,倘敢仍蹈前轍,除密防嚴拿重究外,許該村火頭立即報經田産扭稟,以憑按法處治。該火頭亦不得借票滋事,并偏徇容隱等弊,如違,一并重究。各宜凛遵毋〔違〕,須至牌者。

右牌給小猛鲊火頭普小冬、李萬成,准此。

乾隆貳拾壹年閏玖月十六日給縣行。

資料來源:通海縣林業局編《通海縣林業志》附録,1988年;又見雲南省林業志編輯辦公室編《林政法規選》(第一卷),四川科技大學出版社,1993年,第797頁;雲南省地方志編纂委員會總纂、雲南省林業廳編撰《雲南省志》卷三十六《林業志》,雲南人民出版社2003年,第863頁;曹善壽主編、李榮高編注《雲南林業文化碑刻》,德宏民族出版社,2005年,第118—120頁。

100 長溪鄉靈排石山界碑

時間:乾隆二十一年(1756)

地點:廣東省韶關市乳源瑶族自治縣長溪鄉明斜坑廟(廟已毀)

規格:碑已斷裂爲數块。

爲立碑遵照,永禁山源,惟我鄉之水,其地名靈排石、南木坑、牛流坑、居結坑、柑子山五處山場,灌蔭良田共五百餘畝,并無溪澗流水,只靠山坑地泉,爲此禁示蓄水,樹林暢茂,而水源泗達,亦無苦旱之憂,故居民廿餘姓,歷禁無異。於順治八年,突被瑶人趙念峰混砍山林,時貢生羅萬倫、饒琦、生員羅萬藻等,呈稟前邑主,蒙准頒告示諭禁瑶人,并給印照執據永管。於康熙四十八年,不法鄉民砍燒豆地鋤種栽杉,毁禁絶源,通鄉合同再申嚴禁,呈給印帖爲憑執照。不料乾隆十八年,又遭坪坑瑶人趙秀貴、山貴伐砍占種,通鄉切齒,時貢生謝天春、子民謝位學、李子文、謝考先、鍾萬先等,以砍毁山源害課絶食等事,赴控縣主。奉批:據瑶目陳永太、地保林日昌、山鄰黄書先會同查報,畫清地界,瑶人舊日砍斜耕種之處,毋得任意越界混毁山源,取候未便遵批,到山勘明。一障中分,其山東面天水流歸平坑,地名山公坑、鹿湖,荆竹園、南木坪、桐子坪,係瑶人舊日砍斜耕種之地,其山西面,天水流長溪鄉,地名靈排石、南木坑、牛流坑、居結坑、柑子山,係灌蔭水源之山,總以山頂天水分界,據實繪圖呈復。奉批:據呈山圖,已悉長溪鄉向日所管,理清地界,毋相争占,永敦和好,豈容滋意砍毁,致絶水源,復候差拘兩造質訊,呈申照貼繳驗,審斷照界,民瑶各管税業,永昭山形,上重國課,下恤農民。爲此即抄原案呈繳段憲,當堂諭給印照,免後侵占,俾農民永保税業。蒙二憲給照,無非爲民至意。我等上體仁恩,自應立禁遵守,猶恐法久生玩,右鏡生塵,爲此刊刻,照帖遵碑勒石,永禁定例。切瑶性雖頑,法網難欺,人心不一,禁例森嚴,自立禁之後,合衆同守良規,民瑶不得違照滋事,永絶争訟,萬古不朽,是爲記。今衆公議十條禁例,開例於下:

一禁地查瑶人不得强砍占種,法律不容。

一禁不得私批客人砍木放蔭,燒炭開爐。

一禁不法私人開壟口,開篷搭廠,隱藏匪類。

一禁不得私遂己有,砍燒豆地,鋤種栽杉。

一禁外人不得潛入,剁破竹木,放火燃燒。

一禁嚴查瑶賊肆行擄挖盜偷牛豬家物等項。

一禁不良盜偷禾粟豆麥薑薯芋菜。

一禁盜砍茶桐松杉及各人禁山柴木。

一禁不遵約期盜檢茶桐嶺作等項。

一禁不遵鄉規祈求科派及毁碑等事。

若有犯禁一例,照簿公罰,强硬不服者,送官究治,决不容情。爲此,立碑曉諭,永岳山顔。

通鄉衆姓開明:羅、饒、鍾、謝、陳、林、李、黄、巫、朱、張、賴、鄧、劉、禤、佘、孫、許、葉、曾、廖、鮑各衆姓人等,思得案結如山,合同立禁。

收帖人:謝雙學。

乾隆二十一年孟冬同立。

饒法棣、鍾應先、三先、林立柱、陳漢欽、林梅俊、謝福先、陳文斌、劉學仕、月全生、佘達仰、饒芝其、羅其仁、羅仲全、羅展邦、孫經彝、李貴興、鍾漢成、林成桐、林志遠、朱漢位、謝仕珍、陳外文、鍾全妹、巫平遂。

資料來源:盤才萬、房先清收集,李默編注《乳源瑶族古籍彙編》,廣東人民出版社,1997年,第1120—1122頁;又見譚棣華、曹騰騑、冼劍民編《廣東碑刻集》,廣東高等教育出版社,2001年,第149—151頁;房先清《乳源瑶族的碑刻文獻》,李筱文、趙衛東主編《過山瑶研究文集》,民族出版社,2008年,第72—74頁。

101 江川縣萬古昭垂碑

時間:乾隆二十四年(1759)

地點:雲南省玉溪市江川縣後衛鄉後所村寺内

自古有山賴有木。木也者,原山之所生,以彰其箏美,人之培,以成其棟梁也。緣吾後所有靠山一座,自馬家墳直通小尖山,右至安家坡、靳家墳,左至黄草林、大陡坡,龍脉所關,是以合營公議,遵奉上憲明文:播植松株,禁止野火,力爲保護,牛羊不得縱而牧之,斧斤更不得入而伐之,必賴日夜之所息,雨露之所潤,□萌蘖之得生生不已,豈不爲美哉?日後長大成林，公買公賣，以作合營香火之資。凡村中老幼紳官不得倚勢擅斫，以致散慢人心，若有此情，罰松種貳斗。恐後無恐憑，因勒石以志不朽。

乾隆二十四年閏六月初五日立。

禁山林松株士民人三十九人同立。

資料來源：曹善壽主編、李榮高編注《雲南林業文化碑刻》，德宏民族出版社，2005 年，第 121—122 頁。

102 澗西村申禁碑記

時間：乾隆二十四年（1759）

地點：原立江蘇省常州市溧陽市橫澗鄉澗西村古糙葉樹下

申禁碑記

我祖後峰公協同公禁，澗西墳山永不阡葬，青龍大椐樹蔭木四株。正官墳山上中下三截永不阡葬，重岕里下手大椐樹、水楊樹蔭木兩株。

乾隆貳拾四年季冬月穀旦三村公立。

資料來源：方寅主編《江蘇樹木大觀》，江蘇科學技術出版社，1998 年，第 240 頁。

【備注】

椐樹是山村人對櫸樹、糙葉樹的統稱,“椐”音 jū,村人念作 zhū,實指一種多腫節的靈壽木。水楊樹即赤楊。

103 大布村永禁革碑

時間:乾隆二十四年(1759)

地點:福建省南平市松溪縣大布村溪邊亭亭坊門外

規格:碑高 150 厘米、寬 82 厘米、厚 13 厘米。

康熙年間奉詹主示禁,其山雖有宦民林木,無論公私概留,以蔭水源,不許擅行批砍。溪壩廿餘座,灌田數萬餘畝,數村課食所賴,嚴飭永杜運放。……查樟壟山歷久留植樹木,係遮蔭水源、滋潤田土,叠經前縣示禁等,經本縣示禁在案……嗣後樟壟山一派,無論長尾樟料,松杉雜樹,俱不許砍運,即浙地樹木,亦不許于魏屯溪運放,有碍灌田小河、冲壞水壩,致傷國課……倘有不遵,准許據實指名控告……嚴拿重究,決不姑寬。

資料來源:吴懿《松溪縣大布村“永禁革碑”》,政協松溪縣委員會、松溪縣文史編委會編《松溪文史資料》第十五輯,1988 年。

104 熬沙灘禁示碑

時間：乾隆二十五年(1760)

地點：福建省漳州市漳浦縣

規格：碑高 196 厘米、寬 72 厘米。碑額刻“皇清”二字。

漳浦縣正堂加五級紀録三次記功十一次何，是爲儲禁事。乾隆二十四年五月初一日指先開箸具惡爲遵黄開恩以開墾事，叩稱葉等本祖六贅海濱，土名埭仔尾，上有荒埔一片，係王土官地，前江空沙灘以栽種雜糧，以致荒蕪適有積滯泥塗，可以力墾成閿，以資糧食，此二月初三日以恩准開墾事呈禀批口地畝若干，詞未發明又不仿同保鄰縣結堤，不准遵批細量此東至沙嶺，西至海邊，南至蔡家園上石釘，北至三王公下石釘，四至明白爲界，内約有十餘畝零，但未禀准不□批墾□合藻明取同保陵具結，叩乞仁政重農，恩批准墾照向芏糧等情到縣，親綬批著保皆資明有無影冑情獎實口丈扳去後，續于本年十二月初四日收龍贅保民鄭南詣鼠李通場咸宋率、徐榮、潘定□佳□芳□勛、鄭抱、林廷舉連名縣呈譫□架□殘害叩救□火，李呈稱，切南等住居龍贅保，四西統海界，專頓抄園海泊泊命崇祀間帝茨夫子二杏烟配閑世録名下課斂先疑道憲俞還海至鰲目□民艱□□三可貫建置□泊沙姻，德民報取活命勒石炳□迎年□沙歷□白吟息舍一漁傾壞無德，於乾隆十三年尪録將填茂草木以蔽風沙，居民始得安居，擬□侶蔡由生孫浦民地惡陳策隆盧創晃名陳光開蔡成業等於本年六月内架呈詣叙埭仔尾沙埔一所，不須居民來墾□佃丁將坑載木一□□□到地開掘爲田口沙復□田宅勢復坵神祀勢必磨絶□李縣呈夜□急救湯火止親□等請按此查沙埔既係緣業□與田□有□陳□□□□□□□□□□□□□鄭□等□□不呈□□令□□□□□□□□□□□□□□□□爲首□□南等訊□分别□□□□□□其陳先開令鄭口等不敢所行開□□遠□□□外合就示禁。爲此示鄉問邑爲士軍民人等知悉:嗣後不許在於龍鰲保内土埭仔尾沙埔一處開掘草木私行□□致風沙土壓,該處田宅滋塵端而在地居所不得影薪,要行報墾永遠禁止,如有故違,許該令保人呈狀哀□縣以憑究處。務各凜遵毋違,特示!

乾隆二十五年三月□日闔族□民勒石。

資料來源:王文徑編《漳浦歷代碑刻》,漳浦縣博物館,1994年,第91—92頁。

105 相山禁碑

時間:乾隆二十五年(1760)
地點:安徽省淮北市相山廟碑廊内
規格:碑文楷書,陰刻。

……相山山地南至水牛塘,北至北山口,東西至山頂。其界綫之内毋許任意放牧牲畜,肆意剪伐,其貼近神祠之處,尤不得作踐……倘有不遵,該主持投鳴約保,赴州稟報,以憑拿究。

資料來源：安徽省地方志編纂委員會編《安徽省志·林業志》，安徽人民出版社，1995年，第211頁。

106 金菊村護林碑

時間：乾隆二十六年(1761)

地點：福建省龍岩市漳平市溪南鎮金菊村的樹林裏

規格：碑高120厘米、寬48厘米、厚8厘米。

……置有後頭林等處山場，存留林木遮蔭，不論大小不得亂砍。倘有不遵約束仍蹈前非，集衆□罰，决不輕恕。衆約是實……

資料來源：林松金、陳軍、陳夏東《漳平發現乾隆年間護林石碑》，《閩西日報》1999年8月26日。

107 姚銘護林碑

時間：乾隆二十九年(1764)

地點：雲南省楚雄彝族自治州武定縣九廠鄉姚銘村一農民家中

蓋聞染汕派生木以供薪，故永不可少，而示寧缺乎！是以屢奉明文，箐灑松秧，一以供薪，二則以培水源，誠一舉兩美而備美矣。但銚銘有山者少，無山者多，因所種不償所伐，遂興合村共議，有山無山盡量灑。蓋於乾隆二十六年分起，復連捐至二十九年分止，約共捐獲穀一十五石零，共捐購灑松子七石零，今已成效，松秧現在茂盛，衆等更加歡慰，輪流守護。如有不法之徒放火踐踏，一經拿獲，不具彼興公論，處罰無辭。倘有山者倚山占樹，無山者借大樹騙山，必須先行慮後，故將各户山形四至刻碑至左。但日後如野火燒山，凡碑内有名之家，無論松子多寡，每家一人計開，倘有一家不到，甘認罰銀三錢無辭。

（以下記□形山四至界綫。從略）

以上共山十七形，内有本屯軍山一形，此山於乾隆二十八年内，小廠楊奇樗等賄串張應魁、李成□結占蒙。州主鍾□破奸情，批斷楊奇樗等望報荒墾，張應魁、李成□具甘結，本應提究，念在農忙，免其責懲，姑准銷可以。

（以下記三十一户姓名及捐穀數量。從略）

乾隆二十九年仲吕月旦合封公立。

匠人畢秀樂。

資料來源：武定縣林業局供稿；又見通海縣林業局編《通海縣林業志》附録，1988年；雲南省林業志編輯辦公室編《林政法規選》（第一卷），四川科技大學出版社，1993年，第798頁；雲南省地方志編纂委員會《雲南省志》卷三十六《林業志》，雲南人民出版社，2003年，第863—864頁；曹善壽主編、李榮高編注《雲南林業文化碑刻》，德宏民族出版社，2005年，第124—125頁。

108 禁伐荷樹凹等處樹木燒炭碑

時間：乾隆三十年(1765)

地點：廣東省梅州市五華縣雙華鎮軍營鄉水口山

規格：碑高 258 厘米、寬 105 厘米。碑文楷書，陰刻。

署長樂縣正堂加三級紀録三次丁，爲懇恩發讞，給示勒石，以垂永久事。據監生張開元、子民張立安、賴聲揚等具禀前事稱：情因豐邑奸商鄒聚錦於乾隆二十六年頂接豐順縣屬前山鐵爐，覬覦越境取木燒炭，窺貪生等通鄉荷樹凹風圍水口山木，狡夥伴官爲秀串陳梓賢，計套隔村武生馮武原，藉前朝廢契，影占官山。於乾隆二十七年盜賣荷樹凹風圍樹木，與奸商越境燒炭，得銀分肥。去年十月三十日，奸商鄒聚錦敢命工人來村砍樹，通鄉不依，殊奸商持刁砌詞捏款，越赴道憲轅門謊控，批仰長樂縣確查報。五月初二日，蒙爺當堂查訊，諭斷荷樹凹樹木俱係前朝人遺守，以作通鄉風圍水口，歷有前任各官示禁，無人敢伐。馮武原不得藉前朝廢契混賣，應照舊永爲生等通鄉水口風圍，取各遵依候詳。

生靠給示嚴禁，蒙恩愈允，伏思爺臺明并日月，鏡同包郭，斷訟如神，鐵案千秋。伏乞仁爺筆下春風，恩准發讞給示勒石，永爲遵守。俾奸民不敢混砍，通鄉士庶戴德，永志甘棠不朽。爲此上禀等情到縣。據此，當批准發讞給示勒石在案。除發讞并詳覆道憲外，合行給示勒石嚴禁。爲此示諭該約地甲民人知悉：嗣後各宜遵守，毋得仍於軍管、荷樹凹、崩塘、禾田水、上下磜，該鄉等處風圍水口樹木擅賣擅買，强砍燒炭濟爐。至别處無礙風圍水口官山樹木,聽附近居民樵采柴薪,不許别處奸徒影占官山,借采聚衆,廢碑滋事。如敢故違,蔑視碑石,許爾等立即指名,禀赴本縣,以憑差拿,嚴懲詳處。倘地甲容隱不報,一并究處不貸。各宜凛遵無違,特諭!

乾隆二十九年六月初十日給。

乾隆三十年孟春月吉旦通鄉同立。

資料來源:筆者前往梅州市田野調查時,五華縣林業局副局長陳啓鵬工程師提供;又見李雄坤《風圍水口碑紀實》,《五華文史》第 2 輯,1986 年,第 117—118 頁;廣東省文物管理委員會辦公室編《廣東摩崖石刻》,廣東人民出版社,1998 年,第 187—188 頁;譚棣華、曹騰騑、冼劍民編《廣東碑刻集》,廣東高等教育出版社,2001 年,第 904—905 頁。

109 萬户莊鄉規碑

時間:乾隆三十年(1765)

地點:雲南省昆明市宜良縣匡遠鎮萬户莊朝陽寺厢房

規格:碑高 150 厘米、寬 60 厘米,碑額高 50 厘米。青石質。碑圓首,額上有“路南州正堂印”一方,篆書,陰刻;印下刻“永振淳風”四字,雙鈎,楷書。碑文楷書,陰刻。共 19 行,滿行 35 字。

鄉規碑序

竊聞欲厚風俗,當正人心;欲正人心,尤必先除惡習。是所聞者正如所見者，耳濡目染，童而聞之，庶幾向始端而風俗自淳矣。當今聖天子化洽堯衢，膏充禹甸，猶慮愚民無知犯法，復頒條律，遍及各省州縣。每至二六之日講約，諄諄訓諭，□民各生理，無作非爲。生等遠居鄉僻，雖州主德星教化，愈遠彌切。勿奈愚頑率由升堂始敬，爰是鄉中父老議立鄉規，粗鄙簡易，俾愚頑共知，以爲鄉中夕勸善改過自興之規。雖未能補聖朝地平天成，行同(倫)〔輪〕，書同文，處處見聲名之盛，然實荷州主隨車膏雨，親其親，長其長，家家登仁壽之天。斯世唐虞之世，斯民爲堯舜之民也云耳。

所議鄉規列左：

特授澄江府路南州正堂加三級紀録三次黑太老爺諱光。合村公舉惠政生員楊□岡、夏登□。

一、孝父母。如有忤逆者，稟官懲究。

二、敬長上。如有傲慢、欺凌、毀罵者，公同稟究同甲長夥頭。

三、和睦鄉鄰。如有酗酒混罵街坊者，酒醒押令陪罪。再犯申報。

四、崇儒重道。如有混鬧學館者，公罰稟究。

五、秉公正直。如有侵吞常住及門户錢谷者，公同稟究。

六、以强凌弱。倘有犯者，輕則公罰，重則稟究。

七、交結匪人并留落賊盜娼妓者，稟官拿究。

八、遇地方公事，不秉公排解，反受賄扛幫唆訟者，指名稟報。

九、嚴禁異端。如有賭博成群滋事者，立拿送究。

十、禁偷盜。一偷伐山場、墳塋樹木者，每棵罰錢乙千；一黑夜偷盜五穀菜麥者，罰錢二千；一偷竊薑蒜豆角者，罰錢乙千；一縱放牛馬驢羊踐踏田地五穀者，罰錢六百；一偷扯茶葉□者，罰錢四百；一偷竹子竹笋者，每棵每枚罰錢三百；一放牛馬踐踏墳塋者，罰豬一口；一偷盜糞草者，罰錢乙千。

以上鄉規十條并利弊各項，各宜遵守。如有違犯，公罰禀究，决不寬恕。罰許等，生同公衆，議罰若干，與甲長夥頭言定，限五日内即在夥頭催齊交入管門户之人，如五日不齊，係是不遵鄉規。管鄉規人亦毋得隱情，率甲長夥頭即動門户積畜，將凶惡之徒赴官呈報。此係有關風化，生與闔村志在對善甚，毋視爲空談也，則幸甚！

乾隆三十年二月二十乙日，萬户莊合村衆姓人同立。

資料來源：曹善壽主編、李榮高編注《雲南林業文化碑刻》，德宏民族出版社，2005 年，第 126—130 頁；又見鄭祖榮、周思福主編《宜良碑刻》，雲南民族出版社，2006 年，第 280—282 頁。

110 文明閣禁山碑

時間：乾隆三十年(1765)

地點：廣西賀州黄姚鎮文明閣上山路旁

文明峽之與螺山也，鼎峙寧文之界，一則兩峰聳翠，鎖萬脉之合流，一則中流砥柱，障北風之凛冽。三山之關係，二里風水也，豈淺鮮哉？况挖鑿之禁，由來已久矣。但未豎以碑，所以是歲有三楚匠人，在此誤行挖鑿，衆等抵山勘問緣由，彼直以愆自甘議罰，因泐石以示禁焉。過後不拘來人本地，在此三山采石，罰銀三兩六錢，不則鳴官究處，庶幾人人知禁，處處鍾靈，是爲之約。

乾隆三十年歲次乙酉仲夏吉旦立。

資料來源：古冬凑《黄姚古鎮石刻賞析》，《賀州日報》2013年8月23日。

111 奉憲禁碑

時間：乾隆三十年(1765)

地點：廣東省梅州市蕉嶺縣東山楊子宫

特授廣東直隸嘉應州分州署鎮平縣正堂加一級記功一次夏，爲呈請示禁，以利民生，以裕國課〔事〕。(缺)月二十八日據邱良士、邱超倫、邱鵬飛、邱良標、邱天香、古良俊、古良酋、徐清風等具呈前稱，切(缺)南一帶烟火萬家，糧田廬墓難以悉數。東山、大坑山、嶇井岌等處謝坡下經山汶水塘等處草木暢(缺)墓，以資灌溉。邇來生齒日繁，間有無知只圖利己，恣意剗拔，以致山光潔肮腸，則泉涸源竭，腴田(缺)水，則沙壅石頹，廬墓翻爲丘墟。叨蒙上憲洞悉此弊，例禁通行，但示新猶知凛惕，日久故制復萌，雖山（缺）木固難禁取，然鐮刀采割，取用不竭，鋤頭剗拔，遂不復生。不惟將來膏田缺課，廬墓莫保耶！焦夫痛其（缺）童豢養無地，更有一種無良乘不及太守禾麥雜種，竊取無時，以及牽牛田畔園圃，縱放各畜鴨等躙食禾麥，雖（缺）種悉屬害民之舉。欣逢憲天福鎮，革弊興利，謳聲載道，勢得批陳電察恩准示禁，士民咸知遵守，課裕（缺）一方共樂堯天，上呈到縣，當批生齒日繁，斷難禁其樵采，據稱不許砍伐，鍬鋤連根剗削，免致土疏沙（缺）可行准示禁在案，合行示禁。爲此示輸附近人等知悉：所有東山、大坑山、嶇井岌、卷子坪、下徑山、谷倉（缺）山坪草木不得砍伐，鍬鋤連根剪削，以致土疏沙壅，貽害田廬等項，如敢仍蹈前轍，許該生等立碑結石（缺）本縣以憑究處。各宜凛遵毋違，特示！演戲三日，申聞遠近。

計開准禁條款：

一禁墳墓前後剗拔草（缺）銀叁兩正。

一禁山坪刈削草木各根者，罰銀貳兩正。

一禁盜禾麥者除賠外罰銀叁兩正。

一禁盜（缺）綿豆□果雜種除賠外罰銀壹兩正。

一禁盜割番薯雜種各藤幹者罰銀捌錢正。

一禁在田畔園圃（缺）者，罰銀壹兩正，倘失牧食禾麥雜種者，除賠外例同上法。

一禁雜種未成熟搶爲采取致引竊爨者，（缺）錢正。

一禁縱放各畜鷄鴨踏踐食禾麥雜種者，罰銀壹兩正。

一禁山上草木原任人便采不許號（缺）罰銀伍錢正。

一禁東山、大坑山、嶇井岌等處草木，曾經頻次呈官鎸碑嚴禁。砍(車工)〔草木〕者,罰銀伍兩(缺)。

一(缺)者罰銀叁兩;剪大枝者罰銀壹兩;小枝者罰銀伍錢正。永爲定例。

一禁東山者孤只許砍幹枝,不准伐(缺)。

邱氏愈興祖五房十世處士公、八世喬林公、十一世紹樂公、十三世世懷公、十四世徙忠公、從位公罰銀肆兩扣伊親屬在(缺)十五世容公、十七峻行公、四房七世博學公、十一世桂林公、三房七世壽官公、約正祖烟户胙。

一禁番薯緑(缺)二房七碩公、八世惟安公、長公、十一世竹峰公古氏、仕明公、尚我公、劆公、標寰公、應玉公、邱品銓、邱相標,立冬前後采挖,違者罰(缺)廖龍安公、張氏隱翁世珍公邱善彰、邱錦芳、邱龍光、邱啓元、邱賡謨、邱興瑞、邱奎漢、吴永揚正。

一禁山猶平草(缺)徐氏樂安公、嘉達公、黄氏子順公、邱登桊、邱啓院、邱從興、邱良仁、邱廣莫、邱日龍、邱啓兵、温英相。　一月以上各條款(缺)。

乾隆三十年乙酉歲孟冬月吉旦立。

具呈古王標徐燕揚招休前數(缺)。

古氏創公□□□邱英□邱英□。

資料來源:王馗《梅州市佛教寺庵古碑記、墓碑文、祖公牌文經眼録》,《華南研究資料中心通訊》第41期,2005年10月,第42—43頁;又見王馗《佛教香花——歷史變遷中的宗教藝術與地方社會》,學林出版社,2009年,第370—371頁。

112 興業碑

時間:乾隆三十一年(1766)

地點:廣東省湛江市

蓋□二嶺邊而環海,太洞洋田外,所抵防汪洋巨浪,□□□□□□□國計,民生實賴焉。在二嶺栽薯,據地砍木,爲害不淺,□□□□□□□□□,立碑嚴禁。如有再犯,鳴官究治。

乾隆三十一年仲春吉日立。

資料來源:譚棣華、曹騰騑、冼劍民編《廣東碑刻集》,廣東高等教育出版社,2001年,第459頁。

113 陳廷敬墓戒伐碑

時間:乾隆三十二年(1767)

地點:山西省晉城市陽城縣陳廷敬墓地

紫芸阡,吾祖文真公之塋。松柏蒼翠,華表森嚴,望之蔚然深秀,已歷數十餘載,差壯觀瞻,更有聖祖皇帝挽詩碑在□。塋中樹株房舍,子若孫自應保護,世守勿替。今歲暮春,堂侄耀曾誤伐松樹一株。壽華等同堂叔觀化公議欲鳴官究處。耀曾追悔無及,迫切服咎。化等因念一株尚微,遽行聲明,不免傷殘,然不有勸懲,誠恐由漸而長,將來效尤益甚。玆將所伐樹株變價勒石，直書垂戒，以昭久遠。自戒之後，如有擅動一草一木者察出送官，官以□孝昭罪。各自凛遵勿忽。

乾隆三十二年五月十六日，壽華名儉同堂侄耀曾勒石。

資料來源：張正明、〔英〕科大衛主編《明清山西碑刻資料選》，山西人民出版社，2005 年，第 6 頁。

114 奉憲禁碑

時間：乾隆三十二年(1767)

地點：福建省三明市永安市燕北街道坂尾村

規格：碑高 115 厘米、寬 65 厘米、厚 15 厘米。碑文陰刻。

永安縣正堂加三級紀録五次鄔，爲懇給示禁，保全地方事。據坂尾衆等具禀前事到縣詞稱：坂尾地方人烟甚多，所有龍脉風峽俱有松杉等木遮蔭風水，無如各處鄰鄉俱潛山内盜砍，不惟伐以斧斤，載以船隻，甚且烈火焚化，根株悉拔。而不法之徒，不顧人生理，徒知砍伐肥己，如茶桐棕竹均恣殘害，若不給示嚴禁，終莫杜奸。況坂尾山場所蓄有限，本地尚且難供，何堪别處資取，若不懇天示禁，將來此侵彼越，恐地方山場生理必至盡成荒山，且有關龍脉，爲害非小。不已，呈乞俯念生息甚微，風水最重，人烟甚衆，侵害難堪，恩准給示嚴禁，合鄉沐德靡涯，切禀。據此，除批示外合行示禁。爲此示仰鄰鄉民人等知悉：嗣後毋許潛入坂尾山内侵害松杉竹木，如敢故違,許坂尾烟民人等,立扭赴縣具禀,以憑拿究。毋違,特示。

清乾隆三十二年閏七月給。

資料來源:賴承光《坂尾的封山禁伐古碑》,《永安文史資料》第6輯,1987年,第86—87頁。

115 大布永禁革碑

時間:乾隆三十四年(1769)

地點:福建省南平市松溪縣河東鄉大布村

規格:碑高150厘米、寬82厘米、厚13厘米。

……康熙年間奉詹主示禁:其山雖有官民林木,無論公私概留,以蔭水源,不許擅行批砍。溪壩廿餘座,灌田數萬畝,數村課食所賴,嚴飭永杜運放。……查樟壟山歷久留植樹木,係遮蔭水源、滋潤田土,叠經前縣示禁等,經本縣示禁在案……示仰該村居民并各村人等知悉:嗣後樟壟山一派,無論長尾樟料、杉松雜樹,俱不許砍運,即浙地樹木,亦不許於魏屯溪運放。……倘有不遵,仍行砍運,許該村鄉練地甲據實指名禀縣,以憑重拿重究。各宜凛遵勿違,特示!

乾隆三十四年三月廿八日給。

大布陳承達、藍叔憲、葉學鴻、陳遇龍、温毓元、李田淮、謝陛高、陳友震合村奉上。

資料來源：林文志《大布"三絶"》,《閩北縱横》1999年第4期；又見《松溪文史資料》第27輯，2001年，第74—75頁；《湛盧松溪》編委會編《湛盧松溪——中國閩北千年古縣松溪歷史文化》,海峽文藝出版社，2008年，第109—110頁。

116 奉憲永禁碑

時間：乾隆三十六年(1771)

地點：江蘇省無錫市宜興市伏東鎮蘭山村

荆溪縣正堂王，爲公號示禁事。本縣東南向有蘭山，載在志乘，山峰山嘴濱臨太湖，故有大小蘭山嘴之别……自古及今未曾開挖。今有范五典、范行山等人，擅自在小蘭山嘴挖泥貨夷。經俾縣親進該山勘察，范五典挖泥之處，揆理相形，自屬應禁，况該山半屬民墳墓。若此禁一開，勢必土盡山矬，有傷風水。日查此山并非不毛，范五典近山居住，植樹蓄草，亦可供賦養生。豈容一夫一舍利，致使衆姓難安，而更啓日後之訟端不息。大蘭山嘴與小蘭山嘴既係一山連脉，爲縣治屏障，若任其開采則將來湖水冲瀉，爲害不淺。况蘭山後，烟户數千，并墳墓田疇，將來湖水冲瀉，必致爲患，固無論蘭山、對山均應禁挖。奉此合行勒石永禁。爲此碑仰該地居民人等知悉：嗣後凡居蘭山大小嘴界内，遵照憲批，永不許開挖。如有藉稍業違禁開挖，鄰人等據實指名禀縣，以憑拿訊詳究，决不姑宥。

乾隆三十六年六月。

資料來源:嚴法根《宜興出土"奉憲永禁"碑》,《無錫日報》2010年4月12日。

117 奉憲嚴禁碑

時間:乾隆三十七年(1772)

地點:廣東省惠州市博羅縣羅浮山酥醪觀前殿墻壁上

規格:碑高80厘米、寬55厘米。碑文楷書,陰刻。共12行,滿行29字。

特授廣東分府攝理博羅縣事加八級紀録八次康,爲蒙恩叩恩,俯賜勒石,以垂永久事。據羅浮五觀住持道士童復魁等具呈前事,切惟羅浮實粤東之名山,博邑之勝地,其古迹林泉堪供游覽者,五觀爲最。然古迹雖多,猶可一望無遺,獨是山林幽隱,樹木蔭翳,游人得所憩息,騷客賴以興懷,足與古迹并隆,永垂不朽,未可輕爲毁折也。無何附近居民,或采以資柴薪,或砍以供售賣,甚至偷葬,藉端横霸,種種不法,任意毁挖,遂傷常美之林,貲成濯濯之牛山。幸賴神靈盛概,護以常存,至德無邊,甘棠以爲永誦。第道士弱門,惟圖清静,奚敢與較,滋生訟擾。爲此住持呈明等情在案,本攝縣准勒石,永遠嚴禁。爲此禁諭附近鄉民人等知悉:嗣後各宜仰體名山勝迹,俾樹木繁陰,山林幽曠;男婦稚童,牧牛毋得携進入山,私行砍伐,以及寄金偷葬,藉端横霸,毁傷勝迹。倘敢故違,該保甲及道士等指名禀究,盡法懲治。倘保甲、道士知情容隱,一并重處不貸。凛之，慎之！毋違，勿損！永遠嚴禁！

乾隆三十七年五月二十二日准此立石。

資料來源：黄觀禮主編《博羅縣文物志》，中山大學出版社，1988年，第151—152頁；又見譚棣華、曹騰騑、冼劍民編《廣東碑刻集》，廣東高等教育出版社，2001年，第802—803頁。

118 龔家山禁伐碑

時間：乾隆三十七年(1772)

地點：湖北省恩施土家族苗族自治州巴東縣茶店子鎮竹園坪村龔家山

規格：碑高約200厘米、寬約90厘米。有裝飾性碑額。

皇清待贈祖考税公　諱守龍　字臣之大人墓

皇清待贈祖考税公　諱守蛟　字君之大人墓

清待贈學士税公大謨　字書尚大人墓

來龍禁地，東抵嶺頂漕邊直上，南抵坎，西抵墳嶺漕邊，北抵山頂。□有羅圍，内外樹木百十餘株，永不許砍伐。倘有無知砍伐者，罰百斤豬羊祭掃。

皇清乾隆三十七年壬辰歲仲夏月吉旦。

資料來源：王曉寧編著《恩施自治州碑刻大觀》，新華出版

社,2004年,第134頁;參見陳湘鋒《鄂西南地區自然生態的人文關懷——從巴東税家新發現的幾块風水古碑説起》,《民族學研究》第13輯,民族出版社,2005年,第70頁。

119 雙坑禁盜斫焚山碑

時間:乾隆三十七年(1772)
地點:廣東省梅州市大埔縣

特授潮州府大埔縣正堂加三級温,爲盜斫焚山,誤課害民,乞恩給示嚴禁,以救國課,以保民生事。本年八月初一日,據同仁雙坑生員何其煌、何殷勤、何經國、何廷光、何弼良、何光華,貢生何廷揚,子民肖玉盛、何乃敬、丘士綸、陳東升、羅上拔,保長謝宗玉呈稱:竊生等世居雙坑,山多田少,惟恃種植營生。雍正六年,又蒙前主遵奉世宗憲皇帝恩旨,勸民栽種。生等合鄉益爲汗力栽蓄松杉桐茶竹木,是以數十年樹木暢茂,運潮發賣,上幫國課,下贍民生,皆皇仁浩蕩,縣主鴻恩所由致也。奈邇來人民奸險,慘遭一般賊黨假做屋料、水桶爲名,買人十株,盜斫他人百株,買人百株,盜斫他人千株,以致盜賊生心,連年偷盜不休。大樹已完,小樹又偷,童山濯濯,萌蘗無存。甚而乘三冬朔風猛烈,奮夜放火焚燒,借口煨爐,肆行黨搶。皇仁變爲故紙,民業化作灰塵。至今民懼於盜,又悚於火,不敢種田。山業遇天旱,山無樹木遮蔭,泉源涸竭;遇天雨,山無樹葉阻滯,沙石交頽。旱澇受害,糧田荒蕪,國課無供,民生莫保。且也山光民窮,强者流爲盜賊,作囹圄之死鬼;弱者流爲乞丐,作道途之餓莩,皆此焚山盜斫階之厲也。

是以生等於七月初八日合鄉會議,設立火戳,遇有買賣,必須蓋戳爲記,方許斫伐;如無蓋戳,即係盜偷。仍設巡山一名,不時稽查,如遇盜斫焚山,拿獲贓賊,指名稟報法剪。生等欣逢仁爺莅任,德政洋溢,利爲民興,害爲民除,兩都歌臺伯之棠,萬民佩姬旦之舄。勢得金名,籲恩給示嚴禁,庶火盜息而林木生,國課賴而民生保,法垂永久,恩施萬代。生等合鄉頂祝上稟等情到縣,當批候出示禁在案,合行出示曉諭。爲此示仰雙坑居民人等知悉:嗣後務宜行安本分,遇有買賣,照儀蓋戳爲記,無記者不許盜斫。倘有仍蹈前轍,借影盜斫,放火焚燒,一經巡山公人拿獲,許即指名稟赴本縣,以憑差拘嚴究。各宜凛遵毋違,特示!

乾隆三十七年壬辰八月初八日示。

資料來源:《〔民國〕崧里何氏族史·雜録》,民國八年(1919)修。

120 奉憲永禁碑

時間:乾隆三十八年(1773)

地點:江西省上饒市黄沙嶺茶亭

規格:碑文楷書,陰刻。青石質。

奉憲永禁

八禁：

一禁春冬二笋無許盜賣；

一禁無許箍篾糞箕出境；

一禁松杉樹木無許盜砍；

一禁放火燒山；

一禁朽笋無許送賣；

一禁挖掘樹蔸無許越界；

一禁來龍水□樹無許砍；

一禁班竹無許盜砍。

廣信府上饒縣正堂加五級紀録。

皇清乾隆三十八年三月八日立。

資料來源：筆者赴當地抄録。

121 文斗村六禁碑

時間：乾隆三十八年(1773)

地點：貴州省錦屏縣文斗村上寨谷龍山石板路上

規格：碑高126厘米、寬62厘米、厚8厘米。碑額刻"名垂萬古"四字，雙鈎，楷書。碑文楷書，陰刻。

(捐資人姓名及捐銀數量，從略)

衆等公議條禁開列於左：

一禁不(俱)〔拘〕遠近杉木,吾等□靠,不許大人小孩砍削,如違,罰艮十兩。

一禁各甲之階分落,日後頽壞者自己修補。不遵禁者,罰艮五兩三錢。興衆修補,留傳後世子孫遵照。

一禁四至油山,不許亂伐亂檢,如違,罰艮五兩。

一禁今後龍之階,不許放六畜踐踏,如違,罰艮三兩修補。

一禁不許趕瘟豬牛進寨,恐有不法之徒宰殺,不遵禁者,送官治罪。

一禁逐年放鴨,不許衆婦女挖前後左右鋤膳,如違者,罰艮三兩。

乾隆叁拾捌年仲冬月,姜弘道書撰立。

資料來源:錦屏縣政協文史資料委員會等編、姚熾昌選輯點校《錦屏縣碑文選輯》,第 58 頁;又見黔東南苗族侗族自治州地方志編纂委員會編《黔東南苗族侗族自治州志・文物志》,貴州人民出版社,1992 年,第 109 頁;貴州省地方志編纂委員會編著《貴州省志・文物志》,貴州人民出版社,2003 年,第 335 頁;王宗勛著《尋拾遺落的記憶:錦屏文書徵集手記》,世界圖書出版公司,2015 年,第 133 頁。

122 費老爺示禁碑

時間:乾隆三十九年(1774)

地點:廣東省梅州市蕉嶺縣西山

費老爺示禁碑

□□□□□平縣正堂加三級記録五次□本年八月十三日□□□□廖大元等具呈前事呈稱切□等有茶桐杉竹種有薯瓜芋豆耕有田禾大冬專賴此營生。近年來,時行偷竊田禾大冬茶桐杉竹薯瓜芋豆□□鷄犬牛豬家□蟻等目□户接應但思□仗國法匪類□絶□得□叩懇恩准□示禁及□報銷究嚴□匪類絶迹營生有賴等情到縣□批准示禁在案□行出示□禁爲□不法棍徒恃强生事,仍敢在於該處地方如前偷竊,擾害良民,□爾等協同地保稟報解赴,□憤母□隱爾等,亦不得藉端滋事,及擅行毆打致於特便。特示!

一禁盜田早番大冬及家畜牛豬鷄犬。

一禁盜秧苗及薯瓜芋豆茶桐杉竹。

一禁每年通摘茶子,要霜降日起手。

一禁親朋男婦撿茶漏者,霜降後十日方許入山。

一禁有乞丐爛赤恃强者。

一禁田麵茶山内有挖蕨害者。

一議能捉獲者賞錢三百文知音報信賞錢一百文。

以上條款,有不遵罰者,鳴官究治,决不食言。

乾隆三十九年八月二十六日示。

(以下人名略)

資料來源:筆者2013年7月赴蕉嶺西山抄録;參見譚棣華、曹騰騑、冼劍民編《廣東碑刻集》,廣東高等教育出版社,2001年,第888頁。

123 廉州府告示碑

時間：乾隆三十九年(1774)

地點：廣西壯族自治區欽州市靈山縣

特授廉州府正堂加三級紀録五次康，爲培植山林，以肅廟貌，以妥神靈事。照得六峰山現經該縣紳士等建造廟宇供奉真武大帝，理宜培養林木，務使暢茂條達，以照嚴肅。近訪有愚夫愚婦時往山間喧擾樵采，非所以妥神靈而肅廟貌，合行出示嚴禁。爲此示仰附近層民及練保、住持人知悉：嗣後毋許男婦上山喧擾、砍伐柴草，如敢故違，許住持、地保扭稟地方官以憑治。倘係婦人登山砍伐，許即查明夫男姓名具稟拘究。如該練保視爲具文漫不經意，或藉端索擾，一并嚴處，决不姑寬。各宜凛遵毋違，特示！

資料來源：陳秀南、蘇馨《靈陽石刻選注》，《靈山文史資料》第4輯，1989年，第278—279頁。

124 魏氏禁碑

時間：乾隆四十年(1775)

地點：江蘇省高淳區鳳山中保村

爲合議申禁，以杜後患事。先賢敏肅公諱良臣，任參知政事。宋敕賜净行寺以爲香火寺，院旁建造魏氏宗祠。荷歷朝優錫，刊載邑志，班班可考；屢奉督撫臬憲暨本縣示卷，鑿鑿炳據。切以南塘平垣中發高阜之區，建祠構寺於其間，明堂無雍塞，來脉無傷處，且左右空地横闊寬廣，世沾聖朝洪恩，非第神靈赫濯，宗祀永康，而寺僧之昌熾攸賴焉。雍正年間，寺僧范機扡葬母棺，當即押起，立有議單。迨乾隆三十九年，寺僧萬默復誤借停棺，業已照忍遷讓，歸好無訟矣。但不逐一申明，恐有蹈前轍者。爲此公同酌議刊立禁碑，凡祠寺前後空基并周圍來脉之處，一切永禁，毋許起造、挖窖、停葬、伐蔭木并六畜踐踏，如有等情，議照前卷鳴官究治，以杜絶後患，爰勒禁碑，永垂不朽云。

乾隆四十年立。

資料來源:《魏氏宗譜》，光緒七年(1881)修。

125 儀山種樹記碑

時間:乾隆四十年(1775)

地點:雲南省大理白族自治州大理市鳳儀鎮

世道之盛在人材，士風之淳在學校，然必衷諸聖人之道乃不朽。夫聖人之道，無日不在人心也，人心之不存，本實先拔，欲以無根吐秀，庸有濟耶？自制科取士，貼括成家，而心性之學幾微，善夫朱子有言曰:“天下書愈多而理愈晦，學者事愈勤而心愈放，蓋不知學之準乎道，道之原於心，溯其本而爲之地也。”州治西鳳山麓黌宫在焉,其上爲崇聖祠,蓋天地精華之氣,含英挺秀而鍾靈於斯。夫瞻孔林者,望其葱蔚,過闕里者,羨其菁華,矧趙屬人文藪,敢以隅荒弗治哉? 蓋培學必先培山,培山必先培樹,而蔚乎其巔,必先衛乎其址,此亦衛外而環中之義也。

癸巳春,余自粤歸,梘儀山之秀,惜其爲樵牧之場。越乙未秋,始商之司鐸,請之刺史,詢之州人士,咸曰:“善。”因鳩工庀材,以作藩籬,以捍牧圍,且首植檫,次植桂,多爲士倡。而紳若衿各取奇材異質,環藝於宫墻側者,争先恐後。湘亭劉老父師亦植松數十本,以廣棫樸作人之雅,不逾月而得樹數百本,於時登峰覽勝,撫藝植之繁,睹萌蘖之生,交相掩映,由根而幹而花,山林頓覺生色矣。爰議修拱璧一樓,葺魁星、金甲、尊經等閣,并清學租鄉試卷金而勒之石,增十三科鄉會題名,以昭文獻之典,一舉而數善備焉,洵盛事也。

顧山以鳳名,豐其羽儀,文明天下,《易》所以取乎象也。十年樹木,百年樹人,《詩》所以取乎興也。而溯其本,則歸於聖人之道,士子讀聖人之書,於書見聖人之道,於道見聖人之心,而非自見其心,則無本探其本,而擴充而培養,使元氣生機勃然,常醒於天地之間,將應運而興者,爲名士、爲純臣、爲當代大儒,於以茂董賈、緒朱程也何難,蓋有本者如是也。昔子輿氏作牛山也,痛惜於牛羊之牧,斧斤之伐,以爲人性亦猶是,凡物此志也,則此舉寓意深而規模遠大矣,徒種樹云乎哉? 敬叙而繫之以詩,詞曰:

鳳山之陽,位我素王。龍盤麟峙,想象靈光。檜柏綿綿,鐘鼓鏘鏘。穆穆肅肅，曰堂曰皇。道無不被，敢以隅荒。爰補藩籬，不藝群芳。菁莪如在，棫樸相望。高山仰止，多士激昂。廓清夜氣，洞晰微茫。規模赫奕，明德馨香。希賢希聖，人室升堂。賡歌揚拜，慶集明良。雲龍風虎，炳蔚文章。光景常新，鬱乎蒼蒼。

資料來源：曹善壽主編、李榮高編注《雲南林業文化碑刻》，德宏民族出版社，2005年，第131—140頁。

【備注】

該碑由舉人陳振齊於乾隆四十年(1775)撰文，并由地方鄉紳共立。

126 奉禁挖石殘木碑記

時間：乾隆四十一年(1776)

地點：廣東省肇慶市高要市黄崗區大冲鄉稔塘村原培德家塾内壁

規格：碑高125厘米、寬71厘米。端硯石質。碑文楷書，陰刻。

特授高要縣正堂加三級楊，爲挖石殘木、礙村害賦，乞示禁止事。據稔塘村民朱成章、朱浩昌、李映星、陸天漢、林志立等具禀前事稱：緣蟻等村莊枕後顯仔坑，每藉樹木遮障，得炕水灌溉村前田禾，屢被各鄉遠近做硯强徒，擅將坑内石頭盜挖，殘害樹木。叠經理阻不恤，膽敢反稱任告莫奈。泪忖坑山現被砍爤，樹木疏少，水難灌田。且該山樹木係屬蟻村後幛，風水所關，難任强砍，以害田賦，以礙村場。只得歷情叩乞示禁，不特田賦藉灌，即蟻村亦賴康寧，萬乞恩准，合村沾恩等情到縣。據此，查各處山石，久經奉行嚴禁砍挖。兹稔塘村後濕仔炕，既藉坑樹遮障，村場又獲坑水灌溉田畝，所有該山木石，更宜禁止，合示嚴禁。爲此示諭該處附近村民及硯匠等知悉：嗣後毋得復往該處盜挖坑石，殘砍樹木，致礙村場田畝。倘有不法之徒，仍踵前轍，許該村練保人等立即指名稟報本縣，以憑查拿詳究。該保練人等亦不得藉端滋事，致干重究。各宜凛遵毋違，特示！

時乾隆四十一年九月十九日示。

資料來源：肇慶市文物志編輯委員會編《肇慶市文物志》，1987 年，第 168 頁；又見譚棣華、曹騰騑、冼劍民編《廣東碑刻集》，廣東高等教育出版社，2001 年，第 714 頁。

127 合村公議禁止諸條碑

時間：乾隆四十一年(1776)

地點：山西省運城市芮城縣陌南鎮莊上村學校

合村公議禁止諸條開列於後：

一條抉苜蓿者,罰銀一錢。
一條盜割苜蓿者,罰銀三錢。
一條盜伐樹株者,罰銀三錢。
一條縱放六畜者,罰銀五錢。
一條縱放羊者,罰銀一錢。
一條盜割田禾者,罰銀五錢。
一條上樹折乾柴者,罰銀三錢。
一條盜柿棗瓜果者,罰銀三錢。
一條見盜諸物不言者,一理同罰。
若有不遵法者,合村隨地撥錢公舉。
合村公舉首人:張乃武、張華、焦永造、潘寶、崖萬粟、姚永才、張興仁。

資料來源:張正明、〔英〕科大衛主編《明清山西碑刻資料選》,山西人民出版社,2005 年,第 683 頁。

128 禁墾官山碑

時間:乾隆四十二年(1777)
地點:浙江省溫州市蒼南縣金鄉鎮獅山公園禁墾碑亭
規格:碑高 189 厘米、寬 80 厘米、厚 13 厘米。青石質。碑文楷書,陰刻。共 19 行,滿行 40 字。

粵稽碑之制,始於秦紀功載德所由來矣,然亦足以示戒焉。今士民共建，是以衛二嶼而垂永久，誠感仰夫賢侯良吏之功與德，而因憾夫報斯山者，且深懼夫後之人尤而效之，爰鎸公案於石，以云紀載功德也可，以云示戒懲慝也無乎不可。是爲引。

事緣蘇川陳思芳等呈報，開墾金鎮城内官山，種茶納課等情，奉縣憲批：該處官山既在城内，有關地方民社，仰蒲門司即親詣勘明，繪圖具報察奪。巡廳查稟：金鎮獅山坐於城内，自東門過北稍西約長二里許，東北依山爲城，西南居民叢處，延山脚下鑿井十餘眼，紳士咸以是山爲一城護衛風水，城内雖有河道，其水不堪飲食，藉此山下井泉，民人仰給，歷來輿情合禁，毋許樵采、牧放、埋葬等事，恐食污水有害民生。今該户等呈請開墾納課，雖稱種茶，一經納課，即屬伊等己業，易種他物，誰得禁止？勢必糞污水道。體訪輿情，不惟風水爲虞，咸有將無食水之患。玆奉批飭勘明，理合備情繪圖，據實詳覆。復蒙憲批，既據勘查，該處城内官山，其下俱有井泉，爲通城居民食水攸關，一經灌種，有污水道，歷禁開墾等語。蘇川等何得捏稱種茶爲由，妄請報升，殊屬蒙混，仰即就近隨時飭禁，伊等如敢藉報私墾，即行詳究。士民又僉請勒碑，永垂禁令。奉憲批准：爾等勒碑以垂永久可也。爲是敬鎸。

特授浙江温州府平陽縣正堂加五級紀録五次汪。

温州府平陽縣蒲門巡廳兼理鹽務事□□□于馨宜。

協鎮浙江平陽等處地方右營駐札金鄉都閫府紀録□□□。

協鎮浙汀平陽等處地方右營防守金鄉□□□□□□升。

乾隆四十二年歲次丁酉麥秋月，合衛士民同立。

資料來源：吴明哲編《温州歷代碑刻二集》，上海社會科學院出版社，2006 年，第 1073—1074 頁；又見政協浙江省蒼南縣文史資料委員會編《蒼南碑志》，2003 年，第 45—46 頁。

【備注】

“平陽縣正堂汪”，指汪增謙，乾隆三十七年(1772)任平陽縣知縣。

129 防賊禁盜碑文

時間：乾隆四十二年(1777)

地點：貴州省畢節地區黔西縣猴場鄉馬蹄關石岩上

稽上世渾厚敦龐，至黄帝而蚩尤始開暴端，延及於平民，罔不寇賊奸宄攘奪，遂至唐虞三代之化不盡泯焉。當今聖天子道冠古今，治極無外，州牧主從欲以治，四方風動，漪歟休哉！宜乎此風之盡熄矣。何乃至今愈烈，而地方被害誠有述不勝述者，此寧有異故哉！總辦衆人不肯和氣，以便賊爲賊，且貪利者因賊而極爲擁賊。噫嘻！何嘗賊之能害人，舉皆人之自啓其害耳。兹特議敦親睦鄰之遺風，法鄉黨之救賑。凡遇盜賊，務努力捕拿，齊心解官，均捐盤費，俾賊等無遺類，無寇種。於伸鄉曲，非吾儕死者可復生，生者永不死之慶乎哉？

是爲序。

外議禾糧無容牲踐。菜、果、瓜、豆,山木、竹、麻,總不許越界取非其有。如耕土被賊,終無尋路,衆姓查賠半數。

一議地方,强不凌弱,貧不訐騙。凡大小不平事,必經衆理,虔勿輒興訟,且有公務必急,勿至□攏,凡我同盟,務言歸於好。爰銘之石,以志不磨焉。

大清乾隆四十二年季冬上浣。

資料來源:黔西縣志編寫委員會編《黔西縣志》,貴州人民出版社,1990 年,第 620 頁;又見黔西縣志辦公室編《黔西楹聯碑記集萃》,1992 年,第 125 頁。

130 奉憲禁伐碑

時間:乾隆四十三年(1778)

地點:福建省漳州市長泰縣武安鎮積山村

規格:碑高 120 厘米、寬 60 厘米。碑文共 6 行,每字有 2 寸見方。

塘邊社現存樟木,乾隆三十年春蒙張道憲行縣勘覆准留在蔭,四十三年夏馮道憲據縣詳明准免砍在案。

乾隆四十三年吉旦立。

資料來源:聞德、戴寅《護樹碑》,《長泰文史資料》第 17

輯,1995年,第90頁;又見《文昌長泰》編委會編《文昌長泰》,海峽文藝出版社,2009年,第179頁。

【備注】

據《塘邊竹塘林家譜》記載,清順治年間,鄭成功率部進長泰時,曾計劃砍伐這樟樹,後經交涉,才得以保留。後來,曾有人動議砍伐此樹,林氏族人爲保護它,特申報府治批准立案免砍。

131 上爐村衆立禁碑

時間:乾隆四十四年(1779)

地點:廣西壯族自治區桂林市恭城瑶族自治縣上爐村

立出石碑。南坪江七甲上爐通村人等,爲奉上遵法,議立甲長稽查匪類,下恩賞印,仍照議約立碑,以免風雨損壞,以靖一村事。切思朝庭彌盜,原以儆不法之人或一村不法之入,豈容任其潛行偷盜?况今後山樹木嚴禁,粟、麥、稼、豆、花、麻、桐、茶、竹笋、藍靛、田禾等項,漸漸成熟之候,往往有不法之人游手好閑,日宿夜游,窩藏匪類,徒以偷盜營生。又有村内或各家畜養豬、羊、鷄、鴨、鵝,衣衫洗曬,屢被偷盜,種種可根,通村不已。鳴鑼衆會,舉立甲長,一家該管九家,隨更巡查,毋得徇情隱匿。倘有往來貿易在外歇宿,必預報明鄰右甲長。如有一家一人所行不端,窩藏匪類,查出拿捉指名赴公,干連九家之罪,那時悔之莫及矣。謹之慎之!

一革窩藏匪類；
一革强賊盜劫三五成群；
一革賭博面生歹入；
一革游方光棍，糾黨害人；
一革慣盜竊害，擄掠財物；
一革白日盜竊鷄、犬、牛、羊、豬隻；
一革盜田禾地貨、家資什物；
一革盜砍桐油、茶子、竹木、柴草，野火；
一革盜挖墻壁、主令詭計；
一革縱牛傷踐生理；
一革不許亂放豬羊；
一革流民叫化不許入廟停歇。
皇清乾隆肆拾肆年歲次己亥七月拾八日立碑穀旦。

資料來源：恭城瑶族自治縣地方志編纂委員會編《恭城縣志》，廣西人民出版社，1992 年，第 502 頁；又見唐洪魁《從上爐石牌说起》，《恭城文史資料》第 7 輯，1993 年，第 9—10 頁；杜海軍輯校《廣西石刻總集輯校（中）》，社會科學文獻出版社，2014 年，第 680—681 頁。

132 禁革碑文

時間：乾隆四十四年（1779）
地點：廣西壯族自治區桂林市龍勝各族自治縣平等鄉

署廣西桂林分防龍勝理苗分府臨桂縣正堂加五級紀録十次鄭,爲派供苦極難當,哀思憐惻賞示,豁陳蘇困事。乾隆四十四年九月初九日奉署桂林正堂董關移,案據貴廳瑶人龍金全、石唐勝、石富金等,赴府具控廣南汛千把外委兵丁食鷄鴨魚物,柴火馬草,圍園竹簝,均令廣南、庖田兩村族用輸供,不照市價平買,營房朽壞,亦令兩村出料修理等因,移查前來,當經轉移去後。兹准義寧協鎮府求移,據右營復移,廣南汛官兵柴火馬草,并鷄鴨魚物以及圍園竹簝等項,俱照市價公平采買,其居住營房,各兵自行修補,并無短價苛派緣由,移復前來,業經照移詳復本府在案,合行出示嚴禁。爲此示仰廣南汛兵丁人等知悉:嗣後毋許砍伐民間山場竹木,以及派累苗瑶,該苗瑶亦不得妄爲滋事。均事毋有違,特示!

乾隆四十四年十月吉日立。

資料來源:黄鈺輯點《瑶族石刻録》,雲南民族出版社,1993年,第29頁。

133 奉官永禁碑記

時間:乾隆四十五年(1780)

地點:廣東省肇慶市封開縣平鳳鎮平崗村泰新橋橋頭的亭屋内

規格:碑高70厘米、寬53厘米。板岩石質。碑文楷書,陰刻。

特□封川縣正堂加三級紀録五次蔡，爲乞賞示禁，以厚風俗事。據修泰鄉中總新村里老保長衆等呈稱，切稂□不除，嘉禾不桓，鼠竊狗偷不息，風俗澆薄不寧。仰體仁廉，德政念切，民瘼明示，彰□除盜，爲首是以蟻等。新村三社良者雖多，歹者亦未嘗無也。誠恐習俗成風，蔓有難圖之憂，與其稟於臨事之日，孰若禁於未事之先。蟻等合村長幼集議鄉例禁約，責成各父兄訓誡各子侄，安分守己，各司職業。又恐無徵不信，不從相因而起，只得聯名公呈，乞恩給示，飭遵禁約，煌□霜威無思不服矣。由是移風易俗，民德歸厚，永沐鴻恩於無既等情，計粘禁約，一紙到縣。據此，當批准給示在案，臺行給示。爲此示諭該村士民人等知悉：爾等務須查照後，開禁約條款，訓誡子侄各安本業，毋得游手好閑、貪圖竊取，以及窩留匪類。如有失事，協力查拿，首報嗣示之後。若有被竊報官者，除立拿盡法究治外，定將該犯父兄一并責懲。爾等居民地保，亦不得挾嫌誣指，察出虚情，重究不貸，勿貽後悔。各宜凛遵毋違，特示！

計開：

一議各家子侄，務篤天倫，孝順父母，和睦兄弟，訓悔子侄，敬老慈幼。農勤於耕，士責於讀，工致於勞，商致於儉，小心謹慎，可免愆尤，各各有蓋。

一議各家子侄，務宜安分營生，不得縱肆横行，爲奸作歹。如有此弊，父老咸集，稟官究治。

一議甲内子侄，不得貪婪，竊盜私利，窩藏賭博，隱匿匪類，勾引外棍，誣陷善良，致令别州縣關提，滋擾地方。如有此弊，保勇先期巡緝捉獲，投鳴父老，禀官究治。

一議甲内子侄，不得好酒行凶，恃壯欺弱，恃老欺少，恃富欺貧，横行揾駡，武斷鄉曲。如有此弊，衆父老送官究治。

一議甲内閭巷、門户、排閘，務要關閉。倘有不法之徒，無火夜行，衝撞街巷，鳴鼓公罰。

一議甲内子侄，不得招窩外棍不法之徒在山游手閑行，白撞盗偷牛隻。如有看牛之人撞見，回家報知保老、更夫、家長，詢問根由，斥逐。如有容忍，該保老、更夫、家長即將窩主并外棍禀官究治。

一議甲内子侄，實係良善，但有異縣并别甲奸歹不法之徒，誣陷供扳者，該衆保老以及家長各丁，務要自携米飯齊赴公堂公禀保領。

一議更夫，務宜勤緝巡查房屋、池塘、犬、豕，依遵請貼例款，殷勤緝獲，不得怠惰。如違，衆父老公罰。

一議各家牛隻，訓示子侄不得牽下垌内踐踏田禾，以及山嶺豆、麥、芋、菜等項。如有此弊，父老衆議公罰。

一議各家子侄，但有過失，并田業不明，不拘大小，務宜投鳴父老保正，秉公理處，不得誣控以及使婦人登門放潑。如有此弊，衆父老自携米飯禀究。

一議各家看體鵝、鴨，但遇禾稻成熟，不得放下垌内糟踐田禾。如有此情，衆共鳴鼓公罰。

一議各家種植山嶺竹木、茶子、桐油、芋、菜、豆、麥等項，務訓子侄、婦女守分，不得盗砍。此乃各家勤種，日逐柴薪之用。如有盗砍，少者公罰，多者送究。

一議甲内但遇不俱大小公務、科合，遂丁均派，不得違抗。如違，該保長禀究。

一議丐子往來乞食，務宜盡分，不得藉乞爲端，白撞偷盜。如有此情，保勇立拿送究。

乾隆四十五年七月初十日給示。

照依原示刊出，此原示交與父老黎朝啓收。

告示發仰新村甲張挂曉諭。

資料來源：鄧增魁主編，封開縣文物管理委員會、封開縣博物館編《封開縣文物志》，1995年，第74—75頁。又見譚棣華、曹騰騑、冼劍民編《廣東碑刻集》，廣東高等教育出版社，2001年，第772—774頁。

134 千秋鑒鄉約碑

時間：乾隆四十五年(1780)

地點：山西省運城市聞喜縣陽隅鄉丈八村

《周禮·大司徒》："以鄉三物教萬民而賓興之。"是以風俗醇美，刑措不用。本莊自建辟以來，民勤物阜，頗有唐魏之遺風。邇來人心不古，習俗非舊，類多不法之徒、無行大千。周典之誅，歲有令申，怙終不悛。鄉總甲保、地方牌頭等公同會議，演戲立約。所有禁條，開列貞珉，絶不寬宥。倘有弗遵者，公舉送官，聽憑法究。凡我莊人，守己畏罰，咸庶中正，則勒石與刻木同志盛美於無暨云。是爲序。

一禁酗酒打架，窩娼誘賭，犯者罰銀十兩；

二禁砍伐樹木，盜割苜蓿，犯者罰銀五兩；

三禁放羊害人，并及牛馬，犯者罰銀十兩；

四禁偷割秋麥，不論男婦，犯者罰銀五兩；

五禁偷摘果木，不論長幼，犯者罰銀三兩。

共五項，拿獲者三七分金。

管銀人：董大遠、董君封、董銓、董璽、董爾均、董元潔、董大友、董紹光。

時大清乾隆四十五年歲次上章困敦夷則吉旦，董合益。

資料來源：聞喜縣志編纂委員會編纂《聞喜縣志》，中國地圖出版社，1993 年，第 576 頁；又見張正明、〔英〕科大衛主編《明清山西碑刻資料選》，山西人民出版社，2005 年，第 684 頁。

135 莫乃銀廠龍王廟碑

時間：乾隆四十五年（1780）

地點：雲南省普洱市瀾滄縣

澤沛闔廠

雲南省順寧府孟連宣撫經制土司刀爲（缺）嘗聞莫開於先，雖美弗傳；莫繼於後，雖盛弗彰。是前必有起建之善士，後必偕有修祠之仁人，庶幾可以先後比美，古今同觀矣。恭維李公指揮、龍王三太子二神，開創斯土，澤及萬民，後之民仰□仁慈，建造神宫，幾近數百年。聚獅山之秀氣，統象嶺之精英，桃李争艷，竹梅聳翠，兹亦茂乃廠之一大觀也！

（以下泐蝕，大意爲砍伐古樹者罰銀三兩六錢，警戒其不得再犯。）

清乾隆四十五年桂月穀旦。

資料來源：瀾滄縣地方志編纂委員會編纂《瀾滄縣志》，雲南人民出版社，1996 年，第 676 頁；又見潘春暉《瀾滄募乃老廠的傳説》，《瀾滄文史資料》第 2 輯，第 175—176 頁。

136 赤浦護松碑

時間：乾隆四十五年（1780）

地點：雲南省大理白族自治州大理市下關鎮東舊鋪村本主廟内

規格：碑高 96 厘米、寬 46 厘米、厚 5 厘米。碑文楷書，陰刻。

大理府趙州儒學生員張文昆字斗墟號光射謹撰。

□知弟姜熊字輔文號葉飛書丹。

從來地靈者人杰，理然也。余村居赤浦，雖曰倚麓山而對玉案，尚惜主山有缺陷，宜用人力以補之。而所以補其缺陷者，貴乎林木之蔭翳。因上憲勸民種植，合村衆志一舉，於乾隆三十八年奮然種松。由是青葱蔚秀，自現於主山，而且培養日久，可以爲棟梁，可以作舟揖。良材之産於此，即廟宇頹朽，修建不慮無資。日後合村公衆種松之主山，永爲公山。合村不得横認地主，私自扦葬，所有古冢，任各拜掃。夫是以主山之木嘗美矣，想亦材木不可勝用之一道。其所以不可勝用之實，皆係斧斤不可輕入於林中。執是以行，孰非上遵王政之禁令乎。倘有無知之徒，希圖永利，竊爲刊損者，干罰必不能免。統而言之，補山爲上，取材次之，不言利而利在其中矣。所序之言，勒於碑石，將以垂諸奕世云。

乾隆四十五年菊月上浣之吉，赤浦合村士庶同立石。

資料來源：鳳儀志編纂委員會編《鳳儀志》，雲南大學出版社，1996 年，第 562 頁；又見大理市文化叢書編輯委員會編《大理古碑存文録》，雲南民族出版社，1996 年，第 549—550 頁；曹善壽主編、李榮高編注《雲南林業文化碑刻》，德宏民族出版社，2005 年，第 152—154 頁。

137 團堡武聖宫禁告碑

時間：乾隆四十五年(1780)

地點：湖北省恩施土家族苗族自治州利川市團堡鎮鎮政府屋内

合場以及鄉村衆位施主：竊聞團凸寺實通場鄉村之祖山，

先年取石運土,佛主不安,以致鷄不鳴辰,犬不守舍。迨至今歲,衆性興心,苦修山門,謁王所一條。合場以及鄉村公議:四圍不許搬石取土,後日若有私竊,佛主鑒查,男盜女娼。特告!

資料來源:王曉寧編著《恩施自治州碑刻大觀》,新華出版社,2004 年,第 119 頁。

138 禁樹碑記

時間:乾隆四十六年(1781)

地點:雲南省曲靖市陸良縣馬街鎮東南約 3 公里處龍潭後廟宇内

規格:碑高 184 厘米、寬 72 厘米、厚 14 厘米。

蓋聞天生五材,水居其一。人能利蓄得其宜,則旱澇有備,而田園得資灌溉之益。故周典所載治水之術,加詳於當時,遺法於後世。可知水之爲物也,有利亦有害,害者除之,利者興之,豈非千百世之功哉! 兹因陸郡東南隅地屬高山堡,有龍潭之水四時常流,自古然矣。而田居高,取資於龍潭者甚要。迄今思之,潭猶昔日之潭,而水非昔日之水也。何謂潭猶昔日之潭? 即水有大小之分也。何謂水分於大小? 即樹有興敗之故也。噫! 念先時前後左右,樹木繁茂,陰氣多凝,水固興旺。歷經數載,不禁斧斤,不止牲畜,材者伐之,蔭者踏之,水漸細小。雖不息,其流也終滯,其源也咋乾。

乾隆三十八年，合村公議，將糧田近於龍潭左右者盡種松子，至今樹木雖未遽爲茂盛，而庶有叢威之機。倘不盡心禁止，必仍從其故。雖然，“靡不有初，鮮克有終”，昔人所云，衆姓共勉之哉！滋長者不可廢其成功，宜同心以嚴禁斧斤，可蔭者不可怠於栽培，當合意以收攔牲畜，待他年草木繁植，水源興旺，寧非衆姓之功哉！倘不遵公議，違者禀官究治。恐後不識種樹之由，特書之石。

再論潭所自出原係高山堡地界，而水所浸灌應有前所村之分，但高山堡與前所村先人業已以水相分，高山堡受分石口大小兩口，定爲長流。而前所村總分石口乙口，亦僅自寅以至酉是爲長流。至於由酉以及寅，又爲高山堡與前所村兩相輪流，非前所村所得獨流。水固如此，而草木之培植與否，決不與前所村相涉矣。

乾隆四十六年歲次辛丑姑洗月穀旦。

（後刻有村民姓名，略）

資料來源：曹善壽主編、李榮高編注《雲南林業文化碑刻》，德宏民族出版社，2005年，第160—162頁；又見陳旭光《馬街鎮有一塊禁樹碑》，《雲南林業》2000年第4期。

139 鹿城西紫溪封山碑記

時間：乾隆四十六年(1781)

地點：雲南省楚雄彝族自治州

規格：碑高約147厘米、寬約55厘米、厚約14.5厘米。砂岩質。碑額刻“封山碑記”四大字，楷書，陰刻。碑文楷書，陰刻。共20行，滿行30字。

在昔周禮，土木水草之資，必深爲謀之，而不惜委曲護持之力者。蓋謂一年種穀，所以養生濟物也；十年栽松，所以爲棟梁，古聖之厥有成規矣。所謂紫溪山，乃楚郡之發脉，所以護持者，已培風水尤爲扼要。若山若水，繫關國賦。如公山大龍箐，水所從出，屬在田畝，無不有資於灌溉。是所需者在水，而所以保水之興旺不竭者，則在林木之蔭翳，樹木之茂盛，然後龍脉旺相，泉水汪洋。

近因砍伐不時，挖掘罔恤，以至樹木殘傷，龍水細涸。俟後來合郡叢林寺院棟梁難於采辦，上下各村無數田畝救護，僧俗同議立石，共相護持。凡龍箐公山，勿容妄爲砍伐。在俗存愛惜之心，培養合郡來脉之勝地；在僧盡樽節之道，蓄源泉以沛騰。俗以諭僧，勿蹈前轍，僧以勸俗，益加栽培，遵約則佛地人天共成善果，背約則訟懲公斷難勉糾纏。所幸在俗檀越與僧同共勒石永垂，嗣是而後，誠有不得擅爲砍伐者。栽培久之，則叢林自爾幽邃，龍泉亦必汪洋，則養生取材，收不可勝食、不可勝用之效，又況龍脉風水，亦於兹而更盛也。爰勒之石，以爲碑記。自立石之後，如有違犯砍伐者，衆處銀五兩、米一石，罰入公，以栽培風水。合郡龍脉之山，永遠爲記。

寂光寺、紫雲寺、紫溪庵、源緑樓、福星庵、等雨庵、峻卓庵、普賢寺、中華庵、朝陽寺、中峰庵、法雲寺、雲臺庵、真寧庵、顯法林、松霞林、法藏寺、大紫溪、九族河、日落村、阿波良、朵基村、木蘭村、彭家村、幹家箐。

乾隆四十六年歲次辛丑孟夏月二十四日，上下各村僧俗人等同立石。

資料來源：楚雄市林業局編《楚雄市林業志》，德宏民族出版社，1996 年，第 307—308 頁；又見曹善壽主編、李榮高編注《雲南林業文化碑刻》，德宏民族出版社，2005 年，第 155—159 頁；張方玉主編、楚雄彝族自治州檔案局編《楚雄歷代碑刻》，雲南民族出版社，2005 年，第 300—302 頁。

140 滄溪示禁碑

時間：乾隆四十六年(1781)

地點：原存福建省漳州市南靖縣滄溪村三道亭内，現已散失

規格：碑高 100 厘米、寬 70 厘米、厚 12 厘米。

特調漳州府龍溪縣正堂加四級紀録八次記功三次聶，爲恩准示禁等事。據阮企三先後稟稱，伊買劉家墳山二侖，址圓山鼓仔寨脚，坐西向東，上至侖平頂分水之處陳壙爲界，下至田，左、右至林、柯二家山，在於契。契界内開做妻域一首，屢被顯棍侵混，或藉界掘毀，或任意遷挖移培，或藉原賣房親，不時擾害，實無休息。三隔寫遠，有難保護，亟請示禁，以杜無患等情詞到縣。據此，除批示外，合行示禁。爲此示仰該地居民

及劉姓人等知悉：嗣後阮企三山界内所培妻域等處，不許再行藉端索掘，任意遷挖移培，并藉原賣親族滋擾。如敢抗違不遵，許阮企三指名赴縣具禀，以亮拘究，决不恕寬。各宜凛遵毋違，特示！

乾隆四十六年九月十八日爲。

資料來源：江清溪主編《南靖石刻集》，海潮攝影藝術出版社，2007 年，第 63 頁。

141 邑侯吴太爺禁示并合鄉置業入廟碑

時間：乾隆四十六年(1781)

地點：廣東省深圳市博物館

特調新安縣正堂加三級又加一級隨帶紀録三次吴，爲匪棍聚擾特示嚴禁，以靖地方，以安民業事。據約保黄毓昌，耆民梁德懷、黄文進、曾曰賢、徐帝壁等稱：蟻等居住後海村，枕近海旁，□小零星雜姓，久居村中，所植樹木以衛村莊風水，并村前灣船步頭。先年通鄉捐錢買受梁姓沙灣步頭，□至第一湧海邊湧口起，西至蛇坑口止，向係鄉内船隻灣泊，歷辦供奉本鄉天后宫古廟油燈。奉祀久遠，未聞賭博，絶無異匪。於乾隆三十七年，蒙楊憲出示，禁革放蠔，以便本鄉下灘灣船。迨四十年，西路蠔虹，仍蹈前轍，肆行益熾，復禀繆臺，亦蒙賜示禁，遂相安，各存在案。近□亦有别境船隻裝運紅螺到步發賣,内有蠻棍,日久在船倡賭,行凶打架,砍伐村邊樹木,招摇異棍潛泊,踞抗步頭,滋擾鄉村。蟻等驅逐不去,浼勸不恤,若不稟明,凶棍無忌,悲釀禍患。且睹四境曉示,盤詰奸宄,無非安民之意,只得歷情稟明,叩憲鴻恩,准賜示禁,趕逐異匪,闔鄉戴德等情到縣。據此,除飭差查拿外,合行出示嚴禁。爲此示諭往來軍民人等知悉:嗣後毋許搭載異邑棍匪入境,□賣螺爲名,容留滋擾,在船聚賭,酗酒打架,踞抗步頭,砍斬村邊樹木,盤踞擾民,殊干功令。自示以後,倘有不法之徒,仍蹈故轍,許該約保耆人等指名稟報本縣,以憑拿究,按法治罪,决不姑寬。各宜凛遵毋違,特示!

并將買受本鄉梁姓沙灣步頭,歸衆作爲本廟油燈,附列於左,錢糧每年交銅□□百文與德懷子孫收辦,其不係廟祝收本處沙灣租辦理。

本鄉黄文進等合通鄉□積銅一十三千六百文,與鄉内梁德懷買受本村土名後海灣,東至海,西至村邊,北至第一湧起,南至蛇口止,載下則□□□廟公。嗣後所有竹排舡隻,往來灣泊,俱皆按□收租,作爲本廟燈油香燭錢糧之費,各姓及梁姓□皆□□□□□□營業,不得私收其租,止交本廟祝辦理。合衆定規立石,永遠存照。

捐錢置業首事開列:黄文進、曾曰賢、車秉君、徐希壁、謝尚志、吴永芳、劉元得、劉昌茂、趙捷元、梁德懷、陶日奇、林秀茂、蘇國良、馮大成。

乾隆四十六年十一月日立。

頒發。

資料來源：譚棣華、曹騰騑、冼劍民編《廣東碑刻集》，廣東高等教育出版社，2001 年，第 167—168 頁。

142 禁采石碌碑

時間：乾隆四十七年(1782)

地點：海南省海口市昌江黎族自治縣石碌鎮西郊水頭村委會老村内

規格：碑高 110 厘米、宽 40 厘米、厚 9 厘米。碑額楷書，陰刻。碑文楷書，陰刻。共 7 行，滿行 22 字。碑右上現已損毁，下部斷裂已粘合。

代理昌化縣事儋州正堂隨帶加二級紀録三次記大功二次李，爲嚴禁私挖事。照得縣屬亞玉山，坐落黎地，土産石碌，向有不法民人潛入該山偷采，業經前縣林封禁在案，未及立碑。兹本州奉委代理昌篆，於四月二十日到任，合行勒石，永遠封禁。所有縣屬軍民人等，一體遵照毋違，特示！

乾隆四十七年六月初一日立。

資料來源：中南民族學院本書編輯組《海南島黎族社會調查(下)》，廣西民族出版社，1992 年，第 475 頁；又見譚棣華、曹騰騑、冼劍民編《廣東碑刻集》，廣東高等教育出版社，2001 年，第 1008 頁；黄兆雪《昌江縣文物保護單位》，《昌江文史》第 13 輯，2010 年，第 109—110 頁；《海南冶金志》編寫組編《海南冶

金志》,海南省地方志編委會内刊,第 90 頁。

143 五鄉合禁碑

時間:乾隆四十七年(1782)

地點:廣東省河源市和平縣博物館

規格:碑高 87 厘米、寬 53 厘米。青石質。碑文楷書,陰刻。

竊聞國有例禁,民風得以淳樸。鄉有條約,地方庶使寧靖。故道不拾遺,雖本邑有美政;而夜不閉户,實通鄉有條規。如合棟土乘堡内,道連五鄉,地屬要衝,乃合象設禁之所。邇年來,近有無耻之徒,日則潛迹各鄉,夜則成群偷竊,將見地方不靖,鄉間未寧。予等目睹心傷,是以集五鄉衿耆,設立禁條。自合禁之後,如有仍蹈前轍,不遵禁條,小則通衆公罰,大則鳴官究治,務使地方之必靖,罔今風化之有壞。爰是爲序。

一禁窩贓、窩娼、窩盜并私宰耕牛。

一禁乞丐不得入境乞食。

一禁盜砍山林竹木并擔竹販賣。

一禁盜摘茶子并割禾尾。

一禁食藥圖賴并嚇詐鄉愚。

一禁盜挖春冬二笋并盜竹麻。

一禁盜鷄盜鴨收留賊贓。

一禁盜挖薯芋并盜柴火等物。

一禁結党成群泅酒持爛。
一禁縱放六畜踐踏禾苗。
五鄉山長(人名略)。
以上每人各十五文、五文。
乾隆四十七年壬寅歲季夏月吉旦衆立。

【備注】

此碑原置於上陵鎮翠山小學校内,第二次全國文物普查時由和平縣博物館徵集收藏。五鄉,包括上陵鎮的上陵鄉、翠山鄉、下陵鄉、岑江鄉和大壩鎮的石谷鄉。

資料來源:譚棣華、曹騰騑、冼劍民編《廣東碑刻集》,廣東高等教育出版社,2001 年,第 821—822 頁;又見陳建華主編《河源市文化遺産普查彙編·和平縣卷》,廣東人民出版社,2013 年,第 326—327 頁。

144 小河南示禁碑

時間:乾隆四十七年(1782)

地點:安徽省安慶市岳西縣五河區茅山鄉小河南村高屋組

規格:碑高 200 厘米、寬 100 厘米。青石質。碑文楷書,陰刻。碑完整無損。

144 小河南示禁碑

特授江南安慶府潛山縣正堂加五級記録十次李，爲條漏懇補給款勒碑等事。監生蔣明辨，生員陳國泰，監生王捷、蔣如楚、蔣如蕃，子民何大有、余紹周、葉耀彩、何宇謨、蔣匡朝、崔萬林等稟稱：生等居西隅小河南，乃西大河源流所也。山勢崎嶇，每遭挖根者深掘，山地崩泄，沙泥淤塞河路，致損田廬，受害非淺。稟請給示詳載禁條等情。據此，查前據該生蔣明辨等具稟，節經出示條禁在案。兹據前情，合再示禁。爲此仰該地保居民人等知悉：嗣後務遵後開禁約，各安本分，倘敢違犯，許被害之人指實稟究。但不得挾嫌誣控，及借稱犯禁，邀衆議罰，致滋事端，違者查出重處。各宜凜遵毋違，特示！

計開：

一、在山竹木，各拼各山，毋許超界侵伐，犯者重究。

一、賭博打架，定例森嚴，務各安分守法，勉爲良善，犯者重究。

一、容留外來尤籍棍徒及面生可疑之人者，查出重究。

一、糧食不照依時價平賣，或摻假高抬及斗斛不平者，察出重處；居民藉端滋擾者倍究。

一、乞丐成群結隊强討滋擾者，即行稟究。

一、私開湯鍋殺耕牛者，察出嚴究。

一、縱放六畜踐食禾苗者，究行重處。

一、毋許挖掘蕨根、葛根，違者重究。

一、竊取他人松杉雜木、笋竹、山糧、田禾、菜果、茶麻、茯苓、塘魚等物，并縱火燒山者，定行按究；如被竊之人并不稟官繩究，混行邀衆搜查議罰滋事者，查出重處。

乾隆四十七年八月十八日示。

資料來源:岳西縣地方志編纂委員會編《岳西縣志》,黄山書社,1996年,第389頁。

145 遵王公示碑

時間:乾隆四十七年(1782)

地點:湖北省荆門市鍾祥市冷水鎮銅錢村三組吴老廟

規格:碑高96厘米、寬50厘米、厚12厘米。青灰色石質。碑文楷書,陰刻。共14行,滿行35字。

特調鍾祥縣正堂卓異加□級紀録五次記大功四次王,爲嚴飭保甲實力巡緝以靖地方事。照得保甲之設,原爲稽查奸宄,如强盜、竊盜、邪教、私鑄、逃人、凶徒、賭博、私宰、湯鍋、偷伐樹木、禾稼等類,皆其專責。該保甲果能巡察嚴密,奸匪即無所托足,地方自見寧謐。如保甲私□匪類贓物,則爲豢縱;知而不舉,則爲徇隱;怠於察緝以致爲害地方,則爲失察。故定例則有將保甲分别擬以軍徒、笞杖之條,責成保甲,法至備也。迭經出示曉諭在案。兹據保正雷鼎山、元九如、楊雲山、楊元、吴相清稟稱:身等地方與荆門州毗連,近有不法痞棍,勾串外來流匪,開場押寶,□牛宰殺,偷伐樹木、黄糧,竊取堰魚,肆行無忌,公請示等情。據此,除差役查拿外,合行示禁。爲此示□該保甲人等知悉:自示之後,務須實力稽查。遇有前項不法匪徒,立即查拿，務獲押解赴縣，以憑究治。如其間實係倒斃牛馬騾驢，許其開剥，鄉鄰分食，給價買牛濟農。不得將有用牲畜藉稱倒斃名色，擅行私宰，致干查究。凜之慎之，毋違，特示！

右仰通知。

吴洪林、吴洪其（後30人姓名略）。

衆姓公議：每年收成之後，六畜以九月初一散放，臘月初一收禁，倘有不遵示例者，罰錢二百文。謹白。

乾隆四十七年十月二十日勒石，永垂不朽。

資料來源：焦知雲著《荆門碑刻》，中國文史出版社，2008年，第193頁。

146 重修薇溪山龍神祠碑記

時間：乾隆四十七年（1782）

地點：雲南省楚雄彝族自治州西南20公里紫溪山

縣治西四十里許薇溪山，建有龍神祠。其地上接紫頂，下瞰鹿城，林木蔚雲，松篁飛雨，實一邑之勝景。每歲春秋，邑侯親臨致祭；或雨不時至，率士民祈禱立應。歷年既久，祠宇傾頽，值邑侯周印名炎下車伊始，親詣致祭，惻然興懷，欲改而新之。旋以村民首告山樹互訐至案，邑侯聽訟清查，乃知附於龍祠之樹，被村上隱蝕不少。爰準情理，寬其既往，禁其將來。村人悔改，願繳隱伐樹木銀三百餘兩。侯復捐俸，責成鞠生士斌擇吉興修，於辛丑十月經始，壬寅三月落成，共費銀四百餘金。其附祠樹木，仍令寺僧、附近居民公同照管，所餘山場，接種新松，嚴禁一切踐踏砍伐。迄今門堂寢室，左右廊廡，殿宇層疊，倍形巍煥。以視向之蒿萊滿目，鹿豕充庭，期一復舊而不可得者，今且無煩思議矣。

嗟夫！興廢無常，成敗頓易，邑侯此舉，實民生所仰賴者也。不然，荒烟蔓草，日繞浮鏡之潭；寒蛩秋蟬，時吟奉社之橘，誰之責與？謹録其事之始末，壽之於石，以志我邑侯敬神勤民之致意焉。是爲記。

知縣陳文燦撰。

乾隆四十七年壬寅冬十月立石。

資料來源：〔清〕崇謙等修《〔宣統〕楚雄縣志》卷十二《藝文下》，宣統二年(1910)抄本；參見曹善壽主編、李榮高編注《雲南林業文化碑刻》，德宏民族出版社，2005年，第163—168頁；楊成彪主編《楚雄彝族自治州舊方志全書·楚雄卷(下)》，雲南人民出版社，2005年，第1294—1295頁。

147 保護公山碑記

時間：乾隆四十八年(1783)

地點：雲南省大理白族自治州劍川縣金華山麓岩場口古財神殿内(今屬景風公園)

規格：碑高132厘米、寬92厘米、厚20厘米。碱性粗面石質。碑文楷書,陰刻。

特授麗江府劍川州正堂加六級記録十次金,爲據呈嚴禁侵占公山以垂永久事。據貢生趙有蘭等呈稱:劍西老君山爲全滇山祖,合州要地,近爲武生顔仁率李萬常等盤踞其下,延山砍伐,縱火燒空。以致水源枯竭,栽種維艱。前經合州士民扭禀,蒙前任州主開恩,主勘審嚴,遂給有讞語云:審得顔仁等與貢生趙有蘭等互控一案,查老君山係省諸山之祖,州志府志俱載其説,是不唯顔仁等不得占,即劍川州不得而私也。乃顔仁等□敢住其地,砍伐樹木,開挖田地,盤踞數十年之久,踐踏數十里之寬。究其執據,則捏造禾瓦子賣契紙及木土官妄給遵照一張,查原契紙色墨迹并非五十年之物,顯係僞造。查該處係官山,禾瓦子何從得有其地,况毫無來歷,而契載四至之外,仍係官山,并無業主地鄰,豈中間一派山脉獨爲瓦子之産而可以擅賣乎?且契内只許牧放牲畜,并未載有起房居住、砍樹開地之語,况禾瓦子并無其人,明係顔仁等捏造假契。始則借牧放爲名,久之而無人過問,遂肆行侵占并吞之志,□至土官遵照,更屬可惡。伊并非守土之官,乃敢串通奸民,擅將隔境官山給照開挖,□□□□□罪屬難恕,本應從重究治,姑念事歷多年,伊等現知罪具結,立限遷徒,姑免深究等由。今顔仁等雖絶迹他處,誠恐貪昧之徒乘間竄入,任意侵踏,均未可定,合將公山應禁條規,□□□□□□恩批飭禁,勒石永遵,并祈給與趙□□、□□魁看守公山遵照,免其門户等情。據此,除給照與看守人等外,合行批示嚴禁。爲此示仰州屬士民人等知悉:查老君山爲合州來脉,栽種水源所關,統宜共爲保全,爲自己受用之地,安容任意侵踏,以敗萬姓養命之源。自示禁之後,務遵律紀條規保全公山,如敢私占公山及任意砍伐、過界侵踏等弊,許看山人等扭稟,以便究治,絶不姑寬,示遵照毋違。

時計開公山嚴禁條規:

一禁顔仁等現留公山地基田畝不得私占;

二禁岩場出水源頭處砍伐活樹;

三禁放火燒山;

四禁砍伐童樹;

五禁砍挖樹根;

六禁各村不得過界侵踏;

七禁販賣木料。

右仰遵守。

合州紳士貢生趙有蘭,生員張定樞、楊森海、羅崇、張世德、楊定雄、張善、張汝□、王誠、趙朴、陳緝林。

乾隆四十八年十月十二日示。

資料來源:曹善壽主編、李榮高編注《雲南林業文化碑刻》,德宏民族出版社,2005 年,第 169—172 頁。

148 官山入書院碑記

時間:乾隆四十八年(1783)

地點:福建省厦門市

環溪而西皆山也，康主之，盧佃之；盧襲之，康争之，然則何爲乎其官之也？官官之，官之之者奈何？康、盧兩姓執虚券以争此山，訟之官，官以其悉無足據也，概没諸官而荒之。盧居山麓，襲據之自若，官官之而不能禁盧之私之，則以其於官猶未有所歸也。

輪山書院者，故官學也，以官山歸官學，復治以官，而無令其攘官以爲私，因得取官物以佐官，養育閤邑之人士，此楊藩臺大人所謂以公濟公，甚屬妥帖。而均岡任夫子所由急請定案歸管，恒汲汲以未完結爲恨也。

今年秋，府憲鄔奉憲催，始得山，詳結定案行縣，洗伐山間樹木，山付書院掌管收税。復經僉呈示禁，勒碑山下，以垂久遠。而三十餘里之岡陵林麓，莪菁菁而樸芃芃，其栽之培之，惟官其薪之穡之，亦惟官也。山居縣西五十里西溪保之溪西，以乾隆三十年斷入官，嗣入書院，定案歸官。諸紳士贊襄斯舉，因記其事之始末，備勒於石。

清乾隆四十八年十一月。

資料來源：〔民國〕吴錫璜修纂《同安縣志》卷二十五《藝文》；參見何丙仲編著《厦門碑志彙編》，中國廣播電視出版社，2004 年，第 165 頁。

149 奉縣主示禁碑

時間：乾隆四十九年(1784)

地點：廣東省梅州市平遠縣博物館

規格：碑高 86 厘米、寬 55 厘米。碑文楷書，陰刻。

特授嘉應州平遠縣正堂加三級紀録四次陳，爲强乞肆害等事。據東石鄉苧圍中苧村，蕞爾偏隅，村類羊腸，路通閩省，流丐不息，聚党成群，頓住不走，陽裝乞丐，陰實爲匪。日則偷鷄白撞，夜則挖壁穿墻。或吉凶整酒，流携數十，截□擁門，挾制强勒，稍有不遂，即便吵鬧，賴命鄉曲，良民受害難言。勢呈懇叩爺臺，恩准給示禁，遂庶强乞不致肆毒，良民得以安寧等情。據此，當批准示禁。查惡乞强討，結黨肆横，屢經出示嚴禁在案，據呈前情，合再出示嚴禁。爲此示諭該處人民等知悉：嗣後有惡乞强討，結黨肆横，并頓住油房山寮荒屋，立即協同鄰保，捆送縣主，以憑法□治。各宜凛遵，立碑垂遠，毋違，特示！

一禁花子不許給賞粥飯，并荒屋油寮不許頓住，不遵者，罰錢三千一百文。

一禁貪圖相因，串盜接贓者，罰錢四千一百文，捉獲者賞錢五百文。

一禁開場聚賭，罰錢二千文，捉獲者賞錢三百文。

一禁盜偷山林竹木，以及桐油子茶田禾種作等項者，罰錢一千文，捉獲者賞錢三百文。

一禁盜挖竹笋并盜竹，罰錢五百文，捉獲者賞錢三百文。

一禁養鴨害苗者，罰錢五百文，持强者，打死鴨子不許交還。

一議捉獲私和不通聞者,與盜同情。

以上所禁條款,有告示三張,合約四張。保正鍾景珍。

乾隆四十九年三月十二日遵示立。

資料來源:譚棣華、曹騰騑、冼劍民編《廣東碑刻集》,廣東高等教育出版社,2001 年,第 885—886 頁;參見凌徵忠等主編、中共平遠縣委宣傳部等編《平遠文物志》,2005 年,第 92 頁。

150 洞陽宫修城栽樹碑

時間:乾隆五十年(1785)

地點:陝西省漢中市城固縣洞陽宫

規格:碑高 108 厘米、寬 48 厘米、厚 14 厘米。碑文楷書,陰刻。共 11 行,滿行 25 字。

"山不在高,有仙則名。"前人之言信矣。奚以明其然也?洞陽宫舊傳爲三豐祖師得道處,古樹蒼茫,怪石森羅,極漢南之大觀。然(戴)〔岱〕頂〔場〕所,雜木叢生,且往往爲樵夫、牧豎所傷。兹有住持道人張復元〔與〕徒陳本秀發心培植,苦化十方,積金百餘,修逼火城一圍,約百餘千丈,栽松杉三千有奇。此不但山巔生色,即漢南一郡風氣,關(鎖樹)〔繫匪〕小。特恐無知者流,或肆行放火,公然剪伐,因求序於予,勒之於碑,以圖久遠。

予謂此盛舉也,拈筆序之,一以爲過往者戒,且爲來者勸。惟望共存保愛之心,永切護持之想,庶幾山雖不高而松杉羅列,亦可云仙氣常留,又何患乎不名耶?爰爲之詞曰:宫名洞陽,松杉蒼蒼。樹林陰翳,蔽芾甘棠。

癸卯科舉人衡體節撰書,會長楊大壽,住持張復元,徒陳本秀、楊本信、張本玉、張本忠、陳本吉,孫楊合明、丁合密、張合謙、丁合稷、徐合孝、唐合順。

石匠張所臣、張公順、張起發、楊武。

乾隆五十年正月吉日立石。

資料來源:陳顯遠編著《漢中碑石》,三秦出版社,1996 年,第 219—220 頁。

151 天長嶺左右樹木告示碑

時間:乾隆五十年(1785)

地點:浙江省温州市甌海區

授浙江分巡温處兼管水利兵備道加五級紀録十次沈,爲非禁難存事。據士民周聯登、周文珠、周鎬、周文清等呈稱:身地天長嶺,植松蔭護,捐建已始於前朝,萬姓維持,茂美方垂於今日。届今墳路切存留之望,靈蠢知毀伐之非,去歲經前東廳詳准免砍。詎料邱允源爲周子鳳拼砍一案瞞批騙准查,僉叩蒙恩准留。但法以密而弊端方剔,恩以久而憲澤愈深。既蒙批固久，垂爲鐵案，而頑徒負弊，非祈示諭，曷觸目而儆心。該嶺松木，有等不法棍徒，或冒山客名色，或藉封斫名頭，假公濟私，藉端漁利，非祈俯賜金恩，給示嚴禁，永飭保全護蔭等情投道。據此，除批示外，合亟出示嚴禁。爲此示仰該地居民人等知悉：爾地天長一帶地方，東至山坑口亭，西至周嶴路亭，地屬南北通衢，兩旁路松係萬民往來停息之所，爾等應宜善爲保護培植，使其根深葉茂，蔭庇一方，不得損壞。倘有不肖棍徒客役，膽敢藉端假冒封砍者，許即指名具稟以憑嚴拿，從重懲治以儆刁風。本道言出法隨，斷不姑寬。各宜凛遵毋違，特示！

乾隆五十年九月初六日給。

資料來源：吴明哲編《温州歷代碑刻二集》，上海社會科學院出版社，2006 年，第 139—140 頁；又見仇伊敏《紙山碑刻纂文録》，《甌海文史資料》第十二輯《紙山文化》，2007 年，第 314—315 頁。

152 嚴禁盜伐汪口向山林碑

時間：乾隆五十年(1785)

地點：江西省上饒市婺源縣江灣鎮汪口村舊鄉約所

……鄉聚族而居，前藉向山以爲屏障，但拱對逼近削石巉岩，若不栽培，多主凶禍。以故歷來掌養樹木，垂蔭森森。自宋明迄今數百年間，服疇食舊，樂業安居，良於生鄉大有裨益……無籍之徒盜行砍伐……當經旦旦而伐，山必童赭。事關禍福，害切肌膚……酌立條規，重行封禁，永遠毋得入山殘害……

資料來源：卞利著《明清徽州社會研究》，安徽大學出版社，2004 年，第 379 頁。

153 擺喇十三灣封山碑記

時間：乾隆五十一年(1786)

地點：雲南省楚雄彝族自治州

規格：碑高 88 厘米、寬 55 厘米、厚 16 厘米。砂石質。

盂聞封山之例屢奉上文，飭令各地方種植保護在案，故名山大川，實賴樹木以培植風水，即廬墓住居，尤賴樹木以培養地脉。樹之宜值也，豈淺鮮哉？倘山荒無樹，龍水淹閉，栽種無資，有關田賦。凡龍潭出水通河順溝田頭壩邊，一切雜樹均皆保護，緣何有山不種，任其荒蕪，何以成材而待用？此皆不知民生所急需，而爲朝廷所最重者也。無奈世人全不思物各有主，竟有不法横徒，縱放男婦盜砍樹木作柴薪，以及牧童縱放牲畜，任意踐踏。劈明子，折樹頭，種大□，端害不可言，將見山空水涸，有傷民命，莫此爲甚！今擺喇、十三灣同心協議，建碑銘寫立合同互相查照，備臚條款以敬匪人云爾：

一定例每年十一月初二開山，正月初二封山。如違，罰錢壹兩。□例，盜砍大樹一棵，罰錢壹兩；砍小樹一棵，罰錢五錢；砍枝綁，罰錢三錢；折松頭壹個，罰錢叁錢；采正頂松葉，罰錢壹錢；見而不報者，照例倍罰。□例，家主縱放男婦牧童，硬行砍伐、踐踏，不遵碑例者，照例倍罰。龍潭通河順溝田頭壩邊雜樹均不可砍。如違，照例倍罰。一村内婚喪祭需用木料等項目，勿論人已上山，必須報名樹頭，方許砍伐。如違，罰錢三錢。以上條款，各宜凛之慎之！

樊希文、許恒侯、樊律、鄧聰、徐湧、樊滹、鄧遜、樊思昌、周文蔚、劉永全、鄧文蔚、凡賀昌、劉之選、劉濾、鄧文潔、鄧遴、徐湘、李佑、凡□、幾宗紹、周德淵、劉大河、凡溺、鄧以仁、袁世一、劉興漢、劉融、周連高、許鏡、劉安貴、周天富、樊淅、凡峻、袁士維、劉大用、凡淇、鄧以忠、許瓚、鄧逵、許士聰、李秀、樊璨、凡有文、許連鑣、袁塘、羅順發、凡海、凡柄文、樊沅、樊澧、許襄、樊漢、樊泫、樊汶、凡鏞、周文耀、凡津、凡洄、鄧周、許行。

乾隆五十一年二月初三日合村同立。

資料來源：楚雄市林業局編《楚雄市林業志》，德宏民族出版社，1996 年，第 308—309 頁；又見曹善壽主編、李榮高編注《雲南林業文化碑刻》，德宏民族出版社，2005 年，第 184—186 頁。

154 淘金山禁碑

時間：乾隆五十二年(1787)

地點：福建省三明市沙縣大洲坊

龍脉關係通縣，各宜加意栽培。小民惟利是圖，只知取予之便，日事斧斤，以致秀靈濯濯，殊堪痛恨。今據各紳士呈詞愷切，足見爲顧地方，准出示嚴禁，該處來脉土石草木毋許損掘砍伐，仍捐廉俸以資善舉。

乾隆五十二年，介賓管士瑢等僉呈，知縣鄒人敏批示立。

資料來源：〔民國〕梁伯蔭修、羅克涵纂《民國沙縣志》卷九《藝文》，民國十七年（1928）排印本；又見詹宏杰《淘金山懷古》，《沙縣文史資料》第 8 輯，1989 年，第 192 頁；陳名實、鄭本暖《福建省古代碑刻中有關水土保持的鄉規民約》，《亞熱帶水土保持》2007 年第 2 期。

155 開山因由碑

時間：乾隆五十三年（1788）

地點：廣東省揭陽市惠來縣百花嶺莊嚴禪寺

百花峰，葵陽名勝也。中有古聖，神甚英靈。相傳自宋飛來金爐於峰頂，時常毫光，人以爲神靈齊所鍾，即砌堆石祀之。凡潮屬諸邑，民有水旱疾苦，有禱輒應。予壯夫時，會無疾而逝，十晝夜方蘇，夢一聖賢領予遍游天曹地府，并論以持修行之事。咨詢何神，曰百花尖上七聖娘也。四月亢陽，百姓凋瘵，無所告訴，求神引救，予尾善信後，從合坊衿耆鄉先生詣聖地，恭請受間雨朝，的若影向，乃咳人之誠與神通，神之靈與天通也。

予愈神恩浩蕩，喜是雨之解民於危，汗漬百餘金，願捐建廟，但勢空一木，乃延新湖十八鄉衿耆赴縣，呈請鼎建業。縣主楊太爺俞允，委員請勘，即捐募金五百兩，并印簿一本，命予作主持，募化十萬，以□厥事。時得緣首監生高元永公、赤洲陳永錫公，餘人協力化題。間二十年，而廟宇落成。厥後邑侯間太爺詣岩進香，念菩薩油燈無資，命將周圍立界，栽種松柏，以爲本岩香燈柴火之資，示禁不許樵采。予談處山地，俱係人家創置，輕恐不甘願，異日必生禍階，故無寫命令之，所有松柏山地田園，俱係予粒積價之業，契券炳□。溯自甲戌開山以來，迄今三十餘年，特建廟堂三座，成係諸緣首護，衆善信等協輔樂捐之功，非予一老齋婦敢誇爲己力也。

今予年近九旬，僅存奄奄氣息，朝不保暮，庶務倦於調理，悉付與劉順德住持，朱純仁、林成全等協理。凡家伙田地等項，盡付掌管，堂内道屬人等，亦應聽其使命，無敢違□。兹自以往，但願兩等同心協力，各禪厥職，俾爐上著烟不斷，堂中鐘鼓長鳴，聖德廣被，徒類昌熾，則是予所厚望焉。爰陳開山因由，并將香燈田園、松柏山地土名開列于左，鎸石以垂永久云。

一、質田，土名桔子林，年業陳宅，租三石。

一、質田，土名人子坷，年納方宅，租一石一斗。

一、田，土名山樵河七星伴月。

一、園，土名岩前施孤場。

一、松柏山。

一、園，土名棒仔排岩、後石樅龍、空石孔、上馬鞭坑、開井娘壇山、樵坷坪、梗朗、龍庭仔、麻竹叢等處。

乾隆五十三年戊申桂月吉旦，開山後林黎林門陳道祖謹録。

資料來源：譚棣華、曹騰騑、冼劍民編《廣東碑刻集》，廣東高等教育出版社，2001 年，第 330—331 頁。

156 廟頭村鄉規議碑

時間：乾隆五十四年(1789)

地點：河南省洛陽市新安縣廟頭村學校内

規格：碑高 150 厘米、寬 55 厘米。碑額刻“皇清”二字，雙鈎，篆書，左刻月形，上標“月”字；右刻日形，上標“日”字。碑文首題“鄉規議”三字，楷書，陰刻。共 12 行，滿行 36 字。

嘗思教不先則率不謹，不教而罰則謂之虐，教之不改而後可罰也，國固有之，鄉亦宜然。試言之，農穀者民之本也，材木者農之用也。本不可傷，則苗稼宜珍焉；用不可缺，則樹植宜愛焉。不草而牧苗，不種而侵稼，不植而伐木，甚非所以崇本利用也。故秉穗可拾，但取滯遺，芻蕘非禁，難縱尋斧，古人所爲，示民以禮也。考之於經，有牽牛蹊田之罪；證之於律，有擅食瓜果之刑。而其他可類推已，先我後罰，□舉碑書，共遵教約，免犯官刑，謹例其條如左：

一、十一月初一後，馬牛羊入麥地者有罰。驢騾馬牛，每一隻罰錢一百文，犢駒半之。羊一隻罰錢三十文，夜放者加倍。趕牲□者，以罰錢之半與之，一半入廟上官用。

一、田中有芟麥者，方許拾麥；有割谷者，方許拾穀；過十月初一日，方許拾花。不遵者協同鄉保議罰。

一、田中一切樹木……毁傷過多者，隨時酌量議罰，凡不受罰者，禀〔官究治〕。

上庵廟頭村公議。

乾隆五十四年正月□旬立。

資料來源：中國人民政治協商會議新安縣委員會文史資料委員會編《新安文史叢編·民俗卷》，河南人民出版社，2015年，第222頁。

157 萬户莊植樹護林碑

時間：乾隆五十四年(1789)

地點：雲南省昆明市宜良縣萬户莊村南萬户莊小學内

規格：碑高160厘米、寬60厘米。青石質。碑額高18厘米，刻"十年之計"四字，楷書。碑文楷書，陰刻。共14行，滿行53字。

蓋聞榛栗椅桐，楚宫之材木稱富；杶幹栝柏，《禹貢》之物産良多。大抵儲畜有年，所以蕃生不已。斧斤以時入，無逾仲夏仲冬，樵采有成規，陰木陽木，此所以材儲棟梁而不可勝用也。萬户莊前後山場甚多，盡可培植樹木，以供材用，以壯風脉。合村公議，寫立合同，沿山布種以防閑，不嚴私行斫伐，行見山木若彼其濯濯也。爰將所立合同及鄉規數條，勒石垂久，是爲序。

立合同文約人萬户莊合村，爲因山場凋零，風水傾頽，情願遍種松樹，培植山場，扶持風水，日後樹木成材，四六分均分，朝陽寺承受六分，山主承受四分，不得紊亂。寺内不得因樹騙山，山主亦不得因山全受樹木。待樹盡，山歸原主，其樹枝、茅草俱係寺内管事人發賣。至於牛馬羊驢踐踏者，罰錢一千文；采獲茅竹者，罰錢五百文；采取松毛、斫伐樹枝者，罰錢一千文；放火燒山者，罰豬一口，重六十斤，酒一支公用，外賠所燒壞之松種。若不依者，送官處治。至於外村，如有犯以上數規者，管事人糾合村内人等，照規處罰。若有見者隱匿不報管事人，查出一體同罰。有墳塋者，隔墳方圓一丈内樹屬主人，一丈外樹歸公衆，衆人亦不得斫伐。一丈内樹木，此係衆姓情願，日後賣成材之樹，强者不得争先，聽憑衆人公議。倘若以强凌弱，不從公論，任意伐賣，將所賣之樹仍歸公衆外，罰豬一口，重六十斤，酒一支公用。其買公松種銀兩係寺内捐出，故日後松樹寺内六分，山主四分。恐後無憑，立此合同存照。

立合同文約人，寶洪寺合山萬户莊僧俗人等，爲因各種松木地勢相連，公議着人看守，應宜啓蓋房屋，與看山人居住。其看山緊要之地，一處寶洪寺山頂，一處尖山下十字路，一處石頭房，一處萬户莊村内。以上四處，俱宜蓋房請人守護，所有工價使費以及被人斫伐樹木，甚至送官所費，俱係僧俗兩處均出。此係二彼情願，永不得更變章程。恐後有憑，立此合同存照。

乾隆五十四年歲在己酉夾鍾月吉旦，萬户莊合村衆姓同立。

資料來源：曹善壽主編、李榮高編注《雲南林業文化碑刻》，德宏民族出版社，2005年，第193—195頁；又見鄭祖榮、周思福主編《宜良碑刻》，雲南民族出版社，2006年，第283—284頁。

158 松柏長青記

時間：乾隆五十四年（1789）

地點：浙江省温州市平陽縣縣署花廳（嵌壁）

乾隆五十四年歲次己酉夏五月之望，浙江温州府平陽縣知縣平江朱泰增記。

乾隆庚子，分發浙江辦理捍海塘工，丙午工竣，仲冬奏升平陽令。平陽適當叢敝之後，又值臺匪滋事，其地爲浙省南路入閩要道，調撥兵丁，解運糧米軍裝，一切事宜竭力措置，俱得條理。五十四年入春以來，差務稍停。聽政之暇，見廳事甬道兩旁松柏對峙，環翠蓊然，錯以羅漢松一株，森秀其際。其松圍五尺，柏樹六尺，羅漢松圍四尺，人民之過其下者有餘庇焉。因度其隙壤，加栽萬年青一株、冬青一株，條幹雖稚，轉瞬間陽和雨露之涵濡，其輪囷離奇又未可量也。因思古來一物之微，莫不有所托以垂諸久遠。樹與人相得益彰，兹承乏兹土，愧未有惠澤之貽，安敢希漢南蔽芾之謳思，而謂樹因人重，或者撫茲嘉植，悠然其懷，約略後先匝蔭之有自，轉令人以樹傳也，不尤足幸歟！

資料來源：〔民國〕符璋、劉紹寬等纂修《民國平陽縣志》卷五十七《金石志三》，民國十四年(1925)鉛印本；參見吴明哲編《温州歷代碑刻二集》，上海社會科學院出版社，2006 年，第 1075 頁。

【備注】

碑文全稱《平陽縣治明通公溥堂松柏長青記》，縣志所載已有删略。撰者朱泰增，字履豐，乾隆五十一年(1786)任平陽令。

159 禁砍茄椗十條碑

時間：乾隆五十四年(1789)

地點：海南省海口市美蘭區林市村

一、生茄椗一律不許砍伐，違者罰錢一百文；

二、枯茄椗當衆采伐，不許用刀，只用手折，違者當衆收回茄椗歸衆；

三、六月不准摘茄椗籽；

四、藥魚如死茄椗苗，罰錢二百文；

五、挖土單捉蟹、捕虎魚，不許傷害茄椗根，違者罰錢一百文；

六、凡傷害一株茄椗，罰種五十株，種于林市廟前海灘；

七、公舉林學易巡邏保管，微資酬謝；

八、一切罰錢歸林市公廟當香燭油燈費用；

九、拿偷茄椗者賞錢罰的半數；

十、因天灾人禍造成漁船洋船壓毁茄椗者免罰。

清高宗純曆乾隆五十四年。

資料來源：盧昌義、林鵬、陳焕雄《中國古代某些紅樹林管理法規的借鑒》，范航清、梁士楚主編《中國紅樹林研究與管理》，科學出版社，1995年，第184頁。

160 道憲示禁碑記

時間：乾隆五十五年(1790)

地點：福建省漳州市南靖縣船場鎮高聯村盧氏宗祠

規格：碑高145厘米、寬60厘米、厚13厘米。

欽命福建省分巡巡海汀漳龍等處地方驛傳兵備道加五級紀録十次，特爲全恩示禁事。據南靖縣民盧成、盧琚、盧香等連名赴轅呈稱：成等高樹門社舊植柯木，遮蔽風缺，干係通社風水，大關居民命脉，培滋十八世，通邑周知，詎櫓椗户謝嵩壽因軍工急需，將柯木砍製一株成等情極轅控。既蒙提訊，始據公現吴西等理處,勸成等已砍柯木應付廠用,未砍聽從留蔭,諭壽將價别買,充用相率,具遵蒙均批。

此案顯係謝嵩壽藉冒軍工名色,混砍致訟,本應嚴究,姑念爾等已經處明,且該户尚有承辦櫓椗等項,從寬免究,依結附卷,仰見仁明,足寒藉冒心膽,聞者頌德。但恐事久變生,貪暴之徒,見聞未悉,仍蹈故轍,致妨命脉,殊𦍒□□憲帡幪之恩。查藉冒軍工弊竇時有,然歷蒙前憲准請給示嚴禁,杜弊衛民,歷歷可指。兹成等實以柯木爲吐民命脉所關,干係匪小,既蒙據處恩准留蔭,合無循例,仰懇叩乞准給示禁,(卑)〔俾〕藉冒可杜而民生有衛,陰騭齊天,生生世世感德,切具等情到道。據此,除呈批准外,查高樹門社□木既關通社風水,自應留植,差保人等不得影藉索砍擾累,合行示禁。爲此示仰該處差保人□□知悉:嗣後毋許藉冒軍工,到山混封藉索,强行砍伐,倘敢不遵,許該樹主指名赴轅具稟,□□□究。其各凛遵毋忽,此示!

乾隆五十五年十月日,發高樹門立石曉諭。

資料來源:江清溪主編《南靖石刻集》,海潮攝影藝術出版社,2007年,第172頁。

161 封山合同碑

時間:乾隆五十五年(1790)

地點:雲南省楚雄彝族自治州永安鄉

規格：碑高 70 厘米、寬 45 厘米、厚 8 厘米。

記開謝家咀、程家壩、黄家屯、山咀、張家灣、雙壩、土官莊、大莊、黑泥灣、沙溝、羅屯公議。王政無遺地，計利及山林，然種植雖多，專有賴於培養。不時砍伐，即常美之山日見濯濯，豈盛世之風哉？然而人心不一，有婦女以割草爲名，暗藏小樹，又有昧心之徒，惜己損人，或被拿獲，反使婦女判命。今各村公議，立定章程，凡有砍伐大樹，罰銀壹兩，小樹罰銀五錢，修技采葉，罰銀三錢，見而不報罰銀五錢。眼同公議，各村情願，立石爲記。今將各村姓名逐於開後：

陳世永、張田、黄邦結、陳洪曾、張維紳、程世海、楊君正、李自良、梁廷棟、張義、鄭廷棟、程洪欽、張懔、謝廷蘭、張美等同立。

乾隆五十五年十二月初一開山至本月十六日封山。

資料來源：楚雄市林業局編《楚雄市林業志》，德宏民族出版社，1996 年，第 309 頁；又見曹善壽主編、李榮高編注《雲南林業文化碑刻》，德宏民族出版社，2005 年，第 196—197 頁。

162 王氏奉憲永禁碑記

時間：乾隆五十七年(1792)

地點：江蘇省南京市溧水區博物館

規格：碑高 65 厘米、寬 66 厘米、厚 15 厘米。

特調江南江寧府正堂加二級紀録九次李，爲恭叩賞□勒石以保祖塋永固事。據高淳縣翰林檢討王□爲監生王閏基、生員王玉汝、居民王懷發、王自産等赴府稟稱：長等始祖王端朝爲南宋承議郎升樞密院簽書，墓葬溧水東門陳沛橋之原，載垂縣志，其子孫分遷溧水、高淳、句容、溧陽等縣不一，自宋迄今六百餘載，各邑子孫論祭無異，倘於□□有溧水東門□孫王懷襟胸嚴在祠墓側盜葬母棺。喪等得信來山，即□稟縣法究治材見。衆各爲祖□□□□□□□懇自行起棺移葬，服且報生。長等念□棺起遷不移，終訟是實，兹當淆□祭奠。諸縣子孫齊集，各抱追逐之忧，歲興垂久之計，遂□□情□禁以懲將來。長等高淳、句容、溧水、溧陽□□治下紳士子民□合奔轅叩請，切柳季之壠□禁□□□文之仁□□枯骨。今爲得蒙賞禁，不均可杜後之不肖效尤。凡一切附近居民，俱不得侵占界址，盜砍蔭木□密踐蹈吴爲此□□□憐豺□報□□□俾遂寢成孔安之願，爲雅賞榮勛不永垂等情到府。據此，除稟批示外，合行示禁。爲此示即該族後裔及附近一切居民人等知悉：嗣後如有不法之徒在於王姓祖塋山内違禁□□侵占界址，以及盜伐□□樹木□作踐情事論。該地保即時稟報，以憑拿究，該地保倘敢容隱，一經告發，一并重究，决不寬貸。其各凛遵毋違，特示！

（以下列裔孫籍貫姓名等，從略）

乾隆歲次壬子孟夏月。

中華民國六年十二月吉日重修，闔縣裔孫公同謹立江蘇第□□。

資料來源：南京文化廣電新聞出版局編《南京歷代碑刻集成》，上海書畫出版社，2011 年，第 413 頁。

163 太子山奉憲示禁碑

時間：乾隆五十七年(1792)

地點：湖北省荆門市京山縣太子山林場

規格：摩崖石刻。刻高 58 厘米、寬 40 厘米。楷書，陰刻。共 10 行，滿行 14 字。

從來物各有主，種田納糧。□□□住居山鄉田少，全賴草木資生命賦納糧。因山外棍徒持横强取，身等具稟，蒙前雷憲批准示禁。今年以來，棍徒復排黨入山，藉□□□爲名，强取更甚。身等具稟，蒙李憲批准嚴禁。批後有棍徒進垸入山强取，許身等同保甲復稟，指名赴憲追究。身等抄示，勒石曉諭。

乾隆五十七年立。

資料來源：焦知雲著《荆門碑刻》，中國文史出版社，2008 年，第 198 頁。

【備注】

“李憲”即李兆梅，乾隆五十七年(1792)任京山知縣。

164 石人山奉憲示禁碑

時間：乾隆五十八年(1793)

地點：湖北省荆門市京山縣宋河鎮石人山村

規格：碑高 135 厘米、寬 62 厘米、厚 16 厘米。青石質。碑文楷書，陰刻。共 12 行，滿行 46 字。

署京山縣正堂加五級紀録五次張，爲懇示勒禁寧民杜害事。據石泉團民王遲相、余盛遠、徐盛際、謝朝升、余盛朝、顧兆武、李天民、張宗邦、陳迎輝、陳爾高聯名稟稱：身等住居山冲，田少山多，全賴蓄植樹木、柴草，變賣納賦養命。□遭外畈民衆，不思物各有主，山資有糧，春夏采蒿爲名，不論草木萌生之時，身等蓄植之物，一律遭其采割，踐踏青苗不堪；秋冬砍割柴薪，不顧果木□□之時，□□儘意割伐雜糧，有種無成，居心損人利己。民賦何出？果木柴草即賦命之源，遭其砍割，目睹心傷，無如畈民團衆雲集□□□□□□居□呈□敢誰何？因於三十七年，山民余展相以夥衆毁伐其控，經前舒憲審斷，將畈民責罰，并出示嚴禁。四十七年，山民周□□又以畈民夥割凶毆，又經控究施，李儀廷等請示嚴禁，迄今示久。本年三月内，復夥衆强割毆傷，秦在廷又經控深究，經陳甫得等請懇銷案。

伏各案供由强砍夥割起禍，山民往□□□□□，今蒙憲銷結示久，仍復起控，身等賦命難以措齊，邀憲恩懇示勒石嚴禁外，畈民均不許帶刀進山，樵采砍割果木。雖落葉亂草，亦是業户取山錢□□□□賦命之資，庶物各有主。據此，除出示嚴禁,合行勒石永禁。爲此懇仰縣屬諸民人等知悉:嗣後畈民不許帶刀進山,樵采草木,即使落葉亂草,俱係業主賦命。明示之後,倘敢仍蹈前轍,許即指名赴縣具禀,以便按律究治,决不寬貸。勿違,特示!

石泉、高□團山民張國太(後51人姓名從略)同立。

乾隆五十八年五月二十九日示。

資料來源:焦知雲著《荆門碑刻》,中國文史出版社,2008年,第198—199頁。

165 八大房奉憲永禁碑

時間:乾隆五十八年(1793)

地點:廣東省梅州市五華縣大田鎮

特授長樂縣正堂加十級記録十次周,爲麽鑄殺害等事。案本州正堂李、憲牌奉布政使司許、憲牌奉署理兩廣總督事務處總憲東部院部,□批本院會同□□□□共同杜訟□浚□嘉應州客記長樂縣正堂十級任,張達化、張廷化等控告監生張學裕伐樹挖礦引凶砍傷一案,奉此如詳飭遵等因布縣節使遵照。張學裕私鑄礦廠挖礦處所有害良田,且此出示永遠封禁間采挖礦復引設爐以杜訟端。所有雙羅□官山樹木尚既留蔭水源,嚴禁采伐以衛田廬毋違等(□□□)〔情。據此,〕合行出示嚴禁。爲此示布諸名人等知悉:所有張學裕從前開礦挖礦處所土名大田約青村及横坑地方，有害田墓，嗣後永不許采挖礦砂復行設爐以杜訟端。至雙羅□官山樹，向既自蔭水源，嚴禁居民采伐，以衛田廬，如敢故違，許該地保借名禀報□□，本縣以憑嚴拿重究。各宜凛遵毋違，特示！

乾隆五十八年八月初五日奉示，季冬月吉旦八大房同立。

資料來源：廣東省梅州市五華縣林業局副局長陳啓鵬工程師提供。

166 木朗村奉示禁碑

時間：乾隆五十九年(1794)

地點：海南省海口市定安縣嶺口鎮木朗村

規格：碑高 160 厘米、寬 63 厘米、厚 8 厘米。玄武岩石質。

特授瓊州府正堂加五級紀録五次葉，爲棍匪撥索，乞碑安民事。定安縣雷一圖里排紳士，約保甲人，縣正堂加三級許公呈前事，詞稱：棍匪未除，紳民受害，□□不□稱索□□淚，各等居圖有市嶺□，距縣百有餘里。市多有無生之鋪，慣歇蠹拴恙之流，百計擾索鄉村。里排紳士舉於肅憲，壬丙公呈衆准，示諭嚴禁，蠹匪安静，發久禁示紙既壞，游匪故步頻仍，聚衆愈多，索偷□□占□糧□□，重加卯利，每面索取十五，搜保混問，典批爲白契，妒開石地爲牛車，頭咬監路，禀誣良民，跳□□誣腐良爲賭博，□□農民爲盜匪，□病死冒報人命，拴賊供良爲贓,具以此爲詐索大題。一票到呼驗,爲爪牙浮陷,二命喝圭,虛指包犯打放。招群夜不破門,搜家遇鄰親拘捉,不允押鎖。市鋪傾産,賣妻子得歸家。未允局拘□,目全家絶貧,耕耙失,將被擾索,莫苦於此也。明知法所不容,路遠壅於上聞。且里排紳士,同盡心腸,乞示在縣,已蒙示禁,而蠹匪視爲故紙。不得已,供叩憲天,獲准給碑。匪徒畏法潛踪,而民甘棠勿□矣等情到府。准給示禁在案。□□請軍民呈保,□□人等知悉:嗣後務宣,各宜安分,痛改前非。尚敢仍前,藉端訛詐,生事擾民,乘險賊□□□□□□報人命,冒認尸親,或武力抗糧,指□重利,種種不法,擾害地方者,一經查聞察破告發,定即嚴依法懲處,决不寬貸。各宜凛遵,特示!

禁賭博、私宰、盜牛、挖屋。

禁盜椰、偷稻、蔗等物。

禁待買椰青、小子賣市,下市街貿易局詐騙。

禁凶徒打架持□□□□□□□□。

乾隆五十九年甲寅歲季秋月重陽吉旦□□□。

資料來源:許榮頌編寫《定安縣文物志》,中山大學出版社,1987 年,第 79—81 頁;又見譚棣華、曹騰騑、冼劍民編《廣東碑刻集》,廣東高等教育出版社,2001 年,第 934—935 頁。

167 百侯禁搬泥挖石盜砍碑

時間:乾隆五十九年(1794)

地點：廣東省梅州市大埔縣百侯鎮南山村

規格：碑高約 86 厘米、寬 41 厘米。青麻石質。

署潮州府大埔縣正堂加五級紀録五次馮，爲給示嚴禁事。五十九年，據監生張憲文、耆民張淑山等具呈禀稱：一世祖祠花胎栽種樹木，遮蔽風凹及祠後龍道，直至頭巾崠左右兩傍，屢被鋤種開溝、搬泥挖石，以致山崩土甩，貽傷龍脉。爲此給示勒石永禁，嗣後不許在龍道鋤畬搬泥挖石盜砍。情輿如有仍蹈前轍，查獲即指名禀報，法治决不寬宥，勒石特禁。

乾隆五十九年甲寅冬月立。

資料來源：黄玉情《百侯發現乾隆年間碑禁》，《大埔文史》第 27 輯，第 238 頁；又見《梅州日報》2009 年 5 月 21 日。

168 東灑村護林公禁碑

時間：乾隆六十年(1795)

地點：雲南省普洱市寧洱哈尼族自治縣勐先鎮和平村東灑大龍箐後

規格：碑高 79 厘米、寬 43 厘米。紅砂石質。碑額刻“永遠遵守”四字。

爲公禁箐養樹木，以厚水源，雍蔭田畝事。凡東灑人户，公同約禁，各宜遵守，毋許越界砍伐樹木，若有違禁不道者，罰銀三兩,祭神公費。

箐中育樹,前至秧田,後至山梁上;

箐右育樹,前至神廟,後至山崗上;

箐左育樹,齊界石内止。

乾隆六十年二月初一日公禁碑爲據。

資料來源:雲南省林業志編輯辦公室編《林政法規選》(第一卷),四川科技大學出版社,1993 年,第 808 頁;又見曹善壽主編、李榮高編注《雲南林業文化碑刻》,德宏民族出版社,2005 年,第 198—199 頁;《寧洱哈尼族彝族自治縣概況》修訂本編寫組《寧洱哈尼族彝族自治縣概況》(修訂本),民族出版社,2008 年,第 44 頁。

169 見性山封山碑

時間:乾隆六十年(1795)

地點:雲南省楚雄彝族自治州南華縣龍川鎮響水河龍潭仙龍壩外

署楚雄府鎮南州正堂加三級記録六次記大功四次,爲聖恩嚴禁砍伐事。爲此示仰州屬地方人民漢夷人等知悉:嗣後見性山寺周圍及仙龍壩前後,四至之内,東至大尖山頂,南至石門大埡口,西至衣栖么、蒼蒲阱、白土坡,北至響水河龍潭、小團山,四至分明;栽植樹木,擁護叢林,以滋龍源。該地諸色人等，不得混行砍伐。倘有不法之徒仍敢任意砍伐，許爾等指名禀報，以嚴拿重究。各宜(領)〔凛〕遵勿違，特示！

乾隆六十年八月十五日吉旦。

資料來源：李文臻《南華最早的封山碑》，《南華縣文史資料選輯》第1輯，1991年，第83頁；又見曹善壽主編、李榮高編注《雲南林業文化碑刻》，德宏民族出版社，2005年，第114—115頁。

【備注】

據《〔光緒〕鎮南州志》卷二《山川》載："見性山，在州北十五里，群山環拱，二水交流，上有佛基禪寺，柏翠松蒼，花香鳥語，游人至此，萬慮俱消。"《〔民國〕鎮南縣志》卷三《古迹志六·勝景》有"寒溪漱玉"一景，有題曰："山名見性，别有洞天。松蟠澗底，雲繞峰巔。湝之不濁，石上清泉。琤琮激漱，鳴玉鏗然。"相傳，見性山佛基禪院中有一和尚，名曰"見性"，護林有功，死後葬於此山。山因此得名。

170 奉示禁伐墳樹碑

時間：乾隆年間

地點：廣東省河源市連平縣博物館

規格：碑高131厘米、寬62厘米、厚9厘米。青石質。碑文楷書，陰刻。

署連平州正堂加三級□□，爲指例請禁，以衛墳山事。本年十二月初八日，據顔宦家人吴階稟前事呈稱：竊查職官墳塋，例有禁步，今小的老主，册敕贈孺人、贈宜人。顔大宜人梁太君，業安葬於黄小洞灌仔塔之大窩子，□子處墳山，係價買和平陳娌前明宏治年間舊冢，并非官山。惟與官山魚□宜葬之所相連，以至民間日漸侵逼地界，現在家主理墳定界，栽植樹木，誠恐□□□故□□□□□□□□□□□□□生事端，理合循例請示飭禁等情到州。當批，准示禁在案。查定例五品職官墳塋前後左右各五十步，□□□墳樹犯即枷杖，如係看墳盜伐至十株以上□□□法令何□□□□□□□□□□□□□□□□故行剪伐，致干罪□，合行出示□禁。爲此示諭州屬□人等：□□□□□□不□□顔大宜人墳塋前後左右五十步内□□□□墳主□□占葬久盜□□墳樹木，并縱畜踐踏草皮，其界内原有之□□□□□□□□□□□□端史改致有侵占，仍致故□詐顔宦家人及該地鄰約保指名稟報本州，以□□□占塋，則□□□遷，盜樹則加倍賠，□□按律治罪，决不寬貸。各宜凛遵毋違，特示！

右諭通知。

乾隆□□年十二月十三日給發刊石。

告示。

資料來源：連平縣博物館編《連平縣文物志》，1986 年，第 101—102 頁；又見譚棣華、曹騰騑、冼劍民編《廣東碑刻集》，廣東高等教育出版社，2001 年，第 819 頁。

171 森論碑

時間:乾隆年間

地點:四川省巴中市通江縣

森者爲黎民富之本也,本力而後化窮,森乃富貴可謂一體,下行而上信,固樹能成其森,豈惟奉黎忘身,治國齊家,永緑常青。魚耀河清澈現底,頂旱賦澇已矣! 森在有材建厦,治國安人,森茂必藏寶,寶生而自然,森厚其有五穀登,日月之明,陰陽之和,四季時之信,風調而雨順,森滿洋溢,避沉沙擋焉。云:森山青哉! 萬寶良哉! 黎民康哉!

資料來源:張浩良編著《緑色史料札記——巴山林木碑碣文集》,雲南大學出版社,1990 年,第 20—21 頁;又見四川省通江縣志編纂委員會編《通江縣志》,四川人民出版社,1998 年,第 955 頁。

【備注】

碑文原由清乾隆年間舉人趙秉嚴所撰,後由李顯科於 1961 年抄録。今碑已不存。

172 通江浴溪禁碑

時間:乾隆年間

地點:四川省巴中市通江縣

禁止砍伐蠶林和松、柏成材樹木，禁止樹木萌芽之季放牧牛羊。尚有不遵，打、罰重究，議祭山林。

資料來源：張浩良編著《緑色史料札記——巴山林木碑碣文集》，雲南大學出版社，1990 年，第 65 頁。

173 賈寨村禁土補煞重整社費碑記

時間：嘉慶元年(1796)

地點：山西省晋城市沁水縣胡底鄉賈寨村大廟

規格：碑高 114 厘米、寬 52 厘米、厚 14 厘米。石灰岩質。碑圓首，刻飛鶴祥雲圖。碑身周邊刻有纏枝蓮花紋。

蓋聞地脉靈而人乃杰，冗費節而財始裕，是培脉節費爲凡境所當然，尤爲吾境所不得不然者也。即如村之脉，來自東南，結於西北。歷年來，人貪起土，不顧風脉，大抵以糞土爲重，亦豈知虧損風脉之所關更重哉？自余等司社以來，不忍坐視，於乾隆六十年二月間，會通社人，先將椿樹胡同築堤栽樹，樹成社用，伐大栽小，且四面豎碑，嚴禁起土。碑内之土，永禁不起，碑外即有可起土之處，倘有損人塋域風脉者，更當自酌，永垂不朽。社費浩繁，重爲整飭，正月火星會獻羊，成規不改。三月十五，玄壇神戲、十兒高禖神戲，照家出錢報數。即送所有神豬，春祈生獻，秋報熟陳，兩次分肉，現錢不易。又及四月賀雨，六月祀三峻神豬，七月祀左例神羊一并裁去，敬神之時止修刀首三斤。七月二十七祀風王神羊，遵照古規，秋賽去饚殿獻油席。

是舉也，余等妄爲條陳，社人百口一辭皆以爲善，且謂之曰風脉一補，居民其有幸矣。社費就簡，村人其無累矣。余因囑村衆曰甚勿謂禁土打煞之，即可以全補風脉也。村之形勢，龍山峙東南，其西北最下所恃以補風脉者三益觀、古佛堂、諸神宫三院廟耳，無如年歷久遠，風雨摧殘，栖神失所。大廟自乾隆四十三年興工，閲年十兒工莫告竣，爲首苦心，誰其識之？今而後，但願年歲豐，人心齊，則三院神廟庶可次第修葺，而當年之立廟以培風脉者，亦可以少承其志矣。村之人囑余立石，且請一言以爲記。余學疏，何以文爲，如曰立碑，以垂永久，余故不殫固陋，爰弁數言於其首云。

督社首事逸儒果齋陳升堂慕由氏撰書。

衆水官：陳旺、陳莊、陳懋、陳希商、張九洛、張九志、陳永祥、陳世貞、陳滿才、陳金元、陳松旺。

玉工：□□□。

皇清嘉慶元年歲次丙辰六月穀旦社議造監。

資料來源：賈志軍主編《沁水碑刻蒐編》，山西人民出版社，2008年，第392—393頁。

174 廉明周太老爺給示嚴禁碑

時間：嘉慶元年(1796)

地點：廣東省梅州市五華縣雙華鎮華拔村

規格：碑高107厘米、寬60厘米。青灰石質。碑文楷書，陰刻。

一禁盜砍水口風圍以及各處油茶松杉。

一禁開場聚賭，窩藏匪類，恃凶打架，食藥圖賴。

一禁麻風花子不許入鄉。

一禁盜竊牛豬鷄鴨以及田禾薯芋。

一禁田塍牧牛以及鷄鴨殘害五穀。

嘉慶元年十月。

資料來源：楊森主編《廣東名胜古迹辭典》，北京燕山出版社，1996年，第560頁；又見李雄坤編著《五華鄉土文物攬勝》，廣東梅州客家聯誼會，2001年，第149—150頁；譚棣華、曹騰騑、冼劍民編《廣東碑刻集》，廣東高等教育出版社，2001年，第905頁。

175 馮竹園三官廟竹園碑記

時間：嘉慶二年(1797)

地點：河南省焦作市博愛縣

萬北里圖，資丹水灌溉，種竹者多，雖土地所宜，實民生攸賴。向衙署間有需用，俱在竹廠采買，於民間毫無滋擾。其攤買園户之弊，不過十餘年，來後遂接踵成風，民生重困。經前升任道憲康出示禁飭。五十九年，劉紹德、蕭輝煌等具稟府憲，蒙批仰河内縣嚴飭，毋任濫派滋事。六十年，馮梓、婁中禮等具稟道憲蔡，蒙批准出示嚴禁。馮罄宜、王覲光具稟藩院陳，蒙批候移河北道嚴查究革抄粘存。劉敬之、李中理等又公懇路天，復蒙賞示存案，永遠垂禁。前朱天，今費天，經歷二任，悉體上憲鴻仁存恤，閭閻毫無滋派，是歷年績弊頌革於一朝也。第□恐日久歲湮，弊端復啓，且懼我民於各憲深恩與邑父母所以苏民困而恤民業者，不能遍觀而盡識也。爰勒貞珉，并將歷次各示札飭，詳列於左，以垂不朽。

欽命河南分守彰衛懷三府兼管水利、河務、驛務、兵備道康，爲嚴禁事。照得河内縣境内竹園頗多，凡有種竹之家，日用飲食，賴此養生。本道聞得每年春夏之交，胥役人等假借官用各色，封禁竹園，恣意砍伐，折錢需索，種種弊端，殊堪痛恨。該縣衙門即偶爾需用，自必發與價值，斷無以口腹之好，累及小民之理。實緣衙役人等遇事生風，藉端需索，合行出示曉諭。自示之後，爾等有竹園者情願賣笋，照依應得價值，聽其自便外，如有衙役强買及假借名色，封禁竹園需索使費者，許爾等赴該管衙門具控。如不准理，許赴本道衙門控告。各宜凛遵勿違，特示！

欽命河南分守彰衛懷三府兼管水利、河北、河務、驛務、兵備道加五級紀録十次蔡，爲嚴禁砍伐竹園以安民業事。照得河内縣萬北鄉一帶地方，民稠地狹，全賴種竹養生。各衙門官用竹竿，自當赴市公平采買。今本道訪得向來縣各署營汛、各衙官用竹竿，胥役等公然向園户索取，不惟有竹之家受其砍伐之害，即沿途遞送，小民亦多搬運之累。種種兹弊，殊屬不合。雖經前屢次示禁，恐日久因循，合舟出示嚴禁。爲此示仰河邑軍民胥役人等知悉：自示之後，文武正佐各衙門，遇有官用竹竿，俱照依價赴市，公平采買，不得擅向園户索取。尚有不肖胥役，故蹈前轍，藉端砍伐需索，許該園户等即會同鄉地保指明，赴該管衙門具禀。若不准理，赴本道及該府衙門呈控。各宜凜遵毋違，特示！

札懷慶府六十年八月初十日准。

布政司咨開辦受累難支公懇嚴飭事。本年七月二十五日，據河内縣園户生員馮磬宜、王覲光呈稱云云，河邑園户千秋焚感等情。據此，除呈批示外，擬合抄單移諮。爲此合資貴道，請煩查照，希即嚴查究革，弗任胥役藉端擾累，致滋訟端，佐希將查禁緣由，候覆施行。計移抄單一紙等因准此。查衙門取用園竹，滋累小民，業經本道出示嚴禁，嗣又據園户等呈控前來，復經批行該府查禁縣報名在案。迄今日久，未據准辦緣由具覆，以致園户等復行上控。可見從前該府并未遵批查禁，各衙門仍然出票取竹，致累園户，大屬不合。兹准前因，合舟抄單札飭，札到該府查照，准咨事理，即使實力嚴查究革，務使周知。嗣後凡各衙門需用竹竿，俱各照依舊例，仍赴集市公平采買，毋任公書混行出票，濫向園户索取，致滋民累。倘敢陽奉陰違，一經查出，定經嚴拿重究，仍將查禁緣由，先行具報，以憑咨覆藩司，毋得遲延，速速，此札。

札懷慶府六十年八月初十日准。

布政司咨開爲受累難支公懇嚴飭事。據河内旦園户生員馮慶宜等呈校各衙門違禁不遵，混行出票索取園竹，滋累小民等同稟司移道准此，當經轉飭，查禁具報在案，迄今多日，未具詳覆，殊屬遲延，合行札催，札到該府，速即查照。

先令文内事理，嚴行查禁，務期弊端永絶，毋任陽奉陰違，致滋擾累。仍查禁緣由，立即詳覆，以憑察核，移盗銷案，毋得再遲，切速切速，此札。

皇清嘉慶貳年柒月穀旦立。

資料來源：博愛縣志編纂委員會編纂《博愛縣志》，中國國際廣播出版社，1994 年，第 807 頁。

176 養山告示

時間：嘉慶二年(1797)

地點：安徽省黄山市祁門縣彭龍鄉環砂村

規格：碑高 200 厘米、寬 100 厘米、厚 30 厘米。

立養山合墨文約人環砂程之璞、起來、發秀等，蓋聞本立道生，根深枝茂，盈谷百木叢生，條枚可供采取，即長養成林而供課資用亦大有益。邇緣人心不一，縱火燒山，故砍松杉，兼之鋤挖柴樁，非惟樹盡山窮，致薪如桂，且恐焚林驚冢，滋事生端，爲害匪輕。似此，人人嘆息，所以不謀而合，共立合文，演戲請示，訂定界止。所有界内山場，無問衆已蓄養成材，自後入山燒炭采薪，如有帶取松杉二木，并挖柴椿及縱火燒山者，准目睹之人鳴衆。違禁者，罰戲一臺。如目睹存情不報者，查出與違禁人同例。倘有硬頑不遵，定行鳴官懲治，仍要遵文罰戲。議至三年之後，無論衆己，出業出拚之日，每兩内取銀三分，交會湊用。如自山自取正用并風損折者，俱要先行出字通知在掌會首事。務要進出分明，襄行美舉。有始有終，慎勿懈怠。沿門簽押，子孫遵守。如違規條，合境賫出此文同攻。鳴官費用，議作三股均出，如犯何山，該山主人認費二股，衆朋出一股。追賠木價，亦照三股均收，仍依是約爲是。恐後無憑，立此養山合文一樣二十四紙，各執存照。

一、養山界：七保里至九龍堨外至環砂嶺，八保里至口家堨外連七保界止。東至風浪嶺、羅望嶺，西至八保上嶺、七保羅家嶺。

一、中秋神會演戲：程村社并門下迭年架火松柴，准七月議期一日采取；王村社，迭年八月初九日則規交納松柴，准八月議期一日采取。以上所辦之柴，除墳山庇蔭及二尺圍成材之料不砍，仍准按期節取。

一、縱火燒山者，罰戲一臺，仍要追賠木價。

一、挖樁腦者，無問松杉雜植，罰戲一臺。

一、采薪帶取松杉二木，并燒炭故毁，無問乾濕，概在禁内。違禁者，罰戲一臺。

一、舉報者，賞給錢一百文。如目睹存情不報，查出與違禁人同例。

一、自山取正用并風損折者，要先行出字通知。

一、材山出拚者，無論衆己，每兩内取銀三分，交會使用。

一、山場自後有砍刨興苗者，先行出字登帳准種，花利五年。違者定行處罰。

一、公議首事支持進出帳目及一切違禁之條，務要巡查，鳴衆議罰。

大清嘉慶二年正月日立。

養山合文約人：環砂首事程之瑶、發曙、元順、延芳、元愷、元僖、元祝、加燦、加信、加坰、開暢、延松、延遇、張貴、沈祖、汪進玉、汪有祥、凌明旺、吴光起、凌接生、張成初、汪自盛。

資料來源：卞利著《明清徽州社會研究》，安徽大學出版社，2004 年，第 382—384 頁；又見趙華富著《徽州宗族研究》，安徽大學出版社，2004 年，第 398—399 頁。

177 泰山種柏樹記碑

時間：嘉慶二年（1797）

地點：山東泰安市泰山紅門宫下約 20 米處路西

規格：碑高 225 厘米、寬 82 厘米。碑文楷書，陽刻，字徑 3 厘米。共 16 行，滿行 38 字。

泰山，天下之大觀，非獨魯所瞻也。然古幹參天，森陰夾道者，惟對松山爲最，外此輪囷蔚薈之處無有矣。枈守泰安之二年，太原康公承天子命陳臬二東，吏畏民懷，政不勞而咸集。

丙辰三月按部至郡，齋遫登山，爲民祈福。時棨方募民植柏千章於盤道旁，公見之欣然曰："是所以培護山靈者，不可以不遍。"遂捐俸入爲倡，增植萬株，使泰安尉張廷模董其役。未幾，而公晋秩維藩。洎丁巳春，釐河底績，載禮岱宗，則前之列植者，柯葉鬱然，顧之益喜，復命募植萬株，蓋通前所植，凡得二萬餘株矣。秋七月，公奉有巡撫江蘇之命，瀕行屬棨紀其事。

在昔《甘棠》之詩曰："召伯所茇。"又曰："召伯所憩。"一踐歷止息之處，猶令人愛慕之如是，矧夫口授手指，親爲規劃者乎！自今伊始，都人士女與四方賓客之來此邦者，瞻岩岩之象，望葱葱之氣，相與低迴，留之不能去，固知今不異於古所云也。且名山大川，扶輿清淑，磅礴鬱積，鍾於人爲豪杰之材，鍾於物爲棟梁之用，而亦視在上者之有以栽培而長養之。泰山神秀所鍾，由來久矣，公蓋於樹木之舉寓樹人之意，而豈第以茂林嘉樹增名山之勝、騁游觀之目乎哉！棨不文，揣公之意深且美，不可不傳於人。兼告夫後之守是邦者，俾勿剪勿伐以無忘。兹勤其種樹道里暨同僚姓名，則俱勒於碑陰。是爲記。

誥授朝議大夫知山東泰安府事加三級又加一級□帝紀録十三次休寧金棨撰文并書丹。

大清嘉慶二年歲在丁巳秋八月穀旦立石。

【碑陰】

泰山種柏樹道里

岱宗坊至紅門種柏二千一百八十六株；

東西眼光殿種柏一千株；
紅門至萬仙樓種柏四千五百十六株；
萬仙樓至茶棚種柏一千六百株；
茶棚至斗姥宫種柏四千八十六株；
斗姥宫至水簾洞種柏二千株；
經石峪種柏五百株；
水簾洞至大槐樹種柏一千五十四株；
大槐樹至壺天閣種柏一千四百四十五株；
壺天閣至二虎廟種柏四百六株；
二虎廟至增福廟種柏一千株；
增福廟至飛雲澗種柏四百七十株；
飛雲澗至五松樹種柏五百十七株；
五松樹至獨秀峰種柏一百七十株；
獨秀峰至升仙坊種柏五十株。

泰山捐種柏樹銜名

江蘇巡撫、前山東按察使、山西康基田種柏一千株；
濟南府知府、安徽金□□種柏一千株；
署濟南府知府、漢軍□□□種柏二千株；
泰安府知府、安徽金棨種柏三千五百株；
青州府知府、滿州公峨種柏□千株；
武定府知府、江蘇張愛鼎種柏一千株；
濟寧直隸州知州、山西王彬種柏一千株；
莒州知州、江蘇許紹錦種柏一千株；
泰安縣知縣、河南蔣玉林種柏四□株；

肥城縣知縣、安徽程尚義種柏二千株；
萊蕪縣知縣、浙江朱火英種柏五百株；
章邱縣知縣、浙江嚴孫詒種柏一千株；
長清知縣、江西漆淕美種柏五百株；
署長清縣知縣、山西楊元泗種柏一千株；
利津縣縣丞、浙江葉承謙種柏五百株。
以上嘉慶元年、二年共種柏二萬一千株。

嘉慶三年續種柏樹銜名

泰安縣知縣、江西李維榆種柏一千株：吕祖洞四百五十株，紅門二百株，斗姥宫二百株，玉皇廟一百株，二虎廟五十株。

資料來源：劉秀池主編《泰山大全》，山東友誼出版社，1995年，第935—936頁；又見泰安市文物局編《泰山石刻大全》第一册，齊魯書社，2006年，第153—154頁。

178 環砂護林永禁碑

時間：嘉慶二年(1797)

地點：安徽省黄山市祁門縣歷口鎮環砂村

特授祁門縣正堂加五級紀録五次趙，爲懇恩示禁等事。據西鄉十七都民人程加粲、之瑶、延芳、元順等稟：環砂地方山多田少，向賴蓄養山材，河通江右，以活民生。近數年來，非惟材木少覯,即采薪亦艱。揆厥弊端,總因燎原莫撲,本根既無絶故也。今幸合境人心深感憲化,悠然否變,演戲公議,立約定規。縱火挖樁,在所必禁;松杉二木,在所必蓄。違者,罰戲一臺。但恐日後犯規不遵,硬頑難制,謹粘養山合墨,呈叩恩賞示禁,永垂警後。始振文風,繼興地利,世世被澤等情到縣。據此,合行示禁。爲此示仰環砂地方居民人等知悉:嗣後該山挖樁及私砍樹木縱火等情,概依合文例禁。倘敢故違,許業主人等協合地保查明,赴縣具稟,以憑拿究,决不姑寬,該業主亦不得藉端滋訟。各宜凛遵毋違,特示!

遵。

右諭通知。

嘉慶二年十一月日示。

資料來源:卞利著《明清徽州社會研究》,安徽大學出版社,2004 年,第 382 頁;又見趙華富著《徽州宗族研究》,安徽大學出版社,2004 年,第 400 頁。

179 禁采護山告示碑

時間:嘉慶三年(1798)

地點:山東省濟南市章丘區

莊民陳化南、張萬順、李……係章邑來脉結聚,莊村……開鑿石坑漁利者,既有開鑿……村肥己,向伊理説,抗不允服……土棍郭……斷章邑來脉,何得任其開鑿,此山係無糧官山,上有……是否有關龍脉總非,爲此公懇恩准。出示封禁等情……禁……爲此示仰該官地保及附近居民人等知悉……蓗仍前,私開漁利,故違示禁,許即指名具稟……官地保等,倘敢受賄隱匿,或藉端滋事,察出,一并……斷不寬貸。各宜凛遵勿違,特告示!

右諭通知。

嘉慶三年月六日示。

實貼山陽莊。

資料來源:《章丘明水赭山發現禁采護山告示碑》。

180 封山護林碑記

時間:嘉慶四年(1799)

地點:雲南省紅河哈尼族彝族自治州石屏縣秀山寺前殿護法神韋馱座下,嵌於石壁内

規格:碑高 63 厘米、寬 112 厘米。青石質。碑文楷書。邊飾回形紋。共 33 行,滿行 15 字。

署臨安府石屏州候補分府加三級紀録二十次□,爲興利除害,請示泐石永禁事。本年三月□五日,據正街鄉的李鳳章、前所鄉約楊濟美、外三甲鄉保鄭源、李正昌;昌明里鄉約李鳳閣、寨民王濟川、李作檜、張昆、唐華、盧玉龍、唐誥、陳文燦、

向綱、普霖、孫朝陽、李鳳林等稟前事一案，稟稱：原寶秀一壩，周圍皆崇山峻嶺，原無龍潭湧泉，只是山中浸水，引取灌溉糧田。在昔樹木深，叢山浸水，栽插甚易。今時山光水小，苦於栽種。弊因各處無知之徒，放火山林，連挖樹根，接踵種地，以致山崩水涸，及雨水發時，沙石冲滯田畝，所得者小，所失者大，數年來受害莫甚於此。合郡老幼於本年二月二十七，集本境隍祠妥議，令鄉保同小的等，稟明天臺，懇恩出示，將向寶秀壩前面周圍山勢，禁止放火燒林，挖樹根種地，并禁砍伐松柏、沙松和株木等樹。數款既禁，則興利除害，感戴不盡，賞准泐石，以垂久遠，庶愚民咸知畏法，不敢仍蹈前轍，陰功歷代矣等情。爲此，除批示外，合行出示泐石曉諭。爲此〔示〕仰附近居民漢夷人等知悉：示後毋得再赴山場放火燒林，挖取樹根，隨即種地，砍伐所禁諸樹。倘敢故違，許爾鄉保頭人，扭稟赴州，以憑從重究治，决不姑貸。各宜凛遵毋違，特示！泐石以垂不朽。原有各山所種之樹，係有山者管業，衆人不得争競。

大清嘉慶四年三月二十七日立。

資料來源：曹善壽主編、李榮高編注《雲南林業文化碑刻》，德宏民族出版社，2005 年，第 215—217 頁。

181 恭城縣正堂給照碑記

時間：嘉慶四年（1799）

地點：廣西壯族自治區桂林市恭城瑶族自治縣西嶺瑶族

鄉新合村

規格：碑高 80 厘米、寬 78 厘米。碑文真書。

石匠鄧弟貴，捐錢四百文。

恭城縣正堂加五級記録五孫，爲懇恩賞印照，以杜苛派，勒石永遠事。本年七月十五日，據下西鄉高界瑶、大源瑶、小源瑶、芹菜源瑶民鄧明全、盤福和、鄧科、趙啓相、盤有田、鄧廣有、趙福林等，具禀前來詞稱情：蟻等祖籍廣東肇慶德慶州封川縣良民，於景泰年間因廣西恭城縣雷五子作叛，招撫蟻等祖來恭，在於下西鄉高界源、大小二源、芹菜源等處把守隘口有功，無糧度活，蒙朝廷恩賞，將此處瑶山土嶺，賜與蟻等之祖居住，照依四至界内耕管，永免上納糧税及苛派一切雜項夫役等事，歷久相安無異。迨至康熙五十年及雍正六年、乾隆十九年、二十六年，荷蒙前任張、謝、鄭、徐四縣，節次給發印照，嗣後如有采買谷石、舡料、香菌以及一切雜項夫役，暨行豁免，永無苛派。歷經年久，不爲瑶害，盛德無涯久矣！

不料嘉慶二年突遭八角岩村陳發□、唐先成，冒充山主，將蟻等耕種之瑶山地嶺，私批與異省民人鄒用元、鄧顯榮、朱化龍、毛萬青開挖耕種雜糧，而伊等不顧一鄉糧田，竟將樹木盡行砍伐，傷壞水源，有關國賦，又將蟻等已耕熟地强奪。蟻等曾與水田業主陳顯祖、歐堪等具禀，案下，覆控府轅，蒙批仁天審訊結案，將伊等驅逐回籍，其山場山嶺，仍歸蟻等，照依四至界内耕管，衆皆欣慰。乃判墨未乾，復遭該鄉保約苛派，采買谷石，蟻等亦曾禀明，將前官所給印照呈驗，已蒙恩免，此誠天高地厚之恩,保赤愛民之至意也。但蟻等雖屢沐鴻慈,惟恐日久利弊復生,仍有遺累情事。爲此,備情哀懇,伏乞賞准給發印照,蟻等勒石永遠,子孫占恩,焚香頂祝,公侯萬代等情到縣。據此當批,准給□□□□□除批示久合行給照。爲此照給瑶民鄧明全、盤福和、趙啓相等收執。嗣後采買谷石及香菌并一切雜項夫役等事,概行豁免,永無苛派。其瑶山土嶺,爾等仍照舊,在於四至界内,永遠耕管,不得侵越他人地土,以靖瑶疆。倘有附近强族及不法鄉保人等,藉端私派苛索或冒充山主,將爾等耕山場私批異民,許即指名具禀,以憑從重嚴究。爾等瑶民務宜安分守法,勿得希異妄爲。仰各凛遵毋〔違〕。須照。

計開:

山場四至:東至龍塘岸上梘小源嶺老虎岩音山帽,南至鼓加山鳳凰山高水岩銀仔山馬鹿冲,西至芹菜源高界嶺頭與平樂交界,北至黄良界洴田冲石義岩銅禄岩十二貓梨木界界山王止。遵照。又照給瑶:盤福和、鄧廣有、鄧明全、盤有田、趙福林、趙啓相、鄧廣科。

嘉慶四年八月初五日。

有鳳、廣成、種貴、宗義、進建、有進。

資料來源:李剛、俸斌等編《廣西恭城瑶族歷史資料》,灕江出版社,1990 年,第 19—20 頁;又見黄鈺輯點《瑶族石刻録》,雲南民族出版社,1993 年,第 41—43 頁。

【備注】

該碑與《棉花地雷王廟碑記》是一文同時(均在嘉慶四年)鐫刻,分立兩地,後者在廣西桂林市恭城瑶族自治縣西嶺瑶族鄉新合村棉花地雷王廟内。碑高 90 厘米、寬 60 厘米。内容見黄鈺輯點《瑶族石刻録》,雲南民族出版社,1993 年,第 38—40 頁。

182 獅球山留蔭碑

時間:嘉慶六年(1801)

地點:浙江省温州市蒼南縣金鄉鎮獅山

規格:碑高 187 厘米、寬 84 厘米。青石質。碑額楷書陰刻“獅球山留蔭碑”六字,飾昊日雙龍紋。碑文楷書,陰刻。共 12 行,滿行 42 字。

特調浙江温州府平陽縣正堂加六級紀録十二次又記大功三次卓異候升楊,爲公議養蔭恩賜勒石永禁事。據金鎮公正黄乾御、顧廷玉等稟稱:切緣金鎮、獅球二山封植嘉樹,藉鍾人杰,前數百年文風暢盛,科名絡繹,未必不由於此。迨後樵采擅入,斤砍斧殘,牛羊踐踏,兩山樹木濯濯無存,現在功名寥落,亦未必不由於此。身今蒙點公正,凡地方利弊,何者當興,何者當革,自應勉力辦理。現於兩山勸募各紳士民出資遍栽松秧,業已發苗滋長,第恐不肖之徒,仍放牛羊到山踐踏,并恐成林之日,盜伐蔭木,均未可定。身等住處離山較遠,耳目難及,會衆公議,令附近山脚居民,分定界限看守。每年所出柴草，各照界砍伐，半給伊等守管之資，將來松木成林，每年松枝出息，存貯公所，變價修城。

然章程雖定，民玩難防，欲圖培植於久長，必假憲恩於此日，稟乞賜示勒石永禁等情。據此，除批示外，合行給示勒石永禁。爲此示仰該地士民人等知悉：欲鍾人杰，端賴地靈，獅球兩山現養松木，乃護衛風水，廣育人才勝舉，自應共爲保護，相戒砍伐，以冀地方興旺。至樹枝出息，公議存貯修城。每年所出材草，半給看守之人，以作辛工，亦極允當。自禁之後，爾等永遠遵守。如有不肖棍徒擅敢登山盜砍，無知牧童縱放牛羊作踐，許看管之人知會該首事地保，隨時據實指名稟縣，以憑拘案盡法究處；該首事亦須持正巡防，不得借端滋弊，有干未便。各宜凛遵毋違，特示！

計開樂助松苗姓氏：汛主總司李培林，貢元陳承睿、潘榮柱、夏正炎，舉人宋春華、宋經邦，當商季永昌，稟膳顧敏之，職員李應龍、李景寧、楊可榮，州同潘景群，國學王慶心、李景元、李應□、李顯彩、葛文禹、郭廷壐，首事公正從九黄乾御、顧廷玉，庠生袁憲杓，鄉耆夏雲高、江雲、李欽選、程元文，信士蔡恩鼎，地保鄭正元。

嘉慶陸年歲次辛酉拾貳月穀旦建。

資料來源：政協浙江省蒼南縣文史資料委員會編《蒼南碑志》，2003年，第47—48頁；又見吴明哲編《温州歷代碑刻二集》，上海社會科學院出版社，2006年，第1080—1081頁。

183 陳山洋禁山碑

時間:嘉慶七年(1802)

地點:福建省龍岩市長汀縣宣成鄉百丈村陳山洋路旁

規格:碑高110厘米、寬68厘米。花崗岩質。碑文楷書,陰刻。滿行27字。

合鄉衆姓立禁山林、松杉、竹木、春冬兩笋、薯薑芋菜、果木雜物等事。竊思天地之間,物各有主,苟非吾之所有,雖一毫莫取。無如近年以來,人心不古,竟有無耻之徒,只圖自己,罔顧他人,膽敢䌫私伐,盜挖薯薑芋菜,屢屢潜偷,種種不法。因是觸目傷心,通鄉合議,自申禁以後,如有仍前轍者,毋論男女老幼,拿獲之日,不敢容情;如有得錢賣放者,查出同盜,經衆公罰;如敢刁頑恃强不遵者,送官究治,則至公而不徇私,勇義而不饒情。庶幾山中竹木得以森蔚,田中雜物得以收成,俾一鄉之中風淳俗正矣。立禁是實。

一議拿獲者不敢得錢賣放饒情,即通報衆人,賞銅錢伍百文正;

一禁盜伐松杉、竹木、春冬兩笋、薯薑芋菜、果木一切,公罰豬肉伍拾斤;

一議出官莊之大路,每年八月十五日合鄉一齊協力修整,有不得助工者,貼出銅錢一百文。

嘉慶柒年四月二十日立禁區碑,□蘭、百丈砯、芹菜洋合鄉衆姓同立。

資料來源：林衍仁、林恭《兩塊嘉慶年間禁山石碑的發現》，《長汀文史資料》第12輯，1987年，第61—62頁。

【備注】

百丈村陳山洋禁山碑外另有蘭屋禁山碑，碑高93.5厘米、寬63.4厘米，碑座高約4.5厘米。黑色頁岩質。碑文楷書，陰刻。滿行25字。兩碑相距約1公里，内容基本相同。惟陳碑"一毫莫取"，蘭碑作"一毫而莫取"；"繩私"，作"混砍私"；"仍前轍"，作"仍蹈前轍"；"查出同盜"，作"查出盜"；"伍百文正"，作"伍百文"；"不得助工"，作"不助工"；"銅錢"，作"錢"。據當地民衆稱，芹菜澤即陳山洋，百丈砯即百丈村，"□蘭"二字係人爲損壞，具體待考。

184 劉氏宗祠公議禁約碑

時間：嘉慶八年(1803)

地點：廣東省梅州市五華縣棉洋鎮劉氏宗祠門左

規格：碑高113厘米、寬70厘米、厚10厘米。花崗岩石質。碑文楷書，陰刻。

大宗祠爲奉先重地，務應整潔，庶足以昭誠敬。倘敢褻慢，照規公罰，毋得瞻徇。

一禁起拳館，習學拳捧；

一禁戲班、鐵匠、木匠及雜色人，俱不得許其借寓投宿。

一禁堆秧、堆禾、堆穀、堆稈、繫牛,及堆放一切雜物;下馬廳同。

一禁開場聚衆賭博。

一禁起武館習武。雖係正業,但舞刀掇石,恐致毁傷墻壁,亦一體嚴禁。

一禁斫伐本祠封圍樹木。

以上各款犯者,祀香人宜立即告知族正,會集族内紳耆,罰錢三千文歸衆。如祀香人徇隱,即依所罰之款并罰祀香人。如香人已告知族正,族正瞻徇,置若罔聞者,即依所罰之款并罰族正。有不遵罰者,不許入祠。

嘉慶八年仲春穀旦立。

資料來源:譚棣華、曹騰騑、冼劍民編《廣東碑刻集》,廣東高等教育出版社,2001 年,第 905—906 頁;又見李雄坤編著《五華鄉土文物攬勝》,廣東梅州客家聯誼會,2001 年,第 150 頁。

185 虎頭山護林碑

時間:嘉慶八年(1803)

地點:福建省三明市梅列區虎頭山

……等處樹木,大者爲合鄉遮蔭風水之需,小者爲鄉民樵采之用,禁止批賣,歷來無異。……二十年前議及批賣情由,鄉人不允,有九十叟介賓黄希布諭止。……庚戌年,因本鄉射利恃勢之徒，私賣楮木與客，不聽衆諭止，已經拘訟在官，由縣而府而司，案存叠叠。本年三月間，又有生員吴夢聯、黄樹謨等具呈余縣主。……蒙批該處爲官山，不許私自批賣。……恭讀鈞批，煌煌在耳。未知鄉内何人，目藐王法，又將此山之木，私賣與客造菰。兹本月二十八日，忽有客人登山，合鄉出阻。……自示之後，如敢故違，許該鄉紳士、耆民、保練人等，送赴縣稟究。各宜凛遵勿違。

嘉慶八年四月二十七日。

資料來源：林倫榕《前人護林緑化之舉》，中國人民政治協商會議福建省三明市委員會文史資料研究委員會編《三明文史資料》第 9 輯，1991 年，第 103 頁。

186 棉洋聯寨嚴示禁碑

時間：嘉慶八年(1803)

地點：廣東省梅州市五華縣棉洋鎮洛陽圍

規格：碑由兩块石板打磨拼合，高 183 厘米、寬 93 厘米。青石質。碑文楷書，陰刻。有殘損。

……據生員曾大標、陳梁山等具呈詞稱：切國法……里比聯户口錯出，耕田而食，莫非食德於……而守分則職業皆安，生等共沐大化之涵濡……爲竊滋害生涯，或有誘奸誘匪，舞撓地方且或……社也。欣逢仁廉莅任，慈愛赤子，除盜安良，生……良法，亦略效同并守望之意，相與儆焉。爰……出示嚴禁，以振風規，至條規簿序，懇叩德教……等情到縣，當批據稟同并守望，共相儆戒，此該……發還在詞，合行出示嚴禁。爲此示諭該保甲……倘有窩匪肆竊，交結瘋丐，借端圖詐，以及穿墻……嚴拿究懲，該保甲務於經管地方常川巡查，如敢玩縱，一并嚴究。各宜凛遵毋違，特示！

計開禁條：

一禁穿墻盜牛豬犬鷄鴨等項。

一禁窩盜分贓。

一禁私接賊贓。

一禁盜刈田禾。

一禁盜賊人鄉。

一禁毒害牛豬犬。

一禁偷薯瓜小菜。

一禁開場聚賭。

一禁采茶入鄉。

一禁爛徒持凶。

一禁藏匿奸匪。

一禁鄉中圖賴索詐。

一禁欺騙鄉民。

一禁白日盜曬衣服等項。

一禁外鄉匪類爛徒恃强招摇撞騙。

一禁挾嫌妒害。

一禁倚强欺弱，倚衆欺寡。

一禁盜砍風圍山林竹木。

一禁乞丐游民夥群入鄉,扛尸圖賴嚇騙。

一禁麻瘋花子乞食圖賴。

今將各圍寨長族長姓名開列於左:

洛陽寨長曾清瑞、曾和如,族長曾隆麟、曾粵錦;柏安圍寨長曾雲霄、陳桂鳳、曾蘭秀、古蘭章;鷄籠寨長曾辛生;湖秋塘寨長劉發奇、陳桂儒,族長陳珍生;北門寨長陳泮長、劉敬先;雙下寨長陳拔雲、陳毓華,族長陳元旺;横徑寨長陳世隆、曾壬麟;官背寨長楊承興、楊友德;塘口寨高砂粉塘楊梅塘馬脚嶺寨長楊南安、陳毓揚、劉良驤;寶元老虎徑寨長劉桂生、李昌才;綠坑徑寨長徐鳳隆;湖裏寨走馬岡寨長陳有柏、陳純賀。

嘉庆八年癸亥岁仲夏月吉旦立。

資料來源:李雄坤編著《五華鄉土文物攬勝》,廣東梅州客家聯誼會,2001 年,第 151—152 頁;參見譚棣華、曹騰騑、冼劍民編《廣東碑刻集》,廣東高等教育出版社,2001 年,第 906 頁。

187 滄溪雲溪岩示禁碑

時間:嘉慶八年(1803)

地點:原存福建省漳州市南靖縣滄溪村三道亭内,現已佚失

規格:碑高 150 厘米、寬 70 厘米、厚 12 厘米。

署福建省漳州府正堂加五級紀録十次馮,爲嵎族肆横,神

人受殃等事。嘉慶八年四月二十五日，據南靖縣雲溪岩住持僧佛賜赴府呈稱：師祖僧大仰派衍開元寺，分燈在郡城西南郊外圓山之麓，地屬靖轄，壤接溪界，創建雲溪岩一座，奉佛焚修。康熙年間，前道憲陳大人監察斯土，與師祖交游。旋值海氛，郡城被圍，前憲合門殉節，遺孤夫人諒、汝器被掠海外，師祖情切交誼，盡變産業，渡海尋回。承恩除授江南巡撫，蒙將合門殉難忠烈碑書神位立祀岩中。供置官渡於南靖河下渡頭，濟渡行人，月取舵工船税三百文，爲先賢歲時祭祀之資，歷世住持僧崇祀無異。前後左右，栽培松竹什木，以爲岩蔭，耕種五穀蔬菜，聊拾饗飧。但岩地交界溪轄，屢被附近溪民倚恃嵎族，强横欺凌，僧弱莫何。不時糾夥越境，或强砍蔭木，或横竊穀菜，欲獲解，則貧僧寡弱不敵，隅族衆强；欲隱忍，則岩蔭齋糧難堪殘砍采。竊命亟抄粘先賢遺據，叩乞俯念斯岩，出示嚴禁，俾得保護庇蔭等情。

據此，查陳前憲監察汀漳，康熙十三年，變起逆藩，從容自縊，妻女婢妾同殉難者二十餘人。大節英風，名昭千古，則靈爽式憑之處，當共凜“甘棠勿伐”之思，豈容從岩蔭齋糧，屢遭砍竊，除飭差訪拿外，合亟出示嚴禁。爲此示仰溪處各社族房士庶人等知悉：嗣後當知忠魂所寄之地，各宜保護尊崇，如有冥頑不靈，强砍蔭木，膽敢抗違，縣具禀以憑拘究，决不寬恕！

清嘉慶八年五月十一日給。

實貼雲溪岩曉諭。

資料來源：江清溪主編《南靖石刻集》，海潮攝影藝術出版

社,2007 年,第 65 頁。

188 武平鄉立録村鄉規民約碑

時間:嘉慶八年(1803)

地點:廣西壯族自治區百色市靖西縣武平鄉立録村

特授廣西鎮安府歸順州正堂加五級紀録十次蔡,爲准立鄉規民約,以敦民風……嘉慶八年癸亥夏立於上浣,候選儒亭學正堂唐昌令沐手謹書。

禁例:

賭博集盜不得窩藏,忤逆不孝不得過犯,淫亂不仁不得妄爲,禾麥菜蔬不得盜竊,山水生靈不得澆藥,丘木樹林不得刊伐,來狗鄰鷄不得偷摩,外來匪□不得容留,本人外犯不得隱瞞。以上犯者,古例委置深潭,今例火燒。

四時收卷不得匆略,禾穀黄熟不得放豬,□□馬誤不得騙過,各處水潮不得開乾,田螺海鴨不得踏采,户□出役不得推托,潭口食水不得浣洗,田間水界不得相争,事情發覺不得私合。

以上犯者罰錢三千,米□十,酒壺□□。

桂陽胡德淳敬刊。

資料來源:《中國少數民族社會歷史調查資料叢書》修訂編輯委員會編《廣西少數民族地區碑文契約資料集》,廣西民

族出版社,2009 年,第 221 頁;参見黄碧功編《百色攬勝》,中國文藝出版社,2006 年,第 137 頁。

189 由旺少保山種樹記

時間:嘉慶十年(1805)

地點:雲南省保山市施甸縣由旺鄉

昔子産相鄭,松柏滿野;子路治蒲,桃李盈街。是種樹一事,政教所關,亦風脉所由繫也。及讀南城張合《宙載》録云:"郡城主山,北高南低。若育樹密如屏,自能人文蔚起。"要非無所見,而雲蓋天地,精華之氣,恒醞釀於山川,而人才叠興,又必資山川之毓秀。太保鍾靈,非此之故歟? 自北而南,六十餘里,吾永盛鄉西麓之陽,迤邐蜿蜒,翼張環抱,仿佛九隆。至於超然獨秀,連雲聳翠,則以街左尖峰爲第一意者,地靈人杰,實基於此乎。

近年來牛馬踐踏,草木摧枯,兼以雨水淋漓,漸有坍秃之象。向之葱蘢在望者,今則若彼濯濯也。爰集會捐資,種之以松,借人功之保護,培造物之生成,行見蔚然深秀,鬱乎蒼蒼,非特層巒護翠,萬壑留青,爲一方生色,而將來棟梁之選,楨幹之材,亦可予儲其用。况氣脉得所息,而益深息之深者,達自鼉側,此山之鍾靈,亦可與太保并峙不朽焉。是則今日雖爲樹木計,而實則爲樹人計也。是爲序。

嘉慶十年乙丑仲夏十日。

資料來源：保山地區行政公署林業局編《保山地區林業志》，雲南教育出版社，1996 年，第 262 頁；又見雲南省林業志編輯辦公室編《林政法規選》（第一卷），四川科技大學出版社，1993 年，第 809 頁；曹善壽主編、李榮高編注《雲南林業文化碑刻》，德宏民族出版社，2005 年，第 221—225 頁。

190 江蘇巡撫保護學宫樹木碑

時間：嘉慶十年（1805）

地點：江蘇省蘇州市蘇州碑刻博物館

江蘇巡撫部院汪，爲培養樹木事。照得學宫内外栽植樹木，原以妥神靈而蔚人文，昭其敬也。前飭教授孫起峘、訓導王禮查明：除雜樹不計外，舊有柏樹四百九十八株，枯柏五十九株，日將枯者變價購栽新柏樹四百九十四株。合亟頒示勒石。爲此示仰後來學官及書斗知悉：凡樹幹愈大，枝愈繁，葉愈繁，氣自舒展暢茂，否則氣閉而樹枯矣。且樹太高，易召風折，嗣後柏樹自根一丈以上枝條，毋得私行剪伐，致傷生氣；其新柏一丈以下枝條，將來必須逐漸修剔，亦應詳明院司委員監修；再將來樹有枯者，總不准書斗伐用，以防暗將蘇木釘爲樹灾害之漸也。各宜凛遵，以垂永久，特示！

嘉慶十年歲在乙丑五月下浣。

資料來源：王國平、唐力行主編《明清以來蘇州社會史碑

刻集》,蘇州大學出版社,1998 年,第 654 頁。

191 天寶岩奉憲嚴禁碑

時間:嘉慶十一年(1806)

地點:福建省永安市天寶岩自然保護區

規格:碑文楷書,陰刻。共 16 行,滿行 22 字。

嘉慶十乙年季春月。

蓋聞杜患先在嚴禁,切三甲原有公共山場土名二十八都祖舍後門雪峰洞黄角嵐山場一大障,蓄留古木,遮蔭各祖風水,聚水灌田,干係甚重,民人熊坤、吴昇鳳、蕭祖華三甲人等,于乾隆五十四年十二月具禀縣主彭,在案蒙給嚴禁,永遠不許三甲人等私批棚民造爐燒耿插菁,以及砍伐樹木,茳此爲始。遞年正月十八日三甲鄉長、保甲齊聚蓬興堂,重整規條,俾各家父戒子,兄囑弟,各宜勤儉居家,勿生異志,共享升平。

立禁:蕭、吴、(□)〔熊〕三甲等爲嚴禁丐匪以靖地方事,于嘉慶二年十二月蒙永安縣正堂覺羅吉,恩准嚴禁在案。如遇外來流丐生面入境,不准鄉村人家給付錢米酒食。倘敢三五成群,聚黨橋亭廟宇,日則沿門强討,夜則肆行偷竊,瀓賴滋事,許保甲人等驅逐出境。如敢抗頑,立即捆解送官,盡法究處。倘有窩容,一并究治。各宜凛遵毋違,特示!

本畬、勾丕坪、香木嶺林後三甲同立碑。

資料來源:筆者赴天寶岩自然保護區拍照抄録。

192 通鄉禁碑

時間：嘉慶十一年(1806)

地點：江西省吉安市遂川縣左安鄉圓溪村内

規格：碑高 140 厘米，寬 153 厘米、厚 26 厘米。碑主體部分石質爲翠緑岩(青石)，其它爲花崗岩。碑中部大書“通鄉禁碑”四字。碑文左右兩端有一副對聯：“國法固能維世道，王章真可範人心。”魏碑字體。

署龍泉縣左安分司端金縣瑞林分司加三級紀録五次王，爲奉禁懇禁事。據監生賴伯忠，子民葉作相、賴益秀、葉尚通、賴伯莊、葉喜元、賴伯通、葉文發、賴伯武、羅與榮、賴松秀、賴伯鄉、賴伯玖等具呈前事詞稱：生等居十五都馬曹里江朱坳地方，靠耕爲活，安分守法不少，好閑偷竊者亦有。是公同酌議，具通條款，乞准給示等情。據此，合行給示。爲此示仰該地居民人等知悉：嗣後務宜恪遵鄉禁，約束家人婦女，不可違犯，倘有抗玩不遵者，許即會同地鄰指名禀究。爾等亦當秉公經理，不得妄誣平人，藉端滋擾，至於咎戾。各宜凛遵毋違，特示！

遵。

右諭通知。

嘉慶拾壹年七月初一日示，告示實貼馬曹里江朱坳曉諭。

通鄉公議不請不賀不訃不吊。

一禁田山木梓、松杉、竹木、禾粟、薯芋、蔬菜等項不許偷竊，以及枝杈亦不許盜砍。

一禁山上春冬兩笋不許盜挖，其春笋期，穀雨後十天方許入山，以及新播松杉亦不許盜挖；若有牛豬食笋，每根罰錢四十文。

一禁群鴨不許入村踐踏禾杆，停留者公罰；放鱔笱者，立秋後不許裝放。

一禁牛豬六畜自春分起看掌，霜降後始可牧放，免損田禾等物，如有喪耗，加倍賠補。

一禁撿木梓，務候霜降後方可入山撿漏。

一禁店户不許停留面生可疑之人，及店户不許收買木梓樹兜。

一禁村内田中已放鰍魚，不得裝捉照。

一禁乞食異外之流，入境不許强討。

一禁夜行者務宜秉火揚聲，不然，與盜同論。

一禁烟户、店鋪不許停留賭博、私宰等情。

以上各條規各宜凛遵，如有犯禁，通鄉鳴鑼公罰。（尚）〔倘〕經捉獲，將奸抵塞與抗蠻生端者，合鄉公呈，送官究治。家養鷄不許踐踏禾米，打死勿論。

賴益秀、賴伯莊、賴伯志、賴伯武、賴伯忠、賴伯玻、賴伯經、賴伯蕃、賴伯緯、賴潮清、賴斯清、賴伯通、葉寒宏、葉作相、賴文秀。

以上捐錢貳佰文。

葉尚通、葉作彰、葉作榮、葉作文、賴伯玖、賴蘭秀、賴伯遠、賴伯幹、賴暢清、賴品清、賴應清、賴松秀、羅興榮。

以上捐錢壹佰文。

（人名略）

以上捐錢伍拾文。

嘉慶拾壹年丙寅歲孟秋月吉日,通鄉同立。

資料來源:郭裕棠徵集、劉孟秋點校《左安發現清代禁林碑》,中國人民政治協商會議遂川縣委員會文史資料研究委員會編《遂川文史資料》第5輯《遂川風物》,1993年,第161—163頁;參見倪根金《新見江西遂川兩通清嘉慶時護林碑述論》,《農業考古》1997年第3期。

193 蛇子嶺禁碑

時間:嘉慶十一年(1806)

地點:廣東省清遠市英德市大鎮鎮九圍村蛇子嶺山路旁

規格:碑高約70厘米、寬55.3厘米、厚12厘米。石灰岩質。碑文陰刻。

蓋惟朝庭有律法,鄉當有禁令……不敢犯者也。初,我等温塘糧山人……捌年奉批勒碑,嚴禁之後并……俊上山砍柴,失火廢碑,衆……原式禁碑,躬請九圍蒼頭親者……祈以戒後世,以垂永遠……

清嘉慶十一年十一月合立。

資料來源:2001年12月2日,筆者在英德市林業局何科長等人幫助下,親往蛇子嶺山路口抄録。

【備注】

該碑在半山路口旁,有小部分埋入沙土中,無法抄全,甚爲可惜。另有個别字不清楚、字體不正,當係文化程度不高村民書刻所致。

194 下坂寮溪心壩告示碑

時間:嘉慶十一年(1806)

地點:福建省漳州市南靖縣下坂寮溪心壩

規格:碑高 220 厘米、寬 110 厘米、厚 15 厘米。

署南靖縣正堂加十級紀録十次唐,爲毁滅陰園,懇恩示禁,以恤幽魂事。準前縣李移交,本年十一月廿日,據梅林總坂寮社劉姓生監等,以承祖建築無嗣壇一所,石勒“萬善壇”字様,坐址坂寮社口溪心壩,周圍栽種松木,以爲壇蔭,遞年致祭,歷經百餘載無異。近因何方棍徒謀占,黑夜毁滅殘砍,劉姓等欲再修理,恐被復滅,切具昔情赴縣懇示。

據此,除批示外,合行示禁。爲此示仰該總軍民人等知悉:爾等嗣後務須各安本分,於無嗣壇界内,毋得有毁滅殘砍等弊。如有抗違不遵,一經察出或被告發,定行嚴拿究辦。毋違,特示!

嘉慶十一年十二月十五日給。

資料來源:江清溪主編《南靖石刻集》,海潮攝影藝術出版社,2007 年,第 194 頁。

195 阿納村封山育林碑

時間:嘉慶十三年(1808)

地點:雲南省禄豐縣川街鄉阿納村大廟中墻上,嵌在一木框中

規格:碑呈正方形,邊長 92 厘米。大理石質。碑文 27 行。

大哉,男以有鬚爲貴,無鬚爲空。人之有鬚髮,如山之有草木,山有草木,如人有衣服。不毛之地,既見其肉,復見其骨。山曰窮壤,人曰窮徒。有名的五株萬松,最喜的茂林修竹,雖小小一身,尚有八萬四千毫毛,豈峨峨衆山,可無萬億及秭松株?況乎山青水秀,大壯宇宙觀瞻;木蔭土潤,弘開泉源旺盛。八政之書,土谷爲重;五行之用,水火爲先。官紀水師,民猶水監;謨修六府,水居其先;《範》陳五行,水居其首。水雖爲要,樹爲之根。蒙上憲重蓄松株,令我村簽立樹長,自乾隆九年甲子歲,已立樹長劉芳,後羅文耀,後楊遇聖,給牌更替,輪流至今劉從紀等。一爲柴薪,即爲養蔭,非水人不能生,是性命之根源。一事而兩善兼備,一舉而兩美俱全,可弗慎與。若乃一望青葱堪圖畫,萬傾風濤入雲霄,壯一邑之威風,增他鄉之光彩,尚其餘也。而棟梁之材,柴薪之用,樁木之資,取之不盡,用之不竭。自然之利,無窮之澤,家家户户、子子孫孫,誰不沾恩。年年皆秋實,月月盡逢春,無用胼胝力,何須事耕耘。九如歌佳句,萬寶勝告成,只憂火盜徒,更患踐踏人。敬慎甲長立,嚴切條規遵,公平可久大,小見恐私分,惟合方能

永，一分便難存。鄉風宜和睦，俗語勿傲横，自是千載緑，寧非萬年新。

一、請立樹長，須公平正直，明達廉貞，倘有偏依貪婪，即行另立。

一、山甲須日日上山尋查，不得躲懶隱匿，否則扣除工食。

一、建造木頭，每棵四十，椽子二十，椿木只容砍杉松，每棵四十，油松貳百文。如斫而不用以作柴者，每棵罰錢三百文；未報而私斫者，罰錢三百文。

一、封山大箐，東齊上街路，西齊陡坡，北至山嶺。五年後，瓦房一間准取六棵，草房一間三棵。多斫者，每棵罰五錢。外大白路、沙地坡、陡坡、石婆坡、馬鞍山、花家墳、下管家坡、祖石炭、號頭下，盡行封蓄。

一、公山内扦墳者，其樹原屬公家，墳主不得把持私斫，隨便采取枝枝葉葉。

一、小阿納山、冷水箐、羅武山、打硐山、虹山、青銅山松栗盡行封蓄，其山共計莊糧三斗貳升。

一、松栗枝葉不容采取堆燒田地，犯者每把罰錢五十文。

一、朝斗柴准在山頂斫貳拿，不遵者，照例公罰。

一、五莊山上至山頂，下至半山，迤至火頭凹頭，外至大平攤，盡行封蓄，不得開挖把持。

邑庠生楊溱撰書。

大清嘉慶拾叁年戊辰歲夾鍾月吉旦，合村衆姓人等同立。

資料來源：《禄豐縣林業志（送審稿）》，第 200—201 頁；又

見雲南省林業志編輯辦公室編《林政法規選》(第一卷),四川科技大學出版社,1993 年,第 810—811 頁;雲南省禄豐縣志地方志編纂委員會編纂《禄豐縣志》卷二十七《附録》,雲南人民出版社,1997 年,第 821—822 頁;雲南省林業廳編撰《雲南省志》卷三十六《林業志》,雲南人民出版社,2003 年,第 866 頁;曹善壽主編、李榮高編注《雲南林業文化碑刻》,德宏民族出版社,2005 年,第 239—242 頁;楚雄彝族自治州檔案局編《楚雄歷代碑刻》,雲南民族出版社,2005 年,第 397—399 頁。

196 三鄉遵示諭禁碑

時間:嘉慶十三年(1808)

地點:廣東省河源市龍川縣米貝村

規格:碑高 134 厘米、寬 62 厘米、厚 6 厘米。紅砂岩質。碑文楷書,陰刻。碑底部殘損。

特授龍川縣正堂加七級紀録六次又帶軍功加一級紀録二次李,爲懇恩示禁,以屏禍害,以安善良事。本年四月初三日,□□□□□緒,監生袁宗發、黄龍化、李立成,生員馬謙方,山甲李厚輝、李文慶、黄範振、袁鳳生等呈稱:切生等居住百齊約米凹背、板倉下、逆坑村、鷄頭嶂,□連三鄉。烟户稠密,山多田少,貧民衣食全靠於山。奈人心不古,恒多不守鄉規。或縱婦孺盜砍竹木,或縱牲畜踐耗田禾,只因利己,日□害人,甚至窩賭糾盜,種種擾害,爲禍不可勝言。仰感廉憲福莅以來,興賢造士，彌盜安良，理合呈請給示嚴禁，庶使家喻户曉，力挽□□，咸登古處，感恩無既等情。據此，當批准給示嚴禁在詞，合行出示嚴禁□□。爲此示諭該處居民人等知悉：爾等務宜恪守後開禁條，□從今男婦盜砍竹木，故放牲畜，踐秏田禾，以及開場聚賭，窩匪偷竊等。倘敢故違，許該紳耆協同保甲人等指名□□□□本縣，以憑嚴拿究治，决不輕恕。各宜凛遵毋違，特示！

計開禁條：

一禁窩藏盜賊匪類，及面生可疑之人。

一禁縱放牛豬鷄鴨，踐秏稻穀雜糧。

一禁盜砍竹木桐。

一禁盜挖春冬竹笋。

一禁開場聚賭。

一禁盜摘油茶菜仔。

一禁盜砍做紙竹麻。

一禁盜竊田禾雜物。

右諭通知。

告示。

嘉慶十三年四月十九日示。

發仰百齊約板倉下、米凹背、鷄頭嶂、逆坑村張挂。

公舉山甲：袁德璇、啓煌、啓生（以下人名略）。

資料來源：政協龍川縣委員會文史委員會編《龍川文史》第 20 輯，1999 年，第 69—70 頁；又見譚棣華、曹騰騑、冼劍民

編《廣東碑刻集》,廣東高等教育出版社,2001年,第866—867頁;陳建華《河源市文化遺産普查彙編·龍川縣卷》,廣東人民出版社,2013年,第353—354頁。

197 鄭家莊護林碑

時間:嘉慶十三年(1808)

地點:山東省淄博市博山區

署博山縣正堂加三級記録六次劉,爲感恩示禁永保封山事。據石門社鄭家莊鄉王希文、劉凡、楊孝、鄭存公、郭士林、焦興緒等呈:初,莊西有封山一座,山勢巍峨,峭壁千仞,樹木茂盛,不記年載,成爲一方福地,合村之壽山也。恐有無知樵夫在山崖剪伐,不但損壞樹木,且有失足墜跌之患。峭壁上下種植松柏,長養樹木,不但可供瞻眺,實有關於風水,是以合莊公議保護,公懇著禁,永保無露等情。據此,合行示禁。爲此示仰該社地保社民人等知悉:嗣後如有仍前入山作踐、□伐、樵采、放牧、火燒等弊,許爾等指名赴縣具禀,以憑拿究。各宜凛遵毋違,特示!

嘉慶十三年五月初八日示。

資料來源:《青雲湖與青雲山》,博山區政府"博山政務網",無登記時間。

198 永護鳳山碑

時間：嘉慶十三年(1808)

地點：原在雲南省大理市鳳儀鎮西街上，今存李本盛家

特授大理府趙州正堂加五級紀録六次汪，署大理府趙州正堂加三級紀録六次黄，爲懇恩賞示，給照保護山場，以培風脉事。嘉慶八年六月二十四日，據紳士張遜、袁惟仁，後生雲張燕、戴天樞、鄒乘謙、吴湛、周發珍、沈宗淮、韓啓、楊映桂，耆民黄尊秩、張更桂、鄒吴等呈稱：情緣鳳山爲州治主山，最關緊要。前輩種植樹木，加意培補，已非一次。無奈附近居民，只圖利己，諳於大義，始則借墳騙山，繼則倚山騙樹，公行砍伐，蕩滌無餘。睹兹濯濯之形，真令人有山木嘗美之嘆。張遜等因與合州紳士、耆民等公同妥議，借用文廟賣租公項，買種雇工，於鳳山之上下左右，概行種植。以期發榮滋長，培合州之風脉，儲廟之棟梁。以公濟公，一舉兩利。州屬士民聞風慕義，尚有助工助力者，而南山曲之士民，竟敢栽樁畫界，以爲日後占奪地步。若不嚴行保護，勢必以砍伐山木爲應得，盜葬公山爲固然。後山無糧之地，任伊開挖，鳳山過峽之處，作伊坦途，又何有區區出土之松苗乎？除現在雇工旦暮巡守外，合行仰懇憲恩，俯念鳳脉攸關，賞示嚴禁，以防目前之踐踏。更祈賞給執照，以杜後日之霸奪。行見葱籠在望，鳳羽重輝，合州沾被恩光於無暨矣。爲此具呈，經前本州汪批：種樹培山，事屬美舉，候即出示嚴禁踐踏；而南山曲士民，倘有侵占砍伐情事，不難隨時指名稟究，出示嚴禁在案。嘉慶十三年七月十一

日後,據紳耆張遜等,以松樹長發,漸次成林,附近居民,仍行踐踏盜砍,稟請示禁勒石前來。查鳳山爲合州主山,風脉攸關,除出示嚴禁外,合行給文勒石。爲此示仰州屬四門及附近士庶、居民人等遵照:所有鳳山上下左右,種過松樹地方,不得縱放牲畜,暗行砍伐。如敢故違,一經拿獲,定行重究,决不姑寬。凜凜慎之,毋違。須至勒石者。

嘉慶十三年九月二十六日,合州紳士、耆民書,吏人等同立石。

資料來源:鳳儀志編纂委員會編《鳳儀志》,雲南大學出版社,1996年,第562頁;又見曹善壽主編、李榮高編注《雲南林業文化碑刻》,德宏民族出版社,2005年,第243—245頁。

199 蟠龍庵奉憲禁碑

時間:嘉慶十三年(1808)

地點:浙江省湖州市安吉縣風凰山鄉雙溪口大會堂圍墻中

規格:碑高150厘米、寬約70厘米。

特授浙江湖州府安吉縣正堂劉,爲遵陳憲批勒石永禁事。嘉慶十三年二月二十七日,奉特授湖州府正堂加五級隨帶軍功加一級紀録十次戴,憲牌本年二月十五日准。特調浙江杭州府正堂加五級紀録十次廣,移開嘉慶十二年十二月二十六日奉欽命浙江等處提刑按察使司按察使總理驛務事加五級紀録十二次朱批，餘杭縣通詳士民張衡等呈請，勒石永禁開設冬笋牙行一案，仰即會議詳奪等因，移會到府，奉經行據各縣采訪，明確核詳，前來本府復會同移議。

查餘杭、臨安、武康、安吉、孝豐等縣，界址毗連，山多田少，居民出息，全賴山竹。甲年冬笋即係乙年春竹，匪徒結党成群，逞强刨掘，侵損山場，殊爲民害，若再添設牙行，則變消更易，收買易多。且難保無牙匪勾連，串竊滋弊，設非嚴立章程，無以清弊源而遏寇風。自應准如所請，在於餘杭、臨安、武康、安吉、孝豐等縣各交界處，一體勒石永禁。使匪徒觸目驚心，知所顧忌，盜竊之風漸次屏除。

詳奉兵部侍郎兼都察院右副都御史巡撫浙江等處地方、管理糧餉兼理全省營務阮批，據詳已悉，仰按察司會同布政司轉飭於交界處所勒石永禁，取摹送查。嗣後每届冬令，飭差嚴密查拿竊笋匪徒，照例究辦，并永禁開設笋行，以杜滋弊等因。又奉欽命浙江等處承宣布政使司布政使加三級紀録十次又紀録三次崇批，如詳，飭遵仍候撫憲既司道批示繳。又奉欽命浙江等處提刑按察使司按察使總理驛務事加五級紀録十二次朱批，如詳，會飭各縣在於交界處所勒石永禁，取摹送查。嗣後每届冬令，該府督飭各縣選差嚴密查拿，如有匪徒竊笋情事，照律究辦，毋稍姑息，并永禁私開笋行，以杜滋弊，慎毋日久廢弛。仍候撫憲既藩司、巡道批示繳。又奉欽命浙江分巡杭嘉湖兼水利海防兵備道加四級紀録八次岳批，既據會查明如詳，勒石永禁，仰即擬具碑式呈查核。仍候撫憲既藩臬司批示報繳各等因奉此，除各縣一體遵照外，合亟飭遵等因，下縣奉此合行，勒石永禁。爲此碑仰該地業户保甲并諸色人等知悉：自禁之後，如有匪徒再敢糾衆竊掘，并私設牙行，貪值變消，詳業户人等，協保扭稟，以憑嚴究，斷不姑息。各宜凛遵，毋貽後悔。須至碑者。

嘉慶十三年十月，合邑士民畢世煌（以下三十一人姓名略）公立。

資料來源：葉誠業《〈奉憲禁碑〉淺析》，中國人民政治協商會議浙江省安吉縣委員會文史資料委員會編《安吉竹類史料》，1990 年，第 52—53 頁；又見《安吉林業志》編纂委員會編《安吉林業志》，浙江人民出版社，1993 年，第 185—186 頁；《湖州市文化藝術志》編纂委員會編《湖州市文化藝術志》，浙江古籍出版社，1994 年，第 307—308 頁。

200 把邊村砍樹禁約碑

時間：嘉慶十三年（1808）

地點：雲南省普洱市寧洱哈尼族彝族自治縣把邊鄉把邊村

把邊來龍後山，因前混砍樹木挖種山地，以致山崩地塌，土石填塞箐溝。嘉慶九年九月初十日箐水泛漲，已將公館、廟宇、街坊房屋冲壞。已經會同頭人、鄉耆公議寫立禁約，告戒所有後山附近不得砍伐挖種山地。數年以來，稍得無患，惟恐日久有等無知之輩，仍然於後山砍樹種地，以致人民復被水患，故此重立禁約，再爲告知把邊漢夷人等，嗣後務遵禁約，不得在於後山附近左右山頭、山脚以及田邊一帶，砍柴砍樹種山地。不惟可以保固後山來龍，而且日後永遠不致坍塌冲壞房屋之患，將來可卜共樂平安之福，如有不遵禁約，仍行復往後山砍柴砍樹種山地者，查出報經頭人、鄉耆理論，罰銀陸兩，入廟充公。倘有不遵議罰定，即稟官究治。是以重立禁約告白。

嘉慶十三年十一月九日。

資料來源：〔澳〕唐立《18、19 世紀雲南民間天然資源管理措施初探》，楊偉兵主編《明清以來雲貴高原的環境與社會》，東方出版中心，2010 年，第 311 頁。

201 鄉約民規碑

時間：嘉慶十四年(1809)

地點：雲南省昆明市貢呈區大王家營槐蔭寺内

規格：碑高 97 厘米、寬 127 厘米、厚 8 厘米。青砂石質。

署雲南府呈貢縣正堂加三級記録六次邵，爲請示設立鄉規以儆愚頑事。嘉慶十四年二月二十日，據大王營等七村士民趙錫侯、楊可明、李培元、晋緒、李適春、段雲會、楊丕振、晋梅、楊潤、楊正華、王學文、鄭如桂、楊朝選、趙雲燦、馬品、楊瀛、李永成、段潤等禀稱：竊維士民等村，雖附近山陬，古風尚屬醇樸。近來人心狡猾，奸匪漸啓，或不聽教訓，干犯遵長，或酗酒滋事，欺凌孤弱，以及賭博、鼠竊狗偷，損人利己，無端非爲，誠恐相習成風，實爲地方之害。士民等愚昧之見，仰懇給示設立鄉規，如有前項不法等事，按規處治，使無耻愚頑之徒自知儆戒，各村人民頂祝無暨矣等情到縣。據此，除所呈條規碑文核發外，合行出示曉諭。爲此示仰各該村漢、彝軍民人等知悉：自示之後，咸宜遵守鄉規各條，務須父慈子孝、兄愛弟敬，共爲良善。倘有仍蹈前轍違犯不遵者，許該鄉保士民等，即指名扭禀送縣，以憑盡法究治。各宜凛遵毋違，特示！

遵奉核發碑文内開。

蓋開：

國有律法，民有鄉規，鄉規者正人心而厚風俗也。呈邑東門外大王家營等七村，原有正覺一寺，每一會期祝紳耆宣講聖諭，化導愚頑。無如聆遵者煌煌，寡遇者寥寥，良由愚頑無知習慣性成，將聖諭教化置若罔聞。早欲設規教正，咸使悔悟，恐蹈私立禁條、武斷鄉曲之咎，以致久議未行。

今幸縣主榮莅斯邑，德化旁敷，群黎甘澍，仁恩廣沛，億姓共沐□慈，凡興利除害之事，一有所請，無不允行。爰此七村公議鄉規條目開單具呈，蒙批准給示，著照所請行，隨蒙賞示，勒石以垂永久。

自有此舉，行見條禁，明而約束。謹七村士庶子弟，其不法者固知警惕，而善良者益加勵勉，將漸革薄從忠，斂匪還樸，則教化常新，風俗永厚，可拭目俟之矣，豈不盛哉。遵奉核發鄉規條目開後。

計開：

一、聖論廣訓雖經官爲宣講，但村居僻壤者難以周知，請令各村紳士或事集人、或於朔望之期，逐細宣講，化導愚頑，咸知禮法。若無紳士者，令稍知禮義之人講解、推廣、勸化，俾知遵崇，改過自新。如有紳耆延請不呈，均於聖論碑前罰跪。

一、父慈子孝，人倫之道。嗣後若有不遵父母教訓者，請將違背之子孫跪香二柱，罰瓦五百塊；致於子媳不孝翁姑，請將伊夫跪香一柱，罰瓦三百塊。庶知愧知悔，稍體人子孝親之道。如有觸犯，照例稟請法究，不在此條之論。

一、宗族篤厚，鄉黨和睦，庶無仇怨，嗣後如有酗酒滋事，干犯本族遵長者，跪香一柱，罰瓦三百塊；若族長無故欺凌卑幼者，罰瓦三百塊，念係遵長免其跪香。若非本族，只係欺凌鄉鄰者，跪香一柱，姑減罰瓦二百五十塊。若鬥毆成傷、奸盜等，照例稟究，不在此論。

一、凡家庭小節，弟兄糾争，鄉里微嫌，以及口角細故，報知鄉甲同村衆理處查明，理曲者論事之輕重罰跪。如有干犯律條，仍當稟究，不在罰跪之列。

一、凡村中不得勾引匪類，容留來歷不明之人。如有知而容留者，即將容留之匪徒請究治，將容留之家跪香一柱，罰瓦三百塊。

一、耕事農之本也，衣食民之源也，莊稼有失，民無望也。嗣後如有不肖之徒，偷竊田地莊稼者，數不在些微，跪香二柱，罰瓦五百塊；如只竊取柴薪者，跪香一柱，罰瓦三百塊，予以自新之路，不致仍蹈前轍。至於入室得贓，應行稟究，不在此論。

一、园蔬瓜果，經濟民生。嗣後如少有偷竊者，跪香一柱，姑減罰瓦三百塊。

一、山頭地脚以及河埂等處培植果木，或關風土，或濟林用，均係有益民生之事。嗣後如有砍伐者，跪香二柱，罰瓦五百塊。

一、凡各家墳塋不帷風水者，係抑且後緒攸關。嗣後如有割砍墳塋草木以及放縱牛羊踐踏，跪香一柱，罰瓦三百塊。

一、凡各家牧養牲畜，如有放縱踐踏莊稼，跪香一柱，罰瓦三百塊，仍將踏壞莊稼照估罰賠。倘係牲畜挣脱不知，只跪一柱，免其罰賠，以儆不慎者戒。

一、鄉中遇有美舉之事，捐資須務歸實用，不得浮收入己，并鄉甲人等催辦夫馬錢糧，亦不得指官多派。如有多派者，本應稟究，姑請從寬，將多派之項加倍罰出歸公，仍請令跪香一柱，以爲多派者戒。

一、各條如有未載之事，有犯者公議平允，酌量事之輕重，分別罰跪，不得屈輕爲重，以重爲輕，致有冤累。

一、各條若知其人有犯，勿論親鄰即應舉報，不得代爲隱瞞，致有漏。知而不報者，請將徇隱之人跪香一柱，罰瓦三百塊，仍將漏網之人照事跪罰。

一、凡有挾嫌誣報者，若被誣之人宜已跪罰，即將罰出之瓦給還本人，仍將誣報之人跪香一柱，罰瓦三百塊。若被誣之人尚未跪罰，查明係誣，將誣報之人跪香一柱，姑減罰瓦二百塊,以儆誣陷,免累無辜。

一、所議各條内,每年罰獲瓦片,每村酌令老誠公證之人管理,按年更替,認真稽察,不得徇隱。若遇有犯,協同紳耆鄉中人等,秉公妥議,務歸平允,方可罰跪。總期無枉無縱,并令經管催收罰獲瓦片隨時赴寺上,以杜侵蝕之弊。至所議各條,如有不遵跪罰者,禀請究處。

邑庠村趙錫侯撰文。

縣署吏楊焞書丹。

石匠尹文鎸刻。

嘉慶十四年三月初六日奉示,本月二十日闔村士庶同立。

資料來源:雲南省呈貢縣志編纂委員會編《呈貢縣志》,山西人民出版社,1992年,第516—517頁;又見曹善壽主編、李榮高編注《雲南林業文化碑刻》,德宏民族出版社,2005年,第247—254頁。

202 奉龍門縣師准給示永禁碑

時間:嘉慶十四年(1809)

地點:廣東省惠州市龍門縣

特授龍門縣正堂加十級紀録十次師,爲懇恩准勒石示禁,以肅鄉規而端風化事。據路溪峒生員李仁亨、沈日濟、羅鉅楨、劉德官、李名標、羅大觀,監生羅偉觀,監生姚定邦、沈遠敷、翟普施，鄉民劉闇中、姚硯揚、陳榮光、劉波瑩、李榮西、李愈槐、羅谷詒、甘鏸堂等，切鄉有約，約有規，所以奉功令而遵憲典，除匪類而衛善良者也。兹際仁廉莅治多年，恩施士庶，德沛群黎。河陽花滿，咸依召父杜母之光；福曜星高，共切瞻雲就日之望。故闔邑凉風剪刜，奸宄潛消。生等僻處路溪，人愚地瘠。嘉慶七年蒙恩爵生等在於路溪墟建立義學，以垂風化。自此德澤覃敷，醇風漸復。生等久欲邀恩給示，使人有口皆碑，但是陰雨未綢，一時未及。兹因修葺修學，集衆公議，枚舉鄉規，環瑎籲請。伏乞廉明恩准賜示，并准勒石，以垂久遠。如是，父勉其子，兄誡其弟，莫不從風向化，皆荷仁恩於靡既矣，計粘各款呈赴等情。據此，當批據呈議定鄉規，約束子弟，貧屬堪嘉，准給示勒石曉諭，合行曉諭。爲此示諭該峒紳耆民人知悉：爾等務須訓勉子弟，安分守法，共爲良民。衿耆必須秉公持正，毋以親疏强弱，稍爲偏袒徇護。嗣後倘有違犯後開鄉規者，許紳耆等禀赴本縣，以憑嚴拘，按法究治，決不姑寬。各宜凛遵毋違，特示！

計開鄉規：

一守王法以遵典則。

一敦孝弟以明人倫。

一禁奸淫以肅倫紀。

一禁窩贓聚賭以清弊源。

一禁男婦依爛服毒憊懟以儆刁風。

一禁竊賊誣良爲盜。

一禁狡計唆擺以杜訟源。

一禁人物毁耗五穀、芋薯、蔬菜等物。
一禁逋租霸耕以重税課。
一禁争端打架以聽公論。
一禁事主妄行滋事。
一國課早完以急正供。
一務本業以戒游手。
一禁挾恨冒揑以存天良。
一禁懷私徇情以歸正道。
一禁賊盜以除鄉害。
一禁恃强凌弱以衆暴寡。
一禁藉命索詐貽累良民。
一禁占葬祖墳以存陰騭。
一禁强乞窺矙、瘋疾入境。
一禁火燒山林、私砍竹木。
嘉慶十四年歲次庚午四月吉日示。
告示。
仰發路溪義學張挂曉諭。

資料來源：譚棣華、曹騰騑、冼劍民編《廣東碑刻集》，廣東高等教育出版社，2001 年，第 59—60 頁。

203 寨上村古槐碑記

時間：嘉慶十五年(1810)

地點：山西省晋城市高平市原村鄉寨上村觀音堂内(嵌壁)

規格：碑高 62 厘米、寬 43 厘米。碑身周邊刻有纏枝花草紋。碑文楷書，陰刻。共 28 行，滿行 17 字。

本寨古槐碑記

吾郡之南隅，有古槐一株，實本寨之風水也。此樹本係張世孔自有者，其樹根蟠固寨，枝葉騰空，鳥革翬飛，五雲蓋覆，乃郡中之壯觀。不意嘉慶年内，偶爾出賣，爲本寨衆姓所阻。因而公同議約，酌准時值價銀貳拾陸兩，而世孔願以一半施寨；本寨衆姓捐銀拾三兩。此銀爲世孔所售，是以永遠賣與本寨觀音堂爲鹿峰。同中亦有字約，言明自後此樹雖老，不許營賣。本寨人等倘有强言賣者，送官重處，决不失言，所書字約，存崔金枝家中，日後世孔倘有變故，當官執約爲證。謹序其事，千秋不朽云爾。

時嘉慶拾伍年四月下浣之吉。

維首崔金枝、崔境發勒石。

長平邵連魁書丹。

衆善姓氏列左：

崔金枝銀一兩六錢五分、印枝銀一兩六錢五分、槐發銀一兩六錢五分、長發銀一兩六錢五分、順發銀一兩一錢、張廣銀一兩一錢、崔美安銀八錢八分、閏安銀八錢八分、育枝銀四錢四分、石峨銀四錢四分、自發銀四錢四分、富順銀三錢三分、焦可立銀三錢三分、張興銀三錢三分、焦茂銀二錢二分、任德銀二錢二分、邢發銀二錢二分、韓福銀二錢二分、裕興銀二錢二分、國定銀一錢一分、張亨銀一錢一分、焦廣成銀一錢一分、王丙辰銀一錢。

資料來源:《高平金石志》編纂委員會編《高平金石志》,中華書局,2004 年,第 687 頁;又見常書銘主編《三晋石刻大全·晋城市高平市卷》(上),三晋出版社,2011 年,第 466 頁。

204 天都山石佛寺碑記

時間:嘉慶十五年(1810)

地點:甘肅省蘭州市七里河區天都山

規格:碑石已毁,甘肅省圖書館存有拓片,横 92 厘米、縱 50 厘米。碑文楷書。共 23 行,滿行 16 字。

天都山在蘭州城南四十里,係省會之屏藩也。中有石佛洞,不知創自何年,久而頹廢。嗩喃仰仗佛靈,堅發願海,托鉢遠近不□□千里募成善緣,修立諸天聖像,以□□法龍王諸神。周圍栽樹以爲護林。價□糧地供賦,力耕以資香火。均有大定□□爲憑,另勒於石。續有山東濟寧州王大用、掖縣孫毓林發願瞻仰至此,嘆爲奇絶,欣然各倡捐五十金,復勸嗩喃竭其餘力,在□三大士樓左添建數楹,不日落成,以□風脉。於是金碧一新,鉅工告竣。嗩喃□□夕斯得以祝國保民安,禪定性□□□量福地。

若夫群嶂插雲,散花似錦,七□□而飛翠如星、秀霆萬狀,莫馨名言□□□□辟之洞天也。凡我管家子孫當□□□締造之艱難,加勤加慎,焚修勿替。一切香火錢糧悉歸住持經管,不許徒衆□□滋弊。周圍護林不許無故所毀。如有不法徒衆串通外人盜典盜賣不守清規,許長老頭人首明檀越地方,鳴官究處。以期樂利常豐,咸享聖世無疆之善果,戒行彌篤,永曜金剛不壞之法門。嗩喃有厚望焉,是爲記。

住持:瀀哩斡紳只　李嗩喃勒造

嘉慶十五年歲次寅子八月吉日。

資料來源:中國人民政治協商會議蘭州市委員會文史資料和學習委員會編《蘭州文史資料選輯》第 21 輯《蘭州古今碑刻》,蘭州大學出版社,2002 年,第 260 頁。

205 扯那白村護林碑

時間:嘉慶十五年(1810)

地點:雲南省紅河哈尼族彝族自治州建水縣利民鄉扯那白村

朱、馬二姓有荒山兩凹……願立合同與佃户蓄養樹木,日後成林,田主貳分,佃户肆分。不得修枝挖根,放火燒林。若有不遵,罰銀叁兩,入寺内作香火之資。

資料來源:紅河哈尼族彝族自治州林業局編《紅河哈尼族

彝族自治州林業志》,雲南大學出版社,1991年,第113頁;參見曹善壽主編、李榮高編注《雲南林業文化碑刻》,德宏民族出版社,2005年,第936頁。

206 奉示永禁各條碑記

時間:嘉慶十六年(1811)

地點:山西省晋城市高平市故關村炎帝廟内

規格:碑高115厘米、寬41厘米、厚18厘米。碑座高28厘米、長57厘米、寬36厘米。碑爲圓首,碑座爲條几式,現殘存。

特授高平縣正堂加五級紀録十次張,爲嚴禁踏踐田禾,竊取瓜菜,砍伐桑株,以保農業,以重蠶桑事。照得時届孟秋,田禾長發,漸次□□,瓜菜業已成熟。誠恐無賴男婦孩童,假以割草挖菜爲名,潛入地内竊取瓜菜,作踐田禾,砍伐桑枝,均未可定,合行示禁。爲此示仰該里鄉地及地主人等□悉:自示之後,如有前項匪徒,仍蹈前轍者,許爾等指名稟究,决不寬貸。該里□保地主人等,亦不得藉端滋事。各宜凛遵毋違,特示!

右仰通知。

嘉慶拾六年陸月貳拾日。

告示。

實立故關里□村永禁碑記。

資料來源:《高平金石志》編纂委員會編《高平金石志》,中華書局,2004 年,第 689 頁。

【備注】

此碑斷爲兩段,斷裂處文字有殘損。據《〔光緒〕續高平縣志》載,張祖騫爲天門舉人,嘉慶十六年任高平縣知縣。

207 雲洋村後洋社公禁碑

時間:嘉慶十六年(1811)

地點:福建省厦門市同安區蓮花鎮雲洋村後洋社

規格:碑高 165 厘米、寬 43 厘米、厚 16 厘米。輝緑岩質。碑文楷書。

一、祠堂後園林及大埔上草根,概不許損折鏟刮,違者罰戲一臺;

一、樵采者勿砍人墳樹,勿於墳邊百步取土、挖石、鏟草、刮根及屋後過脉處,均犯此禁,從重議罰戲一臺;

一、耕田者勿斷人水道,勿偷放田水,違者議罰;

一、村内不得窩賭,不招夥聚賭,違者從重議罰戲一臺;

一、村内無賴年少偷竊田野五穀瓜果,人知其名矣有據,則解官究治,須自改悔;

一、地方公事,義所難辭,查照田畝,向捐公錢,其事可無推讓計較之嫌;

一、兄弟、叔侄輩果被侵凌陷害，其冤莫伸，均照匀幫，如係自行惹事，不得援此爲例；

一、村内有事，惟尊長之言是聽，不得逞恃强悍，或自作聰明，妄生議論；

一、兄弟、子孫照限完糧，勿拖欠，致累族人。

嘉慶辛未年月日，衆等立。

資料來源：何丙仲編著《厦門碑志彙編》，中國廣播電視出版社，2004 年，第 456—457 頁；又見石建平等主編《福建鄉規民約》，海峽文藝出版社，2016 年，第 104—105 頁。

208 廟頭村示禁碑

時間：嘉慶十七年(1812)

地點：河南省洛陽市新安縣鐵門鎮廟頭村學校

規格：碑高 150 厘米、寬約 60 厘米。

……指名扭禀，以憑按法究處。

一、有事之家，前後六日不給乞討，恐滋事端，事主私市小惠者，罰戲一臺。

一、有事之家，有討食滋事者即覆鄉保，鄉保執會各村人等，如托故不出者亦罰之。

……并禁盗竊穀麥、砍伐樹木及竊人田中果子，前已有碑禁，過後再有縱子縱妻偷人穀麥，以扳乾柴爲名損人果木樹枝,或借摘烘柿偷人柿子及人棉花,地主覆知鄉保,鄉保執各村人等送官究處。

以上諸條或有惡徒挾釁生出事端,事主共鄉保及各村人等公同舉官,如托故不出者共攻之。

後學增生鄧玉堂書丹。

廟頭北牌蘆院頭、廟頭村、韓都村、蔡莊、方山前坡、後坡、上庵首事鄉保同立石。

石工李克復鐫。

嘉慶十七年八月穀旦。

【備注】

此碑爲筆者踏訪所得,現在廟頭村學校鋪作臺階,約近一半被壓在另一階石下。

209 半邊寺護林碑

時間:嘉慶十七年(1812)

地點:雲南省文山州硯山縣江那鎮外革村辦事處大外革村

規格:碑高100厘米、寬55厘米。

□□縣□共甚,蓋樹木人之由,則保護山林,實長遠所關,夫豈淺哉。是村之西有一聯山,縱横數十餘里,清嘉慶十年培養群木於今,發榮滋發,漸成巨觀矣。因於寨中梁老棟,不守鄉規，私將此山之樹賣與王墁三十餘株，人心共憤，具控府衙。蒙盧大老爺審訊，將梁、王二人各杖三十，復於罰梗枷號示衆，并令當堂出結，永不許於此山侵占私斫。誠恐歷年即久，後人昧其由來，因勒諸石，以爲據云。

十月二十五日，開化府正堂盧大老爺堂判：墳葬已久，例無遷墳，當日用錢一千四百文，只賣掩埋一棺之地，因村蓋樹成林，則私用二十五文買樹，斫得三十餘株，以致顧議具控。此坡嶺上，衆人不許私斫，即有公用，亦須公議方可。

故議示遵結。

具遵結人：顧儀、李培亮、曹控、佟誠、曹能、李學成、曹文照。今於大老爺示諭遵結，依奉結得緣鄉約張國安，稟報小的等其王墁、梁老棟盜斫公樹一案，蒙恩審訊明確，梁老棟借埋墳盜賣公樹與王墁斫伐，將王墁枷責，梁老棟責懲。仍斷令：日後寨中漢夷不准私斫，即有公用，亦須會議，方可斫伐。小的等凛遵公斷，理合出具遵結示諭。

十月二十五日當堂批准。

梁老棟、王墁具結。

具遵結人：王墁、梁老棟。今於大老爺堂前判定具結，依奉結得鄉約張國安稟據顧議等，報盜斫公樹一案，案中衆民訊明，確實係小的梁老棟私賣公樹，將王墁枷責，梁老棟責懲。仍斷令：日後寨中漢夷不准私斫，即有公用，亦須公議，方可斫伐等。凛遵公斷，特出具遵結是實。

十月二十五日當堂。

謹將先年祖人爲借埋墳盜賣樹木具控判結,各宜謹遵。因丙辰反亂,被匪銷致後坡,本保董曾仕林,里長文保福、田開文,排長李開祥、金福林、高天雲、王天祥、張發科、文有禄、權柄剛、梁正朝、龍有國、梁正籠於民國八年又七月二十三日合衆請回復立。

清嘉慶十七年十一月望二日,外革村合衆公立。

資料來源:雲南省林業志編輯辦公室編《林政法規選》(第一卷),四川科技大學出版社,1993 年,第 812—813 頁;又見《硯山縣志》編委會編纂《硯山縣志》,雲南人民出版社,2000 年,第 980—981 頁;雲南省林業廳編撰《雲南省志》卷三十六《林業志》,雲南人民出版社 2003 年,第 867 頁;曹善壽主編、李榮高編注《雲南林業文化碑刻》,德宏民族出版社,2005 年,第 255—257 頁。

210 培護古銀杏樹碑

時間:嘉慶十七年(1812)

地點:原位於湖北省恩施土家族苗族自治州鶴峰縣走馬白果坪,現存鶴峰縣博物館碑林

湖北宜昌府鶴峰州□□□□□□□級余□□□白果古志樹也,乾□□□□□□□,前任胡公乃培植,暢茂條達,至於今不朽,勿剪勿伐,永垂(□)〔甘〕棠。但其根固盤結,石臺崩騫。

思奉調兹土，不忍廢馳，爰捐廉鳩工，加石重修，聊繼前志。實固保障後之人仰瞻喬木，其庶幾有故國之思乎，是以爲序。

嘉慶十七年冬月吉旦立。

資料來源：王曉寧編著《恩施自治州碑刻大觀》，新華出版社，2004 年，第 136 頁。

211 厝冢山示禁碑

時間：嘉慶十八年(1813)

地點：臺灣省彰化縣員林鎮東山鎮興廟前

規格：碑高 119 厘米、寬 65 厘米、厚 10 厘米。

署福建省臺灣府彰化縣正堂卓異候升加一級李，爲僉懇碑示，以安幽魂事。本年二月初八日，據燕霧保貢生曾文風、監生施書聖、總董楊應迪、總理張雄才、鄧芳瑞、吕名山、盧旺宸、約正洪文光、街耆張祥麟、楊國振、張光耀、莊耆曾輝煌、江步青、張月明、甲首江永昌等呈稱：保内三塊厝、牛埔頭、東山、黄厝莊、犁頭厝、埤仔頭、鑼鈸蒂、赤塗崎等處荒山，自古設立義冢，以爲附近民人埋葬之地，屢因不法之徒奸貪漁利，盜挖赤塗，隔土樹頭，以致山崩石墜，骨骸暴露，不可勝數。近有一種惡習，樵牧孩童每逢清明，伺人祭掃，群討粿物，分給不周，(轍)〔輒〕縱牛羊踐踏墳墓，或污穢墓碑，或鑿毁斫手。又有棍番，逢人埋葬，藉索花紅等弊，種種不法。迪于上年四月二十五日以禀請示禁等事，赴前主楊呈禀，蒙給示禁在案。稽今日久，告示經被風雨損壞，無知之徒仍蹈故轍。迪等目睹心傷，不忍坐視，爰是僉懇示禁立碑，以垂永遠，并舉三塊厝莊甲首江永昌就近巡查，理合瀝情禀懇，伏乞恩准示禁，庶奸貪知儆，幽魂得安，甘棠永咏切呈等情。據此，除批示外，合行示禁。爲此仰民番各色人等知悉：爾等當思幽魂以土爲安，務須共相防護，乃有貪圖微利，挖赤塗、沙石、樹頭，以致山崩石墜，骨骸暴露，如此不法奸徒，聞之殊堪痛恨。自示之後，毋許棍徒在於三塊厝等處冢山，掘取赤塗、沙石、樹頭；值祭掃之日，毋許孩童索取粿物；埋葬之時，毋許棍番勒索花紅。倘有愚頑不遵，許該地總董、莊耆扭解，如强弱不敵，許即指名具禀赴縣，以憑嚴拿重究，决不姑寬。各宜凜遵毋違，特示！

嘉慶拾捌年三月十三日給。

街莊紳耆勒石。

資料來源：饒宗頤總主編《石刻史料新編》第三輯第十七册，新文豐出版公司，1982年，第272—273頁。

212 奉示永禁碑

時間：嘉慶十八年(1813)

地點：湖北省荆門市東寶區子陵鎮曾廟村一組净業寺遺址

規格：碑高90厘米、寬48厘米、厚13厘米。青石質。碑文楷書，陰刻。共8行，滿行38字。

特授荆門直隸州正堂加三級紀録五次馮，特授湖北荆門營副府加五級紀録十次孫，爲出示嚴禁以安鄉民事。據生員劉鴻翥、朱希聖，保正肖文久、張聚臣，耆民楊明山等公呈懇請前來。據此，合行示禁。爲此示仰軍民人等知悉：嗣後嚴禁不法棍徒邀聚多人，强網塘魚，采摘桑葉，硬砍樹木，□穀□□□鷄□鴨，强討□騙，匪類惡棍等害，即放牛隻，以定十月初一起，臘月初一止。如敢違示，□□□□□人等扭稟赴州，以憑嚴究不貸。毋違，特示！

首人劉繼禮、張光元（計35人姓名，下略）。

嘉慶十八年歲次癸酉孟秋月上浣吉日立。

資料來源：焦知雲著《荆門碑刻》，中國文史出版社，2008年，第202—203頁。

213 九村伐木燒山示禁碑

時間：嘉慶十八年（1813）

地點：廣西壯族自治區來賓市金秀瑶族自治縣大樟鄉大樟村義路小學内

竊維木有本則不絶，水有源則不竭。三江龍挖瓮口冲山場，乃九村水源灌溉田禾之山，上應國課數十餘石，下養生命萬有餘丁。前羅國泰大肆伐山場,曾經呈控於前任沐、瑞二州主在案。今有不法地棍,復行砍伐樹木,斷絶水源。九村不已,稟懇龍州主出示永禁刊碑於圩,以垂不朽。

告示:保護水源,以資灌溉也。查州屬於大河,上通雒容,下至來賓,有自然水利;其餘環繞港,全資山水流注。而山木須藉樹木蔭庇保存,涓滴之源灌溉田禾,是樹木即屬蓄水之本,豈可任意砍伐致礙水源。況水源且係官山,難容私占。兹聞地棍但圖目前之利,行招租批佃或自行開墾,掠伐樹木,放火燒山,栽種雜糧,日久踞爲己有,公然告争,以致水源頓絶,田禾没涸,大爲民害。其餘官荒樹木,概不許私佃自墾,伐樹燒山,以蓄水源。如違,依律重究。

義路村、古陳村、大澤村、六龍村、花覃村、鳳凰村、花蘆村、大厄、浦保村。

嘉慶十八年十月初一日九村刊立。

資料來源:金秀瑶族自治縣志編委會編《金秀瑶族自治縣志》,中央民族學院出版社,1992 年,第 525 頁;又見黄鈺輯點《瑶族石刻録》,雲南民族出版社,1993 年,第 49—50 頁;莫金山著《瑶族石牌制》,廣西民族出版社,2000 年,第 306—307。

214 後隆山種樹碑

時間:嘉慶十九年(1814)

地點:湖南省郴州市宜章縣

事有益於地方者,力可爲,不妨毅然爲之。况時不容緩,心不能安者,其爲之宜亟亟也。宜章後隆爲縣城主山過脉,坍塌千餘丈。陳固庵明府倡邑紳修補,備極勤勞。而附近諸山,彌望紅土童童無草木,牲畜芻牧,踐踏憑陵,荒冢累累,遺骸何露。余謂地有草木,猶人之有肌膚也。肌膚充則精神固,草木暢則靈秀鍾。聞此山舊多陰翳,自生齒繁而户口增,牛羊斧斤,遂枯瘁至此,無怪百餘年來山不效靈,而巍科顯宦不及前明百一也。正月二十日,余率兵弁登山栽種,自辰至午佳木五萬餘株,下覆以草,原隰丘谷,周遭凡四五里。其兆域之平夷者堆之,棺椁之暴露者掩之,立栅圍禁樵牧,日遣健卒爲之巡,不浹旬而青青葱葱,彌望皆遍。暇與諸文士憑高遠眺,見夫蔓衍叢生,蔚然深秀,他日材成翹楚,其悦目更何如也。

或慮此舉雖善,恐後來營中藉口,凡百取材於斯,奈何?余曰:"是役也,非爲營中計,以余不德,猶知爲地方計,後來官此,誰無地方之責?其培植未必不更有勝於余者,兵弁皆邑中人,余借其力以辦邑中事,則衆志協和,樂於赴功,豈願世世子孫身充行伍,皆欲舉百餘年之積弱而振興之,亦莫不爲地方計,非爲營中計也。且登山栽種,居民饁餉,遐邇歡欣,以與我兵弁相與有成,又可徒藉口於營中哉?宜章自後隆坍塌以來,如本身受病,肌膚盡消。固庵明府既於主山修補,余又於主山之袤延環列者毅然爲此,將見陰慘之氣化爲陽舒,豈非人才地運一轉機歟?自春徂夏,甘霖時沛,凡所栽種,經三伏而生意不衰,是冥冥中固又有默相焉者。夫善作不必善成,善始不必善終。維持保護,禁遏樵蘇。文武同爲地方保障,所宜約束,兵弁隨時稽查。”故記其歲月，泐碑山椒，以告後來踵行吾志者。

時嘉慶十九年九月。

資料來源：宜章縣志編纂委員會编《宜章縣志》，黄山書社，1995 年，第 885—886 頁。

215 美頭社公禁碑記

時間：嘉慶二十年(1815)

地點：福建省厦門市思明區美仁宫美仁前社 71 號旁

規格：碑高 130 厘米、寬 60 厘米、厚 14 厘米。花崗岩質。碑文楷書。

蓋聞官有正條，民有私約。切我美頭社濱海而住□之□□初設□□□□□□□□□社人放縱牛羊豬馬在冢踐踏，仍敢鋤草掘土□□□□□□□□□□□□□□□目繫心傷，殊堪疾痛。近有□□□□□□□□□□□□子弟□賭博之慘，遂生盜心，任意□□□□□□□□□□□□公禁。既禁之後，凡我社人務□□□□敕其子弟勿得違犯。謹列條規於左：

一禁不許放縱牛羊豬馬□□□踐踏，以及砍伐蔭樹，鋤草掘土，違者罰戲、罰餅。如恃强不遵，呈官究治。

一禁不許本社開設賭場，違者罰戲、罰餅。如恃强不遵，呈官究治。

一禁不許本社窩賊，勾通匪類，□竊家物、六畜及横盜漁舟、繒網。倘被捉獲察出，其□□聞衆，呈官究治。

嘉慶二拾年貳月日，美頭社衆鄉長等立石。

資料來源：何丙仲編著《厦門碑志彙編》，中國廣播電視出版社，2004 年，第 458—459 頁；又見石建平等主編《福建鄉規民約》，海峽文藝出版社，2016 年，第 75—77 頁。

216 灑戛龍護林碑

時間：嘉慶二十一年（1816）

地點：雲南省文山壯族苗族自治州文山市德原鄉董家墳場内

規格：碑高 110 厘米、寬 80 厘米。

署開化府文山縣事候補縣正堂加三級記録五次記大功三次蕭，示諭嚴禁事案。據安南里灑戛龍寨民董發奇稟稱：緣蟻等於本月初十日，以邀恩示諭遵守事具稟。鄉約戚方如濫派長夫長馬，者車寨地方窄户稀，仍照向例，只辦應樂站六差火夫役，其餘雜差一概克遵批示，已是遵守，不必另請給示金批，指示明切。蟻等已是遵奉定案，不敢抗（爲）〔違〕，聲請示諭。惟是蟻者車寨兩傍蓄養樹木二林，與安南里之灑戛龍、河内、河外三寨，樂龍里之馬榮、母側二寨，更與阿迷州屬之羅溪、舊寨，三面接壤，地界逼近，屢被各寨人户，往往私行砍伐，不能蓄養茂盛，恐無以應辦樂站柴伙，雜林取柴薪應供樂站，事涉公務難任，鄰寨紛紛亂砍，以致樹木蓄養不起，合衆稟懇甘棠遺愛，府准給示嚴禁，蟻等感沾金恩無既等情到縣。據此，除稟批示外，合行出示嚴禁。爲此，鄉者車寨，該管鄉練安南里之灑戞龍等寨，伙頭居民人等知悉：嗣後者車寨仍照向例辦應樂龍站柴火夫役等項，其餘雜差，概行免應，并該寨兩旁畜養樹木，毋得擅自砍伐，倘有鄉練等仍前濫派長夫長馬及鄰寨人等砍伐樹木，許爾等指稟，以憑提究。均各凛遵毋違，特示！

右仰通知。

乾隆五十七年十月初七示。

蓋聞創業垂統者，父作之仁，而光前裕後者，子述之孝，追憶我曾祖於康熙三十七年備授祉得者車寨之大地一石五斗四升，迄今歷世五代，歷年百餘矣。想祖輩忠厚，謹守和氣，生涯并無争論。維至父代弟兄漸多，合同衆議，將者車寨之田地作五股均分，各安分守業。奈子孫衆多，賢愚不等，其中有庸頑無知，鳩謀霸侵占，族内不服，至此争端事起。吾董姓宗族老輩，秉性潔玉，謹以此稟爲憑，并無字據，是以有此争也。仰蒙寨老親友等不忍坐視，從中相勸。負先人遺業，寨老親友人等，山地勘踏明白，仍作五股均攤。壩水上滿下流，一并灌溉，刻石爲憑，從此各守其業，勿得侵占。除老契外，有先年立下族規家法，共同看守，無得私賣砍伐。如有不法之徒，仍前踏故實，憑族長家法處治外，罰銀三兩三分、豬五十斤，修理祖塋，祭奠祖先等。

憑中人：朱森輝、朱錫九、彭善之、潘若愚、王仲山、白玉龍、何聲遠、白金龍、段超凡。

族長：董克光、董克正、董克貴。

董安名下納糧三斗一升，田大小一共十九丘。

董清名下納糧三斗一升，田大小一共二十七丘。

董衛名下納糧三斗一升，田大小一共二十三丘。

董連名下納糧三斗一升，田大小一共二十一丘。

董序名下納糧三斗一升，田大小一共二十四丘。

至於零星田屬之於公衆。分舊寨脚七丘，舊寨村門口四丘，團田一丘，龍潭下首三丘，地生冲一丘，倮恩大冲五丘，壩溝内一丘，正塘子地一塊，舊壩内一丘，新壩上五丘。

清嘉慶二十一年元月十二日永遵立石。

資料來源：雲南省林業志編輯辦公室編《林政法規選》（第一卷），四川科技大學出版社，1993 年，第 806—807 頁；又見曹善壽主編、李榮高編注《雲南林業文化碑刻》，德宏民族出版社，2005 年，第 259—261 頁。

217 后茂鄉告示碑

時間：嘉慶二十一年（1816）

地點：福建省泉州市晋江市后茂社區王公宫前

署泉州府徐汝瀾爲示禁事：照得泉郡東關外后茂鄉，地近清源山,乃係發源入脉之所。前因屢被附近居民挖掘窑土,開築礐厕,有傷源脉,當經前府示禁在案。乃愚民無知,仍復任意開掘射利,殊屬玩違。查永春、仙游交界之白鴿嶺,亦係泉郡發源之處。先被官民樹立路碑,開築礐厕,業經本府因公駐州當經會同永春州捐資填塞遷移,百姓咸皆悦從。在隔屬尚知凛畏,豈本轄轉難遵奉耶?除現在捐與諸紳士給資填塞外,誠恐將來無知匪徒,再行開掘射利,合行勒石示禁。爲此示仰附近居民知悉:自示之後,爾等毋許仍在該處挖掘窑土,開築礐厕,致傷源脉。倘敢故違,許該地保及董事人等指名禀究。保約涉私容隱,并予責革,决不寬貸。各宜凛遵毋違,特示!

嘉慶二十一年四月日給。

資料來源:〔清〕周學曾等纂修,晋江縣地方志編纂委員會整理《晋江縣志》卷四,福建省人民出版社,1990 年,第 63 頁;參見劉浩然編著《温陵山川詩文略》,1996 年,第 106—107 頁;吴喬生等編《泉州古城歷代碑文録》,中國文史出版社,2009 年,第 168 頁。

218 擁萬村重立社規碑

時間:嘉慶二十一年(1816)

地點:山西省晋城市高平市北詩鎮擁萬村玉皇廟内(嵌壁)

規格:碑高 118 厘米、寬 61 厘米。碑圓首,刻雙龍奉“壽”字祥雲圖,碑身兩邊刻纏枝花草紋。碑文楷書,陰刻。共 22

行,滿行40字。

聖天子化民成俗,聖諭一書,醇矣備矣。而僻處荒壤者,目不識訓型之樹,耳不慣德教之施,則頑梗不馴,往往有之。是以在昔先人竭誠盡力,思杜夫胥戕胥虐之風,以釀爲相保相賙之俗者,爰立矩矱於石碑,庶幾人皆法守,莫或逾閑,而不失聖明教養之意焉。乃積久生厭,復蹈前愆,上不知王章之可凛,下不恤碑銘之可循,泯泯棼棼,猜嫌起而豪强勝矣。入村墟者,風俗尚堪問哉!兹故重立社規,復整風俗,願男婦老幼,共勉爲循規蹈矩者而已矣。

一、夏至冬至,請有學問者在萬歲牌側讀聖諭;

一、農桑乃生民之本,惰農者當懲,盜桑者必罰;

一、孝弟爲百行之原,不孝不弟者,當鄰右共攻;

一、牛馬等畜,不許踐踏田苗,違者議罰;

一、羊群大損桑枝,不許入境,違者議罰;

一、賭博玩錢有傷風化,酗酒打降至爲不法,境内永禁,違者議罰;

一、挖礦鑿窑有傷風脉,西北至交界,東南至河,永遠禁止,違者議罰;

一、樵夫不許入墳斫柴及傷人田地,違者議罰;

一、不許盜傷他人椿槐雜樹,違者議罰;

一、犁溝界畔,自有定限,侵占争奪,非讓耕讓畔之遺,犯者議罰;

一、乞丐男婦及游食僧道,不許上門討飯,每逢初二廟中開發；

一、幼婦懸梁自縊及投崖跳井而斃者，以病故論，不得争論衣衾棺木；

一、鄉約甲長非公直之人不可充應，惟社中共公舉覓；

一、不許在他人田地取土，違者議罰；

一、社賬錢穀，不許居家存放，以防私弊；

一、存心不軌者，不得維首。

嘉慶二十一年十二月初一日維首同立。

資料來源：《高平金石志》編纂委員會編《高平金石志》，中華書局，2004 年，第 690—691 頁；又見常書銘主編《三晋石刻大全・晋城市高平市卷（上）》，三晋出版社，2011 年，第 496 頁。

219 禁盜砍鄭宅祖墓糧山樹木碑

時間：嘉慶二十二年（1817）

地點：廣東省潮州市歸湖鎮西林學校北面

規格：碑高 80 厘米、寬 40 厘米。

特調潮州府海陽縣正堂加十級記録十次俸滿即升，爲嚴禁盜砍樹木等事。照得鄭宅祖墓糧山年納國課，耕作田園，栽培樹木，保衛墳墓，歷有年所。該山坐落登榮都内，土名湖洋崗，石盤窩、杉林窩、湖洋窩、燈心窩、東瓜窩、桐枳窩、西尖山上下崎坑、倒插管財窩等處，左右隨坑，俱至右枳枰嶺上止。

因鄭宅離山遥遠，巡視不周，田園稼穡、五穀樹木，屢被附近棍盜强取。現據稟請示禁前來，合行出示。爲此示諭附近居民人等知悉：爾等嗣後毋許在於鄭宅糧山界内該處盜砍樹木，及强取五穀稼穡，如有故違，許多衆山地西練林發、吕順等扭獲稟赴，本縣以憑嚴治。各宜凛遵毋違，特示！

嘉慶二十二年二月。

資料來源：中共潮州市歸湖鎮委員會、潮州市歸湖鎮人民政府編《歸湖鎮志》，1986 年。

220 護寺禁伐碑序

時間：嘉慶二十二年（1817）

地點：雲南省玉溪市通海縣河西鎮解家營村

自來食萬世馨香飯，享群黎烟火之隆者，惟大功於民之神乎。如我營各處廟宇，碌溪繞於左，磨盤峙於右，溶湖漾於前，鳳山枕於後，一邑之有歷史，古碑爲憑。

本廳張老爺封山，顧有祖有關墳塋風水之示，開列於石，兆得解姓，有墳山二處，座落本營屋後旁邊文欢公卜葬於龍王廟、五寶墳，愼可、志可葬於麻地山，其墳二處，且内多墳塋，累被牛馬踐踏，以及砍伐樹株，采取石頭。除免究外，合行示諭。自示之後，無許閑雜人等放牛馬，以及砍伐樹株，取打石頭。倘仍踏前轍，明知而故違者，許爾附近村莊人等，指明稟報，以憑拿究，决不姑寬。毋違，特示！

嘉慶二十二年八月初四日示。

資料來源：雲南省林業志編輯辦公室編《林政法規選》(第一卷)，四川科技大學出版社，1993年，第813—814頁；又見曹善壽主編、李榮高編注《雲南林業文化碑刻》，德宏民族出版社，2005年，第262—263頁。

221 巫山永安堤護堤碑

時間：嘉慶二十二年(1817)

地點：重慶市巫山縣廟宇鎮永安洞外碑廊

特授四川夔州府巫山縣候補州正堂加五級紀録十次王。自乾隆五十一年，下壩倏成巨浸，田業將廢，地屬要衝，耕人忓悒，旅客傷嗟，遂修堤防，一舉兩便。因於嘉慶十二年，自行修築長堤一道，以備水患而通行旅，更又利其耕種，國賦有出。至十五年，堤將有成。由是接年以來，沿堤一帶栽蓄柳樹，以資保障。近遭有等無知之徒，逞其强惡，不時毁伐其樹，以及撒放牲畜，肆行踐蹋無忌，合行出示嚴禁。

批九月八日奉：所有永安堤栽蓄樹木，保護堤址，自是善養，何得踐踏砍伐，殊屬不法，准即出示嚴禁。倘仍有前等不法之徒在該處滋擾，即禀縣訊辦。

嘉慶二十二年九月十五日，實貼永安堤曉諭勿損。

資料來源：中國人民政治協商會議四川省巫山縣委員會文史資料委員會編《巫山文史資料》第4輯，巫山縣文化局，1989年，第233頁。

222 智果寺保護經樓碑

時間：嘉慶二十三年(1818)

地點：陝西省漢中市洋縣智果寺中

規格：碑高106厘米、寬55厘米、厚14厘米。碑圓額，額高28厘米，中刻“皇清”二字，兩側雙龍拱衛，上覆祥雲。碑文楷書。共9行，滿行19字。

洋邑之西三十里有智果寺，不知起於何時。至明萬曆十四年，奉旨創修經樓，周圍築城約二里許，城外有濠，所以護持經樓也。其後近城之地，漸漸侵削，不復如舊。今約闔鄉紳耆、保正、鄉地公議，凡城上樹木，自今以後，悉屬寺内公用，僧俗不得刊伐，城坎不得侵削，庶幾經樓之永垂於後也。

智果寺紳耆、保正、鄉地同立。

嘉慶二十三年歲次戊寅三月初一日。

【備注】

該碑一碑兩面，此爲陽面，陰面爲道光二十年(1840)《智果寺成立保甲聯防碑》。

資料來源:陳顯遠編著《漢中碑石》,三秦出版社,1996 年,第 248—249 頁;又見中山大學歷史人類學研究中心、香港科技大學華南研究中心合編《田野與文獻:華南研究資料中心通訊》第 62 期,香港科技大學華南研究中心,2011 年,第 12 頁。

223 恭洞村示禁碑

時間:嘉慶二十三年(1818)

地點:江西省吉安市遂川縣西溪鄉恭洞村

規格:碑高 70 厘米、寬 37 厘米、厚 2 厘米。翠緑岩質。

特調龍泉縣正堂加五級記録十次劉,爲嚴禁事。據飲賓鄒太昌,職員張品佐,監生鄒金生、張品武、黄宏才、張能桃,子民張明湉、劉珀文、劉元海、鄧有章、駱天華、張翰仕、佘祖武、周紹禹、黄宏杰等呈稱:住居三十都茶洞地方,山多田少,所在居户冬於山内栽植木梓,以收山花之利,終歲辛勤以資事畜。每届木梓之時,竟有一班凶暴之徒,帶領老少男婦蜂擁入山,名曰撿遺,實則偷取。遇山户單弱者,强行拒捕亂摘,遇山户有人看守者,多方竊取,甚至撿者在山户工人收摘之前。尤有一班男婦砍伐根株以作薪火,或被撞獲,强者逞凶,弱者捏奸抵制。種種滋害,難以枚舉。前已頒奉府憲彭給示嚴禁盜竊穀麥等項,未列收摘木梓禁期,兹以每年自寒露日起至立冬日止,所有霜降前後計一月收摘之期,毋論大小男婦,不許入山撿遺,并禁終歲不得砍伐木梓,懇請示禁等情到縣。據此,除詞批示外,合行給示嚴禁。爲此示仰該處人等知悉:爾等務宜遵照後開各條,父誡其子,兄勉其弟,并合家人婦女,毋許違禁入山撿遺砍伐滋事,如有故違,一經告發,定即嚴拘究辦。本縣言出法隨,毋貽後悔。各宜凛遵毋違,特示!

計開條規於後:

一禁山内木梓每年自寒露日起至立冬日止,計一月收摘之期,毋論大小男婦不許入山撿遺,如有强撿偷取者,許即指名具禀,嚴拿重究。

一禁山内毋許大小男婦砍伐枝椊,挖取根株,如捏違究懲。

一禁婦女毋許入山滋事,如有故遺并因行竊被捏奸挾制者,定將該夫男等重處不貸。

嘉慶二十三年三月二十六日示。

告示。

鄉茶洞敬刊曉諭。

資料來源:筆者赴當地抄録。

224 花橋山場護林碑

時間:嘉慶二十三年(1818)

地點:安徽省黄山市休寧縣溪口鎮花橋村

一

署婺源縣正堂加十級紀録十次周,爲保課資生,粘籲示禁事。據北鄉十四都花橋監生吴綸浩、吴宗淦，族耆吴連生，鄉約吴芳遠等以前事呈稱：生等族居花橋地方，路界江浙三省，有祖遺在字二號起至一千九百六十八號止山場，計税四頃七十五畝一分零，向植竹木茶蕣，上供國課，下濟民生。乾隆十年，生等先人立有成規；五十七年，又沐前任彭憲示禁，勒石抄粘叩察。邇來人貪私利，不顧大患，棚山挖種，土瀉山頹，墳墓傷殘，川竭田壅，供課無資，尤恐勾黨竊害，草木盡廢，或托幫鋤，招異聚種，該號山場布遠，憂防莫及，仰瞻德政，除弊寧民。爲此略擬條規，公籲恩賞示禁，勒石飭遵，杜漸防微，永垂不朽，世代呼恩祝稟等情到縣。

據此，除批示外，合行出示嚴禁。爲此示仰花橋地方内外居民等知悉：嗣後該地在字二號起至一千九百六十八號止吴姓管業山場，止許遵照部例，種植竹木茶蕣，永禁布種苞蘆，挖掘柴腦，以及將山頂賣外姓，招異聚種，鳩黨竊害等事，以除民患，以資國課。如敢故違，許該族保山鄰人等指名稟縣，以憑嚴拿究治，該約保等亦毋徇隱，致干察究。各宜凛遵毋違，特示！

計開禁條：

一禁挖種苞蘆，致墳墓傷殘，川田被壅，有害地方；

一禁挖掘柴腦，致萌蘖不長，供灶無薪；

一禁將山頂賣外姓，致勾引異民侵占滋事。

右仰知悉。

嘉慶二十三年三月二十九日給。

二

特授江南徽州正堂加十級紀録十次吴，爲保課資生，粘籲示禁事。據婺北鄉十四都一圖花橋監生吴綸浩、吴宗淦，生員吴秉詒等以前事呈稱：生等族居婺源北鄉花橋地方，路界江浙三省，該地山場在字二號起至一千九百六十八號止，生族祖遺，共計山税四頃七十五畝一分零，向植竹木茶蕣，上供國課，下濟民生。乾隆十年，生等先人立有成規；五十七年，又沐前任彭縣主示禁勒石。邇來人貪私利，不顧大患，棚山挖種，蔓植苞蘆，土瀉山頹，墳墓傷殘，川竭田壅，供課無資，甚至雇工鳩党，明托幫鋤，暗招異類，不叩嚴禁，弊端日甚。本年三月生等呈禀本邑，蒙署任周縣主給示，永禁挖掘之害，業經勒石。該號山場布遠，緊界休寧，仍恐居民雜處，違例越侵，有害地方，憂防莫及。爲此，并粘條規，籲叩憲天恩賞金讞勒石，宗祠共知，警惕杜害，興利除弊，民生世代呼恩祝禀等情到府。

據此，除批并行縣一體查案禁止外，合行出示。爲此示仰該處保甲居民暨吴族人等知悉：前奉部議，徽屬山場，若非本地匪徒私行召租，外來棚民何所托足？是山主私租之罪浮於棚民，故盜租主佃俱擬軍流；栽植苞蘆，更干重罪。嗣後如有私將山場租與棚民開墾者，除棚民究擬嚴辦外，將私租之人照例發邊遠充軍。其在字二號起至一千九百六十八號止吴姓祖遺管業各山，止許遵照部例，種植竹木茶叢，永禁墾種苞蘆，挖掘柴腦，以及將山頂賣外姓，招異聚種，鳩黨竊害。至連界休邑山場，雜處無分之人，更應一體遵照，不得占侵滋害。山税關係國課，墳墓尤當保護。如敢故違，許該約保族房長人等，指名聲稟,以憑按律嚴拿究治。該約保及族衆人等,亦毋徇隱,致干察究。各宜懍遵毋違,特示!

右仰知悉。

嘉慶二十三年四月十八日給。

資料來源:汪柏樹《良法雖垂　頹風難挽——清代徽州環溪吴氏家族禁山碑約探討》,《黄山學院學報》2006 年第 6 期。

225 保護山場禁砍樹木合同碑記

時間:嘉慶二十三年(1818)

地點:雲南省楚雄彝族自治州富民區吉樂鄉磨刀箐村

規格:碑高 70 厘米、寬 50 厘米。砂石質。碑文柳體正書。

立保護山場禁砍樹木合同碑記

有祖遺上下各村□□山場,田地錢糧巨大,國賦攸關,若不急爲保護,則山林漸空,田地日以乾寡,錢糧何由上納?今兄弟叔侄同佃户公同酌議,齊心儆戒保護。東按蒲姓地界,以大尖山分山倒水爲界,南自石丫口山頂分山倒水爲界,西自北丫口利摩蚱山分山倒水爲界,北自母澳郎冲山頂所李姓山場之内。一切樹木自封山之後,不得混行砍伐,倘有盜砍盜伐者,博齊公同理論,照規處罰,不得隱惡。若見而不報者,亦照規處罰,倘不遵條規者,執約鳴官,加倍處罰。自此各宜敬戒保護，恐後無憑，立此合同碑記，永垂不朽。

一、盜砍青松壹棵者，罰銀壹兩伍錢。

一、巡山不力者，罰松種五升。

一、盜砍沙松壹棵者，罰銀伍錢。

一、見而不報者，罰銀伍錢。

一、盜砍明子歪竇者，罰松種伍升。

一、盜砍雜木一枝者，罰松種伍升。

嘉慶二十三年十二月初九，黄姓同佃户公同立石。

資料來源：何丕坤主編《社會林業研究探索》，雲南科技出版社，1995年，第92頁；又見楚雄市林業局編《楚雄市林業志》，德宏民族出版社1996年，第309頁；曹善壽主編、李榮高編注《雲南林業文化碑刻》，德宏民族出版社，2005年，第264—266頁。

226 青山莊南山護林碑

時間：嘉慶二十三年(1818)

地點：浙江省衢州市開化縣城關鎮青聯村口

立禁約三十都青山莊，緣本村南山聚簇雜木遮護水口，近年以來屢次偷砍。爲此，會同衆等商議，重申嚴禁，不許大小登山、砍柴、割草挖根。自禁之後，丫枝毛草亦不許拔㓥，永遠保留。如有犯者，公議罰款一千文，存衆公用，倘不遵罰，稟官究處，決不徇私，爲此勒石示禁。

資料來源:《開化林業志》編寫組編《開化林業志》,浙江人民出版社,1988年,第297頁;參見關傳友編《風水景觀——風水林的文化解讀》,東南大學出版社,2012年,第105頁。

227 青山莊南山封山碑

時間:嘉慶二十三年(1818)

地點:浙江省衢州市開化縣長虹鄉辛田村

規格:碑高150厘米、寬約80厘米。青石質。

聚録雜木遮護水口……勒石示禁……勿許大小登山砍柴、割草、挖根,自禁之後,丫枝、毛草亦不許拔,永遠存留。如有犯者,公議罰錢一千文,存衆公用。倘不遵罰,禀官究處,決不徇從。

資料來源:王青陽《開化又發現清代護林禁碑》,《浙江日報》2001年11月14日;參見巫少飛《前人種樹　後人乘涼——三衢林木習俗漫議》,《衢州晚報》2013年3月14日。

228 衆村合立禁約碑

時間:嘉慶二十四年(1819)

地點:廣西壯族自治區崇左市扶綏縣昌平鄉下餘村雙甲屯

228 衆村合立禁約碑

蓋聞朝廷律例森嚴，鄉黨禁約爲要。凡我士民，農耕安業，三農九穀，園圃菜蔬，春種期秋收，東作希西成，人人皆賴耕作以仰事府畜有靠，而饑寒困苦無虞。我鄰里鄉黨，和睦爲先，禁盜爲首，出入相交守望，衆力相助易爲。凡事莫如衆人一心，安份守己，免禍臨身。兹見盜風不息，衆父老公共鄰近各村，恒豐、巴細、隴綿、岑淋、小同、三卡、波產、壇升、隴午、雙甲等衆村合議，先行禁此疆彼界不相竊。但中有不法之徒，窩藏賭博，匪類偷竊，勾引生面外賊，拐帶人口，飛禍枉害良民等弊。我等鄰村不得坐視其所害，爲〔善〕當扶，爲惡當攻，俾風俗還醇，人心向善。且歷蒙縣主奉上憲諭飭，嚴查匪類，不得窩匿，如甘同坐罪，各村合議，凡有循情藏匿偷竊各項，即稟官究，又罰香油銀兩入各村廟宇，先稟官治，後有神責，奚患不有里仁之美哉。是以立定鄉集約規，勒碑永遠，決不相容，祈毋後悔。計開公議禁約於後：

一禁窩藏賭博、匪類拐帶人口；

一禁偷牛、馬、羊、魚塘；

一禁偷竊五穀、瓜菜、芝麻、豆類；

一禁偷竊拱橋、樹木、瓦片等件。

如有犯禁條者，議定出每村各廟香油銀壹兩正。

嘉慶二十四年三月二十日，衆村父老公議立禁約碑。

資料來源：《民族問題五種叢書》廣西壯族自治區編輯組編《廣西少數民族地區碑文契約資料集》，廣西民族出版社，1987年，第145頁。

229 西青嶺義冢碑記

時間：嘉慶二十四年(1819)
地點：浙江省温州市

爲捐置義冢山地，以免遺骸暴露事。切維掩骼之仁，澤及枯骨，乃王政之本源，古今一體，本官守土者未有不黯然神傷、心存惻怛者也。本府自莅玉環，將滿六載，目擊山陬棺櫬毁壞，朽骨抛殘，深以一時無地，悵觸久之。兹據紳士董振國、姚炯煬、朱基、李樹苑、陳雋、林青陽、潘逢源、蘇海、林秉植、金銘、潘得癸、董思勳等禀稱：前任張公於中青嶺頭向置義冢一所，歷年埋葬過多，絶無半弓餘壤，籲請諭令各殷户公買課山，更置義冢等情前來。因思勸諭捐資，究非追步前任芳踪之善舉，本府當經自行捐廉，置買西青嶺之田螺峰下大坑裏山地共八岡有零，凡民間無主之冢及客死無歸者，聽其瘞埋，入土爲安。除一面批示，飭房粘同山契字號四至，彙列卷宗，并備文詳明温處道憲立案外，爲此勒石示禁：居民毋得於義冢界内開墾，采砍山樹、栽種藷藤雜糧及牛馬作踐，致干懲治，庶使夜臺安樂，幽谷長春，以垂久遠。各宜凛遵，毋違！

資料來源：〔清〕杜冠英修，〔清〕吕鴻燾纂《玉環廳志》卷三，光緒十四年(1888)刊；參見吴明哲編《温州歷代碑刻二集》，上海社會科學院出版社，2006年，第544頁。

【備注】

據《玉環廳志》卷二載，知本篇碑記爲張德標撰；又知雍正六年(1728)同知張坦熊於中青嶺頭置義冢，嘉慶二十三年(1818)張德標任玉環同知後，又謀及此。

230 九南水口山植樹護林碑

時間：嘉慶二十五年(1820)

地點：貴州省黔東南苗族侗族自治州錦屏縣九南鄉九南村對面公路邊

規格：碑高100厘米、寬87厘米、厚3厘米。碑額刻“□□思功”四字。碑文楷書，陰刻。

蓋聞德不在〔大〕，亦不在小，《書》云“作善降之百祥”，豈能修於遠而忽於近乎？我境水口，放蕩無阻，古木凋殘，財爻有缺。於是合乎人心捐買地界，復種植樹木。故栽者培之鬱乎蒼蒼，而千峰叠嶂羅列於前，不使斧斤伐於其後，永爲護衛，保障回環，豈曰小補之哉？是爲序。

化首：龍起圖、楊丘遠、龍用熙、潘士明、楊佐□、龍□慶、左川道。

捐修人：龍明義捐水口山二丈，龍明□捐水口山三丈，龍大□捐水口山三丈，龍□□捐水口山三丈，吴正武捐水口山三丈，龍用新捐水口山三丈，龍明章捐水口山三丈，龍□□捐水口山四丈，楊應□捐水口山四丈，潘相武捐水口山一地一禁大木如有盜砍者，罰艮三兩，招謝在外；

一禁周圍水口樹木，一栽之後，不許砍伐枝丫，如有犯者，罰艮五錢。

嘉慶廿五年十一月十九日良辰立。

資料來源：姚炽昌《九南水口山植樹護林碑》，黔東南州文化局編《黔東南文物志》第 2 集，1986 年，第 148—149 頁；又見黔東南苗族侗族自治州地方志編纂委員會編《黔東南苗族侗族自治州志・文物志》，貴州民族出版社，1992 年，第 112 頁；錦屏縣政協文史資料委員會編、姚熾昌選輯點校《錦屏縣碑文選輯》，1997 年，第 60 頁；貴州省地方志編纂委員會編著《貴州省志・文物志》，貴州人民出版社，2003 年，第 339 頁；龍春林、楊昌岩編著《侗族傳統社會林業研究》，雲南科學技術出版社，2003 年，第 97—98 頁。

231 永禁寺後營造伐木開鑿等碑

時間：道光元年（1821）

地點：浙江省寧波市保國寺大門側

規格：殘碑高 152 厘米、寬 86 厘米、厚 7 厘米。

寺後西側係本寺來脉之所，乾隆四十一年間，偶鑿隴石，本寺即遭無妄之灾。癸丑七夕，大風拔木，未幾又罹訟累。嘉慶十八年間，圍山築墻，移徙木石，訟端尤甚。斯隴之動静，與本寺風水攸關。前鑒不遠，用勖後人。

計開本嗇寺山字號址界，再禁寺山，毋得出賣塋葬，以免後累。

菜字二、五號山，四畝六分五厘；六號山，念畝零九分三；十、十一號山，三畝七分；十三號民山，二畝。

菜字十五號山，三厘六毛六；十八、十九號山，八畝二分四；廿乙、廿八號山，乙畝九分七；九十二、九十七號山七分。

菜字十八號山，七畝八分六；六百號山，乙分五厘。

栖雲堂菜字號山，計乙畝二分八厘。

西青坑山一爿，東至青坑溪直上至横路下沿溪一帶，闊數丈，南至蘇姓公山爲界。内又南至余姓公山爲界，西至本寺青龍山崗上連爿，北至鄭峰山頂横路爲界。

寺後山一大爿，東邊一則其上東至青坑寺山連爿其下一帶，東至余姓公山爲界，東南下一帶至啓能師拜壇下蘇姓山爲界，惟左右横闊，東余姓，西至大立石角直□，内又南至蘇姓墳邊爲界，其中南至寺，西至來脉界水溪，北至沿岡山頂爲界。大殿法堂左側，東至蘇姓公山墻邊隨灣釘址爲界，其墻脚外留出水□溝一條。

毛竹園一爿，東至鄭汪王張姓墳旁爲界，西南至寺，北至墻外蘇姓墳旁爲界。白虎山一邊，東至大溪，南至余姓山，西至小山頭劈頂沿岡，北至寺山連界。

道光元年歲次辛巳孟春月。

方丈永齋示孫舟庵。

監院峰齋鎸石。

辰溪姚錦書丹。

資料來源：章國慶、裘燕萍編著《甬城現存歷代碑碣志》，寧波出版社，2009 年，第 112—113 頁。

【備注】

據《〔嘉慶〕保國寺志》載，保國寺第十六世住持爲永齋禪師，其名廣遠，號永齋，慈溪王氏子。故知"寺後"、"本寺"之"寺"爲保國寺。

232 禁伐公木公約碑

時間：道光元年(1821)

地點：福建省漳州市漳浦縣獅嶼村

規格：碑高 50 厘米、寬 100 厘米。

衆父兄公約：公木係祖蔭，嚴禁子侄采取。如違議，罰呈官究治。仍敢盜竊，同咒言絶子害孫。切告。

道光元年正月謹識。

資料來源：王文徑編《漳浦歷代碑刻》，漳浦縣博物館，1994 年，第 64 頁。

233 護山林厚民生碑記

時間:道光元年(1821)

地點:雲南省大理白族自治州鶴慶縣辛屯鄉南山河山神廟内

規格:碑高 74 厘米、寬 50 厘米、厚 10 厘米。石灰石質。

嘗聞語云,各有地界,山獨非耶?夫何河西男女晝來吾山砍柴,豈才知各有山場,總因河東嫁去之女鈎引過來,漸現成凛。想吾山地氣窄,以况界在倒流箐、大箐□何之中伐之□□□幾成濯濯矣。□於我□北河小柳場□□之來,又加上河西一帶,男女橫行砍伐,我等難言説。兹公同酌議,從今勒石之後,河東嫁去之女以及新戚等再有仍蹈前轍者,將其後親禀報入官用保我山場,外有野火燒山者,亦一體禀報。謹序。

龍飛道光元年三月二拾壹日同立。

資料來源:曹善壽主編、李榮高編注《雲南林業文化碑刻》,德宏民族出版社,2005 年,第 267—268 頁。

234 勒石永禁碑

時間:道光元年(1821)

地點:湖北省荆門市東寶區仙居鄉火神廟遺址

規格:碑高 102 厘米、寬 43 厘米、厚 13 厘米。青石質。碑文楷書,陰刻。共 12 行,滿行 30 字。

古人云：非其有而取之，非義。惟君子能守此訓，至於窮鄉愚焉知此？所以四鄉之人往往妄取人家財物，以致争奪成訟。如陳大才等在閭閻起松山上强伐樹木，致傷同姓，被起訴赴州告發，得保鄰邵化南、許啓紹等令陳大材等服理請息。因將嘉慶十八年紳保所請官示勒之於石，永斷移適。

特授荆門直隸州正加三級紀録三次任，爲公懇嚴禁，以戒地方事。據紳保陳大震、楊迨泰、周宗、陽檐士、桂呈、周緑生等稟，仙居地方近有不法地痞盧成遠强伐樹木，搶摘桑葉，竊網堰魚，奸淫局賭，毫無忌憚。更兼外來丐匪，日則求乞，夜則挖竊，群聚山洞，無所不爲。間有驅逐，即撒發騙害，閭閻莫寧。爲此，邀同生耆公叩賞准出示嚴禁等，特據此整飭差查，如内外合行出示嚴禁。爲此，該地居民人等知悉：務各痛改前非，勉爲良善。自示之後，倘敢仍蹈前轍，許被害之家及衆保甲人等扭稟報州，以憑從嚴究辦，决不姑寬。各宜凛遵毋違，特示！

右仰通知，告示實貼。紳士廖其清、解膠久、劉玉六、陳文炳。石匠陳金太。

道光元年十月二十日。

資料來源：焦知雲著《荆門碑刻》，中國文史出版社，2008年，第203頁。

235 大哨村禁伐樹木公示碑

時間：道光元年（1821）

地點：雲南省玉溪市元江縣龍潭鄉大哨村井邊

特授元江直隸州正堂加二級軍功加四級記録五次廣，爲准給示禁砍伐樹木事。道光元年十一月初一日，據大哨監生劉遇清暨合村民等呈稱：緣大哨離城九十里，有關聖宫一座，廟宇廣闊，因人烟稀少，缺少功德。衆會合同村人等，將廟後一山，用功栽樹，培植多年，期其成材，以作歲修之資。理合稟清示禁，居民人等不得私行砍伐，俾殿宇不致頹廢。并稱：大哨公館早經坍塌，過往官員全賴關聖宫住宿，猶恐廟宇坍塌，不惟聖賢無栖身之所，即過往官員，亦無住宿地等情。據此，除呈報示外，合行出示嚴禁。爲此示仰漢夷居民人等知悉：自示之後，凡所禁樹木，若非修理廟宇、公館、塘房等項，不得擅行砍伐。如敢故違，許該村會首指名稟報，定行拿究，决不姑寬。各宜凛遵勿違，特示！

資料來源：雲南省林業志編輯辦公室編《林政法規選》（第一卷），四川科技大學出版社，1993 年，第 815 頁；又見雲南省元江哈尼族彝族傣族自治縣志編纂委員會編《元江哈尼族彝族傣族自治縣志》，中華書局，1993 年，第 894 頁；曹善壽主編、李榮高編注《雲南林業文化碑刻》，德宏民族出版社，2005 年，第 269—270 頁。

236 洪口小寨子禁碑

時間：道光二年（1822）

地點：四川省巴中市通江縣

規格：碑高約150厘米、寬43厘米。

從來朝庭太廟，帝皇之墓□鄉光祖□□□之根本。因吾父遷葬小寨子後，十年來屢被人盜伐，不知何人所砍，不意今歲□過，閆昌文弟兄砍伐殤冢地方，言説安山謝墓，豎碑□禁後，我□□如有人亂砍者，一經查出，豬羊祭謝，勿謂言之不先也。是爲序。

（衆立碑人名單略）

道光二年三月十八日吉旦。

資料來源：張浩良編著《緑色史料札記——巴山林木碑碣文集》，雲南大學出版社，1990年，第58頁；又見中國林學會林業史學會編《林史文集》，中國林業出版社，1990年，第135頁。

237 種松碑

時間：道光二年（1822）

地點：碑原立雲南省大理市蒼山神祠，後移到大理城内崇正書院，現存雲南省大理市第一中學南花廳北側

規格：碑高195厘米、寬82厘米、厚22厘米。大理石質。碑文行草。

攝迤西道篆日，買松子三石，課民種於三塔寺後，爲其濯

濯也。今日有報，松已尋丈，其勢鬱然成林者。予喜且感，繫以三絶句：

不見蒼山已六年，舊游如夢事如烟。
多情竹報平安在，流水桃花一惘然。

古雪神雲看幾回，十圍柳大白頭催。
纔知萬里滇南走，天遣蒼山種松來。

一粒丹砂一鼎封，一枚松子一株松。
何時再買三千石，遍種雲中十九峰。

資料來源：〔民國〕張培爵修、周宗麟纂《大理縣志稿》卷三十一，民國五年（1916）鉛字重印本；參見曹善壽主編、李榮高編注《雲南林業文化碑刻》，德宏民族出版社，2005 年，第 272—274 頁；包泉萬著、孔慶華攝《中國古碑》，百花文藝出版社，2009 年，第 107 頁。

【備注】

據《大理縣志稿》載："清嘉慶間，嶺南宋芷灣先生攝迤西道篆，嘗買松子課民種於三塔寺後。迨道光二年春，先生復任巡道，松已尋丈，鬱然成林，喜而感題三絶。"宋湘（1756—1826），字焕襄，號芷灣，廣東梅縣人。事迹詳見張靈瑞編《宋芷灣年譜初稿》（《中山大學語史所周刊》第 103 期，民國十八年編印）。

238 福堂村村規碑記

時間：道光二年（1822）

地點：廣西壯族自治區來賓市興賓區蒙村鄉福堂村東社王嶺

規格：碑爲攢尖式方柱形，高 74 厘米、寬 30 厘米、厚 32 厘米。碑文刻在碑的正、左、右三面。碑文楷書，陰刻。

竊思朝庭以律法，百姓遵循，鄉里有禁約，人咸遷善，其律法禁約不可無也，明矣！况村人無幾，且屬兄弟叔侄，同村居住，反無規矩乎？故弟子陳珏、良、治、漳、楨等，仰體我社主王爺，坐鎮斯土，人安物阜，沐鴻恩之默佑，沾好德之繁昌。珏等是以齊集叔侄兄弟公議，同立村規以禁偷竊。勒碑不朽，開款列後。

道光二年仲秋月吉日立。

一款偷豬、犬、羊，拿獲者罰村規錢三千文，賠贓在外；

一款偷鷄、鵝、鴨、貓，拿獲者罰村規錢二千四百文，賠贓在外；

一款偷砍竹、木、笋，拿獲者罰村規錢一千六百文，樹木竹笋賠錢在外；

一款偷草、瓜、菜等物，罰錢一千六百文，草一（巴）〔把〕賠二十（巴）〔把〕，瓜菜看多少賠還；

一款偷嶺上豆、□、穀、禾、六業等項，罰村規錢一千二百文，賠贓看其多少；

一款偷塘魚，拿獲者罰村規錢一千二百文，贓物看其多少賠還；

一款偷牛盜馬，拿獲者罰村規錢四千文，賠贜看物大小；

一款勾引外人做脚挖房屋，查知者罰村規錢五千文；

一款在村内賭錢，拿獲者罰村規錢每人五百文，窩賭者罰錢二千文；

一款隱匿、接贜，拿獲者罰村規錢二千文，賠贜在外；

一款社王松樹千餘根、竹頭二十餘篼，偷修枝者罰錢五百，偷砍一根罰錢一千。

（以下立碑人名單略）

資料來源：楊向東《福堂村〈村規碑記〉説明》，政協來賓縣委員會文史資料委員會編《來賓文史資料》第 5 輯，1991 年，第 94—96 頁；又見來賓縣志編纂委員會編《來賓縣志》，知識出版社，1994 年，第 682 頁。

239 奉憲禁示碑

時間：道光三年(1823)

地點：湖北省荆門市鍾祥市客店鎮岩石寺遺址

規格：碑高 114 厘米、寬 49 厘米、厚 17 厘米。青石質。碑額横刻“奉憲禁示”四字，楷書，陽刻。碑文楷書，陰刻。共 9 行，滿行 33 字。

攝鍾祥縣正堂候補糧府加十級紀録十次馬，爲禁示盜伐叢林樹木以全廟貌事。照得本攝縣昨由岩首經過，據該寺住持寧遠禀稱：寺内山林樹木，每有無知之徒，屢常肆行盜伐，莫能禁阻；外查該寺方丈三年輪流更换，亦有私行砍伐售賣肥囊者，以致廟貌頹敗，請示嚴禁等情。據此，查岩首寺爲郢東古刹，向係叢林栽植樹木，原以庇廟貌而壯觀瞻，豈容私行砍伐。除已往不究外，合行出示嚴禁。爲此示仰該地保甲居民人等知悉：嗣後如有前項不法僧俗仍踏前轍，許即赴縣指禀，以憑拿究，慎毋容隱取咎。各宜凛遵毋違，特示！

右仰通知。

道光三年六月二十三日示。

當代住持宏法沙門寧遠覺空刊立，監院啓慧，石匠高永昌。

告示。

資料來源：焦知雲著《荆門碑刻》，中國文史出版社，2008年，第204頁。

240 李公墓地禁碑

時間：道光三年(1823)

地點：四川省巴中市通江縣

墳園禁地，培植風水。四至界畔内凡我親□□世子孫，替相護持，□□侵占，庶發達自在□□中也！

前齊大溝砌石棱坎爲界，後齊路下石板爲界，左齊大溝直下水口爲界，右齊大□坎爲界。

道光三年歲次癸未六月下浣日。

資料來源:張浩良《通江林木"禁碑"初探》,中國林學會林業史學會編《林史文集》第一輯,中國林業出版社,1990年,第135頁。

【備注】

此碑爲李公墓地上的禁碑。李公是李中峨,康熙丙戌(四十五年,1706)科三甲進士,官至太常寺少卿。

241 廣福寺告示碑

時間:道光三年(1823)

地點:雲南省紅河哈尼族彝族自治州瀘西縣縣委黨校(原靈龜山廣福寺所在地)

廣福寺住持遵憲示,嚴禁兩山樹木牲畜碑。

兼署廣西直隸州事彌勒縣正堂加二級記録六次黎,爲嚴禁盜伐樹木,保護叢林事。照得廣福寺乃瀘郡古刹,龍脉由鶴岫層叠而來,結成龜靈,前立屏山,後有滄海。先年古人建殿塑佛,置産設僧,培蓄樹株,原以壯觀瞻而護風水,誠爲名山勝境,全賴保護,勿使變易,迭更常新。在嘉慶十八年内,曾經前州主錫出示,嚴禁縱放牲畜踐踏、盜伐樹株、折采花木、毁壞墻壁物件在案。兹據僧正具禀,廣福寺本山樹木,面前屏山附近佛照村,常有不法頑徒,縱放牲畜踐踏、盜伐樹株等情,前來本州。當即批飭該增正查此究繫何年月事主所施,詳細禀覆,以憑示禁。復據憎正刷摹碑文,禀呈:此山場繫元統元年,昂普德施入,其屏山,連佛照村,亦在四至之内等情。本州覆查此貳山樹木,關係寺中風水龍脉,不許踐踏,凡附近村莊,具宜保護。培成勝境,何致不法愚頑,肆行擾害,殊屬不成事體。除呈批示外,合亟給示,立石嚴禁。爲此示仰廣福寺住持明映以及漢彝軍民、漁户人等知悉:自示之後,如有不法頑徒再行縱放牲畜踐踏山場、盜伐樹株以及赴寺游玩,拆采花木,毁壞墻壁物件,該住持僧刻即指名禀報,以憑嚴拿懲究,决不稍寬。各宜凛遵毋違,特示!

右仰通知。

道光三年玖月初捌日示。

告示。

發廣福寺勒石曉諭。

資料來源:雲南省瀘西縣志編纂委員會編纂《瀘西縣志》,雲南人民出版社,1992 年,第 820—821 頁;又見雲南省林業志編輯辦公室編《林政法規選》(第一卷),四川科技大學出版社,1993 年,第 816—817 頁;曹善壽主編、李榮高編注《雲南林業文化碑刻》,德宏民族出版社,2005 年,第 280—283 頁。

242 嚴禁牧羊蹭踐桑枝告示碑

時間:道光三年(1823)

地點：山西省晋城市高平市石末鄉靳寨村玉皇廟

規格：碑高150厘米、寬47.5厘米、厚10厘米。碑圓首，刻雲鳳水龍，碑文兩側刻纏枝卷花紋。

特授高平縣正堂加五級紀録十次李，爲嚴禁牧放羊隻，肆行砍伐，以重蠶食事。照得桑株爲蠶食之需，自宜共相保護，豈可肆意損傷？兹據沙壁里東靳寨村社首王克紹等，以該村地内所植桑株，近被無知之輩牧放羊隻，砍伐蹭踐，禀請示禁前來，合行給示永禁。爲此示仰該社首鄉地居民人等知悉：嗣後如有前項不法之徒，仍敢□□牧放羊隻、蹭踐桑枝者，許爾等公同禀送，以憑按法究治，爾等亦不得藉端滋事。各宜凛遵。

道光三年十二月初六日。

告示。

東靳寨村闔社同立。

邑儒學生員靳棻書。

玉工靳有印刻石。

資料來源：《高平金石志》編纂委員會編《高平金石志》，中華書局，2004年，第692頁。

243 鷂子山護林碑

時間：道光三年(1823)

地點：山西省長治市長治縣鷂子山

且夫山不在高，有仙則名；及其廣大，寶藏興焉。是知山也者，豈可概論哉！况鷂山在南、北珏山之中，金頂中山亦天下之名山也。而且樹林發生，又此山之靈秀也。山固不可損，林固不可傷也。明矣！無奈近有開墾抛荒、牧放牛羊、割條打柴之輩，入此山非牧放割打即以開抛爲生，非特山林受其損傷，而爲鄉村所難容者也！故令闔社公議，永遠嚴禁！即立四止碑界以防後悔，復有犯禁罰例，以警臨時。自此立碑以後，社中著人巡查。勿論遠近本村人等，倘有初犯條禁者，其輕重以社規責罰；有照前犯條禁者，社規責罰仍照前例。如恃强不遵，送官究治。

資料來源：山西省長治市長治縣王晋先生提供。

244 禁條碑記

時間：道光四年(1824)

地點：四川省綿陽市玉河鎮天寶寨

規格：碑文隸書。

山前嶺後遠近人等，各有草坡山場，勿許亂放牲畜豬隻，踐食草木，更不許亂伐樹株，過者認罰。如有不依罰賠者，即送官究治，任何人不得挾仇架害，徇私爲己。

道光四年孟春月二十五日。

資料來源：黄森木《我國古代的以法治林》,《農業考古》1986 年第 2 期。

245 曾家莊禁約總碑

時間：道光四年(1824)

地點：貴州省黔西南布依族苗族自治州興仁縣陳家溝鄉曾家莊古驛道旁

規格：碑高 130 厘米、上寬 50 厘米、下寬 60 厘米、厚 13 厘米。砂石質。碑文楷書。共 10 行。部分泐蝕。

立之□碑□□□□□□□□□□爲禁止賊盜，以裨地方□□□□□□□聖王之世，道不拾遺，□無盜推追而安在哉？今竟晝夜屢遭侵害，賊匪盜竊牛馬家財、〔田〕禾五穀、山中林木、(菌)〔園〕内菜果種種。盜賊不一而足，只得衆等邀集，同心協力捕拿，晝夜嚴禁。若有不法之徒，拿獲各費，送公究治，不得推索。其盜竊物件，必一(培)〔賠〕九。若窩賊分肥，知贓不報，禀公處究。内外親疏，言出法隨，決不姑寬。各處朋友，早回心向善，而天下和平，各習道藝〔守〕紀，鄉里中之樂事乎！

爲此謹白。

道光四年七月。

資料來源：黔西南布依族苗族自治州史志辦公室編《黔西南布依族清代鄉規民約碑文選》，1986 年，第 25—26 頁；又見

貴州省黔西南自治州史志徵集編纂委員會編《黔西南布依族苗族自治州·文物志》，貴州人民出版社，1987年，第96頁；貴州省興仁縣編史修志委員會編《興仁縣志》，貴州人民出版社，1991年，第510—511頁。

246 永鎮地方碑

時間：道光四年(1824)

地點：湖北省恩施土家族苗族自治州宣恩縣李家河鄉冉大河村

規格：碑高180厘米、寬80厘米、厚20厘米。

特授湖北施南府宣恩縣正堂加五級又軍功加一級紀録十次張，爲懇示嚴禁以靖地方事。據木册里二甲約民人等稟稱：□□木册二甲，種山地度日者居多。近來土地瘦薄，每歲種植欠收。是以窮多富少，只得栽蓄桐樹、茶樹以資生活，府仰天如。地方有不安分男婦，假以割草摘豬草爲名，竊砍樹木，偷竊黄穀、蕎麥雜糧。若經撞見，即將婦女誣奸、蠆騙。并恐有容留外來流痞，聚賭窩娼，擾害地方，爲此公懸賞示嚴禁。據此，除飭差查拿外，合行書出示曉諭。爲此示仰該地居民人等知悉：爾等務要安守本分，切毋偷竊爲匪，并容留外來流痞聚賭、窩娼、擾害。如有不遵，許爾鄉保糧民赴縣指名具稟，以憑嚴拿究辦。該約民人亦不得挾嫌妄稟，致於并究。毋違，特示！

一禁四季六畜各自看守，如若踏食五穀雜糧，相地賠還。

一遍野所禁樹木，如有盜砍竊伐者，驗數所罰。

一五穀成熟之際，男女以撿柴打菜爲由，潛地偷藏者，重罰不貸。

一容留外來流痞，强討惡要并聚賭窩娼，擾害地方者，照示赴送。

一寒露茶子、霜降桐子，如有違令先撿者，照碑□罰。

道光四年歲次甲申閏（□□）〔七月〕吉日公□議。

代榜：謝爲義。

資料來源：王曉寧編著《恩施自治州碑刻大觀》，新華出版社，2004 年，第 128 頁；参見宣恩縣志編纂委員會編纂《宣恩縣志》，武漢工業大學出版社，1995 年，第 99 頁。

247 奉憲示禁碑

時間：道光四年（1824）

地點：江西省宜春市靖安縣寶峰鎮太平洲康樂園游樂場内

規格：碑高 141 厘米、寬 76 厘米、厚 12 厘米。青石質（翠緑岩）。碑文楷書。

署南昌府靖安縣正堂加十級紀録十次張，爲懇准給示□全寺産事。據僧明心稟稱情，僧住持大梓都太平洲，四圍皆水，庵在中流蓄植竹木擋護庵基，中有糧田二十餘畝，以贍食賦、香燈，歷管□異，師祖别幾□叔祖德宴手三遭水刷。至嘉慶十三年東西各爨,田地平分,竹山公蓄,不料祖□叔祖相繼云亡,東房圓江師徒接管,不守清規,負債日多,將師手分受田地盡行典賣,抛廢不顧,苦僧獨守庵場,蓄植茅竹,累次抽賣,存錢贖回賣業。圓江等歸庵後住值至舊歲。又近一班□業之人,夥同游蕩還分□護□茅竹,又欲將取贖之田出賣,激僧經地理諭蒙勸,措辦錢文賣受伊本洲□九畝七分,開銷現欠,以爲曲全之計。若蹈前轍,將何以堪?預叩憲天合准給示,嚴禁典賣寺産,驅逐閑人,庶幾佛祖之香燈不滅,□憲德亦永垂不朽矣。人神共祝萬代公侯,上禀等情到縣。據此,除批示外,合行出示嚴禁。爲此示諭該外附近居民人等及僧圓江等知悉:該庵爲三寶憑之地,糧田爲食賦倚賴之源,該僧圓江等分□庵産,不知護守成規,輒敢逾閑蕩析,已乖佛造,僧明心取贖之後,復不自蓋前欲,又□不肖之徒□□贖回之業,實屬怙惡不悛。爾等素聽來往之人務宜及早欽跋,既不能爲善樂施,尚欲侵欺香火,是誠何心。本應拘究,姑念事既念寬不深求。嗣後庵内田産以及蓄植竹木,俱由住持明心管理,以爲香火賦食之資。圓江暨各項人等,倘敢復行蕩敗,許即投保禀□縣,以憑嚴懲,决不稍寬。各其凛遵毋違,特示!

右諭通知。

道光肆年玖月廿七日示。

實貼太平寺。

資料來源:筆者2001年赴當地調查抄録。

248 湯盆護林告白碑

時間:道光四年(1824)

地點:雲南省文山壯族苗族自治州廣南縣舊莫鄉底基村湯盆寨老人廳内(原在廳外左側)

規格:碑高 93 厘米、寬 54 厘米、厚 20 厘米;碑座長 80 厘米、寬 60 厘米、厚 20 厘米。均青石質。碑額刻“告白”二字。碑文楷書。共 18 行。

嘗聞育人材者,莫先於培風水;培風水者,亦莫先於禁山林。夫山林關係風水,而風水亦關乎人材也。爰稽我寨世居此土,前者人文蔚起,物亦繁昌,蓋因林木掩映,山水深密,而人材於是乎振焉。今者人文衰敗,物類凋零,此皆無耻之徒不知山林所繫,風俗人材之攸關,而斧斤時入,盜砍前後左右樹株,則樹株敗而人杰地靈亦因之迍邅焉。我等後輩之人觸目寒心,仍照古規培根固木,將寨中前後左右山場樹木盡封。若寨中人砍伐一株者,罰銀三兩入公、豬一口(重五十斤)、酒一百碗、米一百碗、鹽一斤;見砍不報者,與砍樹人同例。若有不遵,衆人齊集,送官處治,報者助錢五百文,以五百與禁樹人。至後有人起蓋房屋者,當面報衆,准伐廿株,若多伐者,請衆登山照樹取錢,每株價錢若干,已今衆寨言明,甚勿謂所言之不早也。謹此勒石。

陸崇高題。

寨老布英、布正、布用、布富、布渭、博胖、布拿、博湯、農正清,禁樹人陸輔清、陸秉清、博拿、博言、博刀同立。

道光四年季冬月吉旦。

資料來源：廣南縣文物管理所《湯盆護林“告白”碑》，中國人民政治協商會議雲南省廣南縣委員會文史資料委員會編《廣南縣文史資料選集》第 4 輯，1990 年，第 3—4 頁；又見雲南省林業志編輯辦公室編《林政法規選》（第一卷），四川科技大學出版社，1993 年，第 819 頁；曹善壽主編、李榮高編注《雲南林業文化碑刻》，德宏民族出版社，2005 年，第 285—286 頁。

249 梵净山禁樹碑記

時間：道光四年（1824）

地點：貴州省銅仁市梵净山

梵净山何爲禁？樹也。余守石阡郡，即知其地爲仙佛勝境，説法拜佛之有臺，定心九龍之有池，前人之述備矣。洎守銅仁之明年，觀城南雙江匯流處，詢之邦人士，曰：斯二水發源於梵净山之分水嶺下，一支出大江省溪司江口達於城，一支出小江平頭司瓮洞達於城。余喟然嘆曰：嘗觀吕氏祖謙釋《禹貢》隨山之義，謂隨山脉絡，相其水勢，以浚其川，是知水源所自，即山脉所發，斯山固銅仁郡祖山也，不亦杰哉！且余重有念焉者。

初，余莅郡，謁諸大吏詢公事畢，即曰銅仁梵净山爲黔中勝地，名山大川識斯土者所有事，子往玆土，曷加意焉？余至郡，届歲暮。今春于役松桃，曾於車中望見此山，爲詩以紀。

亟思公暇登臨,使千里風烟一覽而盡者,得以陟高岡而騁遠眸,且因以省吾民焉,亦守土者之事耳。適邦人以無知民某某,近於斯山積薪燒炭,具狀來白。余止之曰:"十年之計樹木,况兹崇山茂林,豈可以歲月計？宜止焉,戒勿伐,弗若焉,未可也。"嗟呼！草木者,山川之精華;山川者,一郡之風氣。自兹以往,峨峨而業業者,其山也;鬱鬱而葱葱者,其樹也。《爾雅》曰:"梁山,晋望也。"梵净山爲郡治祖山,不當作如是觀乎？後之君子以爲何如？因書與邦人勒諸石。

資料來源:〔清〕敬文等修、徐如澍纂《〔道光〕銅仁府志》卷九《碑記》道光四年(1824)刻本;又見貴州省銅仁地區地方志編纂委員會編《銅仁地區志·林業志》,貴州人民出版社,2004年,第288頁;參見中共貴州省銅仁地委辦公室檔案室、貴州省銅仁地區政治志黨群編輯室整理《〔民國〕銅仁府志》,貴州民族出版社,1992年,第348頁。

【備注】

本碑文爲銅仁府知府敬文撰。敬文,滿州鑲白旗人,道光三年始任銅仁府知府。文中稱"余至郡,届歲暮……今春",可知本文撰於道光四年。

250 祖神禁碑

時間:道光四年(1824)

地點:湖南省邵陽市綏寧縣河口苗族鄉多逸寨村廟山坳

通村上下封禁風水界址,合同該處封禁,均不許犯;如違,罰銀二兩四錢,决不寬恕。

資料來源:王坤《護林碑刻的分類及其功能透析——基於綏寧縣護林碑刻的考察》,《湖南農業大學學報(社會科學版)》2011 年第 6 期。

251 文峰村勸諭禁伐護林碑

時間:道光五年(1825)

地點:雲南省大理白族自治州祥雲縣祥城鎮王家山辦事處文峰村

特授大理府雲南縣正堂加三級記録六次吕,爲禁伐松株,以廣栽種事。照得培養樹木,葱鬱成林,不特材木勝用,地利恒多,抑且明庇民居,攸關風水。凡墳塋樹木,固屬例禁砍伐,即官民山場,亦不得輕易芟除。現奉兩院憲通飭,凡合屬山場隙地,勸諭廣爲栽種,正所以興地利而厚民生,業已遵照,出示在案。兹本縣訪聞,縣屬山場松株樹木,竟有貪利之徒,混將松株砍伐售賣,且有貧民盜伐松株枯枝,不知培養不易,長發難。若頻頻砍伐,日漸凋零,不數年間即成曠土。所聞尤爲非細,除飭各約甲長鄉地訪查,合外出示禁止。爲此示仰合村人等知悉：爾等當知培植樹木，應俟成材。自禁之後，凡有隙地廣爲栽種，毋得將已發之松株砍伐，并嚴查盜伐松株枯枝。如能拿獲，准許業主即行送官究治。倘爾等居民視爲無關緊要，本縣一經查出，或被告發，定即從嚴律究辦，决不姑寬。各宜凛遵勿違，特示！

告示。

永垂不朽。

右仰通知。

合村老幼人等：俞輝、俞煌、俞文泰、俞伸、俞瀚湘、俞文盛（共三十二人）。

舜佐俞思臬沐浴敬書。匠士張文彩。

道光五年二月初三日立石。

資料來源：祥雲縣林業局提供；又見雲南省林業志編輯辦公室編《林政法規選》（第一卷），四川科技大學出版社，1993年，第820—821頁；曹善壽主編、李榮高編注《雲南林業文化碑刻》，德宏民族出版社，2005年，第287—288頁。

252 琛冲合村禁約碑

時間：道光五年（1825）

地點：廣西壯族自治區賀州市昭平縣庇江鄉森冲村

爲合禁水源山場，以全國課，以肅鄉村事。切照本鄉琛冲何、嚴二姓，各有堂管糧田歷世，原賴石狗、大山、富竹數處山場，蔭水灌溉禾苗。自乾隆十五設立木牌，合衆禁約，堂管等處水源山場，木已成林，水亦潑瀚，我輩庶無陷田、陷課之病。大清道光三年，衆木牌頗舊，字樣頗糊，衆又合設石碑集禁，以防村方之盜賊，并禁外人之盜砍。衆思山敗者水必涸，陷田者即陷課，而遺害人者豈淺鮮哉！兹於本年二月十三日，合村集議，嚴禁屬處水源山場，與各家管下培水源樹木，并自各人堂管杉木、茶樹與大路内雜木，凡有主一概毋得任意。違禁者小則會衆開倒懲罰，大則會亂送公究治。自此合禁之後，凡屬外鄉異姓，各宜凜遵，爲此合約：

一禁土名石狗山，自山口晝田頭坡起，至兩邊冲腦止；大山自長冲口起，兩邊冲入至冲腦止；富竹山自野岩起，至兩邊冲腦，共山三處，禁内地山場草木，永不得砍伐修鋤，禁外地任從本鄉種植生理。

一禁土名種坪上下祖嶺域回墩地，社坪墻基外菜邊地一所上下，竹州等處荒坪，自先人以來歷爲衆人牧牛之地。

一禁賊盜匪類生面歹人，不許本村人窩藏歇宿，如有窩藏盜物者，合村衆議，拿獲送公。

一禁土名自豬號起下至陶真冲止，外村外境人永不得入境采柴盜物，伐木修鋤，如有違者，衆議懲罰。

一禁牛踐踏五穀，按闊賠穀。

一禁豬羊鵝鴨入田，打死揚聲。

一禁擅伐水源山場樹木者，衆議每根罰銀一兩貳錢入社。

一禁盜伐各人掌山樹木、杉木、茶樹、雜木，衆議罰銀一兩二錢，另按木大小賠銀。

一禁擅耕禁内各坪者，衆議罰銀一兩二錢。

一禁竊盜禾穀、芋頭、產麥、棉花、雜糧等項，不拘本村外境，議罰銀一兩貳錢，另外按物賠贓。

一禁各山火路内乾柴、生竹俱不得混入私伐，違者罰銀四百元入社燈油。

大清道光五年二月十五日，合村公立，以垂不朽。

資料來源：昭平縣志編纂委員會編《昭平縣志》，廣西人民出版社，1992年，第579—580頁。

253 龍應坊禁斬松碑

時間：道光五年(1825)

地點：廣東省佛山市順德區龍江鎮左灘村龍應村三聖宫内

嘗□亦風水攸關，生民所賴，固□也然。我坊外種植水松，樹大四邊，護衛□□□坊保障，而年遠日深，盡皆朽腐。故通坊□□行種植，自社根塘起一帶種至橋頭，又□□塘起横至五角塘止。今俱生植，恐後附近□□及業主□□私毁傷殘，有壞風水，專特蒙禁，倘有故意斬毁，一經捉獲，帶至三聖宫□議責罰，多則稟究，少則依罰，决不徇情□□以免後□。若日久松老樹枯，特以□斬，永遠垂焉。

道光五年三月吉旦，龍應闔坊公禁。

資料來源:何兆明主編《順德碑刻集》,廣東人民出版社,2012年,第145頁。

254 高平雙泉村息訟壁記

時間:道光五年(1825)

地點:山西省晋城市高平市石末鄉雙泉村祖師廟内

規格:碑高32厘米、寬44厘米。石灰岩質。

具結狀人王四女、王興祜、王延綱,今於與結狀事,當堂實結,得蒙恩訊明:小界山所長樹株,雙泉村有大社糧票爲憑,係雙泉村大社之物,與小的窑嶺村無干,所有小的村社王四女等,糾人伐小界山松樹二十九株,念小的鄉愚無知,已將松樹抬入小的社内,恩寬免責。斷着小的社内,奉給雙泉村大社價錢十五千文。遵斷息訟,嗣後安分守法,再不敢糾衆向小界山砍伐樹株,結狀是實。

十一月初三日批:准結。具結狀人王四女、王興祜、王延綱。

具結狀人王興旺等,今於與結狀事,當堂實結,得蒙恩訊明:實係小的村維首王四女等,鳴鑼邀集小的等向小界山砍伐樹株,不去議罰;小的等無奈隨伊等去的。念小的鄉愚無知,恩寬免責,此坡山實係雙泉村大社之物,與小的窑岑村無干。結狀是實。

十一月初三日批:准結。具結狀人王興旺、王丑孩、王女

□、王九女、王□□等。

雙泉村合社勒石。

道光五年十一月初三日。

資料來源:《高平金石志》編纂委員會編《高平金石志》,中華書局,2004年,第620—621頁。

255 永昌種樹碑記

時間:道光五年(1825)

地點:原在雲南省保山市磨盤山磨房沟,後移至太保公園,現已無存

規格:碑高144厘米、寬48厘米。碑文共17行,滿行42字。

水利者,守土之專責也。培其本源,因其勢而順導之,則又治水之要道也。郡有南北二河,環城而下者數十里,久爲砂磧所苦,横流四溢,貽田廬害,歲發民夫修浚,動以萬計,群力竭矣。迄無成功,蓋未治其本,而徒齊其末也。二河之源,來自老鼠等山,積雨之際,滴洪澎拜,賴以聚泄諸箐之水者也。先是山多材木,根盤上固,得以爲谷爲岸,藉資捍衛;今則斧斤之餘,山之木濯濯然矣。而石工漁利,窮五丁之技於山根,堤潰沙崩所由致也。然則爲固本計,禁采山石而外種樹,其可緩哉?余乃相其土,宜遍種松秧,南自石象溝至十八坎,北自老

鼠山至磨房溝。

斯役也，計費松種二十餘石，募丁守之，置鋪征租以酬其值。日冀松之成林，以固斯堤；堤堅則河流清利，而無沙磧之患，歲省萬夫，田廬獲安，此余志也。獨是天下事不難於創始，而艱於圖成。愚民狃於積習，斬及勾萌爲炊爨計，牛羊又從而牧之，欲其繼長增高也，其可得乎！所望後之賢大夫，隨時按察而剔厘之，勿使翦伐，以垂永久，則幸甚矣！至若審端徑遂，別創規爲，以期於美善，此又余之所引領而跂者。是爲記。

道光五年永昌知府陳廷焴撰。

資料來源：李根源輯《永昌府文徵》卷十三，雲南美術出版社，2001 年；參見雲南省林業志編輯辦公室編《林政法規選》（第一卷），四川科技大學出版社，1993 年，第 821—822 頁；保山區行政公署林業局編《保山地區林業志》，雲南教育出版社，1996 年，第 262—263 頁；曹善壽主編、李榮高編注《雲南林業文化碑刻》，德宏民族出版社，2005 年，第 291—293 頁。

256 洵水蔭木碑記

時間：道光七年（1827）

地點：福建省南平市順昌縣元坑鎮謨武村謨武文苑

規格：碑高 92 厘米、寬 48 厘米、厚 29 厘米。

聞之黄岡志美，人以地傳，梓里必恭，地緣人重。喬木與世臣并稱，地靈斯人杰輩出。此百年之計，等諸十年，地道之敏，資乎人道。文灌堅桑之輪囷，必牛羊斧斤之切禁者也。吾鄉環繞山水，輻輳舟車，岫列三臺之秀，夙有老成；屏開五馬之雄，不無驥子。洵八景之名區，當上游之孔道。乃緣湍流岸漲，於脉有傷，捍圍河風，不植將落。爰采堪輿之言，亟爲樹木之計。所以先年前輩，邀集紳耆，公議鳩工，共圖封殖。養根遂實，已栽培之多年，禁砍止樵，且呈明而立案。凡此曉諭家户，無非保固地方。迄今沿河一帶，十里成林；合境三坊，千章競秀。睹兹葛藟之象，應興蔽芾之歌。

奈何人心如面，奸宄頻生，雖經懲罰，竊慮效尤，緣此重申前禁，呈請嚴規約。自婁杉馬鼻崗聯絡而來，迄水尾大壟坑過橋而止，間有蕪址荒基，仍屬各姓管理之土，内栽散材雜木，永爲通鄉嘉蔭之資，各戒子弟，毋許毁傷，倘有奸徒，公同鳴治。從此，披其華而啓其秀，暢品彙之亨佳；植其本而茂其枝，宰廣生之大化。行見榛楛濟濟，蔚起人文；棫樸芃芃，允爲楨幹。洵陽江上，森森留宇宙之春；謨水源頭，鬱鬱作河山之萌，詎不美哉。因爲之記，貞諸瑨石，以垂久長。

樹種自嘉慶十年，合鄉紳耆俱名踴躍，芳名不能備載，兹謹將伊始董事及留神培護者，開列於左。

道光丁亥柒年四月。

吴雙怡、謝仍寬、游全球、游祖蔭、游任峰、謝禹宣、柯福全、游長霈、葉宜椿、游長卿、蕭洪明、游光輝立石。

資料來源：石建平等主編《福建鄉規民約》，海峡文藝出版

社,2016年,第335—338頁;參見廖應芳整理《謨武村護林碑的由來》,中國人民政治協商會議福建順昌縣委員會文史資料委員會編《順昌文史資料》第9輯,1991年,第11頁;順昌地方志編纂委員會編《順昌縣志》,中國統計出版社,1994年,第202頁。

257 南泉山護林碑

時間:道光七年(1827)

地點:貴州省黔東南苗族侗族自治州黎平縣南泉山大佛殿後側門左(嵌壁)

規格:碑高160厘米、寬44厘米。

署黎平府知府事候補知州前翰林院庶吉士嚴,署黎平府開泰縣正堂加五級紀録十次又隨帶軍功加一級張。《黎志》所載南泉山,自昔迄今數百餘載,乃黔省一名山也。予署莅斯土,閲其古木葱隆,參差掩映,自下歷上,競秀争奇,實地脉之所鍾,故科甲之不絶,謂一郡之保障,信不誣矣。兹有不法山僧,暗約謀買之輩,私行擅伐,合郡紳士因而禀命於予,除分别懲治外,理合出示曉諭,再行勒石,以垂久遠。自後山中凡一草一木,不得妄伐,俾樹木豐妍,人文蔚起,永傳不替云。

道光七年歲次丁亥九月十八日立。

資料來源:貴州省地方志編纂委員會編《貴州省志·文物

志》,貴州人民出版社,2003 年,第 293 頁;參見黎平縣林業局編《黎平縣林業志》,貴州人民出版社,1989 年,第 170、256 頁。

258 學山蔭木永禁砍伐碑

時間:道光七年(1827)
地點:浙江省建德市建德林場(森林公園)紫翠亭
規格:碑高 220 厘米、寬 110 厘米、厚 10 厘米。

建德進士、舉人、貢監廩增武生員、鄉耆等合詞公呈。本縣正堂馮、通譯、督撫臬學藩臬道府鎮協各憲存案奉批。

學山蔭木永禁砍伐。

道光七年十二月,闔縣紳士七百九十七人公立。

資料來源:姜銀森《建德發現護林古碑》,《中國林業》1995 年第 8 期;又見姜銀森等主編《建德林業志》,浙江人民出版社,2011 年,第 543—544 頁;葉欣編著《嚴州金石》,天津古籍出版社,2012 年,第 109—110 頁。

【備注】

此碑是 1992 年 4 月建德市第二人民醫院基建時挖掘出土,申報列爲文物,7 月,市文化局批准在建德林場設立"浙江省立甲種森林學校舊址"。此碑爲舊碑《重修學宫碑記》磨製後覆刻。

259 祀龍阱禁伐護林碑

時間：道光七年(1827)

地點：雲南省楚雄彝族自治州永仁縣方山西麓

規格：碑高約 80 厘米、寬約 40 厘米。碑額刻“永垂不朽”四字。碑文陰刻。

蓋聞山川錦秀，則地靈定人杰，樹林茂則木本水□潭。□則知樹木爲水源之本，豈容砍伐。合公認定約規，凡有對茂樹從□居來龍之處，證□濯濯而久津乎！今而判久，永垂不朽。不得行砍伐樹木，開挖山地，砍垓風水。

計開條例。

一、〔禁〕砍伐龍樹。

一、憑正開挖山地。

一、賃正燒炭。

一、憑繫以上各條，各家保守。如不遵砍伐樹，處罰錢。三是開地□□□斤。

以上罰銀十兩。

東至横路，南至□路，西致齊路，北至□路。

道光七年□月二十九日立。

立碑人：曹大如、羅明才、羅正才、孫茂芝、李尚庭、楊宗章、高祖一、高庚書、曹有福、楊永明、李國并、高溶章。

資料來源：永仁縣林業志辦公室吴俊魁提供；參見雲南省林業志編輯辦公室編《林政法規選》(第一卷)，四川科技大學

出版社,1993 年,第 822—823 頁;曹善壽主編、李榮高編注《雲南林業文化碑刻》,德宏民族出版社,2005 年,第 296—298 頁。

260 公議禁伐樹木碑

時間:道光八年(1828)

地點:貴州省黔東南苗族侗族自治州黎平縣

規格:碑高 79 厘米、寬 44 厘米。

一、三庵上下左右墳墓,聽其拜掃。其有一切大小樹木,日後子孫并衆人、山僧等,永不許砍伐。違者送官究治。

二、山中樹木原以培植風水,不許砍伐,理應然也。倘藉以建醮美舉,必欲取山中柴木,以供炊爨,將來上元、中元、下元等醮俱欲上山修建,此山中樹木不幾年而砍盡矣。請建醮者慎勿以酬天謝地之美舉,見小利而傷大體。闔城公立。

道光八年六月拾一日立。

資料來源:貴州省地方志編纂委員會編《貴州省志·文物志》,貴州人民出版社 2003 年,第 293 頁。

261 禁伐樹燒山告示碑

時間:道光八年(1828)

地點:原立雲南省普洱市鎮沅彝族哈尼族拉祜族自治縣

買迷河肖家梁子

兼署鎮沅直隸州正堂加三級記録六次徐，爲給示嚴禁盜伐樹木燒山場事。據宣海里秉杏、秉過紅坡二等村民人李澍、陶先明、刀元亮、刀元明、刀兆鳳、刀兆雲、孟宗文、孟宗虞、陶忠明、陶昆明、陶得明、刀廷、李州、李潤、梁雲、楊起雲、楊起寬、嚴如倍、刀世貴、陳有才、陳元玉、陳世昌等具禀，賞示禁止砍伐盜火焚燒山場一案等情。據此禀存卷外，令行給示曉諭。爲此示給民人李澍等遵照，該爾等所種樹木之處，務宜各立界址照管蓄養，不得自相踐踏，以期樹木茂盛，水源資旺。若有兵民人等混行，縱火盜伐不遵禁，該民等於山場拿獲盜伐柯樹者，罰銀十兩充公；縱火焚燒者，查柯數若干，加倍充罰。倘敢不遵，該民等指名禀究，以憑按律懲治。各宜凛遵，特示！

道光八年九月二十一日給示。

資料來源：雲南省鎮沅彝族哈尼族拉祜族自治縣志編纂委員會編纂《鎮沅彝族哈尼族拉祜族自治縣志》，雲南人民出版社，1995 年，第 707 頁；又見曹善壽主編、李榮高編注《雲南林業文化碑刻》，德宏民族出版社，2005 年，第 307—308 頁。

262 永禁大由龍骨等山碑

時間：道光八年(1828)

地點：廣西壯族自治區賀州市鍾山縣清塘鎮南妙村

規格：碑高 95 厘米、寬 37 厘米。碑文楷書，陰刻。

爲嚴禁山嶺，遵憲吩諭，刊碑永封，以杜後累事。南村大由一堡，皆屬平樂縣之地所，歷來余等二堡并無異端之人。突(加)〔嘉〕慶、道光年間，偶以無知射利，瞞將大由山批發砍伐樹木種地，余等齊心鳴究案稽。切思憲諭不刊碑勒石，日後又生異心之徒，當□言定，永將大由山等處并後背等山永遠封禁。大由山等處堡内，有人夥串，瞞批私發，公同驅逐鳴究。後山嶺等處不許放火，有壞各木，且係余等來脉之緊要，各種各管樹木，更不得亂砍盜伐。越規但將各種及公共樹木私行竊伐，一經捕獲，重罰香油不貸，□成例永不諱。於今日之議，請匠刊碑三桶，入監□、龍骨嶺、大由廟每監一桶，後學不許毁壞，留傳千古不朽，是爲嚴禁云耳。

道光八年十一月二十六日，南村大由二堡人等同立。

資料來源：莫測境《一块清代封山育林碑刻》，政協鍾山縣委員會文史資料編輯委員會編《鍾山文史資料》第 3 輯，第 104—105 頁；又見《鍾山縣志》編纂委員會編《鍾山縣志》，廣西人民出版社，1995 年，第 782 頁。

263 天子廟封山植樹碑記

時間：道光八年(1828)

地點：雲南省玉溪市通海縣興蒙鄉天子廟

一件石山，嘉慶十年内，合村老幼齊集，請示封山，同種松樹。其墳地各家管業，其松樹以作歸公，不得那家私自肥己。又道光八年内，合老幼齊集，公議面山内棠梨樹。培植梨樹，恐日後不居那家墳地内，培植梨樹，一體歸公，寺内以作香火之資。若有不遵混行，任與私自老幼與他送官處治，合村同心勒石。再照。

道光八年十二月初十日，合村老幼同立。

資料來源：《通海縣林業志》附録；又見雲南省林業志編輯辦公室編《林政法規選》（第一卷），四川科技大學出版社，1993年，第823—824頁；曹善壽主編、李榮高編注《雲南林業文化碑刻》，德宏民族出版社，2005年，第306頁。

264 龍泉觀道人與楊燦家墓地界址糾紛碑

時間：道光八年（1828）

地點：雲南省昆明市黑龍潭公園龍泉觀碑亭墻上

規格：碑高79厘米，寬147厘米。青石質。

調署雲南府昆明縣事馬龍州正堂加五級記録八次朱，爲出示嚴禁事。照得黑龍潭龍泉觀爲通省名勝，其後山有楊少宰葬、楊按察司墓，均宜永遠保護。兹有未入流楊燦與道人宋知止等爲界址不清，彼此互控。緣道人賣觀後山地與肖國葬墳。楊姓以爲在伊墳地界内，遂預遷一棺，厝于此地，道人不依,致有此訟卷。查此山肖姓未買地之前,楊兆啓與道人構訟業已三年,屢訊未結以楊姓呈出,乾隆四年買契,戳屬無印,白契,但有仗尺,并無四至界址。既雲買觀地,又以地鄰爲買主,而以道士爲中證,種種不和,不足爲憑。慈因楊燦等復控,權宜定斷。查楊姓墳前舊豎有華表。華表距墳上臺約六十餘丈,下臺約十餘丈,而華表相距上臺約二十餘丈,下臺約十餘丈,可謂寬廣,斷令楊姓上下兩台墳地,俱以華表爲界。上臺係楊少宰墳地,北與後山坡爲界,南與華表横牽爲界,東西齊華表直牽向上山坡爲界,下臺係楊按察司墳地,後以馬姓墳地交界前以華表横牽爲界,左右齊華表直牽,向上爲界,華表之内聽憑楊姓祭掃護恤祖墳,不准再葬及砍伐樹木,致有損傷墳墓之患。華表以外即屬公山,聽憑道人經理,且有衆姓及道人墳冢,此後,永不許賣與外人葬墓,道人及衆姓有墳之家,均不許再葬及砍伐樹木,所以培植古觀風水而護恤大臣墳墓也。除取結附件外,合行出示嚴禁。爲此示仰龍泉觀道人及楊姓合族人等知悉:自示之後,爾等務須遵照斷定界址章程,遵守保護。永不許在龍泉觀後山葬墳及砍伐樹木,到附近蒜村、落索坡等村民人,亦不許入觀,滋擾干預觀中事件及砍取柴草等事。緣此觀係前古官廟,原無施主,地鄰毋得藉故把持,妄異侵占。倘敢故違,許道人等指名控告,以憑嚴拿究治。各宜凛遵毋違,特示! 遵。

右仰通知。

道光八年十二月十三日示告示。

發龍泉官實帖曉諭。

資料來源:曹善壽主編、李榮高編注《雲南林業文化碑刻》,德宏民族出版社,2005 年,第 309—313 頁;又見李榮高《具史料價值的昆明黑龍潭護林碑》,《雲南林業》2006 年第 1 期。

265 禁偷竊桐茶盜砍林木碑

時間:道光八年(1828)

地點:貴州省黔東南苗族侗族自治州鎮遠縣大嶺村

蓋聞朝廷教以栽培,供其賦税,民間禁蓄樹木桐茶,日用有資,擬分等地方,各來各有所歸,桐茶樹木各自禁蓄。近因不法之輩,入山偷竊盜砍,以致日用無資,受饑寒,是以衆等目擊寒心,齊集飛山祠下衆議,日後不具内外貧富老幼人等,概不許偷竊桐茶,盜砍木植。有違議不遵,仍踏前轍,横行盜砍桐茶,經拿獲,罰錢五百文;偷盜杉料林,加倍處罰。倘有持横立道不遵,衆等出費送究,莫謂立之不早也。特勒碑示衆焉,謹告。

資料來源:楊文孝《油源之鄉——鎮遠》,中國人民政治協商會議黔東南苗族侗族自治州委員會文史資料委員會編《黔東南文史資料》第 11 輯,1993 年,第 151 頁。

266 城郎村護林碑

時間:道光九年(1829)

地點：河北省石家莊市元氏縣城郎村小學

規格：碑高約 150 厘米、寬約 100 厘米。原碑斷裂爲二，已修補。

直隸正定府元氏縣城郎村紳人民等，爲禁麥苗樹木事。竊思箕子之歌大雅，大咏麥與木之美，固足以備寢廟之薦，而供楝梁之需者也。然必養其苗而秀，堅培其根……砍鋸斬伐在一寸粗以下者，罰錢肆佰文；一寸至三寸者，罰錢捌佰文；三寸以上者，罰錢壹仟貳佰文……

資料來源：鄭亞叢《元氏發現道光九年石碑》，《燕趙晚報》2008 年 10 月 17 日。

267 梅菉墟義冢碑

時間：道光十年(1830)

地點：廣東省湛江市吴川市

特授高州府正堂加二級隨帶加一級紀録十次怡，爲詳請示禁事。現據吴川縣教諭黄詒谷申稱：緣卑職係廣州府人，去年五月，有同鄉商人監生李舉進、張仕謙、梁瑞、梅槐、李龍熾、李積廣、鄧昌齡、鄧豐、莫廷簡、莫有容、馮秉禮、陳國柱、商老、葉與桐、潘允成等同造卑職稱：梅菉墟爲闔屬大市鎮，廣民來貿易者常近千人，年中間有客死兹墟，未能歸葬者，咸寄埋墟外原野。自有墟以來，遂積無數墳穴，憐彼子孫遠隔，祭掃無人，荒冢榛蕪，日就湮没。進等軫念鄉情，誼重哀死，憫孤魂之無主，痛若鬼之餒而，爰仗義捐金，計安遺骼。於嘉慶二十一年買受土名周家園稅地一段，直十一丈，横十丈，以爲義冢，俾以安厝無歸，四至俱明，竪界石。界内環植竹木，以爲封表護衛。其冢外遠近舊墓，皆各立石表，著姓名，不使湮蕪。每年值清明，例合祭於義冢，亦分奠於舊墳。歷十四年來，相安無異。去年四月，突有常姓斬竹木，當經捉獲，經投報鄉約，常姓認過，願寫悔狀。進等以其土著，亦已舍忍不追。第思伐樹者毁界之漸，毁界者侵占之媒。進等自忖，今之義祭者，不過流寓僑商，嗣後守冢者，并無嫡裔，孫子在羈旅，誠畏土豪之强，念亡羊宜切補牢之計，遂群責卑職以同鄉恤死之誼，求代爲保終善後之謀。卑職竊惟與其呈治於事發，曷若預禁於未然。去歲六月，業移吴川縣主示禁在案。但梅菉一墟，爲茂名、化州各屬錯入之區，非吴川一令所能統轄，理合詳情出示嚴禁等由到府。據此，查該商人李舉進等設立義冢，環植竹木，以爲護墳之計，豈容地方人等混行砍伐，大屬可惡，合就出示嚴禁。爲此示仰附近軍民人等知悉：嗣後該處義冢竹木，不得再行砍伐，亦不得侵占界址。倘敢故違，許該商人李舉進等，立即指名稟縣，嚴拿究懲，决不姑寬。各宜凛遵毋違，特示！

道光十年二月十八日示。

告示仰發梅菉墟義冢張挂曉諭。

資料來源：譚棣華、曹騰騑、冼劍民編《廣東碑刻集》，廣東

高等教育出版社,2001 年,第 478—479 頁。

268 崔家峽封山碑

時間:道光十年(1830)

地點:甘肅省臨夏回族自治州積石山保安族東鄉族撒拉族自治縣崔家峽口

規格:碑高 100 厘米、寬 60—67 厘米、厚 18—21 厘米。崗岩石質。碑圓頂。碑文真書。共 7 行,每行 16—17 字不等。

山之(□)〔草〕木□育□□生靈崔家故當□禁走山之人,不可放火燒山,或有失□□□□(□)〔若〕有燒火,則以查□□□(□)〔封〕不經非爲私利於世有□□小心遵令勿違,采□遠爲禁□□□□□□□□□□□□□□崔家峽關文武□人崔光生□□□□□。

道光十年五月日立。

資料來源:張思温編著《積石録》,甘肅民族出版社,1989 年,第 167 頁。

269 苗溝村玉皇廟碑

時間:道光十年(1830)

地點:山西省晋城市沁水縣胡底鄉苗溝村玉皇廟東耳殿

外墻(嵌壁)

規格:石灰岩質。

吾村之西廟上松山,雖屬苗茂豫一家,然其間樹木森嚴,有關於闔村風脉。若不依社經管,恐無知之徒,私竊損毀,致礙村中風脉。因偕同諸維首與苗茂豫商酌,自今以後,禁止六畜踐踏,斧斤斬伐等情,違者立即入社議罰。

道光十年秋月大社勒石。

資料來源:賈志軍主編《沁水碑刻蒐編》,山西人民出版社,2008 年,第 399 頁。

270 永行封禁碑

時間:道光十年(1830)

地點:山東省淄博市

欽加同知銜特授博山縣正堂加五級紀十次王……保風脉……禁樵牧……

資料來源:淄博市政協文史資料委員會、博山區政協文史資料委員會編《淄博石刻》,1988 年,第 141 頁。

271 法依寨護林碑

時間:道光十一年(1831)

地點:雲南省文山壯族苗族自治州硯山縣江那鎮舍木那辦事處法衣寨

規格:碑高100厘米、寬80厘米。

爲禁止鑿樹以杜砍伐事。蓋聞木本水源,天地之正理,水及養命之物,木能生氣之基。我法依一寨,并無河道龍潭,全仰周圍池塘積水,概四山樹於我寨,内有子寨、石丫口小水溝、横塘子、提頭寨至肖廠等處,地土相連,難分數寨,而糧賦壹單。爲因先輩置業,理應祖孫耕種,衆等均思先輩之艱難,今竟有無知之人,肆意砍伐公禁山林,砍柴鑿樹,及此山水悠美,利益□□非淺。今合寨諸議,刻石永久不朽。今將四山蓄樹四至開後:東至新寨房大山脚止;南至舍木那丫口横山止;西至三交界大路止;北至白撒卡止;秧田冲大樹界,上至鐵廠冲止,下至石丫口止。今將條規合同山界勒石。村主當堂給嘗,朱印合同各執。

一、砍伐禁樹拿獲者,衆議罰錢二千文;

一、秋衣田地五穀成熟盜取,拿獲者,衆議宰手指一個;

一、祭奠龍神,收催阻撓者,罰錢五百文;

一、田頭地角無實據争戰者,罰錢五千文;

一、有公事不勇往而暗行□者,罰錢三千文;

一、又有伙頭田三分,憑衆保舉公道人承當,不得相争;

一、本寨遵照田單衆議,委實人承收,非田土事,衆人不齊,一人不得私行偷看。

以上條規均無紊亂,合衆不得違法改移,各安本分,天必佑之,神必享之。

道光十一年三月二十日,法依寨合衆等會議勒布具立。

小家大家、挨門挨户若有不依法者,秋收時收錢三百文。

資料來源:雲南省林業志編輯辦公室編《林政法規選》(第一卷),四川科技大學出版社,1993 年,第 824—825 頁;又見曹善壽主編、李榮高編注《雲南林業文化碑刻》,德宏民族出版社,2005 年,第 314—316 頁。

272 永定鄉規民約碑

時間:道光十一年(1831)

地點:雲南省臨滄市鳳慶縣魯史鎮古平村

是以九約遵是示勒石,永鎮地方,碑垂不朽。所犯條規開列於後,計開:

村内犯有放盜田園穀麥者,與砍木砍柴者,如果查實,報明頭目公議,罰銀五兩入公。如有山中焚火燒壞柴山者,罰銀五兩入公。以上行條規犯,重則挖眼,輕則罰銀,各宜凛遵,以正風化,爲此刻石,以垂永久。

大清道光十一年歲次辛卯季月下浣吉日。

資料來源：曹善壽主編、李榮高編注《雲南林業文化碑刻》，德宏民族出版社，2005年，第317—318頁。

273 延村奉縣禁約碑

時間：道光十二年(1832)

地點：廣西壯族自治區桂林市陽朔縣金寶鄉延村

規格：碑高110厘米、寬80厘米、厚12厘米。青石質。碑額刻"奉縣禁約碑"五字。

陽朔縣正堂鄧史鍾……

一禁如有窩盜窩賭，即將賊捆綁送官究治；

一禁不許强割田禾、盜牛馬豬犬，有犯者罰錢二千四百文；

一禁白日黑夜盜家中貨物，有犯者罰錢一千五百文；

一禁水源處挖堰塘，有犯者罰錢一千五百文；

一禁偷園中貨物，有犯者罰錢一千二百文；

一禁男婦大小扯田中茹菜等，有犯者罰錢五百文；

一禁亂砍村坊竹木、後山古樹，有犯者罰錢八百文；

一禁縱放牛馬豬羊六畜踐踏貨物，有犯者罰錢七百文……

道光十二年孟春立。

資料來源：文燁《陽朔發現清代禁約古碑》，《桂林晚報》2009年11月22日。

274 嚴禁弊端告示碑

時間:道光十二年(1832)

地點:廣東省梅州市

州憲給發告示

署嘉應直隸州正堂廣州澳門軍民府胡,爲嚴禁事。照得州屬陰那山靈光寺,奉祀慚愧祖師,靈爽式憑,凡遇地方水旱,時疫流行,士庶祈禱,罔不靈應,誠爲闔州之福地。查該寺前人施有田産,供佛香燈,既施爲寺,一草一木俱屬寺業。兹訪得該寺邇年因僧人不守清規,諸事廢馳,以致寺田佃人瞞隱額租,甚至劣衿無賴棍徒藉稱施主,檀越名色,因而苛勒需索,稍不遂意,即逞强逼逐,并將寺田私行盜賣抵押,以及寺前寺後遠年山木,强行砍伐。另有一種游手爛匪,在寺逗留歇宿,索勒飲食。種種不法,實堪痛恨。去年九月間,查獲楊等串同僧曇曰盜砍柏樹,漁利分肥,現在勒拘按辦在案。惟寺内前項弊端,若不嚴行禁革,何以肅法紀而靖寺院。除札諭豐順司就近隨時查報,并傳佃清租外,合亟示諭。爲此示諭該處附近居民及僧人知悉:該寺住持容俟僧官妥舉有人,驗明接充。現在寺内香燈,著聖壽寺僧和悦暫行兼管,一切田地租穀亦令其收租完糧,毋得侵挪弊混。至承耕寺田佃人,速依照額租,立憑供納,如違,拘究。倘仍有前項棍徒藉端勒索,欺凌朦混,以及盜賣抵押,并砍伐樹木,及逗留追索等弊,亦許紳耆隨時呈報,以憑分别拘究。本州言出法隨,斷不稍存寬貸。各宜凛遵毋違,特示!

道光十二年八月初六日示。

資料來源：程志遠增訂《陰那山志（增訂本）》卷六，廣東旅游出版社，1994年，第320—321頁。

275 永垂千古碑

時間：道光十二年（1832）

地點：湖南省懷化市麻陽苗族自治縣蘭里鎮新營村龍王廟（嵌壁）

規格：碑高100厘米、寬50厘米。碑額刻"永垂千古"四字。碑文楷書。

嘗聞官有正條，民有私約，官有條以正朝廷大典，民有約以鎮頑民斯言也。若吾鄉爲猶甚，吾鄉歷年布植桐茶各樹以及禁蓄，禁以爲性命所資，飲食所賴，屢遭隔河之下鎖約借故而强砍，激衆於道光十一年六月内，以督痞統衆蜂擁强砍，且控有周主，如果實情，實屬目無法紀，准即差拘訊究，思批昭奉行，幸虧懸案未結。竊思聖言以和爲貴，蓄禁固宜爲重，詩言猶須慎，鄰土隔河亦當有别，是以衆等樹立碑記，以戒已往，以警將來。百姓另蹈故轍，衆等仰案送公，庶幾鼓腹而歌，於堯諧讓畔自息，廷俾從等産業有依，沾宏庥於無疆矣。

首士：王人遠、人賢、龔紹友、紹金、王士賢、方貞、子賢、子喜、譚玉章。

石匠：張世孝。
保申：王義聖、龔文遠。
大清道光拾貳年歲次壬辰季秋月朔六日衆等公立。

資料來源：趙鴻貴《十二塊碑文及説明》，政協麻陽苗族自治縣委員會學習文史委員會《麻陽文史》第 4 輯，1996 年，第 167 頁。

276 梵净山禁砍山林碑

時間：道光十二年（1832）
地點：貴州省銅仁市梵净山金頂附近滴水岩下
規格：碑高 100 厘米、寬 50 厘米。碑額刻“勒石垂碑”四字。

署貴州等處承宣布政使司事按察使兼管驛傳事加三級紀録十次李，爲嚴禁采伐山林，開窑燒炭，以培風水事。照得銅仁府屬之梵净山，層巒聳翠，林木翳薈，爲大小兩江發源，思銅數郡保障。其四至附近山場樹木，自應永遠培護，不容擅自傷毁。前於道光三年，因寺僧私招奸徒梅萬源等，在彼砍伐山林，開窑燒炭，從中漁利。據府屬貢生萬凌雯等呈控到司。當經前司飭府提訊究辦，并出示嚴禁在案。今復據府屬生員滕行仁等具控楚民鄭大亨等，賄串寺僧普禪等，將山場售賣，砍木燒炭等情到司，實屬藐玩。除飭銅仁府查拿訊究詳報外，合行再出示嚴禁。爲此示仰梵净山寺僧及該地方鄉保軍民人等一體知悉：嗣後該處山場及附近四周一切山林木石，務須隨時稽查，妥爲護蓄。毋許僧再漁利，私招外來匪徒砍樹燒炭，以靖地方而護風水。倘敢故違，許該地方鄉保人等，立即指名赴府呈請拿究。如敢互相容隱，於中分肥，别經發覺，或被查出，定行一并照知情盗賣官民山場律治罪。各宜凛遵勿違，特示！

右諭周知。

大清道光十二年十二月初一日示。

資料來源：貴州省文管會、貴州省文化出版廳編《貴州文物志稿》第三集，1984 年，130—131 頁；又見銅仁地區文管會、銅仁地區文化局編《銅仁地區文物志》第 1 輯，1985 年，第 117—118 頁；李國賢《歷史悠久的梵净山文物古迹》，政協江口縣文教聯誼委員會編《江口文史資料》第 5 輯《梵净山專輯》，1998 年，第 59 頁；貴州省地方志編纂委員會編《貴州省志・文物志》，貴州人民出版社，2003 年，第 294—295 頁。

277 白兆山封山五禁碑

時間：道光十三年(1833)

地點：湖北省安陸市烟店鎮白兆山

規格：碑高 29 厘米、寬 26 厘米、厚 14 厘米。碑文楷書，陰刻。

蓋物各有主，不僅草木〔爲然也〕，〔故立禁〕永銘之於壹，宜令地〔方民庶遵〕所五〔禁〕,〔其〕謹之。

一禁斧斤不准擅入山;

二禁穀草不許牛羊〔放牧〕;

三禁芟〔薪〕以候收年;

四禁糞物雜草等不許入山;

五禁此山境不許出賣,永傳不朽。

周一召。

道光十三年端陽節。

資料來源:湖北省安陸市地方志編纂委員會編纂《安陸縣志》,武漢出版社,1993年,第618頁。

278 治瑶臚例六條碑

時間:道光十三年(1833)

地點:原存湖南省永州市江華瑶族自治縣碼市龍灣村

湖南江華理瑶直隸軍民府加十級姚,爲遵扎曉諭事。案奉督部堂訥、撫院部員會同具奉湖南瑶地善後事宜,增議章瑶一摺,欽上諭,抄出轉行到府,合就出示曉諭。爲此示仰各冲瑶總、瑶目及軍民人等知悉:爾等務各民瑶相安遵照,後開各保,敬謹奉行,毋得視爲具文,致干查究。謹將六條臚例於後。計開:

一、准贖頂當山場,以復瑶業也。查瑶人地畝山場,除從前售與民人者,其仍舊執業外,嗣業瑶人户業,只准瑶户互相買賣,不准與民人交産。案奉責定章瑶出示在案。至於從前瑶人與民人交産,有頂契當契及永批之契,并非售賣可比,均准瑶人取贖。若瑶人無力取贖,准其按年月之遠近,分定取贖之章程。凡契在十五年以外者,酌令減原價三分之一;二十年以外者,准其半價取贖。若原主實在赤貧無力,又無田可種者,令典主佃種,酌分一半與原主佃種分租。俟其有力時,再照現定章程取贖。至此之後,如有不遵令仍交産者,應請廣東善後章程,將田繼續歸原主,不准追價,仍將兩造場照,違令律責懲。

一、編查瑶境流寓民人,以(在)〔去〕擾害也。查瑶地向設有瑶總、客總,與内地之鄉保無屬,應慎選誠實曉事之人充當,責令確查。如有盤剥擾害瑶人匪徒,即行禀官究逐。其現居瑶地良民,應按户編查造册,報明地方官存案。嗣後只許民人遷出瑶境,不准再招民人入山居住。如瑶總、客總陽奉陰違,即行究辦。并將招行容留客民,立時逮驅。

一、嚴禁巧占樹山,以保山利也。查瑶山之不能開墾荒場,係種植杉木、松、桐茶等樹,賣與民人抵償貸債。議明年限砍伐,及至砍伐之時,内有滋生小樹,名爲脚樹,向歸買主管業,瑶不得過問。及至脚樹長成,砍伐之時,又有脚樹,仍係買主管禁。脚脚相生,藉以巧占山場,殊屬狡詐之尤。應令地方官出示曉諭,嗣後民人承買瑶山樹木,至遠近之期,以二十五年爲限,只准砍伐一次,即將契據塗銷,山場付還原主,以免瑶累。

一、嚴禁匪瑶,使知畏敬也。查瑶人之蠢陋空苦固多,而狡黠匪瑶强占民地，以及欠債不嘗，持凶計毆逞、刁興訟者，亦往往有之。若不嚴加管束，恐兹驕縱，且民人既不准典買瑶户，則瑶人亦不容擅置民人田户。其從前典批民地，悉照前條所議民置瑶户章程辦理，比照平允。惟承佃山場，業經用開墾成熟者，准其照舊耕種交租。無論民人、瑶人，均不能依持山主勒退加租。倘瑶人敢在民地訛賴，滋生事端，除應治重罪，爲地方官辦理外，如罪正枷杖發落，押令遷回瑶地，交瑶總嚴加管束，不准再令出山滋擾。

一、勤種木棉，以便服用也。查瑶山地勢高燥，宜種木棉。而瑶人愚蠢，不知播種之利，亦不清紡織之法。所需布匹，均係各處民人入山販賣，其價值之增昂，數倍尋常。應令地方官教種木棉，各習紡績。不惟被服有空，亦可售賣獲利。

一、勤設義倉塾，以備接濟，而資教化也。查民瑶種山致富者，頗不令人應試入學，繫占拄額，不應膜視。貧瑶即土瑶，中間亦有小康之户。嗣後諸瑶之存者，集資先設義倉，秋後量力輸穀，存至青黄不接之時，借給種地貧瑶爲籽粒、口糧，收成時加一還倉。舉殷實瑶生與瑶總經管出納，毋使冒濫。以及土瑶與過山瑶中間，有讀書識字而無作文應試之人，是以歲科取進者，復繫民瑶。該等各捐設義學，擇選誠實瑶生，招集瑶童，認真督課，兼合學習揖讓禮貌。如此權養兼行，胥爲良善，則瑶俗益臻挣濫矣。

督部堂訥、撫院部員奏奉上諭飭行之。該瑶民等，各宜敬謹凛遵毋違，切切，特示！

右仰通知。

道光十三年吉月吉日。

資料來源：黄鈺輯點《瑶族石刻録》，雲南民族出版社，1993 年，第 65—68 頁。

279 義莊村栽桑禁羊碑記

時間：道光十四年(1834)

地點：山西省高平市河西鎮義莊村關帝廟

規格：碑長 110 厘米、寬 70 厘米。石灰岩質。

捧讀聖諭“重農桑以足衣食”一條，内云：“聖祖仁皇帝嘗刊《耕織圖》，頒行中外，是以文武官僚俱有勸課之責。”竊思其所以諄諄示諭、永傳不替者，凡爲黎庶圖衣食之本也。我輩身居草野，敢不永爲凜遵哉？第有初者鮮克有終，善作者不克善成。如吾鄉義莊村，舊禁桑羊殘碑猶在，不意半途而廢，此事久不獲見矣。兹幸有維首同七班社首等紛然振奮，復舉此事，故公議條規，勒碑謹志，將我朝之教澤不墜，亦前輩之遺風不泯也。倘自此以往，農桑兼務，衣食豐足，則久之仁讓成俗，比户可封，詎非吾鄉之良謀也耶！是爲序。

規條列後：

一議永遠栽桑禁羊，所有歷年一應花費盡屬社中。

一議栽桑日期准於清明以前，不許遲延。

一議起初桑種大社采買，每一畝地發給桑種二枝，照期自栽,勿得有誤,違者議罰。

一議嗣後累年各自多栽,利益無窮;如有將桑種無存,絶不再栽者,從重議罰。

一議栽桑之後,覔四季長巡人二名代巡。夏秋兩季,每一人長年工價錢拾貳仟整,按四季分發,不許支取。如每日游蕩賭博、怠下敬事者,一經查出,即行革去另覔。

一議栽桑以後,男婦幼童各自守分,不許亂采,并禁竊取秋夏田禾等物。違者,無論巡夫、旁人,皆許扭廟鳴鐘,待維山首分其情形輕重議罰,概不允另人講情,違者議罰。

一議凡養群羊者,無論本村外村,於驚蟄以前、立冬以後入境牧放,不許擅入他人地内,損壞桑株等物。違者,無論巡夫、平人,拉羊每一隻罰錢二百文。

一議群羊於立冬以前、驚蟄以後,斷不許入境牧放,違者即無損桑株、田苗等物,亦拉羊每一隻罰錢二百文。

一議村中育羊之家,以一二隻爲止,無論春夏秋冬,不許牧放他人地内,損壞桑株、田苗等物,違者議罰。

一議境内四季不許在地内、塄邊打柴以及竊伐樹株。違者,無論經誰查出,扭廟議罰。

一議自領桑種之時,如有隱匿地畝,務按報名多寡,按畝數領栽。如仍蹈故轍,日後查出,不惟有事社中不管,仍然公同議罰。

一議巡夫以及社中人等,捉來犯規之徒,或拉來牛羊等畜,鳴鐘三次,維社首理合同到。如有紅白大事,或在染病,或係遠出,不到可恕;倘静坐閑游,故推不到者,一經查出,從重議罰。

一議巡夫因循懈怠，維社首親見，并不戒飭，明係詢情故縱，經旁人鳴鐘指出，入廟議罰。

一議巡夫不得徇情，倘有關切情面，私自縱放，或只辦己事，并不巡查，經地主出首，除議罰外，仍行革退。

一議犯規之家，倘有逞强反目，行凶毆辱，維社首除繩捆外，送官究治。

一議罰油多寡，係某人查出、係某人扭廟，即許某人與社中均分，長巡者不得争論。

大清道光拾四年歲次甲午二月清明日勒石。

資料來源：《高平金石志》編纂委員會編《高平金石志》，中華書局，2004 年，第 696 頁；又見山西省政協《晋商史料全覽》編輯委員會等編《晋商史料全覽·晋城卷》，山西人民出版社，2006 年，第 597—599 頁；張正明、〔英〕科大衛、王勇紅編著《明清山西碑刻資料選（續二）》，山西經濟出版社，2009 年，第 19—21 頁。

280 奉憲嚴禁碑

時間：道光十四年(1834)

地點：福建省三明市泰寧縣新橋鄉嶺下村鄧氏宗祠内

持授邵武府泰寧縣知縣正堂加五級紀録十次大功八次吴

(履墀),爲除盜保農,勒碑重久事。據上高保内、上下嶺下、顔家塘、上周坑、石鼻堜等村民禀稱,皆務農業,田地山場,生計攸關,從前各安其業,守法謀生,近因烟户漸衆,人心澆漓,鄰村固多匪徒爲害,坊内亦有不安分者,專以盜作生涯,竊采菜蔬、竹笋,甚敢盜割田禾及麥豆雜糧。山田本不能關閉,晝夜實難以禦防。更有强砍樹木,窩屯異匪,晚夜穿窬爲盜。種種不法,難以枚舉。此等匪徒動輒藉端圖賴,嚇制良民。鄉村離城遠寫,匪類犯法弁髦,强者得生,良懦畏事,非仗法威,不能除奸戢暴。據此等情,除禀批示外,合行給示,勒碑嚴禁。爲此示仰上高堡等村人等知悉:自後倘敢故蹈前轍,不遵禁法,輕則憑鄉處治,重則鳴練約捆押赴轅縣禀,以憑究治。其各凛遵毋違,特示!

鄉禁條例列後:

一、禁窩屯異匪,誣良爲盜,藉禁架控,違者,每烟散肉一斤。

一、偷割田禾者,每烟散肉一斤,憑鄉處治。

一、偷麻、豆、粟、麥、雜糧、菜蔬、六畜、田魚,本主未撿茶子妄撿茶子,每烟散付三文,酌價賠還。

一、偷砍杉木者,每烟散付三文,酌價賠還。

一、砍竹做柴者,每烟散付三文。

一、偷掘春笋者,每烟散付三文。掘春笋,每年至立夏前五日開禁。

一、凡砍松、竹、雜木作正用,問及者免罰。

以上各禁,違者照條議罰,不得增減。

資料來源：肖遜《兩块碑記》，中國人民政治協商會議福建省泰寧縣委員會文史資料研究委員會編《泰寧文史資料》第7輯，1990年，第116—118頁；又見泰寧縣地方志編纂委員會編《泰寧縣志》，群衆出版社，1993年，第632頁。

281 馬峪村公議禁止開山賣石記

時間：道光十五年(1835)

地點：山西省太原市清徐縣馬峪村狐突廟

艮爲山，亦爲小石。夫止而不動謂之艮，則山與石之相依以爲固也。地道宏博厚之功，物理昭安貞之象。《易》曰"敦艮之吉，以厚終"，良不誣也。梗陽之西北有馬鞍山，其下爲馬峪村，距城五六里，依山而處者數百家。其先風俗淳樸，人文蔚起。力田者鼓腹而樂，習賈者滿載而歸。予嘗聞諸輿論，采夫衆説，謂非名山之助不及此。

近年來，人尚澆漓，家多窮約，竟有以開山賣石謀生者。詎知石可售，而山之厚氣不可摇；山宜安，而石之精瑩不可泄。使徒任其磨滅虧損，而不一爲之整頓，而猶欲地效其靈，人享其福，不惟無是事，夫亦斷無是理耳！於是村之人集議禁約：自劉家山以及蛤蟆口，一齊永遠不許開山賣石，以損山靈，以傷地氣。凡有山者莫不慨然應允共成美事，謂培養功課，必將崚嶒特起，磈礧成奇。山既蔚然而深秀，人必蒸然而太和，而古處之敦，不難再見於來兹，則有益於村人者豈淺鮮哉！而又恐代遠年湮無可考證，公議刻石於狐社祠以圖永遠，庶使有山之家不得復蹈故轍也。是爲記。

增廣生員李慶芳撰并書。

公議自立禁約後，本村修蓋用石必須告明值年鄉保，共同觀望無妨礙處，方許开闢。如有不遵，會同公正合村公辦。

合村公立。

鐵筆武鷹揚。

大清道光十五年歲次乙未桃月立。

資料來源：張正明、〔英〕科大衛主編《明清山西碑刻資料選》，山西人民出版社，2005年，第687—688頁；又見李中等編著《清源古城》，北岳文藝出版社，2008年，第230—232頁；清徐縣政協文史委編《清徐古寺廟》，北岳文藝出版社，2010年，第345—346頁。

282 鐵甲村鄉規碑記

時間：道光十五年(1835)

地點：雲南省普洱市洱源縣鳳羽鎮鐵甲村

規格：碑高61厘米、寬41厘米。碑額半圓形，刻"鄉規碑記"四字。碑文楷書。共16行。

鐵甲場村雖僻處偏隅，男人非不良也，總由出外日多，鄉規未議，屢行不義。河邊柳茨，緣禦水灾，擅行刊伐；山地栽松，期成材木，連根拔取；甚至攘竊鄰鷄，逾偷園菜。業經物主查獲，不惟不自認錯，轉加唬嚇尋死。由是遺患，失主殊堪痛恨。今衆姓會議，同爲盛世良民，各戒妻女，須知物各有主，不許仍蹈前轍，一犯鄉規，當即協同鄉地搜尋失物，男人雖不在家，預爲稟官存案。至男人回歸，稟請差提究治。所有條規，開列於後：

一、見有卑幼凌辱尊長，罰銀十兩。

一、遇有松園，只得抓取松毛；倘盜刊枝葉，罰銀五兩。

一、查獲放火燒山，罰銀五兩。

一、縱放婦女無耻肆惡，罰銀五兩。

一、查獲盜刊河埂柳茨，罰銀五兩。

一、查獲偷盜園間田頭空地小菜，罰銀二兩。

一、污穢寺院，罰銀二兩。

一、攘竊豬鷄，罰銀三兩。

以上鄉規，惟期各姓無犯，一村有仁厚之俗，以免悖入悖出，則幸甚矣。

道光十五年歲次乙未孟夏月中浣，合村同立。

資料來源：曹善壽主編、李榮高編注《雲南林業文化碑刻》，德宏民族出版社，2005 年，第 319—321 頁。

283 棗坪村劉氏家族墳山護林碑記

時間：道光十五年(1835)

地點：山西省吕梁市中陽縣武家莊鎮棗坪村劉氏家族墳内

墳内舊有松樹捌株、柏樹捌株，黛色參天，鬱鬱蒼蒼，如僅論庇，亦以壯觀，〔靡不〕瞻也，况經先人手擇，理宜業業守之，勿剪勿伐。近有無耻之徒，〔年窺〕歲侵，私〔營〕砍伐，從而藉端利者，亦受不少。去歲夏四月初五日夜，墳之四壁，或伐柏樹壹株在地，萬江等盛欲鳴官究治，有本族貴、基二人，一係長門，一係次門，素稱知禮，齒列尊長，任爲己失。江等公議，妥將所伐之樹，因材售價，整理墳塋，勒石示戒。墳周圍羅壙四十丈内，樹碑七通，并香案匾額，亦使焕然一新。

是役也，興工於乙未之夏四月，越六月告成，約費壹佰伍拾餘金，皆出樹價，〔誠〕也，聊志碑碑陰，兼示後戒碑。子若孫之謀伐樹株者，倘經再犯，只有重罰不容，〔不得〕分文受利，庶足警其將來之。

經理人：士魁、士俊、萬榮、萬江，長門；貴、臣，次門。同立。

資料來源：天龍等《護林碑》，中國人民政治協商會議中陽縣委員會文史資料委員會編《中陽文史資料》第1輯，1995年，227—228頁。

284 奉憲禁示碑

時間：道光十五年(1835)

地點：江西省宜春市靖安縣寶峰鎮太平洲風景區（三爪侖國家森林公園）

規格：碑高 130 厘米、寬 80 厘米。碑額刻“奉憲禁示”4 字。碑文楷書。

……該太平寺洲坪内所蓄竹木柴薪毋許私行采取……

道光十五年立。

資料來源：佚名《江西靖安發現清代禁伐林木告示石碑》，《大衆日報》2000 年 5 月 12 日。

285 示禁碑

時間：道光十五年（1835）

地點：陝西寶鷄市香泉鎮劉家溝村

規格：碑高 65 厘米、寬 43 厘米、厚 12 厘米。碑文楷書，陰刻。

通户立石禁止：

管林，倘有人犯，公罰豬酒。

道光十五年立。

資料來源：佚名《寶鷄驚現道光年間護林公約》，陝西省文物局“漢唐網”2009 年 10 月 29 日。

286 蕭家里等七村公議禁約碑

時間：道光十五年(1835)

地點：廣西壯族自治區桂林市秀峰區甲山鄉橋頭村

規格：碑高四尺五寸、寬三尺。碑文真書。

從來國有律條，民有禁約。禁約之設，原所以抑强暴而安善良也。吾鄉數村素敦禮義，歷尚淳樸，是以從前父老遺議條規大半從輕。邇來户口繁殷，間有不肖子弟偶出其中，違禮犯義不堪屈指。吾輩不忍坐視，惟是約同公議，復申嚴禁條規，勒石公所，使子弟觸目警心，父誡其子，兄勉其弟，蒸蒸向化，同爲盛世之良民，則各村幸甚，合鄉幸甚。今將柒村公議禁約開列於後：

一禁各村子弟以孝敬和順爲先，父母兄長固不得悖逆欺凌，即同鄉共井亦須出入相友，守望相助。凡遇公事，各聽村老商度，不得自出私見，肆言搶白，目無尊長，有干和順。有此情，輕則公同責罰，重則禀官究治。

一禁盗賊宜除。凡有外來面生之人，形迹可疑，村中不得容隱窩留，貪圖小利。倘有窩留，本村鄉老先行出首，罰錢拾千文；若不遵者，知會柒村，加倍重罰；再不遵者，合同禀官究治。再禁凡遇趕賊，彼此互相呼應，不得藉故推諉，若經拿獲，知會柒村，公同出力究治。

一禁田中五穀雜糧，倘有因口角挾嫌倚强夥黨暗地害人，用刀掃壞，一經耳聞目見，照物賠還外，罰錢八千文。如禾田正需水之時，挖放田水以及短渠樞潤塞圳戽魚等事，亦一經耳聞目見，罰錢捌千文。若不遵者，知會柒村，加倍重罰；再不遵者，公同稟官究治。北冲、蕭家、橋頭遵祖遺訓，張、廟、魯三村牧放耕牛，限至芒種節起，處暑節止。

一禁田中五穀、芋頭、豆麥、嶺坪、樹木、柴草均關國課，如偷盜穀子、芋頭，罰錢六千文；豆麥，罰錢四千文；樹木，罰錢二千文；柴草以及稻草、油菜，罰錢一千二百文。若不遵者，知會柒村，加倍重罰；再不遵者，公同稟官究治。

一禁吾鄉田地毗連，豬牛難免看放。如偶然大意，豬牛下田踐踏，每隻罰錢陸拾文。倘有故意亂放下田踐踏，照物賠還外，罰錢一百二十文。且有外來之馬踐踏田物爲害更甚，經若拿獲，罰錢一千文。凡有不遵者，知會七村，重罰究治。

以上酌議條規剴切詳明，均有繫於人心風化、反本歸樸之意，各宜遵凛，倘有不遵，犯則照議重罰，重則稟官究治。

與其後悔無及，何如平居自省，慎之、勉之，庶不負吾輩之厚望也矣。

道光十五年十一月二十六日，北冲村、廟門前、蕭家里、橋頭村、甲山里、魯家里、張家里七村同立。

資料來源：桂林市文物管理委員會編印《桂林石刻》，1981年，第280—282頁。

287 孟子林護林碑

時間：道光十五年(1835)

地點：山東省濟寧市曲阜城南孟子林
規格：碑高 49 厘米、寬 19 厘米。碑文楷書。

道光乙未春，家長衍崇、舉事繼梅於馬鞍山、四基山各栽柏楊數十株，具見孝思純篤，均……勒石以志。

乙未春季朔日，主鬯廣均謹記。

資料來源：劉培桂編著《孟子林廟歷代石刻集》，齊魯書社，2005 年，第 234 頁。

288 禁盜掘春笋斷絶竹根公示碑

時間：道光十六年（1836）
地點：浙江省瑞安市芳莊鄉莊下村嶺頭庵
規格：碑高 116 厘米、寬 70 厘米。青石質。碑額刻"奉憲勒碑"四字。碑文楷書，陰刻。共 14 行，滿行 24 字。

署浙江温州府瑞安縣正堂加五級紀録十二次彭，爲課業攸關，僉乞給碑示禁事。據三十二都耆民葉金寶、尹阿全、姚尚武、卓鳳吉、□大玉、林阿壽等呈稱：緣身等住居莊下、西屋、章坑、東元、婁山各莊，均係山僻之鄉，只賴山竹出息，上完課税，下養蟻命。近有不法之徒，當春笋始生，擅肆偷掘，一至交冬，以打老茅爲名，毋論老嫩，肆盜一空。即交冬令，笋已萌芽，尋根挖掘，斷絶竹根，春笋何由而生。理阻不睬，課業兩空，叩乞給碑申禁,以傳久遠等情到縣。據此,除出示外,合行給碑永禁。爲此示仰該都居民人等知悉:自示之後,如有不法棍徒,縱令子弟擅至該山尋根挖掘,斷絶竹根,及藉以打老茅竹根之名,仍肆偷掘竹笋、箕草等物,一經被獲,許即扭交地保,據實稟縣,當即從重懲究,决不寬貸。各宜凛遵毋違,特示!

道光拾陸年三月廿二日給。

發該處勒石永禁。

資料來源:吴明哲編《温州歷代碑刻二集》,上海社會科學院出版社,2006年,第760—761頁。

289 壽房公議嚴禁坪溪山場碑

時間:道光十六年(1836)

地點:福建省寧德市古田縣杉洋村(原在白溪嶺瓦窰坪)

規格:碑高122厘米、寬46厘米。

一禁放火燒山,罰錢拾千文;

一禁引外人討柴,罰錢伍千;

一禁龍王宫里藤竹木等不取時,罰錢三千。

道光十六年□月公立禁。

資料來源:張小軍、余理民編著《福建杉洋村落碑銘》,香港華南研究出版社,2003年,第104頁。

国家出版基金项目
NATIONAL PUBLICATION FOUNDATION

倪根金 輯

中國古代護林碑刻輯存

（下册）

鳳凰出版社

290 垂芳後世碑

時間:道光十六年(1836)

地點:雲南省文山壯族苗族自治州丘北縣天星鄉扭倮村

規格:碑高100厘米、寬70厘米。

對門山、壩弄山、那肇山、涼躬山、那們山、龍棍山、坡潦山、龍拉山、坡子口、南項坡、渭馬箐、童箐脚,以上共合二十八冲十七山,俱係先人養樹積水之場。近年人多盜砍、開挖,敗壞前規。今合鄉商議,重修勒石。開挖山地者,罰銀元五兩;盜砍樹木者,罰銀元六兩。有抗拒不遵者,送官府究治。

資料來源:雲南省林業志編輯辦公室編《林政法規選》(第一卷),四川科技大學出版社,1993年,第825—826頁。

291 奕西村護林碑

時間:道光十七年(1837)

地點:廣東省佛山市南海區桂城街道東區奕西村

本祖崗上一帶松仟,風木攸開,現今生長,不許折伐。如有折伐,人贓并獲者罰花紅銀一大員,無銀,本祖出,行該犯游刑;華脹如放火燒岡者,仍照(倒)〔例〕罰;其婦女幼童犯者,責在□□。日後松仟長大,花紅另行酌議。

道光十七年二月吉日。

邵奕賢約公禁。

資料來源:張嘉穎《護林碑記載清朝亂砍樹木要罰游街》,《佛山日報》2007 年 5 月 29 日。

292 煉登村鄉規民約碑

時間:道光十七年(1837)

地點:雲南省大理白族自治州雲龍縣檢漕鄉煉登村

規格:碑高 101 厘米、寬 49 厘米。碑文楷書。共 14 行。

從來朝庭之立法,所以懲不善而警無良;鄉里之議規,正以從古風而敦習尚,非互結相聯而啓訐弊之路也。故古之良民,方里之内,出入相友,守望相助,疾病相扶,親睦之風,昭昭于古。余里之境,能不法古風而遵守乎?况我朝聖諭,上亦有聯保甲以弭盜賊,和鄉黨以息争訟,訓子弟以禁非爲,息誣告以全善良,講律法以警愚頑,篤宗族以昭雍睦等數條者,無非因上帝好生,凡民之俊秀愚頑使之各務本業,而不失親睦之風,得優游於太平之世也矣乎!

玆余里一近邊夷,二鄰雜處,不能受累。爰是鄉村紳耆,協力同心,公議鄉規,永存勒石,以是爲序。左將鄉規所議數款逐一開清於後,計開:

一、遇村里失賊,牛角爲號,各家自備盤費,相幫訪迹捕盜,不得坐視失主。

一、鄉間子弟,父兄各宜嚴禁非爲,以歸正路,如不嚴禁,罪歸父兄。

一、左鄰右舍,不得借事生端,不和不睦。

一、鄉間不論老幼,各宜安分,不得恃勇逞强,些些小事,服毒吊筋嚇人。

一、二婚財禮,准定十一二兩之數,不得貪心倍取。

一、村内偷鷄盜狗,不論男女,如有查獲,鄉規處治。

一、恃强滋事,無故訟獄者,定以鄉規和彼理論。

一、窩藏遠客匪類,違害地方,如有查獲,過失歸族長。

一、縱放牲口踐踏田苗,拿獲,定准充公。

一、收割未完,不得縱放牲口而關國賦民生,及以周圍瓜果盜者,拿獲,倍加處治。

一、田内所種蠶豆□□,不許仍前,喪失天良,未熟亂采,拿獲者,定以盜論。

一、松樹不得砍伐;其餘確礳各項,只許先來後到,不得相争擾亂。

以上所議鄉規數款,俱係有益,原無害於本里鄉村。倘鄉里男女老幼人等所犯此規者,不論大小輕重,各村議定,罰銀五兩,以爲充公。臨時不得抗傲此規,勿謂言之不先也。

因此永垂勒石碑記。

大清道光十七年六月初一黄道吉日,各村紳耆同立。

資料來源:中國人民政治協商會議雲南省雲龍縣委員會文史資料委員會編《雲龍文史資料》第 4 輯,1990 年,第 130—

131 頁;又見曹善壽主編、李榮高編注《雲南林業文化碑刻》,德宏民族出版社,2005 年,第 332—335 頁;李闖等著《中國白族村落影像文化志·大達村》,光明日報出版社,2013 年,第 44—45 頁。

293 平壩街立石碑

時間:道光十七年(1837)

地點:雲南省文山壯族苗族自治州文山市平壩街

樵采水頭木植者,罰鋪街石路面兩丈。

資料來源:曹善壽主編、李榮高編注《雲南林業文化碑刻》,德宏民族出版社,2005 年,第 943 頁。

294 南珠村奉官示禁碑

時間:道光十八年(1838)

地點:海南省海口市定安縣博物館(原在定城鎮南珠村)

規格:碑呈梯形,高 126 厘米、上寬 41 厘米、下寬 50 厘米,上厚 4 厘米、下厚 7 厘米。下部 1/3 處斷裂。青石質。碑文陰刻。

署定安縣正堂加三級紀録五次馬,爲盜風日熾,出示强盜事。據縣屬郭内外紳士商民人等呈稱：近來盜賊風起，屢屢乘夜偷撬竈薪木，偶遇捉獲，强梁打脱，甚至勾黨逞凶。凡有田園、稻稷、甘蔗等雜物，擅自偷砍，無所忌憚。蠻徒縱放牛馬，惡婦擅放鷄豬，殘害雜糧。此等惡習，甚屬可惡，宜當出示嚴禁。爲此示商民人等知悉：自禁以後，倘有不遵禁令，仍蹈前迹，偷撬竈薪木、柑、蔗、蓧芋、雜物者，許爾衆等嚴拿，送官追究，决不寬貸。〔各〕宜凛遵毋違，特示！

一禁日夜私偷撬竈薪木者，許爾衆嚴拿追究。

一禁郭内外窩藏盜賊，并私薪貨者，與盜同罪；查出，協地保送究。

一禁偷甘蔗、田禾、蓧芋等雜物，捉獲者罰錢二百，加倍罰賠；不遵，送官。

一禁出放牛馬、鷄豬殘害者，罰錢五百，以儆後來；不遵，送官究治。

道光十八年四月日示。

資料來源：許榮頌編寫《定安縣文物志》，中山大學出版社，1987 年，第 83—84 頁；又見譚棣華、曹騰騑、冼劍民編《廣東碑刻集》，廣東高等教育出版社，2001 年，第 941—942 頁。

295 壩灑寨護林告示碑

時間：道光十八年(1838)

地點：雲南省文山壯族苗族自治州廣南縣蓮花鎮

規格:碑高 66 厘米、寬 40 厘米、厚 18 厘米。青石質。

署廣南府寶寧縣正堂加三級紀録六次袁,爲懇請出示嚴禁以脅恣行案。據壩灑寨倮民博保、博郎具呈前事詞稱:緣蟻等壩灑寨倮民,歷納儂本官柴薪及天恩并府署各衙内排押枷枋,松杆松毛雜項等用,由來無異。近因城府内外業所流民,肆行前往蟻等壩灑之山混行砍伐,被獲遭毆。曾經呈控,有案可稽。昨恣呈建造差房需用欄杆材木,俱係蟻等壩灑應付。近無新出,以致前往鄰村采買,實屬(堅)〔艱〕辛。若不哀懇出示嚴禁,將來無木供應,難免漁類之慘,萬不得已,是以泣請叩懇伏乞臺前,作主賞准出示嚴禁,俾流民不致妄砍,以資應付等情。據此,除詞批准外,合行出示曉諭。爲此示仰附近漢夷人等知悉:嗣後爾等赴山砍柴,毋得赴壩灑寨鄰近山坡,已蓄樹株,混行砍伐。倘自示之後,仍敢至彼混行砍伐,許該倮民等將砍柴人拿送赴縣究治。毋違,特示!

道光十八年五月二十八日示。

右仰通知。

告示發壩灑寨實貼曉諭。

資料來源:雲南省林業志編輯辦公室編《林政法規選》(第一卷),四川科技大學出版社,1993 年,第 828 頁;又見曹善壽主編、李榮高編注《雲南林業文化碑刻》,德宏民族出版社,2005 年,第 336—338 頁。

296 護林禁碑

時間:道光十八年(1838)

地點:四川省巴中市通江縣諾江鎮列寧公園

示諭本城軍民諸色人等,□□……□護守禁蓄樹木,栽培風水。兹因近時城内居民,每將喂養騾馬□□□荒山地上踐踏樹木茨草,殊堪痛恨!除已往不究,飭巡查拿外,拿得□禁。爲此示諭軍民諸色人等知悉:自示之後,尚敢仍蹈前轍,一經巡役,被齋長告發,定行拿案嚴懲,枷號示衆,决不稍寬。其各凛遵毋違,特示!

右諭何心灒通知。

(以下人名略)

道光十八年六月十五日。

資料來源:張浩良編著《緑色史料札記——巴山林木碑碣文集》,雲南大學出版社,1990 年,第 25—26 頁;又見中國林學會林業史學會編《林史文集》第一輯,中國林業出版社,1990 年,第 136 頁。

297 小阜村示禁碑

時間:道光十八年(1838)

地點:湖北省荆門市京山縣博物館(原在三陽鎮小阜村)

規格:碑高 167 厘米、寬 80 厘米、厚 10 厘米。青灰石質。

297 小阜村示禁碑

碑額刻“遵示禁碑”四字，楷書，陽刻。碑文楷書，陰刻。共12行，滿行26字。

銜署京山縣正堂加十級紀録十次梁，爲給示嚴禁以靖地方事。據富水紳耆、保甲聲稱：小阜下團遠離城郭，僻處山林。雖多遵道之黎庶，難絶梗化之頑民。因慮强暴未斂，無以正人心；邪辟未除，無以旌良善。此誠政教所係，風化所關也。特給求示之目鎸石共諭焉。嚴禁私宰私鑄，屯奇自居。習於盜賊，窩藏匪類。搶親趕牛，敗常亂俗。閑游街市，酗酒横行。逞刁唆訟，嚇詐行騙。盜伐樹木，竊取瓜糧。網羅家魚，藥毒池塘。乞丐僧道，强討惡化。外來流棍，勾引成黨。路遇果木，不許糶糴。種種惡端，實屬不軌。諄諄垂戒，共宜知非。洵能洗心滌慮，遷善改過。上不越歷代之典章，下不犯官府之刑憲。各安職業之常，而成淳厚之俗矣！倘敢明知故犯，肆行無忌，准許從公扭禀，决不寬貸。爾衆民其念之勿忽。

紳耆首人：肖兆鵬（等12人姓名略）。

保甲：肖庭溥（等12人姓名略）。

石匠：郭香秀。

大清道光十八年歲次戊戌季夏月下浣吉日，合團公立。

資料來源：馮祖祥等著《湖北林業史》，中國林業出版社，1995年，第153頁；又見焦知雲著《荆門碑刻》，中國文史出版社，2008年，第209頁。

298 禁止砍伐告示碑

時間:道光十八年(1838)

地點:廣西壯族自治區桂林市陽朔縣碧蓮峰

正堂示。

壽陽鎮山,風水攸關。封蓄樹木,一縣觀瞻。毋得斫伐,自器重愆。倘敢不遵,枷號勿寬。

道光十八年七月吉立。

資料來源:杜海軍輯校《廣西石刻總集輯校》,社會科學文獻出版社,2014 年,第 873 頁。

299 灘下村罰戲禁碑

時間:道光十八年(1838)

地點:安徽省黄山市祁門縣渚口鄉灘下村祠堂内

規格:碑高 84 厘米、寬 59 厘米、厚 7 厘米。青石質。

官有正條,各宜遵守;民有私約,各依規矩。公同勒石永禁。

一禁公私祖墳并住宅來龍、下庇水口所蓄樹木,或遇風雪折倒歸衆,毋許私搬,并梯椏杪割草以及砍斫柴薪、挖樁等情。違者罰戲一臺。

一禁河洲上至九郎塢下至龍船灘兩岸蓄養樹木,毋許砍斫開挖；恐有洪水推攪樹木，毋得私拆私搬，概行入衆以爲橋木。如違，鳴公理治。

一禁公私興養松、杉、雜苗、竹以及春笋、五穀、菜蔬，并收桐子、采摘茶子一切等項，家、外人等概行禁止，毋許入山，以防敝賣偷竊。如違，罰戲一臺；倘有徇情，查出照樣處罰，報信者給錢壹百文。

一禁茶葉遞年准摘兩季，以六月初一日爲率，不得過期；倘故違偷竊，定行罰錢壹千文演戲，斷不徇情。

以上規條，望家、外人等觸目警心，務宜自重，勿視公材，勿貪微利，則風俗遺於後矣。近因人心不一，習俗澆漓，見食垂涎，欲貪亡腹，如此恃强混行，不知伊於胡底。是以各條勒石。切囑，切囑！

大清道光十八年仲秋月，合社公具。

資料來源：朱萬曙《從"罰戲碑"看明清徽州的戲曲文化》，《光明日報》2001 年 8 月 7 日；又見程必定等主編《徽州五千村·祁門縣卷》，黄山書社，2004 年，第 117 頁。

300 嚴禁砍伐風水樹條例碑

時間：道光十八年(1838)

地點：廣東省廣州市黄浦區(原蘿崗區)蘿崗鎮元貝村玉虛宫内

規格：碑高 53 厘米、寬 33 厘米。

本村下手一帶樹木,乃先人遺下通鄉風水樹也,雖有人家之樹,亦不得自行砍伐,向來有例嚴禁,無人敢犯。第日久漸寬,人心不一,有無知之輩,竟向林中砍伐,而不知破壞風水也。兹闔鄉老少酌議,不得不深謀遠慮,重申例嚴:自後凡我村内之人,無論男女,所有一概乾濕樹枝,不許入林私砍,如有故犯,被獲打贓,罰銀伍大圓歸廟。倘不依例遵罰,鳴衆聯名稟究,决不寬恕。使費衆人支理,議每年看守銀貳大圓,歸更夫巡守,以作酬勞之費。更夫不得自看自拾自砍,如有故違,經鄉人聲明,衿耆有據,加倍處罰。倘别人私拾私砍,更夫亦不得包庇隱瞞,托爲不知,日後察出,仍加倍處罰歸廟。各宜自重,毋貽後悔可也。

道光十八年秋月吉日,闔鄉重申公禁。

資料來源:黎志添、李静編著《廣州府道教廟宇碑刻集釋》,中華書局,2013 年,第 547—548 頁。

301 禁止寨内取土碑記

時間:道光十八年(1838)

地點:山西省晋城市沁水縣嘉峰鎮長畛村

規格:石灰岩質。碑文共 16 行,滿行 12 字。

吾村寨地原係村之護砂,宜補,不宜剥損。第村衆因係公地,皆來取土,歷年已久,日形缺陷。不知村前龍砂之聚散,關乎村内人物之盛衰,是明取一簣之土雖微,暗貽百家之禍非淺。兹因闔村公議,永爲禁約。寨前左右地土,毋得妄爲搬取。人人有心,莫徒一己之私;處處有土,何妨舍此而取。倘有仍來取土者,許諸人指名,送社議罰。寨内樹木許加栽,不許砍伐。設有不遵,砍伐樹木,仍送社議罰,决不寬宥。特此立石,以示永久云爾。

時道光拾捌年孟冬上浣日,闔社公立。

資料來源:賈志軍主編《沁水碑刻蒐編》,山西人民出版社,2008 年,第 400 頁。

302 鄉規民約碑

時間:道光十八年(1838)

地點:貴州省黔東南苗族侗族自治州鎮遠縣蕉溪區大嶺鄉金坡村

日後不具内外親及貧老幼人等,概不許偷盜桐茶、盜砍木植,一經拿獲,罰銀五百文。偷竊杉料材木,加倍處罰。

資料來源:黔東南苗族侗族自治州地方志編纂委員會編《黔東南苗族侗族自治州志・林業志》,中國林業出版社,1990 年,第 161 頁。

303 闔境遵示封山碑

時間:道光十九年(1839)

地點:雲南省玉溪市易門縣小街鄉羅尹村

規格:碑高160厘米、寬77厘米、厚8厘米。青石質。

蓋聞天地有自然之利,而人事宜成贊助之功。故三農八政之重,不外五行百産之精,與其以利利民,不若因民利民也。是以封山蓄水,灌溉田畝,上關國賦,下係民生,其利甚大,其事更切要焉!先年,田間、山場、樹木不知培植,任意踐踏。且有挖抉根本,樹盡山傾,旱則水源涸竭,澇則沙水衝壓,故穀無收成,田賦難完,民不聊生,其害甚大矣!屢蒙上憲發給牌文,曾經曉喻。又於嘉慶十二年,吾鄉父老頒請縣示,諄切告戒闔境與寫立合同文契,共成盛舉。但恐歷年久遠,或字迹磨滅,或收執隱秘,復生弊端,不如勒碑刻石,永垂不朽。

今羅依島合境人等,遵依前示,仍照舊規,公共妥議:凡有山場者,除墳塋各自封蓄之外,俱入公封蓄之,同心嚴拿。不容混行砍伐,更不得挖抉根本,至成林茂密,斧斤以時而入,山林間空采取。公議樹價,凡杉松、油松樹價,所歸載明條規,若有私自砍伐,照規罰。屬倘抗拗不遵,明言究治,此撙節愛養之心,因天地自然之利,林木不可勝用,田畝得以滋培,禾稼可以豐收,國賦可以全完,民生以逐利賴無窮,非吾鄉之厚福也哉!凡我同人,凛遵勿違。欲後有憑,永垂爲照。封山條規開明於後:

一、雜木開山樹價,山主、公家平分。

一、杉松不得砍伐,混行砍伐,提還山主。

一、油松除椿木另用外,亦還山主。

一、修補河埂椿木每個收錢二文。

一、田埂椿木每椿公議收錢五文。

一、采葉子作糞,每挑罰錢二百文。

一、砍野柴犯者,每挑罰錢二百文。

一、箐田有樹木遮田,准砍開二文。

一、籬笆准砍茨樹,切忌有傷成材。

一、砍伐成材杉松、油松,每株罰錢六白文。

一、攔糞堆准取松枝。有取栗枝作柴者,每挑罰錢二百文。

一、不准放火燒地,放出野火,救火食用,放火者出錢。

一、摟松毛有順伐活樹枝者,罰錢五十文。

一、開地葉把只准枝葉,徒砍樹木者,每挑罰錢二百文。

一、河埂被水衝開,取椿不得任定一處,告明看山,免樹價。

一、六角准砍灣扭,每家准五個,多砍者罰南豆半斤。

一、六角砍標直油松者,每株罰南豆貳升。

一、有外境砍伐本境界内樹木,合境齊集理論。

一、野火燒山,看山傳報,齊集相救。

每年開山,准於十月十六日起,二月初三止。有抗者,將柴至公家扣入無異。

道光十九年歲次己亥仲夏月中浣吉旦,合衆同立。

資料來源：王開志抄録《封山育林史料一則》，中國人民政治協商會議易門縣委員會文史資料編輯委員會《易門縣文史資料選輯》第2輯，1990年，第194—196頁；又見雲南省地方志編纂委員會總纂、雲南省林業廳編撰《雲南省志》卷三十六《林業志》，雲南人民出版社，2003年，第871—872頁；曹善壽主編、李榮高編注《雲南林業文化碑刻》，德宏民族出版社，2005年，第338—342頁。

304 鄧家禁碑

時間：道光十九年(1839)

地點：廣東省韶關市乳源瑶族自治縣

嘗聞朝廷有律法，山中有禁條。□□世居山中，此山□樹木風□□□□□□□禁，此山源□鄧家□風□□，山後龍山水源山，并及松杉□□□□□□□□林業，往四方親朋人□，不得亂砍。如有亂砍者，公罰銅錢三千六百文，捉手□賞錢□百文。若然不遵，□□□究詢，决不容情。立禁於後，謹聞。

禁約人：鄧糧，子龍才、龍金。

道光己亥十九年八月初五日，立禁人鄧龍富。

資料來源：譚棣華、曹騰騑、冼劍民編《廣東碑刻集》，廣東高等教育出版社，2001，第155頁；又見黄鈺輯點《瑶族石刻録》，雲南民族出版社，1993年，第71頁。

305 山場合同永爲碑記

時間：道光十九年(1839)

地點：雲南省楚雄彝族自治州禄豐縣中村鄉矣子母村

規格：碑高 110 厘米、寬 70 厘米。

立出義讓山場定立界址合同文書人唐旭東、唐春羽、唐新羽、唐灝及同族人等，係北偶村、河西村二處住，爲同本族墳塋祖山與矣子木接址毗連，因起訟端，特請合泥川紳官定立界址。矣子木山東至小河以尖山爲界；南至棺材山及王姓墳爲界；西至由東邊下來大小山、捌理箐、柒條山箐與半山腰横路爲界址；北至西南邊王姓墳起，横對北邊大石房脚母豬龍上邊止。四至界内係矣子木山。今因普、羅、李姓一時冒昧，誤砍界處之樹，并將木材砍壞。唐姓氣忿難甘，以盜砍樹木、混霸山場等情，控經官主處案下，已蒙差提查勘明確，據實回復。普姓等自知其錯，恐官法難逃，苦求往咨。復承鄉鄰親友憑中勸和，具報呈邀恩免究議。

今普姓自不退還砍樹，均已甘服。唐族人惜憫夷人，不忍認真計較，反將自己界址與矣子木山界，踏勘清白，四至分明，界内永爲矣子木。不憑此限同令争石樁，并恐官處之案，年遠而難稽，因於遵依遵結之處，定立合同貳紙，各執一紙爲據。自立之後，各照界址經管。二比不得超界侵占此及砍伐等情，爲友不遵，任憑據字理究，恐後無憑，立此定界合同文書爲所據。

道光十九年十一月初七日立。

義讓上場定立界文書人：唐旭東、唐春羽、唐新羽、唐灝、唐彪羽。

憑中房武安，常管頭羅開（吕）〔間〕，有親鄰王熠、沈慶林、李仁代字，鞠升止。西邊、南邊下半腰箐係河西村一界内。

資料來源：雲南省禄豐縣志地方志編纂委員會編纂《禄豐縣志》，雲南人民出版社，1997年，第822—823頁；又見曹善壽主編、李榮高編注《雲南林業文化碑刻》，德宏民族出版社，2005年，第343—345頁。

306 奉縣憲示禁采煤碑

時間：道光十九年（1839）

地點：廣東省梅州市蕉嶺縣

署嘉應直隸州鎮平縣正堂加三級紀録五次黄，爲聯情叩息預禁采煤，以杜禍害，以安間閻事。本年十月十八日，據恩貢生湯雲峰，監生湯雲衢，廪生羅田鳳，職員羅應揚，生員羅銓衡，歲貢生左恢勛、左史書，例貢生湯桂揚，耆民宋成璣、管鴻英、黄科二、巫善四、劉英贊等呈稱：生等住居大地村南邊一洞，貼近鷂筆鐵寮坑之山。其地遠錯州屬，近連高思，蔭翳冠諸山，水源滋以灌溉，豐隆超各巘，祖靈藉以安妥。况逼近廬舍毗連，龍由斯發，前後祠壇森立，神依以安。斯固生等合洞田園廬墓水道攸關，而無容傷礙者也。故於乾隆十三并三十六及四十、四十二年，於前憲陳□、曹□、吴□史各任，叠經呈請封禁。煌煌案示俱據，兹聞外境奸商，潛勾土著狡棍，假冒名色，將以久經植樹栽禾之地，擅挖煤取炭之場，只圖肥己，罔顧害人，其有礙生等田園廬墓水道者，更不待言矣。故亟思未雨而先謀，聯名求恩於示禁，庶禍客悉泯，士民永樂等情。據此，當批准出示嚴禁在詞，除批揭示外，合行出示嚴禁。爲此示諭附近居民及各處人等知悉：查大地村鐵寮坑山場，迫近貢生湯雲峰等田園廬墓，水道攸關。自示之後，毋得再有私行挖煤取炭等弊。倘敢故違，一經該生等告發，本縣立即飭差嚴拘究辦，决不稍寬。各宜凛遵毋違，特示！

道光十九年己亥十一月十五日示立。

資料來源：譚棣華、曹騰騑、冼劍民編《廣東碑刻集》，廣東高等教育出版社，2001年，第888—889頁。

307 合鄉公禁碑

時間：道光十九年(1839)

地點：福建省邵武市拿口鎮上山坊村

公議今將來龍挖冬笋、造烟笋一概言立一禁爲據也。

一禁來龍不准挖泥所犯龍身；

一禁不許挖冬笋，限至十二月廿八、九，開禁二日；

一禁廠内不許造烟笋，過夏十日可准别人往山拾笋；

一禁山内雜木竹不許盗砍。

如有不爲者,公議罰錢伍千文正,决不虚言禁也。

……

道光十九年十一月十六日。

資料來源:福建省邵武市林業委員會黄新民工程師提供。

308 中建鄉規碑

時間:道光十九年(1839)

地點:貴州省畢節市黔西縣中建鄉

規格:碑體正方形,故名"四楞碑"。碑文四面均楷書,陰刻,有泐蝕殘損。

國泰民安。【第一面】

共享太平。

蓋聞"王鳩"鳩民九□民,古帝王乘權御宇地,必告也。剪賊鋤匪,靖鄉也。故舜之去十六族,孔子之誅少正卯,正如是也。今吾西四甲,地名化冲坪子、楊家寨、白家溝、泡木林、游家坡、杉樹坪、普革、黄泥井、轉角塘等處,竟有不法之徒,日以惡討估乞爲業,夜以挖墻割壁爲務,更有窩留匪類之輩,日則遍野虜搶,夜則逾垣盗竊,坐地分肥,護賊害民。又有一等地棍刁徒,或因借討不遂,而挾忿生波,或估人而坐騙探窺,或唆人事訟。損人而利己,持衆而捆抬,考打亦嗑嚼,或盗竊牛馬,則飧食無休,則肆無資。以上種種不法之徒,皆不容於太平之世。故紳耆人等仰懇仁恩,告示嚴禁。荷蒙州主賞給示禁,而紳耆民或關即持,永垂於不朽,致彼惡等,斂迹潛踪,痛改前非,萬民共享太平業,四方紳耆民慶,不負我州主予民鴻恩矣。【第二面】

拿賊捕盜。

一禁不遵國法,肆行凶惡;

一禁窩賊分肥,盜竊擄掠;

一禁惡乞估丐,奸盜邪淫;

一禁盜伐竹木,焚燒山林;

一禁盜竊五穀蔬菜瓜果;

一禁殘踏禾苗,毁壞碑石;

一禁聚衆賭博,種毒吸毒;

一禁以强凌弱,持衆拷磕;

一禁借討不遂,挾仇生端;

一禁畏縮不前,與賊同情;

一禁以下犯上,酗酒辱駡。

以上衆議鄉規,勿得有違。犯不遵者,或理講法制,或伏禮賠還,或送官禀報。務必同心協力,以免奸風日騰,仁里復興矣!【第三面】

署貴州大定府黔西川正堂州衛堂示。

大清道光十九年歲次己亥冬月吉旦立。【第四面】

資料來源:黔西縣志辦公室編《黔西楹聯碑記集萃》,黔西

縣志辦公室,1992 年,第 127—128 頁;又見貴州省畢節地區地方志編纂委員會編《畢節地區志·文物名勝志》,貴州人民出版社,1994 年,128—129 頁。

309 公購白果樹碑

時間:道光二十年(1840)
地點:陝西省漢中市

從來物産之奇,最關風土;惻怛之愛,同具人心。故梁木其壞,君子傷矣;喬木之有,故國重焉,斯二白果樹所由存之久也。維兹二木,遥峰聳峙,上出重霄;翠蓋雙懸,下蔭數畝。其連抱之殊材,似表道以旁列。正不知幾百世之精華,而乃有此巨觀也,謂非嘉陵勝迹乎。無何,物各有主,值斧戕之將及,而公道在人,倏惻隱之同深。爰有黑木林闔牌人等捐資永售所由來矣。意者前民之培護,已歷多年;後人之消滅,畢於一朝,傷矣。至今憩息者感慨,游觀者太息,抑又悲矣。故同捐共售,長存奕世,永相保護,勿剪勿伐,常留一方古迹云耳。爰勒諸石,以垂萬古,庶後世同深惻隱,共相培植焉。可(下缺)實記買約。

立永賣古白果樹二根文約人周穩、周正倫房族人等,因争刊不均,情願將周家院墻前古白果樹二根,請中人説合,情願出賣於黑木林闔牌人衆名下,永遠存留,以作古記。買價錢三拾貳仟文整,交給領明。自賣之後,許令黑木林人衆培補,永留千秋，凡尺枝寸幹，周姓不得損敗，買主亦不得砍伐。特勒文約於石，永遠存照。

賣主：周穩、周保、周正倫、周棟和、周秉和、周知和、周餘和、周蘇氏。

中人：沈九章、李宗芳。

田喜，生員田玉，田開源，武生田福（以下捐錢買樹四十餘人姓名從略）。

寧庠蒙化新撰并書。

石匠王正方、鄧壽禹鎸。

皇清道光庚子年孟夏月上浣之吉立碣。

資料來源：陳顯遠編著《漢中碑石》，三秦出版社，1996年，第270—271頁。

310 坡頂鄉馮姓護林碑記

時間：道光二十一年（1841）

地點：貴州省銅仁市思南縣長壩鎮

亘古千秋　馮姓碑記

衆族老幼等公議：立碑禁戒偷砍柴林、桐、棬、料木等項。緣先祖創業於此，遺存此地，以作後代醮挂祭掃之用，因土瘦薄，護蓄油臘料，屢遭痞惡匪賊偷砍一空，見之可慘。約齊族等公議，自今後，不但族内諸人外姓四鄰人等，不許提刀入林砍伐蒿茨，如有捕獲偷砍者，將刀物執出；有捕人者，錢一百二十文；如犯者，加倍賠還；又恐捕人受賄分肥亦伏者，一并送入公庭，勿謂言之不早矣。

道光廿一年二月上旬宣。

資料來源：周世才《坡頂鄉護林碑記》，政協思南縣委員會文史資料委員會編《思南文史資料選輯》第15輯，1991年，第104頁；又見《貴州森林》編輯委員會編著《貴州森林》，貴州科技出版社，1992年，第89—90頁。

311 禁伐碑

時間：道光二十一年(1841)

地點：四川省達州市通川區磐石鎮川主廟村

規格：碑高143厘米、寬70厘米、厚12厘米。碑文楷書。共7行。

……如有不遵禁碑者，倘砍伐司賣，兒孫不能昌享缺乏……

道光二十一年季春吉旦。

資料來源：佚名《達州市通川區發現清代禁伐碑》，四川省文化廳"四川文化資訊網"2009年7月13日。

312 蕨市坪鄉規碑

時間:道光二十一年(1841)

地點:雲南省大理白族自治州劍川縣石龍村本主廟

規格:碑高95厘米、寬80厘米。砂石質。碑額刻"鄉規碑記"四字,陽文,外飾四圓。碑文楷書。共20行。

鄉規碑序

公議十八人照碑巡察。

自古風清俗美,斯稱仁厚;習於不善,名曰互鄉。故朱子謂里有仁之俗爲美。我蕨市坪雖離城不遠,奈居邊地,寡聞罕見,欠讀者多。間有一二不循理者,恐後生互相效尤,干名犯義而傷成風。耆老因此公議,嚴立鄉規,約束子弟。庶可興仁講義,革蕩□忠,共成□□之風,永享升平之世。即遵上諭十六條内所宜此地者數條,勒石垂碑,以正人心,以敦風化。共爲良民,斯成仁里矣!

敦孝悌以重人倫:孝悌乃仁之本,能孝悌則不□犯上。如有不孝不悌者,鄉長公□□□公稟。

篤宗族以昭雍睦:宗即祖宗之宗,族是宗之族派。篤厚以一族之人,需厚待之,與之和睦□得,有□外人不□宗族即鄉□□和睦,勿得結仇構怨。

訓子弟以禁非爲:敗壞風俗,首重□□,次重非爲。凡拐帶人口、成群聚賭、偷牲畜、□奸窩賭等,嚴治重罰,不得徇情。

息誣告以全善良:世之最惡毒者誣告一事,無故生端,□害良善。果屬情虚,鄉長須得追其不是處。若必誣告,同上公稟。

聯保甲以弭盜賊：一有盜賊，即截路收山，不去者一工罰兩工，一凡犯罰者，不□□□□以□即如□死其罪□如一□。

解仇忿以重生命：□□□□□殺仇追究村中子弟，不許□□□□以酒代醉□□□□□不遵者、先動手者即有理□□□。

一、凡村中菜園不得亂入。如拿獲偷菜者，一棵罰錢一百，販賣菜價只照時價。

一、凡山場自古所護樹處及水源不得亂砍，有不遵者，一棵罰錢一千。

一、凡松坡隨糧，只許各取松子，如常亂取，不遵鄉規者，山主拿獲，以糧累之。

一、凡童松宜禁砍伐，糞潭、田中不得撿糞，不遵者，拿獲罰銀五錢。

一、凡里巷五倫所繫，長者出入，不得亂唱淫曲。女子四十歲以下，不得入寺門，拗者重罰。

一、凡所用犁耙器械，任隨丢在甸内，失落一件者，拿獲逐出境外。

以上所禁數條，須宜恪遵自守，不可輕視鄉規，勿謂言之不早也！

道光二十一年孟秋月吉旦，闔村鄉耆同立。

資料來源：曹善壽主編、李榮高編注《雲南林業文化碑刻》，德宏民族出版社，2005 年，第 352—355 頁；《中國少數民族社會歷史調查資料叢刊》修訂編輯委員會編《白族社會歷史

調查》(四),民族出版社2009年,第100—101頁。

313 架木革村護林碑

時間:道光二十一年(1841)

地點:雲南省文山壯族苗族自治州丘北縣膩脚鄉架木革村

規格:碑高85厘米、寬50厘米。

蓋聞無木無水,地方成之是水,爲天地生成而長養萬物者也。民非水不生活,則水之爲民用豈淺鮮哉。然水固生木,而木又足以蓄水,吾架木革寨人居住於坡頭、衝子、龍樹脚三村。今吾等坡頭一村,就近買地鑿井而飲;公議養樹木以裕水源,庶乎源深流長取不盡而用不竭,則民遂矣。此規先年已屢立章程,原有蓄水四至爲界,只因紙據難憑,日久生異弊,埋墳盜砍種種惡習殊屬可恨。兹除另立合同外,同立此碑記勒石,以垂不朽云。

禁樹四至:東至祭山坡路止,西至丫口止,南至寨頭止,北至山嶺止。永遠收存合同人李漢。一遇有事必須執出理論,不得隱匿。

暨立條規開列於後:

自道光三年,培養水源樹木後,曾有無賴之徒,希圖樹木成林,陰謀埋墳侵占樹木者,疑難支其墳塋,故不許其侵占樹木。

自立碑後,再有埋墳在四至内者,罰銀三拾兩入公。

有種地侵占四至者，罰豬伍拾斤，酒叁拾斤，穀一斗；有盜砍成材樹木者，罰豬叁拾斤，酒貳拾斤，米壹斗。

有盜砍柴枝以及劈明子者，罰羊叁拾斤，酒貳拾斤，米壹斗。

借砍枯枝、開端放牧與托土墼賣者，以及就井洗衣服等件者，同罰羊貳拾斤，酒伍斤，米壹斗。

以上鄉規有能查獲犯規者，報信人給公錢壹百文；如獲器物柄據者，給公錢三佰文；見而不報者，與犯規人同罰。吾等坡頭村共五十六户人家，名俱已各自親押載明合同，每户捎糧食壹升，積爲公項，務須各家告誡子弟，倘有不遵，衆人將公項帶作盤費，按長幼次序聯名稟官究治無辭。

道光二十一年十二月十九日公立。

資料來源：曹善壽主編、李榮高編注《雲南林業文化碑刻》，德宏民族出版社，2005 年，第 348—350 頁；參見文山壯族苗族自治州地方志編纂委員會編纂《文山壯族苗族自治州志》第二卷，雲南人民出版社，2002 年，第 335—336 頁。

314 盟埠村奉官示禁碑

時間：道光二十二年(1842)

地點：海南省海口市定安縣領口鎮盟埠村

規格：碑高 200 厘米、寬 59 厘米、厚 9 厘米。青石質。碑額刻“奉官示禁”四字。碑文楷書，陰刻。

特授定安縣正堂加十級紀録十次譚，爲乞示嚴禁，以靖圖中事。據切合衆等居石豆圖中，居民稠密，士民工商各循其分。奈地方東近大路，北通龍門，現遭各縣往來不端人等，及過海匪徒，乘流潜入圖中，結党成群，沿鄉强乞，擾害圖中花利。遇有見質，反爲逞凶嚇死誣賴，不敢出言。又有本地不安本份之徒，日則乘機擄掠，夜則鼠竊狗偷。或有乞丐饑民餓死道路，該匪徒等以爲奇貨，藉口訛詐，擾害不安，種種多端，難以枚舉。見其形勢，難以坐視。

查前乾隆四十二年，境主已經乞示嚴禁，勒碑凛然。又道光四年饑荒，亦呈准批案。但現日久弊生，是以里排衿耆，合衆聯名，俯叩仁明大老爺臺下，除凶安良爲念。蒙准金批，出示勒碑嚴禁。爲此批，據呈外來匪徒與本處爛民如此作害，情形殊堪痛恨，准照所開之禁條，出示勒碑嚴禁，以靖閭閻，并飭房特將現頒防盗告示四張，一同張挂，曉諭各村鄉民，按縣發輪流巡守走更之法，用力奉行。如有匪徒搶掠，務須協力齊拿，捆送來縣，以憑盡法懲辦，不得推諉，致負本縣保護爾等苦心也。抄粘在案。爲此示諭該圖紳耆、保約、里排諸民人等知悉：自示之後，爾等呈開禁約，務須照例奉行，毋違。計開示禁條例於後，當對神前奉行賞罰。

禁來路乞丐、餓夫强乞逞凶，與本地匪徒乘機殘擾地利。

禁道路乞丐、饑民死尸，即禀明保驗明，隨地修埋立碑。

禁匪徒勾通外人，假差訛索鄉愚，唆詮人家是非等弊。

禁竊藥魚塘、井堀，并圖中柴草、椰包、白藤花子等物。

示防犯盗賊，照縣發輪流走更之法，各處議人巡守盤查。

禁竊偷田禾、椰子，砍伐竹木，拆敗園界，并雜糧花利等物。

禁商藏盜匪，招群結黨，計議人家財物，移禍陷妒等情。

禁開場窩賭，招引良家子弟誘賭，當場争鬧，迫死人命。

以上如有捉獲，賠罪不遵者，幫送鳴縣憲治，决不姑寬。

邀首：龍潤桂、王位昌、生員陳仕縉、武生王天朝。

里排：譚朝斌、梁成季、林道信、葉光輝、陳昌秀、黄秉清、郭元福。

道光二十二年三月初二日告示。

資料來源：許榮頌編寫《定安縣文物志》，中山大學出版社，1987 年，第 84—86 頁；又見譚棣華、曹騰騑、冼劍民編《廣東碑刻集》，廣東高等教育出版社，2001 年，第 942—943 頁。

315 景東縣者後鄉石岩村封山碑

時間：道光二十二年（1842）

地點：雲南省普洱市景東彝族自治縣者後鄉路東村石岩小學

規格：碑高 65 厘米、寬 48 厘米。大理石質。碑文楷書，陰刻。共 21 行。

上古比户可風，人解凉德，是以道不拾遺，夜不閉户，此風良可想也。敝邑家不盈百，其中賢愚雜處。先年，衆議蓄樹滋水，禁火封山，不數載林木森然，薈蔚可觀。奈人心多涣，旦旦伐之，萌芽殆盡。兹復合志同心，冀臻美俗，照舊封畜，重加嚴禁，尤期衆志成城，勿蹈前轍，不維利一時，且及百世矣。

所禁四至：上至紅土坡頭尖山後横路，右至王家墳横路下大箐邊，左至結果箐頭。每遇出水箐邊，左右離箐二丈，不准砍樹種地，污穢水源，致干衆究。所載公田舊界，并志永垂不朽：東至田家小橋凸子，南至小石岩凹口，西至總脉，北至結果箐，界内亦須嚴禁。至於各家先輩私山久蓄園林，更不得擅行剪伐；違者，照鄉規罰銀充公；所用墳塋，不得以墳占山。凡我同鄉，尤望一德一心，父戒其子，兄勉其弟，雍雍睦睦以禮乎，家喻户曉也。所訂禁規條陳於後，犯者，衆姓公議，决不徇私，容(阮)〔忍〕推(委)〔諉〕，抗罰者倍罰，見不報者同罰。

一、禁縱火焚山，犯者罰銀三拾二兩。

一、凡有公事一傳即至，抗違者罰銀三兩。

一、禁砍伐樹木，伐枝者罰銀三錢三分，伐木身者罰銀三兩，砍榨杷一個罰銀三錢三分。

一、禁毁樹種地，違者罰銀叁拾叁兩。有在公山砍榨杷者，每把罰銀三兩三錢。

一、禁盜園疏瓜果食物等項，查出罰銀二拾三兩。

一、(生)〔牲〕畜害田地者，除賠外加倍罰。

一、有外賊入村，在檻盜牲畜者，協力尋覓，倘無踪影，衆姓照半價賠助。

道光二十二年六月十八日，石岩村衆姓同立。

資料來源：雲南省地方志編纂委員會總纂、雲南省林業廳編撰《雲南省志》卷三十六《林業志》，雲南人民出版社，2003年，第872—873頁；又見曹善壽主編、李榮高編注《雲南林業文化碑刻》，德宏民族出版社，2005年，第356—358頁。

316 清凉山栽松樹記

時間：道光二十二年（1842）

地點：山西省晋城市高平市寺莊鎮寺莊村清凉寺

規格：碑長108厘米、寬50厘米、厚17厘米。石灰岩質。碑文楷書，陰刻。共12行，滿行12字。碑身周邊刻纏枝花草紋。

山不在深與高，鬱鬱乎，蒼蒼乎，蔚然而可觀者，則樹爲之也。丹右清凉山，舊有廟，亦有樹，然稀疏無多株，游山者嘆樹之不茂，山爲减色焉。今新栽松樹百餘株，不數年樹□□蒼，山容秀麗而化龍益□□踴躍矣。

□□□□□敬撰。

□□□□□書。

住持僧心寶徒源。

大清道光二十二年八月上浣吉立。

資料來源：《高平金石志》編纂委員會編《高平金石志》，中華書局，2004年，第57頁；又見常書銘主編《三晋石刻大全·

晋城市高平市卷》,三晋出版社,2011年,第607頁。

317 龍潭五村鄉規民約碑

時間:道光二十二年(1842)

地點:雲南省昆明市西山區團結鄉龍潭多依村

規格:碑高24.1厘米、寬26厘米。碑文楷書。共24行,每行10—25字不等。

一、放火延燒山林者,罰銀伍兩入公。

一、盜砍樹木者,每棵罰銀一兩,砍枝者罰銀伍錢,各入公一半。

一、夜放牛羊踐踏五穀,量踐踏若干,照數倍賠,一半入公,一半給被害之家。

一、盜竊五穀者,罰銀伍兩,入公一半。

一、盜砍潮桐子售賣者,罰銀一兩,入公一平。

一、盜瓜菜者,罰銀一錢。

一、瘟牛、瘟豬縱放村中者,罰銀一兩,入公一半。

一、采取蕎葉有進田地割草者,罰糧一斤。

一、挖取樹根者,罰銀伍錢,入公一半。

一、牛、馬、羊、豬吃五穀者,每口罰糧一升。

一、豬拱河埂及田埂者,每口罰糧一升。

一、閤村松包,每年公賣入公。

一、盜竊松包,在山燒剥者,每包罰銀一錢。

一、牛、馬、羊、豬入墳踐踏者，每口罰糧一升。
西山大河、小河、多依、和平、郎家五村共立。
清道光二十二年十月初十日。

資料來源：雲南省地方志編纂委員會總纂、雲南省林業廳編撰《雲南省志》卷三十六《林業志》，雲南人民出版社，2003年，第873頁；又見徐貴《鄉規碑》，中國人民政治協商會議昆明市西山區委員會文史資料委員會編《西山區文史資料》第9輯，2004年，第129—130頁；曹善壽主編、李榮高編注《雲南林業文化碑刻》，德宏民族出版社，2005年，第359—360頁。

【備注】

此碑分兩部分，前半部分爲序文，主要闡明訂立鄉規民約是爲正風俗，彈盜賊，正人心，略去不録。

318 鷄公背造林碑

時間：道光二十二年(1842)
地點：四川省巴中市通江縣

苟家寃發善心鷄公背栽柏樹十餘株。四維上下牧牛采薪之輩，有人折毁樹木，叫他子孫不得昌榮。

資料來源：張浩良編著《緑色史料札記——巴山林木碑碣

文集》,雲南大學出版社,1990年,第50頁。

319 土官田永垂不朽護林碑

時間:道光二十三年(1843)

地點:雲南省玉溪市江川縣土官田村

從來有盛必有衰,有興必有敗。雖曰天數,豈非人哉。不有先人培植,何以見其盛,又何以見其興;不有後人振作,則衰者將終衰矣,則敗者不將終敗乎。我土官田居曠野,人烟稀少,營頭建立關聖宫,營後栽青松一嶺,一以培植來脉,一以培植風水。人丁追思古人甚美也,但先前人心渾厚,共相護持而嶺上青翠,村中人財興旺,功名顯達。近年人心不齊,互相踐踏,而四野寂寥。樹木一空,村中人烟稀少,貧苦難堪,所以合營老幼觸目傷心,因而公同妥議,庶幾反衰爲盛、轉敗爲興,亦以體先人志焉。故勒石爲志:

一、買松種乙石,淹著銀貳拾兩,每家捐挂乙兩。

一、請人看山,每年用穀子兩石。

一、松木成材之時,不准亂砍。若有砍伐者,一柯罰銀壹兩。

一、有砍伐松枝者,罰錢三十文。

一、有人拿獲砍樹者,賞錢五百文。見而隱諱者,罰銀五錢。

道光二十三年三月初十日,土官田合營老幼同立。

資料來源：曹善壽主編、李榮高編注《雲南林業文化碑刻》，德宏民族出版社，2005 年，第 361—362 頁。

320 牛厄潭等村示禁碑

時間：道光二十三年(1843)

地點：廣西壯族自治區河池市宜州區

規格：碑高 103 厘米、寬 51 厘米。碑文楷書。

署宜山縣正堂加五級紀録五次魏，爲出示曉諭事。案據袁有忠等呈稱，□□種糧田附近西南門外濁水塘、龍塘堡、高家堡、澄路橋、牛厄潭、涝尾、里家堡、白龍祥堡、沙嶺一帶地方，屢被該處居民縱放牛馬豬羊鵝鴨入田踐踏，至秋收後，又竊柴草竹木禾穀雜糧等物，貧農受害無窮，理合呈請示禁等情到縣。據此，除批，合行出示曉諭。爲此示諭該處附近居民人等知悉：自示之後，所有牧養牛馬生畜，各宜看守，毋得縱放入田致害青苗，至竹木柴草雜糧禾穀等物，亦不得肆行偷竊。如有玩法之徒，視告示爲具文，仍然縱畜殘踏糧田，并行竊滋擾。許爾等據名入稟本縣，以憑按提究治，决不寬貸。各宜凛遵勿違，特示！

衆議凡有縱放牛馬豬羊鵝鴨入田，偷竹木柴草禾穀雜糧禾稿，又自穀雨起至寒露止，開壩塞溝，戽魚盜水，放火燒牛坡草堆，入田撿取糞草，園地之竹茨等項，每次罰錢壹千貳百文。如村中有□□聚賭者，在頭人指獲，罰□資錢三千文。凡以上一切事件,俱宜拿獲真據,如挾仇固□,亦照罰錢,賴人□□。以上各款,罰出之錢,歸陳文恭公廟祭祀,於六月六日拿出公用。倘有不敷,照村派出。如違不遵罰款,頭人攻究推諉,公罰加倍。拿獲之人,謝花紅錢貳百文,尚餘一千歸廟。

衆村頭人:周尚運、韋慶文、韋達□、陸懷仁、吴振有、李建明、周□□、王安盤、周全瑞、關宗堯、何□送、劉連昌、覃玉剛、餘炳魁、□振剛、□□□、覃芳□、王廷芳、□金業、周志漢、葛繼宏。

道光二十三年癸卯七月初一日公立。

資料來源:彭瑞儒等《古碑選載》,政協宜山縣委員會宜山縣志編纂委員會編《宜山文史》第 1 期 1992 年,第 49 頁;又見李楚榮主編《宜州碑刻集》,廣西美術出版社,2000 年,第 242 頁;杜海軍輯校《廣西石刻總集輯校》,社會科學文獻出版社,2014 年,第 908—909 頁。

321 嚴禁恃强估伐樹木碑

時間:道光二十三年(1843)

地點:貴州省黔南布依族苗族自治州惠水縣長安鄉打然村下喜龍寨簡約關路旁

規格:碑高 168 厘米、寬 63 厘米、厚 20 厘米。青石質。碑文楷書,陰刻。

爲嚴禁恃强估伐樹木事。照得比間山坡各有界限，即護蓄之山，往往被木瓜等處漢民恃强估伐，苗民若欲阻止，動輒行凶釀禍，言念及此，深堪痛恨。除以往不究外，令行出示曉喻。爲此示仰請苗民等遵照：嗣後山内樹木柴薪各照界限管理，請漢民等毋得恃强越界估伐，致釀禍端。如仍蹈前撤，許該苗民等扭禀，請管土司協同寨長頭人，解州嚴究，决不姑寬。各宜凛遵毋違，特示！

一議凡有盜賊搶劫牛馬、私偷家財及田禾雜穀，如遇拿獲，共同送官究治。

道光十八年定番州示，道光二十三年七月立。

資料來源：惠水縣布依學會羅世昌提供。

322 禁止開窖盜樹碑記

時間：道光二十三年(1843)

地點：山西省晋城市高平市下馬游村玉皇廟

規格：碑高 137.5 厘米、寬 48 厘米。石灰岩質。碑爲圓首，上刻雙龍獻珠祥雲圖，中刻“禁碑爲記”四字。

竊思古迹聖廟玉皇上帝，理宜氣順門正，山明水秀。莫爲之先，雖美而弗彰；莫爲之後，雖盛而弗傳。於道光十五年，合村善念居民意氣相投，重新整理廟貌，開設神道，通順氣脉，周轉一方人等，祈福保安。由今二十三年，地寶出世不安，合社人等目睹神傷,恐其有犯神貌,於本年九月間,此唱彼和,同樂爲善,自此地寶,前輩後輩永遠不許在百步之内穿煤礦土窑。設立禁碑,四統爲記。貼白之日,礦窑同止。止窑添寶,地脉寶而靈機生焉,培植天地之靈氣,是以若波濯濯也。果能同心合德,效法郭老之遺風,飲且食兮壽而康,無不足兮樹有望。大則能以藏風,小則能以聚氣,何常地之無樹焉?無論川園溝壑,各自培養樹木,社田社養,樹木暢茂於一鄉之中。崇山峻嶺,好鳥枝頭有良朋;巍峨叠翠,古木樹中聽遠音。禁止人等偷盜,六畜損傷。如違者,送廟議罰。自禁之後,如有不遵者,送官究治,所禁之事另有條規。合社人等手舞足蹈,趨而爲善。伏乞上天之恩,永保合村安康。

敕授修職郎張秉德沐手敬撰。

邑里人張維清薰沐敬書。

時道光二十三年歲次小陽月中浣之吉。

資料來源:《高平金石志》編纂委員會編《高平金石志》,中華書局,2004年,第702頁;又見張正明、〔英〕科大衛、王勇紅編著《明清山西碑刻資料選(續二)》,山西經濟出版社,2009年,第25—26頁。

323 萬古不朽碑

時間:道光二十三年(1843)

地點:貴州省黔西南布依族苗族自治州興義市敬南鎮水

淹凼村

規格：碑高150厘米，正、背兩面各寬41厘米，左、右兩面各寬33厘米。碑面西背北，無座，豎於天然石基上。原有碑帽已被拆毁。1985年被毁，斷成數段。碑東、西兩面碑額刻“萬古不朽”四字，楷書，陰刻。

爲團衆協心以請地方各寨鄉、各户人等公議，列□以□□條規：

一議被賊挖墻入室，以盜家財什物等項，失主務要切實具贓，不得冒作虚報，憑之後衆等務須同心驗賊與窩家，□□捆縛解官究治。

一議在團人等，務須各家本分，□□□□一人，匪棍不得□賭，□□夜偷擾害地方，倘經衆□查出，□□□□解官究治。

一議被賊盜竊牛馬者，即報地方團頭□簿人等，各帶盤費，四路追賊，倘追無踪，一里十家務要同心查實，失主不得虚報，若已實衆□□失主□□□衆□□□□亦得一半，如實時贓賊兩獲，衆等送官究治。

一議被賊已盜馬牛，不熟與瓜菜竹木等項，即時拿□□□衆團頭，罰銀十兩充公。

一議上下往來客商、人行□□，以及村寨宅前屋後，務□失火□□□倘無火燭出聲□中楊□□□□人衆究治。

（以下碑文漫漶難辨）

大清道光二十三年冬月初二日同立。

資料來源：貴州省黔西南自治州史志徵集編纂委員會編《黔西南布依族、苗族自治州志·文物志》，貴州民族出版社，1987 年，第 97—98 頁；參見黔西南布依族苗族自治州史志辦公室編《黔西南布依族清代鄉規民約碑文選》，1986 年，第 44—46 頁。

324 水尾樹碑

時間：道光二十四年(1844)

地點：福建省泉州市洛江區虹山鄉水尾村水尾橋西北

規格：碑高 152 厘米、寬 48 厘米、厚 14 厘米。碑額上刻祥雲繞日紋，下刻"水尾樹碑"四字，楷書，陰刻。碑文楷書，陰刻。共 11 行，滿行 30 字。花崗岩。

蓋聞甘棠遺愛，戒剪伐於南國；山蓁流徽，傳美人於西方。矧風水攸關，尤宜鄭重乎！吾鄉漈水、虹山，素稱勝概，而漈水尤鄉里水口所歸宿也。介居東北，地勢稍傾，前有喬木參天，遮蔭風水。間有不肖之徒，運斤迭至，而山盡童。噫嘻，痛哉！

我存素公裔孫，念祖德之詒謀，冀後嗣之克昌，公議出銀復興陳姓，明給産山，栽培松柏雜木，護衛風水。東至寨内外崙脊，西至東壟墘，北至宫後漈溪頂，南至宫口田。凡在界中所培材木，照顧成林，永庇千秋。則樹深十年，同泰岱之不老松，高有百尺，比大夫之可封。自兹以往，姓無論同異，房無分强弱，不得私自砍伐，致累風水。如有砍伐，復蹈前非，立即率衆共誅,决不寬縱。各宜凛遵,毋違!

一禁盜砍松柏、雜木及茅草者,罰戲一臺,餅拾斤。

一訂松柏、雜木或被風雨損壞,公議出賣,不得私自搶奪盜砍。

大清道光甲辰年仲春之日,存素公裔孫彭建立。

資料來源:福建省泉州市洛江區虹山鄉原黨委書記彭金亮提供;又見吴喬生等編《泉州古城歷代碑文録》,中國文史出版社,2009 年,第 178 頁;石建平主編《福建鄉規民約》,海峽文藝出版社,2016 年,第 193—194 頁。

325 古柏禁伐碑

時間:道光二十四年(1844)

地點:四川省巴中市凘波鄉香爐山村

規格:碑高 182 厘米、寬 38 厘米。碑方形,四角攢尖頂,有須彌座,高 30 厘米、寬 60 厘米。碑文楷書。

嘗謂神靈廟肥,樹茂地厚,莫不應效於雨時内也。邑保興寺原後□□粤稽天啓年間至今四百餘年,雖荆棘蔓草,樹神巍峨,累□□求必應,衆姓世代相傳,而樹永不出賣砍伐也。嘉慶年間,有李均□賊言出賣此柏樹,族内至家賞罰甚嚴,費資若干。蓋此柏樹,一則樹神,次則風水,遠近瞻視儼然,人望而畏,此樹無害於人。而我境徒好利之人,出賣此樹四次。於是我境齊集公議，斯前有禁約，今有禁碑，後人仍蹈其轍，神與樹賜爾福壽無疆耳！倘日後有無耻絶嗣之徒，勾引木商卜散流言，而存此念者，連同木商與好利等輩，自領剿經十部，子孫男女盡害白癩，萬代不得昌榮。於是請工造立禁碑，永垂不朽云爾。

（131 人姓名略）

皇上道光廿四年季秋月望五日立。

邑李紹映沐手敬書。工匠：楊加富、楊加才。

資料來源：張浩良編著《緑色史料札記——巴山林木碑碣文集》，雲南大學出版社，1990 年，第 26—28 頁；又見張浩良《通江林木“禁碑”初探》，中國林學會林業史學會編《林史文集》第 1 輯，中國林業出版社，1990 年，第 134 頁；劉輝光著《諾水蒼茫》，四川文藝出版社，2000 年，第 51—52 頁。

326 禁砍桐茶碑

時間：道光二十四年(1844)

地點：湖南省懷化市新晃侗族自治縣步頭降鄉腿溪村方田組

諺云：“朝庭無空地，世上無閑人。”又曰：“寸土出黄金。”斯言何爲，蓋以人資呼物，物本乎土出，因人而産也。我等僻處方田禾把溪，龍崩卧藝，人烟稠密，富少貧多，兼之山多田少，縱食物有餘而財用不足。兹蒙仁慈縣主，愛體民生，示禁桐茶等物，欲樹人間大業。子民際此，奚不等體力行，遮食有餘而財不足乎！但民心不一，難以永守勿替，特將官示勒石，以爲遠謀久計焉可也。

特授沅州府芷江縣正堂加五級記録五次謝，爲禁砍桐茶等樹以全生業事。照得芷邑田少山多，全賴種植桐茶爲業，兹本縣不法之徒，將别人桐茶各樹任意竊砍作爲柴薪，殊不知利己甚微，損人甚大，實屬可恨，合亟出示嚴禁。爲此示仰闔邑人等知悉：嗣後須知樹木十年，滋生不易，如有任意砍伐桐茶樹一株者，准被砍之家投鳴牌保，罰令栽培五十株。若無知婦孩及牛羊踐踏者，每折一株亦著罰賠二十株，均以栽植生活爲算。倘敢不遵，即行扭稟赴縣，以憑嚴究。如該保等隱徇不稟，被人告官，一律議罰。勿違，特示！

右仰知悉。

道光二十四年冬月合牌遵。

資料來源：湖南省新晃侗族自治縣志編纂委員會編《新晃縣志》，生活·讀書·新知三聯書店，1993年，第350頁。

327 合州封禁乾陽山樹木碑記

時間：道光二十五年(1845)

地點：雲南省紅河哈尼族彝族自治州石屏縣文化館(原立乾陽山玉皇閣旁)

規格：碑高 109 厘米、寬 65 厘米、厚 14 厘米。青石質。碑文楷書。

石屏縣肖家海村一樵夫前往乾陽山砍柴，并在玉皇閣寺中燒香還願，將香火弃之草叢，一時火自風出，就燥始燃，頃刻烈焰騰空，引發森林火灾。幸虧寺僧和山後村民遥望赫炎騰空，及時發現，奔入炎林，將火撲滅。玉皇閣住持和當地村民急遂下山向各寨查訪，經查明肇事者，并鳴官追究火灾責任。肇者樵夫自知構禍難免，屈求情願罰碑代爲封禁，勒石告示。凡屬乾陽山樹木，無論公地私地一概永不容砍，而廟之周圍愈不得燒毁傷松竹花果，如有再砍一草一木及縱放野火者，紳士必控不恕。

生員何晏昌書。

紳士命住持楊一中統洞背後。

王燦合寨人立。

清道光二十五年正月二十三日。

資料來源：曹善壽主編、李榮高編注《雲南林業文化碑刻》，德宏民族出版社，2005 年，第 263—265 頁；參見雲南省石屏縣志編纂委員會編纂《石屏縣志》，雲南人民出版社，1990 年，第 592 頁。

328 上山村奉官立禁碑

時間：道光二十五年(1845)

地點：海南省海口市美蘭區三江農場上山村

蓋粤稽古帝王，發仁政以安民，創事業以興邦，故吾今思地陷空暇，糧米無歸，要衆助力種茄椗，以扶村長久。奉官禁諭，戒頑夫於刀斧損傷，特爲遵照。

一定四置：南至潭管，北至蒸籠墩，東至村，西至大溪。

合議六椿：黄家四椿，柯家一椿，韓、吴、蒙家共一椿。一議先種後折。

一禁枯木不得亂取，如私折者，罰錢一千文。公衆一議枯木按年正月初十日折。

一禁逸牛亂蹈敗壞者，罰錢五百文。公衆一議每家二人。

一禁生茄椗不得亂刀斧損傷，如損傷者，罰錢二千文。公衆一議巡拿偷取人等者，賞錢三百文。

一議私拿私放，與偷者同罰。一議拿牛蹈食者，賞錢五十文。

上山村衆禁首：黄家椿首、邀總首、柯家椿首、韓吴蒙椿首主理。

道光二十五年孟春月。

資料來源：盧昌義、林鵬、陳焕雄《中國古代某些紅樹林管理法規的借鑒》，范航清等編《中國紅樹林研究與管理》，科學出版社，1995 年，第 183—184 頁。

329 苔菉村城堡碑記

時間:道光二十五年(1845)

地點:福建省福州市連江縣苔菉鎮苔菉村

規格:碑高 60 厘米、寬 50 厘米。輝綠岩石質。碑文楷書。

時丁酉年仲春,公議後城門一派栽植榕樹,内外共計十三根,今已成林茂盛。此係風水攸關,不許後人砍伐。并一派栽榕場所,原係土堡附基公地,後人毋得藉强争執。

道光二十五年孟夏公立。

資料來源:陳名實著《閩臺古城堡》,厦門大學出版社,2015 年,第 62—63 頁。

330 嚴禁砍伐柞山碑

時間:道光二十五年(1845)

地點:湖北省襄陽市保康縣城西南約 23 公里的後坪鎮洪家院村

竊謂東流水地方田畝少而柞山多,土地少而客户多。人稠地帶,往往有柞山未砍、柞杆未朽而偷砍亂般□柴者,是以争論□焉□□不止一二次論砍者柞少□柴多論□□□□則朽者多□朽者□□□□□□□□郎□□□保難□□□□□請□特立禁

□□□□□□□□□柞杆山花果實禁砍。若有犯者，輕則出□□□□□□□□□，重則送官究治。□禁之後，各宜慎焉。

頭客：□□□、鄭□廣、黄□美、舒在洋、鄭宗儒、洪天映、鄭繼□、張光宗、□正維、黄士清、□□□、周□明、馮正祥、劉大全。

道光二十五年冬月立。

資料來源：葉植主編《襄樊市文物史迹普查實録》，今日中國出版社，1995年，第846頁。

331 太平寺奉憲示禁碑

時間：道光二十五年(1845)

地點：江西省宜春市靖安縣寶峰鎮太平洲康樂園

規格：碑高139厘米、寬72厘米、厚8厘米。碑文楷書。

靖安縣正堂加五級軍功隨帶加一級紀録四次佛，爲示禁事。據僧明心稟稱，僧在大梓保太平寺住持，寺内田産無多，全賴護寺洲坪一塊，蓄植竹木柴薪，以爲供奉香燈并寺中炊爨之資。此外并無出息。奈近來有等無知之徒，見該洲蓄植成林，時被竊取竹木苗笋、爬柴掃葉。如遇巡邏捉獲，反肆强梁滋事，更有無知婦女常川往來，藉端撒潑。稟請示禁等情到縣。據此，除稟批示外，合行示禁。爲此示仰該處附近居民人等知悉：嗣後該太平寺洲坪内所蓄竹木柴薪，毋許私行竊取，并不准婦女常川往來藉端撒潑。自示之後,倘敢仍蹈前轍,許該寺僧指名稟縣,以憑拘案究懲,决不寬貸。各宜凛遵毋違,特示!

右諭通知。

道光二十五年十二月十八日示。

告示實貼太平寺。

資料來源:筆者赴當地抄録。

332 禁砍樹木利濟行人碑

時間:道光二十五年(1845)

地點:浙江省温州市平陽縣藻溪鎮險口村洞橋旁

規格:碑高 129 厘米、寬 50 厘米。青石質。碑額刻"奉憲示禁"四字。碑文楷書,陰刻。共 13 行,滿行 39 字。

特調温州府平陽縣正堂加二級紀録七次達,爲特示嚴禁事。據三十一都衿耆周輔、李延妥、歐陽騂等呈稱:伊等都内路通閩浙,自垟頭陽至廿七都險口宫約十有餘里,中有大險、小險、鳥鼠梯、墜魂澗、鏨字坡等處,山危路窄,下臨百尺深淵,必藉樹木密茂以爲遮欄,即偶失足,賴可扳援無虞。身等先人廪生周中禮、國學生李燧、歐陽亨等,自乾隆五十六年間協力募捐,架造洞橋,增砌險隘,建豎路亭。僉請朱前憲示嚴禁:路上□丈,路下至溪,内至茶園,外至滴水岩一帶樹木,概行留□,即係管業,須存憫恤,切不得擅砍肆伐,俾樹木密茂,入險者不至臨崖而懼,倘或失足,亦得遮欄,不致顛殞。煌煌在案,詎人心不古,一帶樹木,砍伐殆盡,横擔妄挑,行路之人回避不及,每被撞跌等情,叩請再示嚴禁。

據此,除批示外,合行出示嚴禁。爲此示仰該處遠近人民知悉:爾等須知衿耆等捐修路亭,補砌隘路,留□樹木,原爲利濟行人起見,自示之後,務各襄成善舉,勿稍累擾。倘有不法棍徒,仍爾肆頑,强砍樹株,横挑柴擔,以致有礙行人,許該衿耆等投保指名禀縣,飭差嚴拘究治,决不寬貸。各宜凛遵毋違,特示!

南宋垟上村八境衆等同立。

道光貳拾伍年歲次乙巳十二月日給。

資料來源:政協浙江省蒼南縣文史資料委員會編《蒼南碑志》,2003 年,第 52—53 頁;又見俞光編《温州古代經濟史料彙編》,上海社會科學院出版社,2005 年,第 226—227 頁;吴明哲編《温州歷代碑刻二集》,上海社會科學院出版社,2006 年,第 1112—1113 頁。

【備注】

據《温州歷代碑刻二集》"附注"載:"達",指達晋,字錫珊,遼寧鐵嶺人,道光二十五年任平陽知縣。"前憲朱",指朱泰曾,乾隆五十六年任平陽知縣。

333 大嶺村禁約碑

時間：道光二十五年(1845)

地點：貴州省黔東南苗族侗族自治州鎮遠縣江古鄉大嶺村

蓋聞官有政條，民有私約，近因年歲不等，廣種蕎多生活，朝廷教以封蓄桐茶以資用，并之賊風日甚，境内恐有盜，是以衆議等集議，牛馬豬羊各有看守，不許縱放踐踏，桐茶不得亂砍，境内不得通行，僅將禁條開列於後：一議田土五穀，牛馬踐踏，問地賠還，豬羊等殺死無異。盜砍桐茶，罰錢一千六百文。所議禁條，有持不等，衆人稟就，特勒碑石永戒。

資料來源：楊文孝《油源之鄉——鎮遠》，中國人民政治協商會議黔東南苗族侗族自治州委員會文史資料委員會編《黔東南文史資料》第11輯，1993年，第151—152頁。

334 附城火食山場碑志

時間：道光二十六年(1846)

地點：廣東省清遠市英德市附城鎮龍門橋

夫人生之重，賴火食爲先，而炊爨之必需，柴薪尤急。粤自國初兵燹之後，城廂内外户口寥寥。至康熙年間，邑侯楊諱柱臣字鼎卜莅任斯土，建造圍宅，招集民居，烟灶日繁，而炊爨采樵無地,示將麻竹窩、金紫山、狗婆山、寶石洞等處山場皆歸附城衆管,以資采爨。曾給印照炳據,百有餘年罔敢異議。

邇見不法之徒,肆行盜砍及放火焚燒,私開墾陌、私栽樹木以爲己業,年占年侵,殊堪痛恨。除已往免究外,再立鄉規,禁止各弊。自禁之後,倘有仍蹈故習,盜砍焚燒、私開私種者,一經查確,小則議罰,大則解官究治,决不寬貸。各宜恪守鄉規,毋貽自累。須至碑者。附城鄉大街新街、城内高基東關街北門街、新城壇背蔣塘面道前街人民同立。

時於道光二十六年歲次丙午季春中浣穀旦,碑勒於龍門橋。

資料來源:〔民國〕鄧士芬修、黄佛頤等纂《英德縣續志》卷二《輿地略·山》,民國二十年(1931)鉛印本。

335 阿能寨公議碑

時間:道光二十六年(1846)

地點:貴州省黔西南布依族苗族自治州安龍縣阿能寨(原立於頂廟埡口,後移至阿能寨水井邊)

規格:碑高 118 厘米、寬 80 厘米、厚 14 厘米。白粉石質。碑文楷書,陰刻。共 17 行。文字有磨損。

立公議碑□,落溪、落壩、落央、阿能等,爲强盜□良,以靖地方事。四鄰合作勤勞,只望□□□成之□□上偷國家

□□□□□□□ 之風 □ 俗 □□ 之規。强盜 □□ 良□□□□□□□法,從不務農。□□□召集百姓□□□□衆議規。日則摇錢賭博,夜則偷盜□生□□□□□□盜賊甚多,□□□□暨穿□入室,□者□□□□□者盜去牛馬,良善遭殃,情□慘極。偶□□□□□□言,遂生事端,良民敢怒而不敢言,遇□禾苗成熟之時,三五成群結交,偷割田穀,并□中□□等項。良善□耕,均爲盜賊食其粒。以至良民有種無收,實無可忍。只得幾寨人等齊心協力,禁止盜劫,以安鄉村。凡有牽牛過者,問明白方可放行。如有隱匿同黨者,頭人(秉)〔稟〕明憑□官處究,勿謂言之不先矣!

禁放鴨之人不許揀禾苗。

禁窩藏賊盜者即報。

禁山林不准亂砍。

禁有口角細故,要經頭人,不可枉控。

道光二十六年六月十五日,幾寨人等同立。

資料來源:貴州省黔西南自治州史志徵集編纂委員會編《黔西南布依族苗族自治州·文物志》,貴州人民出版社,1987年,第98—99頁;參見黔西南布依族苗族自治州史志辦公室編《黔西南布依族清代鄉規民約碑文選》,1986年,第52—55頁;楊一凡、田濤主編,張冠梓點校《中國珍稀法律典籍續編》第十册《少數民族法典法規與習慣法》,黑龍江人民出版社,2002年,第268頁。

336 皮坡寨封樹碑記

時間:道光二十六年(1846)

地點:雲南省開遠市中和營鎮皮坡寨

臨安府阿迷州東山大有里二甲小禄豐

皮坡寨老幼糧民等:而今地土淺(撥)〔薄〕,年成不成。山世竹木,只准取砍街貨(才)〔材〕料,不准燒打(堯)〔窑〕。倘時衣食不足,柴草(杜)〔度〕得日,有寨子面前後左右見得(卓)〔著〕風水樹木,只准取(坎)〔砍〕起房蓋屋,不准取(坎)〔砍〕街貨木料出賣。倘有私(坎)〔砍〕街貨,不(居)〔拘〕大小拿(卓)〔著〕與(功)〔工〕錢六佰文。封樹是實。

伙頭糧民:李代保、王七十六、普六十二、普萬林、普阿老。

道光二十六年臘月初八日立。

資料來源:雲南省開遠市志編纂委員會編纂《開遠市志》,雲南人民出版社,1996年,第671頁;又見曹善壽主編、李榮高編注《雲南林業文化碑刻》,德宏民族出版社,2005年,第366頁。

337 杏蘭科會碑記

時間:道光二十六年(1846)

地點:河南省新鄉市原陽縣

嘗聞建碑之説,所以傳來世,亦所以著名利者也。吾陽邑北鄙東福城地方,北近口門,地接不毛。自乾隆四十三年以及嘉慶二十三年,暴風異常,風沙壓境,二麥不收,秋難望成,此誠困苦無聊之秋也。各村士民非出外趁墟,即屬逃亡。守戀之家,負薪糊口,猶在所緩,而糧差追呼猶甚焉。自嘉慶二十四年馬工漫溢,地稍被淤,風亦稍減。至道光二十年,飛沙又動。予恐復蹈前轍,遂與劉德、王義、楊福成約五村莊各出資財,共栽小葉楊樹、棠科,以擋來沙。乃年未四五,而樹森茂,風沙已蔽,此人事之所以勝天也。故磨刻片石以志之。

共立會規:梆枝,罰錢一千;鐮殺、斧砍、罰錢一千。如不受罰,稟官究處。異日樹大辦錢,地主與會各得其半,永不許地主毀壞樹木。

李論秀撰文。

李清貴書丹。

大清道光二十六年月敬立。

甄、李、趙、劉、王杏蘭五村。

會首:魏禄來、侯錫銀、楊石桂、王義、王成業。

資料來源:原陽縣志編纂委員會編《原陽縣志》,中州古籍出版社,1995年,第803—804頁。

338 禁葬城内山地示碑

時間:道光二十六年(1846)

地點：廣東省佛山市順德區大良鎮西山上

特調順德縣候補直隸州正堂彭，爲要地亟須保護，出示嚴禁事。現據城内紳士舉人佘啓韶、陳金錫等稟稱：竊惟縣城内西山，即邑志所載鳳山，因名縣城曰鳳城。論形勢則西山爲合城保障，論方位則西山爲縣署右邊，且爲學宫、縣署入脉要地，故自前明開縣建城，即先在西山添建武帝廟以爲鎮壓，又多植樹木以資蔭護，廟之左右至西北隅萬松嶺城基一帶，盡屬官山，即定爲禁地，永不許後人挖葬損傷。用是官民相安，數百年來遵守無異。詎近有惑於堪輿者貪圖西山吉壤，不顧傷礙入城來龍，竟在武帝廟左右或在書院後一帶私自挖土開穴，欲行盜葬。又有不法之徒陟彼西山，每藉樵采爲名，擅將樹株强行斬伐。更有甚者，城西雉堞高峙環山，前因西南隅坍卸，業經修葺復完，乃近日有附近奸民潛窺彼處僻静，膽由外邊城脚偷拆補葺城基磚石售賣。此處一有疏虞，受害尤非淺鮮。

韶等向屬城居，目擊種種情形，關心倍切，雖經屢飭，更保查明阻止，仍恐巡邏未周，或土惡恃强弗恤，究不足以保全要地。韶等爲防微杜漸起見，不得不妥商善後，仰體仁臺整頓地方，恩先鳳嶺，計惟有稟懇霜威賞示勒石嚴禁，方可以垂久遠而杜後患。勢亟聯名瀝叩臺階出示曉諭，嗣後城内各山嚴禁軍民人等概不許挖土盜葬及毁伐樹株并偷拆城基磚石等弊，有犯，立拘究懲。仍懇嚴飭城内各坊更保，一體隨時認真稽查彈壓，庶要地永保乂安，則頌甘棠者不獨城内人民也。爲此稟赴等情到縣。據此，除批准出示勒石嚴禁，并移營飭差一體查拿嚴究外,合亟出示嚴禁。爲此示諭軍民人等知悉:爾等嗣後毋得在城内各山挖土盜葬及斬伐樹株,偷拆城基磚石。倘敢故違,許該處更保指名稟赴本縣,以憑拘拿究辦,决不姑寬。各宜凛遵毋違,特示!

資料來源:順德市地方志辦公室點校《順德縣志(清咸丰、民國合訂本)》,中山大學出版社,1993 年,第 1082 頁;又見何兆明主編《順德碑刻集》,廣東人民出版社,2012 年,第 165—166 頁。

339 來鳳溪各村告白護林碑

時間:道光二十七年(1847)

地點:雲南省大理白族自治州賓川縣拉烏彝族鄉來鳳溪村

立告白:闔村衆姓人等,係來鳳溪住,因開新溝用工四千餘個,費米三十餘石,用錢五十餘千文,用白銀三百餘兩。此時工完告竣,虧欠已多,闔村計議,只好將來鳳溪所屬山場、樹木、陸地一并護持,陸續充公填償。所有來往客商以及養牲畜人等,不得妄加踐踏新溝,輕踐地火,縱放牲畜,砍伐樹木。若有不遵以上條數,一經查出,罰銀十兩、米五石充公,勿謂言之不早也。爲此告白。

道光二十七年三月初二日,闔村衆姓人等同立。

資料來源：雲南省賓川縣志編纂委員會編纂《賓川縣志》，雲南人民出版社，1997 年，第 913 頁；又見楊一凡、田濤主編，張冠梓點校《中國珍稀法律典籍續編》第十册《少數民族法典法規與習慣法》，黑龍江人民出版社，2002 年，第 270—271 頁。

340 新寨苗族跳廠規約碑

時間：道光二十七年(1847)

地點：貴州省貴陽市烏當區金華鎮新寨小坡上

規格：碑高 108 厘米、寬 65 厘米。

各寨公議

告白：爲條陳舊規，以彰習俗事。蓋緣此地名曰跳年廠，我等鄰村歷來借此爲踴躍之所。每年正月十三、四、五等日，各寨男婦老幼人等雲集於此，名之曰“跳年”，由來已久，不得紊亂。乃因近來均皆不遵舊模，延至十六、七以至二十日外，似無約束。

今各寨公同商議，勒石垂碑，仍遵從前舊制，定期於是月十三、四、五等日止，彼此齊集。至十六日，不准羈留此地。倘有不遵依者，并將不遵之人舉出，公同處罰。

一議被賊竊去耕牛者，追捕不獲，公同酌量減半幫給。

一議被賊偷竊家財什物，在約之人，追捕獲賊，公同送究。

一議容留窩户，公同訪實，逐出境内。

一議被惡徒砍伐樹木，占割青山，拿獲，傳齊在約之人，罰銀三兩入公。

道光二十七年三月吉日立。

資料來源:貴陽市志編纂委員會編《貴陽市志·文物志》,貴州人民出版社,1993年,第98頁。

341 嚴禁縱羊殘桑事告示碑

時間:道光二十七年(1847)

地點:山西省高平市北詩午村玉皇廟

規格:碑高101厘米、寬47厘米。

特授高平縣正堂加六級紀録十次游〔大琛〕,爲嚴禁縱羊殘桑以厚民生事。

照得農桑爲衣食之本,民間養蠶植桑,首禁縱羊入地,誠恐咬齕桑枝,養蠶無藉,故明立禁約,各村皆然。兹據北詩午村社首車根生等,以縱牧入禁,將郭滿清羊隻拉獲到廟,被郭滿清以遵法贖羊等情具控在案。業經訊斷,令照社規認罰,合再出示嚴禁。爲此示仰該村社首居民并附近村莊人等知悉:嗣後凡有豢養羊隻之家,務須約束放羊之人只在曠野放牧,毋得闌入村中禁地。如有任意縱放,致羊入禁,傷害桑株并踐食麥苗者,許該社首鄉地人等查明,指名察案,以憑究治,决不寬貸。各宜凛遵毋違,特示!

右仰通知。

道光二十七年八月三十日。
告示。實貼。
北詩午大社勒石。

資料來源:《高平金石志》編纂委員會編《高平金石志》,中華書局,2004 年,第 703—704 頁;又見晋城市政協《晋商史料全覽·晋城卷》編輯委員會編《晋商史料全覽·晋城卷》,山西人民出版社,2006 年,第 600 頁;張正明、〔英〕科大衛、王勇紅編著《明清山西碑刻資料選(續二)》,山西經濟出版社,2009 年,第 27 頁。

342 高興等四寨規約碑

時間:道光二十七年(1847)
地點:貴州省黔東南州榕江縣古州鎮高興村

蓋聞僻處邊寨,人烟凋零。嘉慶年間被寨頭章、曾二寨凌壓,罩占山場。奈寡不敵衆,只得具控前任府主璜,登山踏看,乃斷山場歸我四寨管業。山場界址:東方以公妹坳爲界,西方以歸利、攀了爲界,南方以歇氣坳爲界,北方以鄰賣坳爲界。四至歷明,凡山場各界各自管理。華有以老坎、茶山地爲界;俾丢寨周圍上下左右伊自管業;苗老李所種之地歸利管業;鄰韶山歸利占一股,高興占兩股;黎老、長喬、秦孔雲、楊老三四家之地,高興管業。憶自上古之世,讓畔讓路,未聞喪德失遺,迄今以來，人心叵測，憑性妄爲。於是公等聚議，特寫條例於左：

一議出賣田地，日後不許翻悔，如有不遵，革出。

一議出賣禾穀俱照市價，每石減夫價一百文，各留存應濟本寨，如不遵，罰銀一千二百文。

一議本寨不許勾引外人挖墻壁，偷牛盜馬，不拘遠近，查出罰錢十二千文。

一議偷盜禾谷、田魚、茶子、棉花、鷄犬等項，罰錢三千三百文，見者不説，罰錢一千二百文。

一議本寨大小事件，具聽頭人理落，如有不遵，革出。

一議本寨不許勾引漢人入寨開店，引誘後生窩賭，如有不遵，革出。

一議不許偷砍柴山，放火燒山，如有不遵，罰錢一千二百文；亂割葉子，罰錢六百文。

一議衆山不許新來人亂挖新土，凡有捍挖，不拘茶子、樹木、雜糧平分，不遵革出。

一議革昆、歇氣坳二處山坡，本放牛之地，凡近田邊，不許强挖寸土。

一議不許買瘟牛肉進寨，如有不遵，罰錢二千三百文。

道光二十七年陽月吉日，高興、俾丢、華有、歸利同立。

資料來源：劉之俠、石國義著《水族文化研究》，貴州人民出版社，1999 年，第 59—60 頁；又見韓榮培《古代水族社會基層組織和土地、山林的管理方式》，《貴州民族研究》1999 年第 4 期。

343 立禁墳山修甲款碑

時間：道光二十七年(1847)

地點：廣西壯族自治區河池市羅城仫佬族自治縣喬善鄉古金村拉若屯獅子山脚下

規格：碑高 120 厘米、寬 60 厘米、厚 12 厘米。石灰石質。

山崇木茂，風水所關，故獅子山樹木實高，圍村迭諸墳墓，龍脉依伏，逾年末始禁砍伐，以安先靈杜後灾。今復勒石示禁，左至寨盆低崖，右至狐狸岩爲禁。此間不許砍剥燒焚，其山背古羅圩放火連累，查出不容。倘有偷取此中柴草及見人偷取隱瞞者，情覺鳴鑼均罰，以昭嚴禁。將來山木葱蘢争春，其有助於風水豈細故哉！鄉村之有甲款所，以防竊盜安人物，故立牌設圍，長公正稽察息事解紛守望相助，不可内勾外引。若有見起偷拿什物并見人偷拿隱瞞窩藏匪類，與作者同罪，查出衆議公罰。是期吾里各村皆然，方無負修明，始終有懈，佇見人物安堵，亦庶幾焉。

資料來源：筆者田野調查時抄録。

344 圳頭等莊示禁碑

時間：道光二十七年(1847)

地點：浙江省麗水市碧湖鎮堰頭村

規格：碑高 83 厘米、寬 57 厘米。碑額刻“示禁碑”三字。

碑文楷書,陰刻。共17行。

爲□籙雜木,遵示勒石,以圖永遠事。□奉縣主韓,於上冬出示嚴禁。據廿六都士民地保等稟稱:圳頭、黄店圩、大林、社坑、源圳、後寨頭、樟山等莊一帶地方山多田少,全賴種植茶、桐、松、杉、柚子、雜木成林出息,以資糊口。屢遭不法棍徒潛往各山偷砍盜摘等情,連名叩請示禁。除批示外,合行示禁□□□各莊民人知悉:爾等當知物各有主,切勿貪圖微利,偷砍樹木,盜摘茶子。自示之後,如敢抗違,指名稟縣,以憑嚴究,決不姑寬。各宜凜遵毋違,特示!

官禁既嚴於前,民禁屢加於後。誠恐年久必□,惟期勒石。□固日後出産,國課攸關,則山澤等諸田園秋收更仰冬成,各宜□守,尚其勉諸□外,另限摘茶子約定霜降日上山,至於撿茶子、賴者約限霜降五日後入山。

道光二十七年吉日,廿六都紳民□葉昌槐、葉昌元、吕老四、吕□兒、吕三和、吕聖魁、李甘有、夏何貴、陳義珠、郭陳壽、葉昌訓、葉槐□合立。

資料來源:筆者田野調查時抄録。

345 麗江象山封山護林植樹禁碑

時間:道光二十八年(1848)

地點:雲南省麗江市古城北側象山

規格：碑高 175 厘米、寬 75 厘米。碑文楷書。

署麗江縣正堂加三級記録六次官抄奉。

署麗江軍民府正堂兼中甸撫夷府事龍陵撫民府加三級記録二十四次陳，爲曉諭封護主山，永禁采挖放牧，以培風脉事。案據麗江闔郡紳耆公詞呈稱：緣麗江象山風脉凝聚，所有文、武廟、府治、縣治俱自此山發脉，爲因傭工食力之流，希圖近便，任意扳石、挖土、采樵、放牧，年深日久，每遇水潦，時有傾圮，以至山骨暴露，形勢枯槁。士民等竊思四鄉各村主山尚知保護，况屬城府主山，爲本郡風脉所關，尤宜愛惜。兹當同公議，東至阿盧羅大阱止，西至黄山止，南至大路止，北至此山頂，四至開明，周圍五六里内，永禁扳石、挖土以及樵、牧等事，情願設立看山二人，每日輪流查看，且各認地界，種植松柏，庶幾十年間，蔚然深秀，爲一郡之觀瞻。伏乞天恩出示曉諭士民等謹遵，勒石以垂永遠，則風脉凝聚，人物兹豐，洵爲利益地方，培植將來之盛意，當頂祝鴻慈涯矣等情。

據此，象山爲麗郡主山，自應保護，以培風脉。除公呈明晰批示札飭麗江縣知照外，合行出示曉諭。爲此示仰闔郡軍民等人知悉：自示之後，爾等永遵公議，自東南西北四至，阿盧羅大阱、黄山、大路、山頂等處五六里内，永禁挖石、取土、采樵、放牧，以免山骨暴露，山勢凋殘。又於各地界種植松柏，殊足培形勢而壯觀瞻。惟栽植之始，尤當護惜培養，爾等居民牲畜各宜他處放牧，不許踐踏禁山。倘敢不遵約束，妄於封禁界内攻鑿土石、砍伐樹木、縱放牲畜任意踐踏，確有證據者，許看山人役通知紳耆，指名赴地方官衙門稟報究治，决不姑貸。各宜凛遵勿違，特示！

公議護山條款開下：

一、東至阿盧羅大阱，嚴禁采挖放牧。縱有賣石度日者，只許於瓦窑村護山外撿尋碎石，不得大開大挖以破山脉，違者稟官究治。

二、設立看山二人，每人給麥子叁石。議定通學公項撥出貳石，武廟山出壹石，大佛寺出壹石，禮拜寺出壹石，城内四甲出壹石。成熟時，歷年如數量，不致參差。

三、山崗一帶公種松柏成樹之日，仍公行管理，勿得争競。各家墳塋自行培植，凡近墳山坡水阱，既經公處種植，不認爲己有，擅自砍伐。

四、於公山四至内，無論公私起建，不得挖石取土。即有喪塋而無力買石者，聽其於自己墳内拾石壘墳，亦不得藉故開挖，圖利滋弊，違者罰倍充公，稟官懲治。

五、於禁界内縱放牲畜，踐食樹木者，重罰稟官。

六、於墳頭偷石伐木者應治罪。

七、看山二人務宜仔細嚴查，儻有怠玩、徇情、賄縱等弊，稟官懲治，即行黜退。

道光二十八年季春月吉日，闔郡紳士耆民人等同立。

資料來源：麗江地區行政公署林業局編撰《麗江地區林業志》，雲南民族出版社，1998 年，第 300 頁；又見雲南省地方志編纂委員會總纂、雲南省林業廳編撰《雲南省志》卷三十六《林

業志》，雲南人民出版社 2003 年，第 873—874 頁；曹善壽主編、李榮高編注《雲南林業文化碑刻》，德宏民族出版社，2005 年，第 368—372 頁。

346 留壩縣禁伐留侯祠樹木碑

時間：道光二十八年(1848)

地點：陝西省漢中市留壩縣張良廟

規格：碑高 128 厘米、寬 65 厘米、厚 13 厘米。碑文楷書。

署留壩撫民分府升用分府直隸州兼官捕盜水利事務加五級紀録十次張，爲查禁事。照得廳境紫柏山留侯祠，爲北棧勝區，抱水環山，相峙媲美，所有山林樹株，理宜培植茂盛，以壯觀瞻。即本祠主持添修廟宇所需木料，各處購采不忍加以斧斤，附近居民同具此心，此理自應一體護惜。本分府近聞等有無賴之徒欺壓主持，視若無主之物任意侵伐，實堪痛恨。除已往不究外，合出示嚴禁。爲此示仰居民人等知悉：嗣後互相保護，毋許斧斤入山，傷損樹株，倘敢仍前侵伐，該鄉保住持立即指名送案，以憑究治。凛遵勿違，特示！

右仰通知。

道光二十八年四月初八日。

資料來源：陳顯遠編著《漢中碑石》，三秦出版社，1996 年，第 66 頁。

347 蘆院村鄉規民約碑

時間:道光二十八年(1848)

地點:河南省洛陽市新安縣蘆院村文化活動中心院内(嵌壁)

規格:碑高 145 厘米、寬 55 厘米。

自來王道之行,先見於鄉,鄉規不立,則父兄之教不先,何怪子弟之率弗謹。余村前輩父老,素有鄉規,如賭博訛詐等項,俱嚴戒飭,刊刻在碑,但今人往風微,碑記漫滅,加以年荒歲歉,遺規盡壞,非聚黨肆横,即憑空訛詐,甚至引誘無知子弟,哄騙財物,且多方謀人産業。於是棍徒愈熾,攘竊遂起,有穿窬入室者,有盜伐樹木及田園菽麥者,種種惡俗難以枚舉。余等恐轉相效尤,因於本年三月間以復整鄉規等詞呈請仁天劉主案下,蒙批存卷,照議遵行,猶恐其久而或忘也。因勒諸貞瑉,敬録金批如左:

批查賭博之例禁甚嚴,賭博之爲害最烈,蓋賭則窮,窮則爲盜,理所相因;事所必至,乃游惰之民,不務生業,設局聚黨,盤賭窩娼,引誘良家子弟,一經墮其術中,日就吞剥,初則破産傾家,旋至寡廉鮮耻,或藉端訛詐,欺壓善良,甚而鼠竊狗偷,長盜滋奸,莫此爲甚。節經出示曉諭在案,兹據該紳耆等具呈,洵爲敦厚風俗之要務,惟在紳耆等爲之矜式勸導,維持風化,是所厚望焉。除密訪查拿究辦外,飭即照議遵行可也。

一、凡犯賭者,罰磚五百,窩首賭者,罰磚一千,捉賭者,得所罰一半,輸贏俱消滅。如有盤賭等項,情節較重者,隨時議處。

一、凡偷竊五穀及南瓜、豆角、柿子、棉花、樹木之類，無論男婦，每人罰錢五百，夜間加倍。拿獲者得所罰之錢一半。

一、凡聚黨肆横，憑空訛詐及引誘無知子弟哄騙財物，謀人産業者，公同議處。

一、凡演戲酬神，婦女非五十以上者、十二以下，白晝不許觀戲，違者議處。

首事人：佾生裴運升（餘十人略）。

大清道光二十八年仲秋上浣之吉，蘆院村同立。

資料來源：筆者赴當地抄録。

348 州正堂示禁碑

時間：道光二十九年（1849）

地點：貴州省黔南布依族苗族自治州惠水縣打引鄉場壩村拉雅寨前

規格：碑高172厘米、寬88厘米、厚20厘米。青石質。碑額刻“州正堂童示”五字。

世襲貴陽府定審州木官長官司正堂軍功加一級唐，爲遵札曉諭事。道光二十八年五月十九日奉定審州正堂童札開拉雅寨民王壬來，糾衆凶傷，具告張老矮等。當令飭差（堪）〔勘〕驗，本州業已審結，除已往不咎，如張老矮等再行糾衆估伐一切，許爾拿獲捆解，仰該司立即稟報等。爲此，本司所屬地方，近來漢民雜處各寨各户，護蓄山林柴草，各管各業，許爾等協拿捆解，送官究治，决不姑寬。特諭！

道光二十九年二月吉日立。

資料來源：惠水縣布依學會羅世昌提供。

349 邑堵合寨禁伐碑

時間：道光二十九年(1849)

地點：雲南省紅河哈尼族彝族自治州石屏縣哨冲鄉邑堵村

……禁止砍伐樹株一事……東至河，南至路，西至妻好箐，北至北沙，此四至内雜木、杉、松不得砍伐；若有砍伐，罰穀三斗。又有龍樹，亦不得砍伐；若有砍伐，罰銀三兩入公，祭龍爲定。

清道光二十九年三月二十三日立。

邑堵合寨立。

資料來源：曹善壽主編、李榮高編注《雲南林業文化碑刻》，德宏民族出版社，2005 年，第 373—374 頁。

350 太保山種樹小引碑

時間：道光二十九年(1849)

地點：雲南省隆陽區城西保山市太保公園内
規格：碑高 150 厘米、寬 60 厘米。

太保山孤峰峻起，領袖群山，秀氣深含，包羅一郡，固名勝之區，亦形家所謂風水攸關也。其山左高右低，明代徐武功謫戍金昌，謂此山以樹培其右，俾與左齊，郡人必有官於朝者。自是而後，漸加培植，日就葱蘢，古木參天，濃陰滿地，每值日夕，蒼翠撲人，允爲勝概。而英賢輩出，代有傳人，所謂喬木世臣者，信非虚語矣。久而當事者既不加種植，而漁利者又漸事斧斤，山非昨矣。

迨道光二十五年，地方多故，兵練雲集，屯於永昌□幾四年，恣意斬削，殆無虚日。噫！不郊大國何爲而尖牛山之美？不建阿房何爲而成蜀山之兀？樹已焦，無復中郎過問；棠既伐，誰憐召伯所栽？□石卿郡伯張公念觀瞻所繫，爲風水所關，捐錢給千文付寺僧普慶，栽種樹木，以復舊顔。余與春谷吴君、最山戈君，又集同人，其捐錢數如左，計種松數千株，榕樹數百株，竹桃各數百株，庶幾永郡無慚故國之名，原與諸君早作十年之計。

計開功德人姓名(共 24 人略)。

共捐錢拾貳千叁百文。

郡人盛育華撰。戈尚志書。

道光二十九年六月吉旦。

寺僧普慶同立石。

資料來源：保山地區行政公署林業局編《保山地區林業志》，雲南教育出版社，1996 年，第 263 頁；又見曹善壽主編、李榮高編注《雲南林業文化碑刻》，德宏民族出版社，2005 年，第 376—380 頁。

351 龍尖頭勒石禁約

時間：道光二十九年（1849）

地點：浙江省寧波市鄞州區章水鎮茅鑊村

規格：碑高 120 厘米、寬 50 厘米。

立禁約

宗長嚴厚相等爲嚴禁龍脉以保陰陽兩宅事。切吾族村旁宅邊抱大蔭木自古有之，土名龍尖頭山茅鑊潭。乾隆十五年間，嚴子良公之業昔因室如懸罄，將欲砍斫，際會公恐有關礙，出銀契買。迄今際會公後裔效尤無底，與族中雀角，兩造呈控在案。承蒙親友處釋銷案勸議，正標、道性伯侄合買，以保陰陽兩宅，恐後亦屬效尤，故立石碑訂界，以致族内人等知悉，毋許盜砍盜葬等事。倘被風吹枯木墜地，有用充公，無用之木與并歷年樹上果物皆歸伯侄兩家收花，族人不得阻執。如敢故違，鳴官究治（缺）貸。書勒於石，以志不忘焉。

契買錢七十四千，貲錢五十千文。

再批外鳳龍頭祖輩遺下蔭木并正標公己業，日後毋得砍斫，當立議單兩紙，各執一紙。

大清道光己酉年小春月日立碑記。
嚴正標
同侄：道性、道懷、道愷
見親：徐載初、德初、朱立□、楚江

資料來源：浙江省寧波市鄞州區章水鎮茅鑊村村民提供。

352 西坑白岩社伸禁碑

時間：道光三十年(1850)
地點：福建省漳州市南靖縣西坑村
規格：碑高 60 厘米、寬 50 厘米、厚 13 厘米。

白岩社伸禁

爲嚴禁水口樹事。竊謂蔽芾甘棠，《詩》戒勿剪勿伐。大凡各社之水口，各樹其主之所宜木，未嘗不愛其樹而不忍傷之也。緣道光庚戌夏，賣大樹五株，價銀叁兩，衆弗許。公親察奪，備銀叁兩，贖原樹，警將來。且大山林口，即白岩社各衆之水口，亦白岩社各衆之地户，迄今千有餘歲，生齒浩繁，樹木成林，暢茂擁塞水口，理所當然，不嚴伸禁，久恐或失。兹憑公親勒石伸禁，自今以往，各宜遵守，如敢故違，立即從公，决不姑寬。

道光三十年庚戌梅月日，白岩社衆等立石。

資料來源：江清溪主編《南靖石刻集》，海潮攝影藝術出版社，2007 年，第 175 頁。

353 奉各憲諭禁碑

時間：道光三十年(1850)

地點：浙江省温州市瑞安市塘下鎮場橋辦事處梁儲廟内

規格：碑高 95 厘米、寬 68 厘米。青石質。碑額刻"奉各憲諭禁"五字。碑文楷書，陰刻。共 12 行，滿行 30 字。

特授浙江温州府瑞安縣正堂加五級紀録十二次楊，爲僉請示諭勒碑永禁以垂久遠事。據五都衿耆載正樞、林總、林丙熹、林澍、曹周南、項岳懷、陳宏道、吴竹應、林幼貴、李維棟、項宗孫、曹浤官、陳金龍、王進法、黄海松、載賢孫、鄭得松、胡金火、方記應、張應魁、項肇清、曹淮南、林永福、林永順、林大海、李光文等呈稱：伊等一甲地方民田蕩園，每逢栽種豆麥棉花稻禾成熟之際，竟有不法棍徒，借斫草牧牛之名，日夜在垟偷竊，肆無忌憚，一經拿獲，膽敢挾忿倒制，殷實之家受累奚堪。無奈公議章程派人巡守，無論種植何物，成熟之時，每畝公秤幾斤以作巡守酬勞，若被偷竊多寡，即著管守賠償，以專責成。如此立法，可期久遠，俾惡風斂迹。若不立碑永禁，終無實濟，爲此僉請出示碑禁等情到縣。據此，除批示外，合行勒石諭禁。爲此示仰該都居民保甲人等知悉：自禁之後，爾等務須各安生業，不得藉牧牛斫草爲名，擅入他人田園偷竊作踐，倘敢仍蹈前轍,一經拿獲,或被告發,定即提案嚴究,斷不寬貸。各宜凛遵無違,特示!

道光三十年七月二十六日給。

兼理雙穗場正堂加三十級朱爲給批候示禁。

立憲龜山廟,不許堆積器物,如違,稟究不貸。龜山係一地形勝,蔭木必須茂盛,今交太陰宫花輪守,倘有私行砍伐,即命同議罰,管守者亦難辭責,至於陡門上下地基,地方衆買,不許人再行捕捉。

資料來源:吴明哲編《温州歷代碑刻二集》,上海社會科學院出版社,2006 年,第 770—771 頁。

【備注】

"里安縣正堂楊",指楊鑒,字保三,江蘇無錫人,道光二十年任里安知縣。

354 鐵廠溝禁山碑

時間:道光三十年(1850)

地點:陝西省安康市平利縣迎太鄉鐵廠溝

規格:碑高 67 厘米、寬 40 厘米。碑額刻"永垂不朽"四字。碑文楷書。

禁止:此地不許砍伐盜竊、放火燒山。倘不遵依,故違犯者，罰戲一臺、酒三席，其樹木柴草，依然賠價。特此刊石勒碑告白。

道光三十年仲秋月，吴氏公立。

資料來源：張沛編著《安康碑石》，三秦出版社，1991 年，第 176—177 頁。

355 立禁示諭碑

時間：道光三十年(1850)

地點：浙江省温州市文成縣珊溪鎮南陽村

正堂楊爲疊遭竊盜事。據□□等呈稱：伊等均住山溪金嶴地方，各務農業，并無他出息，僅賴六種收成。近有無賴之徒，一至成熟，無論早晚，五穀以及蕃茹、稻草、樹枝等物，糾黨乘夜砍竊，以致有種無收，自賠錢糧不已。僉祈賜給嚴示，立石永禁等情到縣。據此，除批示外，合行給示諭禁。爲此示仰該都居民保甲人等知悉：自示之後，爾等務須種植，各歸土田，砍割務分疆界，毋許越界偷割，乘夜盜砍。倘有不法之徒，故違禁令，仍蹈前轍，許即扭交地保，指名稟縣，以憑懲究。本縣言出法隨，斷不姑寬。各宜凛遵毋違，特示！

道光三十年八月日給。

資料來源：吴明哲編《温州歷代碑刻二集》，上海社會科學

院出版社,2006年,第865頁。

356 雙柏縣哀牢山永定章程護林碑

時間:道光三十年(1850)

地點:原立雲南省楚雄彝族自治州雙柏縣哀牢山

規格:碑高156厘米、寬76厘米、厚13厘米。碑額呈半圓形,正面中上刻"永定章程"四字,楷書。

署碍嘉分州即升縣正堂軍功隨帶加三級記録,爲永定章程以廣水源事。兹據道光三十年二月三日,舊縣里士民黄金鎧、黄金銑、王豐義、黄金釗等呈稱:本里有種不肖之徒,私行刊伐老柴窩山樹木燒炭、種地,以致築窑燒石灰,泥沙壅塞,閤里糧田,無水灌溉一案。當即分州提訊,俱各供認。重加懲責外,取具甘結,日後不得妄伐一草一木結狀。大村里士民等,猶恐日久仍蹈前轍,禀懇永定章程,保護泉源,俾世無乏水之患,請示垂後等情前來。本分州查訪老柴窩所發之泉源,灌田、飲水,歷代取資,所利甚巨,豈容卑鄙小人妄行刊伐,開挖燒炭,使泉源無所庇護,致有乾涸之患。夫一人謀利,萬人被害。此種行爲,不但王法之所不宥,即家理亦不相容。言念及此,深堪痛恨。爲此示仰漢彝等知悉:自此以後,仰大村里鄉約隨時稽察,不惟不准開挖燒炭,即取薪者亦不准登山剪伐。倘敢不遵,許該約扭禀來署,按照絶人飲食以致死者律訐辦,決不寬容。勸□□□□願我士民□□□永矢勿替,俾泉源不竭，庶類得以資生，則幸甚矣！遵之凛之勿違，特示！

一、不得放火燒山、打獵；

一、不得築窑燒炭、燒石灰；

一、不得開挖種地；

一、不得采取柴薪；

一、不得放牧牲畜。

以上諸條俱係有關水源來龍，仰大村里鄉約遞年稽察，如有犯者，該鄉約□禀報究治。

道光三十年三月□示。

特授楚雄府磘嘉分州加三級記録□次涂，爲再行剴切示禁，定久遠事。照得磘邑居山谷之中，地多堅石，難以鑿井，城廂内外，灌田汲飲，全賴老柴窩山箐積水分資，相傳已久，關係匪輕。前有不法之徒，赴該山伐樹種地，築窑燒炭。士民黄金鎧等即聯名呈禀，經前任分州判□□□等察實，責懲結案，曉諭在案。本分州莅任，復據該士民王億兆等擾官藐法，縱火燒山等情，□□□經提訊究治，履勘定斷，取結在案。查老柴窩山係磘城來龍，非如别處公地可比。該山附近舊縣邦糧山、核桃山、老鐵廠等士民各以利己之心，幾至樹株伐罄，沙泥壅塞，殊於水道大有窒礙。兹經本分州明斷立案，令士民沿山一帶撒種松秧，培植樹木。至於炭窑概行拆毁，但恐日久玩生，合再剴切示禁。爲此示仰合邑漢彝及附近居民人等知悉：嗣後倘有再赴老柴窩山箐刊伐一草一木，以及開挖種地、築窑燒炭者，許鄉保等指名具禀，以憑鎖拿到案，不特治以應得之罪，且必從重罰銀，充合草木損毁。若隱不報，并及提案嚴懲。本分州言出法隨，决不稍寬。自示之後，爾士民互相稽察，加意維持，庶泉源遠長，世無涸□，利民飲水灌田矣。各宜凛遵毋違，特示！

道光三十年十月三日示。

合邑士民同立。

資料來源：楚雄彝族自治州檔案局編《楚雄歷代碑刻》，雲南民族出版社，2005 年，第 370—371 頁；又見曹善壽主編、李榮高編注《雲南林業文化碑刻》，德宏民族出版社，2005 年，第 381—386 頁；邱宣充等編著《雲南文物古迹大全》，雲南人民出版社，1992 年，第 256 頁。

357 重修留侯廟暨創建三清殿碑

時間：道光三十年(1850)

地點：陝西省漢中市留壩縣

規格：碑高 192 厘米、寬 92 厘米、厚 20 厘米。碑文楷書。

紫柏山之麓有留侯廟，相傳爲張文成公辟穀處，其説之當與否，諸書所載互異。然十大洞天，紫柏居其一。公運籌决勝，急流勇退如神龍出没，以視沉溺功名膏肓泉石者，大相徑庭，其即崇祀於此也固宜。余以己酉冬分守此邦，越明年，住持任永貞請於余曰："兹祠之昉久矣，隋唐時，古廟棋列，名與五臺、蓬萊并重，盛於宋，極於明。自後數百年，或盛或衰，循環叠見。道光二十五年升任晋撫兆公、本廳司馬賀公,爲之嚴懲棍徒,蓄禁樹木,免雜徭,清地界,香火佃户,不得私行撥抗,舉已壞之規,厘然畢正。於是,道衆雲集,辟萊浴像,翻頁鳴鐘者,不下數百人。道人因議重修祠宇各殿、客舍、寮房,勵志募化。幸十方檀越慨然樂施,鳩工庀材,數年之間,規模粗具,雖未驟復隋唐之舊,而廟貌崇隆,亦蒸蒸有不朽之基,理宜詳序,泐石留芳,以垂奕祀。”噫,秦漢迄今,千百餘載,滄海桑田,世凡幾易,其他名山勝迹,没而終廢者,何可勝道。公獨以托言辟谷享祀於此,巍然歷數劫而不壞,意者公之精靈固眷眷於兹而有以呵護於其間歟。抑嘗論之,公韓相也,秦滅韓,欲逞匹夫之力以報之,一擊不成,乃去而輔漢,卒能藉以復仇,是已如願以償矣。故去而無所繫,然則公固古今之忠至義盡而妙用其權者,郡之人知所崇奉,屢捐資以修其祠,亦可見人心風俗之淳而有當於聖朝尊崇節義之意矣。余亟喜公祠之落成,并嘉諸君子之義舉,而援筆以志,亦欲其不没也。至於諸峰之奇異及公業之懋昭,固已備述於前賢,而同祠諸神之靈顯,則又在人之積誠相感而已,何多贅焉。是爲記。

賜進士出身留壩廳撫民同知富明阿撰并書。

住持任永貞募修。

大清道光三十年歲次庚戌孟冬月穀旦敬立。

資料來源:陳顯遠編著《漢中碑石》,三秦出版社,1996 年,第 281—282 頁。

358 保山寨樹木禁碑

時間：咸豐元年(1851)

地點：湖南省懷化市通道縣播陽鎮上廂村

從來天之暖者物始生，地之靈者人方杰。故古人卜居必相其陰陽，觀其流泉。舉凡左青龍、右白虎、前朱雀、後玄武，所有樹木，俱爲蓄禁；而後保障有資，龍脉不息，可以久安而長治也。我上廂自祖輩以來，合抱之樹常有數千，至後人不肖，挾私妄砍，以致山木之美，轉成濯濯。蓋至關山破，氣脉衰，人心浮薄，地方凋殘，有不可救藥者也。我等撫今思昔，不勝心傷。因於咸豐元年，共聚醮堂，公同計議，凡左右前後，一切樹木，俱要栽培，庶可挽乎今而進於古，爾昌爾熾，爾富爾壽，子子孫孫，重裕於無涯矣。

一議我村後龍山，上抵坡頭，下抵田園塘屋，里抵墓樓坡嶺，外抵岩冲田塘，俱屬公地，不許賣，亦不許買。一切樹木，俱要蓄禁，不許妄砍。有不遵公約者，都是殘賊，公同責罰，決不寬容。

二議保山寨水口樹木，爲一團之保障，俱要蓄禁，不許妄砍，違者責罰。

三議保山寨杉木兩塊，都是衆山，不許買賣。

以上數條，當神議定，决不改移。如有不遵，天誅地滅。

咸豐元年正月初十立。

資料來源：通道侗族自治縣縣志編纂委員會編《通道縣

志》,民族出版社,1999 年,第 960 頁;参見陸中午、吴炳升主編《侗寨大觀》中册,民族出版社,2004 年,第 152—153 頁。

359 封山禁碑

時間:咸豐元年(1851)

地點:四川省廣元市蒼溪縣遠山鄉佛門村檬子梁

墳塋不准六畜踐踏,刀斧亂砍,如或拿著,憑衆公議處治,不准隱瞞。桑桐雜木禾苗糧食,眼見底實,拿獲偷盜者,報衆議罰,不准有私了。討食乞人,或杯米支錢隨意打發,倘估討站硐,(繞)〔殘〕害大衆,齊心趕出。

皇上咸豐元年二月初二日,衆姓同立。

資料來源:四川省蒼溪縣志編纂委員會編《蒼溪縣志》,四川人民出版社,1993 年,第 478 頁。

360 廬陵縣告示碑

時間:咸豐元年(1851)

地點:江西省吉安市吉安縣

規格:碑高 106 厘米、寬 71 厘米、厚 3 厘米。青石質。刻滿、漢兩種文字。

特調廬陵縣正堂加十紀紀録十次楊,爲出示嚴禁事。案據州同李經明等具控,茂貴等聽從周廷模叔侄主使,在伊村來龍血脉山場,賃租窑户胡發升等挖山開窑,有礙糧田風龍。業經具禀,捕衙有案,當經檄飭查覆。去後,兹據捕衙以查勘。該處原有舊窑,因有礙衆姓來龍,均經拆毁,訊據鄰證,各供相同。現將窑廠拆卸,取具遵給,申請核銷,并懇示禁等因到縣。據此,并據州同李經明等以窑已拆毁,但恐日久故智復萌,禀請給示前來。除批示外,合行出示嚴禁。爲此示仰附近軍民人等知悉:所有該處山場有關風龍、河潵及糧田、墳墓,嗣後永不許開窑燒取磚瓦。自示之後,倘敢故違,許被害人等赴縣呈明,以憑嚴究。决不姑寬。各宜凛遵毋違,特示!

右諭通知。

咸豐元年九月十七日示。

資料來源:高立人主編《廬陵古碑録》,江西人民出版社,2007 年,第 25—26 頁。

361 禁砍森林碑

時間:咸豐元年(1851)

地點:雲南省紅河哈尼族彝族自治州元陽縣嘎娘鄉大伍寨村

規格:碑高 60 厘米、寬 50 厘米。

……我寨中老幼目擊情傷，於道光二十年同爲公議禁規，設立箐長，稽查砍伐。奈有貪心不足，潛行私放，公罰數次，藐視章程，毫不畏懼。故首事者只得倡率每家一人入山踩踏公私界址，將占公地之家照數公罰，復立乎界，封禁所蓄樹木，不容砍伐柴料，所有舊地放荒養箐。倘有不遵者，罰銀十三兩。若拿著砍放者，與銀一兩，或箐長受賄而護弊者，罰銀三兩入公。又有阿表物獨至大石硐一帶陸地，止許撒蕎，不准栽種苞穀。如再栽種苞穀，不論多少盡取充公。公議之後，願我衆人各宜父戒其子，兄訓其弟，慎句仍踏前轍致於重罰，庶乎物阜民安，豈不美哉。……

資料來源：〔澳〕唐立《18、19世紀雲南民間天然資源管理措施初探》，楊偉兵主編《明清以來雲貴高原的環境與社會》，東方出版中心，2010年，第307—308頁。

362 禁山碑記

時間：咸豐元年(1851)

地點：山西省臨汾市隰縣諳正村

□天下之名山，勝景不可悉數……寺之左右非種非栽自生松樹大小不等若千百萬株……

一竊伐神木捉犯者，罰錢十千文；

一竊砍□木犯者，罰錢五千文；

一縱火焚燒林木者,罰錢十千文、豬一隻;
一□□傷損林木者,罰錢三千文;
一偷□神山松柏者,罰錢三千文。

資料來源:何滿紅《環境脆化中的保護——以明清至民國時期的山西省爲例》,行龍主編《環境史視野下的近代山西社會》,山西人民出版社,2007年,第258頁。

363 永遠護山碑記

時間:咸豐元年(1851)
地點:雲南省大理市下關鎮吊草村

嘗思國以民爲本,民以食爲天。食也者,出於地而成於人也。吾先代自梅地遷此,名吊草村,又名興隆村,居依山林,則所得者林木也。上而國家錢糧出其中,下而民生衣食出其中,且爲軍需炭户,則軍需炭斤亦出其中,所關誠大也,詎得不爲之經心哉。今有遠近之人不時盜砍,若不嚴守保護,恐砍伐一空,不惟國課民生無所賴,即軍需炭斤從何出乎?故捐資生息以爲守山之用,則其利公而溥,其風正而醇也。故垂之貞瑨以圖永久。是爲記。

資料來源:雲南省編輯組、《中國少數民族社會歷史調查資料叢刊》修訂編輯委員會編《大理州彝族社會歷史調查》,民族出

版社,2009年;参見楊壽川主編、雲南省社會科學界聯合會、雲南省文化體制改革和文化産業發展領導小組辦公室組織編寫《雲南特色文化》,社會科學文獻出版社,2006年,第576頁。

364 禁剖鑿劍潭寺石條碑

時間:咸豐二年(1852)

地點:臺灣省北部

……横將寺後龍身行節處所剖取石片,殘害龍骨,以致該廟被風蟻損蛀倒壞,諸神無處供奉。毋許匠工人等在劍潭剖鑿石條,毀傷蔭樹……倘敢抗違,一經察出,或被告發,本分府定即按法嚴辦,决不姑寬。

資料來源:邱秀堂輯《臺灣北部碑文集成》,臺北市文獻委員會,1986年,第24頁。

365 龍泉下環坑禁碑

時間:咸豐二年(1852)

地點:福建省三明市博物館

……告知親友叔侄人等,凡山場松、杉、竹木、冬笋等物,各自有主,不可隨便盜取。……違禁者罰銀七兩貳錢,不遵罰者,依奉憲聯甲强砍例,甲首山主人等查拿呈官,决不虚言。……

資料來源:中國人民政治協商會議福建省三明市委員會文史資料研究委員會編《三明文史資料》第9輯,1991年,第104頁。

366 新日碑文

時間:咸豐二年(1852)

地點:雲南省文山壯族苗族自治州丘北縣錦屏鎮城東青龍山

規格:碑高130厘米、寬70厘米。

移建縣治城東青龍山文筆記

邑宰金臺

歲在壬子仲春之月,移建文筆於青龍山之塲,誠盛事也。因治城外南山舊有文筆一座,創自戊申之年,爲前任張君率紳民所造。原因培補邑之風水,但臨坎地,煞在午方,緣非建旺之鄉,遂少靈秀之氣。惟城東青龍山,聳峭玲瓏,延綿迤邐,松杉森茂,溪水環流。如屏翰之維藩,如星辰之拱月,蓋天之鍾秀於是,而待有志者以培成之也。然以地屬邊隅,漢夷雜處,民乏鴟夷之富,人鮮愚公之誠,有志未逮,遷延至今。張君與紳民創造之初,其意何嘗不善。惜乎曩日勤勘地勢之約略,未者勘輿之精詳，厥功雖巨，未當其位。

是歲暮春，余篆斯土，盜戢民安，人和政暇，覽山川之形勝，察地脉之淵源，如見龍居巽位，煞旺丙丁。而加以文筆高聳，竟成虎旺龍弱之形。必須移建巽宫，庶合文明發達之象。《詩》曰："維岳降神，生甫及申。"是人物之繁，必須假借於山川之靈氣，與夫風水之培植也明矣。於是與二三同志，察臨此山，審度形勢，勸捐功德，諏言鳩工，一時急公好義者，輪將雲集，胼手胝足，不辭勞瘁，衆擎易舉，不日而大功告峻。俯仰曠觀，其見諸煞受制，萬壑歸宗，古木垂蔭，白雲繞岫，徘徊瞻眺，相與游目而騁懷，洵足爲此邦地靈人杰之驗。固予栽培一邑風水，拳拳服膺之意，實賴諸君任勞任怨之力焉。行見地運天開，文人蔚起，爾民之斯熾昌者比比矣。

嗣後凡屬附近村寨漢夷民人，毋伐斧斤，毋踐牲畜，惟宜加植樹木，期於繁茂青葱，爲閤邑之雄峙焉。倘以故違，是以盜賊擾害地方論罪，庶幾山川有靈，永垂石塔於不朽也。後之守斯土者，玆有感於斯文。

金臺撰。

資料來源：曹善壽主編、李榮高編注《雲南林業文化碑刻》，德宏民族出版社，2005 年，第 389—392 頁。

367 協力同心規碑

時間：咸豐二年(1852)

地點：貴州省黔西南布依族苗族自治州安龍縣板哪寨

嘗聞國家之本以民爲先，民生之原以食爲務。故鄉里之中，半路之人，乘苗之生長而置家，耕耘之播種者期收，無奈同鄉共井，鄉内不盡良民。園廛閭里之間，君子梁上之人，有逞貪婪之念，以成貪取之心而奪人之食，恒有不奪不厭焉。凡我生苗熟糧，勤勤而彼人之奪之者，能不同心報哉。予等板喇一村人家，屢被烟火及惡匪擄掠，凡田地糧食、家屋財産，或被盗賊估偷估搶；或借撒谷爲名，他人刀剪偷穀黍；或有婦女携筐入地，借采野菜爲名，盗藏菽豆，又或有素無下法之往往勾内人党、成群入户，劫掠財帛牛馬等件，則爲害最大者也。

今我衆人同心協力，拿獲盗賤偷害，無論旁人拿獲者償錢貳千文；若本寨自拿獲者，寨中鳴鑼呼應，出力上前捆解送官。若有窩藏盗賊，衆人齊檢，便不可連累失主。以是農田同井，守望相助者，庶不忘之古道也矣！是爲記。

一議田中偷禾苗稻把，罰錢二十文；

一議入地偷生偷黄豆瓜菜，罰錢二千文；

一議偷包穀杆，罰錢二千文；

一議亂放牛馬豬踐踏莊稼，罰錢四千文；

一議寅夜盗賊流者，送官；

一議偷砍山林樹，罰錢一千二百文；

一議窩賭盤博拿獲者，解官；

一議食洋烟拿獲者，罰伐一千文；

公衆共協議不取田地内糞，見者罰錢六百文。

咸豐二年七月十六日立。

資料來源：貴州省安龍縣志編纂委員會編《安龍縣志》，貴州人民出版社，1992 年，第 709—710 頁。

368 百祥橋護林碑

時間：咸豐二年(1852)

地點：福建省寧德市屏南縣

立公議蘇順生等今因各處杉木稍大，便砍伐賣錢應用，恐久後柏松橋被狂風吹壞，或世遠年湮朽壞，無大杉木製造。行人病涉，且遇大水流，行有趕急之事，則貽誤不少。是以糾集數姓之人相商，公捐錢文，買得張曰子土名柏松橋頭茅山一所，栽種杉木，晋植長大以備柏松橋使用。附近鄰村及公議數姓之子孫人等俱不敢偷砍盜買盜賣等情。如有此情，即呈官究治，絶不徇情。更恐公議數姓之子孫遇柏松橋朽壞，不肯做緣首，即不在公議之子孫，有能做緣首秉公架造者，大杉木亦聽其砍伐應用。至大杉木根有萌蘗者，俱要愛養長大，以備柏松橋應用，不許私行戕賊。公立石碑爲照。其山在暗亭坪下，上至大路，下至壪尾石岩，左至出水壪，右至岡火路直下壪。曰子尾價銀二兩正。

緣首興化府儒學張永衢，庠生張傳恭、蘇順生，協緣張永禪、張仕香、張傳揚、高大左、高伯發、林光輝、張傳雅、張奕凱、梁光宗、陳汝觀、韓占道、張曰子、張欽澤同立。

咸豐二年十月日吉。

資料來源：陳鎮國著《福建木拱廊橋》，福建美術出版社，2011 年，第 105 頁；參見寧德市文化與出版局編著《寧德市虹梁式木構廊屋橋考古調查與研究》，科學出版社，2006 年，第 128 頁。

369 牛摩洞功名碑記

時間：咸豐二年(1852)

地點：雲南省玉溪市江川縣牛摩洞

蓋聞山不在高，有仙則名；水不在深，有龍則靈。吾村有空潭壹座，真勝景也，樹木蔭翳，層岩聳翠，又有茂木修竹映帶左右，其中之流泉滚滚，不竭如縷，田園賴之灌溉無疆矣。……爲此勒石爲記。

咸豐貳年冬月初五，三村士庶同立。

資料來源：曹善壽主編、李榮高編注《雲南林業文化碑刻》，德宏民族出版社，2005 年，第 393 頁。

370 瓦室塔子梁護林碑

時間：咸豐三年(1853)

地點：四川省巴中市通江縣

自古邊界，各有塌塌。有等賤人，乘機斫伐。雷姓拿獲，警牌嚴查。合同公議，免打議罰。出錢一千，永不再伐。如蹈前轍，願動宰殺。固立碑記，永定成化。

資料來源：張浩良編著《緑色史料札記——巴山林木碑碣文集》，雲南大學出版社，1990年，第28頁。

371 貓兒山護林碑

時間：咸豐四年(1854)

地點：廣西省柳州市融安縣沙子鄉麻山村宅嶺屯東北1.5公里處月亮山摩崖

規格：碑文楷書。

大清咸豐四年立。

無恃教讀，貳合天民。頃家不顧，悉爲其親。沿山草木，析勿剪焚。伊何人斯，孝子在寅。

花月寇山居士題。

資料來源：陳家諒主編、融安縣志編纂委員會編《融安縣志》，廣西人民出版社，1996年，第491頁。

372 干家山禁砍古樹碑

時間：咸豐四年(1854)

地點：貴州省銅仁市思南縣青杠坡干家山

法祖畏神

此二樹爰我先祖留種至今，子子孫孫勿替，前迨咸豐三年七月内，有人焉將此樹竊售吴姓，載價一千二百文。衆意聖臨凡，遂傳此樹不可砍也，欲不砍也，莫償吴姓之錢，監視砍之，又恐神靈之責。於是公議，將廟會之錢捐償吴姓，致使人時其外，何須禦侮□□□有怒座前不尤降灾，樹木陰翳昔聲等，上下不提，兩全無憾乎。

余與衆族約，務須父戒其子，兄勉其弟，協爲同心，互相保守。如看獲竊使禁者，罰錢十千；如有貪謀財利者，罰銀百兩。凡我同姓絶不食言，若誰人敢來犯禁，至考犯挫折，不可竊至家中，風雨崩顛，亦用於廟上哉。心老敬守，同前吾子孫永防異，則神靈之傳命先道，兩先祖載，保也。是爲序。

頭人干慶禮、干慶青、干多貴、帥學書。

咸豐四年三月初四日吉旦。

資料來源：彭福榮主編《烏江流域民族地區歷代碑刻選輯》，重慶出版社，2007年，第194—195頁。

373 宜哨石碑

時間：咸豐四年(1854)

地點：貴州省黔西南布依族苗族自治州册亨縣

規格：碑高130厘米、寬70厘米、厚13厘米。

册亨甲下汾亭宜哨上下六(□)〔寨〕爲禁革事，照得我寨黨内，各宜安分守法，誠恐外面棍徒人等，妄行入寨，賭盜爲非，指鹿爲馬，索詐多□□□。勿得窩藏匪類。田地相連，菜谷瓜果，山林竹木、笋、墳亦不得偷亂挖鑿，具此合行禁革。齊衆宰牛，醉酌議定大齊合心□服，倘有此情者，憑内外人等，憑衆捆解送究。衆得守望相助，弗得拒□之耳。各宜懔遵勿違，特立碑！

咸豐四年六月二十六日碑示。

資料來源：黔西南布依族苗族自治州史志辦公室編《黔西南布依族清代鄉規民約碑文選》，1986年，第56—57頁。

374 鐵馬河四社合莊保禾護林碑

時間：咸豐四年(1854)

地點：陝西省寶鷄市隴縣

規格：碑高186厘米(包括碑座)、寬62厘米、厚16厘米。青麻石質。碑額圓形。

特授隴州正堂加五級紀録十次衛，爲出示曉諭事。近聞河州回匪聚集多人，竄入州境肆行偷竊。除選派幹役查拿外，合行出示曉諭。爲此示仰居民等知悉：自示之後如有回匪潛入境内，擾害滋事，許爾等糾約村衆，互相兜拿該匪等，倘敢持械拒捕，爾等各執器械抵禦，殺死即照格殺無論。毋違，特示！

竊聞上古之世，鄉田同井者，出入相友，守望相助，疾病相扶持，未始不嘆風俗之美盛也。迨至叔季，人心不古，往往有無羞無耻之徒，偷竊人之五穀，砍伐人之樹株，種種傷風敗化之事，無不爲已。不禁之，恐日熾盛。今我鐵馬河前牌四社人等，演戲三臺，會衆公議，嚴立禁章五條，以肅風化。

一禁偷人五穀；二禁拔人麻禾；三禁割人苜蓿；四禁伐人樹株；五禁牲口踐食田苗。每年各莊議一巡查之人，輪流看顧，但見犯此五禁者，無論男婦，罰戴鐵項圈一個，上挂鐵牌一面，以羞辱之，令其悔過自新。徇私縱放者，亦以鐵圈伐戴。設或羞愧自盡，四社公判。若是風俗既正，外盜亦宜嚴禦，但有賊匪潛境擾害，當遵州主嚴示，糾約社衆互相兜拿，以靖地方。乞食賴徒成群放刁者，與賊匪一類，亦當公阻。且賊匪犯案誣報我社良民者，亦該四社公保。凡我同議之人，既議之後不得違背。但遇有事，該值年鄉約、保正、巡查之人齊集四社人等，同到雷祖廟公所議處，恐後有事之日，人各畏避不理，因立合莊碑記，以永垂於不朽云。

山西河津縣高光明謹書。

承頭人：高進喜、高尚志、馬應瑞、王順、孫梁棟、孫成、馬珠、寧福、胡璉、付德貴、趙全禎、高禎、白典、陳舉、趙登貴、劉文孝、張有、尚榮、陳隆、王恒春。

鄉約：趙升、李順、姬生花、張勞模、張榮貴、劉義、崔文義同立。

咸豐四年歲次甲寅陽月吉日立。

津邑薛思匡刊。

資料來源：張思讓《關山林區發現兩座護林鄉規民約碑》，中國人民政治協商會議陝西省隴縣委員會文史資料編輯委員會編《隴縣文史資料選輯》第六輯，1988 年，第 134—139 頁；参見《隴縣林業志》編纂委員會編《隴縣林業志》，1988 年，第 250—251 頁。

375 公議斷坡碑

時間：咸豐五年(1855)

地點：河南省鞏義市涉村鎮平定寺

規格：碑高 98 厘米、寬 48 厘米、厚 10 厘米。碑文楷書。共 10 行，滿行 30 字。碑額刻“公議斷坡碑”五字。

聞之草木零落，然後斧斤入山林，無他，惟其時也。夫材木出於山林，惟取之以時，而始不可勝用耳。乃若旦旦伐之，則雖有萌蘖之生，猶不免濯濯之慮，而顧可抉其根柢，傷其本體乎！蓋草木之植，皆緣人爲盛衰，養其根則實遂，傷其本則枝亡。即如平定寺官坡林麓薈蔚，昔日固嘗美矣，但翦伐不以時，則山雖猶是，而今與昔異焉。何也？根宜養也，而人偏斬其根；本宜植也，而今輒拔其本。於此猶欲不成濯濯無物之勢，仍復生生不息之機也，不亦戛戛乎難哉！於是公議立一罰規，以勒諸石，使後之人目觸心驚，不敢私意妄取，庶幾本立道生，根深葉茂，而村木復至可勝用焉，是亦幸甚！

立碑後，如有築官坡圪搭者，罰錢五千文充公，放荒亦如此。

大清咸豐五年仲冬之月立。

資料來源：孫憲周《鞏縣現存最早的護林碑》，《中州古今》1986 年第 1 期；參見河南省鞏義市錢幣學會編《鞏義史話》，科學出版社，1999 年，第 139 頁。

376 緑蔭村護林碑

時間：咸豐五年（1855）

地點：貴州省黔西南布依族苗族自治州興義縣頂效鎮緑陰村

規格：碑高 130 厘米、寬 62 厘米。碑額圓形，刻“永垂不朽”四字，楷書。

竊思天地之鍾靈，誕生賢哲；山川之毓秀，代産英豪。是以惟岳降神，賴此樸棫之氣所鬱結而成也。然山深必因乎水茂，而人杰必賴乎地靈。以此之故，衆寨公議，近來因屋後丙山牧放牲畜，草木因之濯濯，掀開石廠，巍石遂成嶙峋，舉目四顧，不甚嘆惜。於是齊集與岑姓面議，辦錢十千，梠與衆人，永爲世代,(□)〔於〕後龍培植樹木,禁止開挖,庶幾龍脉豐滿,人物咸(□)〔興〕。倘有不遵,開山破石罰錢一千二百文,牧牛割柴罰錢六百文,勿謂言之不先矣。

計開(助錢之人姓名開列於後,因風化字迹模糊,故略)。

咸豐五年冬月二十五日。

資料來源:黔西南布依族苗族自治州史志辦公室編《黔西南布依族清代鄉規民約碑文選》,1986 年,第 59—60 頁;參見貴州省黔西南布依族苗族自治州史志徵集編纂委員會編《黔西南布依族苗族自治州志·文物志》,貴州民族出版社,1987 年,第 101 頁。

377 洋後鄉後坪村合鄉公禁碑

時間:咸豐六年(1856)

地點:福建省南平市洋後鄉後坪村小學門口

規格:碑高 195 厘米、寬 60 厘米。碑額刻"合鄉公禁"四字。碑文楷書,陰刻。共 12 行,滿行 44 字。

蓋周社有"虞衡"之司,未敢愆期而執伐;王政無斧斤之縱,不過因時而取材。此雖天地自至之利,先王曾不少愛惜而樽節焉。吾鄉深處高林,田畝無多。惟此茂林修竹,造紙焙笋,藉以通商賈之利,裕財用之源耳。迄今數年以來,斫伐不時,幾致童山之概;保養無法,難同淇水之歌。爰是質諸僉謀,咸曰效先王之制厲而禁之。定一時之規,樹百年之計,不惟守業發家,端因山産出息。享貨殖之資,即勤工力食,亦藉商賈,錢財堪濟俯仰之急,以言所利,利莫大焉。

雖然,山場竹林禁約固非所緩,而風水蔭木保護更須有方。事無二致,約竟同申。公捐囊積之金,敬演梨園之曲,普告諸君,務必珍惜。永念先人培植之功,定開後世興隆之業,是所厚望者矣。

爰將禁規條列於左:

一禁貓竹:不許砍伐稚薪,以及破售香條,乘便盜用一切。如係缺山人等造作家器,須向主家問明,毋得私自縱砍。永遠立禁。

一禁春笋:定於遞年二月初五起至立夏止,概不許盜挖所留笋種,毋得斫尾。永遠立禁。

一禁本境蔭木暨水尾松樹、雜樹概不許盜砍、私批、斫伐松光,以及砍蔭耕種。永遠立禁。

統上公同議規,原爲善後美舉。違者定罰演戲不徇。各宜恪遵毋違,公禁。

大清咸豐六年丙辰仲春月穀旦勒石。

資料來源:陳浦如等《咸丰六年洋後鄉後坪村"合鄉公禁"》,南平市政協文史資料研究委員會編《南平文史資料》第6輯,1985年,第83頁。

378 種樹碑

時間：咸豐六年(1856)

地點：雲南普洱市鎮沅彝族哈尼族拉祜族自治縣

爲遵設種樹，以全民生事。蓋聞政在養民，水火金木土，谷爲修首重農桑。故天地生物，聖人養賢，彼此清白，行行有主。山中養木成爲豎造之用，切忌有不法之徒盜伐一空，是以合村四民，請憑約目公議，加布種子，蓄養成林，水源各項，一切攸關，開明罰款，用序碑勒。

一、山内放火焚樹樵者，照山價賠補。

二、開地種罰四兩存積。

三、盜伐樹者罰銀五兩，一半給拿手，一半存積。伐枝三小存暗伐，傳府叫明務外，有無，搜屋對白，某主公議。

四、成林後或豎造或薪，公議入山，勿得任意，歷年清白，不必混開争端。

五、開明本城、宜海、嵩恩三里同禁。

咸豐六年五月十三日，合村四民同立。

資料來源：曹善壽主編、李榮高編注《雲南林業文化碑刻》，德宏民族出版社，2005年，第395—396頁；參見鎮沅彝族哈尼族拉祜族自治縣志編纂委員會編纂《鎮沅彝族哈尼族拉祜族自治縣志》，雲南人民出版社，1995年，第707頁；雲南省地方志編纂委員會總纂、雲南省林業廳編撰《雲南省志》卷三十六《林業志》，雲南人民出版社，2003年，第875頁。

379 禁南山記

時間:咸豐六年(1856)

地點:山西省陽泉市平定縣巨城鎮水峪村

規格:碑高 44 厘米、寬 55 厘米。碑文楷書。共 20 行,滿行 18 字。

蓋聞南山之禁由來久矣,而空言無據,不足以信後世而昭鑒戒。丙辰歲,余設帳是鄉,鄉人劉榮邦囑余作記。余非能文者,然以不克辭,而遂喟然嘆曰:"節彼南山,壁立廟前,白雲克當其藩蘺,蒼柏適以爲欄杆。蓋天鍾秀於是,非徒一家一村之所繫,實神之所賴以幸焉於此,而不嚴其禁,使薪木毁傷,終貽山林之愧矣。"

適仲春劉得邦賣南山地於李玉林荒屬一段,施爲官坡。張忠和張金慕其義氣,亦皆以西凹山頂下荒屬不自開墾,共願作爲官所焉。於是保長甲長同衆耆老立規曰:東至古道大壤,西至葫蘆凸張處,南至山頂張處,北至張處李處,自今以後牧牛馬者不得入,任土地者未許辟,以至茅茨土石概不准竊取焉。倘有不遵成規者,合村公議以罰之。天而後萌蘖之生,可望其爲棟梁之材也,爰爲之歌曰:南山巍巍兮,樹林陰翳。屏風爛漫兮,鄉村護衛。排闥來青兮,春蘭秋桂。勒石垂鑒兮,萬有千歲。

郡庠生王國楨書丹。

咸豐六年季秋穀旦。

資料來源：中國人民政治協商會議平定縣委員會文史資料委員會編《平定文史資料》第14輯《平定碑刻文選》，2001年，第94—95頁。

380 口則村禁約碑

時間：咸豐六年(1856)

地點：山西省晋城市高平市口則村關帝廟

規格：碑高120厘米、寬37厘米、厚15厘米。碑座高40厘米、長74厘米、厚48厘米。碑爲圓首，中刻“永遠禁止”四字，左右刻雙龍戲珠祥雲圖。碑身四邊刻纏枝花草紋。碑座爲條几式，碑保存完整。

嘗思《書》云：“五畝之宅，樹之以桑。”欲以使家給人足，各遂其生而然也。桑之利益亦誠大矣。憶嘉慶年間，古風猶存，吾鄉各户種桑養蠶，以獲微利。至道光年間，亂行采取，全無禁忌，竟至無而爲有，有者反無。故無人培植，桑根幾欲絶矣。吾處山瘠薄田，獲利無幾，庶民困窮，實不可言。因是集衆公議，重立社規，禁止牛羊傷損樹木，男女采竊枝葉；再於間隙之地，廣栽樹木。不數年間，樹木森茂，利莫大焉，庶國(稞)〔課〕有出，民生得遂矣。此乃天地自然之利，誠盛舉也。當年維首七家勘守秋苗，所獲工資共五千文，見斯舉甚善，咸願捐助刻石演戲之費，以垂不朽云爾。是爲記。

各社維首、當年執事首人同鄉約等立。

趙修德書丹。

皇清咸豐六年歲次丙辰小陽月吉日穀旦，鐵筆李振升、住持僧本忠同立。

資料來源：《高平金石志》編纂委員會編《高平金石志》，中華書局，2004 年，第 705 頁；參見張正明、〔英〕科大衛、王勇紅編著《明清山西碑刻資料選（續二）》，山西經濟出版社，2009 年，第 319 頁。

381 長貢護林碑

時間：咸豐七年（1857）

地點：貴州省黔西南布依族苗族自治州貞豐縣城西 6 公里長貢村

規格：碑高 127 厘米、寬 64 厘米，厚 12 厘米。碑文楷書，陰刻。

嘗聞古之所云："三不讓者，祖塋爲首。"蓋龍之砂木，原賴子孫逢節灑掃，栽蓄樹木，以培風水，光前代，興裕後人。自清朝以來，羅氏一門將祖塋安厝於弄房之易，茂蔭兒孫，一脉相傳，今爲數枝之廣。所蓄大樹，數樹原賴後龍，家之麟毛而已！竟有不識之子孫，幾毀傷龍脉，砍伐古樹，驚動龍神，祖塋不安。是以合族老幼子孫合同公議，故立碑以示後世子孫，如有妄砍樹木，挖傷墳墓者，嚴拿赴公治罪，莫輕言之不先。自禁之後，各宜凛遵，毋得行毀傷龍神。以後羅氏一門後代，受情莫測，特此故立碑禁止，告曰：如有遵碑，毋得擅砍墳山，子孫發達，常産麒麟之子，定生鳳凰之兒。此吾等羅氏一門之光，榮宗耀祖也。

咸豐七年正月初六日公立。

資料來源：貞豐縣史志徵集編纂委員會編《貞豐縣志》，貴州人民出版社，1994 年，第 758 頁；參見貴州省黔西南布依族苗族自治州史志徵集編纂委員會編《黔西南布依族苗族自治州志・文物志》，貴州民族出版社，1987 年，第 102 頁；黔西南布依族苗族自治州史志辦公室編《黔西南布依族清代鄉規民約碑文選》，1986 年，第 65—67 頁；楊一凡、田濤主編，張冠梓點校《中國珍稀法律典籍續編》第十册《少數民族法典法規與習慣法》，黑龍江人民出版社，2002 年，第 283 頁。

382 西坡村種桑養蠶碑

時間：咸豐七年（1857）

地點：山西省高平市陳鎮晋城市西坡村玉皇廟

規格：碑身高 161 厘米、寬 50 厘米、厚 23 厘米；碑座高 32 厘米、長 77 厘米、寬 54 厘米。石灰岩質。碑爲圓首，中刻“萬古流芳”四字，篆書，陰刻，左右刻雙龍戲珠祥雲圖。碑身兩邊刻“卍”字紋。共 11 行，滿行 43 字。

嘗思《禹貢》紀桑土之蠶，原爲國家重務；《月令》載分繭之訓，實爲閭閻要圖。是桑也者，固原隰之所宜，而蠶事之所攸賴者也。古者，獻繭必於君，公而奉種，浴川兼資，世婦躬桑必於后妃，而朱緑元黄亦須六宫，是尊與貴者且不辭曲植之勞、不憚韋箔之瘁，矧隸在編氓，豈可自逸其手足，視樹桑爲無益乎？

吾儕覘物土之宜，知美利之興莫重於桑，緣合社按家各栽桑數株，以爲養生良策。第桑爲蠶儲，宜作十年之計，而人勤蠶事，奚忍他物之傷？《詩》曰："敦彼行葦，牛羊勿殘履。"詎養蠶之桑，而能聽其損傷而不顧乎？爰是社中嚴立條規勿許牧羊者犯境，庶桑日以茂，蠶日以多，而老者有衣帛之資，幼者得養生之助，里閭比黨之中漸臻豐富，豈不懿哉？是爲序。

羊南蘇繼容撰并書。

維首（姓名略）同立。

住持廣運。

玉工崔焴鎸。

咸豐七年歲次丁巳黄鍾月既望。

資料來源：《高平金石志》編纂委員會編《高平金石志》，中華書局，2004 年，第 706 頁；參見張正明、〔英〕科大衛、王勇紅編著《明清山西碑刻資料選（續二）》，山西經濟出版社，2009 年，26—27 頁。

383 寺灣保護古榆碑

時間：咸豐七年(1857)

地點：山西省忻州市寧武縣懷道鄉寺灣村

規格：碑高 156 厘米、寬 70 厘米、厚 17 厘米。碑文楷書。

蓋聞山川靈秀，固可爲天地之奇觀，而樹木扶疏，亦足徵村莊之時氣。如村東圪坦有大榆一株，不知生於何代種何人，而觀其黛色霜皮，盤根錯節，蓋已多歷年所矣。又聞父老傳云："乾隆間，有鴻栖於上之耳，而目之者莫不以爲禎祥之證。"由此觀之，此樹當永爲保護，而不可少有戕賊也。今合村公議，周圍積石成基，又建碑以紀其事，俾後人知此樹爲一村之旺氣所關，而長護其庇陰云爾。

大清咸豐七年十一月中旬吉日立。

資料來源：任寧虎、郭寶厚主編《三晋石刻大全·忻州市寧武縣卷》，三晋出版社，2010 年，第 127 頁。

384 奉諭示禁碑

時間：咸豐七年(1857)

地點：海南省文昌市龍樓鎮山海村，現移銅鼓嶺登山路口

規格：碑高 130 厘米、寬 48 厘米、厚 15 厘米。碑文楷書。

近來盜賊滋甚，此非風俗之偷，實由鄉禁之不玄耳。遍開

名都圖，皆有弭盜要策，獨我處此舉未備。今圓得雲梯嶺，四面遵聖諭聯保，以弭盜賊之條，稱家捐資生息，以資巡□，嚴賞罰，務使游惰者警，狗盜風熄，將人皆托業，農有所儲，士有所儲。立見風俗還諄，則鄉□之中，雖賞不竊矣。敬將條規開勒於石：

竊盜家財衣服耕牛，捉獲者賞錢乙千六百文，竊盜罰錢演大戲三本。

竊盜家器物件，捉獲者賞錢五百文，竊盜罰錢演小戲三本。

竊盜田固物業，捉獲者賞錢乙千五百文，竊盜罰錢演大戲六本。

竊盜小六畜，海子棠，亂斬青葉樹木各物件者，隨衆議罰，捉者隨衆議賞。

竊盜者與捉盜私和者，加倍議別，有家當爲盜者，任衆重罰，捉者賞亦加，接賊者同窩論。

凡提盜者俱要連狀送出，方准有賞，不得憑例呈凶過甚，若竊盜有不遵罰，恃□撞命者，衆例擔當送官究治，與捉盜者無干。

咸豐七年冬，山海、剛大、天賜、官園、卿里、古園、後嶺、嶺脚、堆頭、田城、東坑、邊港、西山、白土園衆村同立。

資料來源：譚棣華、曹騰騑、冼劍民編《廣東碑刻集》，廣東高等教育出版社，2001 年，第 925—926 頁；參見文昌縣政協文史資料研究委員會、文昌縣文物普查辦公室編《文昌縣文物

志》,1988 年,第 88—89 頁;沈志成、沈艷著《海南文物記事》(下),海南出版社、南方出版社,2008 年,第 395 頁。

385 五聖宫會碑

時間:咸豐八年(1858)

地點:原立新疆維吾爾自治區昌吉州奇臺縣開墾河的河口上,現存奇臺縣博物館

規格:碑高 160 厘米、寬 60 厘米、厚 20 厘米。碑文磨損嚴重。

衆護民人壽的儀清願同興龍王廟頭道鈎□有香火地,界内有樹木林枝四至:東至義鈎,西至大河,南至梁頂,北至石場,西至李姓,四至分明,道路通行。護民共儀俱當樹木内外有(看)〔砍〕樹者將其(法)〔罰〕夫銀兩不居多少□□□今後永行,立石碑爲證。

立會人:田銀少、許有、胡天德、王禧、梁吉□。

大清咸豐八年六月十三日吉立。

資料來源:楊建光、李瑞立《奇臺發現新疆第一塊護林碑》,《新晨》2010 年第 9 期;參見戴良佐編著《西域碑銘録》,新疆人民出版社,2013 年,第 442 頁。

386 石板哨十寨鄉禁碑

時間：咸豐八年(1858)

地點：貴州省貴陽市石板鄉野狗坡苗寨

規格：碑高120厘米、寬69厘米、厚15厘米。

蓋聞國以民爲本，民以食爲天。自因鄉規未啓，盜竊滋犯，比户不支。吾儕各鄉等，因是和同相商，酌定鄉規，刻爲碑記，永免賊害。

一議賊入境盜竊家財、六畜等，不光齊集本寨，鳴鑼吹角，分路追趕，鄰寨聞聲，各守要路，拿獲送交縣官究治。

一議盜竊五穀、竹木，拿獲交本集本團甲長分議，除賠還外，再議□罰。

一議盜竊草廠、菜、穀，拿交總甲，除賠償外，再議□罰。

一議六畜踐踏五穀者，拿獲交甲長，相地賠還。如不遵者，再投總甲認罰。

一議失遺有由，准給搜尋，□□不得轉行坐護，違者送縣官究治。

一議毒魚打鳥者，拿獲罰錢一萬□千文。倘見者不説，□亦罰錢五百文。

一議乞丐入寨，除老弱以外，不准□文。

一議違令該罰之人，如有恃横不依者，交縣官究治。

以上諸條皆由衆定。一寨有事，各寨同體。倘有坐視，公同議處。如再不遵，禀官究治。

所定鄉規，春秋兩禁，每年約定六月十五日一會，如有一人不至，罰錢一千。

天鵝寨、半邊山、龍場坡、小高寨、大高寨、擺巷、擺籠、井貓洞、蘆荻寨、茨凹。

咸豐八年六月十五日十寨公立。

資料來源：貴陽市志編纂委員會編《貴陽市志·文物志》，貴州人民出版社，1993 年，第 99—100 頁；參見楊一凡、田濤主編，張冠梓點校《中國珍稀法律典籍續編》第十册《少數民族法典法規與習慣法》，黑龍江人民出版社，2002 年，第 284 頁；貴陽市花溪區地方志辦公室編《貴陽市花溪區志》，貴州人民出版社，2007 年，第 773—774 頁。

387 茂蓮宗祠敦俗碑

時間：咸豐九年(1859)

地點：廣東省湛江市遂溪縣

奉欽加知州銜署遂溪縣正堂加十級紀録十次張，爲給示嚴禁，以維風化事。現據監生曾肇乾，族老曾子興、仁通、尚梨、通典、興本、必度、克匡、克灼、思習、思九、□□、有干等呈稱：切朝廷設法，所以懲奸宄，而鄉黨立禁，即以鋤嚚凌也。如生等集族鳩居此鄉，以及接壤比居之鄰里，向敦上古休風，共安業於光天之下。自道光年來，習俗迥異，狡詐迭生，禮教既衰，偷竊競起。前經族老聯呈請示，議立禁約明條，開列在簿。

各皆父戒其子，兄勉其弟，蒸蒸然頗循上古之遺風焉。不料近幾年間，世風於以日下，人心更見不齊，非貌尊長以横行，即玩官法而妄爲，或借端而逞恐嚇，抑爲利而滋侵訛；或開場而局賭，抑放頭而吞□；或抖券以冒占，抑□捕券而强奪；或晝而盜蒔業，抑黑夜而割稻穀；或窩賊而以行竊，抑接贓以售私；或移尸而嫁害，抑撞命而嚇財；或舞弄以構是非，抑□誑而成棍騙。種種惡習，令人髮指。生等目擊地方如此瘡痍，民情如此澆薄，意欲悉除舊染，免墜頑固迷途，悔革前非，同歸蕩平覺路，則黎民得有歸厚之日，要莫外於象魏懸書所感□矣。勢迫聯名録詞，萬懇廉恩，俯順輿情，准即給示勒石嚴禁，以端風俗，倘有抗違不遵，乞准捆送究治，合境戴德無涯。爲此，叩赴等情到縣。據此，當批准給示禁嚴，尚頑梗不化，仍敢妄言者，許即捆送赴縣，以憑究辦。在詞除批揭示外，合行嚴禁。爲此示諭該村附近諸色人等知悉：爾等嗣後務須各安正業，耕種營生，切勿游手好閑，爲匪作奸，致干罪戾。倘再不知悛改前非，及不聽該父兄約束，或盜竊鄉鄰資財、田野禾稻、甘蔗、雜糧、竹木、花生等類者，許各該村紳耆，合保嚴拿，捆送赴案．以憑照例懲究，决不姑寬。如有外來匪徒潛匿境内，伺竊擾害閭閻，一經查實，許即聯名赴案密禀，以憑嚴拿，從重懲辦。該保甲人等，如有包庇縱容情弊，一經訪聞或被告發，定行一并嚴究不貸。各宜凛遵莫違，特示！

計開禁條列後：

一族内子侄，各要孝順雙親，恭兄友弟。

一禁居族毆辱尊長，欺孤凌少，亂倫背義，自作白尊。

一禁出外酗酒滋事、逞凶争斗，招惹是非。

一禁開窩煎煮鴉片私賣，引誘子弟。

一禁開場聚賭。

一禁盜取田稻，園中薯芋物業。

一禁玄武二山四圍村烟火，大小樹木竹叢，盜行砍伐。

一禁窩隱竊匪，接藏贓物。

一禁窩接盜竊蒔、稻、芋、豆、瓜、菜等物。

一禁本村來龍坡葬墓，鑿傷氣脉風水。

一禁本村四周坡草，以及溝□土圍各堤苦蘆竹木，不准殘削。

一禁盜竊牛豬家物。

一禁覬覦孤寡，抖誣索詐。

一禁冒移丐尸，訛索鄉愚。

一禁挾嫌劃撞，裝傷栽陷嚇訛。

一禁男女口角争論，持儻逞强，登門拼命，詐傷索財。

一禁倚勢肆横强奪强占。

一禁子侄外出助勢，隨幫附鄰，誣命搜搶，藉端恐嚇。

以上各款，略舉大端，而責罰并諸細務，已有祖簿載明。倘或有干者，務要遵照施行，抑或窮迫不能如例備要，勒父兄并從堂伯叔酌派繳足，不得更變缺減。至於出外招惹是非，惟累及房親，與族衆無涉。相傳執爲成例，此非故意苛求，祇爲維風俗而化奸黨，蒸蒸然復諸上古之休風焉。

首事思辨、申明，成傳書撰，合族同立。

咸豐己未年仲春上浣吉旦。

資料來源:譚棣華、曹騰騑、冼劍民編《廣東碑刻集》,廣東高等教育出版社,2001 年,第 552—554 頁。

388 娘娘廟村規碑

時間:咸豐九年(1859)

地點:山西省運城市芮城縣嶺底鄉東峪村娘娘廟

從來朝廷之上有法制,即有禁令,而鄉黨之間有勸勉,豈無箴規,但恐箴規之無以悚人聽聞也。於是合村公議首人數名,嚴立禁條數項,以整一鄉風化。而又恐歲月永遠,紙契難存,因勒諸貞珉,以垂不朽云。

一、村中凡有事故,鳴鐘議話,如鳴鐘三次而首人有不到者,即自罰銀一錢。

一、豬羊人地食人田苗者,每一頭罰銀二錢;即騾馬驢牛食人田苗者,每一頭罰銀五錢;且於每年冬,村人不許引羊即自己羊食自己麥,亦任首人議罰。

一、招惹賭博并入場院盜人財物者,任首人、失主送官重究。

一、折伐人樹木、盜人雜草者,并罰銀一兩。

一、盜人二麥及五穀雜糧者,并罰銀一兩。

以上數項,如有不遵罰者,合村(根)〔跟〕地畝收錢。

首人:李鳳林、李鳳、李鳳鳴、李知敬、李致魁、李邦現、張志合、張養合、張占鰲、張養民、張□□、張學孟同村人等立。

清咸豐九年十一月初六日穀旦。

資料來源:張正明、〔英〕科大衛主編《明清山西碑刻資料選》,山西人民出版社,2005 年,第 690—691 頁。

389 阿能寨謹白碑

時間:咸豐九年(1859)

地點:貴州省黔西南布依族苗族自治州安龍縣平樂鄉阿能寨,原立在寨中水井旁,後移至公房門前

規格:碑高 70 厘米、寬 45 厘米。碑文楷書。共 9 行。

其法,國有律條,鄉黨有禁約。全寨岑、韋二姓采心公議,將鷄、豬崽、□水,在此井邊合息禁止:

一、凡不洗菜、布、衣,污穢水井。

一、凡寨内不許窩藏賭徒,引脚賊盗。

一、凡若有估騙藉故(拷)〔敲〕磕者,定約人□□□□□□。

一、凡若有盜賊進寨,大衆捱迹,誰户不秉人等行查根由者,將伊命賊□黨。

一、凡各(畜)〔蓄〕邊田邊地樹木柴薪,不許砍伐□□。

一、凡各依碑序,以□保善(畜)〔蓄〕。

若有不遵公議,干□豬、鷄、酒加(培)〔倍〕賠完。公謂言之不先矣,特此謹白。

大清咸豐九年□立。
本境岑士林令孫元貞建造。

資料來源：貴州省黔西南布依族苗族自治州史志徵集編纂委員會編《黔西南布依族苗族自治州志·文物志》，貴州民族出版社，1987 年，第 103 頁；參見黔西南布依族苗族自治州史志辦公室編《黔西南布依族清代鄉規民約碑文選》，1986 年，第 68—70 頁；楊一凡、田濤主編，張冠梓點校《中國珍稀法律典籍續編》第十册《少數民族法典法規與習慣法》，黑龍江人民出版社，2002 年，第 285 頁。

390 虎門寨禁事碑

時間：咸豐十年（1860）
地點：廣東省東莞市虎門鎮，現藏鴉片戰爭博物館
規格：碑高 136 厘米、寬 35 厘米。

中軍參府蔡、右營游府陳，示諭嚴禁事。照得本寨後山教場所植松竹等項，實爲一寨風水所關。乃查近有不肖兵民人□敢將後山松竹等樹私行砍伐，并有縱放牛羊踏耗，以致有傷風水，殊屬可惡。除嚴飭中右兩營巡城、弁委督率查夜、兵丁嚴緊查拿外，合就出示嚴禁。爲此示仰本寨軍民人等一體遵照，毋得擅將本寨後山教場松竹及一切樹木私行砍伐，如敢故違，一經查出，兵即重責革伍，民則移送有司究辦，斷不稍貸。

各宜凛遵毋違,特示!

咸豐拾年貳月廿八日立。

資料來源:東莞市文化廣電新聞出版局編《東莞歷代碑刻選集》,上海古籍出版社,2014 年,第 68—69 頁。

391 廉明縣主簡分界碑

時間:咸豐十年(1860)

地點:廣東省汕尾市海豐縣赤石鎮碗窑村

特授海豐縣正堂加十級紀録十次簡,爲出示勒石分界事。案照余水生與葉李勝等,各以砍伐樹木等情互控一案,當經飭差傳集兩造到案。本縣訊得余水生與葉李勝所控契據,查其糧税户口俱屬田契,并無山林可載。唯余水生契尾突然添寫松山一所,字樣不當,詞氣不合,而情僞立見。二造所争均屬官山,本應照例充公,姑念藉管有年,兼以兩姓住址相連,有關風水,斷令照圖分管。近余姓一邊,歸余姓管理,近葉姓一邊,歸葉姓管理,准其立石爲界,各管各業。兩造均毋恃强争占,以息訟累,各俱遵完案。此判等因在案,合行此示,勒石分界。爲此示諭該處余姓、葉姓等知悉:所有近上圍村余姓之後,及上塘口山歸余姓管理,近下圍村葉姓等之大坑、李山塘肚山歸葉姓等管理。自示之後,務需遵斷分界,各管各業,毋得恃强争占滋事,致於戾咎。特示!

右諭通知。

咸豐十年又三月十四日示。

資料來源：譚棣華、曹騰騑、冼劍民編《廣東碑刻集》，廣東高等教育出版社，2001 年，第 856—857 頁。

392 嚴禁盜竊竹笋碑

時間：咸豐十年（1860）

地點：臺灣省南投縣竹山鎮沙東宫

公禁藤胡蘢、横山、租坑仔四十九日。□竹林每爲哨黨盜伐□公議演戲公禁：如再敢盜笋砍竹，查獲罰戲一坪并出賞封。如場□□公賞□□□倘被獲持强不遵，許衆送官究治，决不姑寬。

咸豐十年三月日，衆竹户同立石。

資料來源：曾國棟著《臺灣的碑碣》，臺灣遠足文化事業有限公司，2003 年，第 44 頁。

393 勒示嚴禁碑

時間：咸豐十年（1860）

地點：浙江省温州市蒼南縣五鳳鄉鳳鳴村

規格：碑高 108 厘米、寬 53 厘米、厚 13 厘米。碑文楷書，陰刻。共 11 行，滿行 17 字。碑額刻“勒示嚴禁”四字，陰刻。

立禁約

上下村等坊以世風不古，人心多變，嘗有不肖之徒，肆意剪伐樹木，難養成林，似此情形實堪痛恨。今衆等請示會約公據，務使人人各自栽種，限以五年爲准。如年數已過，仍行不栽樹木，私放牛羊，從重議罰，概不姑寬。至於村中倘有失竊，一經察出，或拆毁賊厝，或剿滅窩藏，必須協同相助，不許委却不前。立此條規，各宜恪守本分。或有不遵條禁，立即鳩衆議罰。倘不聽罰，并即鳴官究治，斷不循情。預先特白。

大清咸豐拾年姑洗月日立穀旦。

資料來源：政協蒼南縣文史資料委員會、蒼南縣文物館編《蒼南碑志》，2003 年，第 56 頁；參見吴明哲編《温州歷代碑刻二集》，上海社會科學院，2006 年，第 1116—1117 頁。

394 横槎村禁山護林碑

時間：咸豐十年（1860）

地點：福建省福州市連江縣敖江鎮

升用分府連江縣加十級記録十次潘，爲勒碑嚴禁等事。本年七月二十三日，據横槎墩鄉長張堯高、社長曾若水、保長張開美、民人陳求存、陳正火、林孝通、嚴啓鑾、張建坤、張克棋、方必舉、鄭成樞、黄開金、鄭勝龍、蘇金金等呈稱：切連邑偏小，環邑皆山，環山皆海，近於海者求利於海，近於山者求利於山，舍山海之利無他求焉。高等廬舍依山，生涯皆在於山，山之利栽種樹木，微薄難求，且遲之以久。連邑近來每有游手好閑之輩，履巉岩，披蒙茸，陽則托采樵之名，陰實爲偷竊之計。猶有甚者，黑夜潛入山林，青松擅爲砍伐，倘築而遇焉，横行藐三尺之條，削幾枝之木，非是盜名計較，遭其魚肉，勇悍實爲萬人之敵，舍一身之死，恐罹國法，性命輕於鴻毛。是在盜賊肆行無忌，而高等之樹木，未長者先被其翦除，將長者又遭其砍伐，將生機日蹙，而生業日無所賴矣。兹仁恩莅任，德既化於愚頑，恩遍及於草木，高等仰伏霜威，俯施震怒，嚴行出示，迅飭勒碑，庶幾山林之生業得安，盜賊之横頑知畏。瀝情僉叩，俯察賊匪盜砍松樹，恩迅給示勒碑嚴禁，俾蒼松得成盤鬱之形，而蔓草不至難圖之勢，共荷召棠遺愛再見於今，郇黍流徽宜媲乎古也。切呈等情到縣。據此除批示外，合行給示勒石嚴禁。爲此示仰該處遠近居民人等知悉：爾等須知物各有主，苟非我之所有，雖一毫而莫取。栽植樹木何等艱難，豈容任意采伐遭踏。自示之後，務宜痛改前非，各守恒業，倘敢故蹈前轍，一經防獲，或該鄉保等捆送赴縣，定行按法嚴懲，决不稍寬。各宜凛遵毋違，特示！

咸豐拾年八月念七日給。

資料來源：連江縣地方志編纂委員會編《連江縣志》，方志

出版社,2001 年,第 1444 頁。

395 薛家岩護林碑

時間:咸豐十年(1860)

地點:貴州省遵義市仁懷市魯班區薛家岩

規格:碑高 200 厘米、寬 40 厘米。青石質。四棱碑,三面刻字。

邑賢侯官印紹贊黄老大爺德政碑。【正面】

署貴州遵義府仁懷縣事升用知州委用正堂加五級紀録十次黄,爲示禁事。照得縣屬禮博里薛家岩一帶,山勢崔巍,林深箐密,洵屬一隅鍾毓之秀,實爲士民風水攸關,理應護蓄栽培,以期萃薈。近有無知之徒,私圖漁利,在於該處披荆伐棘,任意延燒,則於生機有礙,即於地脉有傷。極應嚴行禁止,正在飭差查拿間,旋據該團首等稟示禁前來,除飭差干役前往密拿外,合行出示嚴禁。爲此仰地三等知悉:嗣後若遇有不法之徒在彼仍行戕伐延燒,許即扭稟赴縣,以憑究治。

右諭通知。

咸豐九年七月二十日,實貼禮博里薛家岩曉諭告示。【右面】

大清咸豐十年庚申十月二十五日禮博里士民公立。【左面】

資料來源:《仁懷縣志》編纂委員會編《仁懷縣志》,貴州人

民出版社，1991 年，第 1245—1246 頁。

396 嚴禁盜采混砍林木示禁碑

時間：同治元年（1862）

地點：廣東省梅州市

特授嘉應直隸正堂薩，爲出示嚴禁事。現據教諭李閬中等赴轅呈稱：雁洋有陰那山靈光寺山場，係州屬勝地，該寺前後左右向來栽種樹木，爲護雁洋、太坪、南福三鄉泉源之用。近因無知鄉人在該庵焚燒水炭及藉名采取枯枝，砍伐豆筏，實即盜采混砍，以致山木日少，泉源日竭。叩乞示禁等情到州。據此，除批揭示外，合行示禁。爲此示諭該堡附近居民人等知悉：自陰那山五指峰下大山一帶，暨靈光寺前後左右林木，應飭靈光寺僧照管，自後山横排路上起，聖壽寺就近前後左右林木，應飭聖壽寺僧照管，其陰那山場有未栽種者，亦應飭該鄉紳耆及靈光寺僧招人栽種，以供寺内香燈之需。此係爲水源所關與名山勝迹起見。自示之後，無論遠近居民人等，均不得盜采混砍，復蹈前轍。如敢有違，許該堡紳耆指名禀赴本州，以憑飭拘究懲，決不寬貸。毋違，特示！

同治元年二月初二日示。

資料來源：程志遠增訂《陰那山志》，廣東旅游出版社，1994 年，第 330 頁。

397 奉憲示禁碑

時間:同治元年(1862)

地點:廣東省惠州市惠東縣平海鎮佛嶺村口,現爲大榕樹所包

規格:碑高71厘米、寬48厘米。碑文楷書,陰刻。

欽加六品銜特授平海分司加三級記録六次隨帶記□□次□,爲嚴禁盜伐松竹樹木,以息釁端而敦梓誼事。現據佛子嶺耆民朱三興、□阿緒、□阿嬌、王三養等稟稱:伊鄉後山周圍樹木每有强徒,擅自盜伐,不遵禁規或被遇見攔阻,輒敢逞凶,藉端肇釁,僉叩示禁,以衛風水而保鄉閭等情到廳。據此,查閲附近城村山龍柔弱,周圍種植樹木原以爲遮護風水,保衛鄉杜。種植維難,滋長不易,乃爾等游手好閑,持强凌弱,不思營謀活業,養贍身家,妄圖貪取近便,盜伐樹木以爲營生之計,任砍任伐,莫可禁遏,一經攔阻,恃强抵塞架禍誣陷種□惡習,殊堪髮指。若不出示嚴禁,將來釀禍不淺。除飭差協同該鄉□保嚴密查捕送究外,合行出示嚴禁。爲此示諭諸色人種等知悉:自示之後,爾等務須痛改前非,各覓生業,不得貪圖近便肥己損衆。况野山僻壤不乏樵采之區,何忍於關礙風水之處,任意砍伐,致傷梓誼。如有終不畏法之徒,仍敢復蹈故轍,許該鄉耆老指名究,决不姑息。爾等亦不得挾嫌妄指及挾同徇隱,致干未便。

本廳爲保護鄉村,安睦閭里,嚴除宵小起見,言出法行,其各遵毋違,特示!

右諭知悉。

同治元年三月十八日示。

資料來源：筆者赴當地抄録。

398 珠山禁約碑

時間：同治元年（1862）

地點：廣西壯族自治區桂林市永福縣永福鎮四合村木村屯

規格：碑高 79 厘米、寬 52 厘米。碑額横刻“珠山禁約”四字，楷書。碑文楷書。

立禁約：莫公裔孫人等□□盜墳林始能奠魄事。竊爲軍工采取尚不忍伐墳林，匪類摧戕偏多竊刊蔭木，先靈未妥，後裔何安？祖宗遺下祭播田廬，族人外人俱已不得私典盜羈盜賣。況祖塋多係其中，忍令人之摧殘蔭木者乎？無知人心不古，世道寢衰。近有無耻之徒潛入珠山，擅敢私行盜斫，豈容故害殃及生人？雖已往之不究，而將來者之難寬。爰刊禁約，列其條規，惟望達人君子代爲申其苦衷。或遇采樵者，祈賜箴規，使知悔悟，免取愆尤，則不惟先人感德，亦且後裔沾恩矣。謹此預聞。

一議盜斫剥樹皮者罰錢一千文。

一議藉故討草斫雜樹者罰錢八百文。

一議有人見盜報信者謝錢四百文。
一議見盜人髒兩獲者榭錢二千文。
以上條款不拘外人本族，皆同此議。
同治元年九月初九日闔族同立。

資料來源：杜海軍輯校《廣西石刻總集輯校》，社會科學文獻出版社，2014 年，第 987 頁。

399 永遠明禁碑

時間：同治元年（1862）
地點：廣西壯族自治區柳州市融安縣

蓋聞朝有律例，鄉有禁條。律例須行天下，禁條約束一方。如我五福一團，上下數十餘村，人皆和平，俗尚仁厚，閣春種秋收，安業無有貪謀利己。聞有一二不法之徒……衆議公立禁條條規如左。

一偷銀錢貨物者罰錢四仟八佰文。
一盜豬羊牛馬者罰錢四仟八佰文。
一盜田禾豆麥罰錢貳仟四佰文。
一盜園畬内蔬菜瓜果罰錢一仟貳伯文。
一盜砍茶子桐子一切竹樹罰錢一仟貳佰文。
一故意向牛場地耕種生理者罰錢一仟八佰文。
一窩藏奸賭匪類罰錢乙仟貳佰文。

一縱放牲口踐踏禾苗罰乙仟貳佰文。
一盜禾稿柴草罰錢八佰文。
一盜鷄犬鵝鴨罰錢八佰文。
……
同治元年歲次壬戌年十二月十五日,五福團公立。

資料來源:陳家諒主編、融安縣志編纂委員會編《融安縣志》,廣西人民出版社,1996年,第559頁。

400 西山寺示四條碑

時間:同治元年(1862)
地點:廣西壯族自治區貴港市桂平市
規格:碑長70厘米、寬138厘米。碑文楷書。

西山寺示四條

鬱鬱西山,古名勝地。仙洞乳泉,鍾靈表異。曰雨曰暘,佐我潯治。官斯土者,應宜加意。榱之桷之,岩花争媚。石之甓之,庭草交翠。(示官吏)

停車坐語,我潯士民。惟山是寶,與善爲鄰。其飲斯泉,其潔爾身。其游斯洞,其尋爾津。本性不惑,邪辟勿論。有伐山者,與伐性均。(示士民)

潯遭兵燹,滿目蒼凉。惟兹山寺,作魯霞光。牽蘿補屋,伐石爲堂。室無净几,院乏禪床。幾株古木,數畝篔簹。戒之

戒之,慎勿伐傷。(示兵勇)

久住名山,亦關清福。應知禪戒,自飾邊幅。披無垢衣,守傳燈録。九根净心,萬象閉目。滿塢白雲,半窗修竹。爾與參禪,茅庵石屋。(示僧徒)

資料來源:杜海軍輯校《廣西石刻總集輯校》,社會科學文獻出版社,2014年,第989頁。

401 告示碑

時間:同治二年(1863)

地點:廣東省清遠市飛來峽寺藏霞洞

欽加同知銜奏調清遠縣正堂加五級紀録十次俞,爲出示嚴禁事。現據貢生楊懷仁、廩生黄宗穎、郭棋,武生黄效祖等禀稱:緣飛來峽隔界坑及伯公坑一帶,上至倒裝坑,下至大龍瓜爲界,前至海爲界,後至山頂爲界,具爲李承梁之祖李廷和税業。前遭賊亂失契,蒙前程臺給回印照炳據。今李承梁將伯公坑税山送出建造廟宇。只因清遠俗例,不論官山民山,俱敢開立墳墓,遇有樹木看守不到,亦敢砍伐。忖伯公坑内,俱是李家税山,并無官地及别業相連,業經送出建立廟壇,前後左右,必栽樹木,理應嚴禁伐木開墳,以慰神靈,叩乞示禁,等情到縣。據此,除批示外,合行嚴禁。爲此示諭附近該山居民人等知悉:爾等務宜凛遵法紀,格守禁規,不得仍在伯公坑内砍伐樹木,開立窨基。自示之後,倘敢故違,一經該紳士查確,許即指名赴本縣,定即嚴拿究治,決不姑寬。各宜凛遵毋違,特示!

同治二年十月初五日刊立觀前曉諭。

資料來源:譚棣華、曹騰騑、冼劍民編《廣東碑刻集》,廣東高等教育出版社,2001年,第83頁。

402 中林走馬坪古柏禁碑

時間:同治二年(1863)

地點:四川省巴中市通江縣

禁碑者之所以禁後人之貪厭,永不欺祖蔑宗,謀伐風水樹木也。溯自高祖培元始,居走馬坪,相陰陽,觀流泉,手植柏木,以補地形之不足。其樹蔚然秀□□□□□□□□□,維翠柏鍾毓靈氣,根深枝茂。爰自苗裔、益自先公,以迄於今,恪守遺訓,孰敢偶萌異志?且人文之發祥,祖宗之積累也深,田産之式廓,祖宗遺留也厚,樹木之榮盛,祖宗之培植也遠。爲其後者,蒙先澤,承先業,率乃祖□□,其於先人之培植又何可妄先覬覦乎?乃族盛人衆,梗良不一。數番售賣此樹,我等力爲保護。越及今秋,又謀售見告呼彼,豈獨無祖宗在念乎?而累累欲壞風水;豈非欺祖蔑宗之罪人乎?且詞我輩柔懦,不足以衛祖宗也!然不思人郎駑下,食舊德服老疇,守不力守風水,祖宗亦何賴子孫之衆多哉。爰是同傳義舉，協力保護，爲工刻銘，重款禁戒。俾百世以後，千載而下，子以及子，孫而又孫，睹斯銘者，莫不感憤交集！保愛老人之培植，如古村棠之遺愛，勿剪勿伐，庶以慰在天之靈。而乃祖宗之古，啓後人世系綿延者，正可于斯銘卜之也！……風水樹木爲先世培植，原爲子孫計久遠，當世保護，慎勿剪伐，以負祖宗培植之意，墳之上下、左右并陰陽宅大柏樹木，俱當敬蓄，再爲培補，以成先人昌後之意，兩房人等均宜同心協力，永遠保護風水，毋得挾詐行私，致干重罰，房族内有妄生事端，欲壞風水者，族衆齊集禀告祖宗，從重處治，再爲議罰，真心保護風水者，祖宗默佑，世代榮昌。若萌售賣者，神明殛之，祖宗不佑，宗祧覆。

資料來源：張浩良編著《緑色史料札記——巴山林木碑碣文集》，雲南大學出版社，1990 年，第 29—31 頁。

403 瑶寨禁碑

時間：同治二年(1863)

地點：貴州省黔南布依族苗族自治州荔波縣

立款人單人章，爲祖上遺留田業、山場、地土，連年以來，近有不法之徒，進山伐木，敗壞偷盜，田山禾谷地内糧食、棉花各物等次，屢遭偷害。衆等約齊商議各款勒刻，若挐獲賊盜，不拘輕重，鳴知還款，照例重罰，不許私合私放，如有錢賣十六元正。今恐不憑,立此款單爲照。憑地方鄉老、頭人□□□……一議偷盜財産……

資料來源:柏果成、史繼忠、石海波著《貴州瑶族》,貴州民族出版社,1990 年,第 86 頁。

【備注】

此爲瑶寨禁碑。其文還有條例若干,可惜只餘“一議偷盜財産”數字。文雖不全,但中心思想明確,内含護林内容。

404 嚴禁風水碑

時間:同治三年(1864)

地點:福建省永安市天寶岩自然保護區

立此,嚴禁蔭木盜砍,有祖山一大片,土名南溪,四周原管界址内,有龍浪頭,蓄禁松杉、雜木,以遮蔭保風水。其外山有訂人曾去栽種,歷久無異。日後親友均宜自愛,切勿盜砍。憑親友力勸始免,不究。如再有將蔭木盜砍者,必送究治,决不寬恕,勿謂究之不早也。謹此布。

大清同治甲子三年八月。

資料來源:何松山編著《碑石探幽》,東南大學出版社,1995 年,第 64—65 頁。

405 興安龍勝聯合瑶團禁約碑

時間:同治三年(1864)

地點:廣西壯族自治區桂林市龍勝各族自治縣泗水鄉孟山大寨旁大樹底下

規格:碑高 100 厘米、寬 100 厘米。

嘗思夷齊者,高風普共,衆同美世,則鄉幫無忤,是由惡蠻時,雍斯兼介之,相沿者,非一日矣。然而及於目前之所緊,泯泯棼棼,蚩尤惟始作亂,奚能追於前人。書云,若跣弗視地,厥足用傷。若人無遠慮,必有近患。今有四鄉賢者,舉齊四民,統約同樂之事,化如木同繩,夫如是,則接物周旋之際,均有損益。舊染污俗,咸興維新。再者,旁窺今世,盜賊蜂起,賭博孤群,肆蕩恨殺,前輩老人敢怒而不敢言,何則況余等。籍居偏隅,山多田少,土瘠人稠,則□勉趨於耕。尚且□怨□飢寒,於冬期厥爲艱哉。何況其惰農,自安而競習日盜,於資盜賭博者,安可以不觸前輩之恨生不已。糾合群人,同親會議,議定章程,永遺不廢,不必家喻户曉,一概聽聞,不必耳提面命,皆翁言之悠久歸。一有冒犯,鳴鼓攻之。

謹將公方款條刻石列後:

一、議地方凡有大小事務者,必要報明瑶團(頭甲)〔甲頭〕,□右曲直。如説未息,需經本瑶論之。不散頭人,帶告方准詞頌。

一、誠恐賊匪患入其境,務必同心協刀堵剿,不許藉勢操掠。那人如達,查出公罰錢□□文不饒。

一、不許勾引索詐油火，以强凌弱，以衆包寡，以智欺愚。那人如此，鳴衆呈上究治。

一、凡有大小事，非情理説，當面論清，不得横行。吞烟懸梁誣提。那人不遵者，鳴衆阻擋，公罰不容。

一、富户請其雇工之或然上山毒魚涉水，以及助君出力，恐有斃命，主家出錢五千文安葬二比不得異言。不遵者，鳴衆阻擋。

一、不許開場聚賭，□□□□積隱藏或拿獲其家即操。若往山私賭，查出每人罰錢二千四百文，不恕。

一、或被盜偷竊財物者，一家失盜，衆人失主，各帶盤費拿獲喪命。不遵者，公罰不容。

一、殯葬墳墓，不得騎胙對門，□□無犯，以老人墳各宜堆砌勒碑。如有不遵者，挖著無究。

一、已經先年賣斷之業産，一賣一休，不得找價增補，以後買主出賣，廣得銀錢，原主不得争論。

一、乞丐人等或年幼及年邁殘弱者，只許文錢、勺米，少壯全無。如强討者，鳴衆獲拿拷打。

一、村寨男婦出入，不許亂放野焚山，那人如違，查出公罰錢文不饒。

一、育女嘗遺或男或女，均係骨肉，不可溺殺。哪人如不遵者，查出公罰不恕。

一、結髮之親，訂上親者，訂禮八千文，折乾禮錢十四千文。不遵者公罰。

一、以娶婦家，年已三十〔歲〕，若無生育，應從娶妾，外家不得異言,違者公罰無恕。

一、再醮之親,須宜相貌行聘,上親者,禮錢二十千文,下定八百文,媒人錢每千二百文,表〔舅〕禮每千一百文,不准多取。如不遵者,罰不容。

一、至秋獲或穀或草,停於南阡北阡,不得亂携,那人膽敢,查出公罰錢文,不容。

一、各村寨木林,不得竊偷或找乾柴者,不得帶刀,哪人如違,目睹報信者,罰錢二百四十文,若有隱瞞查出與賊同罰錢文,不恕。

一、畜之類,恐被狼狗傷亡,眼睹應從主施,不可妄取。不遵者,衆責不貸。

各地耆者計開:

孟山:余才仁、余忠海、余橋貴、余貴明、余龍才、余文海、余昌榮、余全成、余弟爺、余橋樣、余躰保

水銀:王秀書、王進金、王人成、龍橋

白麵:龍永綉、黄路明、潘正才

細灘:朱應龍

崩里:楊文正

潘内:粟弟惟、粟文禄、粟老四

金坑:潘金桐、潘惟金、潘大氣、潘鳳正、潘老四、潘長富、潘躰龍、潘才貴、潘弟四、潘頂富、潘老一、潘長才

矮嶺:李四福、楊躰海

黄樂:楊勝和

三舍:陳昌壽、楊通祥

七星：李栗田
馬堤：吴老四
大段：侯瑞榮
三百冲：侯正朋
大塘：潘大富
大清同治三年甲子歲六月吉日申明。
興安龍勝瑶團衆民同立。

資料來源：黄鈺輯點《瑶族石刻録》，雲南民族出版社，1993 年，第 90—94 頁。

406 觀音寺鄉禁碑

時間：同治三年(1864)
地點：陝西省漢中市略陽縣兩通鄉

……爲耳山受害，公議規章……

一、每年二月所有砍樹數目逐一報明，不得以多報少，若有隱匿，罰戲三天……三、偷砍耳樹，火燒耳山……無論誰家應即幫同緝捕，送官追究，誰敢私放不究者，一經查出稟官嚴治。凡我愚賤，凛之遵之，永定爲永久之規。

資料來源：郭鵬主編《漢中地區志》第一册，三秦出版社，2005 年，第 446—447 頁。

407 草池大明庵禁碑

時間:同治三年(1864)

地點:四川省巴中市通江縣

詩誦□棫以□□文雅,歌菁蛾以美吉土。况大明庵前後左右之風木者,雖屬本廟風木,實屬我族祖塋風木,更繫家害風木,故□之。覽滋風景者,因常以青龍卜之,羅星呼者也。我先人殷勤培植,始成茂鬱。原以望後世峥嶸茂昌挺翠騰秀。如此風木,然夫甘棠爲名伯所憩息,猶戒其伐。况此風木爲我先人手植,不禁其没傷乎?自今以後,無論主持及我族不得擅自斫伐,亦不得夥同商賣。如有不法者,罰錢十六千文及□□□鋤之。刊之於後,永示不朽。

資料來源:張浩良編著《绿色史料札記——巴山林木碑碣文集》,雲南大學出版社,1990年,第31—32頁。

408 表華封禁碑

時間:同治三年(1864)

地點:湖南省邵陽市綏寧縣東山侗族鄉

……照得本縣訪聞綏邑地方,近有無業游民在此設局賭博,已經輸銀無出,遂起意偷竊。更有一等無賴之輩,或縱容牲畜踐踏禾苗,或盜砍樹木,偷摘茶子。……

資料來源：王坤《護林碑刻的分類及其功能透析——基於綏寧縣護林碑刻的考察》，《湖南農業大學學報（社會科學版）》2011年第6期。

409 永禁告示碑

時間：同治四年（1865）
地點：浙江省寧波市天之海大厦東圍墻
規格：碑高180厘米、寬107厘米。

欽加同知銜、寧波府鄞縣正堂、加五級隨帶加三級紀録十二次姚，爲給示嚴禁事。案據莊仁芳、莊海寶、莊仲茂、莊義一等呈稱：伊等上祖元辰公建立天竺庵，上供佛火，下供覺盛、覺敬二祖及元辰公祖主，助有田地山場。道光初年間被崔姓圖占，涉訟追還原産。案結後，議將山場歸於境内長沙廟及天竺庵，係伊等莊姓子孫經管收花，上完國課，下充庵廟經費，呈蒙江前主給示遵守，永禁盜廢在案。玆因日久禁弛，現被鄰境密嚴地方應時元等恃蠻盜砍山内竹木柴薪，以致涉訟。已蒙訊明，盜砍屬實，斷令該宗房應全釗等賠錢壹百千文，分限繳清，給予伊等修祠之用，山仍統歸伊等莊姓，照舊管業，不許應姓再行上山砍斫。粘抄山田畝分清單，呈請給示勒石等情到縣。據此，卷查前據莊仁芳等呈控應時元等盜砍該處山内竹木、柴薪，霸占山場等情，并據應全椒等具訴，當催提兩造人證，集訊斷結在案。據呈前情，除批示外，合行給示嚴禁。爲此示仰該處鄰境居民人等知悉：爾等須知，業憑契管，難容混争。莊仁芳等後開各山場田畝均確有契據爲憑，自應歸莊姓子孫世守管業。嗣後，應姓之人毋得覬覦，霸占盜砍，致干法紀。倘日久仍敢違犯，許莊仁芳等據實呈究。各宜凛遵毋違，特示！

計開：

一、土名朝峰灣、野豬灣、上塘岡、蘭灣、竹灣、搗臼屋、下塘、西塞。

以上總名大山共計拾畝。

又，土名苦竹塞，田柒畝貳分，共拾五坵。

又，土名斜地，計地肆分。

又，土名大山老庵前後近山，計陸畝零。

又，土名横山頭，民田壹畝五分，共五坵。

又，土名横山頭，民田壹畝捌分，共陸坵。

又，土名青山前，民田捌分，共叁坵。

又，土名和尚嶺外灣，民田陸分捌厘壹毫。

又，土名大山新庵基，民山貳分。

又，土名饅頭山，民山五分。

又，土名和尚嶺外灣，民山叁分，係本庵白虎首。

又，土名崔家園，民地叁分。

又，土名小墻門頭，民地壹分柒厘。

又，土名粗坑脚上塘岡，民田叁畝。

又，土名横山頭，民田壹畝五分。

又，土名上後山，民田壹畝五分。

又，土名大山苦竹塞，民山貳畝。

又,土名青山前上塘岡,民田貳畝肆分。

又,土名大山苦竹嶴,民山五分。

又,土名大山苦竹嶴,民山戴分。

又,土名青山横山頭斜路頂,民山陸分。

以上田、地、山、場均歸莊姓照舊管業收花。

同治四年七月廿五日給發。

莊仁芳、仁壽、亨璜、仁志、亨文、仲茂、亨法、義一、禮初、海寶、禮常、利順、智睿同立。

資料來源:章國慶、裘燕萍編著《甬城現存歷代碑碣志》,寧波出版社,2009 年,第 182—184 頁。

410 中堡護林碑

時間:同治四年(1865)

地點:湖南省邵陽市綏寧縣城南 1 公里的界溪中堡路旁石崖脚下

規格:碑高 120 厘米、寬 80 厘米、厚 5 厘米。青石質。碑文楷書。

告示

署湖南寶慶城綏理瑶軍民府加十級記録十次□,爲嚴禁砍伐樹木,以培風水而息争端事。照得山林樹木,風水攸關,欲令地方興隆,必須加以培植。查綏靖、綏懷兩堡左邊兩界之處,樹木雜叢,疆界不明,彼此肆行砍伐,釁起争端,以致該目什楊通明,李光洪等□□構訟到府。經飭差勘明,繪圖貼説,并據該目什等將乾隆三十□年所立合同里核,訊悉各情、玆斷令仍照合同界址,由右馬路岩咀至□□嶺楓木樹爲界,各管各業,兩堡不得混争;該處所有樹木,總□□用心,栽培茂盛,以利風水,而壯觀瞻,無論綏靖、綏懷,均不許砍伐。□□未幾,兩得其平,訟端永息,除取具各遵依結存卷外,合行出示嚴□□□仰該堡率及居民人等知悉:自示之後,爾等務須一律培禁,如有藐視不遵,仍敢持强砍伐及縱火焚燒者,許該目什指名稟究。本府言出法隨,决不稍爲姑容。各宜凛遵毋違,特示!

右諭通知。

同治四年十一月二十七,實貼綏靖、綏懷。

資料來源:湖南省地方志編纂委員會編《湖南省志·文物志》,湖南出版社,1995年,第556—557頁;參見劉剛主編《湖湘碑刻(一)》,湖南美術出版社,2009年,第51頁;鄧雙文《湖南現存的古代護林石碑》,《湖南林業》2002年第8期。

411 封山碑

時間:同治四年(1865)

地點:湖南省邵陽市綏寧縣黄桑坪苗族鄉上堡村

永禁斧斤,不許樵采。如有毁傷,必從重究。
同治四年立。

資料來源:《走進邵陽——農業》,邵陽政府"公衆信息網"。

412 高功山護林碑

時間:同治四年(1865)
地點:湖南省邵陽市綏寧縣寨市苗族侗族鄉

前有李可進、李可梯亦在來龍土番壕開山取石伐樹,其有傷正脉,不准刨取。

資料來源:王坤《護林碑刻的分類及其功能透析——基於綏寧縣護林碑刻的考察》,《湖南農業大學學報(社會科學版)》2011 年第 6 期。

413 潞西市回賢護林石碑

時間:同治五年(1866)
地點:雲南省德宏傣族景頗族自治州潞西市郊鎮回賢村公所門口

上憲分示,四面養畜樹木,已作培植風水,畜養水源之要,歷經檔砍在案，恐有小人横行砍伐，宜應處罰。若不傳名，不忍而誅。今將四至載明，永遠逐行。自傳之後，不論大小人等，擅入界内砍伐者，罰銀三兩三錢；報信者賞銀三錢三分；放火者罰銀三兩三錢。

鄉老左順顯、李延杰、張有朝（以下十四人姓名略）。

同治五年二月初七日定立。

資料來源：曹善壽主編、李榮高編注《雲南林業文化碑刻》，德宏民族出版社，2005 年，第 398 頁。

414 北來河里社規矩碑

時間：同治五年（1866）

地點：河南省平頂山市魯山縣

嘗聞里仁爲美，昔聖有三古。魯治以西，距城百里有一地方，名曰北來河，人情樸實，風俗醇謹，由來尚矣。迄今生産不厚，禮教未修。兼之外來匪類，種種陷害，以至我居民恩疏義薄，不相維繫，而胥戕胥虐之習漸熾。有心者安得不表而出之，以爲吾儕正告乎？今首事薛金貴、范學海、趙習瀛等邀同四社，共相鼓舞。先勒碑銘勸於前，繼開條規戒於後。務思居□之道，親睦爲要，保身之術，親睦爲先。禾稼乃養生之本，竊取者有干例禁。材木爲利用之資，偷砍者至蹈罪戾。况乎開場局賭，爲禍最烈耶！宜敦仁而講讓，勿作奸而犯科，庶幾化日之下優游享升平之福也，是爲存。

一、凡農之人胼手胝足辛苦莫甚，完國課保身家，全賴禾稼。若不法下地人場行竊，拿獲酌量罰錢。

一、凡北社地方，坡多地少，土薄石厚，全賴構梢、蠶坡、樹林取利。勤培養根株者，非數年不成，甚屬艱難。如有不法竊取嫩芽、砍伐枝梢，刨絶根株，拿獲者，視其輕重，酌量議罰。

一、賭博爲竊盜之媒，清靖地方，先禁賭博。如有不法開場聚賭，拿獲送宫究辦。

一、凡遇有外來三五成群，强討惡要及形迹可疑者，盤獲送官究治。

一、凡通社鄰里，守望相助，視爲一家。如有聞見竊取鄰物，坐視不首，合竊者一同罰錢。

社首：朱萬全、劉員、陳展春、鄭固化。

魯山縣趙家村儒童趙之清撰并書。

大清同治五年歲次丙寅仲春初九日。

資料來源：魯山縣地方史編纂委員會編《魯山縣志》，中州古籍出版社，1994年，第984頁。

415 高平興龍山八大社公立禁約碑

時間：同治五年（1866）

地點：山西省晋城市高平市興龍山

規格：碑高155厘米、寬50厘米、厚15厘米。石灰石質。

興龍山八大社十九莊公立禁約以正人心而厚風俗，謹列其條於後：

一、奉官明示，栽桑栽樹，永禁偷取竊伐，并群羊入境，傷損桑麥田禾。

一、禁本山放火燒荒，毀傷松柏，竊大小樹株。

一、禁入人墳塋刨荊、砍柴，偷鐵□□□□。

一、禁在社各村窩留匪類及面生可疑之人。

一、禁乞丐因人家有事，聚衆成群□□□。

一、禁私押小當違例取利。

一、禁無賴棍徒飛空誣人犯賭恐□□□。

一、議在社各村賣給外社地畝者，不許賣社。

以上禁約八條，各宜謹守。如犯者，從重議罰。不遵社規者，送官究治。

首事經理栽樹維首晁山村增生姬錦方、姬德隆。

大清同治五年歲次丙寅季春之吉，合社同勒石。

資料來源：《高平金石志》編纂委員會編《高平金石志》，中華書局，2004 年，第 709—710 頁。

416 邑侯征大老爺禁止燒木打窑碑記

時間：同治五年（1866）

地點：山西省晋城市陽城縣楊柏大廟

嘗聞聖人以無訟爲貴,養民以水火爲先,斯誠言之不謬也。人若無訟,莫過於秉公解紛。名正言順,何事不成?何功不克?何紛不解?何訟不息?吾析城之南山,名曰楊柏,居民鮮少,石廣山多,田稀於寡,人皆開山耘石而食力,采樵負薪而爲炊,并無燒炭之窑廠,物力維艱,誠苦不勝言之地也。同治四年,河南行商在附近之處開設犁爐,且用木炭,并非尋常,居民惟希蠅頭之利,不顧心腹之患,山窮水盡,不但無梁檩之材,更且悉燒烟之憂。值年社首原太合等以深憂,會同耆老,公懇鳴官。蒙邑侯仁慈側隱,嘗示勒石,永遠不許打窑燒木。又蒙玆諭,公舉耆老木鐸息訟解紛,禁賭戒匪,以淳風化。不許越社興詞,先鳴金後理講。所有一應條規現存於合同,不遵社規,按以合同辦理。故此勒石,永垂不朽。以余爲文,則余豈敢俚言云云?聊以記耳。

郭峪佩芝柴充嵩撰。

原德亮書。

大清同治五年丙寅巧月日立石。

資料來源:張正明、〔英〕科大衛、王勇紅編著《明清山西碑刻資料選(續二)》,山西經濟出版社,2009 年,第 30 頁。

417 護林碑

時間:同治五年(1866)

地點:四川省江津市白馬水(今風儀鄉白水村)石壁上

鄉間栽蓄竹木，嚴禁私砍占奪；當知誰種誰收，毋得混砍持惡……本縣言出法隨，爾等毋得玩忽。

資料來源：鍾永毅主編、江津縣志編輯委員會編著《江津縣志》，四川科學技術出版社，1995 年，第 279 頁。

418 杜侵奪凌踐事碑文

時間：同治六年(1867)

地點：河南省平頂山市郟縣

欽加同知銜汝州直隸州郟縣正堂加五級紀録十次孫，爲建立碑碣以杜侵奪凌踐事。照得郟邑城西四十里有蘇墳寺，爲宋先賢蘇文忠、文定及文忠公子過遺迹。南渡之後，二公苗裔皆散處焉靡存。迨元至正間始建祠置地，命僧居守，不容蘇姓疏遠無賴之徒，托名後裔，覬覦干預。傳至我朝乾隆二十三年，縣令潘思光濫准蘇銓充膺祠生，致將香火地畝烹分殆盡。旋經蘇儒等控，蒙分巡河陝汝道歐陽公查勘明白，共有香火地五頃九十一畝零，墳地周圍拾陆畝。柏樹千五百二十九株，仍交僧人主守，不許假稱蘇後侵凌作踐。於乾隆三十年，建勒石碑，以社争執，詎意咸豐七年，忽有許州蘇忠義公後裔萬俸意存覬覦，在許州呈請設立俸祀生，未准。復以前情赴藩憲衙門呈請，當蒙批飭許州查訊，未予詳辦。蘇萬俸貪心不息，又於咸豐十一年，以僧人恒法盜賣墳樹等情，由縣赶藩憲、學憲、撫憲各衙門瀆控。均奉批飭許州傳訊。因無確據，未爲追究。蘇萬俸即以前詞并添砌將義學改爲方丈，埋没世系碑文各情赴京控。蒙都察院諮解回豫行司，發交開封府。提集人卷查訊，供詞狡執，稟蒙藩臬憲，會委候補縣魏余堂來郟，查勘祭田房屋數目，悉於乾隆三十年泐立碑記所載相符。惟柏樹僅存六百九十株，餘爲捻匪砍毀，并非僧人盜賣。實係蘇萬俸懷疑妄控等情，稟蒙訊斷。郟縣蘇墳田地，祠宇樹株，仍照原定章程，均歸住持僧人經理管業，不准盜賣砍伐。如有蘇姓後裔訛索争執，由縣查究等因，行令遵照在案。兹據蘇金花等呈請立碑前來，自應准如所請，查照斷案，泐立石碑，垂永久而杜侵凌，是爲記。

欽加鹽課司提舉銜即選分府汝州直隸州郟縣右堂加三級記録五次記大功一次殷兆林督建。

同治六年歲次丁卯三月吉日立。

資料來源：郟縣檔案館編《三蘇墳資料彙編》，河南大學出版社，1986 年，第 41—42 頁。

419 秧佑鄉規碑

時間：同治六年(1867)

地點：貴州省黔西南布依族苗族自治州册亨縣城東南 60 公里秧佑寨

規格：碑高 150 厘米、寬 100 厘米。

從來爲善必福，爲惡必殃。是知雖屬□□□□□□貴當遵與其□□率僞□□溺□□咎，作德而歸於昌之爲要遵也。□□邪作異，引紀綱之中，情必露於世，□□□同鄉之□□，處升□之□□□體大。王章澆漓之秋，尤急敦天鑒，勸兄弟妻子之鄰，共安耕紡織，相友相助之義，協同正直公平。我等各户集齊爲善，協議禁條，但□同心好善，此係取是舍非。

一、不准賭博婪貪，誘惑孺子。

一、不准窩賊招匪，致偷設害。

一、不准勾引刁棍，平空訛詐。

一、不准□□詞訟，波害良家。

一、不准占淫人妻，活奪□□。

一、不准占偷竹木，争奪田地。

一、不准偷鷄狗盜，摘瓜偷笋。

一、不准恃尊凌卑，凶行磕索。

自立禁碑之日，告知我村各安守法，比户雖殊，視若一體。諸惡莫作，衆善奉行，各守典則，形成天體。倘有不遵本禁，違條過犯者，不拘寨頭花户，理應照條實罰，依犯重究，而將資以爲賞罰之用。其中違犯之人，罪人親屬，禮以家無全犯之事也。各宜慎之勿違，特禁！

各條開列於左：

一、假契謀業，罰錢十二吊。

一、不准賭博，違禁者議該罰錢二十吊。

一、不准勾結訛磕，違犯者議該罰錢二十四吊。

一、不准偷鷄狗、盜瓜笋，違犯者議該罰：犯偷鷄狗盜罰六吊四,犯偷竹笋竹木罰三吊六。

一、不准偷竹木寺田地,違者議該罰錢十二吊。

一、不准窩藏匪賊,違者議該罰錢二十四吊。

一、不准□□詞訟,違者議該罰錢十二吊。

一、不准縱火燒林,違者議該罰錢一吊二。

一、不准恃尊訛磕,違者議該罰錢七吊二。

同治六年丁卯仲冬合擇戊辰吉日立。

資料來源:貴州省黔西南布依族苗族自治州史志徵集編纂委員會編《黔西南布依族苗族自治州志・文物志》,貴州民族出版社,1987 年,第 104—106 頁;參見黔西南布依族苗族自治州史志辦公室編《黔西南布依族清代鄉規民約碑文選》,1986 年,第 76—79 頁。

420 改造資福寺記

時間:同治六年(1867)

地點:浙江省温州市鹿城區東面華蓋山

華蓋山在甌城東偏,爲九斗之口,有容成太玉洞,道書稱天下第十八洞天。山之半爲資福寺,始自西晋,故俗稱此山曰"資福"。余下車伊始,巡視四城,登山瞻眺,見寺中殿宇窄小,房舍漸就傾圮,山頂大觀亭遺址僅存山徑,亦損壞不堪,蓋由軍民斫木掘土,牧馬放牛,以致形勝之區盡委榛莽,不獨無以壯觀瞻，亦郡城元氣所關也。於是亟議興修，適重建大觀亭，捐廉泉爲助，諭令紳士李全英勸捐集貲，乃分七十萬錢鳩工庀材，拓其舊而新之，榜曰“洞天福地”，旁置山房八間，左名“左宜”，右名“右有”，以資憑眺。孤嶼峙其北，大海環其東，西南岷岡、甌浦諸峰歷歷在目，不啻收羅几案間，游人登亭必於是小憩焉。實爲一郡名勝之冠。今補栽松木，并勒碑永禁私斫盜葬者，有則必懲，後之人隨時整頓，經理得宜，庶有以保郡城之元氣，而二千餘年古迹亦永垂不朽焉耳。是爲記。

資料來源：吴明哲編《温州歷代碑刻二集》，上海社會科學院出版社，2006年，第188—189頁。

421 平免石牌

時間：同治六年(1867)

地點：廣西壯族自治區來賓市金秀瑶族自治縣金秀沿河十村

我等切思：(恩)〔因〕爲盤古初開天地，伏(稀)〔羲〕姐姊妹始造人民。在明朝目下，立(昨)〔著〕會律法，不准何人亂(昨)〔作〕横事。在道光目下，現見金扶盞并無經人□□□去劉扶川。又至田村莫道流，在半路殺死人(民)〔命〕田扶眼，衆石牌未能得會。目下咸豐世上，又金村十家同如歌望村陶勝有之事，經去外處請來客人(邦)〔幫〕打。目下現出世界非亂，不知何人非惡，在對角大路等之昔地村，想亂鎖人事。昔地衆兄報經十村頭人，大家和氣立（啓）〔起〕石排〔牌〕，不准何人亂（昨）〔作〕事非。在之同治六年正月十六日，被此劉村劉扶鑒、老昌、勝慶三人，不進古矣，惡（夭）〔囂〕非强，打（瀾）〔爛〕石（排）〔牌〕。十村等會不（伏）〔服〕，要他三人。各立石（排）〔牌〕律法防後。十村頭人弟兄載立章（呈）〔程〕，齊心准此道白。

衆石（排）〔牌〕，立律防日〔後〕。

一立不論〔何〕人有事經過老人，正〔才〕得鎖人可也。

二立不論何人無事半路不得亂殺人命可也。

三立不論何人有事莫打禾苗田畝百（勿）〔物〕可也。

四立不論何人有事不得（那）〔拉〕牛隻畜（勿）〔物〕可也。

五立不論何人有事莫亂山場香草、竹木可也。

六立不論何人去村向數食酒，莫賴生事可也。

七立不論何人有事，閣下弟兄不得（那）〔拿〕者可也。

八立不論何人有事，不得放火燒屋，不得開禾倉可也。

九立不論何人有事，請（啓）〔起〕老人言清，不得（返）〔反〕悔可也。

十立不論何人見客買賣生意，不得亂（昨）〔作〕横事，莫怪石（排）〔牌〕。

十一立不論何人見客買賣生意，不得亂（昨）〔作〕横事可也。

十二立石排〔牌〕何人（昨）〔作〕（夭）〔囂〕非强，石（排）〔牌〕問他一家弟兄可也。

十三立衆石(排)〔牌〕何人(昨)〔作〕生事(盞)〔鏟〕滅男女(啓)〔起〕殺死可也。

同治六年丁卯某月某日吉立發。

資料來源:劉明原主編、金秀瑶族自治縣志編委會編《金秀瑶族自治縣志》,中央民族學院出版社,1992 年,第 181 頁;參見黄鈺輯點《瑶族石刻録》,雲南民族出版社,1993 年,第 192—194 頁。

422 公議碑

時間:同治七年(1868)

地點:浙江省温州里安市金川鄉對坑村王民宗祠西首山墻中

規格:碑高 119 厘米、寬 76 厘米、厚 10 厘米。青石質。碑額刻“合地公議遵示立勒石”九字。碑文楷書,陰刻。碑座高 35 厘米、寬 85 厘米、厚 45 厘米,飾寶相花紋。

曾於道光三十年四月日,僉叩邑主楊祈准勒石永禁。呈稱:生員王配嵩、王焕京,監生王國楨等僻居地瘠,賴草木竹笋生息養活、輸庫,有不法盜蕩被獲,即□□□等情在案。蒙給示嚴禁:“該地人等須知,物各有主,不容盜蕩,違者准即送案重辦。”又於同治三年四月間,僉叩邑主馬恩再嚴禁。呈稱:王元勛、銀孫、毓陞、植三等地有不法局賭誘愚,致起無賴蕩竊山業等情在案。除地保查諭外，給示嚴禁："不許誘賭蕩業，違者送縣嚴究。"今抄二示呈邑主羅，呈稱：王亦吉、亦伍、亦發、發積、崇勺、崇浩、崇亨、定海等，前有蕩産誘賭禁示，年久破壞，恩准存案，勒石永禁，俾該地人等觸目驚心等情在案。沐批："竊盜、賭博，均爲地方之害，既經前縣示禁，倘有匪徒復萌故智，准即隨時呈究。"

公議禁規列後：

一議盜蕩或竹或笋或樹或枝及杉樹、樅箕、茶葉等，鳴衆重罰；

一議春笋不許内外人買賣私掘，自立春禁至立夏日開掘，違者鳴衆重罰；

一議冬笋各管己業，違者鳴衆重罰；

一議合地有獲盜不服衆罰，鳴公究治，需費合地照竹抽税應售，倘有不准抽用，衆攻其非，斥諸禁外；

一議不許勾引外人人地蕩業居住；

一遺有詳規，詳在公據，永以爲例。

同治七年歲次戊辰九月日，對川衆等立石。

資料來源：吴明哲編《温州歷代碑刻二集》，上海社會科學院出版社，2006 年，第 776 頁。

423 社倉碑記

時間：同治八年(1869)

地點：廣東省佛山市順德區

社倉之設其來尚矣！然積之盡賑蠲，散之如泥沙，未有能謀久遠者。惟咸豐六年我鄉廖熾堂公等倡捐種松，閱今十餘年長成，幾與舊松比。但其舊松有各坊種者，有地主買者，新舊相間，大小莫辨，恐不獨争收松子，并且霸伐樹株，亦大失倡種者之深心也。兹合鄉公議，所有埠内松樹，概歸通鄉收其利，以爲社倉，既可杜霸争斬伐之端，永以備凶荒賑濟之用，豈不美哉！

所有規條列左：

一、凡收采松子、剪削松枝，俱由倉變價，永遠不得斬伐。即有不宜於風水者，亦須投明鄉約，由倉召人承買鬻價，以厚倉本。

一、自今以後，各坊、各地主有從新種松者，仍撥充社倉，以昭畫一而杜争端。

一、凶荒無定，嘗有九年水、七年旱者，如四五成凶年，米價尚平，不得遽議開倉，恐小荒繼以大荒，倉本已空，遂致束手無救。大約本處水旱，既失桑蠶禾魚之利，米價暴貴，復在二、三月之間，而各處俱議賑濟，始可開倉。

一、南方地土卑濕，斷難儲穀，即至荒年，定議賑濟，只許糴米頒給，不得買穀自磨，以杜侵耗，亦不准均銀，以免無賴子弟妄費，致家人啼飢。

一、定議開倉，預日報明闔家名氏、口數，該值查核，符例發給米票（内注明闔家名氏、口數，五日計米若干），設册登記

(照票式注明),事後標明,俾得核算。

一、男婦老幼每日每口給米五合(照墟斗七斤計,重五兩六錢),五日頒給一次。凡食業五畝以上者及蓄奴婢者,闔家不准頒給。若外出雇工,除該名不給外,家人照給。至婦之被出者及女之已嫁者,雖現在鄉内,仍不准給。

一、設值事六名,必擇謹厚者,以四年滿任,每年標數一次,如有挂借虧空,惟管箱是問。但遇頒米日期,是日每名支酬金銀一錢,不得支食用銀兩。

同治八年己巳仲秋,闔鄉紳耆廖、梁、簡同立石。

資料來源:何兆明主編《順德碑刻集》,廣東人民出版社,2012 年,第 199—200 頁。

424 護林碑

時間:同治八年(1869)

地點:貴州省黔東南苗族侗族自治州黎平縣潘老鄉長壽村

吾村後有青龍,林木葱籠,四季常青,乃天工造就之福地也。爲子孫福禄,六畜興旺,五穀豐登,全村聚集於大坪,飲生鷄血灑盟誓,凡我後龍山與筆架山上一草一木,不得妄砍,違者,與血同紅,與酒同盡。

資料來源：楊昌岩、曲亮成、楊華枝《侗鄉民俗與自然保護》，《植物雜志》1996 年第 2 期。

425 歷代遵行碑

時間：同治九年(1870)

地點：廣東省曲江縣白土區上鄉劉氏宗祠

風水栽培之説，余向嘗疑之。延觀陰陽元氣……人傷於前者修於後，其中轉禍爲福，蓋亦事之所常有，而非理之所全……於戊辰乙巳間，蒙諸君子延聘銘於鄉之□城祠，秋冬後□□徐間日朗，與其鄉中老者及諸同人，由祠後觀其合鄉形勢，但覺池局宏廠，深信爲地靈人杰之所。然牛山之木郊，大國斧斤伐之，放羊牧之處頗多焉。兹爾後龍山一帶，以及松柏崗至豬□及於大冲，遍植樹林陰翳，濤聲細碎，欣然曰：此殆栽培風水之意歟。□□□□，但恐植後日以無心廢□□□，曷爲合鄉序其顛末，□□□□鄉鍾世子孫有所遵守，□不得私行砍伐偷賣，庶不負肇□□□□□呼□辭固陋而序之，所有約備列於後。賴耕□堂□撰。

一能所栽培之樹木，所謂龍衣，不得私行盜……三千六百文。倘有勾落樹枝，罰錢三百六十文；若被狂風所折，當鳴鑼告衆，歸入公項，以充嘗本，免致相争。如或抗拒鄉規，定必送官究治，决不姑寬。

一議謹慎火燭，不准焚燒山嶺，恐傷樹木。如有肆意焚燒,公罰。

首事鍾有穗……劉樹勛等。

大清同治九年歲次庚午孟春月下浣。

資料來源:譚棣華、曹騰騑、冼劍民編《廣東碑刻集》,廣東高等教育出版社,2001 年,第 92—93 頁。

426 奉憲禁牌

時間:同治九年(1870)

地點:江蘇省南京市高淳區淳溪鎮淳溪村祠山大殿

規格:碑高 94 厘米、寬 51 厘米。

欽加同知銜署高淳縣正堂加十級記録十次楊,爲給示勒石永禁事。據貢生夏永清、夏永源、夏燮榮,監生夏森、邢前源,職員吴文舉、孫知典等稟稱:竊生等永康珍珠小辛三圩毗連同命一埂被决三圩淹没切近埂旁皆有溝池藕塘,屢次挖藕損傷埂脚,每圩叠次俱在藕塘旁邊衝破,但從前藕塘溝池係有業主,現在尚未認。糧生等公議趁此未經認業納糧之際,將溝池藕塘歸與各圩公有。永遠毋許栽藕免致傷埂脚,以及縱放六畜寓鴨入圩、砍斫埂上柴薪樹木概行禁止。圩内水草毋許私自竊取。公叩賞示勒石永禁。爲此示仰永康珍珠小辛三圩諸色人等知悉:自示之後,不准圩埂旁栽藕致傷埂脚,亦不得縱放六畜、竊取柴薪致起争端。倘有故違不遵,許該生等指名禀縣，以憑提究，不稍寬貸。其各懔遵毋違，特示！

同治九年三月吉日立。

資料來源：南京文化廣電新聞出版局編《南京歷代碑刻集成》，上海書畫出版社，2011 年，第 423 頁。

427 奉憲示禁碑

時間：同治九年（1870）

地點：浙江省温州州里安市潮基鄉貫嶴村東岳觀東側墻邊

規格：碑高 104 厘米、寬 62 厘米。碑額刻“奉憲示禁”四字。碑文楷書，陰刻。碑座高 33 厘米、寬 68 厘米，飾寶相花紋。

補用總捕府浙江温州府里安縣正堂加三級隨帶加二級紀録五次羅，爲給示嚴禁等事。據三十一都民人諸葛、黄、林姓等呈稱：竊伊等均住潮至賈嶴地方，有賦山一片鎖匱山，總名大崱。此山歷有老園版并平壇，聽從居民開墾種芳蒔度食。申禁：“大崱毋栽植松木，不許外處各向四維山場或栽植松木留樣出息。”若近遭在地無賴暨鄰村棍徒私行盜蕩，亂剔松毛，目睹難堪，衆議不忍坐視，以致松木不能成林，日久荒廢。伊等均係山鄉農愚，全賴種植山樣，上完國課，下給民餐。若不早祈出禁，□其山場被蕩，釀成訟累，纏擾不休，則頑徒咸知斂迹，而賦業不致荒蕪。叩請恩准示禁等情到縣。據此，除批示外合行出示嚴禁。爲此示仰該地居民并諸邑人等知悉：爾等自示之後，各歸各管自業，各種各植自樣，毋許私盜擾蕩伊等山場，栽植松木并各種雜物，嗣後如有仍踏前轍，一經察出，或被告發，或被扭送，倘敢故違，許該地保指名稟縣，以憑從嚴究辦。本縣言出法隨，决不姑寬。各宜凛遵毋違，特示！

遵。

同治九年四月吉日給。

資料來源：吴明哲編《温州歷代碑刻二集》，上海社會科學院出版社，2006 年，第 777—778 頁。

428 重栽桃花碑記

時間：同治九年(1870)

地點：浙江省麗水市縉雲縣桃花嶺關帝廟内

規格：碑高 30 厘米、寬 60 厘米。碑額横刻“重栽桃花碑記”六字。碑文楷書。

縉邑城南三十里有桃花嶺，爲達處甌要隘。嶺故樹桃，因名焉。後無實而名徒存。同治庚午六月，余奉檄重權是邑。觸暑縉郡，嶺路紆折。行未竟，與夫病暑，中途更易。有告余者曰：“嶺向有桃林，擇陰憩息，人多便之，顧歷久稍替。道光丁未，郡守方公，邑侯熊公，訪悉其故，更行栽植。行旅往來，咸賴庇蔭，比甘棠焉。卒以地當孔道，且左右樵采之所，攀折之衆，倍於他處，遂復剥落無存，行者苦焉。"余因有補植之議。抵官後，簿書殷繁，有志未暇。適桃花洞廟僧永昌、半嶺慶善寺僧維崧等具稟以請，爰酌捐俸錢給領補種，并勸紳民願種者附益之。即以僧永昌、維崧等理其事，永禁砍伐，俾得長育成林，以庇行人。不敢冀遺愛之留，亦庶幾無改舊觀云爾。是爲記。

同治九年歲次庚午七月既望。

知縉雲縣事江右徐熾烈識，黄岡陳錫齡書。

資料來源：趙治中主編《栝蒼古道》，中國文史出版社，2008年，第108—109頁。

429 江川縣永垂久遠禁伐碑

時間：同治十年(1871)

地點：雲南省玉溪市江川縣後衛鄉後所村寺内

今將後新營公議，禁止斫伐各種樹株條規，開列於後。計開：

一、本營所有樹株，一概入公，不得偷竊，違者罰銀貳兩。

一、本營中梨樹，不論在某家地面，或者某家所接一概歸公，不得私自發賣，違者罰銀貳兩。

一、本營梨樹，生者歸公發賣，枯濫者歸本主斫伐。

以上條規，闔營公議遵行，毋得違拗。

同治十年二月十一日闔营公立。

資料來源：曹善壽主編、李榮高編注《雲南林業文化碑刻》，德宏民族出版社，2005 年，第 399—400 頁。

430 芭蕉鄉封山碑

時間：同治十年(1871)

地點：雲南省玉溪市通海縣芭蕉鄉

蓋聞朝廷所設國家辦理官宦治罰，京禹都，省佑護府轄州泫急縣班旬鄉鄰村里負薪，蒙庥清明鄉黨，境窩軍克，原潛混屯，不匪不發，民竊思量，調軍林扶，保羅氏之原，貶謹遵麟讀成家胡力亂伐，賞於格格，被間中悔之，因此於慎之安者，盡心焉耳乎。

計開條規例後：

一、封營中山林，各色樹木果園，不准私竊，務要取討，若不報明私偷，若見者不報公者，罰銀三兩三錢。若報者，賞銀一兩作工資。

一、禁村中偷鷄犬鵝鴨、田中穀豆、蕎麥、園中各色小菜，做活各養使物，軍器忙不歸家。若有私偷私拿，見者不報，以後查獲，與賊同辦，宰手、砍指和盟辦罪重責。

大清同治十年歲官辛未仲春月夾中望日，合營同立。

資料來源：雲南省地方志編纂委員會總纂、雲南省林業廳編撰《雲南省志》卷三十六《林業志》，雲南人民出版社，2003年，第875頁；參見曹善壽主編、李榮高編注《雲南林業文化碑刻》，德宏民族出版社，2005年，第400—402頁。

431 奉憲勒石碑

時間：同治十年(1871)

地點：浙江省温州市里安市林溪鄉陳雅山村陳氏宗祠

規格：碑高133厘米、寬70厘米。青石質。碑額刻“奉憲勒石”四字，周邊飾如意纏枝花紋。碑文楷書，陰刻。共16行，满行26字。碑座寬94厘米、高33厘米。

揀發委用州署浙江温州府里安縣正堂加六級紀録十二次李，爲出示諭禁以全賦業敦風化事。據三十一都紳耆呈請：切身住陳雅山地方，田少山多，全賴山㨾出息，上完國課，下育身家。於道光十八年，已經控縣請禁，沐批准示禁并飭差查拿在案，歷來管㨾無異。近有不法之徒，渺視禁例，膽敢擅入山場，私偷春冬二笋，亂斫松杉、茅竹、水竹等項，似此掃蕩，業不由主，糧何以完納，目睹心慘，僉請復行請禁勒碑永諭。爲此合示地内人等知悉：須知業由主管，計贓科罪，律有明條。自禁之後，山内春冬二笋、松杉、茅竹、山竹以及松毛、竹筅、杉樹根等項，俱不許擅行掘、斫、剔，務須安分各守己業，毋貪小利冒干大紀，倘有仍蹈故轍，一經查明拿獲，當即扭保送縣按律究辦,言行法隨,斷不容情。各宜遵凛毋違。

一禁地内不許開莊放豆,誘騙聚賭;

一禁地内不許摧折四圍風水樹并墳上蔭木,如違諸禁,衆議罰戲文三臺,悉毋容情;

一禁流丐,宗祠宫廟不許留宿,每年元旦及逢喜事,不賜糖糕酒肉。

以上各項如違犯禁,輕則酒食,重則經公鳴治,皆不寬貸。

同治四年七月吉日給,十年三月吉立。

資料來源:吴明哲編《温州歷代碑刻二集》,上海社會科學院出版社,2006 年,第 773—774 頁。

432 奉憲勒石碑

時間:同治十年(1871)

地點:浙江省温州市甌海區澤雅鎮西岸辦事處東側墻

規格:碑高 90 厘米、寬 51 厘米。青石質。碑文共 12 行,滿行 30 字。碑額刻"奉憲勒石"四字,楷書。

欽加同知銜署温州府永嘉縣正堂加六級紀大功二十次錢,爲出示嚴禁事。據二十三都西岸莊耆民等呈稱:伊等地内四處山場,坐落北一里西岸地方。一百六十號山三厘坐外隴,東西至水坑爲界,南至山巔,北至山脚。又一百三十六號山一分坐東倭山,東至山洞,西至路,南至山巔,北至山脚。又一百三十七號山一分五厘坐後般山，東至大岩，西至路，北至水坑，南至山巔。均係大文之業，自來賴此出息，以爲上完國課，下給自家。恐有覬利之徒乘間偷砍竹木以及掘笋等項，特爲先行叩乞示禁等情到縣。據此，除批示外合行出示嚴禁。爲此示仰該處居民及地保人等知悉：爾等須知該山屬各管自業，不容私行偷砍。自示之後，如有不法之徒敢再仍蹈前轍，許即協保指名禀縣以憑提究，決不寬貸。各宜凛遵毋違，特示！

一禁冬笋，各人管自業，不許偷掘；

一禁青柴，不許私擔；

一禁青樹枝，不許私擔。

同治十年三月日給。

資料來源：吴明哲編《温州歷代碑刻二集》，上海社會科學院出版社，2006年，第201頁。

433 禁伐山木記碑

時間：同治十年(1871)

地點：山東省濰坊市青州市王墳鎮逄山逄山祠

規格：碑高169厘米、寬80.5厘米、厚19厘米。石灰石質。碑文楷書。

逄山之爲靈，昭昭也。有殷以來，剖符傳封，由逄澤來主，逄山固以其系出炎黄，實神明之後也。後之人揭虔妥靈，以山之主祀爲山之神，迄今四千餘年。蒸動昭應，歷久彌靈，觀歐陽永叔《樊侯廟灾記》所云，陰陽之氣，怒則薄而爲風霆，其不和之甚者，凝結而爲雹。天雨雹，而附山而處者，歷世不爲灾，是固能贊陰陽、禦大灾，《禮》所謂有功德於民則祀之者與？里人像神明而廟祀於山，宜矣。山環以樹，垂水蘂峰，列植而交蔭，氣佳哉！鬱鬱葱葱，然此固由山之靈秀鍾其氣而蔚爲深秀，亦人當愛其樹以妥山靈者也。乃草竊萌生，視爲利藪，屯結嘯聚，槎蘖伐夭，山幾童矣。鄉達藹人張公偵知其故，醵社會爲守禦。匪徒惡其害己也，懷利刃踵其門，甘言誘出村外，乘其不虞，倳刃左脅，幸公家有餘慶，徒手與搏，未至殞命。

鄉衆宋化成、尹瑞占、李廷棟、張林如、郭大謨、陳效宗、張申如、許宜仲、趙清平、傅良材、王興聖、邱子蘭、魏梓、劉玉盛、高凌閣、王佩琳、僧人修儒、道人周從心，訴諸縣廷，邑侯少谷何公諭以成民致神之義，曬以彰善癉惡之法，責懲處箭，令植樹百二十株。鄉衆又懼積久弊生，仍尋斧斤而蹈前轍也，鐫石以立之禁。異日干霄直上，老作龍鱗，鄉之騷人逸士觴咏於斯，田夫野老憩息於斯，相與撫而盤桓，傳述遺聞以激勸其鄉人，而相戒以刀翦勿伐，雖有莠民，亦必畏威遠罪而激爲善良也。余故泚筆記之，俾後之覽者，有感於斯舉，而默體乎張公與人爲善之意，以求無負於山之靈也可。

乙酉科拔貢議叙遇缺賜選教諭馬毓珩撰。

國子監大學生張龍田書。

石匠：房德成。

同治拾年三月二十三日癸丑立石。

資料來源：趙衛東、莊明軍編《山東道教碑刻集·青州、昌樂卷》，齊魯書社，2010年，第279頁。

434 重修清居禪寺禁伐山林木植碑序

時間：同治十年(1871)

地點：山西省忻州市寧武縣石家莊鎮馬頭山南清居禪寺遺址

規格：碑高139厘米、寬75厘米、厚14厘米。碑額半圓形。碑文楷書，陰刻。

聞柴皇之禮，古帝所尚，封禪之典，王者迭行。臨上質帝，奏假無言，聖賢奉祭之誠。自古迄今，奉承祭祀，無不嚴然森然、宛然而凛然矣！矧我庶民，變如釋迦應世，教垂三界。神賴人以顯，人賴神以生。丹心懇，至誠疏，奉獻亦愈加隆矣！爰稽是寺之始建也，正殿、南殿、東殿、西殿、鐘鼓二樓，以及牛馬王殿、龍王廟、關帝廟、寺南麓之垣山廟、聖母廟，至禪室之正樓、南樓、東樓、西樓，一應寺屬廟宇，莫非此山之飽林俊木焉。能有是美輪美奐之美，備大棟大梁之大觀乎！迨至近年，砍伐山林，亦已濯濯乎殆盡矣！九屬寺屬，凄目慘心，咸嘆斯寺之雕墜補葺爲難矣！孰意地杰者坤倍靈滿，山中突起小楹，稠密如縫，再久保養，望其林成山飽，修補有賴，充用無窮，豈不懿欣。因此神靈有感，人心有黨，募化四方，將寺屬各殿各廟均行補修，神工告峻，焕乎維新。雖不愧前之美觀，惟冀後之振興。常願日月孔昭,千秋不墜,永永無窮。於是寺僧與各村寺主公議,所有正溝渠陽背兩坡,禁止砍伐,永久保涵。斧斤不得入,牛羊不得牧。務使復還如故,茂對如初,以防翼後修舉神工之費,木植之需,微答佛家生木之靈。以是爲序云。

本邑庫生吴德懋頓首拜撰,侑生吴廷章休手敬書。

大清同治拾年肆月貳拾壹日同立。

(參與立碑人名單略)

資料來源:山西省寧武縣縣志辦公室編《寧武縣志(初稿)》,1985 年,第 764 頁;參見張正明、〔英〕科大衛主編《明清山西碑刻資料選》,山西人民出版社 2005 年,第 12 頁;任寧虎、郭寶厚主編《三晋石刻大全·忻州市寧武縣卷》,三晋出版社,2010 年,第 148 頁。

435 太平鄉杇石坎護林碑

時間:同治十年(1871)

地點:四川省巴中市通江縣

語有之"一草一木,物各有主",信然。我等愚昧無知,於目前在巨公印明地界内砍伐數次,不以爲戒,後被伊拿獲,投牌衆等,公議罰立禁碑,以爲後戒。我等自知理虧,故請石工垂情於石上。但望鄰境四周,以我爲戒,勿若我等之。"一草一木,物各有主",不信然乎?

資料來源：張浩良編著《绿色史料札記——巴山林木碑碣文集》，雲南大學出版社，1990 年，第 32—33 頁。

436 公議碑

時間：同治十二年(1873)

地點：湖北省荆門市東節區栗溪鎮龍虎村二組榨廟南墻上

規格：碑高 66 厘米、寬 39 厘米、厚 12 厘米。青石質。碑額横刻"公議"二字，楷書，陰刻。碑文楷書，陰刻。

爲公議嚴禁，以靖地方事。緣我地方出産無多，而山林樹木實爲取利之源，理應各安本分，勿得强砍盜伐，以成友助之風可也。無如近有無耻之徒或强砍，或盜伐，或竊人枋檁，或偷人桑竹，種種不法難以枚舉。兹我地方公議已定，凡夫一境之人，各宜自重，各宜敬遵。倘敢故違，輕則在鄉處治，重則送官究懲，决不姑寬。空言無濟，爰志諸碑。

首士羅炳文、羅升相、羅升官、羅升龍、嚴家楝、嚴國相、嚴國雲、劉傳文、羅光遠、黄天德、蘇明哲、蘇以德。

大清同治十二年三月初三立。

資料來源：焦知雲著《荆門碑刻》，中國文史出版社，2008 年，第 225 頁。

437 奉憲諭禁碑

時間：同治十二年(1873)

地點：浙江省温州市甌海區澤雅鎮上潘村西首水溝旁

規格：碑高 115 厘米、寬 60 厘米、厚 8 厘米。青石質。碑額刻“奉憲諭禁”四字。碑文楷書，陰刻。共 10 行，滿行 26 字。

欽加同知銜調補温州府永嘉縣正堂陳，爲出示嚴禁事。據二十三都上潘地方老民人等爲嚴禁山産諸物等項呈稱，伊等上潘各莊祖遺課山第十六弓至五十七弓止，從前各管自業，栽樣成林。今有不肖之徒私入山場罄蕩，爾等僉請示禁等情。據此，除批示外，合行出示勒石嚴禁。爲此示仰該處居民地保人等知悉：爾等須知該處山場栽樣竹木，完糧山産諸物，應歸業主經管，毋得私自砍斫。嚴禁以後，如若犯者，會衆公罰錢文、酒食、戲文，不依者協保扭送到縣，從重究懲，不稍寬貸。不宜□□。毋違，特示。

開列條規於後：

一禁大小樹木不許砍斫；

一禁冬春之笋不許偷掘；

一禁□杉樹□□；

一禁樹林柴排不許青擔回；

一禁山産諸物不許内外人等偷拐。

同治拾貳年三月。

資料來源：吴明哲編《温州歷代碑刻二集》，上海社會科學院出版社，2006年，第202頁。

438 大明寺禁碑

時間：同治十二年(1873)

地點：四川省成都市崇州市大明寺

特用軍糧府直隸州署四川成都府崇慶州事遇缺即補縣正堂加五級隨帶軍功加三級記録二十次李，爲刊碑曉諭事。案據西五甲大明寺鄰馬登奎、楊維楫、沈奎光、高懷遠、沈含勛、沈文禮、陳長春、李長興、徐天富、李天順、沈上建、卜朝應、廖仁章、蘇紹沅、馬成禮、沈文錦、李奇琳，僧洪春、洪芳呈稱情：生等附近化成山大明寺係屬古刹，一望崢嶸，四面遮蔭，雖不妄稱風水，亦堪作方中保障。内有雙楠古樹，不知始自何時。據宋世陸放翁《劍南詩鈔》有雙楠古詩一首論之，此樹已歷數朝矣。因雙楠大小樹木十園，前人作爲雙楠羽翼，除廟内修功之外，屢次具結，不准斬伐，以護雙楠而壯觀瞻。弟恐代遠年湮，人類不一，弱者竊伐；强者占欲，且各處募功最多，難免藉端欺僧，占霸興訟。若不預爲護惜左右樹木，雙楠難以獨存。是以協懇示禁，以便刊碑，求護三寶，伏乞等情。據此，除呈批示外，合行出示曉諭。爲此示仰用屬軍民人等知悉：該寺雙楠古樹，代遠年湮，所有左右大小樹木，尤爲雙楠羽翼，以壯觀瞻，尤宜護惜，永培風水。倘有無知之徒，藉端欺僧，擅自砍伐,許寺鄰住持等指名禀究。各自凛遵毋違,特示!

右諭通知。

告示。

同治十二年四月二十七日實貼。

資料來源:筆者赴當地抄録。

439 金洋堰禁止砍樹捕魚碑

時間:同治十二年(1873)

地點:陝西省漢中市西鄉縣金洋堰水利管理站

規格:碑高 50 厘米、寬 32 厘米、厚 13 厘米。碑文楷書。

公議禁止金洋堰一切樹木碑

金洋堰舊係累木爲堰,嚴禁刊伐堰中樹木,自古爲例。及易爲石堰,將堰中樹木禁蓄以備補修堰廟之用,其山木葱蘢與午峰并秀。乃有不法之徒,入山竊伐,以致山木光潔,將何以備補修堰廟之林。兹集紳糧公議,拿獲竊伐之人,憑衆處理。念古例不可廢墜,仍照舊章,禁止刊伐堰中樹木。自堪潭西,上齊查姓地,下齊堰坎,東齊李姓連界,西齊南山背後黄龍庵,俱係堰中坡地,倘有竊伐樹木,一經拿獲,先行理處。如强悍抗違,該禀官究治,决不容情,特勒石以示嚴禁云。外批本年五月内拿獲堰中捕魚禀案,蒙梁縣主堂訊,重責捕魚之人,示立章程:嗣後富者捕魚,罰錢拾串文;貧者捕魚,送案究治。均勒石以垂不朽云。

堰長許殿賢、李應春、楊春榮等立。

同治十二年六月初六日。

資料來源：陳顯遠編著《漢中碑石》，三秦出版社，1996 年，第 78 頁。

440 池板村護林碑

時間：同治十二年(1873)

地點：山東省淄博市淄川區太河鎮池板村

規格：碑長方形，四周刻纏枝花紋。碑文楷書，陰刻。共 29 行，滿行 13 字。

環村皆山也，其西南一峰，臨閣尤美，望之葱然而生，挺然而長者草木也。草木暢茂，山美而村亦生色。草木摧折，山枯而村難增光。兹因封山已久，未有憑據。今合莊人等點驗其山，東至地頭，東南至嶺頂，西南至坡前小分水嶺，西北至人行小道，北至官道，中間除古路一條。恐日後開墾邊界翦伐草木者，遂將所罰之條開列於後，是爲志。

使鋸者，罰錢拾千；

用钁者，罰錢伍千；

持斧者，罰錢伍千；

操鐮者，罰錢叁千；

執筐者，罰錢貳千；
手折者，罰錢壹千；
牧牛者，罰款伍百；
牧羊者，罰款伍百。
皇清同治拾貳年閏六月中旬建立。
施後坡地人（後 17 人姓名略）。
公事，闔莊人等同具。
後附開莊大小鎖八條。
石匠李殿舜。
李西原撰書。

資料來源：佚名《古碑散落池板村》，"淄博新聞網"2007 年 1 月 5 日。

441 重修夫子洞門□□種松樹記

時間：同治十二年（1873）
地點：山西省陽泉市平定縣冠山資福寺

冠山之松不知生植於何年，州志云古松一百三十株，當其遠瞻遥矚，□□蒼蒼，誠古今之大觀，亦以徵一州之盛氣也。而夫子洞中孤松挺秀，更足壯門墻之觀。乃不計何年伐木者竊其半，而根爲之傷，故狂風一作，大木斯拔，門墻盡爲之傾覆焉。今售其木得錢二百千，以其資重修門墻，補種松樹五十株,接補禪院石窑三眼,於樹之露根而將傾者更作石椿以護之。庶幾自兹以往鬱鬱者更佳,蒼蒼者愈盛,惟在培植者之加意也。是爲記。

經理人:後溝、楊家溝、葦池、聶家莊、河頭、廟溝、冶西、宋家莊。

□議經理人:劉升堂、胡亮、劉景福。

郡舉人黄堯臣撰文。

庠生張嘉惠書丹。

住持:隆泰。

鐵筆:郝富明。

同治十二年九月吉旦立。

資料來源:張正明、〔英〕科大衛、王勇紅編著《明清山西碑刻資料選(續一)》,山西古籍出版社,2007 年,第 8 頁。

442 重修翠屏山靈觀宫碑

時間:同治十二年(1873)

地點:現存山西省高平市翠屏山靈觀宫

初始□心,開工錢項,無處籌辦,統議伐砍山上松樹。大樹五尺餘粗,共伐砍貳拾七株,□板自賣。五寸、四寸、三寸賣得□錢柒百餘串,下餘零屹轆撕□板通用。補栽小松樹貳佰棵之譜,後山修理大小松樹無數,山前懷創建泊池一處,工程用永。

資料來源：張正明、〔英〕科大衛主編《明清山西碑刻資料選》，山西人民出版社，2005 年，第 13 頁。

443 奉總督撫院諭碑

時間：同治十二年(1873)

地點：湖北省荆門市京山縣雁門口鎮子陵寺遺址

規格：碑高 144 厘米、寬 69 厘米、厚 11 厘米。青石質。碑額横刻“永遵示禁”四字，楷書，陽刻。碑文楷書，陰刻。共 12 行，滿行 39 字。

奉總督撫院諭及本院護法嚴禁：子陵坐山林子，永不准典當。欒林、樹木，無公事，不准燒伐。田地、山場不准典當，寺内牛馬牲口、什物器只等項准添不毁。林山只准完錢糧，不作别用。春不過五月，秋不過八月，若有住持拖欠錢糧，該護法理論公逐。凡换住持，仰各姓護法，勿論子孫，十方公舉有德者居之。切恐無耻之徒賄串徇私作弊，恃强擾亂佛規，許該地方護法公論處逐，永不許入寺。從此之後，無論方丈、職事，誰犯根本大戒者，逐出。監院乃生進死出，藐法亂規，逐出。每往住待有公事准留任，無公事不管開期等情，一年退院，有債决不寬貸。倘後各姓護法等，總存天良，公平正真，必然公侯萬代，子孫綿長，暨嗣法剃度眷屬等，若不同心協力辦理，子陵佛法常典定然折毁頽敗。怕我祖不容，神鬼鑒察，天雷劈打，生遭王法，絶子滅孫，永無出期。恐沐祖德，自然五葉流芳；慎終追遠，永荷福壽康寧。德垂千古，以志不朽矣。

大清同治十二年立。

資料來源：焦知雲著《荆門碑刻》，中國文史出版社，2008年，第224—225頁。

444 封山記碑

時間：同治十二年(1873)

地點：山東省淄博市博山區南博山鎮博山村青龍村

規格：碑高100厘米、寬57厘米、厚15厘米。碑額刻“封山碑記”四字，楷書。碑文楷書。

大明嘉靖年間，益都縣耿，爲南博山莊馬端、魏國旺、魏國旺、盛永俊、王紀、馬三益、于福旺、張承名、馬應行、尚文奎、吕安、馬松年、徐謂、姬有才、王綸、李洪、馬得時等，具呈請示封禁東山，爰出示曉諭：凡附近莊村，不許來此山偷伐樹木，放牧牛羊，樵采柴草，如有犯禁者，鄉衆獲拿送縣究治。將告示垂爲碑記。二百餘年，忽有不法之徒，將舊碑毁壞，故略述大意，另勒諸石，以戒後云。

首事人：國鳳翔、張全山、任延德、姬守信、辛成學、高恭、趙峻德、龐連樸、馬九枚、尚仲清、閆秉純、馮維春。

郡庠生馬沂淮、監生徐培芳叙述舊碑文。

住持：王禮德。

石工:徐宗江。
同立。

資料來源:筆者赴當地抄録。

445 長池禁碑

時間:同治十二年(1873)
地點:四川省神農架石路頭村

第一條　無論池水大小,對象清污,一切不許入池洗滌,違者罰錢四百文。

第二條　鵝、鴨不許放入池内,違者罰錢四百文。

第三條　長池不設埠頭,水滿池時可挑水飲用、可灌溉地田。但池水中層有平水石一方,平水石出後,如有裝車引水灌禾者,違者罰錢四百文。

第四條　無論池水大小,不許捕魚,違者罰錢貳百文,釣者聽之。如平水石出後,趁池水乾涸,乘夜投池捕魚以致水污濁,公議重罰,有知情通知宗幹者,給賞錢六百文。

第五條　如有糞桶挑用池水及平水石出後挑池水灌禾者,俱罰錢貳百文。

第六條　無論童叟不得脱衣洗浴,違者罰錢貳百文。

第七條　無論長短工人,如有犯禁者,由於主人不通知之故,須向主人照罰以上所罰之錢。

資料來源：胡鼎陽《石路頭村的長池禁規》，《寧波晚報》2010年1月31日。

446 郴州奉令安瑶碑記

時間：同治十三年(1874)

地點：湖南省郴州市所屬瑶區

開天立地，皇恩賜封皇瑶子孫譜券。洪水發過，自古開國。

(正)〔理〕宗景定元年，評王閨女所生一十二姓：盤、沈、包、黄、李、鄧、周、趙、胡、唐、雷、馮，高梅封賞，皇恩敕賜發往南京七寶洞會稽山安居，發族接代。飄洋過海，分居佛子連州、寧遠道州、福建、江西季化縣、兩廣居住。分居湖南郴州、永興、宜章、興寧、桂陽、桂東、酃縣、九龍山，一州五縣，處處落業。逢山吃山，逢水吃水。逢山開耕，遇水安橋。以上三鍬之地，乃是瑶人耕種，次納陰糧，侍奉盤王，萬代香火；以下三鍬之地，寸土納糧作税。照契管業，寸步難移，皇恩所管。上下三鍬之地，插木爲標，瑶不占民田，民不占瑶地，依行律令，各宜爲守。因崇禎皇十三年，吴王轉位，苗賊作亂於普天之下，圍城劫庫。長沙都天大老爺、蔡憲大老爺、沈憲大老爺，驚動四省兵馬，走往郴州地帶，征他不動。郴州鄧太爺、興寧李太爺、桂陽馬太爺、桂東黄太爺、酃縣龍太爺，大小官員，惶惶無計，急報四山瑶總，征調皇瑶數百弩手，守在朝廷。手拿大小弓箭，站在城墻，射退苗兵流賊。普天之下，平白無事，京里出去三人，朱千歲、馬老三、黄次侯，走往郴州四十八面瑶山藏住。木將軍、鐵將軍、銅將軍，歸回數百弩手，呈奉京里。桂東沙田圩，朱千歲、黄次侯、馬老三被瑶捕捉，解往桂東，桂東解往桂陽，桂陽解往興寧，興寧解往郴州，郴州解往長沙。都天大老爺，蔡憲大老爺，沈憲大老爺，多蒙皇恩回文，并龍鳳批榜牒、郴州碑記，撫恤安瑶。萬頃江山一綫田差瑶人，十萬糧田差朝廷。多蒙朝廷，皇恩敕賜，普天之下，萬陽山、曲江山、山東山、山西山、凌揚撫州山、凌州天光山、平寒落山、桃源山、朱廣山、峨嵋山、郴州十里山、七里山、馬鞍山、陽落山、騾子山、櫻桃山、興寧浙江山、牽牛山、菜皮山、鳳凰山、周源山、回龍山、菠蘿山、南腰山、雷洞山、雷公山、瑶崗山、桂陽九龍山、烏村山、急洋山、南麻山、鷄公山、月堂山、酃縣路連界山、曾服山、貓兒山、永興東冲大龍山、挂板山、敖王山、筆架山、蓋龍山、金鷄搭米山、白露下洞連下福卡門，四十八面官山，皇恩敕封。除踩墳山，水源三尺，墳前脚踩不到，墳後反手一拉，具分賜瑶人所管。龍頭龍尾，接木架梘，描水開墾良田，免糧無税。栽羌、藍靛、栽種豆麻，免納墾税。倘有民姓進山，砍伐樹木，摘撿香菌、木耳，守法謹遵，不許亂(法)〔伐〕濫盜。不依律例，急拿送官究治。窮境冲差，盡行打落，不敢通行。不許油棒之人，攔阻占奪。倘有民搶占奪，輒拿送官究治。赴官不究，報明地鄰保長，發在上司十八重流徒。孔子聖人，制條四書律例一部。前官立案，後官觀看。州府縣丞，立碑爲記，永遠爲照。評王朝圖，普同天下，朝廷賜下五龍之所，一字分明。蒙萬歲敕封瑶碑，永立爲照。

大清同治十三年三月十五日，歲次甲戌年。

資料來源：黄鈺輯點《瑶族石刻録》，雲南民族出版社，1993年，第98—100頁。

447 青山禁伐松木碑

時間：同治十三年(1874)

地點：福建省莆田市荔城區黄石鎮穀城宫

規格：碑高145厘米、寬73厘米。碑額刻"皇清"二字，篆書，陰刻。碑文楷書，陰刻。共18行，滿行36字。

欽加都轉運鹽運使司同升銜特用清軍府直隸州知州攝理莆田縣正堂加十級紀録十次趙，爲出示嚴禁事。本年八月十五日，據生員曾啓泰、舉人宋學祁、生員沈達章、生員余祖珍、生員朱世貴、增生沈史才、增生陳其吕、稟生林霆榮、生員吴玉森等呈稱：緣泰等世居水南，該處有一穀城山，又名青山，爲黄石二十四鋪主山，實紅泉書院風水所關。係曾經先人栽培松樹、竹、梅，以資遮蔭，於是文運興隆，科名不輟。讖云："青山青，黄石山下出公卿。"自昔兵燹之際，樹木被火焚燒，以致風水傷礙。兹泰等僉議捐資，於本年二月内買種雇工，在於該山内仍舊培植松、竹、梅等樹，留爲遮蔭風水。經邀同各鄉耆老，寫立禁約，遍貼告明，免遭蹂踏，冀易成林。詎鄰近瑶臺等村男婦，日藉采薪爲由，恣意蹂躪，肆行擄拔，勸之弗聽，誡之不悛。若遇堅向理阻，動輟恃衆凶辱。伏思泰等實爲風水攸關，費盡資力，冀望成林，豈容刁頑藐視，任意滋擾？誠恐别鄉效尤，爲害伊於胡底？惟仰懇凌威賜准示禁差止，庶杜别效而保山林，則文風日熾，皆賴仁恩之栽培，共沐鴻慈於無既矣。合瀝僉叩臺下，俯垂賜鑒，恩准出示嚴禁，并懇出差諭止，俾刁頑知所斂迹，而松竹可保成林，闔邑士民載德不朽，切呈等情到縣。據此當查黄石之穀城山，既據生員曾啓泰等粘繳庫票具呈，已經批飭明白，繪注圖説，呈核去後。兹據老民方顯祖、生員曾啓泰等繪圖呈明前來。除批示後，合行出示嚴禁。爲此示仰該處附近各鄉居民人等知悉：爾等須知黄石穀城山有關紅泉書院風水，現經紳耆捐資種樹，留爲遮蔭，不容附近鄉民藉采薪爲由，恣意蹂躪。自示之後，務須約束子弟，不得再行到山擾踐。倘敢故違，一經該生員等指名呈控，定即飭差嚴拿究辦，决不姑寬。各宜凛遵，特示！

同治拾叁年拾月念伍日給。

水南紳耆同立石。

資料來源：中共福建省委宣傳部等編譯《福建鄉規民約》，海峽文藝出版社，2016 年，第 288—290 頁；參見鄭振滿、〔美〕丁荷生編纂《福建宗教碑銘彙編・興化府分册》，福建人民出版社，1995 年，第 330—331 頁。

448 護林碑

時間：同治十三年(1874)

地點:山東省淄博市博山區域城鎮伊家樓村西九龍峪

凡太平山樹木,不許樵夫牧子再有采折傷損諸事,倘仍有無知之徒,放牧牛羊,任意作踐,或竟乘間竊代者,許看山人通知首事等,鳴同地方立即扭稟送案,以憑按究治,決不寬貸。

資料來源:淄博市志編纂委員會編《淄博市志》,中華書局1995年,第1374頁。

449 保護靈岩寺山示禁碑

時間:同治十三年(1874)

地點:原存四川省都江堰市靈岩寺,今碑佚文存

規格:碑高330厘米、寬110厘米。碑文楷書。

四川布政使李、按察曹,爲示禁侵毀以垂永久事。照得生成廣大,覆島本自無私;發育充周,山澤於焉通氣。靈岩寺者,宅江源之竣巘,標勝迹於有唐。接岫連峰,通天彭之闕;占氛侯景,聯井絡之精。偶逢乾旱,甘霖則應禱而來;小住精蘭,佛雨共飛花而墜。神燈夜出,炬閃星芒;古樹烟籠,根蟠仙植。誠天府之粤區,爲真靈所栖托。往者寺僧盜賣山樹,耕廢寺田,林巒減色,翳薈一空,龍象生塵,瘫瘃再見。金有寒而石有泐,物换者星移;日斯邁而月斯征,風蕭兮雨晦。匪感奚通,惟誠可格。粤歲在甲戌之夏,逢雨澤之愆期;維民切庚癸之呼,

喜滂沱之立沛。於是人以悦來，工由心竟。分仁德之水，思匯川流；合七寶之光，重圓月窟。湧山寺僧俊者，爲衆所推，俾董厥事。韝章既舉，盂鉢親持，得檀那所施者，二千八百二十餘緡，出其所耕所儲者一萬餘緡。葺殿之楹七楹者七，門之七楹五楹者二。樹松杉五萬二千餘本，贖還山地三百畝，增購水田十一畝。圓成一切，普利十萬。固已手轉法輪，得人天之歡喜；咒回枯樹，極蓮宇之岹岹矣。獨是易竭者物力，難同者人情。懼修羅之劫生，雀穿屋角；恐昆嵐之風動，蠹蝕榱心。或營私而廢公，或巧偷而豪奪，或苟安而補漏已遲，或虚擲而酬金立盡。凡兹侵毁之弊，皆宜遏絶其源，合行出示嚴禁。爲此示仰紳耆住持及諸色人等知悉：兹寺創修最久，明赫孔昭。美哉輪！美哉奂！事本出於人爲，俾爾熾，俾爾昌，福必臻於神貺。倘有殘毁樹株，侵漁地界，許呈報地方官隨時察訊，按法究懲。如住持經理乖宜，焚獻不謹，侵牟財用，私伐松杉，查出重治以罪，甚且更易其人。共爲呵護，勿替前功。敢故違，立予嚴遣。庶幾山含其秀，若睹群岳之再朝；民樂且康，允潤沃野之千里。各發宏誓，永鑒貞瑉。特示！

大清同治十三年。

資料來源：都江堰地方志編纂委員會編《都江堰市金石録》，四川人民出版社，1999 年，第 102—103 頁。

450 板橋二郎廟樹木碑

時間：同治十三年（1874）

地點：四川省巴中市通江縣板橋鄉

同治癸酉年，買田一分，座落地名白岩塝趙家壩下段，價值共二百六拾千文，征銀二分，界畔契約朗據，界内成立樹木禁蓄，每年佃户納租谷九石，約存劉裕山家。如其條規率由舊章，文武獎勸以俟君子。

資料來源：張浩良編著《绿色史料札記——巴山林木碑碣文集》，雲南大學出版社，1990 年，第 50—51 頁。

451 船政大臣示禁碑

時間：同治年間

地點：福建省福州市馬尾區馬尾造船廠

規格：碑文楷書。

船政大臣示：山上竹木，栽植多年，不准砍伐。無論軍民人等，如敢不遵約束，私行砍取，許即指名稟究，定即從重懲辦。毋違，特示！

資料來源：陳有仁、蘇從顧《馬尾造船廠——中國造船業發源地》，《光明日報》1995 年 3 月 23 日。

【備注】

此碑爲沈葆楨創辦馬尾船廠時所立。沈葆楨同治五年(1866)任福建船政大臣。

452 省會各河堤植樹碑

時間:光緒初年

地點:雲南省昆明市

元初改建行省,平章賽典赤·贍思丁始經劃水利,就省會城東北築松華壩,疏盤江、金汁河水源,并修建省會六河,築堤建閘,民田受灌溉者數百萬畝,於各河堤遍種樹木數百萬株,以資維護。……明清兩代,對於省會六河堤壩時有疏浚,修築之舉……河堤樹木亦隨即修補,蓋植樹原爲保固河堤,故兩事恒同時并舉。迨至咸同年間,迭遭兵燹摧殘殆盡。光緒初,復經雲貴總督岑毓英,督率糧儲道崔尊彝暨南關水利同知,提倡栽植,繼以加意保護,嚴禁砍伐,始獲成林……

資料來源:曹善壽主編、李榮高編注《雲南林業文化碑刻》,德宏民族出版社,2005 年,第 405—408 頁。

【備注】

此碑由昆明官府於清光緒初年(1875—1879)所立,後不知去向。此文原刊於《雲南林業志資料》第 9 集第 211 頁。

453 奉憲勒碑

時間：光緒元年（1875）

地點：浙江省温州市甌海區瞿溪鎮雄嶴村境内的焰火山

規格：碑高 112 厘米、寬 67 厘米。青石質。碑額刻“奉憲勒碑”四字。碑文楷書，陰刻。共 9 行，滿行 31 字。碑座高 35 厘米、寬 80 厘米。

欽加五品銜補用總捕府署温州府里安縣正堂加六級紀録十二次彭，爲示禁事。據三十一都耆民倪崇顯、倪老五呈稱：伊等嶺下地方聚族而居，祇因山鄉田少，全賴山花出息，爲完糧養命之需。近有地鄰游手之徒，混行蕩砍，一經撞獲，動即恃頑。現在集衆公議，互相看管，除山様、松毛各歸自業外，惟箕草一項抽拔歸衆，爲地方修理宗廟之需，合地悦服。只恐故態復萌，爲害不少，叩乞給示立禁等情到縣。據此，出示嚴禁。爲此示仰該處近鄰近居民人等知悉：爾等須知物各有主，不許亂砍他人山業，嗣後務須力改前非，各認界限，勤守己業，倘有不法之徒再犯禁令，仍蹈前轍，許該業主投保，指名稟縣，以憑提案，訊究懲辦，决不寬貸。其各凛遵毋違，特示！

公禁祠堂山、吴墳山各處株樹蔭木不許亂折柴枝。

光緒元年四月日給。

資料來源：吴明哲編《温州歷代碑刻二集》，上海社會科學院出版社，2006 年，第 785 頁。

【備注】
"里安縣正堂"指彭祖培,字原甫,光緒元年任里安知縣。

454 灌陽縣奉布政司禁革碑記

時間:光緒元年(1875)
地點:廣西壯族自治區桂林市灌陽縣城關鎮

灌陽縣爲懇恩賞示,嚴禁科害以蘇瑶民事。奉桂林府詳,奏布政司批據查看,灌陽上歸化里民瑶暨科舉梁、侯、袁、藍四姓等,從前只應納糧,每石刻向例拆糧□□正,□□路免雜差差科,此舊例也。而振奉等誠懇後來科索,故有懸賞示嚴禁,以杜將來情由具控上憲臺批察報行。據該縣稱詳,民瑶所出瑶糧者,嗣後令彼照例每石仍折色銀三錢五分,自行赴許差役,額外入户加收科索,至詞内單開各款,已令該縣出示禁革,不得復行。□□相應雜項加議,是否冤裁緣由,奉批具如詳。仰官府另行嚴禁者,即許指名揭報,以憑報院科參不宥。爲此牌仰該縣官吏照理。即命名出示禁革,此示諭瑶人知悉:以後遵禁條盡行禁革,仍准勒石永爲遵示。計開嚴禁各款:

一禁瑶人六源三澗,應召瑶糧,每米一石,照例傾銷。鑿字紋銀三錢五分正,自行報抵差役,里長不許額收,傾銷鹽行,如違,許瑶告究。

一禁革過瑶兵丁上下差役,不許拔勒瑶夫送擔。

一禁奉造花户册索資。

一禁革不許科取槍竿、箭竿、旗竿、轎扛、黄心板、木瓢、盆、木耳、香菇、乾笋、茶葉、蜜糖、黄蠟、茶油等物，如違，告究。

一禁民瑶趕獵，勢棍搶奪假冒，包索取虎皮、鹿山獐、馬鹿、熊掌、狐皮、鵬鷄、錦鷄、禽獸，如違，許瑶告究。

一禁瑶人能羽手藝、巫流、師教、木匠、篾匠、染匠，不許奸棍倚科年索派白蠟封貼，如違，告究。

一禁瑶人不得擅稱土司官職，私置册罰，侵害貧瑶。且許瑶人各遵法紀，把守後山險隘，禁固地方。如有把守隘的田地，定即申究。

一禁瑶人崗内所種杉樹、茶樹、竹木，不許奸棍强砍强占，不許異棍假藉搬浚土産，□□受害貧瑶，如違，指名告究。

一禁外棍不許入崗奸侮瑶人妻孀和女。不許輕價買豬、牛骨皮等物，如違，告究。

一禁瑶糧每年不許科派封貼，奉銷由單并幫解水脚差、頭門子各項水費，如違，許瑶告究。

一禁瑶人能習相教法師，習尚應濟。嗣後不許僧道索取燈油封貼，如違，許瑶告究。

一禁勢棍不許加價奇買僞造□□瑶田、山場，其有紅石、刀耕火種，青石打礦燒灰，如違，告究。

一禁瑶人入隙内，不許刁唆詞訟，誣敗名節，詫縣呈詞，如違，告究。

一禁人毋故不丁憂，殺牛、殺豬不當祭，七十二項不當差，不許奸棍索取封貼，如違，許瑶告究。

一禁瑶人六源三澗等處，共糧米一百五十一石一斗零一合八勺四撮。每石折紋銀三錢五分,以上共折紋銀五十二兩八錢八分。

洪武八年梁、袁、侯、藍四姓,各占源分田地山場,以共所立四十四户。

瑶人糧米照依舊例,每石三錢八分。正有户省,每年輪流里長管理徵收上納,四月完半,十月掃數。□□惡獨管,許其告究。

上憲賞示禁革碑記重修,緣由具稟在縣,至何杜賞准重修,原碑永爲遵照。

康熙四十年、乾隆十六年、道光二十九年重修碑記。

大清光緒元年歲次乙亥年桂月中浣日,倡同知銜梁高魁總領各源首人立。

資料來源:黄鈺輯點《瑶族石刻録》,雲南民族出版社,1993年,第103—106頁;又見廣西民族研究所編《廣西少數民族地區石刻碑文集》,廣西人民出版社,1982年,第133頁。

455 護山記碑

時間:光緒二年(1876)

地點:山東省濰坊市昌樂縣方山龍神祠

規格:碑高95厘米、寬53厘米、厚11厘米。石灰石質。碑額刻"護山碑記"四字。碑文楷書。碑斷裂爲多塊,文字基本清晰。

方山之由來久矣，古柏森然，以壯四方之觀。祇因砍伐者多，立法於石，以示戒焉。

由石欄内，縱放牛羊者者，罰錢拾千；偷伐樹木者，罰錢伍拾千。

合廠同立。

大清光緒二年梅月上浣穀旦。

資料來源：趙衛東、莊明軍編《山東道教碑刻集·青州、昌樂卷》，齊魯書社，2010 年，第 388 頁。

456 風水樹碑

時間：光緒二年(1876)

地點：湖南省懷化市沅陵縣白岩界彭家山

……凡屬風水樹不拘大小，不論公私，但蓄禁之……

資料來源：沅陵縣地方志編纂委員會編《沅陵縣志》，中國社會出版社，1993 年，第 317 頁。

457 重修武侯墓廟碑

時間：光緒三年(1877)

地點：陝西省漢中市勉縣武侯廟

規格:碑高 150 厘米、寬 70 厘米、厚 18 厘米。碑額刻“皇清”二字。碑文楷書。共 20 行。

從來成功者必勒諸石,非徒欲傳後,亦所以杜弊也。侯廟毁於髮逆,其補修上殿、拜殿、山門,已有木匾可考。惟同治十年,住持徐教升不守清規,偷賣古樹,私伐皇柏,經首事等誅逐出。伊告經王縣主已斷令出廟,乃伊串通熊道,恃侵廟之資,訟於府、於道、於學憲及欽差大臣,雖屢次被斥而雄心未艾。識者曰:彼所以訟者,以廟有餘資,可藉以肥私也。常業皆邑人所捐以助香火之用,豈其肥住持之私囊?何如積儲之以培補神廟。衆以爲然,於是酌議,三牌中各選公正首事二人,輪流經理。

至光緒元年冬,合每年租錢香錢,共積錢八十餘串文。彭、周二人倡首墊錢百餘串,余與戎庠生經理帳目,修兩廊房十一間;又有徐教升鑿死古樹一株,禀明縣主,刊伐作材,共賣錢三百餘串文,除還墊錢外,又築垣墻百餘丈,修戲樓一座,改修大門二道,挂匾一副,迄三年二月工竣,合前□共費錢五百餘十串文,其餘錢開光演戲用,俟後工程尚多,恐積久生弊,僅將條款開列於左:

一、不守清規,逐出興訟道人簡來星、張元松、戴上吉、馬信龍、徐教升,俟後永不許入廟。

一、租粿三牌輪流經理,清明算帳,除花費外,俱要如數交清;若有餘積,即當動工。值年首事,不得推委。

一、住持止招老成勤儉者看守香火,每年除與穀租五石、溝坎地三處外，分毫不准再添，不願者自去。

一、廟中周圍之樹，住持亦當時常照管，如外人拿獲砍樹之人，而彼不知覺，以懶惰逐之。

一、首事俱要以公辦公，凡廟中事，均以公論爲是，毋得獨行獨斷，如有藉公肥私者，查出定罰，不准再當。

一、每年清明、七月二十三日，酬神演戲，凡紳士及讀書之人，均要衣冠整齊，早臨拈香，即日飲福，違者有罰。

一、每年燒柴，止許剔伐樹枝，如刊及成材之樹，以違議逐。至於枯樹伐可作材者，亦宜通首事知，若私伐，即係賊盜，無論何人，交值年首事及該鄉約，償酒錢壹千文，私買者重罰。

邑廪生夏鼎撰文，戎良瀚書丹。

衆書鋪捐錢四千伍百文。

光緒三年二月清明日建。

資料來源：陳顯遠編著《漢中碑石》，三秦出版社，1996 年，第 326—327 頁。

458 告示碑

時間：光緒三年(1877)

地點：廣東省雲浮市博物館

欽加□銜特授東安縣正堂加五級紀録五次王，爲出示曉諭，永禁砍伐事。案據職員江煌輝等與監生余耀南等争土名石狗、架簡、亞公、亞婆四坑一帶山場一案，業經王前縣訊，悉心查明兩造契據，均屬僞造，斷令充公。而兩造曉曉致辨，不允縣遵，以致懸案多年，仍未完結。現奉臬憲委員來縣查辦積案，當將兩者傳集，會同審訊，再三開導，始自悔悟，各願遵結，請將四坑山場樹木及架簡、亞公二坑之田，一并□入縣城隍廟内，永作香火，以免覬覦等情。除給執照該廟住僧勒碑管業外，合行出示曉諭。爲此示諭該處鄉民人等知悉：現在已將石狗、架簡、亞公、亞婆四坑山場，連樹木及架簡、亞公兩坑之田，一并充歸縣城隍廟内，交與住僧惟茂管業，招佃耕輸，永遠作爲廟内香火之資，該處鄉民毋得混行砍伐該山樹木。倘敢抗違，一經呈控，定即飭差拘拿到，盡法究懲，决不姑寬。共遵毋違，特示！

光緒三年五月二十一日告示。

勒碑永遠曉諭。

資料來源：譚棣華、曹騰騑、冼劍民編《廣東碑刻集》，廣東高等教育出版社，2001 年，第 737 頁。

459 萬古如新碑

時間：光緒三年(1877)

地點：雲南省玉溪市江川縣後衛鄉雲平村

今將闔村特議，公接梨樹條規立石開後。

計開：

一、村中各姓祖先移居龍泉甚晚，無有遺留荒山。幸遇村中侯、葉、鄭三姓稍有幾塊荒地，座落騎馬山岩子頭上，以及各處無論公私荒山，公中借之以種植樹株，一則以關村中之風水，再則以濟後人之柴薪。自種之後，樹株成材，私不得與公争論樹株，公亦不得占騙私家之山，恐後無憑立此爲據。

一、村旁小棠梨樹只許修枝，不准砍木，違者罰銀伍錢。

一、村中無論公私各類果子，盡入公發賣，私不得與公争論。至於樹株枯濫時，公私各照地界砍伐，違者罰銀壹兩。

一、村旁前後田埂，以及阱凹等處毛草，只宜刀獲，不准放火煉，若違者罰銀貳兩。

一、村中公田壹分，坐落石頭田大小四塊，約計伍工。貳塊隨糧陸升，共銀貳錢壹分。又重分坐落楊梅阱，上下大小拾塊，曹家田貳坵，約計共陸工，隨糧共銀肆錢捌分伍厘。輪水貳脚與張在一處，又半脚與葉姓在一處。恐後遠年湮，後人難知，故特立石爲據。

大清光緒三年六月二十四日。

	安	李本芳	鄭漢安
村老：	侯珍國	平萬禄	庠生：侯汝霖
	成	侯興回	黄璽玉

資料來源：曹善壽主編、李榮高編注《雲南林業文化碑刻》，德宏民族出版社，2005年，第409—410頁。

460 告示碑記

時間：光緒三年(1877)

地點：福建省漳州市南靖縣

規格：碑高220厘米、寬110厘米、厚15厘米。

欽加同知御署南靖縣正堂加十級紀録十次黄，爲示諭事。案據縣民蕭瑞特等與王練等互控争山一案，業經本縣親詣查勘，明確該處山脚有溪河一道，王姓築有坡圳，引水灌田，對面名爲大陂山，有分三崙形式，最上一峰屬王，以下屬蕭，相安已久。衅緣曩者該山樹木茂盛，王姓坡圳或被水冲崩，即砍伐該山樹木，賣作工資之築塞。近因山木砍伐，坡有崩塌，勢必無所藉資。乃王姓輒挾昔年蕭姓因被失牛隻擄捉王練之嫌，捏指該山昆連之觀音坐蓮、店仔後、馬蹄金、牛軛嶺等山，俱爲大陂山，朦混争占。

本縣親歷各鄉密訪，莫不衆口一詞，其爲王姓挾嫌混争已無疑義。本縣悉心參酌，勸令蕭姓捐助坡費六兑番銀五十元，付交該家長王練，收存買業生息，以爲日後修理坡圳之費，庶免藉口滋事。除將大陂山最上一峰仍歸王姓掌管外，其自中崙以下觀音坐蓮、店仔後、馬蹄金、牛軛嶺等處一帶山木，概歸蕭姓永遠管業，嗣後王姓人等不得再行混争。

取具兩比，遵結諭准出示勒碑，嚴禁越砍，以垂久遠而杜争競，合行示禁。爲此示仰該處王姓人等知悉：爾等務須安分守己，各管各業，不得藉端圖謀混占越砍。自示以後，倘有違犯，一被呈控到縣，定即嚴拘究懲，决不寬貸。各宜凛遵毋違，特示！

告示。

光緒三年七月日給該處曉諭。

資料來源：江清溪主編《南靖石刻集》，海潮攝影藝術出版社，2007 年，第 195 頁。

461 東立虎村封山碑

時間：光緒四年(1878)

地點：山東省濟南市章丘市垛莊鎮東里虎村村民李玉成家大門外牆内

規格：碑高 150 厘米。碑文楷書，陰刻。

且夫山之有木，木之在山，非徒美其菁葱，亦以賴其護佑也。本莊北坡封禁有年，莊中老幼莫不依規。邇年來居民稠衆，婦女男幼以采菜爲由，而實作踐難堪，不得以，於是父老公議，呈請寧縣主出示嚴禁，爰將告示勒諸石，以垂不朽云爾。

欽加同知銜特授濟南府章丘縣正堂加四級記録十次寧，爲出示嚴禁事。據明一里狸虎莊民首事人等呈稱，莊北有山一座，懸崖削壁，其勢太陡，如石下墜，莊中屋舍屢被其害。前經公議，栽植樹株，藉以保護，不致爲患。恐有漁利之輩，竊伐樹株，任意作踐，公肯示禁等情到縣。據此，當經飭差查驗去後，兹處該原後禀覆前來，合行出示嚴禁。爲此示仰該處附近居民及該管地保人等知悉：自示之後，爾等須知此項樹株原爲保護廬舍而設，關係殊非淺鮮，尤宜嚴行禁止，共相保護，毋得肆行作踐。倘有無知之徒，膽敢任意竊伐，許該地保協同首事人等立即指名俱禀，以憑拘案嚴究，决不姑寬。各宜凛遵毋違，特示！

右仰知悉。

大清光緒四年五月初九日示[印]。

告示實貼狸虎莊。

北坡四至：東至分水嶺，西至分水嶺，上至山頂，下至離柏樹往下一步。

潘張莊郭聖言謹書。

資料來源：筆者赴當地抄録。

462 會澤縣老廠鄉植樹碑

時間：光緒四年（1878）

地點：雲南省曲靖市會澤縣老廠鄉

規格：碑高145厘米、寬75厘米、厚13厘米。碑座高31厘米、寬60厘米、長87厘米。

欽加運同銜升用撫彝府署理會澤縣晋寧州正堂加三級又加二級記録六次鄧，抄奉太子少保頭品頂戴兵部侍郎雲南巡撫部院一等輕車都尉岑，爲出示曉諭事。照得東川地方，前經本部院督剿豬拱箐賊匪。道出該郡，因睹各山樹木稀少，訪問民間，僉稱闔郡原多山林，只爲廠地所害，遂致有伐無種等語。

本部院當經捐廉發交該縣官紳銀貳佰兩,令其多買松種,嚴行種植。屢值地方不靖,迄今未據遵辦。本部院作復諭,飭該縣鄧令清查此項松價,趕緊催令紳民,分種四山。兹處詳復,業經遵行。惟慮采辦京銅,又從而砍伐,請給示嚴禁等情,應行照准,合當出示曉諭。爲此示仰東郡士民及諸廠人等遵照:嗣後凡有官種民植樹木,如需應用,必照市價買賣,不准藉辦銅廠,任意剪伐。其餘樵盜、牲畜,亦概不准肆行踐踏。遇有野火,亦當即時撲滅,勿令楚毁,則十年以後,林木不可勝用矣。倘有故違,即鳴官拿辦。如敢暗偷明砍,人贓并獲,即按强盜治辦,决不稍寬。切切特示!

光緒二年正月二十七日示。

右仰通知。

發黑露甲實貼曉諭。

光緒四年七月一日,黑露甲士民等遵立。

資料來源:雲南省地方志編纂委員會總纂、雲南省林業廳編撰《雲南省志》卷三十六《林業志》,雲南人民出版社,2003年,第875—876頁;又見曹善壽主編、李榮高編注《雲南林業文化碑刻》,德宏民族出版社,2005年,第411—412頁。

463 龔家山禁山碑

時間:光緒四年(1878)

地點:湖北省恩施土家族苗族自治州巴東縣茶店子鎮竹

園坪村龔家山

其有墳塋來龍禁地……前坎西抵墳嶺漕邊……大小樹木難以言數永不……砍伐者(伐)〔罰〕百斤豬羊祭……世守之成規耳……

光緒四年七月十二日。

資料來源:王曉寧編著《恩施自治州碑刻大觀》,新華出版社,2004年,第134頁。

464 武威軍各營頻年種樹記碑

時間:光緒四年(1878)

地點:甘肅省平凉市

規格:碑高129厘米、寬60厘米、厚12厘米。青石質。

惟時搜采枝幹,越山度壑,負運艱苦。樹藝伊始,每爲游民竊拔,牲畜踐履,嘆乾枯朽,乃培其根柢,柞其枝杈。諭禁之,守護之,灌漑之,補栽之。

魏光燾撰文。

清光緒四年八月立。

資料來源:王其英主編《武威金石録》,蘭州大學出版社,2001年,第202—203頁。

465 勒石永禁碑

時間:光緒四年(1878)

地點:原存浙江省麗水市雲和縣礱鋪村一涼亭内,現涼亭已不復存在,碑身亦斷爲二截

規格:殘碑高 98 厘米、寬 51 厘米、厚 8 厘米。碑額横刻“勒石永禁”四字。碑文共 10 行。

一議竹山毋論竹笋并春冬笋,概不許私行窮砍盜掘,如砍掘被人看見者,即罰錢二千四百文,内抽報説資八百文,其餘公用。此禁。

一議人家所畜豬牛,穀雨至霜降止,如果節居時仍放外面糟蹋種竹者,□二倍。此禁。

一議□山柴木并及諸山出之柴,概不許亂砍,如私行盜砍被行人看見者,罰錢二千四百文,合村公用。此禁。

一議□板不許拕出殿外□作用,如果私行拕丟家用,一經查出,罰錢二千四百文,合社公用。此禁。

以上四則合社同議,如有不遵,决不姑貸。

光緒四年十月日石龍社勒。

466 護林碑

時間:光緒四年(1878)

地點:湖南省益陽市桃江縣横馬塘

……對竊害森林者，定即嚴拿重究，斷不姑寬……

資料來源：桃江縣志編纂委員會編《桃江縣志》，中國社會出版社，1993 年，第 255 頁。

467 寶積山禁止毀樹告示

時間：光緒五年(1879)
地點：廣西壯族自治區桂林市寶積山東南麓
規格：碑高一尺五寸、寬三尺二寸。碑文楷書。

按察使司示：
禁止毀樹。
光緒五年正月吉日。

資料來源：桂林市文物管理委員會編印《桂林石刻》，1981 年，第 352 頁。

468 奉憲告示碑

時間：光緒五年(1879)
地點：廣東省清遠市連州市

欽加知府銜連州直隸州正堂加十級紀録十次曾，爲曉諭嚴禁事。據耆民張富勤、張學綸、張恩輝、張恩耀、張恩慎、張尚孔、張學朱、張作謙、張滿恩、張林，訓導銜廪生張允恭，例貢生張作舟，布經銜監生張善政，州同銜監生張善教呈稱：切民等洲水村後龍山種植樹木，名號楓龍，實爲村之保障。近因村内出有不肖之輩，每起覬覦之心，潛行竊伐，希獲蠅利。甚或包庇外人寄寓村莊，放鴨成群，踐傷田禾，利己損人，欺凌良善。雖經衆議，立有禁約，而惡等視若等閑。最可惡者外來乞食花子，遇有喜慶報賽之事，從中强討，稍拂其意，動輒撒賴油火，種種非法，尤爲目擊心傷，民等再三思維此等惡習若不先行頒禁，竊恐禍起將來，爲此瀝情聯懇憲天察核，伏乞俯准與情一律賞給□禁。俾民等得以張挂曉諭而惡等從知斂迹，則闔村感戴鴻慈無極矣等情到州。據此，除批揭示外，合行出示嚴禁。爲此示諭衿耆軍民諸色人等知悉：須知爾等村中後龍山場所種樹木，實爲合村風水所關，務當共爲保護，不得肆行戕伐。村中不肖子弟尤不得妄生覬覦，希圖蠅利，致壞風水。至於包庇外人寄寓村莊，牧放鴨隻，踐傷田禾，以及外來乞食花子遇有喜慶報賽之事，逞强討乞，稍有拂意動輒撒賴，此等惡習尤屬可惡。亟應嚴行禁懲，嗣後村中如有喜慶之事，各處花子務當聽衆主家打發，無得再行强討以及藉端撒賴。自示之後，倘仍不知斂迹，膽敢復犯前轍者，許該村紳耆捆送本州，以憑從嚴究懲，决不寬貸。各宜凛遵毋違，特示！

光緒五年九月十日。

謹將禁條刊列：

一、北嶺、料望嶺各處長息風龍樹木，并各家茶、桐、松、杉俱不得□砍偷賣，如違，公罰花銀一大圓；

一、田禾、雜糧并園内果木蔬菜，務須各安所有，倘敢盜取，一經撞見，公罰銅錢四百文；

一、廟宇理宜處潔，不准堆積石灰、糞草等物，如違，公罰銅錢四百文；

一、各家子弟務須各安正業，如有招聚外匪，并外出交往匪徒滋事者，查出捆送到州官究治，輕則公罰花銀壹大圓；

一、聚集賭博、捏謠生端，最壞風俗，大干例禁。輕則集衆逐出，不准在村内居住，重則送官究辦；

一、各家養鴨遇禾稻將出之時，不得放出田，如係大群鴨，未經割禾，不准出洞，如有踐傷禾稻者，大群鴨公罰銅錢五百文。

資料來源：廣東省清遠市連州市附城鎮鎮長周詳提供。

469 奉憲禁碑

時間：光緒五年(1879)

地點：廣西壯族自治區桂林市陽朔縣金寶鄉

欽加同知銜署陽朔縣正堂加五級，知事團長莫啓恒、張兆新、黄永興等呈稱：附近十三村人烟稠密，田地舉凡栽種貨物，有不法之徒將其任意砍伐，爲使彼貪婪之徒知其理法，附近居民人等知悉：自示之後，爾等務宜查照，若有所違，本縣以憑分别究懲，斷不寬貸。

一禁田中稻穀、雜糧、麻與棉花等物不准破壞糟蹋；
一禁田地菜麥不准縱放豬牛踐食；
一禁桐子茶子不准亂拾偷竊；
一禁松杉及桐樹茶樹不准執刀斧亂砍；
一禁花生地内如有犁耙插青不准入地撿拾；
一禁不准窩賭抽頭、聚集面生歹人爲奸作案；
一禁禾稻未熟不准放堰、以毒魚蝦致害禾稻。
光緒五年季冬。

資料來源：佚名《金寶發現清朝禁約古碑》,《今日陽朔》(網絡版)2008 年 7 月 6 日。

470 烟雲寨林木禁碑

時間：光緒五年(1879)
地點：四川省巴中市通江縣
規格：碑高 140 厘米、寬 100 厘米、厚 20 厘米。

常思地靈人杰，此語誠然。回憶吾族，代有偉人，迄於今風木頽敗，人文漸稀，而俗黨之不整肅者，良由此故。爰邀於衆人等共議叙，凡屬寨上與墳塋之中有與墳塋之中有所關者，雖一草一木，不得妄自斫伐。若有持强與無知之輩斬其條枚，違榜示言者，先宰一豬，然後再議罰項。但願戚族人等勿蹈前轍，共成休美，是亦〔吾〕等所深幸者焉。

資料來源：張浩良編著《绿色史料札記——巴山林木碑碣文集》，雲南大學出版社，1990年，第33—34頁。

471 董族禁碑

時間：光緒五年(1879)

地點：河北省石家莊市西郊雙鳳山

……倘或有人斫伐樹木，鄉中已有罰規，只人不尊，又新設立罰規……割草拾柴罰錢二百文，斫伐樹木罰錢六百文，作踐碑字罰錢四百文。……有人捕捉不法之徒，交與鄉長與族長，按罰規罰之，捕捉之人分之一半，一半修墳。……

資料來源：佚名《雙鳳山發現清代護林碑》，《燕趙晚報》1993年10月22日。

472 奉官示禁碑

時間：光緒六年(1880)

地點：海南省寶江、新安、水南中、寶義正都等地

規格：碑高約150—180厘米、厚15厘米。灰色砂岩質。素面無額，未見碑基，碑身直接植於土中。碑陰未見勒刻文字，兩側也没有任何紋飾，部分石碑已經離開原地，部分文字稍有漫漶。

……

一禁擄掠稻、粟、薯、芋、豆、蔗、椰子、檳榔、薯藤、瓜菜，罰錢一千，賞錢二百文；

一禁村前池塘不得盜漁，犯者罰錢一千；

一禁刀斧不得入山砍柴；

一禁招家窩賭，誘拐男女，犯者罰戲一臺，賞錢三百文；

一禁牛馬豬，食傷者罰錢二百，賞錢一百〔文〕；

一禁盜砍蘆林竹木，犯者罰錢七百，賞一百文；

一禁不得盜割竹筍，罰錢四百，賞一百〔文〕；

一禁盜牛馬，犯者罰拾千，賞錢四百文。

已上禁有犯先罰，有傷議賠。……

資料來源：侯春杰《清代鄉規民約對當代村規民約的影響》，中國政法大學碩士學位論文，2007 年。

473 奉官示禁碑

時間：光緒六年(1880)

地點：海南省澄邁縣金江鎮大拉村

……禁刀斧不得入山砍……禁盜砍蘆林竹木……禁不得盜割竹筍……

資料來源：陳耿《禁約文化——散落在海南民間的歷史文

化》,《海南日報》2004年10月12日;參見常輔棠主編《古今海南》,南海出版社,2006年,第184頁。

474 漁澤坡水庫護林碑

時間:光緒七年(1881)

地點:雲南省文山壯族苗族自治州硯山縣阿舍鄉水庫

規格:碑高91厘米、寬40厘米。

特授臨安府阿迷州正堂加三級記録六次光,爲諭飭遵辦事案。據東山下五里紳管蔡修齡、楊添等禀:溝壩工竣,禀懇示諭看壩夫一名,水頭夫三名,小心看壩,并溝壩一切等情。據此,除出示曉諭各寨人衆,除遵照舊例外,合行示諭。爲此示仰看壩夫小李白等:遵照舊制,小心看守,不許牛馬踐踏少邊左右樹木,照舊蓄養,不許附近村民私砍盜賣。倘有不遵者,報知紳管酌議該案。報知者,乃准免夫役雜錢糧。務宜凛遵毋違,特諭!

兹據軍功楊添察明,各寨紳耆將水路讓送壹文,以便通渠栽種,并立有送約可憑,永遠遵守可也。

右諭仰示壩夫小李白,准此。

光緒柒年閏七月十四日諭。

資料來源:雲南省地方志編纂委員會總纂、雲南省林業廳編撰《雲南省志》卷三十六《林業志》,雲南人民出版社,2003年,

第 876 頁；参見《硯山縣志》編纂委員會編《硯山縣志》，雲南人民出版社，2000 年，第 980 頁；曹善壽主編、李榮高編注《雲南林業文化碑刻》，德宏民族出版社，2005 年，第 418—419 頁。

475 積石關禁伐林木告示碑

時間：光緒八年（1882）

地點：原立甘肅省臨夏州積石山縣積石關，現移存青海省循化縣木廠大隊清真寺内

規格：碑高 140 厘米、寬 76 厘米、厚 16 厘米。碑圓頂無座。碑文楷書。共 17 行。

甘肅盡先候補直隸州署蘭州府河州正堂童、欽命提督軍門河州挂印總鎮喀爾莽阿巴圖魯沈、補用知府實受甘肅西寧府循化廳撫番府潘，出示嚴禁事。照得積石一關，建置已久。關内爲河州境地，關外爲循化境地，界限分明。關内河州屬之，上下前川，曠宇天開，素稱沃壤。關外循化屬之，山嶺重叠，地土無多。該土居民，盡屬撒回，向藉山内柴木養生。從前因爲砍伐柴薪，彼此争鬥。叠經上控，經前督憲訪委河循文武關鄰封洮州廳會同勘驗，今關内漢回民人毋得砍伐，以免滋生事端等因。孟達工民人繳呈咸豐年間告示一紙，尚可按驗。年久弃地，仍有因砍伐柴薪滋事者。雖經隨時了清，相安無事。然不明事理，對於禁令，彼此均無遵守，仍恐不無争競。應飭關内漢回民人，仍遵舊案，不得出關砍伐。關門爲必經之

路,并責成該關汛弁隨時查察,遇有出關采柴民人,即行阻止,毋得瞻循。即有無知之人,偷赴山林砍伐,准孟達工民人指名稟控,以免發生鬥毆。合行出示曉諭。爲此示仰兩屬漢回民人永遠遵照毋違,特示!

光緒八年八月日。

右仰通知。

告示。

資料來源:臨夏州志編纂委員會《臨夏回族自治州志》,甘肅人民出版社,1993 年,第 1170—1171 頁;又見張思温編著《積石録》,甘肅民族出版社,1989 年,第 178—179 頁;馬忠輯注《青海回族、撒拉族金石録》,青海人民出版社,2008 年,第 60 頁;左慧元編《黄河金石録》,黄河水利出版社,1999 年,第 363—364 頁。

476 奉憲嚴禁碑

時間:光緒八年(1882)

地點:廣東省梅州市大埔縣大埔高級中學

一禁男婦不許砍松、樟、杉、竹、雜木。

二禁登山者不許砍竹開篾。

三禁不許砍折樹心松毛。

四禁不許砍營竹豢。

如違者，即差拘到案，從嚴處理。

光緒八年。

資料來源：譚棣華、曹騰騑、冼劍民編《廣東碑刻集》，廣東高等教育出版社，2001 年，第 896 頁。

477 嚴禁燒山毒河告示碑

時間：光緒九年(1883)

地點：陝西省安康市寧陝縣柴家關鄉政府院内(原關帝廟舊址)

規格：碑圓首方趺，身首一體。碑額已殘缺，殘高 129 厘米、寬 67 厘米、厚 14 厘米。碑文楷書。共 7 行，滿行 21 字。

欽賜花翎升用府正堂署寧陝撫民分府加五級紀録十次□，爲出示曉諭事。照得燒山毒河，大干例禁。雖經前任出告示嚴禁，乃無知輩藐玩如故，實堪痛恨。兹據職員鄭濤恩等稟懇示禁前來，合再出示嚴禁。爲此示仰關屬軍民人等知悉：嗣後毋得再行放火燒山、毒河捕魚，以免致鳥□□□此地飲水□□□□□毒河則飲水之人先中此毒。自示之後，倘□飲□□□，一經發覺，定即從重究辦，決不寬恕。各宜凛遵毋違，特示！

右仰通知。

光緒九年正月穀旦，衆紳糧同立於關帝廟廡下。

告示押。實貼柴家關勿損。

資料來源：張沛編著《安康碑石》，三秦出版社，1991 年，第 274—275 頁。

478 栽種松樹碑記

時間：光緒九年(1883)

地點：雲南省大理白族自治州洱源縣右所鎮蓮曲村主廟内

規格：碑高 90 厘米、寬 53 厘米。大理石質。碑文楷書，陰刻。共 18 行，滿行 40 字。

栽種松樹碑記

蓮曲村後有紅山焉，其前此樹木蔭翳，望之蔚然而深秀者也。然樹木成材之日，必爲棟梁之選舉，彼道光年間，斧斤伐之之後日，每不見其濯濯乎。於是村中父老子弟共相商議，竟於光緒八年六月内，按户出夫，栽種松子，共有五斗有零之數，每家合有貳拾餘工矣，不亦勞而且苦耶。然所慮者，猶恐村中日後出了無良之徒，遠去回鄉，或假公濟私，若擅自刊伐，將闔村所種之松置之於有勞無功矣。於是定爲章程，凡有出夫栽種松樹者，其名列在碑上，不有出夫栽種松樹者，係乃碑上無名。自栽之後，不出四五年，或獲去其枝葉，以爲燒瓦之資，又不出貳叁拾年，以爲公所之用。凡此者，皆欲以公辦也，豈曰置身於公而究無心於公耶？是爲序。

管事老人:張顯、楊老俊、楊觀經、張富成。

什長:楊金斗、張柄。

鼦賧六十五叟楊景銘憲丹甫沐手撰,男生員楊雲渭熊占氏盥手書。

一栽種松樹之家,姓名甲乙紀列於後:楊兑合、張正發、楊長春、楊恩榮、尹發來、張壽聯、楊福寶、尹長久、李小長、張賜福、楊正奇、楊興發、尹長保、張國良、楊榮昌、楊賜詔、趙連城、李正喜、張晸、張福緣、張文耀、張賜發、楊海生、張士榮。

時龍飛光緒玖年歲在癸未林鐘月上浣吉旦,閤村士庶同立。

資料來源:張樹芳、趙潤琴、田懷清主編《大理叢書·金石編》,雲南民族出版社,2010年,第1521—1522頁;參見曹善壽主編、李榮高編注《雲南林業文化碑刻》,德宏民族出版社,2005年,第421—422頁。

479 常道觀示禁碑

時間:光緒九年(1883)

地點:四川省都江堰市青城山常道觀内山門右側壁間

規格:碑高110厘米、寬60厘米。

欽加運同銜賞戴花翎署理成都府灌縣事即補州正堂加三級記録五次陸,爲示諭事。案准襲封大真人府張移稱,青城山住持肖永平等稱青城各廟,朝拜甚夥,有一宿即返者,有因之游覽數日、十數日始返者。該山附近并無旅次,俱仰食住持。邇來香資歉薄,難以供意,兼之有一等游民,藉此坐食。并山中樹木,多被居民戕毁。禀懇敝府移請貴縣,善後立案等情。敝府竊思,該香衆既虔誠祈福,理宜培植香火。似此坐食,殊非敬恭明神之意。敝府酌議凡往來香衆寄食住持者,每頓給錢百廿文,庶廉惠不傷,且以杜游民坐食之弊。但事必立案曉諭,方克遵行等由。准此合行示諭。爲此示仰該處居民及遠來燒香人等知悉:自示之後,爾等務遵照示諭。凡係在廟寄食,均應照數給錢,不得仍前坐食滋事。山中古木培植甚難,亦宜共相護惜,勿再仍意砍伐,倘敢不遵,許該住持肖永平指名具禀,以憑飭差拿案究治不貸。各宜凛遵毋違,特示!

右諭通知。

光緒九年七月初六日告示。

實貼天師洞,刊曉諭。

資料來源:《灌縣志》編纂委員會編《灌縣志》,四川人民出版社,1991 年,第 903 頁。

480 奉憲嚴禁碑

時間:光緒九年(1883)

地點:湖南省長沙市岳麓山湖南大學内

賞□花翎候補直隸州善化縣正堂王,〔爲〕嚴禁事。照得岳麓官山向歸書院管理,培養樹木,禁止進葬。歷飭萬壽寺僧巡視,并泐碑示諭在案。本年正月象鼻嘴忠骨大墓側有淩姓盜葬一家,當即勒令起扡,誠恐城鄉無知謀吉盜葬及鏟挖砍伐,致礙官山,合出示嚴禁。爲此示諭仰附近居民僧地道保人等知悉:嗣後環繞書院官山不准進葬、鏟挖私砍樹木。自示之後,如有仍蹈故轍,許寺僧地保等指稟以憑拿究,該寺僧地保均有稽查之責,務須朝夕巡視,不得疏懈,倘有串謀,徇縱情弊,一經查實,决不寬貸。毋違,特示!

右仰通知。

光緒九年七月初六日示。

資料來源:筆者赴當地抄録。

481 綿陽護林禁碑銘

時間:光緒九年(1883)

地點:四川省綿陽市游仙區玉河鎮九村

規格:碑高八尺、寬五尺。

上方古刹,三百餘年。栽培樹木,壯麗觀瞻。封山以後,規矩森嚴。放牛牧馬,罰錢一千。采樵男女,一體同然。戒條既立,話不虚傳。

光緒九年十月二十日立。

資料來源：高建國著《中國减災史話》，大象出版社，1999年，第275頁。

482 純陽普雲二仙院示諭

時間：光緒九年(1883)

地點：香港特别行政區大嶼山鹿湖曾雲仙院

欽加同知銜特授廣東廣州府新安縣正堂加十級唐、調處廣東大鵬協鎮右營守府閩粤南澳鎮右營守府賴，爲出曉諭事。照得□據該耆紳吕景輝等呈稱：在於大嶼海島之鳳凰山鹿湖洞創建純陽、普雲仙院二座。鼓復據呈，以該道院鳩工告竣，懇請再給示諭，以杜奸邪而潔仙院等情。查該紳等所請，係爲尊崇道教，洵屬出自誠忱，應予照准，合就出示曉諭。爲此示諭該院住持及軍民人等知悉：道山乃清净之地，連界本修□之居，固不容於褻穢，亦不任於勾留。外住僧道，偶游到院，不准借居住宿，不得流連外瓦。來往客旅，亦不許久住栖遲。恐其中有因事敗逃名，藉偏僻以匿其罪者有之；有扮作游人先爲借宿，剽竊財物者亦有之。爾住持務宜持躬修己，留心伺察。倘有形迹可疑者，速行驅逐。并有斧伐山林，及牧童飼牛，踏踐、挑泥、挖石等弊，如敢逞惡不遵，故意憩留刁抗者，該住持一面鳴官，以儆奸邪而净福地。各宜凛遵毋違，特諭！

光緒九年十月廿四日示。

告示發仰大嶼山鹿湖洞、純陽、普雲仙院勒碑曉諭。

紳士陸師彦、黎斯治、羅名丁、吕景輝，值事源顯之、梁擢焜、蔡星擪、鄭安、羅鳳南、蔡明，住持羅元一等同勒石。

資料來源：〔英〕科大衛、陸鴻基、吴倫霓霞合編《香港碑銘彙編》，香港特别行政區市政局，1986 年，第 189 頁。

483 宋氏祖塋禁山碑記

時間：光緒十年(1884)

地點：四川省凉山彝族自治州西昌市邛海趙家村 12 組

規格：碑高約 120 厘米、寬約 60 厘米、厚約 10 厘米。赤紅色石質。

山以林而增光輝……佃户不得賊伐林木，賊伐者將官究治。

光緒十年三月清明前一日，公議同立。

資料來源：佚名《西昌驚現光緒年間“禁伐”石碑》，《凉山日報》2006 年 3 月 10 日。

484 皇后峪蠶坡章程碑

時間：光緒十年(1884)

地點：原立河南省南陽市南召縣皇后鄉郭莊學校，现已

不存

規格：碑額半圓，刻“永垂□□”四字，楷書，陰刻。碑正面、背面均刻文，楷書，陰刻。

賞戴花翎候選知府另補知縣署理南召縣正堂加五級記録十次丁，爲剴切曉喻，永期奉行事。照得天下大利，首重農桑。召邑地瘠民貧，尤賴養蠶爲事畜之助。本縣自去秋來，虔誠默禱，議建蠶神祠，爲闔縣祈福，功既告竣，理合酌定章程，永遠奉行。爲此示仰闔邑紳民人等知悉：所擬各條，凡養蠶之家，均宜凛遵。倘各條内或有不便急宜增減者，亦即隨時呈明改正，不得面從心違，則天庥人和，互相感召，本縣實有厚望焉。切切，特示！

計開條規，遵：

一、廣植蠶坡，以資喂養也，召邑山坡，宜栗養蠶。凡坡有荒弃者，悉力栽種；如無力之家，商同鄰佑幫種，或出資夥種。俟獲利按股均分。有抗違者，准地保指名送官責治。

一、保護蠶坡，以垂永久也。凡坡栽後，倘有漁利之徒斫條刨根，毁打濕乾疙瘩，及牛羊踐栗芽者，准地保指名送官，輕則貴罰，重則枷號，决不寬貸。

一、愛養蠶蟻，以阜民財也。凡繭擇種之始，幾費經營，及入坡之後，急宜愛養。近有無知之徒，每在蠶蟻場中放牧牛羊，任意踐傷，則收成無望，殊堪痛恨，准地保禀官責治。

一、嚴禁抽豐，以杜詐索也。每遇絲繭豐收，即有棍徒聚衆索繭，托言乞求，實與搶奪無異，即拾繭亦必俟放剎方准。

倘有結黨勒討，乘間偷竊者，准地保查獲送官，定照盜賊例治罪。

一、樽節草木，以裕民用也。見物必以時取，則本不竭，而用無窮。霜降前不准割黄柏草，橡子未落不准振打。有外境拾柴人毁薪木及放荒燒山林者，准地保送官責治。

右諭通知。

告示。

實貼皇后峪。【碑陽】

大清光緒十年七月。

國家首利，農桑爲要，其培也宜深，其防也宜密。昔黄帝夫人親教民蠶，此食桑蠶也。桑固不可以不樹。《後漢・光武紀》“野蠶成繭，被於山阜”；而明成祖時，山東復有野蠶之瑞，此皆食栗蠶也。栗又不可以不養。此先王所以斧斤有戒，山虞有禁也。我召皇后峪，山多田少，地瘠民貧，可幸者坡宜槲栗，能養山蠶以利民用，則蠶坡之益人匪淺鮮矣。

近有魚利之徒斫條刨根，毁典之家伐薪燒炭，以至樵者采，牧者踐，種種弊端，難爲枚舉。道光十二年，合鄉建蠶姑祠於齊家堂，同墾邑侯胡公出示禁止，有碑記可考。同治十三年，邑侯丁公修先蠶宫於南石廟，遂酌定蠶坡章程，急爲出示嚴禁，而蠶坡之害得少息焉。首事等恐久而漫滅，頑梗之輩復蹈故轍，特將告示章程刻著於石，以垂永遠，於是乎序。

邑優庠生廉清俊撰文并書丹。

主事人耆老廉廣益、宋之榮，監温清修、張國祥，監生高殊聯，九品廉廣居，生劉庚三、劉成德，典籍官段書秀，九品監生

廉清先,耆老廉善純、高同德,武生趙邦哲,九品陶成玉,監生趙邦相、廉善習

監生高星聯、梁士堂,生李芳清、王振家同建。【碑陰】

資料來源:趙魁編纂《南陽蠶業志》,中州古籍出版社,1990年,第211—213頁;參見中國人民政治協商會議南召縣委員會文史資料委員會編《南召文史資料》第一輯,1986年,第80—82頁;南陽方志辦《南陽地區最早的清代蠶坡章程碑》,《中州古今》1990年第2期;南召縣史志編纂委員會編《南召縣志》,中州古籍出版社,1995年,第1260—1261頁。

485 鄉規禁約碑

時間:光緒十年(1884)

地點:廣東省肇慶市廣寧縣

欽加五品銜特授廣寧縣正堂隨帶加二級紀録二次許,爲給示嚴禁事。照得除莠安良,國家先有善政,尊禮守法,鄉黨豈無明條,兹據潭埗鄉前洞鄉集益社生員陳炳煌、江森華、黄重光、阮炳垣、監生李汝霖等呈稱:伊等合鄉地方類多種植茶株樹木,近有頑民窩贓聚賭,時常偷竊,并縱畜踐毁禾稼。更有饑難流民,各項花子瘋瞽人等,名爲丐食,實則沿門憊賴,穿門輸偷,遇有餓殍,輒糾多人扛門圖賴,藉端索詐。每遇人家紅白喜慶,則引隊入厨轄索酒肉,稍不遂欲,拼命搭坐。種種

不法，大爲鄉間之患。勢迫呈繳條約，聯請給示，永遠革除等情前來。查核所繳條約，事尚可行，自應俯如所請，以靖閭里。除批揭示外，合行給示嚴禁。爲此示諭爾等鄉人知悉：嗣後各宜遵照條約，各守鄉規，毋得故蹈前轍。倘敢故犯，許該紳耆事主人等，指名稟本縣，以憑飭拘訊究。各宜凜遵毋違，特示！

計開鄉約規條：

一、各鄉父兄務要約束子弟守分盡力，不得爲匪作歹，勾引外匪，擾害地方。違者，各父兄以家法處治。如有怙惡不悛，任由捆送究治。

一、各鄉内地方不得窩贓聚匪，串竊人家財物，以及私買賊贓，日中游蕩聚賭等弊。如有故犯，任由捆送究治。

一、丐食瞽目瘋疾之徒，不得以路斃餓殍移索人家，嚇詐扳害；遇人家有吉凶事務，聽主家給示，不得鼓衆，擅入厨房轄索滋擾。倘敢故犯，任由鄉人捉獲送究。

一、流難取民遇時歲荒歉，穀米昂貴，到境時，只許在鄉外廟宇聚集，三五人入鄉求給，任由主家施濟多少，不得蜂擁入鄉，遽入人室，憊賴索詐擾害，并不得逗留本境。如有藉憊行搶，許鄉人鳴鑼，捉獲送究。

一、各鄉土人不得放縱豬牛鷄鵝鴨，殘害田禾茶株，并不得偷竊山場松杉茶竹火柴，以及薯芋瓜菜等項。如違，任由指名稟究。

一、各鄉男女入山割草，不得擅砍人家樹木。如違，任由指名稟究。

一、夜間往來人等，遇有縱火焚燒山場樹木等物，查確實情,任由指名稟究。

一、入山人等,入山斬草燒灰,各宜守分,不得將人家松杉茶株等物焚燒,致傷殘廢。如違,任由指名稟究。

一、各鄉人等,不得因口角相争,藉端登門憊賴,又不得藉途中餓殍假認尸親,故害人家。如違,任由指名稟究。

一、各鄉出嫁婦女,不得因小事拂意,自行短見輕生,以致藉外親出首索詐阻葬等弊。如違,任由稟究。

一、隆冬時候,各鄉人入山,不得擅斷人家老樹茶頭。如違,任由指名稟究。

潭㘵上洞坊、社背坊、郭嘴坊、崀頂坊、崀嘴坊、前洞水、廣頭坊、文溪坊、社崗水、黄公深、陳安邦、黄啓立、成相治、成隆□衆等同立。

資料來源:譚棣華、曹騰騑、冼劍民編《廣東碑刻集》,廣東高等教育出版社,2001年,第727—729頁。

486 成都水利府灌縣知縣會銜示禁碑

時間:光緒十一年(1885)

地點:四川省都江堰市二王廟外山門照壁間

規格:碑高200厘米、寬90厘米、厚8厘米。碑文楷書。共15行。

欽加同知銜成都水利府示即補縣正堂加五級記録十次記

大功六次莊、欽加同知銜補用直隸州署成都府灌縣事候補縣正堂加三級記録五次記大功四次繆，爲遵諭刊碑封禁永遠保護事。照得光緒十一年二月初七日，本府縣面奉總督部堂丁鈞諭：二王廟係祀典重地，其廟地山林樹木，經前總督部堂吴示諭封禁，只准本廟培修砍用，永禁藉詞砍伐，業經示諭刊碑在案。現因重修寢殿，本部堂已與各司道一律捐資完工，未准砍伐。本廟樹株，原以示崇隆而尊廟貌。嗣後本廟縱有培修，亦須估計用木若干，稟明該府縣等，親勘號明立案後方准砍用。其餘勿論何工，不准藉詞妄砍。倘有不肖在俗及廟道人等，妄串偷砍，立於拘案，照偷砍園林樹木例定罪擬辦，永以爲例，不准姑貸。飭令立案，會示刊碑，以垂永遠等因。奉此，除會擬示稿呈核外，合行遵諭刊碑封禁。爲此仰縣屬紳糧花户軍民人等及本廟住持一體知悉：自示之後，所有該廟樹木永遠封禁。除本廟遇有培修，遵照估計，稟明本府縣親詣會勘，號記根數，方准砍用外，其餘勿論何項工程，不准藉詞砍用。倘敢故違，一經查出或告發，定於拘禁，照例從嚴懲辦，决不姑貸。其各凛遵毋違，特示！遵。

右諭通知。

光緒十一年二月初九日示諭。

本廟住持道人賈正教刊碑。

資料來源：四川省灌縣志編纂委員會編纂《灌縣志》，四川人民出版社，1991年，第901頁。

487 嚴禁風木碑記

時間:光緒十一年(1885)

地點:浙江省湖州市安吉縣鄣吴鎮昌碩小學建設工地出土,現移至浙江省安吉生態廣場

規格:碑高 126 厘米、寬 40 厘米、厚 10 厘米。碑額刻"闔村公禁"四字,楷書,陽刻。碑文楷書,陰刻。共 7 行。

嚴禁風木碑記

竊思本村之水口,端賴深林之密護。自宋迄今,歷有年所。安全受福,殘戕受害,理固然也。無如兵燹以後,屢動屢變,覆轍莫懲。業經耆民李統佑,首事俞名科、鄭太芬等,曾於光緒二年間聯名具稟嚴禁在案。蒙縣主劉公恩給諭單一紙,該村合宜永遠留養,以護風木,以杜覬覦等情。無非此木爲村莊之屏障,水口之關防,例禁綦嚴,詎容砍斫。嗣後,凡山脉水口及一切公所關係等處,概不許明拌暗砍,并暨有時或被水倒風撓,亦歸公用,不得争取以爲己有。如有貪圖漁利仍蹈前轍者,鳴公究治,决不徇情。因勒石以示不朽云爾。是爲記。

吴永江　劉宗蘭　魯允見

吴俊卿　陳積明　王翼亭　公啓

吴開春　楊光標　王正高

時在大清光緒拾壹年歲次乙酉相月下浣穀旦,王建寅謹書。

資料來源:浙江省文物局編《浙江省第三次全國文物普查

新發現叢書:摩崖石刻》,浙江古籍出版社,2012年,第135頁;又見晏子城民博客文章《再記"闔村公禁"碑》,2014年3月17日。

488 禁伐古松碑

時間:光緒十一年(1885)

地點:廣東省廣州市番禺區南村鎮坑頭村陳公祠内

規格:碑下半部殘缺,殘碑高137厘米、寬71厘米、厚5厘米。碑文楷書,陰刻。共14行。

欽加運同銜調署番禺縣事准調澄海縣正堂……給事嚴禁事。案據耆民梁閆細等呈稱:伊等祖遺村前魚塘二口,久經印契輸糧,其兩……祠風水,道光二十九年間被匪斬伐。經族紳梁材禀,蒙前任沙灣司主許給示,勒石嚴……徒肆意砍伐,并有鄰近豪惡覬覦圖占,叩乞給示嚴禁等情當經札飭沙灣司查明,申……東晋建國將軍家於坑頭,手植古松一株在祠前,大數十圍,前沙灣司主許建拜松亭……銀七十五兩,并由伊族與梁族簽銀修復此亭,豎石禁止偷伐。惟歷年漸久,復有無知……梁族税畝,與伊陳姓無干等情,復經批候一并札司查覆在案。兹據沙灣司覆稱梁、陳……自同治元年樹與亭既歸公衆簽助修培,今此松應歸公衆保護,於古迹可期久遠……禁砍伐。本年五月陳姓集約申禁,梁姓不依,以致彼此争論。但兩姓同處一鄉,息争即……樹林之人拘案究懲外,合行給示嚴禁。爲此示諭坑頭鄉紳民暨附近諸色人等知悉:……原係公衆之物,自應歸衆培護,陳、梁兩姓不得混争。爾等各宜約束子侄,毋得擅行以……拘至案從嚴懲辦,决不寬貸!至松外塘地照契管業,毋許藉端争執。各宜凛遵毋違……一豎本廟,一豎邑學宫。

光緒十一年八月。

資料來源:陳建華主編《廣州市文物普查彙編·番禺區卷》,廣州出版社,2008年,第369—370頁。

489 黑龍潭封山碑

時間:光緒十一年(1885)

地點:雲南省大理白族自治州巍山彝族回族自治縣巍寶鄉自由村公所

禁砍樹木,禁放牲畜,倘敢故違,罰銀壹佰。

資料來源:曹善壽主編、李榮高編注《雲南林業文化碑刻》,德宏民族出版社,2005年,第429—430頁。

490 芋荷坪護林碑

時間:光緒十二年(1886)

地點:湖北省恩施土家族苗族自治州宣恩縣萬寨鄉芋荷坪村

伐人樹木，情理兩虧；罰落演戲，酒席隨宜。
各受其業，超占莫爲；後有行者，仍照前規。
光緒十二年仲春月公立。

資料來源：宣恩縣志編纂委員會編纂《宣恩縣志》，武漢工業大學出版社，1995，第 99 頁；又見馮祖祥等著《湖北林業史》，中國林業出版社，1995 年，第 154 頁；王曉寧編著《恩施自治州碑刻大觀》，新華出版社，2004 年，第 135 頁。胡秀雲、胡永弘、霍玉娜《湖北的護林石碑》，《湖北文史資料》2002 年第 3 期。

【備注】

胡秀雲等撰《湖北的護林石碑》、宣恩縣志編纂委員會編纂《宣恩縣志》均説此碑立於光緒十二年，《恩施自治州碑刻大觀》則稱光緒十三年，疑誤。另，此碑爲向國忠、向逢春在自然石柱上摩刻。

491 景泰寺禁示碑

時間：光緒十二年(1886)
地點：廣東省廣州市白雲山景泰坑旁一條幽僻土徑上
規格：碑高 140 厘米、寬 60 厘米。麻石質。

欽加同知銜調署番禺縣事遂溪縣正堂加十級記録十次鄒，爲嚴禁事。照得佛地固須莊嚴，勝境豈容踐踏，城北上景泰寺晋奉南海大士，本羊城八景之一，載在志乘，其前後左右各山松厥、林果木均係寺衆點綴名山，用土載植，爲文人學士游賞憩息之資。仍附近無知强徒肆劂，自行砍伐摘取，無視寺衆呵禁，一味蠻横，實屬欺凌擾害，可惡已極，應即嚴加厲禁。爲此示仰該處土客男婦諸色人等知悉：後爾等如敢仍前戕踐松林，摧殘果木，是則膽大玩法，不知自愛，准寺衆立刻投保，扭送赴衙，以憑加倍賞賠，仍重枷號，以示懲警，如係婦女，拘其夫男究治。本縣係爲維持名勝起見，言無虚發，令立維行，况毁壞净域，亦咎有應得，决不能輕饒寬恕也。其各宜凜遵毋違，特示！

光緒十二年三月十三日示。

資料來源：陳鴻鈞《一方保護白雲山景泰古寺的禁示碑》，《廣東史志視窗》2004 年第 5 期。

492 南華寺立禁碑

時間：光緒十三年(1887)

地點：廣東省韶關市南華寺

規格：碑高約 160 厘米、寬 50 厘米。青石質。碑文楷書，陰刻。

調署曲江縣事和平縣正堂加三級録四次陳，爲示禁事。案據南華禪寺住持僧静心等與生員邱國光等，互相控争土名

492 南華寺立禁碑

天王嶺背坳樹一案。叠經各前縣傳訊，各執一詞，未斷定。現經本縣傳集覆審，親詣勘明。該處天王嶺坳，自嶺下大陸直至紫笋莊一帶，樹林叢密。其龍王塘東邊樹木已被邱姓人等砍伐，四邊樹木尚多。察看該處山樹實爲南華寺後龍庇蔭，亟宜禁止砍伐，以護寺業而杜争端。當經諭以該樹山乃從前善士陳亞仙施以供佛，無論何人均不得覬覦圖利。斷令自天王嶺大路東起，至紫笋莊止一帶，界内之樹嗣後邱姓與寺僧人等均不准妄行動砍。如有壞木枯枝，始許寺僧人作柴取用，别人亦不得混争。其未訊斷以前已伐樹株，姑免深究，仍令邱國光等出銅錢二千文爲寺内香油費。兩造遵斷，各具摹結前來。除此控案注銷外，合行出示泐石以垂永遠。爲此示仰該寺僧及邱姓等耆與諸邑人等一體遵照：此示禁之後，倘有陽奉陰違，仍復盜砍該處山樹，滋生事端，一經訪聞或被告發，定行嚴拘到案，從重究懲。本縣言出法隨，决不稍爲寬貸。其各凛遵毋違，特示！遵。

佛祖重地，禁令森嚴。如有毁壞此碑，定以軍法從事不貸。

光緒十三年正月日示。

告示。

發俾濞溪、紫笋莊、龍王廟前曉諭。

資料來源：莫昌龍、何露編著《韶關歷代寺院碑記研究》，暨南大學出版社，2014年，第236頁。

493 清陽家村公議禁條碑記

時間：光緒十三年(1887)

地點：廣西壯族自治區桂林市大河公社陽家村

規格：碑高二尺四寸、寬一尺五寸。碑額刻"公議禁條"四字。碑文楷書。

蓋聞朝廷有律法，鄉黨有禁條。禁條不嚴，賊匪叠起，良善難安。因此，吾村紳耆公議章程，特立禁條，永遠各户遵照，亦維持世風之意云。

一議日夜賊匪撬墻挖洞劫搶耕牛什物等件，窩留賊盜，經明衆等，毁壞房屋逐出境外，田地産業充公，不許入籍。

一議日間小人收漿扭鎖偷盜鷄狗什物等件，拿獲經明吾村公議，罰錢貳拾肆千文，若不遵者，送官究治。

一議日夜盜偷田地穀子、芋頭、芋苗、豆麥、甘蔗、花生、菜蔬，拿獲罰錢八百文，夜間加倍。

一議山場樹木盜偷柴火，罰錢八百文；盜偷茅，罰錢四百文。

一議田地内不許放牛亂踐青苗，拿獲罰錢二百文。

一議燒灰窑頭若有盜偷灰茅，拿獲罰錢五千文。

一議周圍宅樹不許亂砍，若有不遵者，合村耆老决不徇情。

一議諸等匪人於事後與失主横行撒憊，流民、丐乞强討强取，經明紳耆衆等决不徇情。

一議吾村各户凡遇拿獲賊匪費及錢文照糧照户凑辦。

大清光緒十三年歲次丁亥仲春月穀旦公立。

資料來源：桂林市文物管理委員會編《桂林石刻》，1981年，第376—377頁。

494 護林碑

時間：光緒十三年(1887)

地點：遼寧省大連市莊河市仙人洞國家級自然保護區

合會四方旗民親友等知悉：因林少人多，故立此約……

一、有放野場者，罰錢四十吊；

一、有招留外人放野場，罰錢八十吊；

一、有留外人割柴者，罰錢二十吊。

一、有放荒火者，罰錢十吊……如不交錢，讜鄉保送官糾治。

罰款入會公用……

光緒十三年三月初三日，合會等同立。

資料來源：任鵬飛《遼寧發現一清代護林碑》，《雲南日報》2003年10月21日。

495 黄溪場禁碑

時間：光緒十三年(1887)

地點：重慶市城口縣黄溪鄉階沿

聖人云：國以民爲本，民以食爲天。《周禮》奉勸百姓愛惜糧，先農嗟嘆五穀生不易。保護禾稼，聖朝已有論條；戕害生物，鄉里豈無禁例？夫毀禾稼、害生物者，諸如縱火燒山，臨淵投毒，賤踏莊稼，傷亡牲畜是也。當其烈日焰焰，森林草木頃刻成灰；毒水沽沽，魚鱉蝦蟹須臾斃命。五穀倒地，苦農人有種無收；豬牛喪身，哀牧者勞而失利。兼小人盜伐樹木，偷摘瓜果，趁夜摸圈，順手牽羊，諸如此類，我境叠有所聞。一觸國法，二傷風化，正人君子無不寒心！特糾集合境鄉紳議立禁碑，梁上君子聞禁知戒，化外頑人畏禁守規。禁條逐次列後：

一、茶園、糧地禁放敞豬敞牛敞羊，違者罰錢二千文，給拿獲者工錢四百文，二人承首加倍。

二、大小河道禁止毒魚，違者罰錢三千文，佃主同然，告發者獎給五百文。

三、嚴禁竊伐禁山，違者罰錢一千文，給拿獲人工錢四百文。

四、嚴禁放火燒山，違者罰錢四千文，後果嚴重者送官治罪。

五、禁止竊毀桐桑，違者罰錢八百文，拿獲人得錢四百文。

六、禁止挖割竹笋，違者罰錢八百文，拿獲人得錢四百文。

七、禁止賤踏糧地，違者罰錢八百文，拿獲人得錢四百文。

八、禁止順帶包穀、瓜果、洋芋、鮮青，違者罰錢八百文，拿獲人得四百文。

以上各條,如有違犯,一經拿獲,即照規究罰,决不徇情。尚有赤貧無錢可罰者,議鞭竹條五百,游街示衆。

光緒十三年冬月十八日,合境紳糧議立。

資料來源:四川省城口縣志編纂委員會編纂《城口縣志》,四川人民出版社,1995 年,第 906—907 頁。

496 梳洗樓護林碑

時間:光緒十四年(1888)

地點:陜西省商洛市商南縣湘河鎮梳洗樓道旁

規格:碑高約 170 厘米、寬約 80 厘米。

蓋梳洗樓爲秦之邊境,楚、豫之接壤,三省雜處,互相來往,四民交作,焉知誠僞? 爲農者,須以農爲事;爲商者,必以商養生。各守本業,勿可妄爲。乃有無耻之徒,匪僻之棍,漸偷禾稼,竊伐山林。或漆樹而伐,稍及遍山以挖根,亂割窑柴以窮山,與盗竹笋以犯禁。此數端者,嚴爲防範,深相戒諭。設有犯者,輕則同衆議罰,重則送官究懲。立此條規,以垂不朽云。

一禁漆樹,偷砍一棵者,罰錢一千文,砍一枝者,罰錢五百文。

一禁柴山樹林,偷砍一樹者,罰錢一千文,砍一擔者,罰五百文。

一禁各項果木子利樹，偷砍者，其罰與漆樹同例。

一禁牛羊豬鷄毋許入地踐食禾稼，倘食包穀一棵者，罰油一斤。

一禁外境匪棍，不許在本處容留，查有窩主，與匪同罪。

一禁外來樵夫，不准在本地停留，若有留者，逐出境外。

一議以上各項，倘有犯而不遵者，同衆捆綁，送官究治。

一議以上各條，無論軍民過路人等捉獲，晝、夜間賞貳百文、四百文。

劉柏森、程達仁，同禁人齊慶雲、王全盛、齊登元、余朝鏞、趙全盛、王成富、方天才、鄭逢源、王明德、王心理。

光緒十四年新正月初十日，嚴禁五穀雜糧、各項草木、漆樹、竹笋、柴山，合社紳耆同立。

資料來源：商南縣志編纂委員會編纂《商南縣志》，作家出版社，1993 年，第 924 頁；參見石宏偉《梳洗樓村有塊清朝護林防護碑》，《商洛日報》2006 年 12 月 23 日。

497 草池鹿浴溝古樹禁碑

時間：光緒十四年(1888)

地點：四川省巴中市通江縣草池鄉

此經行場要道，凡百君子繫馬停驂，往來行人息後住足。每到春風化日，無客問寒，而當夏景炎天，有人諮暑，則庇蔭之計當急等也。爰有古柏六株，係鄧姓培植，今出賣與衆姓乘涼避暑，衆姓捐資數千餘錢買之，以作永世濃蔭之庇。且係河境之風木，銷□通溝，正當保護也。以後無論在緣以及客商，俱不許伐賣。倘樹木成材，有私心漁利及損壞枝幹者，罰錢五千文。非余吉之剏富，衆志之協從也。謹志。

（以下 43 人姓名略）

龍飛光緒十四年正月二十八日穀旦。

石工郭顯俊造。

資料來源：張浩良《通江林木"禁碑"初探》，中國林學會林業史學會編《林史文集》第一輯，中國林業出版社，1990 年，第 135—136 頁；參見張浩良編著《緑色史料札記——巴山林木碑碣文集》，雲南大學出版社，1990 年，第 34—35 頁。

498 聯衆重禁崀木記

時間：光緒十四年(1888)

地點：海南省文昌市頭宛鎮紅樹林保護區管理站附近廟宇内

昔吾村聚處者數十餘家，俱屬濱海田園，幾難粒食，房屋有難安居，總賴門前海崀一帶。時得崇續志時于崇恩貢生鴻聯衆創禁，養成柴山，歸本村恩主管理，以爲藩屏，居耕兩利，迄今數十餘年。人心日變，户口日繁，而偷取無不日甚。光緒十三年間，職員逢善於現監生昌振，同昌贊、昌嶸、昌翰、茂灝、茂全、逢靖、崇駟、逢顯等目睹心傷，即聯衆賣出溝内崀木一帶，除費項外，存實錢叁拾仟文，分爲貳股生息，其利息一爲嫁娶喪葬，一爲卷資花紅水脚，餘存積嗣。後或有犯禁不遵罰者，定將此項并崀分扣除，若無崀分者，從重議罰，决不姑貸。舉此行之，則人心可挽，偷取可杜，而崀木亦無不可興矣，豈不美哉？銘於碑以垂不朽，是爲記。新甫氏撰。

禁崀定行例條開列：一、崀中樹木并崀不論生枯大小多少，犯者罰錢叁仟文，拿者賞錢九百文。如盜大，罰錢拾仟文，拿者賞錢三仟文。外人賞罰加倍。……

光緒十四年歲次戊子春月吉旦衆立。

資料來源：盧昌義、林鵬、陳焕雄《中國古代某些紅樹林管理法規的借鑒》，林鵬編《紅樹林研究論文集》第三集，厦門大學出版社，1999年，第352頁。

499 禁伐樹木碑記

時間：光緒十五年(1889)

地點：廣東省韶關市仁化縣恩村鄉政府西側門樓

爲嚴禁本村後山樹木事。竊思兩間風水，端資樹木以扶持，百卉生機，宜戒斧斫之剪伐。我等恩村後山，上至官倉，下至窑前，自開基以來，雜松遍植。迨中葉而後，嚴禁常申，所以老竿扶疏，固鬱鬱而深秀，勾萌生發，亦欣欣而向榮。奈近年人心不古，爲私滅公者，有等貪利之徒，或假芻而乘間鼠，或托風雪而借影徇偷，甚或竊伐潛移，謂是他之木，盜枝存幹致枯，蔽日之村，百弊叢生，十指雖屈，睹此情形，深堪痛恨。爰集衆商議勒碑嚴禁，自後内外人等，各宜勉戒，即是一條一枚，亦必勿剪勿伐。如有不遵約束，敢行盜竊者，倘經捉獲，或被查知，定必重罰，斷不輕饒。如敢持横抗拒，即捆呈官究治。幸各凛遵毋違，此禁！

右開衆議規條列後：

一議盜所該山樹木者，每株罰銀二大元正；盜斫雜枝松光者，每犯罰銀一大元正。如違，送究。樟樹加倍處罰。

一議該山樹木，有能知盜斫人姓名，即報知敢證者，賞給花紅銀一大元正，當場捉獲盜砍人送交紳耆者，賞花紅銀二大元正。

大清光緒十五年歲次己丑仲秋月吉日，族長蒙陳瑞暨合族紳耆同立。

資料來源：譚棣華、曹騰騑、冼劍民編《廣東碑刻集》，廣東高等教育出版社，2001 年，第 112 頁。

500 大梁護林碑

時間：光緒十五年(1889)

地點：四川省巴中市巴州區

規格：碑高 134 厘米、寬 34 厘米、厚 21 厘米。碑文楷書。

大梁，後脉主山也，樹木茂盛，山得農肥，自然人興財發，從今建碑禁蓄，凡大梁上下左右，萬古千秋不准砍伐。若有不服，私竊砍伐，一經拿獲，工錢四百，即便經衆罰錢二千治酒祀祖，不然以私竊風水稟官。

光緒十五年己丑歲冬月中浣日立。

資料來源：肖璐、馮源《巴中市巴州區發現清代光緒年間護林碑》，《巴中日報》2011 年 7 月 5 日。

501 棉簇村民約碑

時間：光緒十六年（1890）
地點：四川省阿壩藏族羌族自治州茂縣南新鎮牟托村
規格：碑高 90 厘米、寬 56 厘米。

立寫禁惜家林，以培林木，永不准□伐，我村衆姓人等公立。

想我村地處邊隅，九石一土，遵先人之德，體前人道，禁惜家林，只准撈葉積糞，不准妄伐樹株。其家林盤上至長流水爲界，下至河脚爲界，左至四里白爲界，右至大槽水井爲界。四至分明，以遺後世子孫，永遠禁惜。不料今歲有楊洪順父子起心不良，偷砍家林燒炭，被衆人拿獲，罰錢壹千貳百文，以作香資。衆姓公議：自禁之後，所惜林盤無論誰滋偷砍者，罰錢四千八百文、羊一隻、酒十斤，以作山神宫香資。看見者賞錢八百文，以作辛苦費。以及春起放大溝之水，泡芋麥之時，無論親朋，單進雙出，不得紊所争。若有人亂争者，罰錢八百文。再有秋收之時，偷搬芋麥者，罰錢四千八百文、羊一隻、酒十斤；看見者賞錢一百。

永垂不朽，是以爲序也。

大清光緒十六年十月初一日，棉簇衆姓公立。

資料來源：四川省阿壩藏族羌族自治州茂汶羌族自治縣地方志編纂委員會編《茂汶羌族自治縣志》，四川辭書出版社，1997 年，第 740 頁；參見何永斌著《西川羌族特殊載體檔案史料研究》，巴蜀書社，2009 年，第 315—316 頁。

502 禁伐碑

時間：光緒十六年(1890)

地點：山西省晋城市澤州縣陳溝鄉

吾村向來山多田少，衣食無賴，先人因此培植紅果樹株，以爲糊口之資。後來竟有無耻之輩，盜賣外村紅果過多。今春忽有外村人白日大膽盜紅果樹，村人拉到廟上，屢次罰項，公同酌議，修理月門，杜後患焉。

光緒十六年十月立。

資料來源：趙焕淳、豐寶田主編《中國果樹志·山楂志》，中國林業出版社，1996年，第6頁。

503 石壁護林碑

時間：光緒十七年（1891）

地點：雲南省文山壯族苗族自治州馬關縣東海龍山龍潭水源頭的半山腰上

規格：碑高86厘米、寬86厘米。

代理開化府儒學署文山縣正堂葉、特授開化府安平廳儒學正堂東，爲士示曉諭事。照得馬白學莊田畝，全賴大龍潭之水灌溉耕種。雖學租之所重，實係國職民生之所攸關也。龍潭之左近，宜時時培護，使古木蔭翳，秀石叠翠，神龍得所待息，潭水始能暢流。今據佃民王開田、熊文興等稟稱：近有不肖之石匠、石民膽敢於龍潭之上開廠，貪賣墳墓石碑，亂砍樹木，有壞風水，大忤神靈，懇請上示嚴行禁止等情前來。於此，合行不禁。爲此示仰學莊佃農及遠近居民人等一體遵照：自示之後，不論諸邑人等，膽敢於龍潭之左近，再行砍伐樹木，開打石廠，許謀夥頭、甲頭、目老等稟報來署。即稟請撫彝府票差鎖提，從嚴究治，决不寬宥。其龍潭之右石硐二口，不准人妄入歇宿。如違，一并究治。各宜凜遵，切切毋違，特示！

右仰通知。

光緒十六年冬月二十八日示。

光緒十七年七月十七日，夥頭苗萬吉立。
告示發大龍潭地界實貼曉諭。

資料來源：曹善壽主編、李榮高編注《雲南林業文化碑刻》，德宏民族出版社，2005 年，第 431—432 頁。

504 護木禁伐碑

時間：光緒十七年(1891)
地點：湖北省襄陽市南漳縣
規格：碑高 44 厘米、寬 28 厘米。

始祖朝堂公，山西洪洞縣籍也，明清間遷來漳西鄉百十里。因山西遷來，亦名其地曰山西。老籍有大槐樹，亦植樹於宅前焉。今歷二三百年，樹頗近古，商諸合族勒於瑁，以存世世，俾根梗茂盛，枝葉蓬勃，不得柯修砍伐，是爲志。

資料來源：湖北省南漳縣地方志編纂委員會編纂《南漳縣志》，中國城市經濟社會出版社，1990 年，第 148 頁。

505 永入碑記

時間：光緒十八年(1892)
地點：雲南省文山壯族苗族自治州丘北縣錦屏鎮下寨辦

事處上寨村

規格：碑高196厘米、寬80厘米。石灰石質。

欽加同知銜署理邱北縣補舊縣正堂加三級記録六次任，爲禁止砍伐，以培風水事。從來山林者乃關係之風化也，水源者乃人民之依賴也。山林盛則水源長，水源長則人民樂，勢所必然。即如小竹箐、養馬冲處水源，上下叢及城内下寨士民人等所望以生活者也。本縣自莅任以來，風聞昔之年山深木茂而水源不竭，今之日山窮水盡而水源不出，此無他，亦因爾地方樵采過甚耳。本縣雖無仁德以修種植之方，願與爾民奉天之道，因地之利，勿砍其枝，勿拔其本，能有共體此意者，功必償。或無賴之徒，不顧章程，不遵約束，牛馬踐之，斧斤伐之，共有不能體斯意者，過必罰。立規示禁，爲此示仰上下叢與城内下寨士民人等知悉：自示之後，倘有不守法戒，仍蹈故欲，經諭示爲□虚談□，公論妄言，一經拿獲，仍照上年舊規，罰錢三千六百文、豬六十斤、酒三十斤、白米六斗，以作祭山培龍之費。若抗占不遵公斷者，即送入衙，任官處治，罰銀若干兩以入土地祠。此乃大關風化，各宜凛遵勿違，切切，特示！

以上二處山場所封樹木，查舊碑所載，原係張、胡兩姓世代永領，繼因地方變亂，人民雜居，毫無紀律，潛伐盜砍兩箐樹木，以後將絶二姓。細思此係邱陽風水所繫，土民養命之物，唯恐難保，向以封禁。特將此二處山場并樹木情願將箐界四至劃入公。而上下叢城内下寨紳耆頭目人等公議，共相封養，以作水源。各年請二人守箐，給穀二十升。凡水所流到之處，按田收穀亦不得占抗執意。人心叵測,仍致盜砍不息,是以邀衆聯名具禁,立碑在此示禁。從永定章程後,倘再有人盜砍者,拿獲報官,照舊規處罰。謹將山場四至臚列於後。

計開:

一、養馬冲□□□□□□□;

二、小竹箐四至,上齊水壩,下齊石壩,□至塘脚,□至山頂止。外有對門山□□□樹一株。

除此二處養箐之外,其餘皆是荒山私地,任憑砍伐不能禁止。

光緒十八年二月二十八日,紳耆頭目人同立。

資料來源:曹善壽主編、李榮高編注《雲南林業文化碑刻》,德宏民族出版社,2005 年,第 436—437 頁。

506 護林碑

時間:光緒十八年(1892)

地點:福建省三明市將樂縣南口鄉蛟湖村

蛟湖合鄉衆等爲嚴禁燒山戕賤蔭木事。照得後龍水尾爲一鄉之保障,固不得焚山砍伐。即各家山場蔭木爲各家必用之資,物各有主,亦不得亂行焚砍。緣太平庵主持處持者屢次燒山,戕害蔭木,以致山主經中理論,公罰錢文,勒碑嚴禁。自禁自後,各家山場,各家管業,不得焚燒。所有松杉之木,雖小不能亂砍。至於後龍水尾以及各家墳頭蔭木,更不得砍伐。如有此情查出,公罰錢捌千文,以爲衆用。報信者公償錢捌百文,以昭公激。竊思山場有養能生樹木,由小及大,倘若焚之伐之,豈不至戕害迨盡,亦何忍也。嗣後砍槲起雜柴隨處可砍。欲伐松杉等木者,必至自己之山。若無山場者,即砍槲起雜亦可使用,何必擅行伐木。望其凛之,以存忠厚之俗,庶幾物各有主,可挽頽風也。故立禁碑以垂後云。

劉茂　謝炳基
德光　楊彌梯
德懋　廖宗林
本村董事　楊福壽　羅嗣輝
德欽　潘發壽
芳蘭　楊發順
彌光　楊彌富

光緒十八年歲次壬辰季春月,合鄉公白。

資料來源:政協將樂縣委員會文史資料編輯組編《將樂縣文史資料》第六輯,1988年,第63—64頁。

507 宜賓縣正堂國示碑

時間:光緒十八年(1892)

地點:四川省宜賓市宜賓縣

欽加知府銜賞戴花翎特授叙州宜賓縣正堂軍機處存記加五級隨帶加一級記録八次國，爲示禁事。案據宣下鄉團總袁春坪、顏澤潤、劉三泰、袁文正、趙厚元、袁文敏、袁文楝、袁文瑞、袁理蒙、朱回根、朱回修、朱回基、朱熙千、陸占春、劉回春、窣士池、楊正槐、周懷連、劉昆堯、李富坤、李化龍、范藻、范苔□□□□□□余世恒、□雲界等禀稱：情團等僻居荒野，地鮮膏腴，托業傳隅，歲無生息。養生之夢，惟期扶植山林，完課難謀，祇冀栽培竹木。無如人多狡猾，既盜竊以難捉，牧肆牛羊，復踐履之無忌。爰預删除積習，會衆禁山，思叨恩□主旨□□□□□□□□永爲下民被蔭，足衣食以安身。是以協懇□恩賞示事禁，永垂不朽，萬姓均沾，伏乞等情。據此，除禀批示外，合行出示嚴禁。爲此□□□□□□□□民諸色人等知悉：嗣後山林竹木，各宜護畜，毋許不法匪徒竊偷及牧放牛羊，肆意踐踏。倘敢故違，許受害之家，協同團甲，查獲實據，□□□□以憑拘禁嚴懲。但不得挾嫌妄禀，株累無辜，同干咎由。各宜凛遵勿違，告示！

右諭通知。

光緒十八年五月二十七日。

貼龍興場曉諭勿損。

資料來源：中國人民政治協商會議宜賓縣委員會文史資料研究委員會編《宜賓縣文史資料選輯》第 8 輯，1987 年，第 53—54 頁。

508 恩多摩乍村護林碑

時間：光緒十八年(1892)

地點：雲南省大理白族自治州祥雲縣東山彝族鄉恩多摩乍村

從來水之源，有源不知生，史有木(木之生有本)是木乃風水所關，水乃所係，有活泉以灌溉田畝，則國課有著，民生有賴。如我妙姑恩多摩乍龍潭，所灌田畝，古未有完規，遂令人心不古，每多争論，恐起禍端，爰邀本約紳者暨合村老幼，公憑分爲四牌，定晝夜爲一牌，於每年立夏日起，輪流管照，周而復始，不得以强凌弱，争多論少，紊亂程式。

其龍潭一路樹木，溝上留二丈之地，溝下留一丈之地，勿得亂自砍伐。若有私自偷砍者，公憑重罪戾乎，國課不得誤，民生以遂矣，足爲序。

第一牌用亥卯未日期，賣牙乍于姓照管：于文有；

第二牌用申子辰日期，恩哼奔于姓照管：于開成；

第三牌用巳酉丑日期，龍潭魁姓照管：魁文富；

第四牌用寅午戌日期，分頭上自姓照管：魁占春。

光緒十八年在季夏月日，合村公立石。

資料來源：曹善壽主編、李榮高編注《雲南林業文化碑刻》，德宏民族出版社，2005 年，第 438—440 頁。

509 永世芳規碑

時間：光緒十八年(1892)

地點：貴州省黔東南苗族侗族自治州黎平縣肇興鄉新塘村

規格：碑高116厘米、寬64厘米。青石質。碑文楷書，陰刻。碑額横刻“永世芳規”四字，陽刻。

蓋設禁碑流傳，以挽頽風而同敦古道事。照得人有善惡之懸殊，例有輕重之各異。故效朝廷制律，以平四海而安九州；□野□條，以和宗族而睦鄉里。因此始得公共酌議，即將此冠婚喪祭之禮，吉凶富嘉之義，一一以定其規而無移。又將放僻邪侈之類，奸宄背逆之流，在以深其禁而有□。不特此也，且嚴内攘室家、資財、貨物，外盜田園、魚穀、蔬果、并杉茶、竹笋。古樹山林，不准斧斤妄伐，而偷禾穀、薪柴。養牲六畜，不許亂食，而竊自今定碑以後，咸欲制事以義，制心以(花)〔化〕，以格非心，而再臻於盛世。則士食舊德，農服先疇，工而居市，商也貿易。俾我等人人各安於本份，户户講義而(型)〔行〕仁。此善果雖微，豈非千古不朽？章程未盡修齋，明列條規於後：

一、議衙門一切公務，應宜同心即辦，不可違誤。

一、半途盜竊，要齊(團)〔捆〕送官治罪。

一、翻田串磕一切等事，罰錢十二千文。

一、偷竊牛馬貨物田角禾穀一切，罰錢八$\frac{千}{百}$文。

一、窩主客留匪類，罰錢十二千文。

一、賭博爛棍，罰錢十二千文，違者送官治罪。

一、砍伐古樹竹笋，罰錢三千文。

一、偷杉茶、木柴、棉花，一切每項罰款八千/百文。

一、攘摸鷄狗，罰錢一千二百文。

一、偷竊蔬菜，罰餞一千二百文。

一、□奸事罰銀四兩、豬肉七十二斤、酒十二斤。

一、好事妄訟，罰錢十二千文。

一、拐夫罰銀廿四兩，前夫聽去，現（規）〔罰〕後夫全退，又賠豬肉七十二斤、魚十五斤、酒廿四斤，并房族豬肉四百斤。

一、婚未過門者，男弃女嫌二同，（規）〔罰〕銀七錢、花三斤、織布一匹，春夏無花織，折錢男六/女三百文，秋冬□不准折。

一、婚已過門者，男弃女嫌二同，（規）〔罰〕銀一兩六，花布同上。

一、婚已得（車被）〔半輩〕者，男弃/女嫌（規）〔罰〕銀十二/七兩、禾十二把/酒廿四斤、草魚十五斤、白口錢五百文、豬肉五斤、熟飯卅斤。

一、婚姨妻者，要自幼憑媒言定，女嫌，銀（規）〔罰〕六兩，豬肉七十二斤、酒廿四斤、草魚十五斤，男弃無規。

一、女誣賴登門，男弃，（規）〔罰〕銀五兩整，别無規。

一、夫故妻出，（規）〔罰〕銀四兩、白口錢五百文、熟飯卅斤、豬肉五斤。女軀要憑二房先有過秤多少後，照全退，妄言不准。

一、父母臨喪，飯、布五包。酸魚五吊，父/母歸，女婿/娘家，至送喪豬肉十斤，飯五包，魚五吊，父/母歸，女婿/娘家。

一、女婿犯，賠岳父禮，豬肉五十斤、酒十二斤。

一、喪岳父/母者，婿之綯郎酒飯後，女嫌賠錢一千二百文，婿之弔喪禮錢全退，或二三女，誰嫌誰賠。

一、妄開砍禁山，公罰錢八千八百文，復龍在外。

以上等條，倘有違抗不遵者，公罰錢十二千文，各宜凛遵。

光緒十八年七月初八日，衆等同立。紀堂、登江、弄邦、朝洞寨。

資料來源：黔東南苗族侗族自治州地方志編纂委員會編《黔東南苗族侗族自治州志·文物志》，貴州民族出版社，1992年，第116—118頁；又見吴大華等《侗族習慣法研究》，北京大學出版社，2012年，第71—73頁。

510 公議禁約碑記

時間：光緒十八年(1892)

地點：廣西壯族自治區桂林市大河公社陽家村

規格：碑高二尺四寸、寬一尺五寸。碑額刻"萬古流芳"四字。碑文楷書。

蓋聞朝廷有律法，鄉黨有禁約。禁約不嚴，則邪慝日作，良善難安矣。爲此會合吾村衆等公議禁約心勒於石，永垂不朽，亦維持風俗之意云耳。

計開：

一議私鑄錢文，大干例禁，連累村坊，永不得作此事，如有刁抗不遵禁者，或在本村鄰近本處山間嶺上暗開私鑄，一經查覺，即合吾村衆等協力拿送稟究，决不徇情。

一議白日打劫，黑夜抄擄，大干法紀，一經失主指名投報，即合衆等擒拿送究。

一議日夜間奪搶牛隻，撬墻挖洞，一經知覺拿獲，即合衆等協力處治。

一議祠堂内不得開場聚賭、堆茅放物，如有不遵者，公議重罰。

一議凡有願出力拿獲盜賊，照事公議，衆謝花紅，决不食言。

衆等買置陽三苟園地一塊，土名窑壑，園里栽植樹木，以培風水。地内所有老祖墳者，日後不得砍伐樹木，依墳葬祖移遺風水，勿謂言之不早也。

公訂宗支後裔字號：運、定、文、明、景、彰、美、盛、升、恒、應、瑞、炳、耀、呈、輝、泰、昌、永、慶。

大清光緒十八年壬辰歲季秋月立。

資料來源：桂林市文物管理委員會編《桂林石刻》，1981年，第418—419頁。

511 天成岩禁碑

時間：光緒十八年(1892)

地點：福建省邵武市

規格：碑高80厘米、寬40厘米。

一禁松杉雜木笋竹不許盜砍，二禁梨棗果品等物不許殘害，凡有違者罰錢六百文。

光緒十八年秋月，童姓合公立。

資料來源：李熙慧、黄蘇珍《邵武市發現清光緒禁碑》，《海峽都市報》2009年6月29日。

512 甘泉寺禁碑

時間：光緒十八年(1892)

地點：四川省巴中市甘泉禪寺

甘泉寺樹、柴草，以作叢林之風水，不准砍伐、偷割，禁畜不自今始。凡有男女大小人等，有割草、牧牛、砍柴，概行禁止。倘有不遵，一經拿獲，概予工錢一千文，過小提衆議處，過大則稟官訊究。

資料來源：張浩良編著《绿色史料札記——巴山林木碑碣文集》，雲南大學出版社，1990 年，第 51 頁。

513 禁伐碑記

時間：光緒十九年(1893)

地點：浙江省麗水市遂昌縣王村口鎮市場

規格：碑高 146 厘米、寬 57 厘米、厚 9 厘米。碑額刻"碑記"二字。碑文楷書，陰刻。

……公立：一禁不論大小山木倘遇折落任其自朽，不准私行砍鋸。二禁山内泥土不准鋤掘。……

清光緒十九年二月日，王溪坦公立。

資料來源：王修華《遂昌發現光緒年間禁伐石碑》，《麗水日報》2008 年 1 月 24 日。

514 册亨八達鄉規碑

時間：光緒十九年(1893)

地點：貴州省黔西南布依族苗族自治州册亨縣

規格：碑高 100 厘米、寬 40 厘米。

514 册亨八達鄉規碑

嘗聞吾鄉之老輩，勤儉各爲家風，朝出耕以資仰侍父母，暮入息聚議場圃桑麻。要以後相勸，緑野月明到處犬無聲，堪稱仁厚之俗，常頌光天化日之下，降及我等之淑。民風漸薄，貪婪啓心。鄉中自有一黨子弟，游手好閑，無思種土，學作狗盜，擾古齊國之風，恒聽鷄鳴，漸出函關而步。或時窺墻壁，竊取什物；或時行山崗，偷拾花穀。無論親疏，一概掠之無忌。但得狗命，活其蓬頭之妻。觀來此肉眼之輩，久已非行，未知害了多少孤貧。

兹我八達一鄉，全無體統，實滌良心。故鄉中耆老等齊心衆議，挽此頹風，禁此不良。如有痛改前轍，可與妻子聚樂，堂上堪娱雙親。如不悛心悔過，一時護之，必爲鬼蜮，害了妻孥。由今砌碑以後，若有人犯此禁者，輕則聚衆行罰，重則約衆誅戮。雖其家有餘，富冠江南，財如石崇，皆不准贖命。衆等亦不敢累其妻孥并其族黨。惟有護之自歸，交其族黨自誅，莫得推辭。再言捉犯之辛力錢，賞賜十二千文，此條出自鄉中清户，莫賜予犯人之族中。此間雖獨□□盜事□□之大小各犯之事，特以附後，鎸於碑中，永遠爲例。

一例穿窬盜賊并及野外花穀，(□□)〔人贓〕兩獲者無赦命，(□)〔罰〕穀□□□。

一例寨内有人引綫，壞人來相害，并從中矢箭□□，□□□□罰錢七千，□與衆寨□。

一例偷人瓜笋，□人林木，男者罰錢三千六百文，女者罰錢一千二百文。

一例酒肉飧□賊，共罰□□□□□。

一例自殺己兒,嫁害人者,衆寨悉依妄行,使其自理。

一例黄見龍悦賞辛苦,得到於□□□□□一千二百文,賞錢六百文,相沿照之。

一例合□事罰錢十二千文。

一例若犯强奸,罰錢二十四千文。

若拿賊贓兩獲,族人兄弟赦命者,罰錢二十四吊。

族人兄弟不願出錢出結,出錢二千四百文。

光緒十九年七月中旬衆寨立。

資料來源:黔西南布依族苗族自治州史志辦公室編《黔西南布依族清代鄉規民約碑文選》,1986 年,第 81—85 頁。

515 永封大箐碑

時間:光緒十九年(1893)

地點:雲南省昆明市禄勸彝族苗族自治縣

特授武定直隸在任前捕用撫正堂加六級記録十二次馬、署理武定州禄勸縣事特用府即捕清軍府□□周行曠,爲示□勒石封禁事。照得桂花箐山勢孤高,每遇夏秋,山水發漲,水又卷沙,經附近田地多受其灾,久經封禁在案。仍去春楊梅捕經開墾試種,本年夏間,水發冲壞田地柒百餘工,實屬有礙農田,亟應示禁。爲此仰□貳軍民人等道級,自出示之後,此桂花箐地方永遠封禁,不准開墾。倘有時利之徒□□□□,若經查出或被告發，定行提案重辦，絶不稍寬。其各凛遵毋違，特告示！

右仰通知。

大清光緒十九年九月十七日，吴雙有、李應清、張應星、黄有雲、付有才、牛世才、牛世有、李鳳紹、段有福、吴啓文等紳民立。

資料來源：曹善壽主編、李榮高編注《雲南林業碑刻文化》，德宏民族出版社，2005 年，第 441—442 頁。

516 示禁碑

時間：光緒十九年(1893)

地點：陝西省安康市紫陽縣江河鄉政府文書室内

規格：碑高 87 厘米、寬 42 厘米、厚 8.2 厘米。

立出甘願理服人黄玉昌，情因上月憑中買明新生寶號竹子一莊，當立合同字據，議定主伐客剔，不得擅自補刀等語。奈身衆夥於剃竹時，擅將數年禁蓄頭號竹母補刀數竹，被主查知。身後向主求情，主亦未與深較，和議以立刊石，爲後車者鑒云爾。

光緒十九年八月初四日，黄玉昌十面立。

資料來源：陳文通《濫伐人竹，被罰立碑——江河鄉發現一認錯古碑》，中國人民政治協商會議紫陽縣委員會文史資料

研究委員會編《紫陽文史資料》第三輯,1992 年,第 121 頁。

517 禁伐樹木碑

時間:光緒十九年(1893)

地點:廣東省肇慶市鼎湖山慶雲寺左側横門外

規格:碑高 160 厘米、寬 80 厘米。

欽加□□□□銜賞戴□□□□,特授高要縣正堂加十級紀録十次魏,爲給示勒石□□□□肇陽羅道吴□□□□據縣屬鼎湖山□□□□緣肇慶府高要縣屬東北四十里,有鼎湖山,於前明崇禎六年建立蓮花庵,後改慶雲寺。此山在府城□□□□此寺嶺南第一,名列載在肇慶府志。寺居山中,左有石仔嶺,竹篙嶺、飛水潭、青龍頭,右有三寶峰、二寶峰、虎頭山,諸山環繞,遍植松杉,歷年數百,山屬官地,樹由僧種。林木蓊蔚,成此大觀。□□□□各憲出示□□□□伐樹木,并蒙前府憲出示,嚴禁□□□□,僧等歷代□□□□無敢戕伐。附近村人亦各遵憲示,莫或覬覦,歷□□□□。不料本年三月,有附近匪徒十餘人,抗禁恃强,連日在飛水潭在便盗伐松林□□□□明賓興局紳,并稟明高要縣魏憲,隨蒙□差擒拿,出示嚴禁,并稟:蒙府憲批示在案,伏思鼎湖諸峰,係屬郡城巨鎮,慶雲一剎尤爲嶺表奇觀,叠荷宰官保護,加意維持。□□□□松杉蒼翠成陰。誠恐再有附近强徒窺伺,憲示凋殘,遺碑剥蝕,或認舊墳古墓,借端興衅,恃衆横行,欺僧抗禁。將前後左右諸山樹木，肆行砍伐，將百年樹木，一旦蕭條，□□□□出示永禁，不足以資彈壓而杜强横。只得瀝稟崇轅，伏乞恩准照案，給示勒石，以示永久，實爲德便，切赴等情到道。據此，當批：鼎湖山左右樹木，既經叠次封禁，何以□□□□□實，殊爲□□，查閲粘抄，業經該縣示禁差拿。仰肇慶府即飭高要縣，催拘砍樹之匪到案訊究。所請給示勒石之處，一并飭縣查明舊案，分別辦理，粘抄保領存，在詞□批揭示，并□□□飭遵外，合就札飭。札到該縣，即便遵照。訊拘砍樹之匪到案訊究。所請給示勒石之處，一并查明舊案，分別辦理，毋違等因到縣。奉此，查此案，先據該僧瓊照，以盜砍□□□□霸□樹木，各等情具控，當以該處飛水潭樹木，久經封禁，何以梁姓人等，竟敢違禁砍伐。兩造控訴，情節各執一詞，均難準信，諭飭局紳，詳晰查復核辦。去後，旋據賓興局□□□□諭委令，查明白石村梁榮旦，與鼎湖山僧互控伐松處所，相距飛水潭若干遠近，是否係梁榮旦等自植之樹，抑係該山護潭之樹，迅速查明，據實稟復，以憑核辦等因。奉此，□□□□處所，非身到其境，無從分別是非，當經紳等數人，邀集兩造，各携山圖，前該山踏看其路。由坑口入約二里許，到半山亭，是飛水潭去水處所。又由半山亭盤旋而入，約□□□□，旋而入約一里許，到飛瀑亭，是飛水潭祈雨處所。據梁姓所繪山圖，飛水潭在寺右坑口之外，未免舛誤太遠。再由飛水潭盤旋而入，到梁姓伐松處所，即是飛水潭來源處所，以山道紆曲計之，約有四里。若扯直計，相距飛水潭，實不滿二里。據梁姓所繪山圖，伐松處所，將山面扭轉向左殊，梁墳係在山脊,向出飛水潭,而山脊左一帶,俱無松株,惟右便山脚,則自來源以□□□□樹木,其非梁姓所植可知,其爲護潭樹木可知。相應,仍請:永遠示禁之處,出自憲裁,紳等理合將踏看情形,呈繳圖説,據實禀復等情。據此當批。據禀,查勘情形,當屬詳晰,該處樹木,□□□□即嚴行查禁可也。圖存、在詞。除揭示并禀復府、道憲察核外,合行給示勒石,永遠嚴禁。爲此示諭該處附近紳民人等即便遵照,爾等須知鼎湖山慶雲寺,左至石仔嶺、竹篙嶺、飛水潭、青龍頭并沿坑兩旁;右至三寶峰□□□□後至牽絲過脉等處,周圍所植樹木,均應永遠封禁,毋得藉有墳墓,擅行砍伐,倘敢故違,一經查出,或被告發,定行從嚴究辦不貸。其各凛遵毋違,特示!

光緒十九年八月初八日示。

發仰慶雲寺實貼勒石。

資料來源:《肇慶星湖石刻》編委會編《肇慶星湖石刻》,紅旗出版社,2005 年,第 299—300 頁。

518 分水城至瞿溪雄溪兩路種樹記

時間:光緒十九年(1893)

地點:原置浙江省温州市甌海區瞿溪鎮雄溪石崖屋内

規格:碑高 85 厘米、寬 65 厘米。

吾邑三十一都與永嘉之鄉,壤相接也,出分水城,自焰火山嶺東北行至瞿溪十有五里，皆重巒叠嶂，路險仄如羊腸，緣崖攀藤，不勝其苦。對川五翁暨永瑞兩鄉諸君見而憫之，相度數載，思有以利行者。而山各有主，遂遍歷而熟商焉。諸山主知其爲義舉也，皆許諾。於是險者夷之，低者培之，曲者直之，遂成坦途，行旅稱便。然未有息陽之所，於翁之心未慊也。其自焰火山東南行，至雄溪十餘里，雖舊有路，而道旁樹木亦濯濯如前，夏日酷烈，暑行多病暍者。翁等復以種樹之議謀諸各山主，又諾之，并各施以楓栽，逾二百本。於是分行布列，如櫛如比。自今以後，葱蔚成林，勿剪勿伐，負者載者，出此兩途咸得所庇而休息焉。其爲功德豈有量哉！五翁以事來告，且乞文勒石以示後。余嘉翁等致力於爲善，有加無已，而尤喜諸山主之皆能舍己利人，贊成其美也，於是樂爲之記。

賜進士出身前廣西省學政孫鏘鳴撰。

庠生王復、庠生周鳴岡、庠生王祖香、監生馬君贊、監生陳舜年、貢生毛麟珍、介賓王植槐、武生馬慶良、六品銜林必龍；

職員王家駒、庠生吴秉桂、庠生王翰、監生林崇武、監生陳正福；

司事陳秘桂；

鄉紳吴進喜、黄振定；

信士王上啓、程福貴、沈順娣、陶聖會、戴一啓、陳三淦、程昌芹、陳正發、吴大海、陳珍蘭；

鄉耆張秀森、葉上斌、杜全義；

信士倪逢吉、王配川、王毓孝、林成姆；

鄉賓王錫良、王挺川；

永邑諸山主樂助做路栽楓，福有攸歸。

大清光緒拾玖年歲次癸巳桂月穀旦謹立。

資料來源：吴明哲編《温州歷代碑刻二集》，上海社會科學院出版社，2006 年，第 217—218 頁。

519 譚氏族規碑

時間：光緒十九年(1893)

地點：陝西省漢中市龍江鄉譚家堰村祠堂壁間

規格：碑高 64 厘米、寬 78 厘米、厚 15 厘米。碑文楷書。共 34 行。

從㕵親親敬長，通乎上下；犯倫滅紀，法所必懲。故庠序學校之設，明倫爲重；詩書禮樂之訓，孝悌爲先。鄉之顓蒙，未審尊卑之分，不循長幼之節，以下犯上，污辱先靈，種種惡習，殊堪切齒。今既立祠，示一本也，千枝發於斯，萬派流於斯，使不申明此意，設正章程，保以爲尊祖敬宗，一脉相傳也哉。今於族間擇一端方正直之人，立爲族長。凡有頑梗之徒，乖舛人倫，忤觸尊長，悖親向疏，毁駡祖先，責成族長約束；不遵教者，立即送縣，以不孝治罪。至於廟内，另立會首經管，亦定章程，垂之貞瑉，俾後之子孫世世遵守勿替。

一、族間有忤逆不孝抵觸父母者，杖五百，罰香火錢貳仟文。

一、族間有乖舛人倫，尊卑倒置者，逐出不准入廟。

一、族間有毁罵尊長,以下犯上者,量力責罰。

一、族間有乏嗣者,不准異姓亂宗。

一、族間有身爲賤役,忝辱先祖者,不准入廟。

一、族間有孀婦能守則守,不能守則嫁,不准招婿。

以上六條責成族長。

一、父母亡故,貧乏不能安葬者,會内出資助之。

一、子弟聰明,無力讀書者,會内出資給之。

一、族間有烈女、節婦,准牌位入廟享祀。

一、逢考試,有科舉應試者,無論貧富,會内酬款贐之。

一、父母亡故過三周,牌位入廟享祀。

一、每歲祭祀,年逾六旬者,不出分儀。

一、會内資財,不准會内人搶借。

一、前後樹木,毋得任意剪伐。

一、執事會首,每年輪流借充,經管廟内香火。

一、族長、會首,公議選舉,不得參越。

以上十條,責成會首。

資料來源:陳顯遠編著《漢中碑石》,三秦出版社,1996年,第350—351頁。

520 封禁碑記

時間:光緒二十年(1894)

地點:山東省淄博市博山區域城鎮辛莊村瑚山

規格：碑高 170 厘米、寬 64.5 厘米、厚 24 厘米。碑文楷書。

撫提部院營務處同知銜在□候補直隸州知州特授濟南府淄川縣正堂加十級□録十次黄，爲出示封禁事。案查前據西南路桃園莊民李本固、徐家莊民王殿陞、正南路叩家莊民劉若亭等，以開山損碑、偷伐樹株等情，呈控孫惟太等到縣，當經集□□訊明，并飭差查覆，孫惟太、張殿會、孫惟平等所種之地，委在封山界内，即經斷令，將地退出，交□莊首事看管，仍候出示封禁，以垂久遠，而資遵守。在案合行示禁。爲此示仰瑚王附近各莊居民人等知悉：自示之後，爾等要知，該山載在縣志，風脉攸關，該首事等，務必協力看管，嚴加保護，倘有無知之徒，偷伐該山樹株以及墾種荒地，許爾等指名禀究，以憑拘案懲辦，决不寬貸。各宜凛遵毋違，特示！

右諭通知。

光緒二十年三月中浣穀旦立。

告示。押。實貼瑚山。

資料來源：趙衛東、王予幻、秦國帥編《山東道教碑刻集》，齊魯書社，2013 年，第 597—598 頁。

521 義寧縣上北團禁約碑

時間：光緒二十年(1894)

地點：廣西壯族自治區桂林市臨桂縣

規格：碑額刻“永遠流芳”四字。

奉義寧縣正堂張縣主同上北團紳士暨合衆等設立禁猺賊規條開列於後：

一、穴墻偷盜家中衣服什物，拿護經衆處罰，如不遵者，送官究治。

一、偷牛拿護，初犯經里處罰，重則送官究治。

一、匪類及本處猺類，不得窩留，如有查出窩留，人財送官，房屋充公。

一、失物如果查出消息後，任便失主經憑村老過村搜查，即尋不出，不得借故反噬。

一、偷鷄鴨鵝犬，拿獲者，本村里處罰，慣盜送官。

一、凡查得偷牛，抵價十千者，得以二千回贖，如多索者，即以盜論，公同處罰。

一、凡寺廟庵堂，不得□□□□人居住，經白事，每名准給四丈，不問食，閑日每人發米一杯，毋得三五成群，任情刁强，如違，送官。

一、偷山内芋頭豆麥，拿護者，初犯本處處罰，如不遵者送官。

一、偷盜灰糞磚瓦以及山中桐茶子，拿護本處處罰，不遵者送官。

一、黑夜偷盜，一時不識人，□後經本村老向慣盜爲業者是問。

一、損團資買田，願者捐，不願者□。

一、管理者、總管者限三年一更，經管一年更。歷年九月初一日會，當衆算明移交。

一、偷盜田中五穀，拿獲者，處罰錢六千六百文。

一、偷盜山中包穀雜糧，拿獲者，處罰錢五千五百文。

一、偷盜桐茶棕茶葉者，處罰錢一千六百文。

一、偷盜園中瓜菜者，處罰錢六十文。

一、春冬二笋，不許亂挖，處罰錢六百六十文。於十二月二十四日開山，任從亂挖，三十日則止。

一、不許停生面之人及猺類，□□爲非作歹。

一、不許偷砍生柴，只許檢討乾柴生火，如不遵者，罰錢六百六十文。

一、不許放火燒山，如不遵者，罰錢八百八十文。年年十一月初牛羊亂放。

以上條規，處罰輕重，經團紳頭人議論。處罰之錢，任在本團公用修造道路廟宇本錢，不許私罰肥己。

光緒二十年甲午歲四月十八日吉立。

資料來源：廣西民族研究所編《廣西少數民族地區石刻碑文集》，廣西人民出版社，1982 年，第 158—159 頁。

522 火燒關護林碑

時間：光緒二十年(1894)

地點：貴州省遵義市道真自治縣槐坪鄉槐坪村梅家
規格：碑高 150 厘米、寬 80 厘米。青石質。

帝君曰：修數百年崎嶇之路，建萬人來往之橋。我境火燒關埡口，上出重天，下臨無地，往來行人，每每心驚膽戰，怯怯難行。前有善士梅奇冠，沿路栽種樹木，作一路欄杆，地秀蘢茂。此帶地方，凡路邊樹木，上下还順一丈，不許盜伐毀破，違者罰款十千，培修此路，决不食言。特勒此石鎸碑。

光緒二十年仲冬吉日。

資料來源：貴州省道真仡佬族苗族自治縣志編纂委員會編《道真仡佬族、苗族自治縣志》，貴州人民出版社，1992 年，第 634 頁。

523 重修清居禪寺好善樂施并禁山碑記序

時間：光緒二十一年(1895)
地點：山西省忻州市寧武縣
規格：碑高 192 厘米、寬 78 厘米、厚 14 厘米。碑文楷書。

寧化陽房堡馬頭山清居禪寺，八大寺之一也。其地形勢狀如馬頭，山清水秀，栖居極樂，真禪林之勝境。而寺之所謂焉，溯厥留傳蘆芽之裔，追稽建立大明之代，其初固慶成王之香火院也。後雖被兵燹，而猶易替者，大抵佛教之不特有佑於民，亦且有助於國耳。迄及我朝，歸爲民社。累代修理，前碑煌煌，無容詳叙。第山高風猛，地窪水潮，補修不勤，廟貌易受風吹之傾，聖像難遮雨漏之淋。

去年二月初旬，住持續祥會同寺屬之村，恭議修補，衆皆悦之。即時資財，衹計三百金之餘。奈功程浩大，則微力寡，難以克舉。因而伏祈四君子，以及樂善不倦者，幸仗義疏財，又助百金之多，而殆舉盛事焉。殿宇廊廡，鐘鼓二樓，墻圍垣址，以及各廟與禪室，俱以依舊經營，惟南樓地基盡廢，改造四檁之庭。自三月興工，至九月告竣。雖未能如前代之林，亦可遺後日之繼也。恐没人善，因而勒石刻名，以彰好善樂施之心。續祥又爲我寺功程甚大，寺屬之村貧乏，協同寺主，將本寺山廠陽背坡滿林禁止，無故不許輕伐變賣，以待後日與功需。無論住持、寺主，自禁之後，如有冒犯不遵者，懲官判斷。故與樂施之碑并垂云爾。

寧武縣儒學增廣生員胡希賢熏沐拜撰，功德主潘聚雲、本寺僧人續祥敬書。

大清光緒二十一年一月中旬立。

資料來源：任寧虎、郭寶厚主編《三晋石刻大全·忻州市寧武縣卷》，三晋出版社，2010年，第165頁。

524 牛王溝公議禁盜碑

時間：光緒二十二年（1896）

524 牛王溝公議禁盜碑

地點：碑原在陝西省安康市平利縣牛王溝牛王廟，現移至平利縣文化館

規格：碑高150厘米、寬70厘米。碑文楷書。共15行，滿行34字。

蓋聞物非己有而竊取者，謂之盜。盜也者，不必穿窬之謂也。凡稻、粱、黍、稷、漆、桐、耳、构、竹、木、蔬菜，俱不可以任意侵掠也。我境土瘠民繁，五穀爲養命之原，貨財亦糊口之助。竟有狗盜狼竊之徒，白晝强取，黑夜竊盜，竟使業不由己，民不聊生。今合境紳耆共商，立一禁碑，使界别畛域，物分爾我，遵連鄉同防之典，循守望相助之經，同心共濟，各正性命，豈不壽域同登，仁里共處也哉。所議禁規列左：

一禁五穀、瓜果、蔬菜乃養命之原，不得强掠竊取。一經查獲，輕則聽罰，重則送官。

一禁漆子、漆根不得强打私挖，故違者，一經查獲，輕則聽罰，重則送官。

一禁所栽、所下漆秧，倘有盜竊，一經拿獲，即以盜賊論，送官重懲。

一禁明檢枯薪，暗伐漆樹、耳樹，一經拿獲，鳴公聽罰。

一禁构樹、构葉，亦農家出産，不得强采，故違者，查獲聽罰。

一禁桐子倘一家將撿，九家未打，不得混雜入扒，故違者，查獲聽罰。

一禁竹笋、花木、草石，不得暗竊明奪，故違者，鳴公聽罰。

一禁敞放豬羊牛馬，肆行糟害，故違者，鳴公看驗，加倍賠償。受害者不得打殺牲畜。

一議無論誰人拿獲盜賊，白晝賞錢八百，黑夜賞錢一串。

一議拿賊之人不得栽贓賄利、挾隙報仇，如有等弊，以反坐論罪。

（以下團總、保長、團長、保正、鄉約、紳糧、禁首等姓名從略）

光緒貳拾貳年陸月吉日立。

石工梅光富。

資料來源：張沛編著《安康碑石》，三秦出版社，1991 年，第 313—315 頁。

525 嚴禁砍伐山林碑

時間：光緒二十二年（1896）

地點：廣東省羅浮山南樓寺附近

規格：碑高 63 厘米、寬 38 厘米。

欽加知府銜賞戴花翎特授博羅縣正堂加七級紀録十次張，爲嚴禁砍伐樹木事。照得羅浮山乃嶺南福地，粤東各區四百三十二峰均係神仙窟宅，游人叢集，騷客峙臨。凡有洞院寺觀，猶宜廣栽松竹，多種梅株，以壯觀瞻，而資翳陰。乃查該處附近村鄉無知愚民，竟敢砍伐樹木，或恣意縱火焚燒，指爲杉木乾柴,三五成群,旦旦砍伐,殊屬不成體事。兹據該洞主持投納山税前,除給照營業外,合行出示嚴禁。爲此示諭附近村民知悉:爾等須知名山勝境,全憑草木青葱,不宜妄行砍伐。自示之後,爾等務宜安份守法,毋得如前砍伐,任意采取。如敢抗違,本縣訊明,從重究辦,决不寬恕。各宜凛遵毋違,特示!

右諭通知。

光緒二十二年十一月初一日示。

告示。

資料來源:譚棣華、曹騰騑、冼劍民編《廣東碑刻集》,廣東高等教育出版社,2001 年,第 806—807 頁;參見黄觀禮主編《博羅縣文物志》,中山大學出版社,1988 年,第 141 頁。

526 護林碑

時間:光緒二十二年(1896)

地點:江西省上饒市上饒縣上瀘鄉苧圳村一帶山林

據民人毛正山、陳光榮、傅大河、劉秀山、毛信琅、傅錫明、傅錫浩、蕭鶴松、吴新有、毛信生等呈稱:伊等四十五都舊圩雙石地方,山多田少,全賴蓄竹木、茶葉以資生活而度日。近有不法之徒,吃食洋烟,慣以竊害爲事,非盜挖山笋,即將竹木茶葉竊砍肆摘,僉叩嚴禁等情到縣。據此,除指示外,合亟出示嚴禁。爲此仰該都軍民諸邑人等知悉:爾須知民間所蓄竹木、茶葉,均係費用工本,豈容任意竊害。自示以後,每逢大小春冬,山笋毋許强挖。爾等急宜痛改前非,勉爲良善。倘敢故違,仍蹈前轍,或經訪問或被害之家指名赴縣控定,即差拘到案,盡法承辦,决不姑寬。其各凛遵毋違。

資料來源:上饒縣縣志編纂委員會編《上饒縣志》,中共中央黨校出版社,1993年,第96頁。

527 萬古碑記

時間:光緒二十三年(1897)

地點:貴州省黔東南苗族侗族自治州錦屏縣大同鄉章山村

蓋聞黎山蓄禁古木,以配風水。情因我等其居兹境,是在冲口左邊,龍脉稍差,人民家業難以盛息,前人相心相議,買此禁山蓄禁古木,自古及今,由來舊矣。至道光年間,立定章程,收存契約捐錢人名,昭彰可考。蓄禁古木成林,被人唆害,概將此木砍净。咸豐、同治年間以來,人民欠安,諸般不順。至光緒七八年間,合村又於同心商議,又將此木栽植成林。不料有不法之徒,反起歹心,早捕人未寢之時,暮捕人收工之後,私將此栽之秧木扯脱,成林高大之蔸砍伐枝丫,剥皮暗用,弄葉殺樹。合村衆人見之,目睹傷心,殊屬痛恨。自今勒石刊碑之後,斷不扯壞。若再有等私起嫉妒歹心之人故意犯者,合團一齊鳴鑼公罰賠禁栽植,章程另外罰錢拾三千文,違者稟官究治,預爲警戒。以是爲序。

大清光緒二十三年二月穀旦公立。

資料來源:錦屏縣政協文史資料委員會編、姚熾昌選輯點校《錦屏碑文選輯》,1997 年,第 61 頁。

528 拉幕禁約碑

時間:光緒二十三年(1897)

地點:廣西壯族自治區河池市

且吾祖公之經營伊始也,輝里處仁,子孫比□斯之衆,地靈人杰,士農如瓜瓞之綿。然當時,污池水六畜受暑渴之苦,池長流朝夕有便用之資。故於同治九年,闔村共議捐錢百串,買田作池,以爲衆人之公,不准開路决水,而爲一己之私。火旱無乾,必有禎祥之兆,出租養魚,興利無窮也。所有約禁各條列於右,勒碑刻銘,流傳後代子孫,且永承弗替云耳。

一禁後村中山不准私砍材木,采泉汶水不准洗衣浴身,拿獲者罰錢六千文。

一禁田園畲地并峒場所種禾米、甘蔗、食物、棉花、禾草,一切竊盜,拿獲者罰錢六千文。

一禁池中養魚何人私打,拿獲者罰錢五千文。

一禁村中不准開場賭博、拾色、打牌，拿獲者罰錢三千文。

一諭牧童放牛不准牽走人路，違者嚴責無寬。三冬種食物方可准走。

一禁池塘不准取水入田，同護村中，某人抗理，衆人罰罪。

一諭養豬牛馬各宜固圍，撿點放出外，食人之物，照地所賠。

一諭拿獲賊贓衆人公罰，若不遵禁條者，衆人稟官。

一諭拿獲賊贓者賞還二千文，私報者罰五百文。

（人名略）

光緒二十三年三月十六日立碑。

資料來源：河池市志編纂委員會編《河池市志》，廣西人民出版社，1996年，第1071頁。

529 新仁里鄉規碑

時間：光緒二十三年（1897）

地點：原存雲南省大理白族自治州劍川縣東嶺新仁里村公房，現存劍川縣文化館

規格：碑高177厘米、寬23厘米、厚2厘米。

竊以風俗之厚薄，端在乎人材，而人材之興起，必資乎教化。新仁里分三甲，里號新仁，何美稱也。要書，顧名思義，各敦孝弟之行，共明禮尚之節，爲父兄者，孰不欲子弟之敦孝弟

而明禮讓哉！而近來子弟教弟不敦、禮讓不明者，由於教化之不行，而教化之不行，端由於不設義學之故。查我邑九姓三甲，皆有公項田畝，願同志君子共矢公正之心，勿懷私小之念。不論何款公項，除香火祭祖外，削去一切妄費，設爲義學。有力者一姓專設一館，無力者三姓五姓共設一館。舉首事以經理，延名師而課讀，將見禮義文風蒸蒸日上，人材科甲在在時新，庶不愧仁里之名焉。是所望於九姓中之同志者。謹約。并將新仁里鄉約十條開列於後：

一、家常。父慈子孝，兄友弟恭，興家之兆也。凡爲子弟者，務須各務生理，出恭人敬。倘有不孝子弟，忤逆犯上，被父兄首出申言者，合村重治。

二、喪事。凡民有喪，匍匐救之，鄉里之常也。近來積習，於初喪之後與引發之前夜，不分老幼，群聚痛飲，以致趁醉鬧喪，殊近夷風。今後不論何家遇喪，來吊者只許烟茶，不許設酒。在家無故不來探望者，罰。有匿喪嫁娶者，重罰。讀書子弟、應試童生，不許妄請抬重。

三、喜事。禮尚往來，古之道也。近來喜事之家，不分老幼，濫請人情，於辦事者大難。此後人情客，男六十以上，女七十以上，方許另請人情。年歲以下者，不得妄請妄去，違者重罰。至八十歲以上，步履艱難者，著人送至於家，以明敬老之意。

四、急難。不測之事，何家蔑有。凡遇水火盜賊，聞聲即趨，畢集其處，以明相應相救之意。如有置若罔聞，安眠在家，不出救應，爲喪絶天良，合村重罰。

五、賭博。士農工商，各有專業。近來子弟好尚交游，接納面生歹人，勾引良家子弟，潛匿賭博，爲害非輕。此後若有犯者，從重干罰外，主客一律扭稟官治。

六、夜行。夜有事故，難免行走，但人静以後，不論男婦，出入必需執火，倘不執火暗行者，定係匪類，本鄉人犯者，重罰，面生人犯，捆綁送官究治。

七、搶婦。納寵娶妾，以重禋祀，禮之常也。近世有見人居孀不自矜憐，反行謀算，不通知父母，不商之本人，傷節敗名，擅行聚衆强搶者，闔村公首，稟官究治。

八、争訟。鼠牙雀角，何人無之。近有牙眦小奮，輒侵官請訟師，占原告，駸駸得意。此後有大小事故，先由村内公處，如不合者，方許侵官。否則闔村不齒，爲紳耆者不可武斷鄉曲。

九、山林。斧斤時入，王道之本，近有非時入山，肆行砍伐，害田苗而不顧，甚至盜砍面山，徒爲己便，忍伐童松，實屬昧良。此後如有故違者，定即從重公罰。禁白後，猶不准砍竹下山。

十、守望。出人相友，守望相助，古鄉法也。近有宵小之輩，平日不務活計，至春秋將熟之際，寅夜偷竊，實爲無耻。此後許看甸人認真查拿，如遇拿獲，從重干罰，此時體面何在，各宜勉之。

以上十條，合村紳耆老幼共同議約，違者不得因親友姑息也。倘若横行不聽，闔村共同稟官究治，懸之通衢，共相獎勸。

光緒二十三年七月二十二日，闔村同約。

資料來源：曹善壽主編、李榮高編注《雲南林業文化碑刻》，德宏民族出版社，2005 年，第 444—448 頁。

530 金坑禁約碑

時間：光緒二十三年(1897)

地點：廣西壯族自治區桂林市龍勝各族自治縣和平鄉金坑大寨村

規格：碑額刻"萬古流芳衆等公議"八字。

蓋五行立而天道生，五常明而人道著。衆民昂捏混沌，天遣帝王活世，滅除惡党草寇。周公置禮，孔子造書。官有律條，民有禁約，萬物咸興。上古非盜非賭，夜非閉户，路不拾遺。今日下有吞烟、自縊毒害，盜賭、索詐，幡悔田土，好閑得志，禍患賊偷，惟人心大變。衆置酒宜禁，一概不許索詐、吞烟、自縊，幡悔田土，捏害善良。

今將禁約開列於後：

一禁墳前各砌大堆，不許(慌)〔荒〕生草木，坪墳無葬墓。如有此者，挖著莫怪。以墳前左右離墳一丈，任便耕種。插墳不許。又後龍穴星至墳，不許别人亂葬。如有亂葬者，衆等公罰。

一禁買賣田土，不許幡悔，一賣一了。父賣子休，出入價錢高低，不與買主相干。如有悔者，衆等公罰。

一禁不許重叠抵當，偷買偷賣。如有此者，衆等公罰。

一禁不許停留面生歹人，窩盗窩賭。常聞賭者賣産，未聞賭者買田。如有聚賭者，衆等罰錢十二千文。

一禁不許偷盗田倉禾穀、衣物、銀錢。誰家被盗，鳴鑼行衆，再三搜檢家家倉内屋内，或得贜不得贜，搜人無罪。搜得贜者，衆等公罰。

一禁偷盗耕牛，鳴鑼糾衆，各帶盤費守卡隘口。分派團内搜山搜屋，四處出賞花紅，拿獲不得徇賄私放，衆等公罰。

一禁春耕夏種件件秧物不許亂偷，不得亂放豬羊鷄鴨牛馬，亂吃亂踩。失主無靠，即害一家性命難活。秋收成熟之日，各田各土各團，不許亂進亂偷。如有亂偷，炮火石頭打死，預白莫怪，無罪。

一禁各從朝廷設有大炮刀槍，緊防惡黨賊寇，國家命民，民依國法。現有炮火、石頭、刀棍，緊防賊（塗）〔徒〕小人。誰若爲盗，衆等提拿，不分生死，生者吊打公罰，死者要盗家房族安葬。族有與盗同黨之意，要族（休息）〔體惜〕，如有盗家父母吞烟、割頸、自縊、自傷（奪）〔毒〕害，地方人不准。如有此者，衆等將賊逐，送官究治。出罪（無）〔入〕罪，依律例辦，衆等將賊割耳挖目，預白。

一禁不許亂强謀業産，凡遇大小是非，先請内房，有昂抗理論不清，要地方代告方准。如有不遵者，自告自休。

一禁不許娶討妻媳貪奸心反不合，深更逃走出外，吞烟自縊、自傷、毒害，地方人不准。

一禁地方恐有瓦無璋，招贅爲兒，光宗耀祖。遠火恐有參商不合，逃走出外，不得作算工錢。妻占夫田，子受父業，空手出門無事。

一禁各種桐、棕、茶葉、桑、麻不許亂偷。如有亂偷，拿獲查出，鳴衆公罰銀四兩四錢。

一禁高山矮山，四處封禁，不許帶火亂燒。如有砍山燒耕地土，各要寬扒開火路，不許亂燒出外。又清明挂青，各要鏟盡墳前燒紙。不許亂燒出外，如有亂燒，拿獲查出，衆等公罰銀二兩二錢。

一禁春冬二笋，各管各業，不許亂挖。又有入别人山撿乾柴，不准帶刀。如有帶刀亂砍，拿獲者，衆等公罰銀一兩二錢。

一禁乞食之人，遇有紅白諸喜，只有米半斤，不許吵鬧。踩入華堂亂偷，如有亂偷，衆等公罰。

一議虎匠帶有猖邪，不許亂來，誰家來糧發少，就要放猖邪，過後人畜有損，如有再來，衆等毒打公罰。

奉天承運，皇帝制曰：臣子篤匪躬之理，國家承宏類之恩，朝廷有法律，鄉黨有禁約。觀堯舜之治天下也，揆叙之休，四方有風動之美。剪稂稗以植嘉禾，除盜賊而安民業，自古皆然，即我輩亦依而行之至今。前人往矣，此舉不興，則盜風日熾。我金坑一脉姓潘，方居地僻，山多田少，烟火甚宏，地方各寨屢被偷盜，兹不得已，故閤衆團會議，開列規條於左：

一議順妻逆毋，忤逆不孝，地方以不孝之罪治究。

一議十二甲人等，墳墓各砌高大，砍伐樹木光掃，用官盡量以二尺四寸爲一步，離墳十八步，遷葬挖土耕種無罪。

一議佳期下定錢二千文，娶嫁錢財十八千文，貧富一體，不得高價。如有此情，衆等加倍公罰。

一議改嫁婚姻，有歸回前夫者，將財禮退還，不得昂抗。又舅公錢三千二百文。如有高昂起價，衆等公罰。

一議先年娶妻，爲接宗枝，恐有琴瑟不調，夫妻反目，改嫁財禮錢，上等准五十千文正。

一議禁湖南、湖北各省府縣，或生理、傭工、匠作諸色人等，有疾病亡故，地方收埋。倘成命案，衆團人人不准。

一議索詐油火，私造田約，越界霸占，藉端生事之徒，地方出力，捆綁送官究治。

一議不許停留外面之人入地安家，盤(賻)〔剥〕暗算，累及地方，害無底止。爲止嚴靖地方，以安良善。

(以下大寨、小寨、田頭寨、舊屋、中禄、金坑衆團，大毛界、丈界、埇江等等村各户捐款立碑名單略)

大清光緒貳拾叁年歲次丁酉捌月十八日穀旦，衆等公立。

資料來源：廣西民族研究所編《廣西少數民族地區石刻碑文集》，廣西人民出版社，1982 年，第 126—128 頁；參見張羽新等主編《清朝安邊治國民族立法文獻彙編》43，中國民族攝影藝術出版社，2009 年，第 576—580 頁；黄鈺輯點《瑶族石刻録》，雲南民族出版社，1993 年，第 121—125 頁。

【備注】

《瑶族石刻録》碑文末時間爲光緒十三年八月十七日,《廣西少數民族地區石刻碑文集》、《清朝安邊治國民族立法文獻彙編》43 均爲光緒二十三年八月十八日,前者疑誤。

531 護林公約石碑

時間:光緒二十四年(1898)

地點:山東省烟臺市牟平區酒館村

北海岸上,全是沙灘。西北一帶,沙渚成山。風吹沙滚,大害莊田。賴有荆草,護庇海邊。禀官請示,封治多年。嚴禁樵采,拿獲送官。官法森嚴,决不姑寬。

大清光緒二十四年立。

資料來源:高承柱、衣玉華、姜寧《清代民間護林公約》,《烟臺晚報》2008 年 9 月 8 日;參見于元魁主編《烟臺市林業志》,烟臺市林業局,1987 年,第 147 頁。

532 禁山告示碑

時間:光緒二十五年(1899)

地點:湖南省湘潭市湘潭縣城南 50 公里紫荆山帝興庵内

規格:碑高 130 厘米、寬 65 厘米、厚 7 厘米。青石質。碑額刻"禁山告示"四字,楷書。碑文魏體。

欽賜花翎特用府在任候補直隸州準補長謝府安化縣調署湘潭縣正堂加十級紀録五次顧,爲出示嚴禁事。案據監生尹虎成、尹金堂、何錦漢、胡碧潭、雷湘春、尹述初、胡德卿、龔瑞卿、賓迪安,職員尹澍仁、周寅初、陳日興、譚福堂、楚明卿、羅清泉、尹子琴、尹獻初、尹東曉、胡輔成、陳興階、陳雲漠、胡雲漢、尹家鉦、尹家舟、尹金臺、羅必章、陳再雲、彭爲煥、楚漢貽、周有美、尹國文、馬揚清、胡潤生、陳見龍、陳輔丞、陳載久、袁嵩、彭德美、劉有德、尹長春、徐志光、劉仁義、雷宗作、劉清華堂、陳青雲、尹荆侖庵、尹顯吾公、尹同榮堂、陳四德堂等,以挖伐竊害、公懇示禁等事,禀稱緊准。朽木爛柴,皆係有主之物,山有野草,亦嚴妄取之條,而況勝用之良材,可任匪徒肆竊也哉?□住等界連赤欒,居近紫荆,紫荆者,舊志所謂湘山是也。地占三都,形跨數十里,西北之峰巒盡聳,東南之田畝無多,凡居山下之民,皆賴其中之利;造到蔡侯之紙,資竹笋以謀生,結來處士之廬,非材株不爲力。固宜厚加培植,待其亭亭,豈容坐視傷殘?若披濯濯,乃以山無牛牧。賊競蜂狂,此去彼來,朝挖夕伐。揮鋤帶雨,不顧冬笋春笋、新竹老竹之苗;運斧成風,那管大株小株、松樹雜樹之要。視有業之無主,奈斯人其爲何。况夫冬笋爲春笋之萌,一被摧殘,則竹無再子,小株是大株之漸,幾經戕賊,而樹莫成林。龍筋鳳尾之資,生源既薄,鳩婦雛兒之口,養命奚米。念此情形,殊堪痛恨。尤有甚者,山主查拿已獲,乃敢結伴行凶;地鄰公道出言,卒至解衣惹禍。

興言乃此，於法何容？兹逢南來作佛，宰輔稱神，竹帛垂勛，樹人有福，特請煌煌之示。禁伐禁挖，立除種種之好；活民活物，從此琅玕竹長。頻邀尹子之風，亦於蔽芾棠前，敢拜召公之政，仰祈駿惠，俯候鴻批，上稟等情到縣。據此情除批示外，合行出示嚴禁。爲此示仰該處居民人等知悉：自示之後，各宜安守本份，毋得貪圖小利，恣意竊挖竹笋，砍伐樹株，倘敢故違，□業□時，指名具稟，定即拿案，從嚴懲治，决不姑寬。各其凛遵毋違，切切，特示！

右仰通知。

光緒二十五年十一月二十四日，實貼曉諭四都公刊。

資料來源：湖南省地方志編纂委員會編《湖南省志·文物志》，湖南出版社，1995 年，第 571—572 頁；參見劉剛主編《湖湘碑刻》（一），湖南美術出版社，2009 年，第 57—58 頁。

533 護林碑

時間：光緒二十五年（1899）

地點：湖南省邵陽市綏寧縣鵝公嶺侗族鄉

地方富貴福澤，罔非風水培成。此處高品水口，先人培植成林。恐後無知毁敗，預立封禁碑文。兼封客人貿木，河内不許流行。如有盜砍悖禁，公同罰責稟呈。所愿各遵禁約，當興一地人文。

光緒己亥冬月吉日，高品衆等封禁。

資料來源：劉黎光主編《湘西民俗文化》，中央民族學院出版社，1993 年，第 63 頁；參見王坤《護林碑刻的分類及其功能透析——基於綏寧縣護林碑刻的考察》，《湖南農業大學學報(社會科學版)》2011 年第 6 期。

534 永禁九盤山碑

時間：光緒二十五年(1899)

地點：浙江省麗水市縉雲縣五雲鎮勝利街西端

規格：碑高 120 厘米、寬 53 厘米。碑額刻“永禁九盤山”五字，篆書。碑文楷書。共 12 行。

欽加同知銜賞戴藍翎特授縉雲縣正堂加三級記録四次范，爲出示勒石嚴禁事。照得城西九盤山，□名火焰山，關係全邑風水。歷來祥樹成蔭，毋許砍伐。經陳前縣給示，永禁在案。兹復據□董貢生監生丁易、樊培元、廩生應汝霖、生員柯枝雲等，以該山柴木，誠恐新遷民户未知禁令，誤入砍伐，聯名叩請示禁前來。除批示外，合行出示勒石嚴禁。爲此示仰合邑軍民人等知示：爾等須知九盤山林木，既關合邑風水，又係城内灾祥。方飭補種不遑，豈容偷竊擅伐。自示之後，務各恪遵禁令，不准覬覦砍伐。倘敢帶刀上山偷折盜砍者，一經巡□或被告發，定即提縣，從重究辦，决不稍寬。其各凛遵毋違，特示！

布仰知悉。

資料來源：筆者赴當地抄録。

535 奉憲示禁碑

時間：光緒二十六年(1900)

地點：廣東省中山市東區槎橋村

規格：碑高 158 厘米、寬 61 厘米、厚 15 厘米。麻石質。碑文楷書，陰刻。

欽加知府銜補用隸□特□□□□正堂四十級紀録十次史，爲出示嚴禁事。現□茶奇洛村耆民郭景賢等呈稱：耆等茶奇洛村後山一帶種植樹木，俾資障衛風水攸關，且該山多村人先塋所在，松楸瞻仰同深，勿剪勿伐之梢。詎近被城南下□□□采護人等，往往三五成群恃衆盜砍，屢經村練更保禁止，弗恤昨投明城南約紳勸禁，仍無忌憚紂思物。各有事主耆村後山樹木乃係自行種植，不比官山果木任意樵蘇。况查盜砍他人持塋樹木，律有明條，似此恃衆强砍，誠恐村人無知囚禁成爭，或致生端釀禍□乞恩准賞示諭禁等情。據此，除批揭示外，合行出示嚴禁。爲此示諭樵采人等知悉：爾等須知該村後山一帶樹木原爲障衛風水而設，毋得恃衆盜砍滋生事端。經此次示禁之後，如敢故違，許該村耆指名禀赴本縣，以憑飭拿懲究。其各凜遵毋違，特示！

光緒二十六年五月二十日示。

發仰茶奇洛村勒石曉諭。

資料來源:中山市文化局編《中山市文物志》,廣東人民出版社,1999 年,第 79 頁。

536 三藏寺禁碑

時間:光緒二十六年(1900)

地點:山西省太原市陽曲縣泥屯鎮三藏寺

告白

三村公議立禁:長壽山爲山高峻秀,有仙人;林水流清,有龍,則池水繞周圍上下寺院,洋洋乎盈而哉。松林茂盛,村中無耻之徒入山,伐樹株刊皮,拾松羊,伐松枝。牛羊入山,立松毛,糾首議立禁條,罰錢伍千文;松羊、松枝、松毛,罰凡三千;牛羊入,罰凡貳千文。香油、邊炮全用。東、南至常處地,西至馬善渠,北至畔,四至分明。不論村中人等拿獲,賞錢壹千文。立石爲證。不許廟上伐松枝。

三村糾首人等同具旨。

大清光緒二十六年仲冬初旬立。

資料來源:山西省太原市郭先生提供。

537 鳴條古柏録存碑記

時間:光緒二十六年(1900)

地點:山西省運城市鳴條舜帝陵廟

據邑舊志與鳴條碑,舜陵垣内大柏五十餘章,皆數十圍,而南下長坂夾道兩夫妻柏不與焉。肅深古茂,幾千年物,凡所以護帝陵、表聖迹也。自明迄今,供修廟費,斷株鬻金者濱五次。閲稽其數,去半已多,巋然所存,僅二十餘,合後補栽,共録記文,尚不滿百。倘有陵後一歲一植,至今當成四千餘樹,乃昔者也葱鬱,今也蕭疏,兼之唐宋殘碣,一歸無有,所賴以志陵寢者,專仗此根石,柯銅參天,黛色以永年也。在後之人,可不思有以保護之耶?

余同治間,從朝邑師相閻文介公,讀栖岩山館,夏游賀村,遇一大柏,約四十圍。師曰:“此秦漢物,見所未見。”余即對曰:“尚不若鳴條古柏之蒼老爾,且此柏止一,鳴條十,率五十圍大,遠望枝幹,好似龍形。”師以余言近誇。是冬,令余咏《栖岩雪竹》,余末句又云:“惟有鳴條老蒼柏,寒來暑去總不知。”師以子總誇鳴條。逮光緒中,師奉聖詔北上,過此參陵,一爲顧瞻,乃駭然謂左右曰:“杜某前言,信不誣也。”

夫以王公大人瞻拜陵墓者,不知凡幾;官紳士庶建修殿廷者,不知凡幾;著陵辨勒碑銘者,又不知凡幾,人多物化,罕有存者,而獨此蒼顔與陵終古,較之不足文獻,不猶足徵信後世乎?昔孔子不去告朔餼羊,朱子以爲禮廢羊存,猶得識之而可復焉。余之欲存古柏,不忍或傷者,亦是意也。今約記柏數,五十餘圍者五，四十餘圍者八，二三十圍者十，神道兩旁俗名夫妻柏者二，以其陰陽相抱，故父老相傳古有是名。至後栽之數十，約一二百年者，姑不具録。

大清光緒廿六年冬月。

不華子杜居實書。

資料來源：張正明、〔英〕科大衛、王勇紅編著《明清山西碑刻資料選（續一）》，山西古籍出版社，2007 年，第 9—10 頁。

538 閤村公山松嶺碑記

時間：光緒二十六年（1900）

地點：雲南省大理白族自治州洱源縣

規格：碑高 66 厘米、寬 44 厘米。

從來人才之生，由於風脉之盛，而風脉在乎培養。培養如何？亦日保其樹木耳。蓋棫樸興作人之化，菁莪即造士之方，則樹木以後，自樹偉人，豈語虚哉？念東山岩岩，號曰天馬，高峰芴立，翠嶂雲排，山下出泉，廣施利津。松高百尺，逸響玲瓏；塔蒔千尋，文華深秀，地之靈也人自杰，含既英兮吐自華，所以古時人才蒸蒸日上。故丙辰兵燹之際，生民離散，樹木遭傷，芃芃之形幾成濯濯之象。山靈有知，亦總隱憾而已。

人於灾過痛定之時，思復歸觀，嚴爲保護，數十年内而樹林略壯觀矣。奈人心狠毒，晝刊夜伐，斧斤相尋，邑中紳耆庶民極目傷心,爰約數十人,踴躍贊襄,遂每户嚴搜,共得罰錢三十千文,以正鄉規,然卒不能挽回密林清風長松明月於萬一,良可悲也。望後之君子,接踵保護,加緊培養,雖難驟復古模於今日,豈不能漸復古模於他年乎? 所以三節會議,永定萬世章程,無論紳民,一經拿獲,於罰制銀十兩。議將會議條規,開明於後:

一、遠近晝夜,不得偷刊;

二、河埂倒壞,不得(抾)〔擅〕入伐樹;

三、護艾于茅,禁止刈割樹枝葉;

四、樹鞦韆架,不得便入其中遭伐;

五、左右私山,禁止路行此地;

六、本主巡方,不准挖刊柴根;

七、大士游境,不得入中伐木;

八、松根松葉,不得隨便偷撈;

九、村中紅事,永遠不准取彩;

十、看溝人等,不得從中取材。

資料來源:曹善壽主編、李榮高編注《雲南林業文化碑刻》,德宏民族出版社,2005 年,第 450—454 頁。

539 烏石村奉官立禁碑

時間:光緒二十七年(1901)

地點:海南省萬寧市新梅鄉烏石村民昌閣廟前大門側墻壁上

規格：碑高 130 厘米、寬 50 厘米，碑文楷書，陰刻。

欽加同知銜代理陵水縣事問用縣正堂加十級紀録次季，爲出示嚴禁事。現據排嶺烏石村生員黄鶴儀、耆民王定智、王之國、王之家、王定芳、吴肇魁、陳創國、黄樹藩、盧明璋、黄學冠、劉文光、陳創經等呈詳：竊生等環居烏石一鄉，居海之濱，正賴海山以爲前案，并賴海山以爲皮毛，又各家歷代墓葬於山中者，指不勝數。現有萬州蠻徒，每月約有八九次放船來海濱，入山亂伐樹木，載回萬州，以爲生意。□來伐之時，不顧墳墓前後左右，亂伐樹木，打傷墳墓；無論鄉里南北東西，亂伐樹木，戕傷鄉里。忖思方土原養方民，誰肯以遠方之人越境而來擾害若此乎？倘來，乞懸出諭示立禁碑。恐暗傷陰地者，人丁因之失散；戕傷陽居者，村運因之衰微。叩□示禁等情到縣。據此，除批揭示外，合行出示曉諭。爲此示諭烏石等圖各處遠人等知悉：自示之後，烏石圖界内，如有墳墓之山，不准亂砍樹木，即不墳之山，凡以海濱者亦無准亂砍樹木。倘有恃强砍伐，一經該圖呈按，立即拿案究懲。各宜凛遵毋違，特示！

現禁牛馬一事，切勿縱害田園，苟有無遵曉諭，立稟報嚴懲。

一議白日縱放牛馬，擾害田園，捉著者，罰錢五十文；夜間捉著者，罰錢一百文；

一議無論日夜縱放牛馬，擾害田園，巡丁踵門三告，苟無收留，亂以打死是定；

一議有船放來海濱，入山亂伐樹木者，收將船攔阻，發入充公是定。

右諭通知。

光緒二十七年正月二十九日告示。

實貼烏石村曉諭。

資料來源:海南省萬寧市博物館顧時是先生 1998 年 8 月 11 日抄,2002 年 2 月 7 日蒙黄淑美女士提供;又見譚棣華、曹騰騑、冼劍民編《廣東碑刻集》,廣東高等教育出版社,2001 年,第 953—954 頁。

540 嚴禁墾布山場以保田廬告示碑

時間:光緒二十七年(1901)

地點:浙江省杭州桐廬縣分水鎮分水招待所

規格:碑高 95 厘米、寬 66 厘米。

欽加四品銜賞戴花翎即用總捕府署理分水縣正堂李,爲出示嚴禁墾布山場,以保田廬而裕課賦事案。據職員張嘉蔭、張嘉葉,監生張清謙、張浚謙等禀稱:職等於同治年間來分,置買蠡湖、虹橋等莊荒田七百餘畝,召佃墾辟,糧由張復興户完納。詎有安慶、江西等省客民陳磊亭、徐位從、戴瑞貴、王老狗等,糾集各處客民膽將禁墾山場土名分水塢内鬥鷄塢、浪石塢、何欠塢、江西坂等處開闢布種,農佃往阻。據該客民聲稱,有土民召墾,倚恃不耳。現在山被開掘,一逢天雨,沙石隨水奔注,壅塞該莊水口,本年夏間洪水陡發,沙石冲没田疇,計虹橋莊内被沙淤石積田百餘十畝之多,委實受害非淺。查該塢山場,前於咸豐年間經城鄉士民稟奉府憲勒石,永禁開布有案,至今禁碑尚在,粘抄碑示公叩、飭封嚴禁等情到縣。據此,查前項山場既奉憲示永禁,豈容擅行召墾,以致有害田廬,除批示并飭差保查封外,合再出示嚴禁。爲此示仰業户客民人等一體知悉:爾等須知禁墾山場原爲保全田廬,國課、民生兩有裨益。所有前項各土民山場,各客民不得違禁墾布,土著民人亦不准私行召墾,貽害田疇。自示之後,務各一律停墾,該客民等應即各自遷移,另謀生計,不得任意逗留。倘敢故違禁令,一經指控,定即提同該山主等,一并重究不貸。本縣令出必行,慎勿嘗試。其各懔遵毋違,切切,特示!

右仰知悉。

光緒二十七年拾月十七日給。

資料來源:王順慶著《分水訪碑録》,浙江大學出版社,2009年,第20—21頁。

541 觀音山護林碑

時間:光緒二十八年(1902)

地點:雲南省大理白族自治州洱源縣牛街中學院内

規格:碑高80厘米、寬56厘米。青石質。

欽賜花翎補用知府郡□直隸州偕授鶴慶州正堂加三級紀録六次記□功十二郡，出示嚴禁事。照得本州現奉上憲，明文飭各州縣督紳，種植樹木在案。玆據各村紳團約甲等稟稱：牛街東西山松樹概被無知愚民各帶斧斤，晝夜戕賊，以供柴薪，彼此效尤，毫無忌憚，將來樹木一空，呈請示禁等情。合行出示永禁。爲此示仰合壩諸民及各色人等知悉：所有已成樹木，務宜家喻曉，齊心保護，毋得只圖近便，仍蹈前轍。自示之後，倘敢妄砍松樹，剪獲松枝，以供炊爨，一經查獲，定即提按嚴辦，加倍追賠。本州言出法隨，决不寬貸。各宜懍遵，切切，特示！

謹將公議鄉規列後：

一、馬馱松柴，每馱罰銀伍兩；

一、過年栽松，每棵罰銀四兩；

一、肩挑背負，每人罰銀三兩；

一、刀獲松枝，每人罰銀二兩。

右仰通知。

光緒二十八年七月初十日，觀音山閤壩紳團約甲人等公立。

資料來源：曹善壽主編、李榮高編注《雲南林業文化碑刻》，德宏民族出版社，2005年，第468—470頁。

542 封山育林告示碑

時間：光緒二十九年(1903)

地點：雲南省大理白族自治州彌渡縣紅星鄉大三村

……爲出事嚴禁事案。據團紳楊玉發、紳耆彭汝香、劉锐、李大英、孔憲章、字煜等稟稱：維彌渡東西兩山一帶山産松樹，公私起蓋所需，而且價廉。省自地方肅清，而一切神祠、衙署、城鄉民産、刹觀廟宇竟另行起蓋，竟將東西兩山松樹之成材者砍伐殆盡。此年來，間又有可作房料者，又被附近鄉樵晝夜占伐，以致濯濯不堪，然其間尚有待養成材者亦屬不少，始蒙福星給示，保護不數年後可期成材，於公私大小俾益，以後賜福嚴禁。凡川中牧樵上山，只准砍伐雜木樹，不准砍伐果木、松樹及盜修松枝。藉故砍樹，即山主亦不准因固無用而砍伐己山松樹，只准砍伐雜木，若違，一律干究。自此示禁之後，再有川中野樵上山，占伐松樹，盜修松枝者，准鄉約、夥頭、管事、老民，將人畜刀斧，連所砍之樹及柴送官究治。……據此，查地方林木，應栽護惜勵，奉上究通，廣爲種植，嚴禁樵木砍伐以備材用，并開利源等因在案。除原詞批示外，合行出示嚴禁。爲此示仰該處附近山村、軍民、山主人等一體遵照：自示之後，所有地方木植務須妥爲護蓄，倘有擅伐松樹，盜剔松枝并砍伐年松火把及樵牧删夷萌蘖，肆行踐踏山地、烟麥等事，准該地方鄉約、頭目人等查實送案，立即從嚴懲究，決不姑寬……

光緒二十九年癸卯清和月下吉旦。

資料來源：雲南省地方志編纂委員會總纂、雲南省林業廳

編撰《雲南省志》卷三十六《林業志》，雲南人民出版社，2003年，第877頁；參見曹善壽主編、李榮高編注《雲南林業文化碑刻》，德宏民族出版社，2005年，第472—474頁。

543 方山松樹記碑

時間：光緒二十九年（1903）

地點：山東省潍坊市昌樂縣方山龍神祠

規格：地上部分現高95.5厘米、寬56.5厘米、厚14厘米。碑文楷書。

竊維山之有松，所以庇神靈也。營陵城東二十里，有山曰方山。山□西麓舊有威靈侯廟，有求必應，福佑四方，歷數代矣。其石檻外有大松七株，闊三尺□奇，名曰七星樹，盤根錯節，不計年代。此外巨細不等，山之上下，約一□五百餘松，非前人董事之所栽培，即昔輩禪師之所種植也。

光緒丙□，因樵牧無知，屢有毁傷，曾立碑定罰，以爲入山者戒。迄今二十餘載□恐碑文没滅，人皆慢不經心也。共議再建新碑，嚴立罰約，俾斧斤不□，以任松之滋長焉。庶年益久而松益茂，鬱鬱蒼蒼而神靈有庇，以仰□國家神道設教之至意，是固松之幸，實山之靈也。是爲碑記。

議伐者罰錢五十千。

盜賣者罰錢一百千。

毁傷者罰栽松一百株。

光緒二十九年十二月,山下二十四村公立。

資料來源:趙衛東、莊明軍編《山東道教碑刻集·青州、昌樂卷》,齊魯書社,2010年,第389頁。

544 四川全省提督軍門馬示碑

時間:光緒三十年(1904)

地點:四川省成都市金堂縣雲頂山廟内

四川全省提督軍門馬示:照得名勝叢林,向稱雲頂山寺。殿宇既甚峥嶸,樹木尤爲蓊翳。足知山岳鍾靈,并荷神功蔭庇。若非愛惜護持,深慮傾頹凋敝。前此巡駐寺中,曾經體察審視。亟應示禁從嚴,以期長保勝地。該寺經理衆僧,不得辭其責備。隨時勤加護惜,灑掃培養周至。爾等附近居民,以及進香人士。凡屬房垣竹木,均毋砍伐毁弃。入寺流覽諸人,亦勿踐踏滋事。倘敢故違不遵,許即扭送懲治。

大清光緒三十年端月初二日給。

資料來源:高文、高成剛編《四川歷代碑刻》,四川大學出版社,1990年,第337頁。

545 抱管鄉公汪壩禁賭碑

時間:光緒三十年(1904)

地點：貴州省黔南布依族苗族自治州貴定縣抱管鄉公汪寨

管子有言，“倉廩實而知禮節，衣食足而知榮辱”。蓋必習正業，然後得之以禮分享。近來有諸後生學賭錢、打牌、撻十三等事，我等若不約而戒之，情恐輸去銀錢，勢必傾家，窮極無他，必挖墻狗盜。因錙銖之利，以致净傷，釀出人命，其害深於胡底矣。是以邀鄉鄰族長議之，庶使我新興之後生苦讀勤耕，俾倉廩實、禮義興，革習改過自新，則我等後代豈不興而又興者歟。

謹將條規開列於左：

一議稻梁菽麥稷因人所食而種，若放牛馬踐踏罰銀一兩，人衆格外照地賠還。俗言莊里收成，皇糧須要緊，其是之謂歟；

一議賭錢、打牌、撻十三等事，罰銀三兩，不從者，管究自以作孽；

一偷田間稻草、山林樹、園中小菜罰銀二兩，有報者，賞號錢五百文；

一議公衆山之樹木留培闔寨風水，有偷去砍伐者，拿獲賞銀二兩。

光緒三十年花月朔日新興闔寨公衆立。

資料來源：祝時克《抱管鄉公汪壩禁賭碑》，《貴定文史資料選輯》第 7 輯，第 119 頁。

546 禁止砍伐公山樹木碑

時間：光緒三十年(1904)

地點：雲南省昆明市官渡區

規格：碑高 96 厘米、寬 44 厘米。青石質。碑文楷書。共 13 行，滿行 36 字。

花翎同知銜調署昆明縣事特授順寧縣正堂加三級紀録六次桂，爲給示勒石，以垂永久事案。據板橋堡瓦角村住人吴有壽、吴華等，因争公山樹木具控楊成喜等一案。當經集訊，明確斷令吴有壽、吴華、楊成喜等均不得再往公山砍樹，并斷令該村民等，無論何姓從前於公山場内蓄養樹木，仍照古規，歸公處照管保護，以培風水，不准私家砍伐。若公處動用樹木，亦必須修寺蓋廟，大公至正之事，方能砍伐。均各進結完案。兹據該村鄉民趙開春、趙長生、李國榮、吴洪舉、李國勤等呈稱：吴有壽等争砍山樹一案，恩斷至公，唯吴有壽等奸詐已極，誠恐明遵暗抗，有負厚恩，不得不預防後患，叩請賞示勒石，以垂永久而杜後患等情到縣。據此，除批示存案外，合行給示勒石。爲此示仰瓦角村居民人等一體遵照：自示之後，無論何人不准私砍公山樹木，尚有無耻之徒妄行砍伐，一經該村人等查實指禀，定即提案，從重究罰，决不姑寬各宜凛遵毋違，切切，特示！公山四至：東至李棋村，南至大路，西至深溝白泥箐，北至王北户村李棋村。四至外有小山頭，殺白羊山。

光緒三十年二月日示。

告示。右仰通知。

發瓦角村公處勒石遵守。

資料來源：昆明市官渡區地方志編纂委員會編纂《官渡區志》，雲南人民出版社，1999年，第733—734頁；參見曹善壽主編、李榮高編注《雲南林業文化碑刻》，德宏民族出版社，2005年，第484—485頁。

547 永定團規碑

時間：光緒三十年(1904)

地點：湖南省邵陽市新邵縣釀溪鎮

規格：碑額刻"永定團碑"四字。

勒石立碑以正團規，以垂久遠，是以爲引。計開團規款約於後：

一議各家第男子侄，必需尊敬長上，和睦親族；

一議國賦重件，必要早完，以免拖累房推差擾；

一議不准交結外人入村，引誘人家弟子驕奢；

一議團中不准打牌賭博，違者責罰錢三串文；

一議不准亂砍剁油茶、竹、柴薪，公同責罰錢二串文；

一議團中不准持刀逞凶，吃酒滋鬧，違者公罰；

一議團中婦女，不准横行咒駡，恐生禍端，違者責罰；

一議春耕之田，各有壩水灌濟，不准攔腰截放；

一議秋收之期，毋得任畜踐食五穀，違者量地賠還；

一議茶桐油子熟期,不許亂行摘取,違者責明;
一議款内有雀角争論,投團理斥,毋得聽唆興訟;
一議早晚不准面生之人牽牛過境,務須盤查。
以上所議各條,均應遵守,違者公共禀究。
大清皇上光緒三十年甲辰歲暑月上浣穀旦。

資料來源:中國人民政治協商會議會同縣委員會文史資料委員會、會同縣民族事務委員會編《會同文史資料》第三輯,1988年,第78頁。

548 黑油溝公議禁碑

時間:光緒三十年(1904)

地點:陝西省安康市東鎮鄉黑牛溝碑記埡

規格:碑高106厘米、寬55厘米。碑額刻"大團公議"四字。碑文楷書。

上松樹鋪來遠里黑油溝爲除害安良、以正風化事。緣我境地屬高山,貧苦已極,所有出産,唯有五穀山貨等物,概可營生。無奈世風不古,民习日偷,藐視王章,罔知責耻,常窩藏匪類,以賭博爲生,甚至狗党胡行,爲盗爲賊。嗚呼,世道流污,何至如是耶。若不實力整頓,則偷風日熾,爲害無底。所以衆等公議,一草一木,各有所主,不准越畔相侵,故嚴立數禁,刊刻於後。倘有無耻之徒,故犯此禁,若被拿獲,無論皇親國戚,送公重懲,决不容情。自禁以後,伏願四鄉人等一體凛遵,庶可隆聖王之教化,挽自下之頽風也已。是爲序。

一禁紅黑簽匪,人得而誅,我境商議,不准屯留。

一禁野凹孤山,人户不繁,盜賊逞志,拿獲送官。

一禁山貨等物,五穀竹木,各有所主,不能亂拿。

一禁賭博之人,拿獲重懲,窩賂之家,房屋充公。

一禁拿獲盜賊,受賄不禀,若被查明,與賊無别。

一禁本境遠鄉,賭盜衆匪,知禁犯禁,公議不容。

以上六條,白日查獲,賞錢四百;黑夜拿獲,賞錢八百;送信者賞錢四百。决不食言。

光緒三十年七月上浣,公議公立。

資料來源:張沛編著《安康碑石》,三秦出版社,1991 年,第347—348 頁。

549 鄉規民約碑

時間:光緒三十年(1904)

地點:雲南省臨滄市雲縣

同哥太平

歐加史部候選學副堂、府貢進士應星氏羅謹規題

聞之古者家有塾,黨有庠,州有序,國有學,凡所爲數人而設也。當此隆平之時,國中黎庶,各務本業,自安本分,弭盜賊

而花陰風静，興於仁，以事親從兄。含哺鼓腹，同占聖朝之雨露，旰食宵衣，共沐仁壽之恩膏也。若今之群子豈徒順之，要爲規箴鄉村，戒禁里巷，先以盡孝悌而敦人倫，後乃歌君德，而厚風俗。使同然。遵往古之遺黎，而能爲遷善改過，去邪歸正。且爲之家皆詩書之徒，入孝出悌命安之，户皆禮樂之選，親上救長。譬之爲士者，乃四民之首，則當諷詰讜諭，以瞰四民之差安，命之行商坐賈，務農講武，各自孝悌力田，盡軌納於飲射讀法之中。善哉，善哉，豈不懿哉！從今之輩，有等博戀鬥狠，不孝父母，有等迭游宴樂，罔竭力田而且爲之，夜游穿窬者有之，搜寨搶奪者亦有之，耗園摩圃者有之，竊牛盜騾者亦有之。父母凍餓，妻子離散，其弊不可勝言矣。余爲此憂懼，坐視不忍，竊嘆伉於王制者多，倨官舍者亦多頹風敗俗，余豈忍哉。所以商議鄉村耆長、保甲，例規分條，一一箴戒，勿得一人伉傲，冒犯規條。或村内少壯之人，意欲出於他方做生理、沽工，先要問明耆長、保甲，方准出去，不必告云之東，又更適西，而音問疏，總之一二月回鄉，不必去久。或他方異服異言之人經過，進村内乞宿者，要問奚自何來？要有荷擔方可得宿。若無荷擔，不可袒護他鄉之人，進村内藉事生端敲磕者，而村内首目之輩，務要齊集商議，即捐派銀兩，將他捆出，送官究治。或村内被賊，失落牲畜，并及牧場搶去，而精壯之人，見户一個，各帶三日開費，齊集幫追，以三槍牛角令，聞之時，勿得一人藉故推諉。自例規之後，各宜同心同德，懔之遵之，而村内人民永享清平焉耳。

一規不可忤逆父母。

二規不可輕慢尊長。
三規不可窩留聚賭。
四規不可爲匪作賊。
五規不可冒行具控。
六規不可放火燒山。
七規不可冒放牲畜。
八規不可妄動草木。
九規不可耗園靡圃。
十規不可横行打架。
光緒三十年秋菊月中浣，暨鄉村紳耆保甲人等同立。

資料來源：曹善壽主編、李榮高編注《雲南林業文化碑刻》，德宏民族出版社，2005年，第488—493頁。

550 流芳百世碑

時間：光緒三十年(1904)

地點：貴州省黔東南苗族侗族自治州錦屏縣彦洞鄉彦洞村

在任候補道調補黎平府正堂卓異加一級隨帶加一級紀録十次王，爲出示嚴禁事。案據念洞鄉團羅永開、周文鳳、黄啓安等以公懇給示以靖地方而除盜源事：緣團等地方，山多田少，地脊民貧。於同治年間苗匪叛亂，衝殺破卡，死亡甚多，拋尸首安埋立冢，均有後嗣祭掃。近來有不等之輩，不顧人之墳塋，圖就便道，專以擅放牛馬，竟將葬墳之處，朝去夕來踏成大路，踩奔墳冢，露棺現尸。人皆父母，莫不切齒。兼團等地方，栽蓄杉、桐、臘并田中禾麥，沙泥田埂，亦被食踩，可惡至極。甚至游手好閑之流，三五成群，日聽鄉村探聽，夜則挖墻劫擄，以及放火燒山。種種不法，殊勘痛恨。團等實因地方起見，不忍坐視不前，是以會同約齊首人，再四思維，惟有俯懇仁天案下賞給示諭，一并嚴究，俾地方横暴之徒不得再行故犯，稟請給示嚴禁等情到府。據此合行出示曉諭。爲此示仰軍民人等一體知悉：自示之後，如有該地方栽蓄杉、桐、臘等樹，無得任意妄行盜砍及放火焚燒、放牧牛馬等情事。倘敢不遵，仍蹈故轍，准該鄉團等指名具稟，定即提案重懲，决不姑息寬容。各宜凛遵毋違，特示！

右諭通知。

告示。

光緒三十年十一月十四日示。

實帖念洞曉諭。

資料來源：錦屏縣政協文史資料委員會編、姚熾昌選輯點校《錦屏碑文選輯》，1997 年，第 62 頁。

551 嚴禁毁壞山石樹林碑記

時間：光緒三十年(1904)

地點：廣西自治區賀州市

署理賀縣正堂李均琦，爲諭飭事案，據職員莫廣機、耆民陳日奇、陳步雲、陳斗亮等稟控莫啓詩等挖取石城山石，毁碉寨等情。據此出示嚴禁外，合行諭飭。爲此諭仰該職員、耆民等遵照，即便會同鋪門團紳，速將石城原有碉寨刻日修理完固。如有不肖之徒膽敢挖取該處山石，并周圍石山樹木，准即指稟，以憑拘案究辦。毋違，特示！

光緒三十年仲冬吉旦立。

資料來源：賀州市地方志編纂委員會編《賀州市志》（下卷），廣西人民出版社，2001 年，第 1018 頁。

552 示禁碑

時間：光緒三十年（1904）

地點：四川省成都市金堂縣雲頂山寺廟内

縣正堂李示：雲頂古刹，林木茂密。藉培神地，應宜護惜。聞有無賴，乘間偷竊。諭爾團保，隨時捕緝。倘有竊伐，務即拿獲。捆送來案，從重懲責。

大清光緒三十年嘉平二十八日給。

資料來源：高文、高成剛編《四川歷代碑刻》，四川大學出

版社,1990 年,第 338 頁。

553 尖隆村水利碑序

時間:光緒三十年(1904)

地點:雲南省大理市郊區下關鎮吊草村

蓋自天生水來,原以養人。水也者,源之遠者流自長,必有得天時之善者也。不然歲序之推遷靡定,天時之失運無期,或遇天乾有幾年,遇雨水有幾歲,則水之不平,迹人事之不明,特恐因水以起其事也。迄今自於光緒丙午年,尖隆村紳耆老幼人等,好意大存,公同妥議,言振起以水利,非但有益於一家,而在益於一邑,免前後以口舌相争,永斷禍害之根也。是故水利議定:每年到栽插之天,尊舉三人挖巡,工價送定叁仟。自栽插一開,守水三人晝夜招呼。須上潢下流自首以至於尾。勿得私意自蔽,不可縱欲偷安,要存大公無私之間。倘有護蔽,不論何人,見者報明,齊公加倍重罰。自一奪栽畢後,添苗水者,須從目前乾傷反轉還至,守到十五日滿爲挖息焉。自議水利後,各人聽其自然。水利不准私家大小男女來偷挖,各顧自己也。水利一嚴,人人各宜凛遵,莫到臨時異言,倘有不遵紀者,守水三人拿獲,速還村報明村中頭人紳老,齊公重罰銀兩,究治不貸,勿謂言之不先也。兼有論居深山者,以樹木爲重,以牧養爲專自,樹林一律不准以連根砍抬還家。牧養馬諸物,自收獲准放十日。其餘諸物之類,通年永不准濫放。自議數項之後，各人謹守牧養，如有不遵者，一再齊公重罰，勿得抗敖鄉規也。近因世道澆漓，人心險阻，空口無憑，遵請先生采擇，故垂碑勒石，永爲萬古不朽云云。是爲序。

資料來源：楊壽川主編，雲南省社會科學界聯合會、雲南省文化體制改革和文化産業發展領導小組辦公室組織編寫《雲南特色文化》，社會科學文獻出版社，2006 年，第 576 頁。

554 立禁伐古樹碑

時間：光緒三十年(1904)

地點：湖南省懷化市會同縣沙溪鄉

規格：碑高 94 厘米、寬 43 厘米、厚 19 厘米。青石質。碑文楷書。

嘗聞朝廷有律法，民間有禁條。吾地莊家界各處風水石樹，乃前人培禁功德告天，萬代興隆，但少立碑。恐人砍伐，故我等議規，立碑洞上。一村風水古樹永遠封山，不准采伐。如違，禀官究治，永定規程。

資料來源：張子平《古樹是我們的命根子——來自重點林區湖南省會同縣沙溪鄉保護古樹的故事》，“中國會同新聞網”2012 年 1 月 6 日。

555 南安縣示禁碑

時間:光緒三十一年(1905)

地點:福建省泉州市南安市

時住山佛化和尚勒石,嵌在前樓之後壁。

賞戴花翎在任候選府特授南安縣正堂加十級紀録十次譚,爲出示禁事。本據六月初六日,據監生蘇繼志,生員蘇毓麟、蘇輝煌、蘇則思、蘇則明、蘇藻華,耆老蘇朝封、蘇士容等簽稟稱:伊始祖梅齊公,自唐季義存大師建有雪峰寺,上塑三世尊佛,下祀義存歷代祖師,事載府縣志,昭昭可考。第代遠年湮,廢興不一,修葺不一。比光緒元年,寺傾塌。庚寅秋,鄉紳耆議請漳郡南山寺僧佛化爲住持,將舊管山洞田園獻充爲香火資。佛化來山,見樓閣就傾,金容剥落。興其徒喜敏、喜松、喜静、喜宗、喜經、本來、本瑩、福安、定海、轉初、轉輝、轉華、轉塵等,後先拮据,力爲興復。郡人黄爾甌、鄭懷盤、黄培松、黄貽橋、張澤肅、葉福鈞、戴捷鯤、劉培元、何樹春、陳士章、杜文艮、葉崇禮、王青山等,出爲董事勸捐。由是大興土木,恢廓舊制,重塑寺中一切尊像。新建前後四小樓,東西廳房屋、山寮、放生池、護界宫,寺後花臺、山門外,彌陀石室、胡僧山望西寮,并修理雪峰慧泉一派路徑,又鎸釋大圭、釋妙應、杜文艮、住山佛化四尊石像,安在右畔小樓上,爲將來進善根目。棟宇軒豁,丹碧熒煌,極武榮一時之勝,遇雪峰未有之奇觀也。而歷年募緣增修,計費白金三萬有奇,謂非佛化禪師福慧齊彰,其能廣化人緣而成就此功德者哉。因恐近處居民與不肖僧徒、樾主不肖子孫，日後將寺中物業私行變賣，抑或有混占强圖，鼠竊狗偷，議開罰規。合懇出示嚴禁，以杜後患等情。當經批著該寺産業，列單另稟在案。兹據監生蘇繼志遵批開單續稟前來除批示外，合行示禁。爲此示仰該處附近居民及僧徒、施主人等知悉：爾等須知雪峰、慧泉兩寺物産田業，係資供佛費用。自示之後，務各遵照後開罰規，不准擅將各該寺物産私行變賣，强占以及鼠竊狗偷各情事。倘敢故違，一經訪聞，或被指稟，定即拘案分别訊究罰辦，决不姑寬。各宜懔遵毋違，特示！

計開：

一雪峰承管本山界，東至磨内山脚及廣佛下。西至脚屈石門。南至胡僧拜佛山頂及橋路。北至山尖砂頂寺後左右兩坑。其田在山界内，共受種二石七斗。

一雪峰寺現買産山一所，坐在本寺左邊，土名消膏石。東至山中風爐穴，西至山頭分水，南至大幫坑，北至山頭分水爲界。

一禁盜砍柏木，罰油三十斤。

一禁盜砍萩尾，罰油二十斤。

一禁盜割草菜根株，罰油一十斤。

一禁盜割芼尾，罰油一十斤。

一禁盜抄萩尾芼尾，罰油一十斤。

一禁放牛羊蹭踏田園五穀及山中柏木茶樹，罰油一十斤。

一禁偷盜寺中内外五穀，家器雜物，從重議罰。

光緒三十一年十月日。

給實貼雪峰寺。

資料來源：潘英南、吕榮哲編《南安碑刻》，作家出版社，2003年，第188—190頁。

556 水南陳氏族規碑

時間：光緒三十一年(1905)

地點：廣東省東莞市石碣鎮水南村陳氏宗祠

規格：碑高40厘米、寬66厘米。

族規：

一、祖祠乃安奉先靈之地，不得圈畜牛豬鷄鴨及堆積柴草污穢塞渠等物，以壯觀瞻而昭誠敬。違者斥責，重則議罰革胙。圍内并不得載蔑霉鹹菜桶，倘壞磚石之處，罰銀拾大員。

一、我族子姓一脉相承，稱呼各宜循分，其神主必要查明世系，方可雕寫。承繼者當查明世系，相合即世系合矣，仍要十五年以長方可。倘有諸弊，尊卑絮亂，查出革胙。

一、祖嘗乃輸糧、祭祀、修整祠宇村場等用。如有不肖紳耆等盜賣私批、擅改租項及串同佃客隱匿、吞騙、逋欠等弊，查出追償，仍當永遠革胙。春色賞封，概由新婚新丁科派。同姓係本邑者，遇夜不能他徙，則由祖嘗但封席金貳大圓。

一、子侄如有欺辱紳耆、淩虐新舊圍同姓、透生入熟、窩聚匪黨、偷竊搶劫情事，一經發覺，小則責革，大則聯名禀官，嚴拘究辦。倘遇追贓繳紅交匪，先將該匪家産填償，若仍不足，由親及疏挨派繳足；匪由親屬綑送，不得推諉，違者禀官追究。

一、族内房屋不得租賃外姓、賊匪，即同姓亦應查明良歹，不許混租。違者斥責驅逐，倘敢抗租及同作弊，與竊劫同罪，稟請查封房屋，勒令親屬送官究辦。

一、樹木果竹桑菜等物，乃人力培植，或爲風水或藉出息，不拘本姓别姓不得毁耗。倘遇經投及見證確鑿，定必加倍責罰，再犯加五倍。如該匪無力應罰，由親及疏抵足，絶不姑寬。若犯奸拐重案，公同革罰送究。本族前後左右屋宇田園，恐礙風水，不得私自典賣别姓。違者革胙，仍責該親屬贖回。

時光緒叁拾壹年十一月初四日，陳世昌堂紳耆公立。

二十世孫景梁謹議，命男濂書丹。

資料來源：東莞市文化廣電新聞出版局編《東莞歷代碑刻選集》，上海古籍出版社，2014 年，第 213—214 頁。

557 洋墩村罰禁碑

時間：光緒三十一年(1905)

地點：福建省南平市武夷山市城東鄉洋墩村山道一座風雨亭的土墻内

立罰禁：洋墩等處杉、松、檜、竹、笋，後日不得老幼亂砍。如有盜砍，照衆罰碑一片，否則罰洋銀三兩存衆，决不順情。謹此告白。

光緒卅一年月日立罰碑。

資料來源：佚名《洋墩村發現清代護林碑》,《武夷山日報》2001 年 4 月 11 日。

558 龍王廟護林碑

時間：光緒三十一年(1905)

地點：四川省巴中市通江縣

柏樹座落大龍洞,改名龍王廟,實屬先年風水。至今水桔□人叩許,特立龍王廟……木本水源,誰能外此。想當年□□以後,蓄樹四根。後世子孫……商議將大龍洞柏樹五根,廟子左右四根,合共數九根,永作□□以傳後世。異日倘有不法之徒占樹木,重請究除□□旁族。明有罰,暗有神,黄天監察,子孫永遠不得昌榮。禁蓄樹木者,家家人人清吉,户户平安,以作萬古不朽名。

資料來源：張浩良編著《绿色史料札記——巴山林木碑碣文集》,雲南大學出版社,1990 年,第 36—37 頁。

559 大水渼護林石碑

時間：光緒三十二年(1906)

地點：雲南省大理白族自治州鶴慶縣城郊鄉柳绿河村公所大水渼自然村

規格：碑高 150 厘米、寬 65 厘米、厚 12 厘米。

在任候補直隸州特授鶴慶州加三級記録五次童，爲發結印照永守管業事。案查馮紹唐、紹先弟兄具控從九趙鳳章、馮發科、等革良霸山等情到州，據此當經集訊。據趙鳳章供稱：馮紹唐弟兄向争之山，係伊等大水渼合村之公山、山名梨頭山，東到山頂，西至禿頭阱山頂，南至坎大阱，北至梨頭山。先輩公栽松樹成林以作合村共伐柴薪修造之用。山内早有張、趙、馮三姓及異性墳塋亂冢，議定無論何（性）〔姓〕埋墳，不得越至十丈之外，歷無異（性）〔姓〕，及至鶴遭兵燹，此山松樹盡被燒毁，傳後合村每户出人栽培數年迄今，仍後成林，不幸本年七月，野火燒山進入合村公山，將松樹燒死大半，合村每户將燒死者各搬回家作爲柴薪，被馮紹唐弟兄借其山有伊墳，即争繫伊山，前來侵霸等情。查此公山内舊埋有數（性）〔姓〕之墳，均無争競。馮紹唐弟兄何得藉墳圖霸，殊屬不合，斷令山仍歸合村公管，墳塋亦准公葬，但不得越出十丈之外，柴薪公同砍伐，二比遵結在案，合再發給印照。爲此照給大水渼合村紳耆管守等遵照，嗣後永照印，四至由公管業，不准何人私占，亦不准阻撓葬墳。切切，須至印照者。

（碑上人名略）

清光緒二十九年十一月初一日，印照。

清光緒三十二年二月立。

資料來源：曹善壽主編、李榮高編注《雲南林業文化碑

刻》,德宏民族出版社,2005年,第475—478頁。

560 斷沙會碑記

時間:光緒三十三年(1907)

地點:河南省滑縣城關鄉牛莊

規格:碑高115厘米、寬135厘米、厚30厘米。碑額刻"千古流芳"四字。碑四周有相連的花紋。

斷沙會碑記

嘗謂欲興利者,必以除害爲先;欲除害者,必以立法爲要。我滑以北飛沙之爲害,由來久矣。而舊有斷沙會,規矩嚴肅,鄰村守凡有采一薪伐一木以及牧牛羊常放牲畜者,悉分晝夜,按規責罰。而後飛沙不起,美利自興,田畝皆開也。斷沙之法,孰善於此哉!然而歲遠年湮,規矩疏忽,采伐薪木者甚多,牧放牛羊者亦復不少。甚者無賴之徒,偷竊田苗,以致此害復興也;其布種此□、麥也,冬日飛沙飄簸二麥,每因以樵其播植此木黍也,春日流沙吹嘘百穀,以難以葱籠,各莊首事,日睹心傷。公同商議,欲以除沙之害者,非復興斷沙會不爲功。於是公懇邑侯吕大老爺出一告示,特爲嚴禁。凡附近鄰村居民人等,一體知悉:自勒石之後,務將牲畜圈養,毋得任意牧放,周圍樹株柴薪,亦莫故意竊伐,倘敢故違,一往查出,或被指控,定即傳案究罰云。則知今日之斷沙,以較前日私立者之更爲嚴且善也。勒諸貞瑨,以志不朽云爾。

清光緒三十三年十月。

資料來源:政協滑縣委員會文史資料研究委員會編《滑縣文史資料》第3輯,1987年,第159頁;參見滑縣地方史志編纂委員會編《滑縣志》,中州古籍出版社,1997年,560頁。

561 衆議墳山禁砍樹木碑

時間:光緒三十四年(1908)

地點:貴州省黔西南布依族苗族自治州貞豐縣城北7公里布依族聚居的必克村,碑豎於村郊墳山

規格:碑高100厘米、寬27厘米。碑文楷書,陰刻。

悟有戎瓦,戎賴祖祠墳山。陸氏一支議定,每年清明挂祭,以存報本之心。宜效先前無改,故古之道觀。歷來名山,以樹梣爲尊,平陽以隊林爲重。況墳山所以培植陰陽之美,可不重戎之哉!故戎瓦墳山,積樹以培風水;戎賴崗林止伐,以補後龍。不惟先人佩德,且後裔沾恩。公同議禁,一概勿許砍伐。倘有親疏冒味,不遵條約,横行占砍,一經查覺,即赴伸鳴族長,公□向今,責罰奠謝。倘敢辭傲,即行重究,謹此示聞。全族公議,别無異言。今立碑,永垂不朽。

今將合議等事,開列於後:一議戎瓦、戎賴山林、樹草、秧青并不准割。若外行故違者罰銀八兩入祠。若有仁人見報者,謝銀一兩二,贓賊俱獲者,謝銀二兩四。

以碑是實。

光緒三十四年季春三月十五日立。

資料來源：貞豐縣史志徵集編纂委員會編《貞豐縣志》，貴州人民出版社，1994 年，第 759 頁；參見貴州省黔西南自治州史志徵集編纂委員會編《黔西南布依族苗族自治州志·文物志》，貴州民族出版社，1987 年，第 107—108 頁；黔西南布依族苗族自治州史志辦公室編《黔西南布依族清代鄉規民約碑文選》，1986 年，第 62—64 頁。

562 官府告示護林碑

時間：光緒三十四年(1908)

地點：山東省濟南市章丘市

欽加同知銜賞戴花翎撫院營務處調署濟南府章丘縣正堂隨帶加一級記録十次董，爲出示嚴禁事。據明八等里東泉山莊監生高樹懋等稟稱：切生等數莊均在捎近山、石泉山一帶山峪，所栽果樹松柏歷有年所，青葱悦目、風脉攸關。近有無知狂徒入山作踐任意斫伐，牛羊擾害更屬不堪，生等屢次嚴禁，伊恃强横，置若罔聞，誠恐作踐愈甚滋生事端，不得不公懇示禁，勒石以保山林而警强横，均感無既，等情到縣。據此除稟批示外，合行出示嚴禁。爲此示仰附近各該等莊居民人等知悉：自示之後爾等務各安分守業，互相查察，凡各該處所栽樹株，均不准任意作踐擾害，倘有無知之徒，仍蹈故轍，准該首事等指名稟送，定即照例嚴行懲辦，决不姑寬。其各凛遵毋違，切切，特示！

告示。

右仰知悉。

光緒三十四年仲冬季浣穀旦立。

563 麻栗坡縣大王廟頌揚植樹造林碑

時間：光緒三十四年（1908）

地點：現存雲南省文山壯族苗族自治州麻栗坡縣檔案館

規格：碑高 130 厘米、寬 80 厘米、厚 15 厘米。

大王廟後杉樹係羅起雲栽培，卓有成效，故勒碑以志。

廟後杉樹，介然成路。酸苴一棵，麻栗十棵。培植風水，原非無故。壓糞挑水，工程難訴。光緒壬辰，仲冬栽固。街頭池塘，隨後一步。魁閣路旁，三星在户。羅彩承首，經營不誤。萬本支錢，陸續挂簿。所需籌款，由公所付。栗街地形，萬物槽鋪。鋪之一隅，有何妙處。若無恒心，焉能補助。諭爾後賈，留心保護。無容砍伐，免遭敗露。乘凉避暑，歸咏詩賦。陶潜柳垂，周子蓮慕。特此理言，切勿輕顧。諄諄告誡，遺留後祚。如能遵守，闔邑致富。

準給從九品職銜候選巡政廳羅起雲（字彩卿）叙。

光緒乙未歲，試取準開化府生員夏廷（號統巨）書。

清光緒三十四年歲次戊申季冬月穀旦，合衆同立。

資料來源：雲南省地方志編纂委員會總纂、雲南省林業廳編撰《雲南省志》卷三十六《林業志》，雲南人民出版社 2003 年，第 877 頁；參見曹善壽主編、李榮高編注《雲南林業文化碑刻》，德宏民族出版社，2005 年，第 394—396 頁。

564 羅香七村石牌

時間：光緒年間

地點：原存廣西金秀瑶族自治縣羅香鄉羅香村

一、在我石牌群衆，上山同隊，落水同途，有福同占，患難同當。

二、在我石牌群衆，一志同心同（志）〔力〕，團結惟一。

三、户主回家宣傳，老幼男婦不得亂開口破石牌公約。如破公約，即召集群衆大會治罪。

四、在我石牌内，不得里通外（透）〔誘〕，作針作錢，接濟外患入境。查出證據捉到，經過石牌大會，鏟草除（莨）〔根〕，決爲死罪。

五、偷掘禾倉，偷牛欄羊，查出證據，即要填贓，處罰白銀六十兩。

六、入屋偷盜財物衣裳雜物，查出證據，即要填贓，按罪輕重處罰。

七、偷盜鷄母一個，處罰白銀六兩；偷鴨罰銀八兩。

八、各户所種十二生産，二十四〔氣節〕生理，在地在田，如有貪心偷盜者，查出有據，處罰白銀十二兩。

九、如山地所種雜糧食物，各種各收，不得亂取。若不守規者，按罪輕重處罰。

十、耕種器具放在工場，不得亂盜取物件。若貪污偷取物件，查出證據，加罪處罰，輕重不等。

十一、女人種棉花藍靛瓜菜豆麥，不得亂摘亂取。若不守條約者，按罪輕重處罰。

十二、各人在山場斬伐乾柴，各伐各取。若亂行偷取，見證據，處罰三千六銅錢。

十三、各人在山裝搭裝鉗，行山見鉗得野獸，不得貪污亂取，見證者處罰。在江河裝魚粱魚笱得魚，不得亂取，不得貪污。偷取魚者，按例照輕重處罰。

十四、如村中田地山場界限不分明，争鬥打架，即由父老調處。若不能解决，再請鄰村父老調處。若不解决，鄰村父老同本村父老負責擔保，不准鬥争，和平解决。

十五、若係械鬥，誤會打傷打死人命，男命賠償填命三百六十兩，女命二百四十兩。

十六、男女結婚，十八歲自由擇配。未滿十八歲由父母主張。有時夫妻不合意離婚，未有條件，男不要女，賠補六十雙禾田，約重五百斤，隨他養命過世，然後退原夫子孫。

十七、如係慣盜財物，遵罰三次，石牌寬大三次，再重犯不遵守公約，民衆大會决處死刑。

十八、若械鬥即請村上父老并外村父老調處,若不解决,不准拿捉。男未滿十六歲,女人不准拿捉。若犯此約,罰銀一百二十兩,民衆大會公用。

十九、若紅花女子并出嫁,離婚外(家)〔嫁〕,無夫之婦懷孕者,遵老規律,罰規律銀七十二元或八十四元,石牌開會公用。

二十、如係山上特産香信、木耳、竹笋、薯莨等物,各有投份,不得亂偷盜取。查有證據,按輕重處罰。

二十一、如若鄰村械鬥,村上父老擔負,不准掘圳,踏壞禾苗。

資料來源:莫金山著《瑶族石牌制》,廣西民族出版社,2000 年,第 343—344 頁。

565 示禁碑

時間:宣統元年(1909)

地點:重慶市九龍坡區北塔坪林區

規格:碑高 110 厘米、寬 210 厘米。

花翎三品銜在任候補直隸州特授重慶府巴縣正堂加五級覃、加一級紀録六次記大功四十三次耿,爲示禁事一案。據慈里六甲走馬場總監遷正、龔春丞,監正解禹疏同稟古錫臣、文虎臣、沈海源、藍星臣、解晏清、朱羲順、朱洪川、文百川、文緒武、梅九如、何魯詹、劉澤溥、張自成、姜吉安、慈雲寺劉洪川、周興場、肖柏春等以協懇示禁等情禀稱：情正等場境界連啓邑接壤，地□偏僻，山多田少。靠蓄竹樹變賣出息納糧，歷經護蓄年久方能成林。近遭無耻横徒，不拘晝夜，小而踐踏樹秧，大而竊伐樹竹。若護理阻反凶估□□禍端，種種弊，難以枚舉。正等連界相□想踐踏事微切伐清重居山右靠大失懸望。衆議凡上山找柴之人，只許竹扒撿撈；不准代刀入山，以杜切伐之弊；并不准牛羊放山踐踏秧種，方保蓄久成林。倘有凶惡恃横，將人贓拿獲，憑衆捆送。正等距有此議，不敢擅爲，此議懇送禁同境感德無暨伏乞等情。據此，除禀批外，合行出示嚴禁。爲此示仰附近居民人等一體遵照：自示之後，一切伐竹樹及縱放牛羊踐踏。倘敢不遵，一經拿獲，定行重究不貸。其各凛遵毋違，特示！

布諭通知。

光緒卅十三年七月卅日，實貼曉諭勿損。

宣統元年正月下浣吉日，禁山會照抄立。

資料來源：重慶市九龍坡區林場彭定萍提供。

566 洋溪護漆樹戒碑

時間：宣統元年（1909）

地點：陝西省安康市嵐皋縣洋溪鄉政府院内

規格：碑高 82 厘米、寬 40 厘米。碑額刻“永以爲例”四字。碑文楷書。

爲刊碑戒後、不准燒山砍伐漆樹事由。今春姚光華燒地，燒死漆樹無數。地主投鳴鄉保，經公處斷令姚姓刊碑示衆。嗣後如有放火燒山，一被拿獲，或被查出，拿者賞工錢八百文，所燒漆樹憑人點數，大樹一株賠錢八百丈，小者賠錢四百文，罰戲一本，公所示衆。如賠不起者，跪臺一日，離莊出境，决不徇情。自禁以後，凡開地邊、燒火灰、挂清明，各宜小心，切勿大意。一則存好生之德，二則免後累之憂，利物、利己、利人，均得之矣，豈不善乎。

憑紳糧、鄉保、牌甲公議。

宣統元年仲春月□一陽日立。

資料來源：張沛編著《安康碑石》，三秦出版社，1991 年，第 356—357 頁。

567 新鋪鎮天后宫護堤碑

時間：宣統元年(1909)

地點：廣東省梅州市蕉嶺縣新鋪鎮天后宫

欽加同知銜署理鎮平縣正堂加十級記録十次劉，爲出示嚴禁事。現據金沙鄉監生陳萬青、生員陳卓鴻、陳長林、陳懷清、陳育仁、訓導陳鍾岳、五品誥職陳步雲、生員陳恭虞、陳嗣緒、陳紹曾等聯名稟稱：生等羅田壩河堤，前蒙各大憲撥款□丙午始修復，并種竹木，迄今均□茂盛。本年春夏交接，河水不時暴漲，生等再行設法捐資數十金及□烟户派工加築。擇本初七日興工，現已工峻。然生等村中，常有不法之輩及無知婦女，牧牛牽□，堤所踏壞，行堤崩頽，及砍伐竹木芒草，時有所聞，生等叠次懸貼嚴禁，仍蹈古轍，置論不耳，蠻抗難堪。若不聯籲示禁，將來效尤日益，憲天下關心民瘼，無微不燭，通得聯叩恩准示禁等請到縣。據此，除批揭示外，合行出示嚴禁。爲此示諭該處附近居民人等知悉：爾等須知羅田壩河堤係保衛村中田園廬墓，今堤中竹木芒草茂盛，無論何人，均不准在堤砍伐竹木芒草，縱畜踐踏，如敢故違，定即拘案究辦。其各凛遵毋違，切切，特示！

一議砍伐竹木竹笋者，每條罰銀貳大元，指證報知者，賞銀壹大元正；

一議砍伐芒草等者，不論老幼，罰銀壹大元，報知指證者，賞銀元半元正；

一議縱畜踐踏河堤者，罰銀壹大元，報知連牛羊帶到者，賞銀半元正；

一議風吹倒之竹木務要報衆查明，始得方砍，如不報明，即照砍伐竹木之罪而罰。

宣統元年五月初八日示。

告示發貼天后宫。

資料來源：房學嘉著《粤東客家生態與民俗研究》，華南理工大學出版社，2008 年，第 235—236 頁。

568 奉憲勒石碑

時間：宣統元年(1909)

地點：浙江省温州市永嘉縣橋下鎮徐山村越興寺大殿西側墻上

規格：碑高 128 厘米、寬 70 厘米。青石質。碑額刻“奉憲勒石”四字。碑文楷書，陰刻。共 11 行，滿行 38 字。

署理浙江温州府正堂兼辦撫院營務處温郡厘捐總局節制在防水陸各軍吴，爲出示曉諭事。案據永邑越興寺戒僧文堅呈稱：竊僧住持三十二都越興寺，由唐朝敕建，至明嘉靖重修。置有大丈磽田三十零畝，山園竹木，上奉香火，下供齋糧。事緣客秋縣曹胡國棠出同惡棍來寺，强詞不遂，串謂施主撥田辦學，經僧訴縣，沐批准務勸學所注銷在案。目今雖屬無事，第念人心叵測，優劣不同，或借辦學爲名，請撥寺産；或遇事生風，藉端索擾，蕩砍竹木，往往防不勝防。伏查光緒三十一年間，曾奉聶撫憲，洞悉情形，頒給印示，發帖各寺院保衛等因。僧越興寺僻處溪鄉，與城厢遥遠，是項告示惜未領帖。總之僧寺田産係方丈之業，并無施主。該田三十餘畝，均係磽瘠山坵，完糧國課，豐稔收成，僅可敷衍；亢旱歉收，全賴抄募化。方外之人祇得清規自守。前案雖經注銷，伏恐頑梗之輩，仍附故轍，後患難防。欣幸瑞邑永豐山福慶寺僧人德浩具呈，已沐憲批准出示，有准僧寺事同一律，爲此匍叩，伏乞因准出示曉諭，并勒石垂久，保衛地産而清佛門，功德無量，上呈等情。據此，除批示外合并出示曉諭。爲此示仰該處紳耆軍民諸色人等一體遵照:自示之後,該寺產業不准訟議提撥。該僧有經管之責,亦不得任意變廢,其各凜遵毋違,特示!

宣統元年柒月初壹日給。

資料來源:吴明哲編《温州歷代碑刻二集》,上海社會科學院出版社,2006年,第238—239頁。

569 對河街民約碑

時間:宣統元年(1909)

地點:廣西壯族自治區河池市宜州市

規格:碑高89厘米、寬49厘米、厚12厘米。

爲合境稟請嚴禁事遵奉縣正堂刁批示禁。案據城北對河街團首劉澍霖、耆民吴積峰、羅吉暉、商民梁泗隆等稟稱:所有城北對河街以及本境村内議,永遠不准開設爐廠鼓鑄犁頭等情。查如稟所請實屬善舉,准予立即嚴禁以靖地方可也。如有故違,一體律究不貸。仰即知照,切切毋違,此諭!

一禁止樵采。村内後龍北山前後樹木,不准砍伐,違者嚴究。

一禁止鑿挖。村内後龍北山前後山石,不准開鑿挖取,違者稟究。

一禁止不准剷除本境各處墳墓近邊草皮燒灰,違者并究。

宣統元年秋八月吉日合立。

資料來源：韋麗忠、韋茂明主編《宜州歷代石刻集》，灕江出版社，2017 年，第 319 頁。

570 黄泥塘護林碑

時間：宣統元年(1909)

地點：湖北省恩施土家族苗族自治州芭蕉鄉黄泥塘

府縣批准立案，一律嚴禁外合及勒石永禁。爲此示仰閤邑居民人等知悉：自示之後，儻再有違犯禁令，偷伐樹木者，准告該團約地鄰事主，協力扭送來縣，隨時嚴予懲治，以保林業而靖盜風。爾居民人等亦各就近聯絡，守望相助，毋窩藏、毋徇隱、毋寬縱、毋推諉，務使條示不遭殘賊，長養各遂生機，數年之後同享美利，本署縣有厚望焉。毋違，特示！

宣統元年十一月初二日。

資料來源：胡秀雲、胡永弘、霍玉娜《湖北的護林石碑》，《湖北文史資料》2002 年第 3 期；參見王曉寧編著《恩施自治州碑刻大觀》，新華出版社，2004 年，第 135 頁。

【備注】

此碑在湖北省恩施土家族苗族自治州天橋、黄泥塘、高拱橋、向家村、小龍譚、柳州城南門、熊家岩、董家店等十餘處豎立，内容略有差異。

571 永垂後事碑

時間：宣統元年(1909)

地點：貴州省黔南布依族苗族自治州惠水縣羡塘鄉杉木寨

規格：碑高 140 厘米、寬 70 厘米、厚 12 厘米。青石質。

蓋聞紫荆所宜植者，因念兄弟之情；甘棠不可伐者，因或召伯之德。自古成基業，而俾萬年不朽者，前人遺之，後人宜守之也。如我杉木一寨，雖同僻壤之鄉，尤靠始祖留下杉木三棵，以爲萬代遮蔭風水之樹，納才三隔以爲各年先完國課之田，玆不可以前有後無，今是昔非。因有下苑羅老蟒，偶信人唆允爲己有，訪聞忍以杉木一株私買人衆等，故齊集公議。因思此樹不知何年栽植，自先朝始祖擇居於此，歷數百年忠愚者，累世亦多聰明者，何代蔑有均未聞，敢起此意。如今公議以後，近而目前，遠而後世，決勿難復。古樹以培風水，勿失糧田永報王恩，庶兒子孫蕃衍，壽富兼優也。故勒石銘碑，以念先人遺蔭，後世因仍。於是爲序。

紳首公議等：羅明忠、羅正富、羅景熙、羅天成、羅天漢、羅明以、羅幫禎、羅應來、羅天霖、羅培思、羅明躍、陳起明，本寨人等：羅思培、羅明高、羅明憲、羅明顯、羅明雨、羅明壽、羅明蟒、羅明苟、羅應章、羅體清、羅體才、羅體奎、羅秀少共立。

宣統元年十二月穀旦立。

資料來源：貴州省惠水縣布依學會羅世昌提供。

572 奉示禁止碑

時間：宣統二年(1910)

地點：湖北省荆門市

規格：碑高72厘米、寬45厘米、厚12厘米。碑額刻“奉示禁止”四字，楷書，陰刻。碑文楷書，陰刻。

蓋聞古盛世道不拾遺，夜不閉户，其風俗之美爲何如哉！迨至今君子道消，小人道長，倘於此而不嚴戒焉，其害端將何由而息。生等奉示嚴禁，凡遇小賊則輕罰，遇大盗則重懲，勿論遠近親疏，斷不徇情。餘不多叙，并將所應革條款刊録於後，以爲永垂不朽云。

一、不許告化强討惡要，二三成群遇會放鞭。

一、不許暗匿金器，竊取青苗、黄糧、樹竹、柴草等項。

一、不許窩娼局賭，跳唱花鼓。

一、不許散放六畜，踐食禾苗。

一、不許强搶桑葉，盗網塘魚。

首士：張甫俊、張開陽、段義順、段定升、張九林、李鵬萬。

里長：羅翊卿、楊一珠、王炳南、楊一林。

大清宣統二年㾉月初十日立。

資料來源:焦知雲著《荆門碑刻》,中國文史出版社,2008年,第230—231頁。

573 龍里縣正堂廖示碑

時間:宣統二年(1910)

地點:貴州省黔南布依族苗族自治州龍里縣龍架山半腰山王廟附近

規格:碑高120厘米、寬80厘米、厚10厘米。碑額刻“龍里縣正堂廖示”七字。

時值春令,草木發榮。蟲物蜇動,同係生靈。放火燒山,忍付一爐。出示禁止,違拿責懲。

宣統貳年季春月主示公立。

資料來源:張維忠《龍架山防火碑》,中國人民政治協商會議貴州省龍里縣委員會文史資料研究委員會編《龍里文史資料》第二輯,1989年,第39頁。

574 臨桂縣告示碑

時間:宣統二年(1910)

地點：廣西壯族自治區桂林市中醫院内
規格：碑高三尺三寸、寬二尺。碑文楷書。

欽加同知銜署理臨桂縣事特授崇正縣正堂記大功三次龔，爲出示曉諭事。案據西鄉褚村民人褚宗繪等呈稱：緣民村與浪滸村互控騮頭嶺樹木一案，蒙恩堂訊令民村削平壕基，所有樹木仍歸民村管業，各具遵依完案民回村後隨將壕基削平，嗣於前月内復稟請出示保護，奉批此案。現據梁自玉等具控民村并不遵照前斷將壕基毁去，各管各業，已經諭查應候該團明白稟覆，如果確已遵照辦理，實係民村界内樹木准即出示保護可也等因，民等伏思既已遵斷自應各管各業，前蒙諭團查明迄今日久想已稟覆迫得續懇恩施，俯念懇務爲重，迅賜出示保護，勿俾林場有損，則不獨民村受開墾之益，亦不失各大憲勸民開墾之本旨也。爲此續叩臺前作主賞准施行等情到縣。據此，出批示外，合行出示嚴禁。爲此仰該處居民人等知悉：自示之後，爾等須知騮頭嶺地方所種樹木係屬褚村業務，宜共守禁約，浪滸等村不得任意剪伐以及放牛踐踏，尚敢故違，一經查出，或被該村民指名稟控，定即拘案究治，决不寬貸。各宜懔遵，切切，特示！并繪圖於後(圖略)。

宣統二年七月初八日。

資料來源：桂林市文物管理委員會編印《桂林石刻》，1981年，第463—464頁。

575 昆明觀音寺封山育林告示碑

時間：宣統二年(1910)

地點：雲南省昆明市西山區碧鷄鄉觀音山村觀音寺

賞戴花翎奏署雲南府昆明縣事准補嵩明州正堂陸、奏署雲南府昆陽州事在任前補用直隸州准補呈貢縣正堂潭，爲出示嚴禁曉諭勒立石碑以重永久事案。據昆明縣屬西華堡團正董銘，紳耆董嘉富、段連珍、張和、董鶴、段成、李如林、李常等，以屢次聚衆越界估砍樹木，乞委員查究，以保種植等情，上控里仁村民馬雲安一案。爲奉勸業憲札，飭昆明縣、昆陽州查究，并由州按詞查訊，以重懲辦等因。并奉本府憲批，令由州訊明究斷，移商昆明縣妥定保護章程，毋令侵越斫伐，以重森林各等因。批札到州，奉此并經由縣移州訊究各在案。兹由州傳提兩造到案質訊，當將里仁村越界砍樹之回民等各罰銀兩，以作砌石立碑及領購松種二比分栽之用，除將控案訊結詳銷外，令行妥定章程，會銜出示。爲此示仰縣州屬連界村民人等一體遵照後開章程辦理，勿得違誤，致干重究。切切，特示！

計開：

一、兩屬連界山場，如牛竜地、硝硐、麻櫟河等處，務由楊林古村紳管，會同里仁村紳管將界址勘清，即於分界之處各立界碑，以資遵守。倘有將界碑掀倒及移動界碑情事，准其拿獲，稟官究治。

二、麻櫟河一帶，從前係由里仁村回民賣予楊林古村董姓,立有契約,在楊林古村民只能照契内四至管業,不准朦混侵占,并照四至各立界碑一塊,以杜後患。

三、界碑立後,各守各界。凡界内山場所種樹木,只准按年護蓄,不准私相砍伐。如有彼此越界盜伐者,即照後開第五條懲罰章程辦理。

四、界内新種樹株,不准彼此牛馬互相踐踏,并禁放野火。倘有故縱牲畜任意踐踏,以及牧童私放野火,不嚴加管束者,按照毀傷之樹議罰,每株罰銀圓五角,即將所罰之銀另貿秧種補種。

五、越界砍樹者按照樹珠之大小議罰,每大樹一株罰銀元拾元,中等之樹罰銀元伍元,小樹罰銀元三元。所罰之銀仍交紳管購買秧種補種隙地。如有不遵者,准其禀官究治。

六、兩村雖云隔屬,究係連界,現在控案訊結之後,仍宜永敦和好,同守禁令。不得因涉訟之故,挾嫌報復,致啓訟事。并飭將此項示諭章程,由各村紳管傳知各村居民,俾各有所警覺,致免誤犯。

宣統二年十一月日,發楊林古村勒石曉諭。

資料來源:曹善壽主編、李榮高編注《雲南林業文化碑刻》,德宏民族出版社,2005年,第499—502頁。

576 江川縣永遠遵守護林碑

時間:宣統二年(1910)

576 江川縣永遠遵守護林碑

地點：雲南省玉溪市江川縣伏家營鎮擺寨村

規格：碑高 110 厘米、寬 62 厘米、厚 19 厘米。

蓋聞條例不經官示，雖衆論至公，亦屬徇私制事，不順人情，即當面服從，實難終理固然也。右鎖營、郭家營、大營等地方，其後山多內我石巉岩。先輩有堪輿明師指點，此後山宜培植樹棵，其有關於風水人丁者甚重。無如世方日漓，人心不古，於是斧斤伐之，牛羊牧之，沿山樹木，若彼濯濯可慨也。蒙前任州主李公迭次其示，嚴禁砍伐，民第公議：同心竭力，廣種松秧，培植雜樹。俟成材後，其山各管各業，所有一切沿山賣樹，價值每十兩，提七兩歸公，以作歷年看山之費，餘三兩歸山主，彼此不得争奪。兹公同酌議：自此次禁伐之後，各村父老，務宜戒其子，兄戒其弟，不得任意砍伐，倘有此情，定將偷砍之人，送州稟官究辦，以儆效尤，各宜自愛，勿負上諭造林及森林保護之至意云爾。是爲序。

再者，三營老幼議定：日久山上樹木，倘有出息或砍賣，右鎖營一半，郭家營、大營合爲一半，不得争論。有盜伐松樹者，一柯罰銀一兩；砍雜樹者，罰銀八錢；割柯茅者，一挑罰銀五錢。如違，送官處理，恐口無憑，將石爲記。

宣統二年月上旬日。

立碑人：右鎖營、郭家營、大營同立。

資料來源：曹善壽主編、李榮高編注《雲南林業文化碑刻》，德宏民族出版社，2005 年，第 503—504 頁。

577 保護山林碑

時間:宣統三年(1911)

地點:雲南省玉溪市江川縣香析甸村寺内(已砌入墻内)

規格:碑高 132 厘米、寬 76 厘米、厚約 10 厘米。

嘗聞牛山之美嘗美矣,斧斤伐之可爲美乎? 由此闔村紳老議定章程勒石,以爲長久之計。慨自兵燹而後,人心不古,操斧入山亂戕,遠近山林樹株,疊遭砍伐之殃。左右前後峻嶺,恐至一掃而光,再不嚴加護蓄,公私應辦難當,况且有關風化,豈可任意相戕。而今闔村計議,保護公私山場所産樹株,不准私賣他鄉。凡遇紅白兩事,以及修建房屋上梁,必須對衆言明,相商得宜爲良,衆人准砍則砍,不得抗違逞强。門前如畫壁村後山爲龍崗,公舉二人日後巡查,每年給穀貳石,數年所費若干,待至樹株成林,自然富貴吉昌,宜水風清俗美,無論樹株成林賣者,有山原主每兩抽伍錢照算。自古及今,未有不注重林木也,奈近來人心不古,凡我村樹株,無論是公是私,多被無耻之徒,任意盜伐剗削,於夜間潛行偷砍者亦有之,又有婦女樵采,入山折屬枝節者亦有之,種種不德實屬無良,只知利己,不知損人。吾想地方有樹木,則風水聳隆,衣食自裕。地方無樹木則殺氣顯露,灾害自生。因此,闔村議定嚴禁之後,凡我村人等,估砍樹株拿獲者,先報村中倡首理論,若不遵,然後通知大衆公論。若再扭别拒抗,衆人送官理處,不許被賺徇私受錢買放,不得見惡者而緘口畏縮,弱者魚肉無厭。凡我村紳老人等,務宜同心協力,互相嚴禁,不可因情而生弊,亦不可因久而即(無)疏也,方能遵守規章,永垂不朽。

今將闔村保護山林樹株村規章程勒石於後:

一、樹株不成林,大材料拾兩壹百,椽子伍兩壹百議定。

二、樹株成林,我村起蓋房屋者,每所出銀拾貳兩爲定。

三、砍賣小樹柴者,拿著每挑罰穀壹斗,凡打椿者每柯定銀壹分。

四、紅白事之燒柴每桌議定銀叁至肆分,無得異言。

五、無論紅白兩事者,先通知倡首傳齊我村人,砍彎扭至寺門首,不得亂砍正直,違者議罰,無得扭別抗拒。

六、公私山場之樹株,不得相送親朋,違者議罰。

恩賜正六品歲進士大賓陳治鴻撰。

宣統三年正月十六日闔村士庶立。

資料來源:曹善壽主編、李榮高編注《雲南林業文化碑刻》,德宏民族出版社,2005 年,第 506—508 頁。

578 團田鄉護林防火石刻碑

時間:宣統年間

地點;雲南省思茅市墨江哈尼族自治縣

規格:碑文共 6 行,滿行 22 字。

嚴禁放火燒山事。自來山以草木爲毛,那海、困巴箐、(卩)〔舊〕灑、螞蝗箐、蘆明箐地方相連,草木見缺。不能禁止,後來出草必更艱辛。況放火燒山，傷害昆蟲較多，非唯有害地方，亦共大損陰德。自今之後，若有人放火燒山，拿獲罰銀三兩三錢。

衆會同立。

資料來源：曹善壽主編、李榮高編注《雲南林業文化碑刻》，德宏民族出版社，2005 年，第 510 頁。

579 十禁碑

時間：清代

地點：湖北省荆門市東寶區子陵鎮興廟村五組矮橋旁，現存荆門市博物館

規格：碑高 78 厘米、寬 43 厘米、厚 20 厘米。青石質。碑額及左上角殘缺，紀年不全。碑額只存陰刻"奉"字的下半部。碑文楷書，陰刻。共 12 行，滿行 12 字。

一禁砍挖樹木强割所畜柴草；
一禁放牛牧馬田邊踐食禾苗；
一禁慶吊會場痞黨開寶賭博；
一禁秋夏黄糧男婦明撿暗竊；
一禁三五成群强折桑拓樹葉；
一禁乞丐三五沿門强討惡要；
一禁偷折木子竊取瓜果園蔬；
一禁成群結隊網打堰塘家魚；

一禁欺善凌弱恃横强賒惡買;
一禁夜行無火停住外來流痞。
違者公議稟官,决不徇情。
□□十年仲冬月衆姓同立。

資料來源:焦知雲著《荆門碑刻》,中國文史出版社,2008年,第234頁。

580 寺北村整飭村風碑

時間:清代
地點:山西運城市鹽湖區大渠鄉寺北村
規格:碑高44厘米、寬55厘米。碑文楷書。

從來□□之□□,視人心之離合,而人心之離合,視社事之公私,私則離,公則合,合則未有不盛者也。如吾鄉中,歷年久遠,人心離散,既不能以整村勢,必不能抵禦外侮。就一村而論,早已瓜分其勢,就一社而論,更見鼎立之形。人心之涣散,不知於何底止也?社事如此,其堪目睹乎?於是公議村勢不能合,社事宜求和,規條既立,官事整飭。路斃之費品作三分,地起二分,門起一分,月門牌頭,每年每家收錢三十文,定於七月十五日起收,若不敷用,從車上使費。其餘如宰殺耕牛,販賣人口,牧放牛羊,開場窩賭,砍伐樹木,偷盜田禾,窩藏盜賊,吃酒行凶,凡一切匪類不法之徒,依律禁止。若有不遵者,合巷送官重究,决不寬貸。故特鎸石,永垂不朽。

西門外所借趙姓地一方穿井一面,若有事故,合巷官辦,與地主無干,以後井壞,原壁歸趙。

資料來源:王大高主編《河東百通名碑賞析》,山西人民出版社,2002 年,第 421 頁。

581 綦江護林碑

時間:清代

地點:廣東省中山市

古來好善之家,必有餘慶,今餘之外,黄葛樹株,余等思伐難惜,募衆襄金,承買惜蓄,一培彼地風水,二作往來乘凉之便,由恐久朽壞,故耳刊凡於方中,歹人私枝葉者,公罰休怪。

資料來源:中國人民政治協商會議綦江縣委員會文史資料研究委員會編《綦江縣文史資料》第八輯,1988 年,第 176 頁。

582 龔家山護林碑

時間:清代

地點:湖北省恩施自治州巴東縣茶店子鎮竹園坪村龔家山

蓋聞四、麽兩房租塋大小樹木數百(于朱)〔餘株〕,風吹滚大樹四(朱)〔株〕。啓考、祥茂二人議論賣與啓容、永升,豬首、雄鷄祭婦。考、茂二人無(之)〔知〕,私(宋)〔送〕塋(爲)〔内〕枯樹貳拾(于朱)〔餘株〕。衆不(衣)〔依〕,親族理論:容、升(伐)〔罰〕錢伍串。勒刊禁碑一塊,永戒後患。

資料來源:王曉寧編著《恩施自治州碑刻大觀》,新華出版社,2004 年,第 134 頁。

583 新河鄉護林碑

時間:清代

地點:四川米易縣新河鄉

規格:碑高 60 厘米、寬 44 厘米。

□□□□□金示:□□農商大部首重印在森□。(□)〔樹〕木茂盛之地,甘泉勃然而興。(□)〔田〕畝藉以灌溉,水足民乃可耕。栽培倍加護惜,俾得蒂固深根。近有愚頑之徒,出材伐作柴薪。山空因之水涸,實在苦我農民。年來穀米昂貴,貧漢幾不聊生。削枝尚且不可,况乃盗伐正身。倘有私伐拿獲,獎給兩千錢文。自此示禁以後,其各一體遵行。

資料來源:四川省米易縣志編纂委員會編《米易縣志》,四川辭書出版社,1999 年,第 643 頁。

584 通鄉禁碑

時間：清代

地點：廣東省梅州市大埔縣

長龍崗、牛牯攢嶺二路，合各族捐金運石鋪砌。自後販樹商人，樹從路過，切勿借便拖溜，銜壞路石。如違，呈官究治。再，路旁遮蔭等木，不許砍伐，違者重罰。

資料來源：譚棣華、曹騰騑、冼劍民編《廣東碑刻集》，廣東高等教育出版社，2001年，第896頁。

585 曾厝坡西河林氏公禁碑

時間：清代

地點：福建省厦門市

……通山索植柏木，一爲培養山川秀茂，地脉興隆，亦爲我族之盈虧而置，倘敢盗取折砍及盗取山面瓜穀被獲者，本族親鄰概行嚴究，會同通族合力争□□□□□□。合族私産若係山顛開闢之所莫堪征糧者，准其自耕糊口，均不得擅自私□□□□□風水，倘本族擇卜葬有礙該産，聽其削築成墳，現耕之人不得藉詞争較等事□□□□。合族私産及外姓田園，雖各經明買撥糧之業，凡在我本山界内，倘欲賣做風水者□□一體當充銀二十兩入公，以爲添貼禋祀等費之資。……

資料來源:何丙仲編纂《厦門碑志彙編》,中國廣播電視出版社,2004 年,第 463 頁。

586 瑶人石碑

時間:清代

地點:貴州省黔南布依族苗族自治州荔波縣瑶麓鄉

立款單人韋,爲祖上遺留田業山場地土,連年以來,近有不法之徒,進山伐木,敗壞偷盜,田禾谷地内糧食棉花穀物等項,屢遭偷害。衆等約齊商議各款勒刻,若擄獲賊盜,不拘輕重,告知還款,照例重罰,不許私合私放,如有錢賣十六千元正。令恐不憑,立此款單爲照。憑地方鄉老頭人□□。

資料來源:彭兆榮著《寂静與躁動:一個深山里的族群》,浙江人民出版社,2000 年,第 94—95 頁。

587 護林碑

時間:清代

地點:湖南省益陽市安化縣連里鄉大倉、滿倉和三洲鄉老屋

……山無論公私,皆宜保護栽植……復加嚴禁,尚有違議

者，無論親疏，一同罰贖。……

資料來源：安化縣志編纂委員會編《安化縣志》，社會科學文獻出版社，1993 年，第 330 頁。

588 華蓋岩禁碑

時間：清代

地點：江西省贛州市瑞金市日東鄉湖洋村華蓋岩

岩邊來龍上下左右樹木永遠嚴禁，犯者罰油十斤。

資料來源：瑞金縣志編纂委員會編《瑞金縣志》，中央文獻出版社，1993 年，第 709 頁。

589 善和驅除棚害記

時間：清代

地點：安徽省祁門市

嗚呼！棚匪之害地方也，甚於兵燹。大兵所經，一時民苦虐焰，迨清平之後，山川如舊，田廬依然復我，邦族者歌懷樂土。至若棚匪之爲害，其始也每爲常人所不及計，至其甚，雖聖人復起無能爲功。蓋其入境之初，每不惜腴餌籠絡地方，貧民苟有貪利忘禍之輩入其彀中，則公然執據入境開山，害遂不可以勝言矣。所謂貪利於耳目之前，貽禍在身世之後。非深慮者，孰能識之。

試舉其大者言之：伐茂林，挖根株，山成濯濯，萌蘖不生，樵采無地，爲害一也；山賴樹木爲蔭，蔭去則雨露無滋，泥土枯槁，蒙泉易竭，雖時非亢旱而源涸流微，不足以灌溉，以至頻年歲比不登，民苦饑饉，爲害二也；山遭鋤挖，泥石浮動，遇雨傾瀉，淤塞河道，灘積水淺，大礙船牌以致於水運艱辛，米價騰貴，爲害三也；山河田畝多被汆積，欲圖開復，費倍買田，耕農多嘆失業，貧户永累虚供，窮困日甚，爲害四也；久之衣食無出，飢寒爲非，法律雖嚴，莫可禁止，爲害五也；河積水漲，橋崩屋壞，往來病涉，栖息遭危，爲害六也；徽民聚族而居，方外之人無隙可入，曩時俗茂美，稽察維嚴，今則拉親扯故，入村穿巷，族中吉凶報賽，異服異言者公然挨擠，規模不肅，爲害七也；夏秋之交，雇工鋤挖，收成之後，乞化沿門，彼醉翁之意不在酒也，倘門徑既熟，乘間窺伺，猝然作難，何以禦之，爲害八也；夫且踞深山，隱幽谷，肆竊掠，固窩藏，恃險負隅，作奸犯科，横行無忌，官捕莫剿，爲害九也。

方今聖天子立保甲，編户籍，屢奉各憲嚴查，彼棚匪無賴之往來，曷勝盤詰，凶徒奸宄匿迹其中，一經發現，租山之人坐以窩逆，近居之地亦責隱容。雖幸事公得白，此身已陷牽連，其害更難知者。至於龍脉之傷戕，丁財折耗，古冢之平毁，墳墓遭殃，此尤禍之慘烈者。故種山之輩多遭横禍，得租之家每見奇窮。雖有正人君子起而持之，奈貧民日多，棚黨愈熾，或牽制於骨肉之親、鼠器之忌，或畏避於睽孤之勢，身家之危，即幸有人焉。不顧親忌，不計利害，起而驅逐之且水清，而田河已積，龍脉已傷，丁財已落，風俗已漓，欲復見廓然山高而水清，民物豐樂之象，風俗雍熙之休，非百年涵煦生息不及此。此其初不過一二人之貪利耳，而豈知其禍之烈竟至此哉！吾故曰棚匪之害，甚於兵燹者此也。嗚呼，可懼哉！可不戒哉！

吾村祖遺山業最廣，上自漳嶺，下至韓村，當年竹木之供，山林之利，至大也；山川之勝，形勢之窿，至美也。予少聞諸父老聚談，心竊慕焉，突遭乾隆三十年間棚匪入境，祖墓大壞，族運遂替，横覽四山，蘆茅叢雜，幾至樵牧無塲，未嘗不嘆息痛恨於作俑也。予見先祖暨先君子前後與匪搆訟，奈時勢不利，未及驅除净盡，心竊恨焉。不幸去年春先君見背，越秋祖又繼逝，予小子終夜怵惕曰：哲人云亡，邦族之瘁也。於是因邀合族，謀諸父老，諸父老卒牽制不果行。予乃不憚首事，偕仲叔與族内諸君子控告於官。幸奉恩例之嚴，托祖先之庇，沐張憲之恩，不憚陟岡阜，越險阻，親臨督拆，各棚成斂迹就退，期年而境内肅清，諸父老咸喜謂予曰："數十年之害，今幸去矣！居此土者得以高枕矣！"予進而言曰："害雖去，利未興，非久之計。欲圖久安之策，莫若因山澤之資，謀興養之利，興養則山成材山，人懷樂土，家裕户饒，公私兩益。富而後教育，文風漸興，自然明義者多，所見者遠，又何至貪近利而貽大害也哉。不然合族之貧已甚於矣！今雖驅而去，安脚踏保後不招而來乎？其害更不能支矣！請述以示戒可乎？"諸父老曰諾。遂書而爲記勒於石。静樂公十二世孫鈍根子捷。

資料來源：胡永政著《六都：文武兼修　千年相承》，合肥工業大學出版社，2013年，第35—37頁。

590 植松紀念殘碑

時間：清代

地點：山東省濰坊市臨朐縣寺頭鎮王墳村白龍洞

規格：碑僅存下半部分，殘碑高74厘米、寬60厘米、厚11厘米。石灰石質。碑文楷書。

……時，即聞南山有洞曰……丑，余曾親至其處，洞在……以火清露石底，因憶夢得之……鄉每值恒暘，往禱屢得甘霖，爰……神惠於不忘。乙酉歲，又植松百餘……銘神貺，以垂永久，屬余記歲月。余遂……

邑庠生李德先撰，高俊德書。

……□酉相月，初家莊、辛莊子敬立。

石匠：田鳳吉。

資料來源：趙衛東、宮德杰編《山東道教碑刻集·臨朐卷》，齊魯書社，2011年，第183頁。

附録

民國

591 楠竹灣護林碑

時間：民國元年(1912)

地點：貴州省黔東南苗族侗族自治州天柱縣楠竹灣

……楠竹灣所培育林木，爲吾村風水林，所挖杉、樟、自生馬尾松、松香樹嚴禁毁壞；人畜不准上下其灣，只准從右邊花階路行走，違者從嚴處罰。……

資料來源：貴州省天柱縣志編纂委員會編《天柱縣志》，貴州人民出版社，1993年，第465頁。

592 酉陽縣知事馬爲示禁事碑

時間：民國二年(1913)

地點：重慶市酉陽縣阿蓬江國家濕地公園核心區蒼嶺鎮大河口石泉古苗寨

案緣西二鄉議事會長王裕泰、副議長石宗渥等呈稱：西二鄉土地瘠薄，林青業深重牧既多盜賊。時有凡所出産全資保護……議春季禾苗，秋季菽麥菜蔬，凡牛馬踐踏、豬羊從食，必驗賠償……凡有桑麻桐茶漆倍(卷)〔棬〕等，洋倍非過大暑，白倍非過白露，桐茶(卷)〔棬〕非過霜降〔不得采摘〕……先期自行采摘，與盜同罪，罰金三元，盜者加倍。其餘杉竹木柴草木各有主，有偷竊被獲屬實者，照五元以上十元以下議罰。……

中華民國二年五月一號。

資料來源:《深山藏璞玉　千年自逍遥——感受蒼嶺石泉古苗寨》,“酉陽縣人民政府公共信息網”2010年03月11日。

593 彌祉八士村告示碑

時間:民國二年(1913)

地點:雲南省大理白族自治州彌渡縣彌祉鎮八士村寺中

署理彌渡縣知事陳〔禎〕,爲出示通告事案。據八士村初等小學教員鄒邦孟、百長李廷勛……係合村等稟稱:……彌祉太極山老樹參天,泉水四出,左有霧果箐,右有倉房箐,中有燒香箐,其水澤灌溉全密,其餘注溢彌渡,千家萬户性命,千萬畝良田其利溥矣!近者無知頑民,砍大樹付之一炬,各爲滚火,種些苦蕎收一季後,蕎不能於此處再種,樹不能復生,因此深林化爲荒山,龍潭變爲焦土。水汽因此漸小,栽插倍覺艱難。所以數年來,雨衍澤期,泉水枯竭,莊稼欠收。砍柴滚火以伐樹林爲甚巨也。又村後大塘子,灌著乾田五百餘畝,秋冬蓄水之時,濫挖濫放,栽插之際,成一乾塘,爲害非小。因之并具稟呈明析,祈出示通告,永遠勒石。凡太極頂山下,霧果箐至燒香箐、倉房箐一帶地方不得濫砍滚火。大溝上下之樹不得濫砍。大塘子之水,非栽插之時不得濫挖,如有違者,公議罰稟,伏祈允准,永遠勒石遵行等情。據此,除照准外,合行出示通知。爲此仰該處居民等知悉：嗣後林木泉水均宜分别灌蓄，藉資灌溉而重森林，倘仍蹈前轍，亂砍濫挖者，即由村董、百長、五十長等集衆議罰，以示懲儆。但不得藉有此示，藉故苛斂，致於并究。其各遵照勿違，特示！

右仰周知。

民國二年歲次癸丑五月二十三日

資料來源：雲南省地方志編纂委員會總纂、雲南省林業廳編撰《雲南省志》卷三十六《林業志》，雲南人民出版社，2003年，第779—780頁；又見曹善壽主編、李榮高編注《雲南林業文化碑刻》，德宏民族出版社，2005年，第516—518頁。

594 萬代遵行碑

時間：民國二年（1913）

地點：貴州省銅仁市松桃苗族自治縣扒龍鄉凉水井村寨

……凉水井地方爲黔屬上下往來要道，凡遇大憲過境，一應夫差火把歸苗民兩寨均當。……大小竹山二幅，衆議爲公，禁畜竹木成林，作應夫差火把之需。……

資料來源：松桃苗族自治縣志編纂委員會編《松桃苗族自治縣志》，貴州人民出版社，1996年，第799頁。

595 保護興龍栖雲兩山森林禁伐條例二十條

時間：民國二年(1913)

地點：甘肅省蘭州市榆中縣博物館

計開：

一、興龍栖雲兩山爲省城附近林業□□雨澤又間水源所在，森林宜定名爲保護山林。

一、本山松木無論官民永遠不得砍伐。

一、無論山川居民人等不得偷伐本山松木，修造房屋廟宇及棺材料，違者以木料大小補罰梁木，一株罰錢四□□罰錢三千文，□木一株罰錢二□□。

一、私買松木者查出，較偷伐者應五倍加罰。

一、本山廟宇住持准歲時補苴，不得撤賣舊廟，重修新者從中漁利。違者取消住持，永遠不准看守。

一、居民樵采定於每歲冬三個月始准牲畜入山馱載，平時不得援例。違者查獲牲畜一頭罰錢二仟文。

一、采樵只准伐其條枝，凡楊、柳、榆、樺等木，長僅四寸以上者均不准砍伐，違者每株罰錢一仟文。

一、居民樵采須在主山十里以外，本山之廟宇前後左右不准剪伐，違者處罰。

一、應設巡山稽查長，每莊一名。前山即責成馬家峽等十三莊；後山即責成石谷岔等十四莊。三年輪换以□□□□□□必須紳耆中□□□□□□。

一、巡山稽查長如或稽查不嚴，某莊有偷伐情事，一經調查員查出,即向某莊稽查長律以通同之罪,一并□□□□□□□。

一、興龍、栖雲兩山道士既守本山香火,自有保護□□之責。凡廟宇左右前後十里以内者,應責成道長輪□□□□□□□。

一、應設調查員二名,即責成農會與□□,每月會□□□調查一次,警長調查兩次,隨時密秘調查□□□□□□□□□。

一、□督一員,即責成縣知事每月□派□紳人山調查□□□□□□□□□且抗違者□□□官依法治□□□□□□。

(碑後部之文剥蝕磨損嚴重,故略)

資料來源:中國人民政治協商會議蘭州市委員會文史資料和學習委員會編《蘭州文史資料選輯》第 21 輯《蘭州古今碑刻》,蘭州大學出版社,2002 年,第 339—340 頁。

596 昔馬地區黄桑坡民衆護林公約碑

時間:民國三年(1914)

地點:雲南省德宏傣族景頗族自治州盈江縣昔馬鄉

立實禁蓄水源憑據文約人:黄桑坡中寨老幼人等。同心禁到中寨楊自周名下田邊,情有水壩青樹一塘,前賴此青樹林、茨竹、大竹、金竹、藺闊,上資國賦,下養民生。自祖以來,我寨風純俗美,物阜卓豐。因本年以至近有無耻之徒,擅行砍伐樹株、竹木,是以約同心禁蓄。香山老箐及水壩一帶山場,如有再行砍伐生樹者，拿獲罰銅錢三千文；如有縱火燒毁者，查實拿獲罰銅錢七千文；如若抗拒者，衆等稟官究治。係是人人情願，其中并無逼迫等情，恐口無憑，立此禁畜憑據是實。

一、禁私砍生柴者，重罰不貸。見證報信者，給紅錢六百文，决不失言。

一、禁擅行縱火燒毁水源、香山老箐者，重罰。

一、禁偷盜私砍大竹茨竹者，重罰不貸。

民國三年二月初一日立。

資料來源：曹善壽主編、李榮高編注《雲南林業文化碑刻》，德宏民族出版社，2005 年，第 520—521 頁。

597 封山碑記

時間：民國三年(1914)

地點：雲南省昆明市石林彝族自治縣圭山鎮大糯黑村中老學校圍墻上

規格：碑高 85 厘米、寬 55 厘米。青石質。碑額横刻“封山碑記”四字。

蓋聞國有法，其國必治；里有規，其里必善。奈世人心不古，曾有無耻之輩，不顧傷風水否，徑往將公山之石版偷竊打取，一經捕獲交公家運用，不是生死磕頭，便是邀勢占霸。自此以後，本山之石版，除公家之界限經不由人打取尺寸，倘敢自行打去被衆人拿獲，酌議處罰之時，勿謂言之不先也。

茲將罰項界址刻列如左，計開：

偷砍樹木者，每棵罰銀伍元；

偷割草者，每挑罰銀貳元；

偷打石版者，每丈罰銀拾元，將石版歸公；

牛馬踐踏公山，罰銀叁元。

界限：一合公山概齊古堰止，其外片合私家者，聽其自由。

爲記。

民國三年三月二十九，合村人等公立。

資料來源：曹善壽主編、李榮高編著《雲南林業文化碑刻》，德宏民族出版社，2005年，第522—524頁。

598 禁伐樹木碑

時間：民國三年(1914)

地點：廣東省肇慶鼎湖山慶雲寺左側横門外石碑上

規格：碑高70厘米、寬120厘米。

高要縣知事兼員警事務所所長潘，爲出示曉諭事。現據慶雲寺建自明崇禎年間，在本寺前後遍植樹木，濃陰密布，游客行人，賴以遮蓋。歷年數百，俱係僧等栽培，久成叢林巨觀，稱爲嶺南名勝，向蒙官府保護，附近豪强無敢覬覦。嗣民國成立，土人認爲政體改革，清官文告已失效力，每多任意占奪，而不知歷代憲示,煌煌斑斑可考。查前清光緒十九年具憲碑示,以本寺左至石仔嶺、竹篙嶺、飛水潭、青龍頭并沿坑兩旁爲界;右至三寶峰、二寶峰、虎山頭爲界;前至百丈嶺爲界;後至牽絲過脉等處爲界。所有界址以内,俱歸本寺僧主管等示。用特摹印碑文二紙,繪具山圖三紙,禀呈察核查勘,恩准發給主管執照。并將山圖一紙,蓋印發還僧等,俾得泐碑出示,永遠遵守。并將碑文山圖各一份,轉詳巡按使,恩准存案,則林木與名山并壽,公德亦與名山并傳矣。計粘呈碑文二紙,山圖三紙等情。據此,除批准揭示并給照管業外,合行出示保護。爲此示諭各該處諸色人等知悉:所有上開鼎湖山四至内栽種樹木,爾等毋得任意占奪砍伐,倘敢故違,一經該寺僧指名禀控,定即嚴拘究辦。其各凛遵毋違,特示!

中華民國三年十月十五日示。

發仰慶雲寺實貼泐石曉諭。

肇城美玉刻。

資料來源:《肇慶星湖石刻》編委會編《肇慶星湖石刻》,紅旗出版社,2005年,第298頁。

599 中河村公議保護漆林藥材章程碑

時間:民國四年(1915)

地點:陝西省安康市嵐皋縣洋溪鄉中河村

規格:碑高90厘米、寬80厘米。碑文楷書。

爲公議章程，不准燒挖砍伐漆樹以及偷挖藥材、偷打漆子，同公議定條規，刊碑戒後。從前已犯者，慎勿仍蹈前轍；其未犯者，謹戒勿犯。利己利人，一鄉均有益焉，豈不善乎。今將利弊詳列於後：

一條佃客不蓄漆秧、漆樹，其意以爲怕好地主，不知興蓄漆樹，主、佃均有利焉。客打子，主割漆，同得地利，何樂不爲。

二條佃地原有開砍，只可芟除雜木草茨，倘連漆秧一并燒挖，查出每樹賠錢捌百，小秧四百文。另外處罰，以做公事。

三條賣工之人，必由主東，如叫砍挖，賠罰則問主東；倘夥計自亂砍挖，(以)〔一〕經質實，賠罰則盡歸雇工。

四條老扒之地，原以漆樹、藥材爲重，近日常有偷挖藥材、偷打漆子，一經拿獲，憑公處罰，决不徇情。

五條地主遠窵，全仗地鄰代爲關顧。如遇砍伐、偷挖漆樹、藥材、漆子等事，如有代爲拿獲，質實，賞給工錢八百，决不空言。

以上五條，大略言之。作奸犯科之事，述難盡述。緣望同人改惡從善，共爲良善可也。

民國四年三月初八日，公議同立。

資料來源：張沛編著《安康碑石》，三秦出版社，1991年，第363—364頁。

600 一村保障碑

時間：民國四年(1915)

地點:河南省安陽市滑縣半坡歷鄉黄塔村
規格:碑高 125 厘米、寬 55 厘米。

滑縣知事李,爲出示嚴禁事案。據城南五十里黄塔會首、區長明步青等呈稱:緣身等付北緊鄰黄河故道,多沙不苗。早年公議起會、栽柳,設法杜避,地始獲糧。上究國課,下糊民口,公私相宜,無不欽遵,頗有成效。奈日久廢地霄小,徒賴乘機就勢,希圖利己,不顧大局,常竊會柳,混行毁壞,以致今春風大沙起,鄰近麥禾盡被摧殘,苦不可言。身等會首,目睹心傷,不忍袖手,思無長策,因邀街衆,復商妥皆,懇祈仁天,思施再造,賞出告示,陳明利害,嚴行禁止,以便整理,均感無既,爲此公懇叩乞等情。據此,除批示外,合行出示嚴禁。爲此示仰該處居等知悉:自示之後,毋再私砍會柳,更不得任意竊伐。如敢故違,一經查出,或被該會首等告發,定行傳究,决不寬貸。其各凛遵毋違,切切,特示!

民國四年五月二十日。

資料來源:政協滑縣委員會文史資料研究委員會編《滑縣文史資料》第三輯,1987 年,第 160 頁。

601 武侯墓定章碑

時間:民國四年(1915)
地點:陝西省漢中市勉縣武侯廟

規格：碑高150厘米、寬70厘米、厚16厘米。碑圓額，額高40厘米，刻“定章”二字，楷書。碑文楷書。共31行。

署理沔縣事馮〔紹軒〕，爲出示曉諭，整頓墓會，定章立案，以垂永遠事。照得諸葛忠武侯遺墓在沔水之陽即定軍山也。墓前建廟以奉祭祀，距墓數十里，一千餘年，今已廟宇傾圮，墓產淪没，文獻失徵，無從規復。且墓産之款，經理不力，雖有春秋兩祭，皆屬敷衍相將，一切廢馳，曷勝浩嘆。本知事莅沔以來，每謁侯墓，莫不流連荒冢，躊躇頽楹。景仰之餘，轉滋感慨。夫侯事君致身，托孤寄命，其才識學術，在聖門足備四科；而出師兩表，鞠躬盡瘁，與關侯春秋大義，炳若日星。故能定偏安之王業，正萬世之綱常，侯真千古偉人哉，陪享文廡宜也。若弗將墓會亟行整飭，何以昭忠盡而存祀典耶。兹據彭錫福等呈請出示曉諭。除批准定章立案以垂永遠外，合行出示曉諭。爲此示仰三牌紳民人等一體知悉：自示以後，爾等務當遵守定章，勿得故違取咎。所有在事諸董，於墓會租款，必須盡心經理。每年辦會，猶宜格外樽節，總期各有成款。將廟宇從速修復，俎豆馨香，此余之所厚望也。倘有不肖之徒，鑽營漁利，希圖口腹，阻撓生非，一經查出，或被告發，即傳案究辦不貸，切切，懔遵勿違，特示！

兹將武侯墓永完定章開列於後：

一、慎重墓款，以杜流弊也。敬查侯墓，别無進款，據呈民國三年以前，所收租稞，出款開支之外，毫無餘存，其中不無浮濫，除從寬免究外，此後該經理等，亟宜樽節，勿得再有流弊，致□□□□□。

一、公舉會董，以均勞逸也。查墓會一切事宜，向由三牌公舉會董，協同辦理。此後每年清明前半月，仍由三牌選舉公正廉潔符於鄉評者，一牌各二人，先期稟報到案，由縣核准定額五人，至清明辦訖會商之日，即交新董接充，不得瞻徇惡留，致違定例。

一、移收帳目，以清轇轕也。查經理帳目廉潔自勉者，固不乏人，而不肖之徒，亦所或有，此後該會董等，每届接充年滿，即將經手帳目開出四柱，向新舉會董清明前算明，另列清單，張貼宣布。如有餘款，無論多寡，合簿據一并交清，不得稍涉含混，致滋轇轕。該新董仍將舊管帳目，呈縣查核。

二、提出租款，以備培修也。查墓前廟宇，年久失修，坍塌情形，不無感慨，該會董等，實有責不容辭者也。奈閭閻困苦，籌款甚難，惟有將墓會每年收歸廟倉佃租小麥伍石玖斗捌升，包穀二十二石零叁升，由三牌會董於清明前半月照市變價，共錢若干，報縣提存錢壹百貳拾串文，交於育濟公質壹分行息，除培修廟宇，無論何事，不得動用，或三年積有成數，再募布施，以助不足，然後鳩工修復，不患無資。其餘租款，除完糧銀壹兩零九分三厘，作春秋兩會敬神演戲一切費用，但求有餘，不准不足。該三牌會董，務當遵守定章，力圖節省。每届清明會，正辦酒席三桌；七月會，止備牲體供獻，不得多費。會外人等，不准妄干。倘敢生非，稟縣傳究。

一、查産立案，以重祀典也。查祀侯之産，除住持所耕墓前地貳拾畝，佃出吴家壩田五丘柒畝五分，用資瞻養，并作香火長燈費用外，其餘地畝，取租貳拾捌石零壹升，即由會董經管，曬乾風净，概儲廟倉公所，不得藏於私家。應糶之時，先期請示，糶錢若干，報縣核辦。再據彭錫福等查明田地租石實在數目，呈請立案，自應照准，以垂永遠。

一、擇招佃户，以重祖石也。查墓産租石，祭祀攸關，升斗爲重，兹已提租存備，培修時辦理會事，不能裕如。此後該會董等，每歲收租，□□所有墓佃各租，如照額搗足，固無論矣。設有奸狡之徒藉端短少，揑故拖延，即行報縣究追，并覓妥人更换，倘敢串同□□，將該佃等一并懲辦。或遇水旱偏灾，臨時斟酌情形，不□此□□。

一、勘守樹木，以禁砍伐也。聞侯出師遺恨而不返蜀，命葬定軍，草木效靈。閭閻蒙福，其墓前古柏六十餘株，森森毓秀，杜甫有詩云"樹森猶爲人愛惜"，蓋咏成都祠堂老柏也。則侯墓古柏，亟宜愛惜，豈容宵小任意砍伐。此後侯之墓場，即著住持勘守。三牌會董，共同照料，如有敢刈一草、伐一木者，該住持立時拿獲，報告會董，協同送縣，以憑訊辦。倘□同徇隱，一并傳究。

一、保護住持，以禁滋擾也。查廟内住持，鮮有能撑持墓事者，以致棍徒地痞，藉端索詐，倚勢欺凌，幾於挂錫難安，哀籲不舍，而且逞凶無狀，滋擾不堪。若不速爲保護，何以肅崇報而安神靈。此後如有棍徒地痞來廟需索，滋擾逞凶者，該地董協同住持，登時報告到案，即行嚴懲；倘住持有不法情事。一并究辦不貸。

署沔縣知事馮紹軒謹訂。

沔縣文牘員王廷英篆額。

現沔縣文廟奉祀官邑人馬采桂敬襄□。岳奉書丹。

中華民國四年歲次乙卯蕤賓月吉日，團總□□□□立。

資料來源：陳顯遠編著《漢中碑石》，三秦出版社，1996 年，第 393—395 頁。

602 流傳百代碑

時間：民國五年(1916)

地點：河南省滑縣半坡歷鄉黄塔村

規格：碑高 125 厘米、寬 55 厘米。

蓋聞氣運有盛衰之不齊，土田有肥磽之不等。雖田地勢使然，而人事亦可轉移於其間。我村當前清初，弃東北一帶，舊係風沙之衝。每值隆冬初春，飛沙揚塵，風勢飄急，土田瘦簿，禾苗不生，而堪於家。且言地衝沙口，於本村風水大不相宜。因令於村後栽柳樹數行，以蔽風沙，長約五里有餘；立有規矩，不准損伐。道光年間，蔚然甚茂，浮沙積聚，約二丈餘高，雖有風沙，不能爲害村内，較前微覺富庶，子弟亦多。賴當時村中父老，深知柳伐爲我村之保障，大有禆益，此俗號爲老伐，深識有益。咸豐年間，有明公德富等，因更於老伐之北，另栽新伐三行，以厚其勢。東至羅堂河，西至本村之河北隅，約長五里有奇。由是地美物阜，不惟我村蒙福，即我村以南亦均沾利益。東北一帶溝之地稱不毛者,至是均得豐收,村内尤覺殷實。

奈時久年湮,會規漸弛,無賴之徒,竊伐殆盡,向之森森之美觀者,至是竟成戍濯濯矣。自此無樹不以爲之屏茂,而浮沙流動,地勢漸壞,土山崩折丈餘;且村内風俗日形澆薄。有明公雲青等睹期景況,大爲不忍,因念我村之盛,有土山柳伐之暢茂;今我之衰,未始非土山柳伐損壞有以致也。因集合村人等,以氣運盛衰之理,土山損折之故,俾知栽柳爲合村之公益,非一人之私願。於是衆皆感悦,即於二月上浣,將新舊柳伐重加栽培,公議會規,共加保護,將見柳伐、土山可以依舊暢茂,吾村庶幾可以永享幸福也,是以爲記。

中華民國五年二月上浣穀旦。

資料來源:政協滑縣委員會文史資料研究委員會編《滑縣文史資料》第三輯,1987 年,第 161—162 頁。

603 鄭蘭溪捐廉植樹記

時間:民國五年(1916)

地點:山東省濟寧市曲阜市孟子林廟致敬門内院西墻南首(已嵌入墻内)

規格:碑高 45 厘米、寬 80 厘米。碑文楷書。

鄭公蘭溪,金陵人也。自壬子春來莅兹土,於今五載,種種善政更仆難數。每當春秋二丁，入廟告虔無稍怠佚。祭畢宴談，一種崇儒重道之心溢於言表，爲之欽感者久之。客臘相聚而言曰："廟中松檜葱郁挺秀，足以蔭殿宇而安神靈，獨欞星門外樹木稀疏，何以表神道而壯外觀？"遂慨然捐廉購樹，植柏多株。前復廣栽垂柳，永爲廟宇之庇蔭。且爲之出示保護，嚴禁損折，以生息而長養之。異日神道左右亦極葱郁挺秀之觀，甚盛事也。謹勒片石，以永矢弗諼云。

代襲世職慶棠謹識。

民國五年荷月中浣吉辰。

資料來源：劉培桂編著《孟子林廟歷代石刻集》，齊魯書社 2005 年，第 456 頁。

604 黄坪村條規牌

時間：民國五年(1916)

地點：廣西壯族自治區桂林市恭城瑶族自治縣三江瑶族鄉黄坪寨

一、禁止放火燒山，違者罰款。

一、禁止爲匪爲盜，違者重則解押至縣，輕則罰款。

一、不得奪取别人山場田地，犯者罰款。

一、不得奸污婦女，犯者罰款。

一、不准放牛踐踏别人禾苗，犯者賠償或外加罰款。

一、不准偷放别人田水,犯者罰款。

一、租佃田地要納租,不得拖欠,若無租繳納,還應以打工補償。

恭城縣第二區三江團黄坪村衆等令同立。

民國五年丙辰歲孟冬月吉日。

資料來源:黄鈺輯點《瑶族石刻録》,雲南民族出版社,1993 年,第 222 頁。

605 瓦室鷄子頂禁碑

時間:民國五年(1916)

地點:四川省巴中市通江縣

鷄峰之山,帽合之臺,鷄峰之下,乃光祖裔栽植松柏於鷄峰。故栽者培之,上承先祖,下貽裕後,則蔚起人文,豈非鍾毓佼采哉! 慨自命曰:鷄頂山之高者,本地之靈矣,樹之深者,乃葉之茂矣。是其日夜所有,雨露所潤,發榮滋長,詎不休歟! 今儼然草木森森,惡其所損,則人人目睹心傷,而感嘆曰:“滋境之風水可頹乎?”於是鳩工勒石碑銘,以垂永遠之戒。則禁蓄前後左右,若有亂砍誤斬者,擒獲賞錢一千。此禁警不可不嚴也。

資料來源:張浩良編著《緑色史料札記——巴山林木碑碣

文集》,雲南大學出版社,1990 年,第 37—38 頁。

606 亘古昭垂碑

時間:民國六年(1917)

地點:貴州省黔東南苗族侗族自治州錦屏縣啓蒙鎮歸固村高增寨

錦屏縣知事鄧,爲出示禁止事案。據高增團首龍盛榮、黄光榮、黄光鳳等以培植風水、禁砍蔭木、懇准勒石、永保昌盛一案呈稱:緣團等高增一寨,四維風水等木,承先人之栽培,啓後昆之昌盛,人心如一,風俗美醇。雖不敢稱乎仁里,亦不墮於醜鄉。近來人心不古,世道衰微,竟有不知愚氓,妄將風水各木擅行砍伐,劈破風水木而准油亮,或伐風水木而作柴薪,或砍盡一團免遮陰而開園圃,或砍周一塊成曠野而種雜糧。睹此情形,目擊心傷。縱未培補,宜當蓄禁。似此强砍,誠不體先人蓄植之苦衷,損後人之德業乎?是以集衆會商,栽植禁伐。若二十年而開爲園圃者,罷園栽樹以培風水。擬定至新正月,每户栽風水木二十株,勒石禁砍。誠恐難垂久遠,只得聯名懇乞臺前賞准永禁,以垂久遠等情到縣。據此,除批示并准勒石遵守外,合行出示嚴禁。爲此示仰高增及附近居民人等一體遵照:凡關於此方風水,無論何種木料,不得砍伐損傷。倘敢不遵,一經指禀,定即提究。切切,毋違,特示!

右諭通知。

發起人龍耀卿。

中華民國六年歲次丁巳陽曆二月三日。

資料來源:錦屏縣政協文史資料委員會編、姚熾昌選輯點校《錦屏碑文選輯》,1997 年,第 63 頁。

607 嚴禁竊伐墳山樹木碑

時間:民國六年(1917)

地點:原在陝西省安康市鎮坪縣牛頭店民間,1988 年由鎮坪縣文化教育局移至縣文化館

規格:碑殘高 85 厘米、寬 58 厘米、厚 4 厘米。碑圓首方膚,身首一體。碑額刻"禁碑"二字。碑文楷書。共 5 行,滿行 20 字。碑周邊殘損過甚。

具立嚴禁竊伐墳山樹木刊碑戒後字人羅應才,今因誤伐王昌祐祖墳禁林樹數株作薪,被王姓查出,經憑鄉〔約〕、團〔總〕,王姓念在戚誼不罰賠,鄉、團處令刊碑戒後:嚴禁四鄰居人,不得竊伐,倘有不遵,查出照賠。如被旁人拿獲刀斧者,給工錢二串。此禁是實。

憑團總劉茂林、鄉約袁德三、保長史俊臣。

馮育仁撰。

民國六年九月十五日同□。

資料來源：張沛編著《安康碑石》，三秦出版社，1991 年，第 367 頁。

608 本協鎮多示碑

時間：民國七年（1918）

地點：新疆維吾爾自治區哈密市巴里坤哈薩克自治縣西黑溝溝口折東處

規格：碑體爲一卧牛石。東西長 3.5 米，南北長 3 米，高 2.1 米。頂部平整，自下而上逐漸收斂，東西長 2.7 米，南北長 1.9 米。花崗岩質。碑額刻"本協鎮多示"五字。碑文共六行，每行四字。

蒲海瑶島，山高水長。西河松景，泉源保障。鹿乃仁獸，不可殘傷。

資料來源：《哈密文物志》編纂組編寫《哈密文物志》，新疆人民出版社，1993 年，第 290 頁。

609 公議碑

時間：民國八年（1919）

地點：重慶市秀山土家族苗族自治縣巴家鄉石坎村與貴州松桃苗族自治縣黄板鄉峥峴村青峰山交界的鐮刀灣

規格:碑高4尺、寬2.2尺、厚5寸。

團體不緊,則實業不興。實業興矣,財政之發達由此進步。我松秀上至兩河口杉木坳,下底乜昂屯,均屬山多水少,地瘠民貧。所恃以爲生財之道者,五穀而外,油茶爲最,草木次之。如不予爲封禁,協力維持,恐無知之徒,斧斤見伐,日朘月削而弱。而兩地之財産,終無起色之日矣。歲在己未仲春既望,爰屬兩届董事再三磋商,公同妥議泐石爲記。以後凡遇五穀瓜菜,禁止偷盜;桐茶雜木,禁止砍伐。他如生草乾柴、落葉枯枝,一律封禁,毋許擅取。各禁各地,各保各寨,以期永久,長享富厚,倘遇强項不服,破壞公益者,公同抵抗。從此同心同德,一致進行,永保勿替。行見地稱富厚,人樂熙皓,不出十年之外矣。是爲序。

今將會議條款如左:

一議兩屬向係十家一排,各安生理,有違法者重罰;

一議偷竊瓜菜,罰錢三千,報口一千二百文,黑夜加倍;

一議黑夜遇有盜匪,聞報協同捉拿,聞報不起者重罰;

一議偷砍雜木材料,罰錢三千,報口一千二百文,黑夜加倍;

一議偷竊五穀等件,罰錢六串,報口三千,黑夜加倍;

一議桐茶松、川屬寒露日撿茶子,十日撿桐子,違者重罰;

一議偷砍桐茶,罰錢四千,報口二千,黑夜加倍;

一議偷竊桐茶,罰錢十千,報口三千,黑夜加倍。

(松、秀鄉民姓名略)

民國已未年仲春下浣日公立。

資料來源：潘華林《民國八年"護林碑"記》，中國人民政治協商會議秀山土家族苗族自治縣委員會文史資料委員會編《秀山文史資料》第4輯，1988年，第82—83頁。

610 奉憲勒碑

時間：民國八年(1919)

地點：浙江省温州市甌海區

規格：碑高87厘米、寬51厘米。青石質。碑額刻"奉憲勒碑"四字。碑文楷書，陰刻。共17行，滿行29字。

永嘉縣知事張，爲出示嚴禁事。案據二十三都黄川地方民人吴維元、黄賢清、吴維鎮、黄提慶、吴良柱、黄傳泉、吴入賢、黄定煒、吴良煸、吴入珍、吴岩郎、吴良元、黄岩浩、黄錫成、黄曜臺、吴岩杰、黄永森、吴周郎、吴良榛、吴入楷、吴入湅、吴沛連、黄金德、黄金焕、黄元林、吴入焕、吴維明、吴向賢、吴入坤、吴入樹、吴入鏞、黄元魁、黄曜楨、黄曜堦、吴岩清、吴□德、吴□兒、黄金顯、吴岩森、吴入何、吴樹岩、吴岩六、吴春元、吴良銀、吴入淦、黄德槐、黄周水、黄順登、吴寶連、吴入高、吴岩高、黄文標、吴岩文、吴嘉啓等禀稱：竊民地烟户二百有餘，習賈者少，務農者多，苦種勤耕，藉全生活，地内山場尤廣，均係私家課産，遍植竹木，并生萁草，收益之外，樵采賴之。只因密邇鄰村，良莠不一，賭博花會，時有所聞，民地雖於前清光緒間請示禁賭有案，而日久玩生，一般無知少年，近亦被誘效尤，爲害之烈無待殫述。致宵小敗類混雜其間，因而四出攫竊，貽害閭閻，賭爲盜媒，非虛語也。盜風既張，强頑輩起，往往侵入民地，或結党强砍，或深夜盜斫，遂使竹木箕草以及一切雜種盡被掃蕩，無法保全。間雖查獲一二，而惡習相沿，終無顧忌，僉乞示禁等情到署。據此，除曉示外，合亟出示嚴禁。爲此示仰該處居民人等知悉：爾等須知花會賭博大干法紀，山蛘植物各有主管，自示之後，務須勉營正業，痛改前非，不准開場聚賭，盜取植物，倘敢故違，一經查獲或被指禀，定即提案送究不貸。其各凛遵毋違，切切，特示！

中華民國八年四月三日給。

資料來源：吴明哲編《温州歷代碑刻二集》，上海社會科學院出版社，2006 年，第 259 頁。

611 永垂不朽護林碑

時間：民國八年(1919)

地點：雲南省文山壯族苗族自治州西疇縣摩灑村

規格：碑高 126 厘米、寬 80 厘米。

蓋聞先代訂立合約，墨存後輩，永久遵守，不得反悔，共議固然也。不然經營交際，田地典當，奚用片紙而動筆墨哉。如道光三年，而江里屬六主寨地方，曾出槍案，失主斃命，經報官府需費浩大，勢難支持。六主糧户陸老棉、陸不用、陸文丙、田老謂、田友仁、李雲、李映、李發、沈占、沈贊、陸自華、陸自達等至我摩灑央求王公信、王公輔及衆人等相助伊等紋銀六十兩付完案之需，願將該處所屬公山樹木，立出合約，送字永遠。我摩灑協同該處，蓄養砍燒采伐蓋屋，該等後世子孫，永遠不敢另生異議。由是我摩灑如約而傳迄今，多年均無異議。適至民國八年正月十六日，忽有六主住主陸正連、陸紹綱、盧德群等違先輩修約，禁我摩灑砍伐該處分山，意欲我摩灑空報憑據。我摩灑衆等只得經報此轄該處保董，與其理講，蒙保董驗明合約送字，飭令陸正連等三人轉告該寨老幼人等，嗣後勿得違約妄禁，致意訟端，年代久遠，難免諫違，特將合約送字勒，永垂不朽云云。

今將合約送字，臚列於左碑，衆共知。

立合同憑據人：糧户陸老棉、陸不用、陸文丙、田老謂、田友仁、李雲、李映、李發、沈占、沈贊、陸自華、陸自達係六主寨主。爲道光三年二月二十六日，有姚姓貿易路過本處，被搶費命，投奔在寨，衆等無奈，同向摩灑下寨糧户王公信、王公輔衆等各下商議，幫助銀六十兩，即日領回公用，二比合好，六主衆等從此將公山樹木以作送禮之資，二比同養共用，任由摩灑等修蓋房屋砍燒，六主人等勿得阻擋，若有日後六主等子孫出匪不遵，路遇亂掄刀斧，二比商議罰錢十千，酒五十提，豬一口，入公費用，從此永斷割藤，不得爭講。高山滚石，永不回頭，紅日照雪，水流東海，一送百了，衆送子休。恐口無憑，故立合同憑據是實。

道光三年二月二十六日。

立合同送守憑據人：陸老棉、陸不用、陸文丙、田老謂、田友仁、李發、李雲、李映、沈占、沈贊、陸自達、陸自華同押。

代字人：黄亮。

民國八年四月初十立。

資料來源：雲南省林業志編輯辦公室編《林政法規選》（第一卷），四川科技大學出版社，1993 年，第 818—819 頁；參見曹善壽主編、李榮高編注《雲南林業文化碑刻》，德宏民族出版社，2005 年，第 276—280 頁。

612 保定道憲許元震手植紀念林碑

時間：民國八年（1919）

地點：河北省保定市滿城縣

規格：碑額身爲一體。碑額方形抹角，方石碑座。通高 165 厘米，碑額寬 60 厘米，碑身寬 57 厘米、厚 13 厘米。青石質。碑額刻“樹之風聲”二行，行二字，楷書，陽刻。碑文楷書大字，上款爲時間，中間大字題名，下款是立石者知縣陶俊。

中華民國八年六月穀旦。

保定道憲許元震手植紀念林碑。

滿城縣知事陶俊敬立。

資料來源：范福生主編《滿城歷代碑石刻輯録》，河北教育出版社，2011 年，第 37—39 頁。

613 盈江縣昔馬某寨護林公約碑

時間：民國八年（1919）

地點：雲南省德宏傣族景頗族自治州盈江縣昔馬某寨

立禁山合同憑據，合屬持事老幼人等公同議決，蓋聞古輩先人以森林□□爲重，公同禁止。無論老少何人，砍著每株定罰銅錢二十四千，肉二十四斤，灑米包吃。毒河水放火者，照砍樹同列。查著來報者，賞紅錢一千二百文。斷令東至斷齊索子溝横路以下，南至齊香山河以下，西至齊唐梨壩路以上，北至齊六高壩以上。東南西北四至開明，仰合屬老幼人等一體遵照。但在至内之樹株、河魚，不得違犯亂砍。如有違紀者，决不姑□□合屬所立同憑據，是實。

民國八年臘月十三日。

資料來源：曹善壽主編、李榮高編注《雲南林業文化碑刻》，德宏民族出版社，2005 年，第 536—537 頁。

614 盈江縣昔馬黄桑坡護林公約碑

時間：民國八年（1919）

地點:雲南省德宏傣族景頗族自治州盈江縣

立實禁蓄樹株,以保水源,而靖地方,永安民生事。情衆姓憑據人李儒發等〔二十四〕人,情因衆等由各處搬攏黄桑坡之時,一派山場樹株增密,東至齊楊柳箐溝,南至齊河,西至齊唐梨壩路上,北齊盧稿壩田。於水漿浩大,照管田畝數百籮,五穀茂盛。迨後爲因無知之徒,每每入山,悄悄放火,盜砍樹株,害其水漿,細微難以照應,田畝荒蕪若干,虧害子民。地方等公同商議,復而樹株放大,一概禁蓄。公同書立憑據,再有無知混徒,私自入山盜砍著樹一棵,見證□獲報信者,賞紅鈔一千二百文;砍樹之人罰鈔三千文;放火者罰鈔六千文。言出法隨,勿得徇情,陽奉陰違,如自此情,共同處罰,以安民生。

民國八年十二月十四日。

資料來源:曹善壽主編、李榮高編注《雲南林業文化碑刻》,德宏民族出版社,2005年,第537—538頁。

615 那克護林碑

時間:民國八年(1919)

地點:廣西壯族自治區南寧市上林縣西燕鄉寨鹿村那克村附近路邊

規格:碑高85厘米、寬46厘米、厚13厘米。

奉官面示，豎碑禁後。

此崠土名亭毛，崠自我祖遺下歷已數代，種樹養育，蓄水灌養。那土名亭毛，數三十餘丘田，以備旱年之計，永無他人斬木、放火、燒草，水出長流，田禾豐稔，國課不靈。突至民國八年，外人斬伐殊多，水源漸斷，田禾枯色。迫不得已，經鳴，總團甲村等歷勸解釋，兩邊不服。控到官長知事張，面斷與我陸泰山，亭毛崠一所，留養此田。過後凡人不得入界内伐木、采茶、作畲。立禁碑警示於後，永不朽云。此崠上至□□爲界，下至平田爲界。碑豎之後，誰人私打石碑壞，誰人認證者，賞紅錢七千二百文。崠禁之後，誰人私入伐木、采茶，誰人得贓認證，主賞紅錢三千六百文。

民國八年十二月□日立。

資料來源：佚名《大明山的歷史遺迹考察》，“廣西賓陽信息港”2007 年 12 月 6 日。

616 秋山溝公議護林條規碑

時間：民國九年(1920)

地點：原弃置於陝西省平利縣秋坪區八角廟河灘，1982 年發現後移至秋坪區林特站

規格：碑高 150 厘米、寬 70 厘米。碑文楷書。

立刻碑永禁效尤人袁世杰、王朝升等，情正月身子砍伐黎

萬順興栽樅樹，被袁姓拿獲，報告公團，同衆看明，理質不虚，身等自愧無言。況前清稟請牌示，歷年演戲，闔境皆知。民國復設農會，保護森林，專爲□□起見。惟秋河秋山，山高水冷，地瘠民貧，别無出産，僅生漆、桑、棉、耳杆、桐、竹、藥材等項，可獲地利；外有樅、棕、杉、柳、松、栗等類，可作修造。□有□□地者，窺見他人栽有漆秧、漆根，竊挖，栽植□□栗樹、耳杆，任意□□柴薪。園圃中或栽有厚朴、杜仲，有膽敢逾垣而剥皮膚者。柔、棉竹笋□被盜竊，松、杉等樹，竊伐更甚。更有特貧之家，肆竊柴薪，一經拿獲，縱使婦女潑鬧，或縱父母出頭。此等敗俗，層見叠出。使人徒勞經營，枉費資財。種種行爲，誰不痛恨。倘後如違上項各情，即照地方公議立案條規懲禁。恐年久案遺，身等願將條規刻石，以做將來不朽之條規列左：

一、嚴禁偷竊毁壞漆秧、漆根，砍伐大小漆樹，違者拿獲，輕則同公評價賠補，重則送官，請以盜賊治罪。

一、嚴禁偷竊桑、棉、樅、栗、松、杉、棕、笋等樹，違者拿獲，輕則棕條鳴鑼游境，以昭禁戒；重則送官，請以戕害農林條規懲究。

民國九年正月吉日，袁世杰、王朝升同請。

秋河秋山溝紳首團保監立。

資料來源：張沛編著《安康碑石》，三秦出版社，1991 年，第 372—373 頁。

617 五門堰傅青雲等認罰贖咎碑

時間：民國九年(1920)

地點：陜西省漢中市城固縣五門堰文物管理所

規格：碑高 115 厘米、寬 54 厘米、厚 15 厘米。碑文行書。共 20 行。

傅青雲爲認罰贖咎，懇請存案事。情民祖遺有五門堰西河坎上水田一丘，前清年間，出佃於傅吕氏之翁耕種，後被水冲，僅剩田三分五厘。上年五門堰局，因水勢直搗，逼近五洞，恐礙堰務，遂於民田界内坎下廣蓄楊木，藉殺水勢，以固河坎。所剩民田，於今賴以存在。本屬一舉兩善，多年無敢毁傷。不意近年樹長成材，木料價高。今歲十一月，傅吕氏女流無知，被人刁唆，偷砍順楊樹三根，經五門堰首，將民禀案，奉票之下，不勝悚惶。事雖傅吕氏冒昧所爲，而坎屬民界。民貿易許家廟街，相近咫尺，失於覺察，咎不容辭，深知此樹於五門關係重大，民本應付傅吕氏訴訟在案，又念伊年老家貧，玆乃邀出同宗傅心齋向堰首剖白，更代傅吕氏乞恩。民甘願認罰，願在原地栽樹三根，補足原數。已砍之木，飭傅吕氏送交堰局公用。以後民坎界内補栽暨舊有樹木，仍歸五門堰所有，由堰保護，無論他人暨民户族永不得毁傷一枝。其餘已砍之樹，不在民砍界内，民無干涉之權，與民無干，事恐年遠，無從考查，玆特備詞存案，并懇懇恩施，脱民關係。伏乞縣主案下電鑒，恩准備案，脱離施行。

中華民國九年一月十六日。

具懇恩農民馬成章、傅乃娃，現受管押，爲認罰贖咎，懇叩存案，解綱开釋事：情民馬成章相墳祭業，并民傅乃娃祖父遺業，有五門堰西河坎上水田各一丘，先年被水冲崩，各僅剩田一分有奇，五門堰局紳，見水勢直搗，道近五洞，恐礙堰務，遂與民等田界内坎下，廣蓄楊木，藉殺水勢，以固河坎，民等所剩之田，於今賴以保存，本屬一舉兩善，多年無敢毁傷。不意近年樹長成材，木料價高，怪民馬成章户族無知之徒，見利忘義，偷往鋸伐；民傅乃娃見傅青雲等佚法伐樹，亦尤而效之。經五門堰首稟案，又蒙恩訊判，罰民等出錢四十八串，尚未呈繳，又往伐樹十株，沐恩傳案，予以管押，實係民等有咎難辭，曷敢懇瀆。但民等身罹法綱，寤寐思服，遂托出胡渭川向堰首部白，更代爲乞恩。民甘將訊罰之錢，如數繳案，復而坎下栽樹，補足原數。所伐之樹，現已送交堰局，以作公用。以後民等田坎界内補栽暨舊有樹木，仍歸五門堰所有，由堰保護。無論他人暨民等户族，永不得毁傷一枝，其餘已砍之樹，不在民等坎界内，民等無干涉權，亦與民等無干，恐年遠無從考查，兹特備詞存案，并祈網開三面，賞准民等脱法，回家安分務農，以供全家衣食，曷勝銘感之至。爲此懇乞縣主案下，恩准立案，解網開釋，實沾德便施行。

中華民國九年三月二十七日。

資料來源：陳顯遠編著《漢中碑石》，三秦出版社，1996 年，第 399—401 頁。

618 江川縣争山林案判决書碑

時間：民國九年(1920)

地點：雲南省玉溪市江川縣後衛鄉白池古村寺内

規格：《判决書》碑高 97 厘米、寬 51 厘米、厚 10 厘米。《執照》碑高 84 厘米、寬 51 厘米、厚 10 厘米。石灰石質。

雲南高等審判廳民事判决八年上字　第二百四十二號判决

上告人：馬鍾龍，年六十三歲，江川縣人，住省城盡忠寺農務；馬雲科，三十四歲，餘同上；馬中才，年五十四歲，餘同上；馬進幫，年五十五歲，餘同上。

右代理人：施柄煊律師。

被上告人：李春相，年六十二歲，江川縣人，住省城小西門外雲升棧務農。常天福，年四十歲，餘同上。李福生，年七十歲，餘同上。向開雲，年四十三歲，餘同上。

右上告人，對於民國八年六月二十六日，澄江縣知事，就上告與李春相等，因山場涉訟案所爲之第二審判决，聲明上告本廳，審理判决如左：

主文：原判及第一審判均撤銷，維持前清宣統元年江川縣朱令所爲判决之效力，上告費用兩造平擔。

理由：查一事不再理，爲控訴法上之大原則：故凡判决確定之案，如果一造違反，確定判决侵害他一造，因確定判决所受之利益。苟經他一造具訴於第一審衙門，則第一審衙門只能查明前判，予以相當之執行處分，不再爲實體法之審判，此詐訟通例也。核閲本案卷宗，係争山場於前清乾隆年間，即經江川縣彭令勘斷立碑，碑載四至：東自小路頂，小大路至黄草壩爲界，中夾王家墳北邊一嶺；南自谷堆山至大河横山丫口爲界，中夾官家墳貳嶺；西自大山發脉，從挑魚路至紅坡頂刀口山爲界，中夾馬家墳四圍四丈；北自挖硔山、響水石、廟阱，陰阿山至粟樹頂爲界。斷後歷百餘年，相安無事。惟馬家莊人，尚屬在馬家附近侵葬。至光緒二十五年輒復起争，二十七年經前江川縣王令勘斷，略謂馬家莊之碑無地名，殊不足憑，白池古之碑雖舊，該民等亦不應將原字刻深，致兹疑議，從中酌斷其四至照舊。惟中至馬家墳下澗溝過脉爲界，所有大山、長嶺山，馬家莊不得妄争，給示遵守等語，乃白池古領照。馬家莊延不領照，次年復於前江川縣宋令任内，具訴纏訟至光緒三十四年，遂因事使争山場之樹，將白池古人郭在心殺斃。宣統元年前江川朱令復行勘斷，略謂白池古四至照舊管業，白池古碑記雖有馬家墳四周四丈之語，以現在馬家莊人所葬墳地，計已經拓至二十餘丈，但山間地土不妨讓寬，所有已葬墳冢之處，周圍仍留餘地，以後墳山樹木一律伐盡，不准復種，并禁牧放牲畜踐踏墳塋，亦不准馬家莊人再行進葬等語。當經朱令通禀督臬巡府，各憲核准有案，是朱令之判斷早已確定。兹因兩造又因此地肇争，既經被上告人等，向第一審衙門具訴，第一審衙門即應查明前判，予以相當之執行處分，乃竟違反訴訟法則，輒爲實體法上判斷殊屬錯誤，及至當事人提起控訴，原審衙門又不糾正其誤，僅予報銷改判亦屬違法。據上論結原審及第一審判决，均屬違法，應并撤銷，仍維持宣統元年，前江川縣朱令所爲判决之效力，又本件上告係原審及第一審判決，違反訴訟法則，依上告審現行事例，得以書面審理之，故爲判决如主文。

中華民國八年十一月二十九日。

雲南省高等審判廳民事庭　審判長　推事

陳輕樞[印]　推事傅綏德[印]　龔鼎[印]　書記員焦定邦[印]

本案征訟費四兩五錢，抄録費捌錢五分，歸兩造平均負擔，特此證明。

中華民國八年十二月十一日。

民國九年陰曆十月十六日。

白池古合村士庶等立。

資料來源：曹善壽主編、李榮高編注《雲南林業文化碑刻》，德宏民族出版社，2005 年，第 531—535 頁。

619 嚴禁竊伐石刻

時間：民國九年(1920)

地點：四川省巴中市通江縣

此地四方皆朱姓樹木，今趙姓越界悄伐拿獲，朱姓投牌里處罰錢拾串，立碑酬牌，永禁(坎)〔砍〕樹枝。後有再敢悄竊，重罰不貸。如見偷柴人，報信給工錢一千二百文。

資料來源：張浩良編著《綠色史料札記——巴山林木碑碣文集》，雲南大學出版社，1990 年，第 39 頁。

620 因遠白族鄉規碑

時間：民國十年（1921）

地點：雲南省哈尼族彝族傣族自治縣因遠白族鄉

規格：碑高 86 厘米、寬 55 厘米、厚 5 厘米。細紅宕石質。碑額刻"永遠遵守"四字。碑文楷書。共 17 行，滿行 40 字。

公議鄉規事：照得婚喪人之大禮也，自官禮成書而慶吊之禮明，有不可更易者，乃世閲滄桑變本加厲，遂致周公制禮之真而怪象層出，以致禮節之間，無所限制，而成市儈之狡黠，何以爲禮！

我因遠八甲婚喪禮節，古時得中，俗尚敦厚，近來人心險詐，往往於禮節中巧取機變，撫今思昔，能不痛心？兹集合八甲士庶合議，因時變通，爰將各項規定條章，勒石照行，謹將條章開列於後：

初婚行聘禮：干禮限於二十六元，若辦酒水，由此内酌量。通信銀八元，壓盒銀一元六角。完娶時酒水一切照舊辦理，不得增減，違者議罰銀三十三元充公。

再婚禮：將要家所有衣服手飾等物交割清楚後，兑銀三十六元，若有增減，加倍處罰充公。其有夫之妻不在此限。

送慶吊禮：普通以二角五分爲定，放多送者，聽其自便。

溝洫：各家田頭，各自疏通，并公溝亦宜隨時流水，若有損壞，急宜培補，勿得阻塞不通，還者罰銀一元六角充公。

森林：急宜培養，不得任意縱火毁壞，違者罰銀六元，松柏尤宜注重，若有查獲指名來報者，賞銀三元。

鏟田：上埂只得用竹片除草，不得任意用鏟厚鋤，違者罰銀三元。

以上規章，自勒石之日起執行。

大中華民國十年正月初一日，因遠士庶人等同立。

資料來源：元江縣民委、縣志辦編《元江哈尼族彝族傣族自治縣民族志》，雲南大學出版社，1990 年，第 291—292 頁；又見曹善壽主編、李榮高編注《雲南林業文化碑刻》，德宏民族出版社，2005 年，第 541—543 頁。

621 東社植樹記

時間：民國十年(1921)

地點：山西省運城市垣曲縣東社村

植樹可以生財，生財足以適用，是植樹於民大有益也。民國肇建以來，凡有利於民者，上峰莫不畢舉。植樹一事，諄諄告誡，欲民多種多植，材木不可勝用也。要之，上有久遠益民之舉，必賴下有實力奉行之人。余東社高公虞文於八年春，蒙上植樹之令，同石公景融等曉諭社人，咸歡忻樂從。旬日之間，將社封疆道旁、渠堰，挨次栽植，不日灌溉。後因成活未全，又委高公、星臨等補植其缺，保護成活。蓋諸公熱心植樹，事前認真整理，事後篤志調護，務期所栽之樹長大成材而足用。買樹秧係本社官錢，栽樹株係本社衆力，將來樹利仍係本社均沾。然利益開創於前，固宜垂統於後。因將植樹之事，勒諸貞珉，昭諸來世。

屬余爲文，余不禁爲之感曰：植樹事業，定有厚望。上峰命令諸公提倡。數十年後，喬木茂□，幹作棟梁，枝成器用。異日追想，方知我省督軍閻公之仁政。不揣固陋，聊作俚語。是爲之記。

前清生員周中規撰。

師範畢業高唐文書。

植樹總理委員：高虞文。

植樹經理員：石景融、高學文、安學英、高連成、趙慎念、周中清。

植樹督催員：高星臨、石國範、高玉和。

植樹催辦人：周中珍、高文。

中華民國十年七月穀旦。

資料來源：張正明、〔英〕科大衛主編《明清山西碑刻資料選》，山西人民出版社，2005 年，第 14—15 頁。

622 蒲泓村公約碑

時間：民國十年(1921)

地點：山西省晋城市沁水縣中村鎮蒲私村舜帝廟(嵌入獻殿西牆)

規格：碑高77厘米，寬85厘米。石灰岩質。碑身左右刻蓮、蘭、菊、梅，四角刻“卍”字紋，上下刻波浪紋。碑文楷書，陰刻。共22行，滿行25字。

維民國肇興，新政叠繁。屢奉縣長訓令，造林種樹，嚴加保護；賭博打降，嚴加懲戒，原爲維持治安起見。吾村舍户數十家，人口百餘丁，其内良莠不齊，莫可辨論。設有不法之徒，無智之輩，乘間搗亂，實與村規有礙。惟有明定限制，俾可遵守，庶不至失其秩序。特集衆議，訂立規則。如有違犯，輕則議罰，重則送官究治。兼之養牲之家，牧放者宜入山坡，不得任意縱放，踏踐五穀，損傷樹株。倘敢故意違抗，即行照章處罰。兹將各種罰項辦法，逐一開列於後，以資永垂不朽云爾。

奉遵縣長麻仁慈，金批議定規則十條：

一、賭博每一人罰大洋伍元，開場人罰大洋拾元，違抗者公稟。

一、横行打降，送入社中公議。

一、牧放牲畜，損傷樹株，每一株罰活樹五株。踏踐五穀者，罰大洋叁元，不遵者公稟。

一、游食好閑，偷盜人物，犯者入社公議。

一、橋溝、棗坡、羊殼溝於風脉尤關，不准起土，違者罰大洋拾元，違抗者公禀。

一、六畜入公地，損傷樹株，每一株罰大洋五元，不遵者公禀。

一、盜竊他人樹株，并損壞者，罰大洋十元，不遵者公禀。

一、割草夾帶五穀，并雜色樹草，罰大洋叁元，違抗者公禀。

一、竊取果木者，罰大洋五元，違抗者公禀。

一、六畜入剸地，十月初一日前，罰大洋叁元，違抗者公禀。

民國拾年拾壹月吉日，閤社同立。

資料來源：車國梁主編《三晋石刻大全·晋城市沁水縣卷》，三晋出版社，2012年，第437頁；參見賈志軍主編《沁水碑刻蒐編》，山西人民出版社，2008年，第413—414頁。

623 興安縣公署布告碑

時間：民國十年（1921）

地點：廣西壯族自治區桂林市龍勝各族自治縣和平鄉龍脊村

興安縣公署布告

爲布告事，頃據西外區永安龍脊團分局團董廖景盛、廖昌元、潘寶林、廖益寶等面稱：竊西外區興隆、朦朧、土地、金竹等隘，原屬興安管轄，地接龍勝境，近來龍勝富衙團分局對於民刑訴訟,以及納税事項,時有越境滋擾;欲圖回隘歸龍,并又恃勢,砍伐隘内公山樹林,理合禀懇,給以布告立界,而杜亂倫,隘民幸甚等情。據此,查該紳等民籍興安,在西外區辦團,不無維持地方,所謂前情,應即照准。爲此布仰該處隘民遵照:嗣後該隘人民如有民刑及納税事宜,不與龍勝相干。龍勝人民倘敢越境隘扰,准其送究。各宜凛遵,切切,此布!

興安西外區地界碑。

縣知事葉含芳。

民國十年十二月三十一日。

資料來源:廣西壯族自治區編輯組編《廣西少數民族地區碑文、契約資料集》,廣西民族出版社,1987 年,第 194—195 頁。

624 栗木坳護林碑

時間:民國十年(1921)

地點:貴州省黔東南苗族侗族自治州天柱縣栗木坳

爲永遠禁止砍伐事。案據客冲民龍耀光、龍耀麟等具控龍王牯等强砍木樹,敗壞風水各情一案,當經傳訊審明,所有此山蓄禁雜樹竹木,係培護風水,無論何人,概不准亂伐,若有違抗不遵者,准予禀官究治,而龍王牯等亦不得藉地相連妄砍,特此創立碑示。

資料來源:貴州省天柱縣志編纂委員會編《天柱縣志》,貴州人民出版社,1993 年,第 465 頁。

625 民勝元頂大柏樹禁碑

時間:民國十一年(1922)
地點:四川省巴中市通江縣

禁止砍伐山中樹木。以禁將來,倘有再伐,拿獲給工錢二千文。再議懲處。

資料來源:張浩良編著《緑色史料札記——巴山林木碑碣文集》,雲南大學出版社,1990 年,第 40 頁。

626 上七里禁耳山碑

時間:民國十二年(1923)
地點:陝西省安康市漢陰縣上七里鎮糧食管理所内
規格:碑文楷書。

罰錢打禁耳山石碑字人紀卓,情因民國十二年臘月二十六日砍馮聚興耳樹,當被山主拿獲,遂投鳴保約理質。憑紳保公正批評,紀卓自知大干例禁,情虧理虚,自屈了息,甘願罰錢十二串打禁耳山石碑,永遠垂明示衆。凡有耳山之家,今憑紳糧，嚴立□禁，揭示碑上。所立條規開列於後：

一議偷耳樹者，每根賠錢十串。白日拿獲，工錢四串。黑夜〔拿獲，工錢〕六串。

一議偷山耳棒者，每根賠錢十串，拿獲同上。

一議偷黑木耳，每兩賠銀六元。白十。拿獲工錢同上。

一議偷白耳棒者，每根賠銀十元，工錢同上。

一議偷楓、柏、竹、木者，每根賠錢十二串，拿獲者同上。

一議偷耳樹、耳蔸、耳捧者，賣與某家，買樹之人與賊同罪，兩人賠錢照前章，拿獲同上。

一議拿獲偷耳樹者，無山主、異地、彼此之分，無論何人、何地，均能拿獲。若有徇情私放、□□得財物等，有人報告山主，工錢同上。

一議拿獲偷耳樹者，倘賊反持刀行凶，賠錢以後，將凶手送縣究治。

一議拿獲小孩婦女，家長不得云小孩無知，冒犯例禁。賠錢照前章，拿獲工錢同上。

一議此碑刊立之後，有人將碑字故意損壞，此人與偷耳樹之賊同罪，賠錢加倍，碑字仍就恢復。有人報告，工錢同上。

憑紳糧保約（名目從略）。

民國十二年全月吉日，同衆紳糧公立。

資料來源：張沛編著《安康碑石》，三秦出版社，1991年，第377—378頁。

627 梅樹嶺護林碑

時間：民國十二年(1923)

地點：浙江省温州里安市林溪鄉溪坦村梅樹嶺梅嶺亭内

規格：碑高 88 厘米、寬 54 厘米。青石質。碑額刻“奉憲勒石”四字。碑文楷書，陰刻。共 15 行，滿行 26 字。

里安縣公署布告第一九八號

爲布告事。案據三十二都對坑地方公民王巨光、王日義、王福申、王德成、王德桃、王作進、黄作柳、黄順艮、黄志仁、王配吉、王作彩、王作型、王翼培、王彩弟、王宗祥、王希欽、王銀喜、王正啓、王正寬、王田明、王日增、王繩昌呈稱：緣溪坦山至石步坪有名梅樹嶺者，長約二三十里，爲往來必經孔道。其地險峻，并無路亭庵堂可資休憩，每當夏日如炎，行人絡繹，困頓甚苦，曾經民祖挺升約同溪坦地方王珍、王成標、王成宗，石步坪地方王殿明等，於光緒十八年間出資購苗，在梅樹嶺左右夾道偏植楓木一百數十株，早經蔚然成林，俾行道者不至受炙於烈日，且樹蔭下可供人坐息，便利行旅，良非淺鮮。即嶺旁各山主素所贊成，亦共相保管。故公議該樹永遠作爲風景林，無論何人不許砍伐。兹恐木已成林，難免不法棍徒垂涎盜斫，或妄施斧斤，故意摧殘，民等防不勝防。惟有瀝情呈乞知事，俯念公益攸關，迅賜給示諭禁，并准勒石垂久等情前來。據此，除批示外，合行出示布告。爲此示仰該處人民一體知悉：所有溪坦山至石步坪一帶楓樹，無論何人均不准私行盜伐，違違即嚴懲不貸。切切，此布！

中華民國十二年十月廿二日，知事楊承孝。

資料來源：吴明哲編《温州歷代碑刻二集》，上海社會科學院出版社，2006年，第818—819頁。

628 小渭村森林會碑記

時間：民國十三年(1924)

地點：河南省新鄉市延津縣石婆固鄉小渭村楊氏祠堂院内

《書》云："有備無患。"是蓋防患於前，自能無患於後也。後人不知其患，且將前人所防患者而破壞之，其患不可勝言矣！此吾人所當大戒也。吾村素爲沙地，每值冬春之際，風吹沙飛，田苗盡枯，五穀不登，合村父老因議栽棵以防風沙，遂於同治九年派資栽棵，立會定章。當時均受風沙之苦，無敢違章剪伐。迨日久年遠，人心變遷，積久怠生，不知棵之重要，宵小乘機而起，晝則摇葉折技，夜則伐株竊杆。管理者或詢私情，或畏事，互相推諉，規矩日壞。至光緒二十六年，歲愈凶荒，棵已盡，會散根除，而風灾較前更甚。歷十二年之久，二麥未登，春田三次播種，秋苗僅成晚禾，膏壤之地，盡爲瘠土，富變爲貧，合村糊口無資者十有八九，饑寒交迫。村衆感此劇痛，深悔散會除棵之非計。又於宣統三年，同心協力，揭債栽棵，復行立會，加意管理，成爲森林。風沙不爲灾，不惟吾村蒙其福，即南鄉一帶靡不被其澤矣。村人公議立石,囑余爲文。余不敏,僅將栽棵始末聊綴數語,勒諸貞瑁,俾後世之人堅守勿替云爾。

邑處士楊躋山謹撰兼首事。

邑庠生楊文山書丹。

首事:楊景山、胡連、楊思久、楊保山、楊嶺山、楊遠玉、楊京元、楊啟遠、楊煜、楊灼、楊三甲。

石工:趙東仁。

民國十三年歲次甲子嘉平月上浣穀旦。

資料來源:延津縣志編纂委員會編《延津縣志》,生活·讀書·新知三聯書店,1991年,第283—284頁。

629 青田縣公署布告第一百四十九號碑

時間:民國十三年(1924)

地點:浙江省温州市文成縣

明刑部照磨劉士行公之墓葬,在縣屬九都三源無爲觀基後山前。據裔紳劉紹先等訴稱,被張繼雲等蕩毁,叠經飭拘,在逃未獲。本知事以鄉賢古墓,例應保存,頑徒肆毁,殊堪痛恨,典型所在,觀瞻所係,亟應先爲修復,以垂久遠。兹特函請駐扎南田警備隊官長,督工修建,并隨時查察,以免再有毁壞情事。一面仍嚴飭司法警察,迅輯張繼雲等到案訊辦,以遏刁風。爲此布告地方人民，須知此次修復鄉賢丘墓，係本知事企念前徽、正風飭俗之意。從此劉照磨公墓域在近之地，永禁樵采，毋許損壞。倘敢故違，定加嚴究不貸。

特此布告。

中華民國十三年十二月二十一日。

知事魏在田。

資料來源：吴明哲編《温州歷代碑刻二集》，上海社會科學院出版社，2006 年，第 883 頁。

630 江川縣永遠禁山合同碑記

時間：民國十四年(1925)

地點：雲南省玉溪市江川縣

蓋聞見兔而顧犬，未爲晚也；亡羊而補牢，未爲遲也。我小營先輩，渾厚成風，立定條約，一概歸公蓄養樹株，業已成林。使富者炊煮得其便，貧者日用有所需，有利一營不爲不多。近來驕傲成俗，斧斤妄入山林，萌孽連遭踐踏，縱牛山之木嘗美可以爲美乎？因無耻之徒，擅賣壞規，闔營老幼經保衛團勸和，仍照先輩條約整頓公禁，既失其羊當補牢而防再失，議定勒石。有彭姓山壹嶺，坐落白磨磨。有楊姓山兩小截，四至分明。外有彭姓山壹嶺，坐落徐楊田北頭。有楊姓山壹嶺。有公山壹嶺，坐落小夏坡。有楊姓山二嶺，坐落松園地。有陶姓山壹嶺，坐落陶家胣。有公山壹支，坐落盧家墳。東至河，南至彭楊二姓山，西至大路，北至劉家大山，四嶺坐落大小中山董家墳，癩皮瘋胣。以後各姓私山四至俱載原契内，勿論公山、私山一概公禁、公賣。私山只准葬墳，不准擅賣樹株。欲得拔地參天之材，陸續保護，宜殷思有干霄蔽日之英，隨時巡察甚嚴，林木不可勝用也，非予之厚望歟？故勒石爲記。外有楊姓山壹截，坐落小大胣子。

江川第八區保衛團圖記。

立禁山合同人：團首蔣欽若，文牘李樸山，團副李世達，保董蔣鴻儒，收支宋必興，代字鄭聯奎。

民國十四年三月二十五日同立。

江川縣第八區團保圖記。

資料來源：曹善壽主編、李榮高編注《雲南林業文化碑刻》，德宏民族出版社，2005 年，第 561—563 頁。

631 奉行政公署示碑

時間：民國十四年(1925)

地點：湖北省荆門市東寶區子陵鎮石蓮村路旁

規格：碑高 80 厘米、寬 45 厘米、厚 17 厘米。青石質。碑額横刻"奉行政公署示"六字。碑文楷書，陰刻。

爲遵示勒碑以期永遠禁止事。緣物各有主，苟非己之所有，雖一毫而莫取，從可知人己之間界限早已規定也。况森林一項，爲現在所注重，無論公有私有，凡一切童山，皆勸民種植。中央設農商部，各省設實業廳，各縣設勸業所，國家爲人民籌畫者，可謂無微不至矣。乃有無知之徒，自己不知培植，於人所栽種之森林，妄肆采取，毫不愛惜，或盜伐松栗，或偷折桑柘，甚或遺失火種，燎原難撲。種種惡狀，雖累經官所誥誡，總置若罔聞，揆厥由來，皆未經嚴罰，未曾實行，故至於斯也。兹特立案請示，准二十四、二十五保界内如羅漢坡、褚家埡、人兒溝、羅澄口、王家巷、楊樹店及縣西一帶等處，各立石碑，令甲保先行鳴鑼通知。此後如有再犯者，無論至親密友，一定認真處罰，毫不循情通融，恐後藐玩，特立此碑，永垂不朽。

計開數條列後：

一、盜伐松栗者；

二、偷折桑柘者；

三、放火燒山者；

四、竊挑柴草者；

五、私網塘魚者；

六、擦青采黄者；

七、强采栗蒿者；

八、偷盜雜色樹竹及園蔬瓜果者；

九、牧放牛羊踐踏禾苗者；

十、强討惡要者，准驅逐出境。

如犯以上各條，視各物損失之多寡輕重，輕則憑公處罰，重則送官究辦。

右仰第一區二十四、二十五保軍民等一體知悉。

民國十四年四月六日示。

資料來源：焦知雲著《荆門碑刻》，中國文史出版社，2008年，第233—234頁。

632 江川縣土官田村禁山碑記

時間：民國十四年(1925)

地點：雲南省玉溪市江川縣土官田村

地球之國首重實業，森林者實業之一也。我村舊有營後公山壹嶺，前人培植業已成材矣。然使創垂於前而弗繼述於後，則林木易竭，户口日增，恐終等於牛山之濯濯矣。愚甚憂之，乃於清光緒三十年癸卯六月二十四日公同酌議，將對門老趙山至野紅瓜山一嶺，又小官山至江旱阱山點種松子，除日前栽地之外，一概是公山。惟王家坡頭公處有墳處之松樹是公處點的，公處毫不干與，其外一概歸公地點有。自此以後，闔村老幼公同保護，毋令牛羊牧之，斧斤伐之，有曠疏者又從而補之，則庶幾有成材之望焉。愚因是援筆而爲之記。

一、頭次所點每家捐松子壹升，後次補點每家捐松子半升。

一、砍伐樹株者，每柯棵罰銀伍元，采松枝每挑罰銀貳元。

一、青松毛每挑罰銀貳元，紅松毛、茅草每挑罰銀壹元。

一、牛、馬、羊踐踏者，每畜罰銀伍毫。

一、有拿著者，得罰金一半。

村中廩生黄風書撰書。

民國十四年六月二十四日，土官田閤村老幼同立。

資料來源：曹善壽主編、李榮高編注《雲南林業文化碑刻》，德宏民族出版社，2005年，第564—566頁。

633 蒙山縣公署布告碑文

時間：民國十四年(1925)

地點：廣西壯族自治區梧州市蒙山縣

爲布告事。案據第一區第六段段長黄鎰，段紳、黎德祥、黄良才、覃福湖、覃福安、覃啓廷等稟稱：爲呈請示禁盜伐公山，以維水源而裕糧賦事。竊思糧賦出自田畝，而田畝端賴水源。查古朗、十排等峒，全賴古朗冲水源灌溉。但該冲水源，每至秋涸。水源缺短，禾苗枯槁，農民有種無收。再四思維，無從設法。惟有在公山内遍種雜木、竹、蕉以助其源，方能培補。誠恐不法之徒任意盜伐，勢必百年成之而不足，一旦伐之而有餘。是以合衆公議，保護公山，議定規約貳條，呈請批准立案，并出示曉諭，俾衆周知，以免斧斤入於山林，田畝得以灌溉，而糧賦等以從出，實爲公便計，呈公議保護公山規約貳條等情。據此當批,稟悉。查閲此議保護古朗公山規約貳條,尚無不合,應准備案,并布各周知此批。除揭示外,合行抄録規定約布告,仰各周知,遵守毋違,切切,此布!

附録規約貳條:

一、議縱火燒山,查出處罰。倘有不遵,稟官究治。

一、議公山内所栽松木、雜木、竹、蕉等項,應共同保護,不准任意盜伐。如有不法之徒盜伐,不論何人撞見,指實不誣者,即行處罰。倘有不遵者,稟官究治。

民國十四年十一月十五日,知事張培基立。

資料來源:蒙山縣志編纂委員會編《蒙山縣志》,廣西人民出版社,1993 年,第 655 頁;又見杜海軍輯校《廣西石刻總集輯校》,社會科學文獻出版社,2014 年,第 1300—1301 頁。

634 寧武縣公署判决地字四十號碑

時間:民國十五年(1926)

地點:山西省忻州市寧武縣石家莊鎮清居禪寺遺址上

規格:碑高 146 厘米、寬 64 厘米、厚 14 厘米。碑額刻“百代流芳”四字。碑文楷書。

原告人寧化第二區十四村寺主□□□□□□

寧武縣寧化第二區高等小學校

民國元年十月初九日,因充公取得坐落馬頭山清居禪寺正溝背、東溝背兩處黄松山林二分之一權，因原立充公約，驗秉如失校，或存由寺主，公議辦理寺産，一不准學校如。於上年八月廿一日，狀訴到本縣公署，當即批准受理，一面行區辦查，一面傳訊人證。并由原告人提出民國九年第二高等小學校充公各産碑文二紙，萬順昌、福順元出賣吴金存等文約一紙，并先後舉陳修理由多種，以充功約爲僞造，丁二中爲首魁正犯，張萬信等爲同謀共犯，萬順昌、福順元爲盗砍盗賣，請求法辦。本公署以案情複雜，正審查間。於十月十七日奉省長内字第三百三十七號行知内開，據該縣清居禪寺寺主代表李茂枝等呈，稱縣劣紳丁守中率夫强伐寺樹七千餘株，極教唆使寧化鎮街長、第二高小學校校長僞造充公文約一紙，在縣提起訴訟，未予審訊，請求核辦等，請到署知事判詰，以免情形報查。十月二十，奉省長内務部諮開來呈，如果屬興修并管理寺廟條第十二條之歸定，於不能明分公産，第十條開山動工□□□□□。民國十三年四月十四日，張萬修等入山開砍强奪寺産，本枝會同寺主訟訴，省長原就寺産歸回清居禪寺。秉如失校數目，徑到地收穫可種之田禾乎。倘官廳不能如此，則伊即以爲應幫學款，不能到山任意砍伐，未必應幫學款耶。此等行動，於强劫無異，至於丁守中見住僧攔阻砍伐，伊親自率領四十餘人，盗山濫砍，人人共見，運近風知，伊何意遺其□□□□□□□□□□。

石匠張明書撰。

民國十五年孟冬吉日。

資料來源：董常保《山西寧武現存護林碑刻探析》,《文物世界》2010 第 3 期。

635 牟定縣官村封山護林山規碑

時間：民國十五年(1926)

地點：雲南省楚雄彝族自治州牟定縣官村

封山嚴爲邦薪，無論公私山，亂砍無規，則林木難以蓄養。衆公無奈，同衆議决，嚴禁亂砍，免日後缺材少薪之患，實爲闔村興利除弊之大事。

第一條　公私山松、櫟，不准采取。倘有私砍私山，即報告砍伐山頭，查明權業後准砍。

第二條　婦女入山，抓拾落地松毛、塾背枝，不准砍扭松、櫟樹枝。

第三條　本村無論公私山，入山老幼活松、櫟木不准帶進門，各户教育。

第四條　入山挖疙瘩，只准取乾枯，不准挖活樹疙瘩。

第五條　過年，不准采摘青松毛鋪塾。

以上五條違者，偷砍果松一棵，罰票洋十元；采青松毛一籃，罰香油三斤；砍枝子柴一背，罰銀五元。

民國十五年十月初十日，封山日闔村同立。

和春吉，民國二十二年多砍十株，賠票洋五十元；

王在科，民國二十二年錯砍三株，賠票洋三十元；

和光前，民國二十一年多砍一棵，賠票洋八元；

和正榮之妻，砍小松樹一棵，罰票洋三元；

和國良、和光海、和顯玉、和顯昌等四人，於民國二十二年正月十七日，采摘青松毛四籃，每籃罰五元。

資料來源：曹善壽主編、李榮高編注《雲南林業文化碑刻》，德宏民族出版社，2005 年，第 568—569 頁。

636 寧武縣禁山碑

時間：民國十五年(1926)

地點：山西省忻州市寧武縣石家莊鎮清居禪寺遺址上

規格：碑高 110 厘米、寬 70 厘米、厚 17 厘米。碑額刻“慶善緣福”四字。碑文楷書。

禁山持公議，奉寧武汪縣長判決：

牛羊屢進山、賴人入山大小樹砍伐，罰大洋二十元。

民國十五年孟冬月立石。

資料來源：董常保《山西寧武現存護林碑刻探析》，《文物世界》2010 第 3 期。

637 護林碑

時間：民國十七年(1928)

地點：廣西壯族自治區大化瑶族自治縣縣城30餘公里的六也鄉春貴村古卡丹包瑶寨的深山石板路旁

規格：碑高約100厘米、寬50厘米。

立碑布告

中華民國十七年孔曆又二月十五日立

藏林尚未成林　通族還須鑒顧

嘗聞祖墓者，祖靈憑依之地也。墓樹者，風水聚秀之區也。凡爲子孫，孰不於此展孝思而崇保護乎。溯自先祖窀穸此山歷有年矣，前人培植此樹亦有年矣。近來有不公之徒偷入擅伐，不但公理所不容，亦人情所同惡也。嗣後再有人偷入此山，擅伐此墓前後左右之林木，與春夏秋三時縱放牛羊嚙毁萌芽者，定當擒拿解困送官，從重究罰，還望諸人宜推己以度人，勿損人而利己，則幸甚。切切，此布！

提倡人：韋至精、至靈、秀鳳。

連署人：公上、公很、卜豆、至連、至聰、公康、公亦、公貫、特亮、善吉、善經、善邦、卜亦、卜亂、卜旦、卜魯、公包、卜料、公爲、至福、公雲、日布、公宜、日艮、公色、卜山、卜兑、公壽、卜安、卜唐、貴賢、卜愛、卜中、卜田、公付、至長。

資料來源：中南民族大學校長辦公室韋瑞峰先生提供。

638 中山林碑

時間：民國十七年(1928)

地點：湖北省荊門市

規格：碑高 180 厘米、寬 80 厘米、厚 18 厘米。青灰色石質。碑文隸書，陰刻。

春日載陽，我來殊方。率彼多士，植樹此岡。既志景仰，復資提倡。億萬斯年，鬱乎蒼上。

中山林

知荊門縣事桐城吳政謹題。

中華民國十七年三月十二日立石。

資料來源：焦知雲著《荊門碑刻》，中國文史出版社，2008 年，第 79 頁。

639 鶴慶縣金墩街保護樹木鳥獸六禁碑

時間：民國十七年(1928)

地點：雲南省大理白族自治州鶴慶縣金墩街

規格：碑高 96 厘米、寬 66 厘米、厚 10 厘米。石灰石質。

鶴慶縣長蘇示：禁宰耕牛，禁烹家犬，禁賣鰍鱔，禁毒魚蝦。禁打春鳥，禁采樹尖。上懸六禁，政府批定。城鄉立碑，永垂禁令。有關仁心，亦關仁政。遠疱遠厨，君子所慎。無故不殺，古制所重。況茲所關，無數生命。父戒兄勉，悉心體認。本此仁心，養其善性。久而久之，心有餘慶。

民國十七年八月吉旦。
發南區曉諭。
南區紳民等同立。

資料來源:曹善壽主編、李榮高編注《雲南林業文化碑刻》,德宏民族出版社,2005年,第577頁。

640 中山紀念林碑

時間:民國十八年(1929)
地點:浙江省杭州市桐廬縣分水鎮五雲山
規格:碑高195厘米、寬72厘米。

浙江分水縣五雲山。
中山紀念林。
中華民國十八年三月十二日建。

資料來源:王順慶著《分水訪碑録》,浙江大學出版社,2009年,第31頁。

641 碣石山護林碑

時間:民國十九年(1930)
地點:河北省秦皇島市昌黎縣水岩寺前停車場西北角

規格：碑文楷書。

恭頌東北陸軍步兵第六旅旅長李紹晟德政：
保護山林，仁民愛物，共祝我公，世代簪紱。
中華民國十九年暮春，碣石山南村民敬刊。

資料來源：昌黎縣碣石山景區開發管理局編《碣石山旅游指南》，2002年，第15—16頁。

642 桃園村護耳山禁碑

時間：民國十九年(1930)

地點：陝西省安康市漢陰縣塔嶺鄉桃園村

規格：碑高94厘米、寬54厘米。碑額刻"萬古不朽"四字。碑文楷書。共15行，滿行21字。

立嚴禁罰款人馮昌承大耳扒山場耳林壹塊，屢他人竊取，若不嚴禁拿獲，幾爲衆人共置之業，其何以堪。玆此去冬拿獲二人，罰禁山碑一塊，請客兩席；大洋三元，以給捉賊工資。今而後，如再有肆行無忌，以作損人利己之事，此立有嚴禁數條，勒之於石，以垂不朽云。

一禁打柴樵夫，不知自重，擅入境内，楓、柏、耳樹，舉刀亂砍。拿獲給洋五元。

一禁販賣之人，林中經過，(共)〔其〕徒手快砍之，拖入鄰地。拿獲給洋五元。

一禁牧牛童子,家長不爲早戒,每將牛羊趕入林中,踐踏耳秧。拿獲給洋三元。

一禁不積糞草,到用糞時,舉鋤林中,普鏟普刮,查出議罰。

一禁不蓄雜木,有一砍一,有三砍三,查出議罰。

一禁不分邊界,蓋爾佃户,各有邊界,芳蓋屋造欄,延入彼境,砍伐正樹,以圖嫁害,拿獲議罰。

一禁不顧利害,朽木爛柴,各有山主,將我境之柴送與親朋,以作人情,此查出議罰。

一禁不清火路,春來之時,燒地邊、焚渣滓,一舉太甚,將耳秧烤(坯)〔壞〕。此查出,定議(培)〔賠〕山。

中華民國十九年冬月吉日立。

資料來源:張沛編著《安康碑石》,三秦出版社,1991 年,第 384—385 頁。

643 博山縣建設局布告記碑

時間:民國二十年(1931)

地點:山東省淄博市博山區崮山鎮岳陽山玉皇廟

規格:碑高 69 厘米、寬 53.5 厘米、厚 16 厘米。碑文楷書。

博山縣建設局布告　第　號

爲布告事。查得岳陽山爲博邑名山,向有多樹蔚爲森林。

近數年來牛羊踏踐，樵夫斫伐，以致牛山不美，若不早爲保護，勢必瞬爲童秃。本局負有提倡保護森林之責，自難任其踐伐，合行布告附近村民、該山住持人等，加意保護，遇有樵夫牡豎仍蹈前轍任意旦旦者，一經捉獲，准即扭送來局，送縣究辦，决不寬貸。仰各周知，切切，此布！

局長劉秉禮。

中華民國二十年九月廿六日。

實貼岳陽山山門。

資料來源：趙衛東、王予幻、秦國帥編《山東道教碑刻集·博山卷》，齊魯書社，2013 年，第 46 頁。

644 騰冲縣和順鄉雙杉行詩碑

時間：民國二十年(1931)

地點：雲南省保山市騰冲縣和順鄉

規格：碑高 160 厘米、寬 67 厘米。

石頭山中石磊硌，緑蔭稠處翳魁閣。雙杉亭岩摩穹蒼，下視萬木盡叢薄。根抵曾不階尺土，牽堒罅隙自盤錯。大身欲蔽櫟社牛，高柯早謝榆枋鶯。未礙中空歷劫火，寧復外蕩害衡杓。黄耆已不知其年，但云此樹今如昨。兒時已見出林表，老來更覺氣磅礴。吾鄉舊時陽煜登，六百年中混沌鑿。人民非敷塚累累，幾曾華表見歸鶴。雙杉獨盡其天年，飽經滄桑迄自若。地望遥瞻如揭纛,堪輿盛傳是鎖鑰。杉其神乎庇吾鄉,何居斤斧欲縱虐。自今願與父老約,維護當授人命律,有敢伐者頭可斫!

辛未九月,李曰垓。

資料來源:曹善壽主編、李榮高編注《雲南林業文化碑刻》,德宏民族出版社,2005年,第583—586頁。

645 黄龍洞摩崖石刻

時間:民國二十年(1931)

地點:廣東省惠州市博羅縣羅浮山黄龍洞

規格:碑文隸書。

公園造林,事屬建設。如敢摧殘,是爲公敵。

民國二十年,主任龍雲德敬告。

資料來源:黄觀禮主編《博羅縣文物志》,中山大學出版社,1988年,第121頁。

646 禄勸縣官府竪立封山育林石碑

時間:民國二十一年(1932)

地點:雲南省昆明市禄勸彝族苗族自治縣

禄勸縣士民張文才、段成林等呈文，爲私開礦，廣擅伐森林事。……禄勸富豪游懷宗私開鐵礦，濫伐森林燒炭以煉鐵，順箐兩旁森林砍完後二三年，夏秋雨水暴漲，無有樹木吸收水分，田地即被水冲。又如光緒十七年權紳楊海砍樹開墾種烟，十八年箐長大水，克梯康等三條壩子冲濫田地數百畝，受人民控訴，前任直隸州正堂馬，禄勸縣正堂周，禀准上憲懲治楊海，免糧發賑。光緒十九年勒石刻碑永封大箐，以後不准砍伐，若違重罰。尚有石碑存在，後有人亂砍，并照章嚴辦，故此山樹木繁茂無比。……

民國二十一年一月。

資料來源：曹善壽主編、李榮高編注《雲南林業文化碑刻》，德宏民族出版社，2005年，第588—589頁。

647 通告款碑

時間：民國二十四年(1935)

地點：廣西壯族自治區河池市宜州區牛厄潭村頭

規格：碑高103厘米、寬51厘米。碑文楷書。

特立通知曉告：此路原來徑過村中，切忌棺柩筋骨污穢村脉，務須改偏遠行，瘟癀游賣肉，一概不准入村。歷來尚利遵守，倘有抗行故爲，攔獲者仰保一村，斷然不能容情，衆議罰銀若干。若行天理，以免争論。至於本村寡婦生妻，他村寡婦生妻在村，來村居住改嫁，例出銀壹元。閤在此碑。

一議棺筋私過攔獲，罰銀叁元陸角正；

一議六畜瘟癀入村游賣，罰銀壹元陸角正；

一議私伐村邊竹木，罰銀壹元陸角正；

一議寡婦生妻改嫁出門，宜出銀壹元正。

民國乙亥年三月十三日衆立。

資料來源：李楚榮主編《宜州碑刻集》，廣西美術出版社，2000 年，第 244 頁。

648 橋頭護林碑

時間：民國二十四年(1935)

地點：廣東省中山市三鄉鎮橋頭村小琅環東面山腰、“小琅環”之右

規格：碑高 80 厘米、寬 40 厘米、厚 10 厘米。麻石質。碑文楷書，陰刻。

鄭孝則之先祖墳墓位於小琅環右側，四周曾圈有窩集刺綫，其範圍内松木，盡屬本鄉松壽社公産物業。今因其先祖墳墓風景起見，擬請本鄉將此松木永遠留存不伐，以維風景，而附之小琅環。亦我鄉名勝之區，其需此以點綴風景，亦殊重要文人雅客或藉此游觀流憩，得以騁懷於緑樹松陰之下，似以公私均有補益，故請保留云。兹我鄉紳耆民衆僉以孝則兄有所

請,關於繁榮一鄉風景,亦屬事實。而其對於本鄉諸慈善公益善舉尚義可嘉,如矜孤恤貧,捐資興學,維護風水,犖犖大端,彰彰可紀,爲我鄉民衆同深愛戴者也。緣是議决,允其所請,永不開伐,留爲本鄉小琅環及其祖墳互關之風景樹木。凡我鄉民衆及孝則兄後人,均不得擅自伐,如有偷伐情事,依照鄉規處罰。倘遇風雨摧殘或老朽枯萎者,悉歸松壽社處理。除將事由詳載松壽社備忘録部外,并勒石碑,俾衆咸知,以垂永久焉。

中華民國廿四年四月吉日,橋頭闔鄉民衆公啓。

資料來源:筆者赴當地抄録。

649 井字峪護樹碑

時間:民國二十四年(1935)

地點:山東省棗莊市薛城區南石鎮井字峪村

規格:碑正面刻"萬古流芳"四字,背面刻碑文。

原具呈人嶧縣第二區民衆代表薛蔚亭等呈一件,呈爲井字峪廟樹,素爲縣屬名勝,請出示保護,以防損傷。由呈文悉查,該縣請將井字峪廟樹列入鄉師基金一案,業經本廳指令第一三六九號駁回,不准變賣矣。所請應勿庸議。仰即知照。此批。

廳長何思源。

中華民國二十四年九月二十日。

資料來源：沙雪斌總主編《薛城文物與遺存》，山東友誼出版社，2010 年，第 123 頁；參見杜學平《何思源與護樹碑的故事》，《團結》2000 年第 4 期。

650 金洋堰重整堰規振興水利碑

時間：民國二十四年(1935)

地點：陝西省漢中市

規格：碑高 48 厘米、寬 74 厘米、厚 13 厘米。碑文行書。共 30 行。

竊維社團立條規，無異國家定刑律；條規明則利益興，刑律嚴則治安多。西邑水東鄉有金洋堰一道，源遠流長，水利既多，流經數十里，灌田數千畝，闔地居民，恒藉爲養命源，而每年修渠、閘堰，工程浩大，所費甚巨。惜無底金，地方人士，常引爲憾。先年，首事者慘澹經營，議定條規，凡在金洋堰流域買壩水田一畝，提堰税洋壹元；買車田一畝，提堰税洋六角，藉作修渠閘堰費用，呈縣立案，歷有年所，闔地遵行，向無阻礙。又堰坡一段樹木，葱蔭蔚然生秀，不特衛護堤防，亦且點綴風景，歷禁砍伐，定有條規。民國乙亥春，李永連、劉芳前竊伐堰坡森林，又縱火焚山，不重公德，肆意摧殘，經劉姓拿獲，伊自知破壞森林，有干例禁，憑衆公決願罰洋十元，補修堰廟。又有不受條規劉仁前，買壩水田二畝，應納堰税，歷經數年，隱匿不報，後經堰長查覺，開會議處。劉仁前自知理屈，願罰洋六元，以爲後來不法者戒。玆值堰廟傾圮，年久失修；又值建築碉樓，廟内階石，拆毁搬運一空，土階狼籍，磚石零落，堰首等不忍坐視傾圮，商同闔地紳糧，即將前項罰金，鳩工庀材，傾者扶之，毁者補之，俾廟貌輝煌，改復舊觀，亦藉以重整堰規，寓有振興水利之意焉。玆將事略，泐諸貞珸，以示久遠云爾。

總理首事陳物則校正，楊菁華撰書。

（下列堰長、紳糧、鄉長、甲團長、鄉約等姓名，從略）

中華民國二十四年季秋月上旬日立。

資料來源：陳顯遠編著《漢中碑石》，三秦出版社，1996 年，第 435—436 頁。

651 重整廟業碑記

時間：民國二十四年（1935）

地點：陝西省渭南市華山

吾里王刁嶺有廟院數所，地址寬敞，房屋峻偉。前輩置有山坡，每年生息，足敷看廟三二人支費，即有時修補廟宇，而山多樹木，款項不難籌措。詎奈人類不齊，先年勿論，自從前清光緒初年招收袁通以後，該道徒若孫不肖私伐樹木，偷賣山地，至民國十四年嗔余過問，捏故妄控，誣廟爲私。當時余即具禀呈明，原由渠見批詞，隨即逃走。今雖時移人更，猶恐復蹈舊轍，前集衆議，僉謂廟宇向由合里修理，廟業可由合里經營，廟内無論招收何人看守，不得侵操主權，庶幾廟業無虧，而神靈可永昭矣。

謹將地段數目開列於左：

正溝地一段，上至上院以上，下至下院以下，兩邊均至梁頂。

東溝地一段，均至梁頂。

西溝地一段，均至梁頂。

坎日溝地一段。

水岩子地一段。

王刁嶺本院共糧二斗六升七合。

每年議定付看廟二人包穀三石，耕種廟前地一段。

八保承辦人耿萬鎰、柴茂林、侯丕顯、王化平、王炳南、王振魁、趙廷芝、馮振啓同立石。

清生員團總王俊彦撰。

充本里主任侯丕顯閲。

任初級教員史可載書。

中華民國廿四年十月穀旦。

侯長庚刻。

資料來源：張江濤編著《華山碑石》，三秦出版社，1995 年，第 501 頁。

652 東岳廟唐槐碑

時間:民國二十四年(1935)

地點:甘肅省蘭州市張掖路口腔醫院内大槐樹下

規格:碑高 152 厘米、寬 72 厘米。碑文楷書。共 12 行,滿行 14 字。

此樹植於何代,邑志無記載,難於稽考。據本廟十三世住持記云:"明洪武五年,因有蜘蛛爲害,經雷擊。"知當時固已爲空中偉幹之古樹矣。地方長老多傳言係唐時物。明初去唐末才三百五十餘載。諺云:"千年松,萬年柏,不如老槐歇一歇。"以時與形態考察之,當係唐槐無疑。□□□□□延綿樹將□,遂請諸□□□□□住持之,期保古迹於不墜□□□□□二十四年九月,即國醫分□□□□□□年也。

中央國醫館甘肅□□□□□識并書。

資料來源:薛仰敬主編《蘭州古今碑刻》,蘭州大學出版社,2002 年,第 387 頁。

653 岑崔二公種樹紀念碑

時間:民國二十五年(1936)

地點:原立於雲南省昆明市金汁河河堤,今不存

襄城之桑萬畝,民號著作之林;彭州之蔭千行,世稱補闕

雲柳。物因人壽,人以物傳。苟種德於閭閻,宜垂芳於簡册,惟甘棠之思召伯,嘉樹之紀韓宣已哉!盍虞衡古有專官,種植久爲要政,謂能調和氣候,節制川流,增加雨量,蘊蓄水源,防旱澇之偏實,消疫於未發。現農工之利賴,亦風景之增妍,以此先勞,詎容没懿。夫十年之計,往哲可師,百世不忘,後生有責。此岑、崔二公種樹紀念碑之所由作也。

昆明爲全省首善之區,庶政策源之地。田疇彌望,固源隨之云云;烟火萬家,遂山林之濯濯。樵蘇盡矣,槎卉蕭然。近雖督促造林,驟難成爲巨植,每一置念,不免長籲,乃於從政隙間,偶爾近郊散步,緑蔭夾道,頓劍威實,碧樹成行,頗饒有趣。資先民之餘蔭,動思古之幽情,惆悵春雲,溯洄秋水。伊人宛在,想締造之維難;今我來思,詎表彰之可緩。爰以民國二十四年四月十二日省府第四一八次會議提經議決令下所司,廣爲諮諏,詳加徵考,藉悉當年植樹所以固,同時浚河,因之餘害。溯自元明而降,代有栽培,迨及咸同以還,兵燹摧殘殆盡,萌蘗僅存。光緒初,復經雲貴總督岑公毓英督率糧儲道崔公尊彝暨南關水利同知,重加董理,嚴禁采樵。龔遂勃海之榆,日栽一本;陶侃武昌之柳,敢盜半株。迄今黛色參天,翠莖拔地,風枝披拂,雨葉婆娑,六月之濃蔭,驕陽斂退,挺孤雲而直上,薄霧輕匀,夏潦不波,春光自媚。緬懷往績,足式來兹。因命所司勒此貞珸,永爲法鑒。欒社之思億載,鄭陂之頌千秋,不可諼兮,足以興矣。與此役者,建設、民、政三廳,秘書、審計兩處,例得并書,以示非苟。

中華民國二十五年四月下浣,昭通龍雲。

資料來源：曹善壽主編、李榮高編注《雲南林業文化碑刻》，德宏民族出版社，2005 年，第 592—596 頁。

654 福利無疆魏官山碑記

時間：民國二十五年(1936)

地點：雲南省玉溪市江川縣大莊鄉魏官村

固自然之力而得自然之利，爲人取之不盡，用之不竭者。其惟山林乎故林政之於建設也，自古及今皆設專官，以董治之良有由矣。然則山林之利，維何建築房屋，所需棟梁堪應工師之選利民居也，(享)〔烹〕調飲食所用柴薪，能供樵夫之采利民食也，他如調節氣候，培植風景，避免水灾旱灾等，其利更不遑枚舉，所以凡有山場廣植樹木而爲最重要之政令焉。魏官山由來流傳已數百年矣，推原其始要，皆我村李、孔、周、史諸姓之私山聯合而成之，當夫道咸之間，群山赤童，滿地荒凉，坐視自然之力而失自然之利，此其時矣。洎乎鄉先輩趙奇玉、李治國、李子厚、李寬宏、史昭祥等相繼提起注重公益，一則倡首種植，一則同心保護，幾經籌畫，幾經艱險，不遺餘力數十年間，山林之利逐漸發揚光大，至今選材采薪俱有所取而用之。舉村皆食其德，飲水思源，豈偶然哉。兹謹具述之，以詔後來當知。今後山林之利源流有自，不可不有所以報而保護之責，更宜群策群力，肩任不辭，福厚利日益遠大，勿負鄉先輩經營締造之苦衷，此予所深爲禱祝而必如是，抑亦閤村人士諒以予言爲不謬,同心同德奮然興勃然起恢復舊觀於靡涯矣。若不知警覺保護,(梤)〔疏〕虞任其旦旦而伐之,錦綉森林終歸烏有,後悔何及。至此山之始末,除樹木爲公所有外,而某山原屬其姓仍爲其姓業權。又此山之坐落四至均立石樁爲界,附記於後,雖至代遠年湮亦有所考據而保守無虞云。

此山坐落魏官營後,約計五六里許。主山爲老照山,分支爲李記山、老虎咀山、南屏建基山、枕頭山、青頭菌山、小松柯□冲等東至大坡頭八甲公山,立有東界石樁,東南至進鷄窩大路立有東南界石樁,西至鷄窩山立有西界石樁,西北至□朱曲二姓山,北至王家凹及趙官荒山立有北界石樁,永遠照管爲據。

民國二十五年歲次丙子七月十五日。

魏官紳管。

資料來源:曹善壽主編、李榮高編注《雲南林業文化碑刻》,德宏民族出版社,2005 年,第 598—601 頁。

655 盈江縣昔馬某寨護林公約碑

時間:民國二十五年(1936)

地點:雲南省德宏傣族景頗族自治州盈江縣昔馬鄉

立實禁山憑據文約人:李儒綱□□□□棟發全、余三、李文長等(二十三人),爲共同禁止事,緣衆等前因。先前,各處頭人共同禁有森林二處：一曰栗樹園，一曰杞木園山。但因杞木園山，連年以來被一干無識之人，四行亂砍，將此山内一切竹木砍伐將盡，難以成林。所有起造房屋艱難不堪，兹經衆等一再磋商，立規條，將此杞木園山，嚴行禁止不准砍伐。東至香山家後大坡上邊，南至銅壁關界，西至三跳河，北至蚌林上街路。自此禁止之後，此山竹木不准老少他處及本處再有亂砍。即便起屋需用，不論内外人等，必須經衆許可，始准用一棵，取一棵，并只准一人進山取拿，不准牛拖馬馱；笋子亦不准取拿。如有違者，罰銅錢九十千文。再有拗抗，則送請長官究辦。

民國二十五年十一月初十日立。

資料來源：曹善壽主編、李榮高編注《雲南林業文化碑刻》，德宏民族出版社，2005 年，第 605—606 頁。

656 南澳縣護林公約碑

時間：民國二十六年(1937)

地點：廣東省汕頭市南澳縣

一、凡地方公有林木，非經縣許可，不得砍伐。如屬鄉有者，開采先行呈造縣府備案。

二、凡盗伐公有林木，除按價賠償外，仍須每株罰大洋五元。

三、凡撥折苗木者,每株罰大洋二元,犯者如屬小童,則罰其家長。

四、縣有林應由所近鄉區保管,如同時被盜伐十株以上,不能發覺舉報者,應歸該鄉區公所負責。

中華民國二十六年五月。

資料來源:《汕頭市林業志》編纂委員會編《汕頭市林業志》,1990 年,第 174 頁。

657 鄉側碑示

時間:民國二十七年(1938)

地點:貴州省黔南布依族苗族自治州惠水縣雅水鎮滿崗寨

規格:碑高 150 厘米、寬 67 厘米、厚 18 厘米。青石質。

照得森林一事,原係保護人烟。無論公有私有,嚴禁砍伐燒山。政府原有禁令,故爲照罰難堪。本寨後山樹木,歷爲岑氏保護。近有不知之輩,擅自敢伐樹秧。不思損人利己,故意違法不良。今特明白通告,幸勿再伐爲强。倘敢故違砍伐,後照苛罰不貸。

民國二十七年二月三立日立。

岑秀康題。滿崗寨衆。

資料來源：貴州省惠水縣布依學會羅世昌先生提供。

658 盈江縣昔馬河邊鄉護林公約碑

時間：民國二十八年(1939)

地點：雲南省德宏傣族景頗族自治州盈江縣昔馬鄉

立禁山合同憑據文約人：河邊鄉紳民父老青年等。爲因保護森林起見，人人同心禁止，係國家亦有維持之責。但地方缺乏出産，只有竹木補助，其地方屢有無耻之徒，濫行砍伐，不思保國保家，不得不協同禁阻。東至禁者花椒河橫路，南至禁齊葫蘆口，西至禁齊灰河、昔馬河交口流水溝以下，北至禁齊岔河阻山、齊石梯河外。(化)〔劃〕在禁約範圍之内，不得取笋竹，不得砍柴，拿椿欄杆。如有不遵約束，違犯取笋、拿竹者，處印洋二十甲；違犯砍樹者，每株處印洋六甲；有砍多數者，照數目算處罰；若有見者報信，奉茶效印洋二甲。

民國二十八年三月十九日。

資料來源：曹善壽主編、李榮高編注《雲南林業文化碑刻》，德宏民族出版社，2005年，第607頁。

659 中正山造林碑記

時間：民國三十二年(1943)

地點：甘肅省蘭州市（原碑有少數字剥蝕。1993 年元月，甄載明重書原碑文，新刻，立於黄河北徐家山造林站山頂）

規格：碑高 184 厘米、寬 77 厘米、厚 12 厘米。碑文楷書。

本市黄河北岸迤東之荒山向無定名，三十一年夏，總裁蔣公節鉞西巡，對於本省林政建設多所指示，本府根據原訂之五年造林計劃，遵照指示要點，審度事實，積極進行，并組設省會造林委員會主持策劃，旋定名該山曰中正山資爲紀念。秋間開始經營，今春繼以栽植。復發動群工，辟平溝，渚山洪，用備灌溉。工作雖云艱巨，胼胝未敢言勞。繼此扶植，孜孜不已，行見十年樹木，蔚爲豐草長林，大業觀成，則此山之令名，當與總裁之功業共垂不朽矣。爰定山之四至於次：

中正山四至：東起棗樹溝，西迄金城關，南抵山麓，北至山巔。

中華民國三十二年八月吉日。

資料來源：蘭州市地方志編纂委員會、蘭州市林業志編纂委員會編纂《蘭州市志》第 26 卷《林業志》，蘭州大學出版社，1998 年，第 305 頁；參見薛仰敬主編《蘭州古今碑刻》，蘭州大學出版社，2002 年，第 328 頁。

660 禄勸縣政府發明護林碑

時間：民國三十二年（1943）

地點：雲南省昆明市禄勸彝族苗族自治縣屏山鎮發明辦事處

禄勸縣政府告示

屏山鎮第八保大龍潭刻石曉喻，照得焦山樹木，前人護箐百年，民生賴以安定，國賦年年納完。行□頒發禁令，旨在維護周全。近有不肖軍民，偷砍盜伐樹木，特在重申禁令，永保茂林緑水。以後倘有再犯，准其拘送較軍令□罰，懲□民衆罰金萬元。首頒勒石示禁，永垂千秋萬年。

縣長：蕭珍

建設科長：張俊明

民國三十二年十二月三十日頒發。

紳首：王委程、□鳳章、楊晋科

監禁：王永林、馬福順、孟宗孔

資料來源：曹善壽主編、李榮高編注《雲南林業文化碑刻》，德宏民族出版社，2005年，第617—618頁。

661 昔馬雙坡保告破壞森林案碑

時間：民國三十三年(1944)

地點：雲南省德宏傣族景頗族自治州盈江縣

具公呈人蓮山昔馬鄉雙坡保住民蔣四興等，爲恃强欺弱越界霸山，破壞林禁，懇請提究，以重法紀而維邊政事。情因民鄉昔馬壩水源枯涸，全受赤山童童影響，前於民國十九年經地方紳持少議立約造林，嚴禁砍伐，保護水源有案。十餘年來良木葱葱，水源浩瀚。突於上年臘月初，有中寨保惡棍楊□□等，利用其惡勢力，唆使□□，係無知亂民百餘，將禁山濫施砍伐，十分之九平夷平地。經雙坡保長呈請鈞局前局長劉制止在案。具實投叩鈞憲作主大彰法紀，嘗准將中寨保惡棍楊□□等爲首三人鎖提到案，治以越界砍樹，破壞森林，敗壞水源，殘暴不仁之罪。庶弱民得以安生，邊政得以推行，實感恩於元。謹呈。

蓮山設治局局長。

民國三十三年二月日呈。

資料來源：曹善壽主編、李榮高編注《雲南林業文化碑刻》，德宏民族出版社，2005年，第619—621頁。

662 金坑團聯村禁約碑

時間：民國三十三年(1944)

地點：廣西壯族自治區桂林市龍勝各族自治縣和平鄉金坑大寨村

竊思朝廷有法律，鄉黨有禁約，禁律不嚴，則懶惰者得志，勤者受害矣。目睹世俗不良，今我大寨、新寨、中禄三村，合籌聯合聚集會議，共立條規，維持地方治安，日後不得有犯禁約。如不依，大則送官究治，小則公議衆罰。今將各條規叙於左：

一議凡地方所有墳墓，及先後有處，孤四鄰向主作諒，無處理宜禁之。不得截龍斬脉，不宜藉故生端，毒控之人，不得按言故意偷葬，地方治之，縱不寬怠。

二議盗偷田中倉款、雜糧、蔬菜，屬輕者則鳴衆罰金一元，重則送官究治。

三議村内不得停留面生歹人，一切賊盗，村民勾生吃熟同罰，拿獲送官究治。

四議村内倘有窩盗、窩匪、窩賊，使其匪盗劫財害命，擄掠民財，地方協力拿獲，送官槍斃。

五議有盗偷豬、羊、牛、馬、鷄、鴨、鵝物件類，一人被盗，衆協力主辦拿賊，各帶川資，送官究辦槍决。

六議村里甲内人等，務要住址夜宿清白。倘有夜行之人，隨呼承應，盤察來歷。如不承應逃者，即刻槍决無罪。

七議春秋夏苗，秋熟禾稼在田，各有養鴨，務須看守，失錯吃還。如有故意不遵，縱放羊、鴨、鷄入食踐〔踏〕，鳴衆處罰。

八議民境各户，有竹林在山，如遇春冬雨笋之時，不許入山亂偷亂挖，携家作乾笋。再逢壽終人等，不准砍竹木，應造杉木一雙。如不遵者，罰金五百元。

九議各户有岸鱔魚之業，歷年不禁，常被毒空之人挖埂田基，不定禾稼，石未復原，此係敗壞規律。從今過後，不許挖拿。如不遵禁者，罰金五百元，决不容情。

十議村民遇逢白喜，不宜布施客，只准禮一隻，爲禮還禮，免之加(至)〔柱〕。紅喜二件,只宜一宿兩餐,不許房族請宴。如有違者,甲長不嚴,處罰一百元。

十一議貧莫指富,富莫凌貧。常請雇工種收二届,男價可給收米二斤,女價可給收米一斤半,款價照實價,不得高(長)〔漲〕。如有故意不照團規議思,躲懶不傭(地)〔力〕,應罰金一千元,决不〔寬〕恕。

十二議貧民有饋送實難,因此禁止。貧富一律逢節不許多送,只准糍粑兩(付)〔對〕。如不遵禁,地方人搶奪充公一半,并即責令。

十三議村民各自柴山、竹林、桐、棕等件,不許亂偷亂拿。如有人上山資拿柴薪,罰五百元。又盜偷桐、棕,劈樹爲柴碼,罰金一千元。

十四議所有其境之河,不許私毒〔魚〕,各體天良。

十五議有違犯以上各條,輕則鳴衆處罰,重則送官究辦,莫不予告。

中華民國三十三年甲申歲六月十七日同立。

資料來源:黄鈺輯點《瑶族石刻録》,雲南民族出版社,1993年,第169—171頁。

663 白嶺村村規民約牌

時間:民國三十五年(1946)

地點:廣西壯族自治區桂林市全州縣東山瑶族自治鄉白嶺村

一、水牛吃禾苗罰四百錢。

二、黄牛吃禾苗罰二百錢。

三、偷他人小菜罰五百錢。

四、亂砍别人柴火罰一吊錢。

中華民國三十五年歲次丙戌正月十五日,白嶺村廟酒會公議,衆等同立。

資料來源:黄鈺輯點《瑶族石刻録》,雲南民族出版社,1993年,第248頁。

664 禁山碑序

時間:民國三十六年(1947)

地點:貴州省畢節市織金縣

古云:物華天寶,人杰地靈。觀世之所以能發育而出於富貴者,必賴於山川之靈氣也。然而雖有山林川澤,罕有天然之俊秀,亦必賴於人功之去醜爲美、補整缺漏而成之也。故山林川澤,不得不撫育之而成其美耶。如此地之古箐,有關於境内之風景不同,是以余民初手傳,集鄉里民衆協約,立條而禁之。迄今數年,偶有毓聰一時昏昧,違約砍罰,故特往衆罰其豎立禁山碑一口,以儆效尤。至此以往,若有再違約砍伐者,除加倍重罰之外,必當以先犯者而爲前車之鑒耶。是以爲序。

民國三十六年月日立。

資料來源：中國人民政治協商會議織金縣委員會文史資料研究委員會編《織金文史資料選編》第二輯，1989 年，第 72 頁。

665 盈江縣昔馬黄桑坡護林公約碑

時間：民國三十八年(1949)

地點：雲南省德宏傣族景頗族自治州盈江縣昔馬鄉

實立合同憑據禁山文約黄桑坡、香山、紅木樹、蚌林、栗樹園等寨。爲因歷代以來五寨共有杞木山，漢人、傈僳、山頭均有份受，常被外人争論，於民國三十七年曾有王家寨人起意争執，經法院調解糾葛得勝利歸五寨。未及一年，忽有蚌林余得全不守禁規，率領栗樹園傈僳砍伐公共所有之森林樹木，圖利肥己，未同五寨紳持商量拿出公斷。獨登之權，獨出其見，惹得五寨之山頭、傈僳、漢人共同集會於黄桑坡，同余得全執理。另外從立章程以後，不許私人無故砍伐種地，如有違抗不遵禁規，放火燒山砍伐等情，共同處罰。倘有外人侵奪情事，不得臨陣退〔縮〕，如有哪人不爲公效力，苟且偷安，一切行爲定即重處，决不稍寬。此係五寨人人心服情願，於中并無相强等情。恐後人心不古，立此合同禁山文約爲據是實。

自此以後之規章：如有私自砍伐種地者，罰銀一百甲；如有放火燒山者，罰銀一百甲；如有外人爭論因循不負責任者，罰銀一百甲；如有在份人員有私自偷賣柴薪者，罰銀二百甲；如有在份人員犯規者，罰銀一百二十甲。伙食一概歸他負責。

民國三十八年正月二十三日立。

資料來源：曹善壽主編、李榮高編注《雲南林業文化碑刻》，德宏民族出版社，2005年，第631—632頁。

666 天后宫堤圍禁示碑文

時間：民國

地點：廣東省梅州市蕉嶺縣新鋪鎮天后宫墻上

示禁事：現據金沙鄉福嶺村修堤經理陳香□待□□□□二十九日完全告竣，經將收支各款繕摺呈請□□□□□□□無知憲法民往往有貪圖微小之便益，罔顧公共之□□□□□□□則盜砍竹木，毁壞本根。若不設法禁止，□□□□請核拿，如蒙批准，伏乞出示保護并懇飭□□。

資料來源：周建新《粵東石窟河道的商貿、廟宇與地方社會——蕉嶺縣新鋪鎮的初步考察》，《客家研究輯刊》2001年第1期。

667 禁止曉諭碑

時間：民國

地點：貴州省黔東南苗族侗族自治州榕江縣寨蒿鎮晚寨

規格：碑高 70 厘米、寬 42 厘米、厚 6 厘米。青石質。碑文楷書，陰刻。

(挽)〔晚〕寨衆等爲出示曉諭事。兹因本處係是青龍之山，古樹三株，原爲培修風水，來往亦占普息，所於前清嘉慶年間刊碑勒禁，不准砍伐，留至於今。但彼時之碑記細小，被火毁壞無存。現時人心不古，貪饕無厭之輩，每欲暗價購買砍界，誠恐有射利之徒，不予良心，私偷出售，豈不破壞地方？想人民生命攸關，莫可輕忽，率致衆等特議稟請縣政府照准飭令，再爲刊碑禁止，永遠不准砍伐。如有妄行，准予拿緝等。除存案外，後加刊禁，俾得通知。切切，此諭！

右諭通知。

資料來源：周年榮《晚寨保樹碑》，政協貴州榕江縣文史資料研究委員會貴州省榕江縣林業局編《榕江文史資料》第五輯，1990 年，第 63—64 頁。

668 黄龍洞摩崖

時間：民國

地點：廣東省惠州市博羅縣羅浮山黄龍洞口

規格:摩崖石刻高 15 厘米、寬 13 厘米。楷書。

毋留火種,共衛名山。

資料來源:鄔榕添著《羅浮山摩崖石刻》,香港銀河出版社,2001 年,第 70 頁。

存目

001 永遠禁碑

時間：清乾隆五十六年(1791)
地點：福建省龍岩市上杭縣蛟洋鄉華家村

碑豎立在蛟洋鄉華家村水口，清乾隆年間刻，高 0.8 米，寬 0.4 米。碑刻楷書 100 多字，係“嚴諭全鄉各村民衆，不得獨自上山砍伐樹木”的鄉規民約。碑文清楚。

資料來源：上杭縣地方志編纂委員會編《上杭縣志》，福建人民出版社，1993 年，第 816 頁。

002 山林永禁碑

時間：嘉慶三年(1798)
地點：湖北安陸市雷公鄉大安村

山林永禁……

資料來源：胡秀雲、胡永弘、霍玉娜《湖北的護林石碑》，《湖北文史資料》2002 年第 3 期。

【備注】
碑文規定了保護樹木的五條辦法。

003 七村公議立罰節碑記

時間：道光六年(1826)

地點：山西省陽泉市郊李家莊鄉柳溝村六泉廟戲臺西側的花墻上

規格：碑高 94 厘米、寬 48 厘米。

碑刻内容爲嚴禁亂砍樹木、毀壞花草及公共財物等有關環境保護的自行法規和具體辦法。

資料來源：劉高官、張凱主編《陽泉百科全書》，山西人民出版社，1997 年，第 20 頁。

004 森林禁碑

時間：道光十六年(1836)

地點：福建省三明市

市博物館還保存了一塊森林禁碑，是清道光十六年，由莘口鄉衆豎立在新嶺尾(教學林場西南山脚下)的。它首説植樹緑化的重要和利民，最後還希望群衆"父誡兄勉"。其中規定："盜砍者，罰銀三兩六，報知者賞錢貳佰文。如敢抗頑，定行呈官不宥。"可謂有禮有節，先禮後兵。

資料來源：中國人民政治協商會議福建省三明市委員會

文史資料研究委員會編《三明文史資料》第 9 輯,1991 年,第 103 頁。

005 護林碑

時間:道光二十三年(1843)

地點:重慶市黔江土家族苗族自治縣

這塊碑是清道光二十三年九月二十日建立的。碑文上寫道:武陵山寺周圍的土地,自古屬於寺院,佃給農民耕種。凡有佃資者,與寺均分。無佃資者,與寺四六分成,即寺院歸六,佃農歸四。武陵山上的樹木柴草,一律禁止農民砍伐。以前有人砍伐柴禾,遭受僧侶百般凌辱。現在禁止砍伐,僧侶就會守清規了。寺周圍的佃農都須聽從僧侶,上面所頒條文由僧侶執行,佃農不得違抗。

資料來源:黔江土家族苗族自治縣縣志辦公室編《黔江史志資料選編(二)》,1986 年,第 7 頁。

006 嚴禁不法行爲碑

時間:道光二十七年(1847)

嚴禁不法行爲碑,興隆鄉發現石碑一通,高、寬、厚分别爲

90 厘米、60 厘米、6 厘米。文字爲仿宋體陰刻，道光二十七年(1847)三月立於關爺廟，内容爲南鄭縣令嚴禁砍伐、偷盜、訛詐、滋事、捏訟、聚賭等不法行爲。此碑現存元壩旅社，因被房柱所壓，部分文字不可見。

資料來源：南鄭縣志編委會編《南鄭縣志》，中國人民公安大學出版社，1990 年，第 612 頁。

007 長汀試院雙柏記碑

時間：光緒四年(1878)

地點：福建省龍岩市

碑嵌在試院東面走廊墻上，長 0.9 米，寬 0.52 米，豎寫陰刻，碑文記載試院變遷始末及院内 2 棵柏樹爲唐物。清光緒四年(1878)，汀州劉國光撰文并書。

資料來源：龍岩地區地方志編纂委員會編《福建省龍岩地區志》，上海人民出版社，1992 年，第 1382 頁。

008 小寺寨護林碑

時間：光緒四年(1878)

地點：四川省阿壩藏族羌族自治州汶川縣克枯鄉周達村

小寺寨

小寺寨護林碑,位於汶川縣克枯鄉周達村小寺寨。光緒四年(1878)立,内容爲保護神樹林,不許入山私自砍伐。碑面剥蝕嚴重。

資料來源:阿壩藏族羌族自治州地方志編纂委員會《阿壩州志》,民族出版社,1994 年,第 2166 頁。

009 汪家溝禁砍林木碑

時間:光緒七年(1882)

地點:貴州省銅仁市印江土家族苗族自治縣九道溪上游,距汪家溝 0.5 里

禁砍林木碑爲方柱形石碑,高 1.57 米,正面寬 0.37 米,側面寬 0.33 米,碑基座高 1.05 米,寬 0.5 米,厚 0.15 米,四角攢尖頂正,横額楷書陰刻"功德碑"三字及竪書陰刻碑文,其右側横額陰刻"白原"二字,楷書陰刻序文。右側爲書姓首事等 37 名及落款日期。

資料來源:印江土家族苗族自治縣志編纂委員會《印江土家族苗族自治縣志》,貴州人民出版社,1992 年,第 793 頁。

010 禁山碑

時間：光緒十一年(1885)
地點：河北省石家莊市贊皇縣縣政府院内
規格：碑高162厘米、寬60厘米、厚20厘米。

碑文由贊皇縣知縣周晋堃撰寫。碑文記載了對山林保護和合理利用的意義，指出亂砍亂伐的危害，并規定了允許砍伐的範圍。1987年列爲縣重點文物保護單位。

資料來源：河北省贊皇縣地方志編纂委員會編纂、甄民一主編《贊皇縣志》，方志出版社，1998年，第529頁。

011 禁碑

時間：光緒十九年(1893)
地點：四川省達州市達縣百節鎮
規格：碑高180厘米、寬100厘米、厚17厘米。

内容爲保護森林之條目，有"禁止放火；禁止私自砍伐樹木，只准砍伐雜草；禁止放牛馬，只准割草；禁止砍伐幼樹，只許栽植小樹"等系列條款及"以上數條如有不遵，則重罰、稟官"等内容，立碑時間爲"大清光緒十九年"。由於百年風吹雨打及人爲磨損，字迹已模糊不清，但當地村民大多係蔡氏家族，都能記住該碑是祖先訂立的保護森林的規章制度，并能自覺遵守。

資料來源：達縣三普辦《四川省達州市達縣百節鎮發現禁碑》，全國"第三次全國文物普查"網2009年9月17日。

012 護林碑

時間：光緒三十年(1904)

地點：湖北省恩施土家族苗族自治州

……四面環山，皆宜植樹……土地肥沃，宜興桐、木(烏柏)……

資料來源：胡秀雲、胡永弘、霍玉娜《湖北的護林石碑》，《湖北文史資料》2002年第3期。

013 神林永禁碑

時間：清代

地點：安徽省安慶市樅陽縣官橋鄉黄公山

官橋鄉黄公山，清代張廷玉撰"神林永禁"碑。

資料來源：樅陽縣地方志編纂委員會編《樅陽縣志》，黄山

書社,1998,第493頁。

014 護林碑

時間:民國三年(1914)

地點:河南鶴壁市浚縣王莊鄉老關嘴村

護林碑於王莊鄉老關嘴村北500米處衛河堤旁出土。中華民國三年(1914)刻石。碑文記述了保護河堤的重要性,嚴禁損壞堤上樹木、蒿草,并公布了保護章程。

資料來源:浚縣地方志編纂委員會編《浚縣志》,中州古籍出版社,1990年,第902頁。

015 奉縣示禁碑

時間:民國五年(1916)

地點:安徽省黄山市休寧縣博物館

11月20日下午,休寧縣藍田鎮迪嶺村周村村民組長周興林家中,幾位專業人員一陣忙後,一塊"奉縣示禁"碑從樓梯底座被救出,安全收藏於縣博物館。

這塊"奉縣示禁"古碑,飽經近百年滄桑,勒刻著"清華學校校長周詒春"字樣,是一件珍貴的文物。

周詒春是清華大學第二任校長。在那動蕩的年代,一批移民來到周村黄崗山亂砍濫伐,肆意開山挖地,造成自然生態、水土資源受到嚴重破壞,影響到水利安全和税收。時任清華學校校長的周詒春得知家鄉這一情况,特意致信當時休寧縣,引起了縣知事重視,洪憲元年即民國五年一月立了這塊禁碑。斗轉星移,幾十年後,這塊禁碑竟倒在河旁路邊,周詒春家族後人見此,就把它抬到周詒春故居内。誰知又過幾十年後,禁碑下部已斷的一小截已不知去向。1976 年,周興林建房時,將這塊禁碑安放於樓梯底部藏於今。

資料來源:陳吉祥《"奉縣示禁"碑獲救記》,《黄山日報》2009 年 11 月 23 日。

016 來安縣知事萬琅立護林碑

時間:民國七年(1918)

地點:安徽省滁州市來安縣白鷺島森林公園孔雀寺遺址

解放初,寺院被毁,僅存民國七年來安知事萬琅所立"護林碑"一塊,現由縣文物部門立於原址。

資料來源:《孔雀寺遺址》,"來安縣人民政府信息網"2008 年 7 月 29 日。

017 喜古本寨護林碑

時間:民國十八年(1929)

地點:雲南省文山壯族苗族自治州文山市喜古鎮喜古本寨山神廟側

規格:碑高 145 厘米、寬 73 厘米。

碑文大意是:從岩脚至落水洞一大片森林,封山禁伐,不准砍伐、拿柴,違者罰殺豬、買酒,邀衆吃護林飯,還要罰錢、修路、栽樹等。立碑後,曾有少數村民違犯,都是按碑上規約處罰,只有楊定昌偷砍柴,因他家很窮罰不起,被罰吊。

資料來源:曹善壽主編、李榮高編注《雲南林業文化碑刻》,德宏民族出版社,2005 年,第 579—580 頁。